Meyer-Landrut/Wendel

Satzungen und HV-Beschlüsse der börsennotierten AG

RWS-Vertragskommentar

Satzungen und HV-Beschlüsse der börsennotierten AG

2., neu bearbeitete Auflage
2011

von
Rechtsanwalt Dr. Andreas Meyer-Landrut, Köln
Rechtsanwältin Dr. Cornelia Wendel, Köln

RWS Verlag Kommunikationsforum GmbH · Köln

Zusätzlicher Service im Internet

Die Texte der Muster sind unter der Internetadresse
http://www.rws-verlag.de/vk-satzungen
für Sie abrufbar.

Die Deutsche Bibliothek verzeichnet diese Publikation in der Deutschen Nationalbibliografie;
detaillierte bibliografische Daten sind im Internet über http://dnb.ddb.de abrufbar.

© 2011 RWS Verlag Kommunikationsforum GmbH
Postfach 27 01 25, 50508 Köln
E-Mail: info@rws-verlag.de, Internet: http://www.rws-verlag.de

Druck und Verarbeitung: Beltz Bad Langensalza GmbH, Bad Langensalza

Vorwort

Der vorliegende RWS-Vertragskommentar bietet einen umfassenden Grundstock bewährter Muster und praxisnaher Erläuterungen für alle wesentlichen Bereiche der börsennotierten Aktiengesellschaft. Abgedeckt werden neben der im Titel angesprochenen Satzung und den Hauptversammlungsbeschlüssen auch die Durchführung der Hauptversammlung (einschließlich Einladung und Leitfaden) sowie die vielfältigen Berichts- und Veröffentlichungspflichten zum Aktienbesitz sowie rund um die Hauptversammlung. Berücksichtigung fand auch die inzwischen zunehmend verbreitete Europäische Aktiengesellschaft (SE). Zusätzlich zu den üblichen Beschlüssen einer ordentlichen Hauptversammlung gibt es Beschlussvorschläge für eine Vielzahl besonderer Situationen, von der Satzungsänderung über Kapitalmaßnahmen, den Erwerb eigener Aktien, die Umwandlung in eine SE, das Delisting bis zur Umwandlung von Inhaber- in Namensaktien und von Vorzugs- in Stammaktien: Hinzugekommen ist eine Reihe weiterer Beschlussvorlagen aufgrund jüngerer Rechtsentwicklungen, wie etwa die Ausschüttung einer Sachdividende, der Verzicht auf eine individualisierte Offenlegung der Vorstandsvergütung, das Votum zur Vorstandsvergütung und die Befreiung von Mitteilungspflichten gemäß § 27a WpHG.

Seit dem Erscheinen der Vorauflage im Jahr 2006 hat sich das Aktien- und Kapitalmarktrecht wiederum durch eine Vielzahl von Reformgesetzen dynamisch weiterentwickelt. Diese haben – ebenso wie neue Rechtsprechung – in der Überarbeitung der Muster Berücksichtigung gefunden. Zu nennen sind allein aus dem Jahr 2009 das Gesetz zur Modernisierung des Bilanzrechts (BilMoG), das Gesetz zur Umsetzung der Aktionärsrechterichtlinie (ARUG) und das Gesetz zur Angemessenheit der Vorstandsvergütung (VorstAG), die insgesamt tiefgreifende Spuren im Gesetz und der Rechtspraxis hinterlassen haben. Vielfach war daher eine völlige Neubearbeitung der Muster und Erläuterungen unumgänglich. Die Neuauflage zieht schließlich die Konsequenz aus der immer weiter fortschreitenden Verselbstständigung und Komplexität des Rechts der börsennotierten Gesellschaft und fokussiert sich daher auf diese Gruppe der Aktiengesellschaften. Allgemeine Muster wie etwa zur Gründung und zu den Organen mussten daher weichen.

Der große Dank der Autoren gilt Frau Rechtsanwältin Uta Carpier, Saarbrücken, für die Bearbeitung der Muster und der Erläuterungen zu den Mitteilungen und Bekanntmachungen zum Aktienbesitz und zum Squeeze-out. Weiterhin danken die Autoren Frau Petra Hendrichs für die sorgfältige und geduldige Umsetzung der erforderlichen Ergänzungen und Änderungen.

Hinweisen und Anregungen der Benutzer wird sehr gerne entgegengesehen unter andreas.meyer-landrut@dlapiper.com oder cornelia.wendel@dlapiper.com.

Köln, im September 2011

Andreas Meyer-Landrut
Cornelia Wendel

Inhaltsverzeichnis

XV

Einführung

I. Rechtliche Einordnung der Aktiengesellschaft

Die Aktiengesellschaft ist eine **juristische Person** mit der Fähigkeit, selbst Trägerin von 1 Rechten und Pflichten zu sein. Für die Verbindlichkeiten der Aktiengesellschaft haftet den Gläubigern grundsätzlich nur das Gesellschaftsvermögen (§ 1 Abs. 1 AktG), das in Aktien eingeteilt wird. Die Geschäftsleitung erfolgt im Regelfall durch Dritte, die nicht Aktionäre der Aktiengesellschaft sind. Die Willensbildung der Aktionäre unterliegt dem Mehrheitsprinzip. Mit dieser Konzeption gleicht die Aktiengesellschaft der ebenfalls als Körperschaft ausgestalteten GmbH. Der Unterschied zur GmbH besteht jedoch darin, dass das Gesetz für die Aktiengesellschaft im Regelfall von einem großen, sich schnell ändernden und ggf. auch anonymen Gesellschafterkreis ausgeht und sie damit als **Kapital-sammelbecken** für die Allokation größerer Kapitalbeträge bestimmt hat. Dementsprechend steht nur der Aktiengesellschaft (und der KGaA) der Zugang zu den Kapitalmärkten offen, d. h., die Möglichkeit, die an ihr bestehenden Beteiligungen (Aktien) zum Börsenhandel zuzulassen.

Dem dienen die gegenüber der GmbH viel kleineren Stückelungen der Anteile, die Zulas- 2 sung nennwertloser Anteile und das Fehlen von Formvorschriften betreffend die Übertragung der Aktien. Weitere Folge dieser von der GmbH abweichenden Funktion der Aktiengesellschaft ist, dass der Gesetzgeber eine **strikte Funktionsteilung** zwischen Kapitalgebern und Management vorsieht und die selten zusammentretenden Aktionäre ein – bei der GmbH nicht zwingend vorgesehenes – drittes Organ, nämlich den Aufsichtsrat, als eine Art ständigen Gesellschafterausschuss bestimmen müssen. Zwischen den drei Organen Hauptversammlung, Aufsichtsrat und Vorstand besteht ein gesetzlich genau abgestecktes Machtgefüge:

Die **Hauptversammlung** wird in operativen Angelegenheiten nur ausnahmsweise invol- 3 viert (§ 119 Abs. 2 AktG), sie hat im Wesentlichen über Gewinnverwendung und Strukturveränderungen sowie die Wahl des Aufsichtsrats zu entscheiden. Die Geschäftsführung liegt eigenverantwortlich in den Händen des **Vorstands** (§ 76 Abs. 1 AktG), der vom **Aufsichtsrat** bestellt und abberufen wird. Der Aufsichtsrat hat nur Beratungs- und Überwachungsfunktionen und kann seinerseits keine Vorgaben für das operative Geschäft machen. Der Einfluss der Hauptversammlung auf das operative Geschäft besteht also nur mittelbar über die Wahl der Aufsichtsräte, die jedoch kein imperatives Mandat ausüben, sondern nur dem Interesse der Gesellschaft verpflichtet sind. Ferner sind abweichend zur GmbH die Regeln zur Kapitalaufbringung und Kapitalerhaltung wesentlich strenger gefasst (§§ 32–38, §§ 56, 71, 57, §§ 52, 92 Abs. 1, §§ 91, 171, 172 AktG). Ebenfalls dem Charakter der Aktiengesellschaft als Kapitalsammelstelle und vom häufig wechselnden Bestand ihrer Gesellschafter unabhängiger Organisation entspricht das gesetzliche Mehrheitsprinzip für Hauptversammlungsentscheidungen (§ 133 Abs. 1, § 179 AktG). Dem gegenüber stehen relativ stark ausgeprägte Regeln zum institutionellen Schutz der Minderheit (vgl. etwa § 121 Abs. 6, § 120 Abs. 1, §§ 122, 142 und 147 AktG). Eine Besonderheit in diesem Zusammenhang sind die vom Beteiligungsumfang unabhängigen Auskunfts- (§ 131 AktG) und Klagerechte (§§ 245 ff. AktG). Schließlich wird der einzelne Aktionär durch das formelle Gleichbehandlungsgebot (§ 53a AktG) und das nur beschränkt ausschließbare Bezugsrecht bei Kapitalerhöhungen (§ 186 Abs. 1 AktG) geschützt.

II. Rechtsformtypen

4 Gesetzliches Leitbild ist nach dem oben Gesagten die **börsennotierte Aktiengesellschaft** mit einem großen, möglicherweise anonymen, jedenfalls nicht unternehmerisch interessierten Aktionärskreis.

5 Börsennotiert i. S. d. Aktiengesetzes sind Aktiengesellschaften, deren Aktien zu einem Markt zugelassen sind, der von staatlich anerkannten Stellen geregelt und überwacht wird, regelmäßig stattfindet und für das Publikum zugänglich ist (Legaldefinition des § 3 Abs. 2 AktG). Dies betrifft in Deutschland Gesellschaften, deren Aktien am **regulierten Markt** (§§ 32 ff. BörsG) zugelassen sind. Nicht erfasst sind Gesellschaften, deren Aktien im Freiverkehr (§ 48 BörsG) gehandelt werden. Der Freiverkehr wird von den jeweiligen Börsen intern durch eigene privatrechtliche Freiverkehrsrichtlinien geregelt und von staatlicher Seite nur teilweise überwacht. Der Entry Standard der Frankfurter Wertpapierbörse ist (ebenso wie der M:access der Börse München) zwar mit zusätzlichen Zulassungfolgepflichten verbunden, gleichwohl aber ein Segment des Freiverkehrs, sodass auch Gesellschaften, deren Aktien dort zugelassen sind, nicht börsennotiert i. S. d. Aktiengesetzes sind.

6 Das Gesetz trägt der besonderen Bedeutung der an den Kapitalmärkten agierenden Aktiengesellschaften dadurch Rechnung, dass es für die börsennotierte Aktiengesellschaft eine Reihe von **besonderen Schutzvorschriften** erlassen hat, die insbesondere durch das Gesetz zur Unternehmensintegrität und Modernisierung des Anfechtungsrechts (UMAG) vom 22. November 2005 und das Aktionärsrichtlinie-Umsetzungsgesetz (ARUG) vom 30. Juli 2009 noch einmal erweitert wurden (z. B. § 58 Abs. 2 Satz 2, § 110 Abs. 3, § 123 Abs. 3, § 125 Abs. 1, § 130 Abs. 1 Satz 3, § 134 Abs. 1 Satz 2, § 149 Abs. 1, § 161 AktG). Dem Schutz des Kapitalmarktes und seiner Teilnehmer dient eine Reihe von **weiteren Gesetzen, die auf die börsennotierte Aktiengesellschaft Einfluss nehmen.** Zu nennen sind das Wertpapierhandelsgesetz (WpHG) und das Wertpapiererwerbs- und Übernahmegesetz (WpÜG) sowie das Börsengesetz (BörsG) mit Börsenzulassungsverordnung (BörsZulV). Die Prinzipien guter Unternehmensführung börsennotierter Aktiengesellschaften sind im Deutschen Corporate Governance Kodex (DCGK) niedergelegt.

7 Umgekehrt hat der Gesetzgeber aber auch die Notwendigkeit erkannt, für andere Einsatzzwecke der Aktiengesellschaft Erleichterungen zu schaffen. Insbesondere die Novelle des Aktiengesetzes durch das Gesetz für **kleine Aktiengesellschaften** und zur Deregulierung des Aktienrechts aus dem Jahre 1994 hat dem Umstand Rechnung getragen, dass außer börsennotierten großen Aktiengesellschaften auch (noch) nicht börsennotierte, mittelständische Unternehmen von der Rechtsform der Aktiengesellschaft Gebrauch machen.[1] Hierbei kann es sich um personalistische Gesellschaften, Familiengesellschaften, aber auch Tochtergesellschaften von Konzernen, insbesondere ausländischen Konzernobergesellschaften, handeln.

8 Mit Inkrafttreten des Gesetzes zur Einführung der Europäischen Gesellschaft (SEEG) am 29.12.2004 kann nun auch in Deutschland eine **europäische Gesellschaft (SE)** gegründet werden. Das SEEG enthält als Artikelgesetz das SE-Ausführungsgesetz (SEAG) sowie das SE-Beteiligungsgesetz (SEBG). Durch das SEAG hat die Verordnung (EG) Nr. 2157/2001 über das Statut der SE vom 8.10.2001[2] die erforderlichen Konkretisierungen erfahren.

---

1) *Hoffmann-Becking*, ZIP 1995, 1.
2) Verordnung (EG) Nr. 2157/2001 des Rates über das Statut der Europäischen Gesellschaft (SE) vom 8.10.2001, ABl L 294/1.

Ferner ist durch das SEBG die ergänzende Richtlinie 2001/86/EG des Rates zur Ergänzung des Statuts der Europäischen Gesellschaft hinsichtlich der Beteiligung der Arbeitnehmer vom 8.10.2001[3] in nationales Recht umgesetzt worden.

Bei der SE handelt es sich also um eine relativ neue, in Deutschland aber inzwischen bereits etablierte, supranationale Rechtsform, die erstmals die Möglichkeit eines strukturmäßig klaren Zusammenschlusses verschieden-nationaler Gesellschaften eröffnet. Auch die grenzüberschreitende Sitzverlegung wird durch die SE deutlich erleichtert. **9**

Ein weiterer Vorteil der SE liegt in der – zumindest im deutschen Rechtsraum ebenfalls erstmals gewährten – Möglichkeit, von den ansonsten zwingenden gesetzlichen Mitbestimmungsregeln abzuweichen und individuelle, auf das jeweilige Gemeinschaftsunternehmen abgestimmte Regelungen zu entwerfen. **10**

Die SE kann nach dem Muster der Aktiengesellschaft mit einem Vorstand und einem Aufsichtsrat (dualistisches System) gegründet werden, aber auch nur mit einem Verwaltungsrat als einzigem Leitungsorgan (monistisches System).[4] **11**

In Deutschland sind inzwischen über 100 SE eingetragen, davon sind knapp ein Drittel Vorratsgesellschaften.[5] Deutschland gehört damit zu den Ländern, die von der neuen Rechtsform am häufigsten Gebrauch gemacht haben. Insbesondere eine Reihe großer börsennotierter Gesellschaften wie Allianz, BASF, Fresenius und Porsche haben die Rechtsform der SE gewählt. **12**

III. Statistik

Die lange Zeit stagnierende und sogar rückläufige Zahl von Aktiengesellschaften steigt seit 1985 wieder. Gab es nach den vom Deutschen Aktieninstitut veröffentlichten Statistiken Ende 1983 insgesamt nur 2 122 Aktiengesellschaften (einschließlich Kommandit-Gesellschaften auf Aktien, die statistisch nicht gesondert ausgewiesen werden), so waren es im August 2009 13 678.[6] Aufgrund einer Auswertung des durch das EHUG zum 1.1.2007 neu eingeführten Unternehmensregisters ergibt sich sogar eine noch größere Anzahl von Gesellschaften, nämlich (zum Stichtag 1.6.2010) insgesamt 16 998 Aktiengesellschaften, 225 Kommanditgesellschaften auf Aktien und 134 Europäischen Aktiengesellschaften (SE) in Deutschland.[7] Die Gründe für den starken Anstieg seit 1983 liegen wohl in der Novelle durch das Gesetz zur „Kleinen AG" vom 2.8.1994 und in dem seit 1.1.1995 in Kraft getretenen neuen Umwandlungsgesetz, das insbesondere den Eintritt in **13**

---

3) Richtlinie 2001/86/EG des Rates vom 8.10.2001 zur Ergänzung des Statuts der Europäischen Gesellschaft hinsichtlich der Beteiligung der Arbeitnehmer, ABl L 294/22.

4) Aus der umfangreichen Literatur zur SE sei hier nur beispielhaft verwiesen auf *Lutter/Kollmorgen/Feldhaus*, BB 2005, 2473, mit einer Mustersatzung für eine monistische und nicht mitbestimmte SE, sowie *Walden/Meyer-Landrut*, DB 2005, 2119 und 2619, zur Planung, Vorbereitung, Beschlussfassung und Eintragung der SE.

5) *Bayer/Hoffmann/Schmidt*, AG 2009, R480. Siehe auch die Study on the operation and the impacts of the Statute for a European Company (SE) – 2008/S 144-192482 Final report 9 December 2009. Außerdem führt das Europäische Gewerkschaftsinstitut in Brüssel in Kooperation mit der Hans-Böckler-Stiftung eine Datenbank zu allen SE-Gründungen (http://www. worker-participation. eu/european-company).

6) DAI-Factbook 2009, Grafik 01-1. Der Höchststand lag 2004 bei 16 002 Aktiengesellschaften und Kommanditgesellschaften auf Aktien.

7) *Bayer/Hoffmann*, AG 2010, R283 mit Erläuterungen zu den Abweichungen gegenüber den Statistiken des DAI.

die Rechtsform der Aktiengesellschaft nicht mehr als unumkehrbare Einbahnstraße dastehen ließ.

14 Die Wiederentdeckung der Aktiengesellschaft als Gesellschaftsrechtsform zur Bereitstellung von Risikokapital wurde seinerzeit durch die Einrichtung des sog. Neuen Marktes der Frankfurter Wertpapierbörse 1997 unterstützt. Nachdem – hervorgerufen durch eine unbefriedigende Konjunktur sowie eine Vertrauenskrise der Anleger – 2002 eine Baisse an den Aktienmärkten entstand, sank jedoch die Zahl der Neuemissionen, sodass die Frankfurter Wertpapierbörse den Neuen Markt zum 5.6.2003 schloss.

15 Im Jahr 2010 gab es am regulierten Markt acht Neuemissionen, nachdem im Vorjahr im Lichte der Wirtschafts- und Finanzmarktkrise nur ein Unternehmen die Börseneinführung am regulierten Markt wagte. Die Hoffnung, dass die Rechtsform der Aktiengesellschaft in ihrer Attraktivität erkannt und auch weiterhin als Medium für eine dynamische wirtschaftliche Entwicklung dienen wird,[8] scheint sich gleichwohl insgesamt zu bestätigen. Im Dezember 2009 gab es insgesamt 1 018 börsennotierte deutsche Gesellschaften, davon 103 im Entry Standard und 602 im regulierten Markt.[9]

IV. Gesetzgeberischer Rahmen

16 Der Zweck der Aktiengesellschaft als Kapitalsammelbecken rechtfertigt die insgesamt – gerade im Vergleich zu anderen gesellschaftsrechtlichen Formen – sehr **hohe Regelungsdichte**. Die Zahl der Paragrafen des Aktiengesetzes beläuft sich auf über 400. Diese Vielzahl der gesetzlichen Vorschriften gewinnt weiteres Gewicht durch den sog. Grundsatz der **Satzungsstrenge**. Nach § 25 Abs. 5 AktG besteht für die Satzung der Gesellschaft nur dort Gestaltungsfreiheit, wo dies durch einzelne Bestimmungen ausdrücklich gestattet oder keine abschließende Regelung getroffen ist. Zahlreiche weitere Gesetze kapitalmarktrechtlichen und auch mitbestimmungsrechtlichen Inhalts nehmen Einfluss. Im Umwandlungsgesetz (UmwG) sind der Aktiengesellschaft zahlreiche Sonderbestimmungen gewidmet. Schließlich spielt in weiten Bereichen neben der Ausübung von Aktionärsrechten auch das Richterrecht der Rechtsprechung des Bundesgerichtshofs eine maßgebliche Rolle.

17 Entsprechend der sehr viel stärker wieder in das Bewusstsein der Öffentlichkeit und des Gesetzgebers gerückten Stellung der Aktiengesellschaft sind verstärkte gesetzgeberische Bemühungen zu einer Aktualisierung des Aktienrechts zu beobachten.

18 Für das Jahr 1998 sind das **Gesetz zur Kontrolle und Transparenz im Unternehmensbereich (KonTraG)**[10] vom 27.4.1998 und das **Stückaktiengesetz (StückAG)**[11] zu nennen. Das KonTraG begegnete der öffentlichen Kritik an der Leitung und Kontrolle der Aktiengesellschaften. Das Gesetz enthält Detailregelungen betreffend die Verbesserung der Arbeit des Aufsichtsrats und des Abschlussprüfers. Daneben wurden weiter liberalisierende Vorschriften zum Erwerb eigener Aktien und zur Gewährung von Aktienoptionsrechten an Vorstandsmitglieder und Arbeitnehmer eingeführt. Die bislang zulässigen Mehr- und Höchststimmrechte sind nicht mehr oder nur noch eingeschränkt zulässig.

---

8) *Leven*, AG 2003, R189.
9) Deutsche Börse Factbook 2009, 2.
10) BGBl. I S. 786, Nr. 24/1998.
11) BGBl. I S. 590, Nr. 19/1998.

Schließlich wurden die Vorschriften zur Stimmrechtsausübung durch die Banken geändert.[12)

Am 18.1.2001 ist das **Namensaktiengesetz (NaStraG)**[13) vom 18. Januar 2011 in Kraft ge- **19**
treten, das der Anpassung der Regelungen für Namensaktien und für die Hauptversammlung an neuere technische Entwicklungen dient. Bei dieser Gelegenheit wurden
auch die Nachgründungsvorschriften des § 52 AktG entschärft.[14)

Die Veränderung der ökonomischen Bedingungen durch die Globalisierung der Weltwirt- **20**
schaft und die Internationalisierung der Finanzmärkte, die Verschiebung von der Fremd-
und Innenfinanzierung zur Eigenkapitalfinanzierung und die Veränderung der Aktionärs-
struktur hin zu einem höheren Anteil an Streubesitz und ausländischen, insbesondere institutionellen Anleger in Kombination mit den beschriebenen Unternehmenskrisen und
damit verbunden Vertrauensverlusten machten und machen weitere Reformen erforderlich. Die Regierungskommission Corporate Governance unterbreitet in ihrem Bericht,
den sie Ende Juli 2001 vorlegte, insgesamt 150 Vorschläge zur Änderung zahlreicher Ein-
zelpunkte des Aktienrechts.[15)

Als eine erste Konsequenz aus diesem Bericht ist im Jahre 2002 dann das **Transparenz-** **21**
und Publizitätsgesetz (TransPuG)[16) vom 19.7.2002 mit Änderungen des Aktiengesetzes
sowie des Handelsgesetzbuches verabschiedet worden.

Außerdem wurde im Rahmen des TransPuG ein sog. **Deutscher Corporate Governance** **22**
Kodex eingeführt, der an die Unternehmensleitung börsennotierter Gesellschaften gerichtete unverbindliche Verhaltensempfehlungen enthält. Von diesen Empfehlungen können die Unternehmen abweichen, müssen dies aber im Rahmen einer Entsprechenserklärung offenlegen. Die Pflicht zur Abgabe einer solchen Entsprechenserklärung wurde
durch das TransPuG in § 161 AktG festgeschrieben. Weiter trug das TransPuG den Möglichkeiten, die durch neue Medien eröffnet werden, Rechnung. So wurde für Bekanntmachungen des Unternehmens in § 25 AktG der elektronische Bundesanzeiger eingeführt.
Auch kann die Satzung seitdem regeln, dass ein Aufsichtsratsmitglied in bestimmten Fällen in der Hauptversammlung per Bild- und Tonübertragung zugeschaltet (§ 118 Abs. 2
AktG) und die Hauptversammlung in Ton und Bild übertragen werden kann (§ 118
Abs. 3 AktG). Gegenanträge von Aktionären zur Hauptversammlung können auf der Internetseite des Unternehmens öffentlich zugänglich gemacht werden (§ 126 AktG). Ebenfalls auf das TransPuG geht die Regelung zurück, wonach Aufsichtsrat oder die Hauptversammlung zwingend einen Katalog zustimmungsbedürftiger Geschäfte zu beschließen
haben (§ 111 Abs. 4 AktG). Schließlich enthält das Transparenz- und Publizitätsgesetz
eine ganze Reihe von Änderungen im Bereich der Rechnungslegung und der Abschlussprüfung. Insbesondere hat der Aufsichtsrat den Konzernabschluss nicht mehr nur zu prüfen, sondern auch zu billigen (§§ 171, 173 AktG).[17)

---

12) Eine Einführung in die Änderungen durch das KonTraG geben *Lingemann/Wasmann*, BB 1998, 853,
und *Claussen*, DB 1998, 177.

13) BGBl. I S. 123, Nr. 4/2001.

14) Ein Überblick über die Änderungen aufgrund des NaStraG findet sich bei *Grumann/Soehlke*, DB
2001, 576.

15) *Seibert*, AG 2002, 417.

16) BGBl. I S. 2681, Nr. 50/2002.

17) Ein umfassender Überblick über sämtliche Neuregelungen findet sich bei *Seibert*, NZG 2002, 608.

23 Das **Wertpapiererwerbs- und Übernahmegesetz (WpÜG)**[18] vom 20.12.2001 schuf für börsennotierte Aktiengesellschaften Rahmenbedingungen bei Unternehmensübernahmen und anderen öffentlichen Angeboten zum Erwerb von Wertpapieren in Deutschland und löste den freiwilligen Übernahmekodex vom 1. Oktober 1995 ab. Im Rahmen des Wertpapiererwerbs- und Übernahmegesetzes wurde außerdem das Aktiengesetz in §§ 327a – 327f um eine Squeeze-out-Regelung ergänzt und es wurden die Meldepflichten nach §§ 21 ff. WpHG verschärft.

24 Das Spruchverfahren wurde durch das **Spruchverfahrensneuordnungsgesetz (SpruchG)**[19] vom 12.6.2003 reformiert.

25 Eine weitere Anpassung des Wertpapierhandelsgesetzes mit durchgreifenden Konsequenzen für börsennotierte Aktiengesellschaften erfolgte im Rahmen der Umsetzung der EU-Marktmissbrauchsrichtlinie[20] durch das **Anlegerschutzverbesserungsgesetz (AnSVG)**[21] vom 28.10.2004.

26 Im Bereich des Bilanzrechts gab es im Jahr 2004 ebenfalls Änderungen durch zwei neue Gesetze, nämlich das **Gesetz zur Einführung internationaler Rechnungslegungsstandards und zur Sicherung der Qualität der Abschlussprüfung (Bilanzrechtsreformgesetz – BilReG)**[22] vom 4.12.2004, das der Stärkung der Unabhängigkeit des Abschlussprüfers und zugleich der Fortentwicklung und Internationalisierung des deutschen Bilanzrechts dienen soll, sowie das **Gesetz zur Kontrolle von Unternehmensabschlüssen (Bilanzkontrollgesetz – BilKoG)**[23] vom 15.12.2004, das Bilanzmanipulationen zulasten der Anleger unter anderem durch die Prüfung der Rechnungslegung kapitalmarktorientierter Unternehmen durch ein von staatlicher Seite beauftragtes privatrechtliches Gremium verhindern soll.

27 Bereits am 25.2.2003 veröffentlichte die Bundesregierung einen umfassenden Maßnahmenkatalog zur Stärkung der Unternehmensintegrität und des Anlegerschutzes in dessen Umsetzung inzwischen eine ganze Reihe von Gesetzen verabschiedet wurde. Dazu gehörte vor allem das **Gesetz zur Unternehmensintegrität und Modernisierung des Anfechtungsrechts (UMAG)**[24] vom 22.11.2005, das Änderungen im Bereich der Hauptversammlung, des Anfechtungsrechts und der Haftung von Vorständen und Aufsichtsräten enthält. Das **Kapitalanleger-Musterverfahrensgesetz (KapMuG)**[25] vom 16.8.2005 führte für geschädigte Kapitalanleger Musterverfahren wegen falscher, irreführender oder unterlassener öffentlicher Kapitalmarktinformationen ein. Das **Gesetz über die Offenlegung der Vorstandsvergütungen (VorstOG)**[26] vom 3.8.2005 sollte für mehr Transparenz bei den Vergütungen sorgen, die die einzelnen Vorstandsmitglieder börsennotierter Aktiengesellschaften erhalten.

---

18) BGBl. I S. 3822, Nr. 72/2001.
19) BGBl. I S. 838, Nr. 25/2003.
20) Richtlinie 2003/6/EG des Europäischen Parlaments und des Rates vom 28.1.2003 über Insider-Geschäfte und Marktmanipulation (Marktmissbrauch), ABl L 96/16.
21) BGBl. I S. 2630, Nr. 56/2004.
22) BGBl. I S. 3166, Nr. 65/2004.
23) BGBl. I S. 3408, Nr. 69/2004.
24) BGBl. I S. 2802, Nr. 60/2005.
25) BGBl. I S. 2437, Nr. 50/2005.
26) BGBl. I S. 2267, Nr. 47/2005.

Das **Übernahmerichtlinie-Umsetzungsgesetz**[27] vom 8.7.2006 zur Umsetzung der **EU-** 28 **Übernahmerichtlinie**[28] schuf Regelungen für den Geltungsbereich des Wertpapiererwerbs- und Übernahmegesetzes (WpÜG) bei Unternehmensübernahmen mit grenzüberschreitendem Bezug mit dem Ziel, ein einheitliches Schutzniveau bei Übernahmeangeboten und Kontrollerwerben auch für inländische Aktionäre zu etablieren, ohne nationale Besonderheiten aufzugeben.

Mit dem **Gesetz über elektronische Handelsregister und Genossenschaftsregister sowie** 29 **das Unternehmensregister (EHUG)**[29] vom 10.11.2006 wurde dann insbesondere mit der Einführung des Unternehmensregisters die Unternehmenspublizität auch für die Aktiengesellschaft auf eine neue Grundlage gestellt.

Das **Gesetz zur Umsetzung der Richtlinie 2004/109/EG des Europäischen Parlaments** 30 **und des Rates vom 15. Dezember 2004 zur Harmonisierung der Transparenzanforderungen in Bezug auf Informationen über Emittenten, deren Wertpapiere zum Handel auf einem geregelten Markt zugelassen sind, und zur Änderung der Richtlinie 2001/34/EG (Transparenzrichtlinie-Umsetzungsgesetz – TUG)**[30] vom 5.1.2007 setzte die EU-Transparenzrichtlinie um. Das Gesetz führte u. a. neue Regelungen im Zusammenhang mit der Veröffentlichung bestimmter Kapitalmarktinformationen (europaweite Verbreitung, zusätzliche Meldeschwellen beim Erwerb von Stimmrechtsanteilen, Meldepflichten für Inhaber von Finanzinstrumenten, die ein einseitiges Recht zum Erwerb von stimmberechtigten Aktien einräumen, also insbesondere Optionen), eine Neuordnung und Erweiterung der periodischen Berichtspflichten, die zuvor im Börsengesetz bzw. in der Börsenzulassungsverordnung enthalten waren, den sog. „Bilanzeid" für die Vorstandsmitglieder börsennotierter Unternehmen (§ 264 Abs. 2 Satz 2 HGB) sowie die freiwillige prüferische Durchsicht des Halbjahresfinanzberichts ein.

Das **Zweite Gesetz zur Änderung des Umwandlungsgesetzes**[31] vom 19.4.2007 diente der 31 Umsetzung der **EU-Verschmelzungsrichtlinie.**[32] Außerdem trug das Gesetz der Entscheidung des Europäischen Gerichtshofs vom 13.12.2005 in der Sache „SEVIC Systems AG" Rechnung.[33] Das Gericht hatte entschieden, dass in Deutschland Umwandlungen unter Beteiligung von Kapitalgesellschaften aus einem anderen Mitgliedstaat der Europäischen Union möglich sein müssen.

Das **Gesetz zur Modernisierung des GmbH-Rechts und zur Bekämpfung von Miss-** 32 **bräuchen (MoMiG)**[34] vom 23.10.2008, betraf in einer Reihe von Einzelpunkten auch die Aktiengesellschaft und führte zu Änderungen insbesondere im Hinblick auf das sog. Cash-Pooling und die Möglichkeit der Verlegung des Verwaltungssitzes ins Ausland.

---

27) BGBl. I S. 1426, Nr. 31/2006.
28) Richtlinie 2004/25/EG des Europäischen Parlaments und des Rates vom 21.4.2004 betreffend Übernahmeangebote, ABl L 142/12.
29) BGBl. I S. 2553, Nr. 52/2006.
30) BGBl. I S. 10, Nr. 1/2007.
31) BGBl. I S. 542, Nr. 15/2007.
32) Richtlinie 2005/56/EG des Europäischen Parlaments und des Rates vom 26.10.2005 über die Verschmelzung von Kapitalgesellschaften aus verschiedenen Mitgliedstaaten (Verschmelzungsrichtlinie), ABl L 310/1.
33) EuGH (Große Kammer) v. 13.12.2005 – SEVIC Systems AG, NZG 2006, 112.
34) BGBl. I S. 2026, Nr. 48/2008.

33 Das Jahr 2009 brachte gleich drei Gesetze mit maßgeblichen Änderungen insbesondere für börsennotierte Aktiengesellschaften.

34 Mit dem **Gesetz zur Modernisierung des Bilanzrechts (BilMoG)**[35] vom 25.5.2009 erfolgte nicht nur die umfangreichste Modernisierung des Handelsbilanzrechts seit dem Bilanzrichtliniengesetz (BiRiLiG) im Jahr 1985. Mit dem BilMoG wurden darüber hinaus die EU-Abschlussprüferrichtlinie und eine EU-Abänderungsrichtlinie in deutsches Recht umgesetzt. Diese betrafen primär das Aktienrecht. Neu eingeführt wurden u. a. Regelungen zur Besetzung des Aufsichtsrats börsennotierter Gesellschaften mit mindestens einem unabhängigen Finanzexperten, der über Sachverstand auf den Gebieten Rechnungslegung und Abschlussprüfung verfügen muss.

35 Wesentliche Änderungen für die Aktiengesellschaft brachte das **Gesetz zur Umsetzung der Aktionärsrechterichtlinie (ARUG)**[36] vom 30.7.2009 mit sich, für das Anlass die Umsetzung der **EU-Aktionärsrechterichtlinie**[37] in deutsches Recht war. Ziel war die Verbesserung der Aktionärsinformation rund um die Hauptversammlung bei börsennotierten Gesellschaften. Neu eingeführt wurde die Möglichkeit, in der Satzung die Teilnahme an der Hauptversammlung auf elektronischem Weg sowie die Briefwahl zu eröffnen. Daneben wurde auch das Fristenregime überarbeitet und insbesondere durch die Präzisierung der Interessenabwägungsklausel im Freigabeverfahren der Versuch einer weiteren Bekämpfung missbräuchlicher Anfechtungsklagen unternommen.

36 Mit dem am 5.8.2009 in Kraft getretenen **Gesetz zur Angemessenheit der Vorstandsvergütung (VorstAG)**[38] vom 31.7.2009 versuchte der Gesetzgeber auf vermutete Fehlanreize bei der Vorstandsvergütung zu reagieren, die als eine der Ursachen der Finanz- und Wirtschaftskrise angesehen wurden. Das Gesetz wies u. a. die Festsetzung der Vergütung dem Aufsichtsratsplenum zu, erweiterte die Angemessenheitskriterien für die Vorstandsvergütung, führte einen verbindlichen Selbstbehalt bei der D&O-Versicherung ein und statuierte eine zweijährige Karenzzeit für den Wechsel von Vorstandsmitgliedern in den Aufsichtsrat.

37 Durch das **Gesetz zur Restrukturierung und geordneten Abwicklung von Kreditinstituten, zur Errichtung eines Restrukturierungsfonds für Kreditinstitute und zur Verlängerung der Verjährungsfrist der aktienrechtlichen Organhaftung (Banken-Restrukturierungsgesetz)**[39] vom 9.12.2010 wurde im Lichte der Finanzmarktkrise auch die Haftung für Vorstands- und Aufsichtsratsmitglieder börsennotierter Aktiengesellschaften von bislang fünf auf zehn Jahre verlängert.

38 Das **Dritte Gesetz zur Änderung des Umwandlungsgesetzes (3. UmwÄndG)**[40] vom 11. Juli 2011 ist am 15. Juli 2011 in Kraft getreten. Mit dem Gesetz wird die EU-Richt-

---

35) BGBl. I S. 1102, Nr. 27/2009.
36) BGBl. I S. 2479, Nr. 50/2009.
37) Richtlinie 2007/36/EG über die Ausübung bestimmter Rechte von Aktionären in börsennotierten Gesellschaften (ABl. EU Nr. L 184 S. 17).
38) BGBl. I S. 2509, Nr. 50/2009.
39) BGBl. I S. 1900, Nr. 63/2010.
40) BGBl. I. S. 1338, Nr. 35/2011.

linie 2009/109/EG[41] in nationales Recht umgesetzt, insbesondere wird durch das Gesetz die Möglichkeit eines umwandlungsrechtlichen Squeeze-out neu eingeführt.

Für das Aktienrecht liegt seit dem 11.11.2010 der Entwurf einer „**Aktienrechtsnovelle** 39 **2011**" des Bundesministeriums der Justiz vor, durch den neben verschiedenen gesetzlichen Bereinigungen u. a. die Namensaktie bei nicht börsennotierten Gesellschaften als einzig zulässige Aktienart vorgeschrieben und im Bereich der Wandelschuldverschreibungen eine Flexibilisierung erreicht werden soll.

Die Entwicklungen der letzten Jahre bestätigten die Einschätzung der Vorauflage, in der 40 prognostiziert wurde, dass angesichts der Dringlichkeit des Reformbedarfs aufgrund veränderter ökonomischer Rahmenbedingungen und der damit fehlenden Zeit für eine einzige umfassende Reform des Aktienrechts, auch in Zukunft weitere Reformen in Einzelpunkten zu erwarten sein werden. Hinzu kommen europarechtliche Impulse mit dem Ziel einer Angleichung des Gesellschaftsrechts in der EU. Jüngstes Projekt ist die Verbesserung der Corporate Governance börsennotierter europäischer Unternehmen, für das die EU-Kommission als Grundlage eines Konsultationsverfahrens im April 2011 ein „Grünbuch Corporate Governance" vorgelegt hat.

Insofern wird man wohl auch weiterhin von einer „Aktienrechtsreform in Permanenz"[42] 41 sprechen können. Die Gefahr der Überregulierung und -verrechtlichung als Eigenheit des deutschen Aktienrechts bleibt präsent.[43] Dies gilt insbesondere vor dem Hintergrund der immer umfangreicheren Anforderungen an Publizität, Transparenz, Haftung und Unternehmensverhalten, die insbesondere über das Kapitalmarktrecht auf die börsennotierten Aktiengesellschaften zukommen und die zu steigenden Kostenbelastungen und schwer kalkulierbaren Rechtsrisiken bei den Gesellschaften führen.

Insgesamt kann man jedoch feststellen, dass sich das Aktiengesetz aufgrund dieser vielfältigen Eingriffe des Gesetzgebers, ausgelöst insbesondere durch den Druck der (internationalen) Kapitalmärkte, zu einem wesentlich kapitalmarktnäheren Recht ausgestaltet hat, als dies noch bis vor einigen Jahren der Fall war. Der Verwaltung einer Aktiengesellschaft stehen nicht nur aufgrund der liberalisierenden Tendenz des Gesetzgebers im Bereich der Kapitalerhöhungen,[44] sondern auch einer gleichlaufenden Tendenz der Rechtsprechung des Bundesgerichtshofs[45] eine Reihe von früher nicht gekannten Möglichkeiten zu, eigene Aktien als Akquisitionswährung zu nutzen. Die deutsche Aktiengesellschaft hat sich damit vergleichbaren internationalen Usancen angenähert. Lediglich im Bereich der Unternehmensmitbestimmung und des Konzernrechts sind noch wesentliche deutsche Sonderwege zu erkennen.

---

41) Richtlinie 2009/109/EG des Europäischen Parlaments und des Rates vom 16.9.2009 zur Änderung der Richtlinien 77/91/EWG, 78/855/EWG und 82/891/EWG des Rates sowie der Richtlinie 2005/56/EG hinsichtlich der Berichts- und Dokumentationspflicht bei Verschmelzungen und Spaltungen, ABl L 259/14.

42) *Seibert*, AG 2002, 417.

43) *v. Rosen*, Frankfurter Allgemeine Zeitung vom 12.5.2004.

44) Vgl. nur die Ergänzung des § 186 Abs. 3 AktG durch die Novelle zur „kleinen" AG und Neueinführung des § 71 Abs. 1 Nr. 8 AktG.

45) Insbesondere BGH v. 23.6.1997 – Siemens/Nold, BGHZ 136, 133 = ZIP 1997, 1499, dazu *Hirte*, EWiR 1997, 1013; siehe dazu Rz. 1064 f.

V. Darstellung

43 In den folgenden Mustertexten wird in <u>Teil 1</u> zunächst ein Satzungsmuster für eine börsennotierte Aktiengesellschaft sowie – in entsprechenden Alternativen – einer SE vorgestellt (Rz. 44 ff.). Sodann folgen in <u>Teil 2</u> Muster für die Mitteilungen und Bekanntmachungen zum Aktienbesitz (Rz. 227 ff.) und in <u>Teil 3</u> für die vielfältigen Mitteilungen, Bekanntmachungen und Veröffentlichungen vor und nach der Hauptversammlung (Rz. 305 ff.) sowie in <u>Teil 4</u> Muster betreffend die Corporate Governance (Rz. 364 ff.). <u>Teil 5</u> enthält neben der Einladung zur ordentlichen Hauptversammlung zahlreiche Muster und Vorlagen im Zusammenhang mit der Durchführung einer Hauptversammlung (Rz. 445 ff.). In <u>Teil 6</u> folgen schließlich Muster zu diversen besonderen Hauptversammlungsbeschlüssen (Rz. 908 ff.). Die in den Mustertexten behandelten Konstellationen sind typisch und tauchen häufig auf. Gleichwohl sind die Muster stets sorgfältig an die individuellen Besonderheiten des jeweiligen Falls anzupassen. Insbesondere in den Mustern, die sich mit der Finanzierung der Aktiengesellschaft befassen, sind die zugrunde liegenden Transaktionen oft von hoher Komplexität, so dass die vorgestellten Muster nur einen ersten Einstieg bieten können. Die Erläuterungen im Anschluss an das jeweilige Muster sollen als Einführung in die jeweils bestehenden rechtlichen Probleme dienen.

Teil 1: Satzung

Muster 1: Satzung einer börsennotierten Gesellschaft/SE

I.   Mustertext [→ Rz. 130 ff.]

I.

Allgemeine Bestimmungen

§ 1

Firma, Sitz und Geschäftsjahr

(1) Die Gesellschaft führt die Firma [...] AG. [→ Rz. 132]   44

Alternativ bei SE:

(1) Die Gesellschaft führt die Firma [...] SE [→ Rz. 132]   45

(2) Sie hat ihren Sitz in [...]. [→ Rz. 133/134]   46

(3) Geschäftsjahr ist das Kalenderjahr. Die Zeit von der Errichtung der Gesellschaft bis   47
zum 31.12. [...] bildet ein Rumpfgeschäftsjahr. [→ Rz. 135]

§ 2

Gegenstand des Unternehmens

(1) Die Gesellschaft führt eine Gruppe von Gesellschaften, die sich im Wesentlichen mit   48
[...] vor allem unter der eingetragenen Marke [...] sowie der Vornahme sämtlicher damit
zusammenhängender Rechtsgeschäfte befasst. Sie kann diese Gesellschaften leiten und
sich auf die Verwaltung der Beteiligungen beschränken. Sie kann auf den genannten Gebieten auch selbst tätig werden. [→ Rz. 138]

Alternativ:

(1) Gegenstand des Unternehmens ist die Entwicklung, die Herstellung, und der Vertrieb   49
von [...], einschließlich der Erbringung aller dazugehörigen Dienstleistungen.

(2) Die Gesellschaft ist zu allen Geschäften und Maßnahmen berechtigt, die geeignet er-   50
scheinen, dem Gegenstand des Unternehmens zu dienen. Sie kann zu diesem Zweck auch
andere Unternehmen im In- und Ausland gründen, erwerben, veräußern und sich an ihnen beteiligen sowie Unternehmensverträge jeder Art abschließen. Dies gilt insbesondere
für solche, die auf den in Absatz 1 genannten Gebieten tätig sind. [→ Rz. 139]

§ 3

Bekanntmachungen

(1) Die Bekanntmachungen der Gesellschaft erfolgen nur im elektronischen Bundesan-   51
zeiger. [→ Rz. 141]

(2) Die Gesellschaft ist berechtigt, den Aktionären im Rahmen der gesetzlichen Vor-   52
schriften Informationen auch im Wege der Datenfernübertragung zu übermitteln.
[→ Rz. 142]

II.

Grundkapital und Aktien

§ 4

Höhe und Einteilung des Grundkapitals

53 (1) Das Grundkapital der Gesellschaft beträgt 10 000 000 € (in Worten: zehn Millionen Euro) und ist eingeteilt in 10 000 000 (in Worten: zehn Millionen) nennbetragslose Stückaktien. [→ Rz. 144 ff.]

54 (2) Die Aktien lauten auf den Inhaber. Dies gilt auch für neue Aktien aus einer Kapitalerhöhung, sofern der Erhöhungsbeschluss keine abweichende Bestimmung trifft. [→ Rz. 146]

Alternativ bei Namensaktien:

55 *(2) Die Aktien lauten auf den Namen. Dies gilt auch für neue Aktien aus einer Kapitalerhöhung, sofern der Erhöhungsbeschluss keine abweichende Bestimmung trifft. [→ Rz. 146]*

56 *Eintragungen im Aktienregister erfolgen auf Mitteilung und Nachweis. In der Mitteilung ist offenzulegen, ob die Aktien demjenigen gehören, in dessen Namen die Eintragung begehrt wird. Eintragungen im Aktienregister erfolgen auf den Namen desjenigen, dem die Aktien gehören. Wer von einem oder mehreren Aktionären ermächtigt ist, im eigenen Namen deren Aktionärsrechte auszuüben, kann jedoch als Legitimationsaktionär mit Stimmrecht im Aktienregister eingetragen werden – allerdings nur für Bestände bis zur Gesamthöhe von maximal [1,5 %] des eingetragenen Grundkapitals pro Legitimationsaktionär. Für Zwecke dieser Regelung gelten Rechtsträger, (die i. S. d. §§ 15 ff. AktG miteinander verbunden sind oder deren Stimmrechte nach §§ 21, 22 WpHG zusammengerechnet werden), als ein Legitimationsaktionär. [→ Rz. 148]*

57 *Bei Inkrafttreten dieser Regelung bereits bestehende Eintragungen bleiben von den vorstehenden Beschränkungen unberührt. [→ Rz. 149]*

58 *Ebenfalls unberührt bleiben Eintragungen des depotführenden Instituts als Platzhalter ohne Stimmrecht auf Verlangen der Gesellschaft; sie zählen für die [1,5 %]-Schwelle nicht mit.*

59 (3) Die Form der Aktienurkunden und der Gewinnanteils- und Erneuerungsscheine wird vom Vorstand mit Zustimmung des Aufsichtsrats bestimmt. Der Anspruch der Aktionäre auf Verbriefung ihrer Aktien ist ausgeschlossen, soweit nicht die Verbriefung nach börsenrechtlichen Regeln erforderlich ist. Es können Sammelurkunden über die Aktien ausgestellt werden. [→ Rz. 150]

60 (4) Bei einer Kapitalerhöhung kann die Gewinnbeteiligung neuer Aktien abweichend von § 60 Abs. 2 AktG bestimmt werden. [→ Rz. 152]

Alternativ:

61 *(5) Bei Gründung der Gesellschaft haben die nachstehend genannten Gründer die von ihnen gehaltenen Geschäftsanteile an der [...] GmbH, [...], eingetragen im Handelsregister des Amtsgerichts [...] unter HRB [...], als Sacheinlagen der Gesellschaft gegen die Gewährung von [...] Aktien übertragen. Der Wert der als Sacheinlage einzubringenden GmbH-Geschäftsanteile an der [...] GmbH wird in die Kapitalrücklagen der Gesellschaft nach § 272 Abs. 2 Nr. 1 HGB eingestellt, soweit er zum Zeitpunkt der Einbringung den auf die hierfür gewährten Aktien entfallenden anteiligen Betrag des Grundkapitals übersteigt. [→ Rz. 154]*

III.

Vorstand

§ 5

Zusammensetzung und Geschäftsordnung

(1) Der Vorstand der Gesellschaft besteht aus einer oder mehreren Personen. Die Zahl 62
der Vorstandsmitglieder bestimmt der Aufsichtsrat. [→ Rz. 155 f.]

(2) Die Vorstandsmitglieder werden vom Aufsichtsrat bestellt. Die Bestellung stellvertre- 63
tender Vorstandsmitglieder ist zulässig. [→ Rz. 157] Der Aufsichtsrat kann einen Vorstandsvorsitzenden sowie einen stellvertretenden Vorstandsvorsitzenden ernennen.
[→ Rz. 158 f.] Die Wiederbestellung ist zulässig.

Alternativ bei SE:

(2) Die Vorstandsmitglieder werden vom Aufsichtsrat für einen Zeitraum von höchstens sechs 64
Jahren bestellt. Die Bestellung stellvertretender Vorstandsmitglieder ist zulässig. Der Auf-
sichtsrat kann einen Vorstandsvorsitzenden sowie einen stellvertretenden Vorstandsvorsitzen-
den ernennen. [→ Rz. 159 f.] Die Wiederbestellung ist zulässig.

(3) Beschlüsse des Vorstands werden mit einfacher Stimmenmehrheit der an der Be- 65
schlussfassung teilnehmenden Vorstandsmitglieder gefasst, soweit nicht das Gesetz zwingend eine größere Stimmenmehrheit vorschreibt. Bei Stimmengleichheit gibt die Stimme
des Vorsitzenden den Ausschlag.

(4) Der Vorstand gibt sich durch einstimmigen Beschluss aller Vorstandsmitglieder eine 66
Geschäftsordnung, die auch die Geschäftsverteilung unter mehreren Vorstandsmitgliedern regelt. Die Geschäftsordnung und Geschäftsverteilung bedürfen der Zustimmung
des Aufsichtsrats, falls nicht der Aufsichtsrat eine Geschäftsordnung für den Vorstand er-
lässt. [→ Rz. 160 f.]

Alternativ bei SE:

(5) Der Vorstand bedarf der ausdrücklichen vorherigen Zustimmung des Aufsichtsrats 67
[→ Rz. 162]

a) *zum Erwerb, zur Veräußerung und zur Belastung von Grundstücken und grundstücks-*
   gleichen Rechten, soweit im Einzelfall ein Wert von [...] € überschritten wird,

b) *zur Aufgabe bestehender und Aufnahme neuer Geschäftszweige und*

c) *zur Emission von Anleihen oder vergleichbaren Finanzinstrumenten.*

Der Aufsichtsrat kann darüber hinaus weitere Arten von Geschäften oder bestimmten Maß- 68
nahmen von seiner Zustimmung abhängig machen.

§ 6

Vertretung der Gesellschaft

Die Gesellschaft wird durch zwei Vorstandsmitglieder oder durch ein Vorstandsmitglied 69
in Gemeinschaft mit einem Prokuristen gesetzlich vertreten. Ist nur ein Vorstandsmitglied bestellt, vertritt es die Gesellschaft allein. Der Aufsichtsrat kann bestimmen, dass
Vorstandsmitglieder einzelvertretungsbefugt sind. Der Aufsichtsrat kann Vorstandsmitgliedern gestatten, allgemein oder im Einzelfall im Namen der Gesellschaft mit sich selbst
als Vertreter eines Dritten Rechtsgeschäfte vorzunehmen. [→ Rz. 163]

IV.

Aufsichtsrat

§ 7

Zusammensetzung, Amtszeit, Amtsniederlegung

70 (1) Der Aufsichtsrat besteht aus sechs Mitgliedern. [→ Rz. 164 ff.]

Alternative Mitbestimmung nach DrittelbG:

71 *(1) Der Aufsichtsrat besteht aus sechs Mitgliedern, von denen vier Mitglieder von der Hauptversammlung und zwei Mitglieder von den Arbeitnehmern nach dem Drittelbeteiligungsgesetz gewählt werden. [→ Rz. 165]*

Alternative Mitbestimmung nach dem MitbestG:

72 *(1) Der Aufsichtsrat besteht aus je sechs Aufsichtsratsmitgliedern der Anteilseigner und der Arbeitnehmer. Die Wahl der Aufsichtsratsmitglieder der Arbeitnehmer richtet sich nach dem Mitbestimmungsgesetz. [→ Rz. 166]*

Alternativ bei SE:

73 *(1) Der Aufsichtsrat besteht aus sechs Mitgliedern, die von der Hauptversammlung gewählt werden. Davon werden zwei Mitglieder auf Vorschlag der Arbeitnehmer gewählt. Die Hauptversammlung ist an die Vorschläge zur Wahl der Arbeitnehmervertreter gebunden. Im Übrigen ist die Hauptversammlung an Wahlvorschläge nicht gebunden. Bestimmt eine nach Maßgabe des Gesetzes über die Beteiligung der Arbeitnehmer in einer europäischen Gesellschaft (SE–Beteiligungsgesetz) geschlossene Vereinbarung über die Mitbestimmung der Arbeitnehmer ein abweichendes Bestellungsverfahren für die Vertreter der Arbeitnehmer im Aufsichtsrat, werden die Arbeitnehmervertreter nicht von der Hauptversammlung, sondern gem. dem vereinbarten Bestellungsverfahren bestellt. [→ Rz. 167 ff.]*

74 (2) Die Aufsichtsratsmitglieder werden für die Zeit bis zur Beendigung der Hauptversammlung gewählt, die über die Entlastung des Aufsichtsrats für das vierte Geschäftsjahr nach dem Beginn der Amtszeit beschließt. Das Geschäftsjahr, in dem die Amtszeit beginnt, wird nicht mitgerechnet. Die Hauptversammlung kann für von den Aktionären gewählte Mitglieder bei der Wahl eine kürzere Amtszeit bestimmen. Die Wahl des Nachfolgers eines vor Ablauf der Amtszeit ausgeschiedenen Mitglieds erfolgt, soweit die Hauptversammlung die Amtszeit des Nachfolgers nicht abweichend bestimmt, für den Rest der Amtszeit des ausgeschiedenen Mitglieds. [→ Rz. 177]

Alternativ bei SE:

75 *(2) Die Aufsichtsratsmitglieder werden für die Zeit bis zur Beendigung der Hauptversammlung gewählt, die über die Entlastung des Aufsichtsrats für das fünfte Geschäftsjahr nach dem Beginn der Amtszeit beschließt, wobei das Geschäftsjahr, in dem die Wahl erfolgt, nicht mitgerechnet wird. Eine Wiederwahl ist möglich. Die Bestellung endet jedoch spätestens nach Ablauf von sechs Jahren seit der Bestellung. [→ Rz. 171]*

76 (3) Die Hauptversammlung kann für die von ihr zu wählenden Aufsichtsratsmitglieder Ersatzmitglieder wählen, die in der bei der Wahl festzulegenden Weise Mitglieder des Aufsichtsrats werden, wenn Aufsichtsratsmitglieder vor Ablauf ihrer Amtszeit ausscheiden. [→ Rz. 173]

Alternative Mitbestimmung:

(3) Die Hauptversammlung kann für die von ihr zu wählenden Aufsichtsratsmitglieder Er-   77
satzmitglieder wählen, die in der bei der Wahl festzulegenden Weise Mitglieder des Aufsichts-
rats werden, wenn Aufsichtsratsmitglieder vor Ablauf ihrer Amtszeit ausscheiden. Die Wahl
der Ersatzmitglieder der Arbeitnehmer erfolgt nach dem DrittelbG/MitbestG. [→ Rz. 173]

(4) Jedes Mitglied des Aufsichtsrats kann sein Amt durch eine an den Vorsitzenden des   78
Aufsichtsrats und an den Vorstand zu richtende schriftliche Erklärung unter Einhaltung
einer Frist von zwei Wochen niederlegen. Aus wichtigem Grund kann die Niederlegung
mit sofortiger Wirkung erfolgen. [→ Rz. 174]

(5) Aufsichtsratsmitglieder, die von der Hauptversammlung ohne Bindung an einen   79
Wahlvorschlag gewählt worden sind, können von ihr vor Ablauf der Amtszeit abberufen
werden. Der Beschluss bedarf der einfachen Mehrheit der abgegebenen Stimmen.
[→ Rz. 175]

§ 8
Vorsitzender und Stellvertreter

(1) Der Aufsichtsrat wählt im Anschluss an die Hauptversammlung, in der die Aufsichts-   80
ratsmitglieder der Aktionäre gewählt worden sind, in einer ohne besondere Einberufung
stattfindenden Sitzung aus seiner Mitte einen Vorsitzenden und einen Stellvertreter. Die
Amtszeit des Vorsitzenden und des Stellvertreters entspricht, soweit bei der Wahl nicht
eine kürzere Amtszeit bestimmt wird, ihrer Amtszeit als Mitglied des Aufsichtsrats.
[→ Rz. 177]

Alternativ Mitbestimmung nach MitbestG:

(1) Der Aufsichtsrat wählt in der ersten Sitzung nach seiner Wahl mit einer Mehrheit von   81
zwei Dritteln der Mitglieder, aus denen er insgesamt zu bestehen hat, aus seiner Mitte einen
Aufsichtsratsvorsitzenden und einen Stellvertreter. Die Wahl erfolgt für die Amtsdauer der
gewählten oder einen kürzeren vom Aufsichtsrat bestimmten Zeitraum. Wird bei der Wahl
des Aufsichtsratsvorsitzenden oder seines Stellvertreters die nach Satz 1 erforderliche Mehrheit
nicht erreicht, so findet für die Wahl des Aufsichtsratsvorsitzenden und seines Stellvertreters
ein zweiter Wahlgang statt. In diesem Wahlgang wählen die Aufsichtsratsmitglieder der An-
teilseigner den Aufsichtsratsvorsitzenden und die Aufsichtsratsmitglieder der Arbeitnehmer
den Stellvertreter jeweils mit der Mehrheit der abgegebenen Stimmen. [→ Rz. 178]

(2) Scheidet der Vorsitzende oder der Stellvertreter vor Ablauf der Amtszeit aus seinem   82
Amt aus, so hat der Aufsichtsrat eine Neuwahl für die restliche Amtszeit des Ausgeschiedenen vorzunehmen.

§ 9
Einberufung und Beschlussfassung

(1) Sitzungen des Aufsichtsrats finden mindestens zweimal im Kalenderhalbjahr statt.   83
Die Sitzungen des Aufsichtsrats werden durch den Vorsitzenden mit einer Frist von vier-
zehn Tagen in Textform einberufen. Bei der Berechnung der Frist werden der Tag der
Absendung der Einladung und der Tag der Sitzung nicht mitgerechnet. In dringenden
Fällen kann der Vorsitzende die Frist abkürzen und mündlich oder fernmündlich einberu-
fen. [→ Rz. 179]

84 (2) Mit der Einberufung sind die Gegenstände der Tagesordnung mitzuteilen. Beschlüsse zu Gegenständen der Tagesordnung, die nicht rechtzeitig bekannt gegeben worden sind, können nur gefasst werden, wenn kein Mitglied der Abstimmung widerspricht. Abwesenden Mitgliedern ist in einem solchen Fall innerhalb einer vom Vorsitzenden zu bestimmenden angemessenen Frist Gelegenheit zu geben, der Beschlussfassung zu widersprechen. Der Beschluss wird erst wirksam, wenn kein abwesendes Mitglied innerhalb der Frist widersprochen hat. [→ Rz. 179]

85 (3) Beschlüsse des Aufsichtsrats werden in der Regel in Sitzungen gefasst. Außerhalb von Sitzungen sind Beschlussfassungen durch schriftliche, fernmündliche, per Telefax oder per E-Mail übermittelte Stimmabgaben oder Stimmabgaben mittels sonstiger gebräuchlicher Kommunikationsmittel, insbesondere per Videokonferenz, zulässig, wenn der Vorsitzende des Aufsichtsrats dies anordnet. Ein Widerspruchsrecht der Mitglieder des Aufsichtsrats besteht nicht. [→ Rz. 180]

86 (4) An den Sitzungen des Aufsichtsrats und seiner Ausschüsse können Personen, die dem Aufsichtsrat nicht angehören, an Stelle von verhinderten Aufsichtsratsmitgliedern teilnehmen, wenn sie hierzu in Textform ermächtigt sind. [→ Rz. 180]

87 (5) Der Aufsichtsrat ist beschlussfähig, wenn die Hälfte, mindestens jedoch drei seiner Mitglieder, an der Beschlussfassung teilnehmen.

Alternativ Mitbestimmung nach dem MitbestG:

88 *Der Aufsichtsrat ist beschlussfähig, wenn mindestens die Hälfte der Mitglieder, aus denen er insgesamt zu bestehen hat, an der Beschlussfassung teilnimmt.*

89 Ein Aufsichtsratsmitglied nimmt auch dann an der Abstimmung teil, wenn es sich der Stimme enthält. Abwesende Aufsichtsratsmitglieder können dadurch an der Beschlussfassung teilnehmen, dass sie durch andere Aufsichtsratsmitglieder oder durch Vertreter nach § 9 Abs. 4 schriftliche Stimmabgaben überreichen lassen. Darüber hinaus können abwesende Aufsichtsratsmitglieder ihre Stimme während der Sitzung oder nachträglich innerhalb einer vom Vorsitzenden zu bestimmenden angemessenen Frist in Textform, fernmündlich, per Telefax oder per E-Mail oder mittels sonstiger gebräuchlicher Kommunikationsmittel abgeben, insbesondere auch per Videozuschaltung oder per Telefonkonferenz, sofern kein in der Sitzung anwesendes Aufsichtsratsmitglied widerspricht; ein Widerspruch kann jedoch nicht erhoben werden, wenn das abwesende und die anwesenden Aufsichtsratsmitglieder untereinander im Wege allseitigen und gleichzeitigem Sehens oder Hörens in Verbindung stehen und den Beschlussgegenstand erörtern können. [→ Rz. 180]

90 (6) Die Beschlüsse bedürfen, soweit im Gesetz nicht zwingend anderes bestimmt ist, der einfachen Mehrheit der abgegebenen Stimmen. Ergibt eine Abstimmung im Aufsichtsrat Stimmengleichheit, so muss der Aufsichtsrat auf Verlangen eines seiner Mitglieder unmittelbar im Anschluss an die erste Abstimmung eine erneute Abstimmung über denselben Gegenstand durchführen. Ergibt sich auch bei dieser Abstimmung Stimmengleichheit, so zählt die Stimme des Vorsitzenden doppelt. Das Gleiche gilt, wenn der Aufsichtsratsvorsitzende gem. § 108 Abs. 3 AktG schriftliche Stimmabgaben überreichen lässt. Dem Stellvertreter steht die zweite Stimme nicht zu. [→ Rz. 182]

91 (7) Über die Sitzungen des Aufsichtsrats ist eine Niederschrift anzufertigen, die vom Vorsitzenden der Sitzung zu unterzeichnen ist. Bei Beschlussfassungen außerhalb von Sitzungen ist die Niederschrift vom Vorsitzenden des Aufsichtsrats zu unterzeichnen.

Die Niederschrift ist allen Mitgliedern des Aufsichtsrats unverzüglich zuzuleiten. [→ Rz. 179]

(8) Der Vorsitzende ist ermächtigt, im Namen des Aufsichtsrats die zur Durchführung 92 der Beschlüsse des Aufsichtsrats und seiner Ausschüsse erforderlichen Willenserklärungen abzugeben und entgegenzunehmen [→ Rz. 184], soweit der Aufsichtsrat nicht etwas anderes beschließt.

§ 10

Geschäftsordnung und Änderungen der Satzungsfassung

(1) Im Rahmen der zwingenden gesetzlichen Vorschriften und der Bestimmungen dieser 93 Satzung gibt sich der Aufsichtsrat eine Geschäftsordnung. [→ Rz. 185]

(2) Der Aufsichtsrat ist ermächtigt, Änderungen der Satzung zu beschließen, die nur de- 94 ren Fassung betreffen. [→ Rz. 186]

Alternativ bei SE:

(3) Der Aufsichtsrat kann aus seiner Mitte Ausschüsse bilden und ihnen im Rahmen der ge- 95 *setzlichen Bestimmungen Entscheidungsbefugnisse übertragen.* [→ Rz. 185]

§ 11

Vergütung des Aufsichtsrats

(1) Die Mitglieder des Aufsichtsrats erhalten außer dem Ersatz ihrer Auslagen 96

a) eine feste, nach Ablauf des Geschäftsjahres zahlbare Vergütung in Höhe von [...] € je Geschäftsjahr mit einer Dauer von zwölf Monaten sowie [→ Rz. 187]

b) eine erfolgsbezogene Vergütung in Höhe von [...] € je Prozent Gewinnanteil, der nach dem Gewinnverwendungsbeschluss der Hauptversammlung über [...] % des Grundkapitals der Gesellschaft hinaus an die Aktionäre ausgeschüttet wird, [→ Rz. 188]

Alternativ:

sowie 97

c) *eine auf den langfristigen Unternehmenserfolg bezogene jährliche Vergütung in Höhe von [...] € je [...] € Ergebnis vor Steuern und Anteilen anderer Gesellschafter im Konzernabschluss der Gesellschaft („EBT"), das im Durchschnitt der letzten drei Geschäftsjahre ein EBT von [...] € übersteigt. Diese Vergütung wird erstmalig zahlbar nach Ablauf der Hauptversammlung, die über die Entlastung des Aufsichtsrats für das am [...] endende Geschäftsjahr entscheidet. Bis zu diesem Zeitpunkt hinzukommende oder ausscheidende Aufsichtsratsmitglieder erhalten eine zeitanteilige Vergütung.* [→ Rz. 189]

Die Vergütung nach lit. b) und c) ist jeweils auf einen Betrag von höchstens [...] € be- 98 grenzt.

(2) Die Vergütung nach Absatz 1 erhöht sich für den Vorsitzenden auf das Doppelte und 99 für den Stellvertreter auf das Eineinhalbfache. Jedes Mitglied eines Ausschusses erhält einen Zuschlag von 25 % auf die Vergütung nach Absatz 1, der Vorsitzende des Ausschusses erhält einen Zuschlag von 50 %. Die nach diesem Absatz 2 zu zahlenden Zu-

schläge für die Tätigkeit in Ausschüssen sind der Höhe nach auf den Betrag, der der einfachen Vergütung nach vorstehendem Absatz 1 entspricht, beschränkt. [→ Rz. 191]

100 (3) Aufsichtsratsmitglieder, die nur während eines Teils des Geschäftsjahres dem Aufsichtsrat angehört haben, erhalten für jeden angefangenen Monat ihrer Tätigkeit ein Zwölftel der Vergütung. Dies gilt entsprechend für Mitgliedschaften in Aufsichtsratsausschüssen.

101 (4) Jedes Aufsichtsratsmitglied erhält für jede Teilnahme an Sitzungen des Aufsichtsrats oder eines Ausschusses, dessen Mitglied es ist, ein Sitzungsgeld in Höhe von [...] €. [→ Rz. 190]

102 (5) Die Gesellschaft schließt zugunsten der Mitglieder des Aufsichtsrats eine Vermögensschadenhaftpflichtversicherung zur angemessenen Absicherung gegen Haftungsrisiken aus der Tätigkeit als Aufsichtsrat ab. [→ Rz. 193]

103 (6) Die Vergütung versteht sich zuzüglich einer etwa anfallenden Umsatzsteuer. [→ Rz. 194]

V.

Hauptversammlung

§ 12

Ort und Einberufung/Mitteilungen

104 (1) Die Hauptversammlung findet am Sitz der Gesellschaft, einer Gemeinde im Umkreis von 50 km oder einem deutschen Börsenplatz statt. [→ Rz. 195]

105 (2) Die Einberufung muss, sofern das Gesetz keine andere Frist vorsieht, mindestens dreißig Tage vor dem Tag der Hauptversammlung im elektronischen Bundesanzeiger bekannt gemacht werden. Die Einberufungsfrist verlängert sich um die Tage der Anmeldefrist (§ 13 Abs. 1). [→ Rz. 196]

Alternativ bei Namensaktien:

106 *(3) Mitteilungen der Gesellschaft nach § 125 Abs. 1 AktG an Aktionäre, die zu Beginn des 14. Tages vor der Hauptversammlung als Aktionär im Aktienregister der Gesellschaft eingetragen sind, werden ausschließlich elektronisch übermittelt. Das Gleiche gilt für die Übermittlung von Mitteilungen nach § 125 Abs. 1 AktG durch ein Kreditinstitut, welches für Namensaktien der Gesellschaft, die ihm nicht gehören, im Aktienregister eingetragen ist. [→ Rz. 198]*

§ 13

Teilnahmerecht

107 (1) Zur Teilnahme an der Hauptversammlung und zur Ausübung des Stimmrechts sind diejenigen Aktionäre berechtigt, die sich zur Hauptversammlung angemeldet und der Gesellschaft ihren Anteilsbesitz nachgewiesen haben. Der Nachweis des Anteilsbesitzes muss durch eine von dem depotführenden Institut in Textform erstellte und in deutscher oder englischer Sprache abgefasste Bescheinigung, bezogen auf den Beginn des 21. Tages vor der Hauptversammlung, erbracht werden. [→ Rz. 199 ff.]

108 Die Anmeldung und der Nachweis des Anteilsbesitzes müssen der Gesellschaft unter der in der Einberufung hierfür mitgeteilten Adresse mindestens sechs Tage vor der Hauptversammlung zugehen. Der Vorstand bzw. im Falle einer Einberufung durch den Aufsichts-

rat, der Aufsichtsrat, ist ermächtigt, in der Einberufung eine bis auf drei Tage verkürzten Anmelde- und Nachweisfrist zu bestimmen. [→ Rz. 201]

Alternativ bei Namensaktien:

Zur Teilnahme an der Hauptversammlung und zur Ausübung des Stimmrechts sind diejeni- 109 *gen Aktionäre berechtigt, die im Aktienregister eingetragen sind und sich zur Teilnahme an der Hauptversammlung angemeldet haben. Die Anmeldung zur Teilnahme an der Hauptver- sammlung muss der Gesellschaft unter der in der Einberufung hierfür mitgeteilten Adresse mindestens am sechsten Tage vor der Hauptversammlung zugehen. Der Tag der Hauptver- sammlung und der Tag des Zugangs sind nicht mitzuzählen. Umschreibungen im Aktienregis- ter finden innerhalb eines Zeitraums vom Beginn des zweiten Tages bis zum Schluss der Hauptversammlung nicht statt. [→ Rz. 206]*

(2) Der Vorstand kann vorsehen, dass die Aktionäre an der Hauptversammlung auch oh- 110 ne Anwesenheit an deren Ort und ohne eine Bevollmächtigten teilnehmen und sämtliche oder einzelne ihrer Rechte ganz oder teilweise im Wege elektronischer Kommunikation ausüben können. Der Vorstand bestimmt die näheren Einzelheiten des Verfahrens, die er mit der Einberufung der Hauptversammlung bekannt macht. [→ Rz. 207]

§ 14

Vorsitz in der Hauptversammlung, Bild- und Tonübertragungen

(1) Den Vorsitz in der Hauptversammlung führt der Vorsitzende des Aufsichtsrats, im 111 Falle seiner Verhinderung ein von ihm bestimmter Stellvertreter aus dem Kreis der Auf- sichtsratsmitglieder. Wenn sowohl der Vorsitzende des Aufsichtsrats als auch der von ihm bestimmte Stellvertreter den Vorsitz nicht übernehmen, wird der Versammlungslei- ter durch die Hauptversammlung unter der Leitung eines Aufsichtsratsmitglieds gewählt. [→ Rz. 208]

(2) Der Vorsitzende in der Hauptversammlung leitet die Versammlung. Er bestimmt un- 112 ter anderem die Reihenfolge, in der die Gegenstände der Tagesordnung verhandelt wer- den, sowie die Art und Reihenfolge der Abstimmungen. Er kann eine vorübergehende Unterbrechung der Hauptversammlung anordnen. [→ Rz. 209]

(3) Der Vorsitzende kann das Frage- und Rederecht des Aktionärs zeitlich angemessen 113 beschränken. Er kann insbesondere zu Beginn der Hauptversammlung oder während ihres Verlaufs einen zeitlichen Rahmen für den ganzen Hauptversammlungsverlauf, für einzelne Tagesordnungspunkte oder für den einzelnen Redner bzw. Fragesteller festsetzen. [→ Rz. 209]

(4) Die Hauptversammlung kann vollständig oder teilweise in Ton und Bild übertragen 114 werden, wenn der Vorstand dies im Einzelfall anordnet. Die Übertragung kann auch in einer Form erfolgen, zu der die Öffentlichkeit uneingeschränkten Zugang hat. Die Form der Übertragung ist mit der Einberufung bekannt zu machen. [→ Rz. 210 f.]

§ 15

Stimmrecht/Beschlussfassung

(1) Jede Aktie gewährt in der Hauptversammlung eine Stimme. [→ Rz. 212] 115

(2) Das Stimmrecht kann durch Bevollmächtigte ausgeübt werden. Die Vollmacht bedarf, 116 soweit das Gesetz nichts anderes bestimmt, der Textform. Der Nachweis der Vollmacht,

insbesondere die Bevollmächtigung eines von der Gesellschaft benannten Stimmrechtsvertreters, kann der Gesellschaft auf einem vom Vorstand näher zu bestimmenden Weg der elektronischen Kommunikation übermittelt werden. Die Einzelheiten für die Vollmachterteilung sind in diesem Fall zusammen mit der Einberufung der Hauptversammlung bekannt zu machen. [→ Rz. 213 f.]

117 (3) Der Vorstand kann vorsehen, dass Aktionäre ihre Stimmen, auch ohne an der Versammlung teilzunehmen, schriftlich oder im Wege elektronischer Kommunikationsmittel abgeben dürfen (Briefwahl). Der Vorstand bestimmt die näheren Einzelheiten des Verfahrens, die er mit der Einberufung der Hauptversammlung bekannt macht. [→ Rz. 215 f.]

118 (4) Die Beschlüsse der Hauptversammlung werden, soweit nicht zwingende gesetzliche Vorschriften oder die Satzung entgegenstehen, mit einfacher Mehrheit der abgegebenen Stimmen und, sofern das Gesetz außer Stimmenmehrheit eine Kapitalmehrheit vorschreibt, mit der einfachen Mehrheit des bei der Beschlussfassung vertretenen Grundkapitals gefasst. [→ Rz. 217]

Alternativ bei SE:

119 *Beschlüsse der Hauptversammlung werden, soweit nicht zwingende gesetzliche Vorschriften oder die Satzung entgegenstehen, mit einfacher Mehrheit der abgegebenen gültigen Stimmen gefasst. Soweit nicht zwingende gesetzliche Vorschriften entgegenstehen, bedarf es für Satzungsänderungen einer Mehrheit von zwei Dritteln der abgegebenen Stimmen bzw., sofern mindestens die Hälfte des Grundkapitals vertreten ist, der einfachen Mehrheit der abgegebenen Stimmen. Sofern das Gesetz für Beschlüsse der Hauptversammlung außer der Stimmenmehrheit eine Kapitalmehrheit vorschreibt, genügt, soweit gesetzlich zulässig, die einfache Mehrheit des bei der Beschlussfassung vertretenen Grundkapitals. [→ Rz. 218]*

VI.

Jahresabschluss und Gewinnverwendung

§ 16

Jahresabschluss und ordentliche Hauptversammlung

120 (1) Der Vorstand hat in den ersten drei Monaten des Geschäftsjahres den Jahresabschluss und den Konzernabschluss sowie den Lagebericht und den Konzernlagebericht aufzustellen und dem Aufsichtsrat vorzulegen. Dieser erteilt dem Abschlussprüfer unverzüglich den Prüfungsauftrag für den Jahresabschluss und den Konzernabschluss. Nach Eingang des Prüfungsberichts beim Vorstand sind der Jahresabschluss, der Konzernjahresabschluss, der Lagebericht und der Konzernlagebericht sowie zusammen mit dem Vorschlag, den der Vorstand der Hauptversammlung für die Verwendung des Bilanzgewinns machen will, den Mitgliedern des Aufsichtsrats zwecks Prüfung zuzuleiten. [→ Rz. 219]

121 (2) Der Aufsichtsrat hat den Jahresabschluss, den Lagebericht des Vorstands, den Vorschlag des Vorstands für die Verwendung des Bilanzgewinns sowie den Konzernabschluss und den Konzernlagebericht zu prüfen und über das Ergebnis seiner Prüfung schriftlich an die Hauptversammlung zu berichten. Er hat seinen Bericht innerhalb eines Monats nachdem ihm die Vorlagen zugegangen sind, dem Vorstand zuzuleiten. Am Schluss des Berichts hat der Aufsichtsrat zu erklären, ob er den vom Vorstand aufgestellten Jahresabschluss und Konzernabschluss billigt. Der Jahresabschluss ist festgestellt, wenn der Aufsichtsrat ihn nach Prüfung gebilligt hat. [→ Rz. 219 f.]

(3) Nach Eingang des Berichts des Aufsichtsrats über das Ergebnis seiner Prüfung hat der **122** Vorstand unverzüglich die ordentliche Hauptversammlung einzuberufen. Die ordentliche Hauptversammlung findet innerhalb der ersten acht *[alternativ bei SE: sechs]* Monate eines jeden Geschäftsjahres statt und beschließt über die Entlastung des Vorstands, des Aufsichtsrats, die Verwendung des Bilanzgewinns, die Bestellung des Abschlussprüfers sowie in den gesetzlich vorgesehenen Fällen über die Feststellung des Jahresabschlusses.

(4) Vorstand und Aufsichtsrat sind ermächtigt, bei Feststellung des Jahresabschlusses den **123** Jahresüberschuss, der nach Abzug der in die gesetzliche Rücklage eingestellten Beträge und eines Verlustvortrags verbleibt, gem. § 58 Abs. 2 Satz 3 AktG bis zur vollen Höhe in andere Gewinnrücklagen einzustellen. [→ Rz. 221]

§ 17

Gewinnverwendung

(1) Die Hauptversammlung beschließt über die Verwendung des Bilanzgewinns. Sie kann **124** anstelle oder neben einer Barausschüttung auch eine Sachdividende beschließen, soweit es sich bei den auszuschüttenden Sachwerten um solche handelt, die auf einem Markt i. S. v. § 3 Abs. 2 AktG gehandelt werden. [→ Rz. 222]

(2) Nach Ablauf des Geschäftsjahres kann der Vorstand mit Zustimmung des Aufsichts- **125** rats im Rahmen des § 59 Abs. 2 AktG eine Abschlagsdividende an die Aktionäre ausschütten. [→ Rz. 223]

VII.

Sonstiges

§ 18

Gründungsaufwand

Der Aufwand der Gründung der Gesellschaft wird bis zu einem Betrag in Höhe von [...] € **126** von der Gesellschaft getragen. [→ Rz. 224]

Alternativ bei SE:

(1) Die Gesellschaft trägt den mit der Umwandlung in die Rechtsform der SE entstandenen **127** *Gründungsaufwand bis zu einem Gesamtbetrag von [...] €.*

(2) Das Grundkapital der Gesellschaft wurde zum Zeitpunkt der Gründung in Höhe von **128** *[...] € durch Formwechsel des bisherigen Rechtsträgers, nämlich der [...] mit dem Sitz in [...] erbracht.*

(3) Im Rahmen des Formwechsels auf die [...] SE sind folgende Vorteile gewährt worden: **129** *[...].*

[→ Rz. 225 f.]

II. Erläuterungen [→ Rz. 44 ff.]

Das Muster enthält die Satzung einer börsennotierten Aktiengesellschaft mit im Kursiv- **130** druck gekennzeichneten Varianten, die abweichende Satzungsbestimmungen für die SE, für Namensaktien anstelle von Inhaberaktien und für bestimmte mitbestimmungsrechtliche Konstellationen (paritätische Mitbestimmung nach dem MitbestG und Drittelmitbestimmung nach dem DrittelbG) aufzeigen. Soweit weitergehender Gestaltungsspielraum besteht, ist er in den nachstehenden Einzelerläuterungen deutlich gemacht. Ansonsten gilt der Grundsatz der Satzungsstrenge. Nach § 23 Abs. 5 Satz 1 AktG kann von den Normen des Aktiengesetzes nur abgewichen werden, soweit dies im Gesetz ausdrücklich oder im Wege eindeutiger Auslegung zugelassen ist. Ergänzungen sind nur zulässig, soweit das Gesetz keine abschließende Regelung enthält. Nach § 23 Abs. 5 Satz 2 AktG sind ergänzende Bestimmungen der Satzung nur zulässig, soweit das Gesetz keine abschließende Regelung getroffen hat. Danach bleibt in nur sehr eingeschränktem Umfang zusätzlicher Gestaltungsspielraum für die Satzung.[46]

1. Allgemeine Bestimmungen

a) Firma, Sitz und Geschäftsjahr

131 § 1 des Musters enthält die nach § 23 Abs. 3 Nr. 1, 2 AktG bestimmten Satzungsinhalte. Sie sind unverzichtbar.

aa) Firma [→ Rz. 44]

132 Seit Inkrafttreten des Handelsrechtsreformgesetzes am 1.7.1998 muss die Firma einer Aktiengesellschaft nicht mehr zwingend eine Sachfirma sein. Vielmehr gelten die allgemeinen Bestimmungen des HGB (§§ 17 ff. HGB). § 4 AktG schreibt demzufolge nur noch vor, dass die Rechtsformbezeichnung „Aktiengesellschaft" oder eine allgemein verständliche Abkürzung dieser Bezeichnung in der Firma enthalten sein muss. Für die SE gilt Art. 11 Abs. 1 SE-VO. Danach muss der Zusatz SE voran – oder nachgestellt sein. Für die sonstigen Firmenbestandteile findet aber nach Art. 15 Abs. 1 SE-VO bzw. nach der Gründung gem. Art. 9 Abs. 1c) ii) SE-VO ebenfalls das deutsche Firmenrecht der §§ 11 ff. HGB Anwendung.[47]

bb) Sitz [→ Rz. 46]

133 Als Sitz der AG muss mit hinreichender Genauigkeit der Name einer politischen Gemeinde (in Deutschland) angegeben werden. § 5 Abs. 2 AktG, der bislang die Bindung des Satzungssitzes an den Ort der tatsächlichen Verwaltung vorgab (mit einigen Ausnahmen)[48], ist mit Inkrafttreten des MoMiG am 1.11.2008 entfallen. Der Verwaltungssitz kann damit losgelöst vom Sitz der Satzung (bei Beibehaltung einer deutschen Zustelladresse auch im Ausland) gewählt werden und ohne Satzungsänderung (auch ins Ausland) verlegt werden. Eine Verlegung des satzungsmäßigen Sitzes ist nur durch Satzungsänderung und nach dem Verfahren des § 45 AktG möglich. Die Verlegung des Satzungssitzes ins Ausland führt nach herrschender Meinung zur Auflösung der Gesell-

---

46) Vgl. weiter *Hüffer*, AktG, § 23 Rz. 34 ff., 38; *Seibt* in: Schmidt/Lutter, AktG, § 23 Rz. 54 ff., 57.

47) *Kiem* in: Kölner Kommentar, Art. 11 SE-VO Rz. 3.

48) Für einen Doppelsitz in speziell begründeten Fällen (Verschmelzung) *König*, AG 2000, 18; *Hüffer*, AktG, § 5 Rz. 10.

schaft.[49] Der Satzungssitz bestimmt die Zuständigkeit des Registergerichts, den allgemeinen Gerichtsstand der Gesellschaft und in der Regel den Ort der Hauptversammlung (§ 121 Abs. 1 Satz 1 AktG).[50] Er muss noch nach MoMiG nunmehr bei der Handelsregisteranmeldung angegeben und eingetragen werden (§§ 37 Abs. 3, 39 Abs. 1 AktG).

Für den Sitz der SE gilt Art. 7 SE-VO. Damit ist ebenfalls der Satzungssitz gemeint, der vom Ort der Hauptverwaltung abweichen kann. § 2 SEAG, durch den der deutsche Gesetzgeber entsprechend Art. 7 Satz 2 SE-VO vorgeschrieben hatte, dass Satzungssitz und Ort der Hauptverwaltung zusammenfallen müssen, ist ebenfalls durch das MoMiG in 2008 gestrichen worden. Es bleibt daher nur die Anforderung aus Art. 7 SE-VO, dass Sitz und Hauptverwaltung im selben Staat der Gemeinschaft liegen müssen. Ansonsten kommt es zu den Rechtsfolgen des Art. 64 SE-VO. Damit ist die SE-VO an dieser Stelle restriktiver als das der EuGH-Judikatur folgende nationale deutsche Recht. Der Ort der Hauptverwaltung muss nach europäischem Recht losgelöst von den insoweit stark divergierenden mitgliedstaatlichen Rechten ermittelt werden.[51] Anders als die AG kann die SE nach Art. 8 SE-VO innerhalb der Gemeinschaft ohne Auflösung identitätswahrend und grenzüberschreitend ihren Verwaltungssitz verlegen.

134

cc) Geschäftsjahr [→ Rz. 47]

Nach herrschender Meinung (wenn auch nicht durch § 23 Abs. 2 AktG vorgeschrieben) ist die Angabe des Geschäftsjahres, das nicht mit dem Kalenderjahr übereinstimmen muss,[52] notwendiger materieller Satzungsinhalt. Spätere Änderungen des Geschäftsjahres sind als Satzungsänderung wirksam (siehe Muster 6.5, Rz. 973 ff.). Allerdings ist hierbei darauf zu achten, dass eine rückwirkende Änderung des Geschäftsjahres unzulässig ist, d. h., die Eintragung der Satzungsänderung muss vor dem Ablauf des durch die Satzungsänderung einzuschiebenden Rumpfgeschäftsjahres erfolgen.[53] Darüber hinaus darf die Änderung des Geschäftsjahres auf einen vom Kalenderjahr abweichenden Zeitraum nach § 7 Abs. 4 Satz 3 KStG nur im Einvernehmen mit dem Finanzamt erfolgen. Von dem Ende eines jeweiligen Geschäftsjahres leiten sich die in § 175 AktG genannten Fristen für die

135

---

49) So (für eine GmbH) auch BayObLG v. 11.2.2004, ZIP 2004, 806; nach anderer Ansicht ist ein solcher Sitzverlegungsbeschluss der Hauptversammlung gemäß § 241 Nr. 3 AktG nichtig. Ausführlich zum Meinungsstreit *Heider* in: MünchKomm AktG, § 5 Rz. 65. Dies gilt auch vor dem Hintergrund der neueren Rechtsprechung des EuGH. Bei einer Sitzverlegung aus dem EU-Ausland ins Inland tritt kein Verlust der Rechtsfähigkeit ein: BGH v. 13.3.2003, ZIP 2003, 718, nach BGH, Vorlagebeschl. v. 30.3.2000, ZIP 2000, 967, dazu *Roth*, BB 2000, 1106, dazu EWiR 2000, 793 und Urteil des EuGH v. 5.11.2000, ZIP 2002, 2037, NZG 2002, 1164, dazu *Neye*, EWiR 2002, 1003 – Überseering, sowie das Urteil des EuGH v. 30.9.2003 – Inspire Art, ZIP 2003, 1885, DB 2003, 2219, dazu *Drygala*, EWiR 2003, 1029. Zu den Folgen der Überseering-Entscheidung *Lutter*, BB 2003, 7, und *Bayer*, BB 2003, 2359. Bei einem Zuzug aus dem Nicht-EU-Ausland bleibt es dagegen bei dem Grundsatz, dass eine Neugründung nach deutschem Gesellschaftsrecht erforderlich ist. Siehe auch zusammenfassend *Körber* in: Bürgers/Körber, AktG, Einl. Rz. 26 ff.

50) Zu weiteren Anknüpfungen des Verfahrensrechts an den Satzungssitz, siehe *Zimmer* in: Schmidt/Lutter, AktG, § 5 Rz. 3 und § 11 AO für das SteuerR.

51) Siehe dazu etwa *Zimmer/Ringe* in: Lutter/Hommelhoff, SE-Kommentar, Art. 7 SE-VO Rz. 9 ff.

52) Nach einer für das Jahr 2004 verfügbaren Statistik (DAI Factbook 2009, Tabelle 01-4) wählten knapp 85 % der deutschen Aktiengesellschaften das Geschäftsjahr in Übereinstimmung mit dem Kalenderjahr; knapp 3 % der Gesellschaften begannen das Geschäftsjahr am 1.7., rund 6,5 % am 1.10., der Rest verteilte sich auf die übrigen Monate.

53) Streitig, wie hier: OLG Schleswig v. 17.5.2000, NJW-RR 2000, 1425; LG Mühlhausen v. 28.11.1996, DB 1997, 85; *Stein* in: MünchKomm AktG, § 181 Rz. 77; *Hüffer*, AktG, § 179 Rz. 28, *Körber* in: Bürgers/Körber, AktG, § 179 Rz. 48; a. A. LG Frankfurt/M. v. 9.3.1978, GmbHR 1978, 112; LG Frankfurt v. 14.10.1977, GmbHR 1979, 208.

Einberufung der ordentlichen Hauptversammlung sowie die in § 264 HGB bestimmten Fristen für die Erstellung und Prüfung des Jahresabschlusses ab.

136 Nach § 262 Abs. 1 Nr. 1 AktG wäre es zulässig, an dieser Stelle eine Höchstdauer der Gesellschaft zu bestimmen. Ist in der Satzung nichts bestimmt, gilt die Gesellschaft als auf unbestimmte Zeit errichtet. Die nachträgliche Einführung einer satzungsmäßig bestimmten Dauer der Gesellschaft ist nur unter Einhaltung der Voraussetzungen des § 262 Abs. 1 Nr. 2 AktG zulässig.[54] Eine satzungsmäßige Beschränkung der Dauer der Gesellschaft ist nach § 39 Abs. 2 AktG im Register bekannt zu machen.

137 Für die SE gelten keine Besonderheiten (Art. 61 SE-VO).

b)   Gegenstand des Unternehmens [→ Rz. 48 f.]

aa)   Funktion

138 § 2 des Musters enthält die Bestimmung des Gegenstands des Unternehmens, der gem. § 23 Abs. 3 Nr. 2 AktG zwingender Bestandteil der Satzung ist. Auch im Aktienrecht ergibt sich aus der Umschreibung des Unternehmensgegenstands lediglich eine Begrenzung der Geschäftsführungsbefugnis des Vorstands im Innenverhältnis (§ 82 Abs. 2 AktG), nicht jedoch eine Einschränkung der Vertretungsbefugnis (§ 82 Abs. 1 AktG). In § 2 Abs. 1 des Musters ist der Vorschlag für eine als Holding tätige Gesellschaft, in der Alternative ein Vorschlag für eine selbst operativ tätige Gesellschaft aufgenommen. [→ Rz. 49]

bb)   Individualisierung

139 Bei der Beschreibung des Unternehmensgegenstands wird eine hinreichende Individualisierung verlangt, damit der Schwerpunkt der Geschäftstätigkeit den beteiligten Verkehrskreisen erkennbar ist. Bei Industrie- und Handelsunternehmen erfolgt die Individualisierung durch Nennung der betroffenen Waren und hergestellten Erzeugnisse. Die mangelnde Bestimmbarkeit ist Eintragungshindernis und wird gem. § 245 Abs. 1 AktG durch die mögliche Klage auf Nichtigerklärung sanktioniert.[55] Bei der Bestimmung des Unternehmensgegenstands ist außerdem darauf zu achten, ob Unternehmensgegenstände aufgenommen werden sollen, die öffentlich-rechtlicher Genehmigungen bedürfen. In diesem Falle ist zwar nach Streichung von § 37 Abs. 4 Nr. 5 a. F. AktG durch das MoMiG die Vorlage der entsprechenden Genehmigungen nicht mehr Eintragungsvoraussetzung und bei der Anmeldung der Gesellschaft zum Handelsregister nachzuweisen, jedoch besteht eine etwaige Genehmigungspflicht der Geschäftstätigkeit nach wie vor.

> **Praxistipp:**
>
> Als anfällig erweisen sich in der Praxis insbesondere Genehmigungsvorschriften nach der Handwerksordnung, der Gewerbeordnung und dem Gesetz über das Kreditwesen. Nach § 43 KWG muss die Genehmigung für das Betreiben von Bankgeschäften und Finanzdienstleistungen nach wie vor dem Registergericht als Eintragungsvoraussetzung nachgewiesen werden.

140 Gelegentlich noch anzutreffende Formulierungen, wonach Veräußerungen oder Ausgliederungen von Unternehmensteilen als Hilfsgeschäfte gelten, gehen auf die „Holzmüller-

---

54) Zu den Einzelheiten späterer Satzungsänderungen siehe *Hüffer*, AktG, § 262 Rz. 8 m. w. N.
55) *Pentz* in: MünchKomm AktG, § 23 Rz. 78 ff.

Entscheidung" des Bundesgerichtshofs[56] zurück, wonach für wesentliche Strukturänderungen die Mitwirkung der Hauptversammlung verlangt wird. Es ist allerdings nach der aktuellen „Gelatine-Entscheidung" des Bundesgerichtshofs[57] nicht anzunehmen, dass durch eine derartige vorsorglich aufzunehmende Satzungsbestimmung eine Mitwirkung der Hauptversammlung entbehrlich wird, weil nach der Rechtsprechung des BGH eine Anwendung der von ihm aufgestellten qualitativen und quantitativen Kriterien auf die konkrete Maßnahme erforderlich ist und damit auch andere Maßnahmen neben der Veräußerung von Beteiligungen in die Zuständigkeit der Hauptversammlung fallen können.[58] [siehe auch Muster 6.13 → Rz. 1236 ff.]

c)   **Bekanntmachungen** [→ Rz. 51 f.]

Gemäß § 23 Abs. 4 AktG muss die Satzung Bestimmungen über die Form der Bekannt-   **141** machung der Gesellschaft enthalten. Durch das Transparenz- und Publizitätsgesetz (TransPuG) vom 19.7.2002 wurde der elektronische Bundesanzeiger als Pflichtgesellschaftsblatt eingeführt. Es ist allgemeine Praxis und erspart der Gesellschaft die Veröffentlichung ihrer Bekanntmachungen auch noch in Tageszeitungen, wenn in ihrer Satzung – wie hier vorgeschlagen – für sämtliche freiwilligen Bekanntmachungen wie auch für die Pflichtbekanntmachungen festgelegt wird, dass diese Bekanntmachungen nur im elektronischen Bundesanzeiger als dem gesetzlichen Pflichtgesellschaftsblatt erfolgen sollen, zumal die Aktiengesellschaft, insbesondere die börsennotierte, neben den Bekanntmachungspflichten gem. dem Aktiengesetz noch einer ganzen Vielfalt von weiteren Veröffentlichungspflichten unterliegt. Die Satzung kann jedoch auch weitere Bekanntmachungsblätter bestimmen.

Durch das am 20.1.2007 in Kraft getretene Transparenzrichtlinie-Umsetzungsgesetz   **142** („TUG") wurde in § 30b Abs. 3 WpHG die Möglichkeit geschaffen, Informationen an Aktionäre im Wege der Datenfernübertragung zu übermitteln, sofern unter anderem die Hauptversammlung dem zugestimmt hat. Dem entspricht die hier vorgeschlagene Satzungsbestimmung in § 3 Abs. 2 des Musters. Für die Informationsübermittlung auf elektronischem Weg sind nach § 30b Abs. 3 Satz 1 Nr. 1 lit. d) WpHG weiterhin Vorkehrungen zu treffen, die die Einwilligung der individuell betroffenen Aktionäre dokumentieren. Nach Auffassung der BaFin werden hiervon alle gesetzlich zwingenden und freiwilligen Mitteilungen der Gesellschaft an ihre Aktionäre erfasst.[59] Durch das Gesetz zur Umsetzung der Aktionärsrechterichtlinie („ARUG") vom 28.5.2009 ist dies durch die Neufassung von § 125 Abs. 2 AktG für den wichtigen Bereich der Mitteilungen nach § 125 Abs. 1 AktG nun vorbehaltlich einer einfachen Satzungsermächtigung möglich (vgl. § 12 Abs. 3 des Musters und die Erläuterungen dazu).

Für die SE gelten keine Besonderheiten.   **143**

---

56)   BGH v. 25.2.1982, BGHZ 83, 122, ZIP 1982, 568; siehe auch BGH v. 11.11.1985, BGHZ 96, 245, 251 ff., ZIP 1986, 368, 370 dazu *Weipert*, EWiR 1986, 235.

57)   BGH v. 26.4.2004 – Gelatine, BGHZ 159, 30, ZIP 2004, 993 (m. Anm. *Altmeppen*), DB 2003, 1200, dazu *Just*, EWiR 2004, 573.

58)   *Reger* in: Bürgers/Körber, AktG, § 199 Rz. 14 f.; *Hoffmann* in: Spindler/Stilz, AktG, § 119 Rz. 29 f.; anders aber OLG Frankfurt/M. v. 7.12.2010, ZIP 2011, 75.

59)   *BaFin*, Emittentenleitfaden, Stand v. 28.4.2009, S. 193.

2.   Grundkapital und Aktien

a)   Angaben zum Kapital und zur Art der Aktien [→ Rz. 53 ff.]

144   Die Angaben zur Höhe und Einteilung des Grundkapitals in § 4 des Musters sind gem. § 23 Abs. 3 Nr. 3, 4 AktG zwingender Satzungsbestandteil. Das Mindestkapital einer AG beträgt 50 000 € (§ 7 AktG), das einer SE 120 000 € (Art. 4 Abs. 2 SE-VO). Das Muster geht von nennbetragslosen **Stückaktien** und dem gesetzlichen Mindestbetrag wie in § 8 Abs. 3 AktG definiert aus. Im Beispielsfall entfällt also auf jede Stückaktie ein anteiliger Grundkapitalbetrag in Höhe von einem Euro. Bei nennbetragslosen Stückaktien sind auch gebrochene höhere Beträge beliebig zulässig, während bei **Aktien, die auf den Nennbetrag lauten**, die höheren Beträge auf volle Euro lauten müssen (§ 8 Abs. 2 Satz 4 AktG). Diese Regelungen gelten für die SE entsprechend (Art. 5 SE-VO).[60]

145   Falls die Gesellschaft Aktien mehrerer **Gattungen** ausgibt (§ 11 AktG), muss auch insoweit die genaue Einteilung angegeben werden. Aktien besonderer Gattung sind nach § 11 AktG nicht lediglich die weithin bekannten **Vorzugsaktien** ohne Stimmrecht nach §§ 139–141 AktG, sondern alle Aktien, denen satzungsgemäß unterschiedliche Rechte gegenüber anderen Aktien gewährt werden. Bei börsennotierten Gesellschaften sind Aktien unterschiedlicher Gattung aus Marktgründen selten und unüblich, nachdem die Deutsche Börse AG in ihren Regelungen über die Aufnahme in einen Auswahlindex seit Juni 2002 festgelegt hat, dass nur noch eine Aktiengattung einer Aktiengesellschaft pro Auswahlindex berücksichtigt wird.[61]

146   Die Satzung muss bestimmen, ob die Aktien **auf den Inhaber** oder **auf den Namen** lauten (§ 10 Abs. 1 AktG). Auch bei börsennotierten Gesellschaften können Aktien auf den Namen lauten, nachdem die Clearstream Banking AG die entsprechenden Voraussetzungen für eine elektronische Abwicklung des Aktienregisters geschaffen hat (§ 67 AktG).[62] Die Übertragung wird durch Blanko-Indossament ermöglicht. Das Namensaktiengesetz vom 18.1.2001 hat die Führung des Aktienregisters (früher: Aktienbuch) und die Übertragung von Namensaktien technisch erleichtert.[63] Auch bei börsennotierten Gesellschaften ist es möglich, die Übertragung der Namensaktien an die Zustimmung der Gesellschaft zu binden (Vinkulierung, § 68 Abs. 2 AktG).[64] Die Einführung von Namensaktien bei einer börsennotierten Gesellschaft dient im Wesentlichen dem Zweck, der Gesellschaft bessere Kenntnis über ihre Aktionäre zu geben, und bietet in bestimmten Fällen Erleichterung bei der Notierung an ausländischen Börsen (siehe hierzu auch unten Muster 6.19, Rz. 1426 ff.). Nach der Ergänzung in § 67 Abs. 4 Satz 5 AktG durch das UMAG ist nunmehr das depotführende Institut auf Verlangen der Gesellschaft verpflichtet, sich gesondert anstelle des Aktionärs im Aktienregister eintragen zu lassen, wenn ein Aktionär seiner Eintragung widerspricht. [→ Rz. 58]

---

60)   Zu den durch den Pauschalverweis von Art. 5 SE-VO geltenden Regeln des deutschen Aktienrechts bei einer SE vgl. *Ziemons* in: Lutter/Hommelhoff, SE-Kommentar, Art. 5 Anh. V.

61)   Leitfaden zu den Aktienindizes der Deutschen Börse AG, Version 6.14 vom Juni 2010, Ziffer 2.2.1.1, Internet: http://www.deutsche-boerse.com; ausführlich auch *Senger/Vogelmann*, AG 2002, 193.

62)   Siehe hierzu *Diekmann*, BB 1999, 1985; *Huep*, WM 2000, 1623, 1626.

63)   Dazu *Noack*, ZIP 1999, 1993; *Huep*, WM 2000, 1623.

64)   Beispielsweise Lufthansa AG und Allianz SE; zur Abwicklung des Börsenhandels vgl. *Hüffer*, AktG, § 68 Rz. 10; *Bezzenberger* in: Schmidt/Lutter, AktG, § 68 Rz. 17 und *Merkt* in: Großkomm. z. AktG, § 68 Rz. 281 ff., 226 ff.

Hierzu wird zukünftig eine Neufassung von § 10 AktG zu beachten sein, wenn die der-   **147**
zeit noch als Referentenentwurf vorliegende Aktienrechtsnovelle 2011 Gesetz werden
sollte. Danach soll die Namensaktie für alle nicht börsennotierten Gesellschaften zwingend werden, während für börsennotierte Gesellschaften Inhaber-Aktien nur zulässig
sind, wenn die Satzung dies bestimmt und an das Bestehen der Börsenzulassung knüpft.[65]

Durch das Gesetz zur Begrenzung der mit Finanzinvestitionen verbundenen Risiken   **148**
(„Risikobegrenzungsgesetz") ist bereits mit Wirkung ab 19.8.2008 § 67 in Abs. 1, Abs. 2
und Abs. 4 AktG ergänzt worden. Ziel dieser Regelungen ist anstelle der bisherigen Praxis
zur freiwilligen Eintragung im Aktienregister unter Einschaltung der Depotbanken eine
Eintragungspflicht unmittelbar der begünstigten Aktionäre zu bewirken und damit insgesamt das Leitbild eines möglichst vollständigen und wahren Aktienregisters zu verfolgen.[66] Mit § 4 Abs. 2 des Musters wird ein Vorschlag unterbreitet von der Ermächtigung
des § 67 Abs. 1 Satz 3 AktG Gebrauch zu machen. [→ Rz. 56] Dabei sind allerdings in § 4
Abs. 2 Satz 2 und Satz 3 des Musters zunächst nur die gesetzlichen Bestimmungen von
§ 67 Abs. 1 Satz 3 AktG wiedergegeben. In Satz 4 ist in Ausnutzung der gesetzlichen Ermächtigung von § 67 Abs. 2 Satz 2, Halbs. 2 AktG bestimmt, dass die Eintragungen im
Aktienregister nur erfolgen, wenn offengelegt wird, in wessen Namen die Eintragung begehrt wird. Erst im Weiteren ist eine betragsmäßige **Begrenzung für die Eintragung von**
Legitimationsaktionären vorgesehen. Soweit ersichtlich, hat die Praxis von derartigen
Eintragungsbeschränkungen bisher nur – wenn überhaupt – sehr zurückhaltend Gebrauch
gemacht.[67] Bei der Allianz SE ist die Eintragung von Legitimationsaktienbesitz auf 0,2 %
des satzungsmäßigen Grundkapitals je Eintragung beschränkt, bei Sammelbeständen für
mehrere Aktieninhaber auf insgesamt 3 % des satzungsmäßigen Grundkapitals je Eintragung. Die Münchner Rück hat ab 0,1 % des Grundkapitals eine Offenlegungspflicht für
den wirtschaftlichen Inhaber vorgesehen. Zulässig wäre es auch die Eintragung von Legitimationsaktionären gänzlich auszuschließen.[68] Diese Regelungen beziehen sich nicht lediglich auf Kreditinstitute, sondern auf jede Form von Legitimationsaktionären, die im
eigenen Namen für Fremdbesitz eingetragen werden möchten. Auch bei der Regelung der
Rechtsfolgen besteht Gestaltungsspielraum für die Satzung. Es kann bestimmt werden,
dass die Eintragung verweigert wird oder das die Eintragung zwar erfolgt, jedoch kein
Stimmrecht vermittelt. Das Satzungsmuster bestimmt, dass bereits eine Eintragung nicht
erfolgt. Von dieser Sanktion sowie dem Stimmrechtsverlust nicht erfasst, sind Eintragun-
gen von Kreditinstituten als Platzhalter auf Verlangen der Gesellschaft nach § 67 Abs. 4
Satz 5 AktG, wobei diese Eintragungen kein Stimmrecht vermitteln. Im Interesse der
Anwendungssicherheit wird im Satzungsmuster außerdem bestimmt, dass derartige Ein-
tragungen auch für die satzungsmäßige Höchstschwelle nicht gelten sollen. Da nach § 67
Abs. 2 Satz 2 AktG über die satzungsmäßige Schwelle hinausgehende Eintragungen kein
Stimmrecht vermitteln bzw. deren Eintragung verweigert werden kann, ist eine sorgfältige
Abwägung derartiger Satzungsbestimmungen erforderlich.

Umstritten ist die Frage, ob die infolge des Inkrafttretens des Risikobegrenzungsgesetzes   **149**
eingeführten satzungsmäßigen Eintragungsbeschränkungen bereits bestehende Eintragungen betreffen dürfen oder nicht. Dies gilt insbesondere, wenn ein Stimmverbot als

---

65) Entwurf BMJ vom 2.11.2010; dazu *Drinhausen/Keinath*, BB 2011, 11 ff.
66) Etwa *Noack*, NZG 2008, 721 ff.; *Brandt*, BKR 2008, 441 ff.
67) Abratend *Bezzenburger* in: Schmidt/Lutter, AktG, § 67 Rz. 49; zurückhaltend auch *Lutter/Drygala* in:
     Kölner Kommentar, § 67 Rz. 21 f, 78.
68) Risikobegrenzungsgesetz, BT-Dr. 16/7438, S. 13.

Rechtsfolge vorgesehen wird.[69] In der Praxis sind zeitlich befristete Übergangsregelung anzutreffen. Im Muster ist vorgeschlagen, Alt-Eintragungen auszunehmen, was indes nur bei Einführung mittels einer späteren Satzungsänderung in Betracht kommt und die Wirkung einer solchen Satzungsbestimmung stark beschränkt.

b) Aktienurkunden [→ Rz. 59]

150 Vorschriften über die **Form** von Aktienurkunden enthält § 13 AktG. Die Satzung kann nur über § 13 AktG hinausgehende Anforderungen bestimmen. Unabhängig vom Gesetzeswortlaut wird verlangt, dass sich aus dem **Text** der Aktienurkunde die Verbriefung der an der Gesellschaft bestehenden Mitgliedschaftsrechte ergeben muss, ggf. durch Verwendung der Bezeichnung als Aktie. Ferner müssen die Aktienurkunden durch Serienzeichen oder Nummern unterscheidbar sein.[70] Sollen Aktien z. B. zum Börsenhandel zugelassen werden und besteht der Anspruch auf Verbriefung, ist außerdem der **fälschungssichere Druck** der Aktienurkunden unter Einhaltung der hierzu erlassenen Vorschriften der Börsenzulassungsverordnung sowie der Druckrichtlinien der Börsen zwingend vorgeschrieben.[71]

151 Der in § 4 Abs. 3 des Musters enthaltene **Verbriefungsausschluss** ist gem. § 10 Abs. 5 AktG gestattet. Diese Vorschrift ist zuletzt durch das Gesetz zur Kontrolle und Transparenz im Unternehmensbereich (KonTraG) dahin gehend geändert worden, dass – wie hier im Muster vorgesehen – der Ausschluss der Verbriefung insgesamt angeordnet werden kann. Dies bedeutet im Ergebnis, dass die Gesellschaft lediglich die nach § 9a DepotG vorgeschriebene Globalurkunde erstellen und hinterlegen muss, wenn sie die Girosammelverwahrfähigkeit herstellen will. Nur börsennotierte Gesellschaften können die Globalaktie bei der Clearstream Banking AG hinterlegen, die Aktien verwaltet und verwahrt. Die Verwahrung bei Banken ist möglich (§ 5 Abs. 1 Satz 2 DepotG), wird aber selten praktiziert. Bei der Hinterlegung lediglich einer **Globalurkunde** bleiben der Gesellschaft die bei börsennotierten Gesellschaften mit einer Vielzahl von Einzelaktionären verbundenen erheblichen Aufwendungen der Einzelverbriefung unter Berücksichtigung der Vorschriften der Druckausstattung erspart. Ferner wird es durch eine solche Regelung entbehrlich, bei späteren Satzungsänderungen, die zur Unrichtigkeit der ausgegebenen Aktienurkunden führen, einen Aktientausch mit eventuellem Kraftloserklärungsverfahren gem. § 73 AktG durchzuführen. Die Herstellung mindestens einer Globalurkunde ist auch erforderlich, um bei Namensaktien die Führung des Aktienregisters zu ermöglichen.[72]

c) Ausgabe junger Aktien [→ Rz. 60]

152 Die im Muster unter § 4 Abs. 4 vorgesehene Abweichung von § 60 Abs. 3 AktG ist erforderlich, weil im Rahmen von Kapitalerhöhungen oftmals der Bedarf besteht, die jungen Aktien abweichend von der gesetzlichen Regelung, nämlich etwa am ganzen laufenden

---

69) So ausdrücklich *Noack*, NZG 2008, 721, 724; *Wilsing/Gosler*, DB 2007, 2467, 2471 zum Regierungsentwurf; einschränkend *Grigoleit/Rachlitz*, ZHR 174 (2010), 12, 47 f., a. A. *Lutter/Drygala* in: Kölner Kommentar, § 67 Rz. 25; *Bezzenberger* in: Schmidt/Lutter, AktG, § 67 Rz. 46.

70) Vgl. mit weiteren Einzelheiten hierzu *Heider* in: MünchKomm AktG, § 13 Rz. 22 f; *Vatter* in: Spindler/Stilz, AktG, § 13 Rz. 23.

71) Vgl. § 8 BörsZulV und die Gemeinsamen Grundsätze der deutschen Wertpapierbörsen für den Druck von Wertpapieren vom 13.10.1991, zuletzt geändert am 17.4.2000, Internet: http://www.deutsche-boerse.com.

72) Streitig, siehe nur *Bezzenberger* in: Schmidt/Lutter, AktG, § 67 Rz. 4 m. w. N.

Geschäftsjahr, an einer Teilperiode des laufenden Geschäftsjahres oder an einem bereits abgeschlossenen Geschäftsjahr hinsichtlich des Gewinns teilnehmen zu lassen. Anderenfalls käme es zu einer zeitanteiligen Gewinnberechtigung, was wertpapiertechnisch und bilanziell Schwierigkeiten aufwirft.[73] Solche Gestaltungen gehen zulasten der Altaktionäre, weshalb ein Bezugsrechtsausschluss und insbesondere im Rahmen eines genehmigten Kapitals zusätzliche Rechtfertigung erforderlich ist.[74]

d) Genehmigtes Kapital/bedingtes Kapital

An dieser Stelle der Satzung könnte auch – was in diesem Muster jedoch nicht vorgesehen **153** ist – ggf. ein bedingtes oder genehmigtes Kapital aufgenommen werden (siehe hierzu Muster 6.9, Rz. 1026 ff., und Muster 6.10, Rz. 1082 ff.). Es ist zulässig, bereits bei Gründung der Gesellschaft ein genehmigtes Kapital zu schaffen (§ 202 Abs. 1 AktG). Hinsichtlich eines bedingten Kapitals (§ 192 Abs. 1 AktG) ist dies streitig.[75]

e) Sacheinlagen [→ Rz. 61]

Die fakultativ in § 4 Abs. 5 des Musters wiedergegebene Festsetzung der etwa erbrachten **154** Sacheinlagen ist in § 27 Abs. 1 AktG vorgeschrieben. Diese Satzungsfestsetzungen können gem. § 27 Abs. 5 i. V. m. § 26 Abs. 4, 5 AktG auf die Dauer von 30 Jahren nicht aus der Satzung beseitigt werden. Das Erfordernis einer satzungsmäßigen Festsetzung von Sacheinlagen besteht nicht für Sacheinlagen, die im Zuge einer späteren Kapitalerhöhung eingebracht werden. Insofern reicht die Festsetzung der Sacheinlagen im Beschluss der Hauptversammlung (§ 183 Abs. 1 Satz 1 AktG). Entsprechende Formulierungen sind bei Entstehung der Gesellschaft nach den Vorschriften des Umwandlungsgesetzes aufzunehmen, die als Sachgründung zu behandeln sind (§§ 75, 125, 144, 197 UmwG). Manchmal finden sich diese Festsetzungen auch unter „Sonstiges" am Schluss der Satzung, wie es hier für die SE in § 18 des Musters vorgeschlagen ist.

3. Vorstand

a) Zusammensetzung und Geschäftsordnung

aa) Vorstandsmitglieder [→ Rz. 62 ff.]

Der Satzungsvorschlag hinsichtlich der **Zahl der Vorstandsmitglieder** in § 5 Abs. 1 des **155** Musters ist dazu angelegt, dem zur Bestellung der Vorstandsmitglieder berufenen Aufsichtsrat in Zukunft größtmögliche Flexibilität zu geben. Grundsätzlich kann der Vorstand aus einer Person bestehen. Das Gesetz schreibt jedoch in § 76 Abs. 2 AktG vor, dass ab der dort genannten Grundkapitalgröße von drei Mio. € zwei Vorstände erforderlich sind, es sei denn, die Satzung bestimmt, dass der Vorstand aus einer Person besteht.

Nach § 16 SEAG gilt für die SE mit dualistischem System mit Aufsichtsrat und Vorstand **156** das Gleiche. Für die SE nach monistischem System sind davon abweichend ab 3 Mio. € drei Verwaltungsräte Pflicht. Zwei Vorstände dürften aber in vielen Fällen auch bei kleinerer Grundkapitalziffer sinnvoll sein. Bei einer qualifiziert mitbestimmten Gesellschaft

---

73) Siehe dazu etwa *Hüffer*, AktG, § 60 Rz. 7 und § 182 Rz. 15, sowie *Busch* in: Marsch-Barner/Schäfer, Handbuch AG § 42 Rz. 15.

74) *Hüffer*, AktG, § 60 Rz. 7; *Fleischer* in: Schmidt/Lutter, AktG, § 60 Rz. 17.

75) Siehe nur *Hüffer*, AktG, § 192 Rz. 7 m. w. N.; *Marsch-Barner* in: Bürgers/Körber, AktG, § 192 Rz. 5; *Rieckers* in: Spindler/Stilz, AktG, § 192 Rz. 19.

muss der Vorstand nach herrschender Meinung aus mindestens zwei Personen bestehen, da gem. § 33 Abs. 1 Satz 1 MitbestG ein Arbeitsdirektor als gleichberechtigtes Mitglied des Vorstands zu bestellen ist.[76] Ziffer 4.2.1 Satz 1 DCGK enthält schließlich die Empfehlung, dass der Vorstand aus mehreren Personen bestehen soll, so dass börsennotierte Gesellschaften, die hiervon abweichen, dies in ihrer Entsprechenserklärung gem. § 161 AktG (Muster 4.1, Rz. 364 ff.) offenlegen müssen. Trotzdem ist die hier vorgeschlagene offene Formulierung zu bevorzugen, da es zumindest vorübergehend vorkommen kann, dass nur ein Vorstandsmitglied im Amt ist. Sie steht mit § 23 Abs. 3 Nr. 6 AktG in Einklang.[77] Anderenfalls droht in den Fällen, in denen die Zahl der gesetzlich vorgeschriebenen Vorstände unterschritten wird, zumindest partielle Handlungsunfähigkeit der Gesellschaft, soweit das Gesetz das Handeln des Vorstands als Kollegialorgan verlangt.[78] Der Hinweis auf die mögliche Wiederbestellung ist deklaratorisch (vgl. § 84 Abs. 1 Satz 2 AktG).

157 Die im Muster in § 5 Abs. 2 Satz 2 vorgesehene Bestellung von **stellvertretenden Vorstandsmitgliedern** ist eine rein deklaratorische Bestimmung. § 94 AktG bestimmt, dass in rechtlicher Hinsicht kein Unterschied zwischen stellvertretenden und anderen Vorstandsmitgliedern besteht. Das stellvertretende Vorstandsmitglied tritt nur in der internen Hierarchie gem. den Regelungen der Geschäftsordnung hinter anderen Vorständen zurück. Im Handelsregister erfolgt eine Eintragung (nur) als Vorstandsmitglied – die Funktion als stellvertretendes Vorstandsmitglied ist im Handelsregister demgegenüber nicht eintragungsfähig[79]. Der Aufsichtsrat ist lediglich ermächtigt, die Geschäftsführungsbefugnisse nach § 77 AktG einzuschränken. Aus optischen Gründen erfolgen in der Praxis relativ häufig Bestellungen von stellvertretenden Vorstandsmitgliedern. [→ Rz. 63]

158 § 5 Abs. 2 Satz 3 des Musters entspricht der gesetzlichen Regelung in § 84 Abs. 2 AktG, die die Möglichkeit zur Ernennung eines **Vorstandsvorsitzenden** eröffnet. Die Satzung kann aber die Ernennung eines Vorsitzenden weder vorschreiben noch verbieten.[80] Gemäß Ziffer 4.2.1 Satz 1 DCGK soll der Vorstand einen Vorsitzenden oder einen Sprecher[81] haben, so dass börsennotierte Gesellschaften, die von dieser Empfehlung abweichen, dies in ihrer Entsprechungserklärung gem. § 161 AktG offenlegen müssen. [→ Rz. 63]

159 Bei der SE muss nach Art. 46 SE-VO die Höchstdauer der Bestellung der Vorstandsmitglieder in der Satzung festgesetzt werden. Dabei ist umstritten, ob dem Aufsichtsrat ein Ermessen bei der Bestellungsdauer eingeräumt werden kann, wie es hier im Satzungsmus-

---

76) *Hüffer*, AktG, § 76 Rz. 24; *Seibt* in: Schmidt/Lutter, AktG, § 76 Rz. 23.

77) LG Köln v. 10.6.1998, AG 1999, 137 f. bezüglich der Wirksamkeit einer Bestimmung von Mindest- und/oder Höchstzahlen sowie bezüglich der Bestimmung der Zahl der Vorstände durch den Aufsichtsrat; BGH v. 17.12.2001 – Sachsenmilch IV, ZIP 2002, 216, AG 2002, 289, bezüglich der Bestimmung der Zahl der Vorstände durch den Aufsichtsrat.

78) BGH v. 12.11.2001 – Sachsenmilch II, ZIP 2002, 172; siehe auch *Hüffer*, AktG, § 76 Rz. 23; *Seibt* in: Schmidt/Lutter, AktG, § 76 Rz. 21.

79) Siehe *Hüffer*, AktG, § 94 Rz. 3 m. w. N.

80) *Hefermehl/Spindler* in: MünchKomm AktG, § 84 Rz. 80 m. w. N.

81) Zur Unterscheidung zwischen Vorstandsvorsitzendem und –sprecher, siehe *Bürgers/Israel* in: Bürgers/Körber, AktG, § 84 Rz. 23.

ter vorgesehen ist.[82] Abweichend von §§ 94, 102 Abs. 1 AktG gilt bei der SE danach außerdem eine höchstmögliche Amtszeit von sechs statt von fünf Jahren.

bb) Geschäftsordnung [→ Rz. 66]

Einen gesetzlichen Zwang zum Erlass einer Geschäftsordnung für den Vorstand gibt es **160** nicht. § 77 Abs. 2 AktG regelt lediglich die Kompetenz für den Erlass einer Geschäftsordnung. Vor dem Hintergrund, dass Ziffer 4.2.1 Satz 2 DCGK empfiehlt, dass eine Geschäftsordnung die Geschäftsverteilung und die Zusammenarbeit im Vorstand regeln soll, sieht das Muster in § 5 Abs. 4 den Erlass einer Geschäftsordnung mit einem Geschäftsverteilungsplan zwingend vor. Die Regelung der Geschäftsverteilung unter mehreren Vorstandsmitgliedern ist auch wegen der damit verbundenen Haftungskanalisierung im Interesse der betroffenen Vorstände. Die in Absatz 3 des Musters enthaltene Bestimmung zur Mehrheit von Vorstandsbeschlüssen muss nicht in der Satzung enthalten sein. Sie kann nach § 77 Abs. 1 AktG auch allein in der Geschäftsordnung verankert sein, um das ansonsten geltende Einstimmigkeitsprinzip zu durchbrechen. Dies ist vielfach üblich.

Die Geschäftsordnung des Vorstands bietet sich schließlich zur Festlegung von Zustim- **161** mungsvorbehalten gem. § 111 Abs. 4 Satz 2 AktG an. Möglich ist aber neben einer Festsetzung in der Satzung auch die Festlegung durch einen besonderen Aufsichtsratsbeschluss oder in der Geschäftsordnung des Aufsichtsrats, die dann jedoch dem Vorstand bekannt gemacht werden muss. Zu beachten ist, dass nach der Neufassung dieser Vorschrift durch das TransPuG die Festlegung eines Katalogs zustimmungspflichtiger Geschäfte entweder in der Satzung oder durch den Aufsichtsrat zwingend ist. Von einer Festlegung in der Satzung wurde in diesem Muster aus Gründen der Praktikabilität und Flexibilität abgesehen, da Änderungen dann jeweils nur durch satzungsändernden Beschluss möglich wären.

Anderes gilt für die SE, weil nach Art. 48 Abs. 1 Satz 1 SE-VO für die Satzung der SE im **162** dualistischen System ein Katalog zustimmungsbedürftiger Geschäfte in der Satzung aufzuführen ist. Nach herrschender Meinung ändert hieran auch die Ermächtigung an die Mitgliedsstaaten in Art. 48 Abs. 1 Satz 2 SE-VO nichts, von der der deutsche Gesetzgeber in § 19 SEAG Gebrauch gemacht hat. Nach herrschender Meinung wird dadurch dem nationalen Gesetzgeber nämlich nur die Möglichkeit eingeräumt, einen zusätzlichen Katalog von zustimmungsbedürftigen Geschäften in das Ermessen des Aufsichtsorgans zu stellen.[83] Um größtmögliche Flexibilität zu bewahren, wird in der Praxis, wie hier im Satzungsmuster vorgeschlagen, in die Satzung nur ein relativ generischer Katalog von zustimmungsbedürftigen Geschäften aufgenommen, der dann durch Geschäftsordnungsbestimmungen des Aufsichtsrats einer größeren Verfeinerung zugeführt wird. [→ Rz. 67]

---

82) Wie hier *Drinhausen/Nolen*, ZIP 2009, 1890, *Hoffmann-Becking*, ZGR 2004, 355, 364; *Reichert/Brandes* in: MünchKomm AktG, Art. 46, Rz. 3; *Eberspächer* in: Spindler/Stilz, AktG, Art. 46 SE-VO, Rz. 5; a. A.: *Siems* in: Kölner Kommentar, Art. 46 SE-VO, Rz. 12; *Teichmann* in: Lutter/Hommelhoff, SE-Kommentar, Art. 46, Rz. 4.

83) Wie hier *Siems* in: Kölner Kommentar, Art. 48 SE-VO Rz. 23, 24; *Eberspächer* in: Spindler/Stilz, AktG, Art. 48 SE-VO Rz. 4; *Teichmann* in: Lutter/Hommelhoff, SE-Kommentar, Art. 48 SE-VO Rz. 17; a. A. *Hoffmann-Becking*, ZGR 2004, 355, 364 f.

b) Vertretung der Gesellschaft [→ Rz. 69]

163 Die in § 6 des Musters vorgeschlagene abstrakte Vertretungsregelung schöpft die Spielräume von § 78 Abs. 2 und Abs. 3 AktG aus und gibt dem Aufsichtsrat größtmögliche Flexibilität in Abweichung von der ansonsten gesetzlich vorgesehenen Gesamtvertretung (§ 78 Abs. 2 Satz 1 AktG). Wegen der zwingenden Spezialvorschrift des § 112 AktG kann von den Beschränkungen des § 181 BGB nur in der Variante der Mehrvertretung befreit werden.

4. Aufsichtsrat

a) Zusammensetzung, Amtszeit, Amtsniederlegung

aa) Zahl der Aufsichtsratsmitglieder/Mitbestimmung [→ Rz. 70]

164 § 7 Abs. 1 des Musters schlägt eine Besetzung des Aufsichtsrats mit sechs Mitgliedern vor. Nach § 95 Satz 1 AktG muss der Aufsichtsrat aus mindestens drei Mitgliedern bestehen, wobei die Satzung jedoch eine höhere, durch drei teilbare Zahl festsetzen kann. Ein Aufsichtsrat aus lediglich drei Mitgliedern ist gem. § 108 Abs. 2 Satz 3 AktG nur beschlussfähig, wenn alle Mitglieder an der Beschlussfassung teilnehmen. Dies kann trotz der Erleichterungen gem. § 108 Abs. 3 AktG (schriftliche Stimmbotschaft) in der Praxis zu Unzuträglichkeiten führen, so dass eine Mindestgröße von sechs Aufsichtsratsmitgliedern vielfach empfehlenswert ist. § 95 Satz 3 AktG bestimmt jedoch Höchstzahlen von Aufsichtsratsmitgliedern in Abhängigkeit von der Grundkapitalziffer.

165 Besonderheiten bezüglich Zahl und Zusammensetzung des Aufsichtsrats können sich aus mitbestimmungsrechtlichen Regelungen ergeben. Es ist allerdings nicht vorgeschrieben, in der Satzung das jeweilige Mitbestimmungsstatut, das auf die Gesellschaft Anwendung findet, anzugeben. Dies wird aus Gründen der Transparenz gleichwohl oft gemacht. Zur Vertretung der Arbeitnehmer im Aufsichtsrat einer Aktiengesellschaft gilt: Bei Aktiengesellschaften, die nach dem 10.8.1994 durch Gründung oder Umwandlung entstanden sind und die weniger als 500 Arbeitnehmer beschäftigen, findet keine Mitbestimmung im Aufsichtsrat statt. Ab Erreichen dieser Arbeitnehmerzahl gilt die Drittelmitbestimmung nach dem Drittelbeteiligungsgesetz, wobei der Zurechnungstatbestand des § 2 DrittelbG zu beachten ist. Keiner Arbeitnehmermitbestimmung unterliegen Gesellschaften bei sog. Tendenzunternehmen (§ 1 Abs. 2 Nr. 2 DrittelbG). Bei vor dem 10.8.1994 entstandenen Aktiengesellschaften entfällt die Mitbestimmung nur bei Familiengesellschaften i. S. d. § 1 Abs. 1 Nr. 1 Satz 2 und Satz 3 DrittelbG, den Tendenzunternehmen nach § 2 Abs. 2 Nr. 2 DrittelbG und den sog. arbeitnehmerlosen Gesellschaften.[84] [→ Rz. 72]

166 Für Gesellschaften, die regelmäßig mehr als 2 000 Arbeitnehmer unter Berücksichtigung der Zurechnungsvorschriften der §§ 4 und 5 MitbestG beschäftigen, gilt das Mitbestimmungsgesetz 1976,[85] welches eine paritätische Mitbestimmung bei Doppelstimmrecht des von Aktionärsseite gestellten Aufsichtsratsvorsitzenden vorsieht. Ferner sind für

---

84) D.h. Gesellschaften mit nicht mehr als vier Arbeitnehmern, vgl. *Hoffmann-Becking* in: Münchener Handbuch, § 28 Rz. 5.

85) Gesetz über die Mitbestimmung der Arbeitnehmer (Mitbestimmungsgesetz – MitbestG 1976) vom 4.5.1976, BGBl I, 1153.

Sonderlagen der Montanindustrie noch das Montanmitbestimmungsgesetz 1951 und die dessen Fortgeltung betreffenden Gesetze[86] zu erwähnen.[87]

Für die Größe des Aufsichtsrats einer SE gilt im dualistischen System § 17 SEAG und im monistischen System (Verwaltungsrat) § 23 SEAG. Das Muster geht von einer SE im dualistischen System aus, d. h., eine SE, die wie die deutsche Aktiengesellschaft die Trennung zwischen dem Exekutivorgan, dem Vorstand und dem Aufsichtsorgan, dem Aufsichtsrat, kennt. Im Rahmen der danach durch § 17 SEAG festgelegten Rahmenbedingungen obliegt es der Satzung, die Zahl der Mitglieder des Aufsichtsrats der SE festzulegen, Art. 40 Abs. 3 Satz 1 SE-VO. Für die Beteiligung der Arbeitnehmer im Aufsichtsrat der SE gelten die Bestimmungen des SEBG. Soweit keine abweichende Mitbestimmungsvereinbarung getroffen wurde, gilt danach die Auffangregelung des § 35 SEBG. Dann richtet sich die Zahl der Arbeitnehmervertreter im Aufsichtsrat nach dem höchsten Anteil an Arbeitnehmervertretern in allen Gründungsgesellschaften oder es bleibt bei einer Umwandlung in die SE bei dem bisherigen Mitbestimmungsstatut. Als Gegenstand der Mitbestimmungsvereinbarung kommt insbesondere die Zahl der den Arbeitnehmern zuzuweisenden Sitze, die Verteilung der Zugehörigkeit nach Arbeitnehmergruppen bzw. geografischen Verteilungsschlüsseln und alle Formen von Anpassungsregelungen in Betracht sowie das Verfahren zur Wahl der Arbeitnehmervertreter.[88] Dazu enthält § 7 Abs. 1 Satz 1 in der Alternative zur SE entsprechend § 36 Abs. 4 SEBG die Auffangregelung (§§ 22, 34 Abs. 1 SEBG), dass die Mitglieder der Arbeitnehmer durch die Hauptversammlung gewählt werden, soweit die Mitbestimmungsvereinbarung keine hiervon abweichende Regelung trifft. [→ Rz. 73]

Umstritten ist, ob die Mitbestimmungsvereinbarung auch hinsichtlich der Größe des Aufsichtsrats Bestimmungen treffen kann. Mit der herrschenden Meinung und auch der Praxis ist davon auszugehen, dass dies nicht der Fall ist. Vielmehr bleibt es insoweit bei den Vorgaben der Satzung, die jedoch den gesetzlichen Rahmenbedingungen des § 17 Abs. 1 Satz 3 SEAG (Teilbarkeit durch drei) bzw. dem Gebot der paritätischen Besetzung gem. § 35 Abs. 1 oder Abs. 2 SEBG folgen muss und in den letzteren Fällen Aufsichtsräte aus sechs, 12 oder 18 Mitgliedern bilden muss.[89] Anders als nach § 7 MitbestG kommt es damit auch in einem paritätisch mitbestimmten Aufsichtsrat einer SE aber nicht zu einer zwingenden Mindestgröße mit Zahlen von zwölf Aufsichtsratsmitgliedern aufwärts, sondern die paritätische Mitbestimmung kann bereits mit einem wesentlich kleineren und damit effizienteren Aufsichtsrat von nur sechs Mitgliedern durchgeführt werden. Neben der Unmaßgeblichkeit der Mitarbeiterzahlen für eine Anpassung des Mitbestimmungsmodells, zu der es nur aufgrund struktureller Änderungen entsprechend § 18 Abs. 3 SEBG kommen kann, ist dies für deutsche Gesellschaften ein häufig ausschlaggebender Grund für den Wechsel in die Rechtsform der SE.

167

168

---

86) Gesetz über die Mitbestimmung der Arbeitnehmer in den Aufsichtsräten und Vorständen der Unternehmen des Bergbaus und der Eisen und Stahl erzeugenden Industrie (Montanmitbestimmungsgesetz) vom 21.5.1951, BGBl I, 347.

87) Einzelheiten der Mitbestimmung können hier nicht behandelt werden. Siehe hierzu etwa die Übersicht bei *Hoffmann-Becking* in: Münchener Handbuch, § 28 Rz. 1–35 und *Spindler* in: Spindler/Stilz, AktG, § 96 Rz. 3 ff.

88) Siehe etwa *Paefgen* in: Kölner Kommentar, Art. 40 SE-VO Rz. 106 f; *Austmann* in: Münchener Handbuch, § 85 Rz. 37; *Oetker* in: Lutter/Hommelhoff, SE-Kommentar, § 21 SEBG Rz. 19 ff.

89) Zum Streitstand vgl. ausführlich *Paefgen* in: Kölner Kommentar, Art. 40 SE-VO Rz. 102–105.

169 Für die börsennotierte Gesellschaft gelten weitere Regelungen betreffend die Zusammensetzung des Aufsichtsrats. Dabei handelt es sich insbesondere um den unabhängigen Finanzexperten nach § 100 Abs. 5 AktG sowie die Anforderungen der Ziffern 5.4.1 und 5.4.2 des DCGK. Diese sind jedoch nicht in die Satzung aufzunehmen, sondern bei den entsprechenden Wahlvorschlägen des Aufsichtsrats und des Nominierungsausschusses bzw. den Wahlbeschlüssen der Hauptversammlung zu beachten (siehe dazu Muster 6.4, Rz. 939 ff.).

bb) Amtszeit [→ Rz. 74 ff.]

170 Die maximale Dauer der Amtszeit eines jeden Aufsichtsratsmitglieds ergibt sich aus § 102 Abs. 1 AktG. Der Satzungsvorschlag in § 7 Abs. 2 geht von dieser, im Ergebnis fünf Jahre dauernden, Amtszeit aus, sofern nicht die Hauptversammlung eine kürzere Amtsdauer festlegt. Wiederwahlen sind möglich, ohne dass dies in der Satzung bestimmt werden müsste.[90] Die Wahl der Aufsichtsratsmitglieder der Arbeitnehmer, sofern erforderlich, erfolgt durch die Arbeitnehmer nach den Bestimmungen der einschlägigen Wahlordnungen zu den Mitbestimmungsgesetzen. Die Hauptversammlung ist insoweit nicht befugt, abweichende Wahlperioden festzulegen. Ansonsten ist es für die Aufsichtsratsmitglieder der Aktionäre zulässig und im Einzelfall auch sachlich geboten, differenzierte Amtsperioden festzulegen.[91]

171 Für die SE gilt hinsichtlich der Amtszeit der Aufsichtsratsmitglieder abschließend Art. 46 Abs. 1 SE-VO. Dadurch kann einerseits ein längerer als für die deutsche Aktiengesellschaft bekannter Wahlturnus festgelegt werden, nämlich einer von insgesamt sechs Jahren. Andererseits ist dieser aber in der Satzung festzulegen, d. h., die Hauptversammlung hat nicht die Möglichkeit, bei der Wahl kürzere Amtszeiten festzulegen.[92] [→ Rz. 75]

172 Ferner sollte bei der SE abweichend von der Satzung einer Aktiengesellschaft in der Satzung ausdrücklich festgelegt werden, dass Wiederwahlen zulässig sind. Art. 46 Abs. 2 SE-VO sieht dies nämlich nur vorbehaltlich anderweitiger Einschränkungen durch die Satzung vor, so dass die Praxis mögliche Diskussionen über die Rechtsfolgen eines Schweigens der Satzung hierzu durch eine ausdrückliche Aufnahme einer entsprechenden Regelung in die Satzung vermeidet. Insgesamt ist die Regelung zur Amtszeit der Aufsichtsräte für die SE zwingender Satzungsbestandteil, bei deren Fehlen ein Eintragungshindernis besteht.[93] Entsprechend der für die Aktiengesellschaft geltenden gesetzlichen Regelung und infolge der inzwischen herrschenden Praxis bei SE-Satzungen schlägt das Muster eine Amtszeit für die Mitglieder des SE-Aufsichtsrats vor, die sich an dem Turnus der ordentlichen Hauptversammlungen der Gesellschaft orientiert. Dabei ist wegen der gesetzlichen Vorgabe des Art. 56 Abs. 1 SE-VO der Sechs-Jahres-Zeitraum ausdrücklich als Obergrenze benannt, die ansonsten wegen Verschiebung oder Ausfall der ordentlichen Hauptversammlung erreicht werden könnte. Welche Amtsdauer gewährt wird, ist im Einzelfall sorgfältig abzuwägen.

---

90) Vgl. nur *Hüffer*, AktG, § 102 Rz. 6.

91) BGHZ 99, 211, 215; *Hoffmann-Becking* in: Münchener Handbuch, § 30 Rz. 44.

92) Dies ist streitig. Wie hier die herrschende Meinung: *Siems* in: Kölner Kommentar, Art. 46 SE-VO Rz. 11-14; *Teichmann* in: Lutter/Hommelhoff, SE-Kommentar, Art. 46 Rz. 4; a. A. *Drinhausen/Nolen*, ZIP 2009, 1890; *Hoffmann-Becking*, ZGR 2004, 355, 364; *Reichert/Brandes* in: MünchKomm AktG, Art. 46 Rz. 3; *Eberspächer* in: Spindler/Stilz, AktG, Art. 46 Rz. 5. Die Praxis legt, soweit erkennbar, durchweg starre Amtszeiten in der Satzung fest.

93) *Siems* in: Kölner Kommentar, Art. 46 SE-VO Rz. 11.

cc) Ersatzmitglieder [→ Rz. 76 f.]

Die in § 7 Abs. 3 des Musters vorgesehene Bestellung von Ersatzmitgliedern für einzelne 173
Aufsichtsratsmitglieder muss nicht notwendigerweise in der Satzung angesprochen werden. Die gesetzliche Möglichkeit zur Bestellung von Ersatzmitgliedern ergibt sich aus § 101 Abs. 3 AktG. Die Satzung kann die Bestellung von Ersatzmitgliedern weder vorschreiben noch verbieten. Für Ersatzmitglieder der Arbeitnehmervertreter gilt § 17 MitbestG bzw. § 7 DrittelbG. Für die SE ist die Bestellung von Ersatzmitgliedern im dualistischen System mangels anderweitiger Regelungen ebenfalls nach § 101 Abs. 3 AktG möglich. Im monistischen System (Verwaltungsrat) ist gem. § 28 Abs. 3 SEAG Entsprechendes bestimmt.

dd) Amtsniederlegung [→ Rz. 78]

Das Bedürfnis einer Regelung der Niederlegung des Aufsichtsratsamts, wie in § 7 Abs. 4 174
des Musters vorgesehen, besteht in der Praxis in hohem Maße. Die Amtsniederlegung ist gesetzlich nicht geregelt, wird aber allgemein als möglich erachtet. Eine Regelung in der Satzung mit den hier vorgeschlagenen Inhalten betreffend Zugang und Frist ist zur Vermeidung ansonsten bestehender Unklarheiten sinnvoll.[94] Die Frist soll der Gesellschaft eine angemessene Reaktionszeit auf eine mögliche Unterbesetzung des Aufsichtsrats geben. Das Recht zur sofortigen Amtsniederlegung aus wichtigem Grund bleibt unberührt und kann auch durch die Satzung nicht beschränkt oder ausgeschlossen werden. Ansonsten endet das Aufsichtsratsamt durch Ende der Amtsperiode, Tod, Wegfall der Wählbarkeitsvoraussetzungen (§ 100 AktG bzw. Mitbestimmungsgesetz), Abberufung (§ 103 AktG) oder Umwandlungsvorgang.

ee) Abberufung

Der Formulierungsvorschlag in § 7 Abs. 5 des Musters beruht auf § 103 Abs. 1 Satz 3 175
AktG. In der Regel ist es ratsam, die ansonsten gesetzlich geltende Mehrheit von drei Vierteln der abgegebenen Stimmen auf die Mehrheit der abgegebenen Stimmen abzusenken, da die sonst noch verbleibende Möglichkeit, ein Mitglied des Aufsichtsrats gegen seinen Willen aus dem Amt zu entfernen, nur in dem gerichtlichen Abberufungsverfahren nach § 103 Abs. 3 AktG liegt, womit jedoch verfahrensrechtliche und materiell erhebliche Hürden verbunden sind. [→ Rz. 79]

Für die SE im dualistischen System gilt die aktienrechtliche Regelung mangels abweichender Spezialbestimmungen ebenfalls. Für die SE im monistischen System hat der deutsche Gesetzgeber in § 29 SEAG die aktienrechtliche Regelung für die Mitglieder des Verwaltungsrats kopiert. 176

b) Vorsitzender und Stellvertreter [→ Rz. 80 f.]

§ 107 Abs. 1 AktG lässt eine Satzungsbestimmung über die Formalitäten der Wahl des 177
Aufsichtsratsvorsitzenden und seines Stellvertreters zu. Da der Aufsichtsrat ohne Aufsichtsratsvorsitzenden kaum handlungsfähig ist, ist im Satzungsmuster vorgeschlagen, dass die Wahl in einer ersten Sitzung des Aufsichtsrats vorgenommen wird, die sich unmittelbar an die Hauptversammlung, in der die Mitglieder des Aufsichtsrats gewählt wurden, anschließt.

---

94) Vgl. *Hoffmann-Becking* in: Münchener Handbuch, § 30 Rz. 51 f, *Hüffer*, AktG, § 103 Rz. 17.

178 Die Wahl erfolgt entsprechend den allgemeinen Bestimmungen des § 108 AktG mit einfacher Mehrheit der Aufsichtsratmitglieder. Bei mitbestimmten Gesellschaften sind die näheren Bestimmungen des § 27 MitbestG zu beachten, die hier deklaratorisch wieder gegeben sind. Diese gelten bei der SE nicht. [→ Rz. 81]

c) **Einberufung und Beschlussfassung** [→ Rz. 83 ff.]

179 Die Sitzungsfrequenz des Aufsichtsrats ist in § 110 Abs. 3 AktG für börsennotierte Gesellschaften zwingend, für nicht börsennotierte Aktiengesellschaften dispositiv geregelt. Danach sind mindestens zwei Sitzungen im Kalenderhalbjahr abzuhalten. Regeln über die Einberufung von Aufsichtsratsitzungen sind im Gesetz für AG und SE nur kursorisch enthalten (§ 110 Abs. 1, 2 AktG). Es empfiehlt sich daher, in der Satzung – so wie hier vorgeschlagen – eine Einberufungsfrist und die Form der Einberufung festzulegen. [→ Rz. 83, 84] Die Vorschläge zum Protokoll beruhen auf § 107 Abs. 2 AktG.

180 Die Regelungen zur Beschlussfähigkeit sind eine Wiedergabe der zwingenden Regelungen des Gesetzes in § 108 Abs. 2, 3 AktG. Die Zulässigkeit von Beschlussfassungen außerhalb von Sitzungen ergibt sich aus § 108 Abs. 4 AktG. Satzung oder Geschäftsordnung des Aufsichtsrats können vorsehen, dass ein Widerspruch gegen eine Beschlussfassung außerhalb einer Sitzung grundsätzlich oder auf Anordnung des Aufsichtsratsvorsitzenden unbeachtlich ist. Fehlt es an einer solchen Regelung, bleibt es beim Widerspruchsrecht. [→ Rz. 85, 87 f.] Auch die in § 9 Abs. 4 und 5 des Musters aufgenommenen Bestimmungen dienen der praktischen Erleichterung der Beschlussfähigkeit. Sie beruhen teilweise auf ausdrücklichen gesetzlichen Regelungen (§§ 109 Abs. 3, 108 Abs. 3 Satz 3 AktG), teils auf einer Ausschöpfung der in § 108 Abs. 4 AktG eingeräumten Gestaltungsfreiheit.[94a]

181 Weitere Regelungen, die ggf. auch in die Satzung übernommen werden können, finden sich in der Regel in der Geschäftsordnung des Aufsichtsrats. Allerdings dürfte durch die Satzung nicht eine vollständige Geschäftsordnung des Aufsichtsrats geregelt werden, da dies als ein Eingriff in die Organisationsautonomie des Aufsichtsrats anzusehen wäre. Dies betrifft insbesondere die Frage der Einrichtung und Besetzung von Ausschüssen, die § 107 Abs. 3 AktG ausdrücklich in die eigene Entscheidung des Aufsichtsrats stellt.[95]

182 Die in § 9 Abs. 6 des Musters enthaltenen Vorschriften zur Beschlussmehrheit im Aufsichtsrat geben teilweise die gesetzlich geltenden Bestimmungen wieder. Grundsätzlich gilt danach die einfache Mehrheit der abgegebenen Stimmen, d. h., die Zahl der abgegebenen gültigen JA-Stimmen (ohne Enthaltung) muss die der abgegebenen gültigen NEIN-Stimmen übersteigen. Bei Stimmengleichheit ist der auf Beschlussfassung gerichtete Antrag abgelehnt. Hiervon abweichende Mehrheitserfordernisse ergeben sich bei mitbestimmten Gesellschaften, z. B. aus §§ 124 Abs. 3 Satz 5 AktG, 27 Abs. 2, 32 MitbestG. Das Zweitstimmrecht des Aufsichtsratsvorsitzenden ergibt sich bereits aus §§ 29 Abs. 2, 31 Abs. 4 MitbestG. Abweichende, verschärfende Mehrheitserfordernisse könnte die Satzung aufstellen, soweit es nicht um Entscheidungen geht, die der Aufsichtsrat kraft Gesetzes zu treffen hat, denn insoweit ist § 108 Abs. 1 AktG abschließend.[96] [→ Rz. 90]

94a) Zur sog. Kombinierten Beschlussfassung s. nur *Hüffer*, AktG § 108 Rz. 16 m. w. N.

95) Zur Organisationsautonomie des Aufsichtsrats im Allgemeinen: *Hopt/Roth* in: Großkomm. z. AktG, § 107 Rz. 202, 205; in Bezug auf Ausschüsse siehe statt aller nur *Spindler* in: Spindler/Stilz, AktG, § 107 Rz. 85 m. w. N.

96) Vgl. nur *Hüffer*, AktG, § 108 Rz. 8 m. w. N.

Für die dualistische SE gilt insoweit nichts Abweichendes. Nach § 50 Abs. 1 SE-VO gilt **183**
für die Beschlussfähigkeit die Anwesenheit mindestens der Hälfte der Mitglieder und für
die Beschlussfassung die einfache Mehrheit der abgegebenen Stimmen, sofern die Satzung
nichts anderes bestimmt. Deswegen kann insoweit auf die Grundsätze deutschen Aktienrechts zurückgegriffen werden. Für die monistische SE gelten detailliertere Bestimmungen
zur inneren Ordnung und Geschäftsführung des Verwaltungsrats gem. §§ 34–37 SEAG.

Die in § 9 Abs. 8 des Musters vorgesehene Ermächtigung des Aufsichtsratsvorsitzenden, im **184**
Namen des Aufsichtsrats Willenserklärungen abzugeben, ist von praktischer Bedeutung, da
nicht völlig klar ist, ob dem Vorsitzenden diese Befugnis von Rechts wegen zusteht.[97] Im
Übrigen ist daran zu erinnern, dass auch der Aufsichtsratsvorsitzende nur so weit ermächtigt ist, im Namen des Aufsichtsrats zu handeln, wie dies auf ausdrückliche Beschlüsse des
Plenums oder der Ausschüsse zurückgeht. Der Aufsichtsrat ist mit der Annahme der passiven Vertretung an eine solche Satzungsbestimmung gebunden.[98] [→ Rz. 92]

d) Geschäftsordnung und Änderungen der Satzungsfassung

aa) Geschäftsordnung [→ Rz. 93]

Das Aktiengesetz setzt die Zulässigkeit einer Geschäftsordnung voraus (§ 82 Abs. 2 AktG). **185**
Es ist allerdings nicht vorgeschrieben, dass sich der Aufsichtsrat eine solche gibt. Ziffer 5.1.3
DCGK empfiehlt jedoch, dass sich der Aufsichtsrat eine Geschäftsordnung gibt, so dass
börsennotierte Gesellschaften, die hiervon abweichen sollten, dies in ihrer Entsprechenserklärung gem. § 161 AktG offenlegen müssen. Nachdem im Muster bereits relativ ausführliche Vorschriften über das Verfahren des Aufsichtsrats enthalten sind, dürfte sich hier die
Geschäftsordnung auf Regelungen zur Teilnahme an den Sitzungen, zu den Abstimmungsverfahren, zur Bildung und Besetzung von Ausschüssen, Protokollen und – sofern dies
nicht im Rahmen der Geschäftsordnung für den Vorstand vorgesehen ist – etwaige Zu-
stimmungsvorbehalte nach § 111 Abs. 4 Satz 2 AktG beschränken. Soweit durch die Satzung Regelungen vorgenommen sind, kann die Geschäftsordnung hiervon nicht abweichen.
Umgekehrt darf die Satzung nicht in die Bereiche der zwingenden Autonomie des Aufsichtsrats betreffend seine Selbstorganisation eingreifen, insbesondere keine Vorschriften
über die Bildung oder Nichtbildung von Ausschüssen enthalten.[99] Bei der SE ist mit Blick
auf die zwingenden Quoren nach Art. 50 SE-VO umstritten, ob die Bildung beschließender
Ausschüsse zulässig ist, wenn die Satzung dies nicht ausdrücklich gestattet.[100] [→ Rz. 95]

bb) Satzungsanpassung [→ Rz. 94]

Die in § 10 Abs. 2 des Musters enthaltene Ermächtigung zur Satzungsanpassung findet **186**
ihren gesetzlichen Niederschlag in § 179 Abs. 1 Satz 2 AktG. Die hier erteilte Er-

---

97) Für eine Berechtigung kraft Amtes: *Hoffmann-Becking* in: Münchener Handbuch, § 31 Rz. 95 a. F.
   m. w. N.; differenzierend nach Hilfsgeschäften der Amtsführung und organschaftlicher Vertretung:
   Hopt in: Großkomm. z. AktG, § 107 Rz. 113, 116; *Drygala* in: Schmidt/Lutter, AktG, § 107
   Rz. 21 f. und *Spindler* in: Spindler/Stilz, § 107 Rz. 42.
98) *Spindler* in: Spindler/Stilz, AktG, § 107 Rz. 42; *Hopt/Roth* in: Großkomm. z. AktG, § 107 Rz. 113;
   zur Rechtslage bei der passiven Vertretung *Hoffmann-Becking* in: Münchner Handbuch, § 31 Rz. 97;
   Hopt/Roth in: Großkomm. z. AktG, § 107 Rz. 118.
99) Siehe nur *Hüffer*, AktG § 107 Rz. 16 und 23.
100) Grundsätzlich bejahend *Eberspächer*, in: Spindler/Stilz, AktG, Art. 48 SE-VO Rn 7; *Reichert/Brandes*,
   in: MünchKomm-AktG, Art. 48 SE-VO Rn 15; *Siems*, in: KölnerKomm-AktG, Art. 48 SE-VO Rn 15;
   dagegen, soweit ersichtlich nur: *Manz*, in: Manz/Mayer/Schröder, SE, Art. 48 Rz. 17). Wie hier
   Teichmann, in: Lutter/Hommelhoff, SE, § 19 SEAG Rz 5, Art. 50 SE-VO Rz 23.

mächtigung zur Fassungsänderung erfasst nicht nur die sprachliche Anpassung, sondern auch den Fall, dass die Hauptversammlung den Aufsichtsrat generell oder für den konkreten Einzelfall zur Anpassung des Satzungstextes an eine dem Inhalt nach durch die Hauptversammlung beschlossene Satzungsänderung ermächtigt.[101] Hiervon wird in der Praxis häufig Gebrauch gemacht, etwa für den Fall der Anpassung der satzungsmäßigen Kapitalziffer bei Ausnutzung genehmigten Kapitals, an die Ausgabe von Bezugsaktien im Rahmen eines bedingten Kapitals oder bei sonstigen Kapitalmaßnahmen.

e) Vergütung des Aufsichtsrats

aa) Vergütung und Auslagenersatz [→ Rz. 96 ff.]

187 Gemäß § 113 Abs. 1 Satz 2 AktG kann die Vergütung der Aufsichtsratsmitglieder nur durch die Hauptversammlung bewilligt oder in der Satzung festgesetzt werden. Auch wenn die Vergütungsbewilligung von Mal zu Mal durch die Hauptversammlung bevorzugt wird, ist es üblich, diese Vorgehensweise in der Satzung aus Transparenzgründen festzuhalten. Der Anspruch auf Aufwendungsersatz folgt schon aus § 670 BGB.

188 Gemäß der Empfehlung in Ziffer 5.4.6 Abs. 2 DCGK sollen die Mitglieder des Aufsichtsrats neben einer festen auch eine erfolgsorientierte Vergütung erhalten. Der erfolgsorientierte Vergütungsanteil gem. § 11 Abs. 1 lit. b) des Musters ist hier, wie in der Praxis üblich, als gewinnabhängige Vergütung auf die ausgeschüttete Dividende bezogen und unterfällt deswegen im Gegensatz zu einer auf den Jahresgewinn der Gesellschaft bezogenen Vergütung nicht den Einschränkungen des § 113 Abs. 3 AktG. Alternativ wäre auch eine Anknüpfung an das Konzernergebnis je Aktie möglich.[102] [→ Rz. 96] Im Übrigen sind hier vorbehaltlich der in nachstehender Randziffer dargelegten Überlegungen zum Verbot übereinstimmender Erfolgsparameter in der Vergütung des Vorstands und des Aufsichtsrats weitgehende Gestaltungsspielräume gegeben. Insbesondere kann über das Muster hinaus an die Regelung einer Obergrenze (CAP) oder bei dem in Bezug genommenen Gewinnparameter an eine jährliche Steigerung gedacht werden. Vorschläge hierzu finden sich in den jährlichen Vergütungsstudien der Personalberater.

189 Ziffer 5.4.6 Abs. 2 DCGK enthält darüber hinaus eine Anregung (von der Abweichungen im Rahmen der Entsprechenserklärung gem. § 161 AktG nicht offengelegt werden müssen) dahin gehend, dass die erfolgsorientierte Vergütung auch auf den langfristigen Unternehmenserfolg bezogene Bestandteile enthalten soll. Von aktienkursbasierten Vergütungsbestandteilen, insbesondere Aktienoptionen, für Aufsichtsratsmitglieder ist angesichts der neueren Rechtsprechung des Bundesgerichtshofs grundsätzlich abzuraten.[103] Danach kommen grundsätzlich sowohl ein bedingtes Kapital als auch eigene Aktien oder Options- und Wandelanleihen zur Unterlegung solcher Optionen nicht mehr in Betracht. Außerdem hat der BGH in der MobilCom-Entscheidung obiter auch bei sonstigen aktienkursbasierten Vergütungen (virtuelle Optionen) Bedenken wegen einer hiermit durch die Angleichung der Vergütungsinteressen zwischen Vorstand und Aufsichtsrat verbundenen Beeinträchtigung der Überwachungsaufgabe geäußert.[104] Hieraus wird ein generelles Verbot übereinstimmender Erfolgsparameter in der Vergütung beider Organe abgelei-

---

101) *Hüffer*, AktG, § 179 Rz. 11.
102) So beispielsweise Allianz SE oder BASF SE.
103) BGH v. 16.2.2004 – MobilCom, ZIP 2004, 613, dazu *Lenenbach*, EWiR 2004, 413.
104) BGH, ZIP 2004, 613, 614, ebenso *Habersack* in: MünchKomm AktG, § 113 Rz. 17, 14; *Drygala* in: Schmidt/Lutter, AktG, § 113 Rz. 31; *Spindler* in: Spindler/Stilz, AktG, § 113 Rz. 56 a. E.

tet, was auch bei der kurzfristigen erfolgsabhängigen Vergütung zu beachten ist. § 11 Abs. 1 lit. c) des Musters enthält dementsprechend einen auf das Ergebnis vor Steuern und Anteilen anderer Gesellschafter im Vergleich zu dem entsprechenden Durchschnitt der letzten drei Jahre bezogenen Vergütungsvorschlag. [→ Rz. 97] Aktuell ist eine Tendenz zu beobachten, wonach entgegen der Kodex-Empfehlung die Aufsichtsratsvergütung nur aus einem Fixum besteht.[105]

Die in § 11 Abs. 4 des Musters vorgesehene weitere Vergütung in Form eines Sitzungs-   **190** geldes ist ebenfalls lediglich ein fakultativer Vorschlag. Weitere differenzierte Bestimmungen, die sich etwa mit der Abhaltung mehrerer Sitzungen an einem Tag befassen, sind denkbar. Mit Teilnahme an einer Sitzung i. S. d. Bestimmung ist auch die Teilnahme an Telefon- und Videokonferenzen oder die telefonische Teilnahme an einer im Übrigen als Präsenzsitzung abgehaltenen Aufsichtsratssitzung gemeint, nicht jedoch die Abgabe lediglich schriftlicher Stimmbotschaften. Da die Sitzungsgelder nach dem hiesigen Vorschlag nicht an den Nachweis tatsächlich entstandener Auslagen geknüpft sind, sind sie reiner Vergütungsbestandteil und fallen zusätzlich zu den nach § 11 Abs. 1 des Musters zu erstattenden Auslagen an.

Die Staffelung der Vergütung gem. § 11 Abs. 2 des Musters entspricht der Empfehlung in   **191** Ziffer 5.4.7 Abs. 1 Satz 3 DCGK. Danach sollen der Vorsitz und der stellvertretende Vorsitz im Aufsichtsrat sowie der Vorsitz und die Mitgliedschaft in den Ausschüssen berücksichtigt werden. [→ Rz. 99]

Für die SE gilt nichts Abweichendes.   **192**

bb) D&O-Versicherung [→ Rz. 102]

Angesichts der stärkeren Fokussierung der breiten Öffentlichkeit auf das Haftungsrisiko   **193** von Aufsichtsratsmitgliedern ist die Einbeziehung der Mitglieder des Aufsichtsrats in die D&O-Versicherung der Gesellschaft Standard. Hiervon geht auch der DCGK aus, der in Ziffer 3.8 die Empfehlung beinhaltet, dass, entsprechend der gesetzlich zwingenden Regelung für die Mitglieder des Vorstands in § 93 Abs. 2 Satz 3 AktG, ein Selbstbehalt vereinbart werden soll. Ob die in dem Muster in § 11 Abs. 5 vorgeschlagene Übernahme der Prämie einer Vermögensschadenhaftpflichtversicherung durch die Gesellschaft Vergütungsbestandteil und deswegen, wie hier vorgeschlagen, satzungsmäßig festzusetzen ist, ist streitig.[106] Für eine Einordnung als bloße Fürsorgeaufwendung, die einer Legitimation durch die Aktionäre nicht bedarf, spricht die steuerliche Beurteilung der Finanzbehörden,[107] mit dem diese von ihrer früheren Einordnung als Vergütungsbestandteil abgerückt ist, sofern die D&O-Versicherung bestimmte Voraussetzungen erfüllt. Nur wenn diesen Vorgaben Genüge getan wird (teilweise wird zusätzlich noch die Vereinbarung eines Selbstbehalts verlangt), ist eine Festsetzung in der Satzung entbehrlich. In allen anderen Fällen sollte eine entsprechende Satzungsregelung erfolgen. Eine vorsorgliche Festsetzung ist empfohlen und

---

105) Stimmrechtsempfehlungen der Aktionärsschutzvereinigungen in 2011, dem folgend etwa Siemens AG.

106) Vergütungsbestandteil: *Feddersen*, AG 2000, 385, 395; *Hüffer*, AktG, § 113 Rz. 2 m. w. N.; *Drygala* in: Schmidt/Lutter, AktG, § 113 Rz. 12; *Kästner*, AG 2000, 113, 116; *Doralt* in: Semler/v. Schenck, Arbeitshandbuch, Rz. M. 124; a. A. (Fürsorgeaufwendung, die einer Legitimation durch die Aktionäre nicht bedarf, wenn die steuerlichen Voraussetzungen für die lohnsteuerliche Nichterfassung erfüllt sind): *Vetter*, AG 2000, 453, 456; *Mertens*, AG 2000, 447, 450; *Schüppen/Sanna*, ZIP 2002, 550; *Hopt/Roth* in: Großkomm. z. AktG, § 113 Rz. 50 ff.; *Lutter/Krieger*, Aufsichtsrat, § 13 Rz. 1026 ff.; *Habersack* in: MünchKomm AktG, § 113 Rz. 13; differenzierend: *Spindler* in: Spindler/Stilz, AktG, 3 113 Rz. 15 f.

107) BMF-Schreiben vom 24.1.2002 – IV C 5 – S 2332 – 8/02, auszugsweise abgedruckt in AG 2002, 287.

hier vorgeschlagen. Eine strenge Anwendung des § 113 Abs. 1 Satz 2 AktG verlangt, dass die Höhe der damit verbundenen Nebenleistung zugunsten der Aufsichtsratmitglieder beziffert wird. Insofern sollte allerdings eine Umschreibung reichen.[108]

cc) Steuerrecht [→ Rz. 103]

194 Die von der Gesellschaft gezahlten Aufsichtsratsvergütungen sind wegen § 10 Nr. 4 KStG nur zur Hälfte als Betriebsausgaben abzugsfähig. Diese Regelung wird bereits seit längerem als rechtspolitisch verfehlt betrachtet.[109] Von der beschränkten Abzugsfähigkeit sind außer der Grundvergütung auch die Tantieme und alle Sach- und sonstigen Nebenleistungen (einschließlich der D&O-Prämien) erfasst, nicht aber etwa gezahlte Umsatzsteuer, soweit die Gesellschaft ihrerseits zum Vorsteuerabzug berechtigt ist. Ob die Aufsichtsratmitglieder verpflichtet sind, auf die Vergütung Umsatzsteuer abzuführen und in Rechnung zu stellen, hängt von ihrer persönlichen Situation (u. a. § 19 UStG) ab. § 11 Abs. 6 des Musters stellt klar, dass die Gesellschaft auch etwaige in Rechnung zu stellende Umsatzsteuer bezahlen darf, d. h. gesellschaftsrechtlich hierzu befugt ist.

5. Hauptversammlung

a) Ort und Einberufung [→ Rz. 104 ff.]

195 § 121 Abs. 5 Satz 1 AktG lässt eine Bestimmung des Hauptversammlungsorts durch die Satzung zu. Hiervon sollte bei größeren, insbesondere börsennotierten Gesellschaften unbedingt Gebrauch gemacht werden, um etwaigen logistischen Engpässen bei der Wahl der Hauptversammlungslokalität begegnen zu können. Allerdings ist es laut Bundesgerichtshof nicht zulässig, die Wahl des Hauptversammlungsorts einem Gesellschaftsorgan zu überlassen. Möglich ist hier die Bestimmung mehrerer Orte oder die Festlegung bestimmter Kriterien, die zur Ortsauswahl führen.[110] [→ Rz. 104]

196 Die Bestimmung der **Einberufungsfrist** in § 12 Abs. 2 des Musters geht auf § 123 Abs. 1 AktG in der Fassung des ARUG zurück.[111] Die Frist ist von dem nicht mitzählenden Tag der Hauptversammlung zurückzurechnen (§ 123 Abs. 7 AktG). Ferner ist der Tag der Einberufung nicht mitzuzählen (§ 123 Abs. 1 Satz 2 AktG). In vielen Satzungen wird dies der Vollständigkeit halber wiedergegeben. Sieht die Satzung, wie hier in Abs. 1 des Musters, eine Anmeldung vor, so verlängert sich die Einberufungsfrist um die Tage der Anmeldefrist (§ 123 Abs. 2 Satz 5 AktG). [→ Rz. 105]

197 Hinsichtlich der Fristberechnung stellt § 121 Abs. 7 AktG jetzt klar, dass die aktienrechtliche Rückwärtsrechnung nicht nach den Regeln des BGB vorzunehmen ist und Sonn- und Feiertage keinen Einfluss haben.

198 Nach § 125 Abs. 2 AktG in der Fassung des ARUG kann die Gesellschaft die Mitteilung über die Hauptversammlungseinladung (Einladungsbekanntmachung) an Aktionäre, die es verlangen (bei Inhaberaktien) oder die zu Beginn des 14. Tages vor der Hauptversammlung als Aktionäre im Aktienregister der Gesellschaft eingetragen sind (bei Na-

---

108) Siehe nur *Hüffer*, AktG, § 113 Rz. 2a.
109) Siehe nur *Kästner*, DStR 2001, 422 m. w. N.; *Kraft* in: Münchener Handbuch, § 49 Rz. 13 ff.; für eine Abschaffung schon der Bericht der Regierungskommission Corporate Governance, 2001, Rz. 65; *Drygalla* in: Schmidt/Lutter, AktG, § 113 Rz. 34 m. w. N.
110) BGH v. 8.11.1993, ZIP 1993, 1867 ff., 1869, dazu *Rittner*, EWiR 1994, 111.
111) Gesetz zur Umsetzung der Aktionärsrechterichtlinie vom 30.7.2009, BGBl. I, 2479.

mensaktien) aufgrund einer Satzungsbestimmung auf **elektronischem Weg** übermitteln. Dies setzt nach § 30b Abs. 3 Nr. 1 lit. a) WpHG einerseits voraus, dass die Hauptversammlung der Übermittlung im Wege der Datenfernübertragung für diesen Fall oder im Rahmen einer allgemeinen Ermächtigung zugestimmt hat. Dies wäre durch die hier in § 12 Abs. 3 des Musters vorgeschlagene Satzungsbestimmung und auch durch die allgemeine Ermächtigung, die bereits in § 3 Abs. 2 des Satzungsmusters enthalten ist, erfüllt. Darüber hinaus darf nach § 30b Abs. 3 Nr. lit. d) WpHG eine Übermittlung von Informationen im Wege der Datenfernübertragung an die Aktionäre nur erfolgen, soweit sie ausdrücklich dieser Übermittlungsform zugestimmt haben oder einer entsprechenden Bitte nicht innerhalb eines angemessenen Zeitraums widersprochen haben. Diese individuelle Zustimmung kann nicht durch eine Satzungsbestimmung ersetzt werden und stößt daher zumindest bei Gesellschaften, die Inhaberaktien ausgegeben haben, auf in der Praxis schwer überwindbare Hindernisse. Bei Gesellschaften, die Namensaktien ausgegeben haben, können die Gesellschaften die ihnen im Grundsatz bekannten Aktionäre um Registrierung auch mit ihren elektronischen Zugangsdaten bitten und auf diesem Wege von den hier vorgesehenen Erleichterungen Gebrauch machen. § 12 Abs. 3 des Musters enthält eine entsprechende Regelung. Diese nimmt die weitergehende Erleichterung von § 128 Abs. 1 Satz 2 AktG in der Fassung des ARUG in Anspruch und bestimmt, dass auch die Weiterreichung der Mitteilungen von den Kreditinstituten an die Aktionäre nicht in einer weitergehenden Form als der elektronischen Übermittlung erfolgen muss. Damit kann die betroffene Gesellschaft nicht unerhebliche Ersparnisse in Bezug auf den, den Kreditinstituten ansonsten geschuldeten Aufwendungsersatz (§ 128 Abs. 3 AktG) erzielen.[112]

b)   Teilnahmerecht [→ Rz. 107 ff.]

Bei börsennotierten Gesellschaften sollte von der Möglichkeit eines vor dem Hauptversammlungstag festzusetzenden Anmeldetags gem. § 123 Abs. 2 AktG unbedingt Gebrauch gemacht werden, um der Gesellschaft hierdurch die Gelegenheit zu geben, die Hauptversammlung ordnungsgemäß vorzubereiten (Vorbereitung von Abstimmungshilfsmitteln, logistische Planung). Das Muster sieht in § 13 Abs. 1 dementsprechend auch eine Anmeldung vor. [→ Rz. 107]   **199**

Mit den Fragen der Anmeldung zur Hauptversammlung befasst sich § 123 Abs. 2 AktG, mit den Fragen des Nachweises der Aktionärseigenschaft § 123 Abs. 3 AktG. Dabei bleibt es nach Inkrafttreten des ARUG bei dem bereits durch das UMAG[113] eingeführte Prinzip, dass mit der Anmeldung keine Verfügungssperre über die Aktien verbunden ist. Die Satzung kann entweder das Teilnahmerecht und/oder das Stimmrecht von der Anmeldung abhängig machen. Da für die Ausübung des Stimmrechts (außer im Fall der Briefwahl) die Teilnahme erforderlich ist und es umgekehrt für die Gesellschaft wenig Sinn macht, lediglich die Ausübung des Stimmrechts an die Anmeldung zu knüpfen, nicht jedoch die bloße Teilnahme, ist, wie in der Praxis üblich, im Muster die Anmeldung für die Teilnahme und für die Ausübung des Stimmrechts vorgesehen.   **200**

---

112) Die Verordnung über den Ersatz von Aufwendungen der Kreditinstitute vom 17.6.2003 (BGBl. I, 885) differenziert zwischen schriftlichen und elektronischen Mitteilungen. Bei hohen Stückzahlen liegt der Aufwendungsersatz bei Briefversand um bis zu 100 % über dem für den elektronischen Versand, hinzu kommen die Portokosten für die postalische Versendung.

113) Gesetz zur Unternehmensintegrität und Modernisierung des Anfechtungsrechts vom 22.11.2005, BGBl. I, 2802.

201 Bestimmt die Satzung für die **Anmeldefrist** nichts anderes, muss die Anmeldung der Gesellschaft mindestens sechs Tage vor dem Tag der Hauptversammlung zugehen (§ 123 Abs. 2 Satz 2 AktG). Dies führt im Ergebnis zu einer Einberufungsfrist von 36 Tagen. In manchen Satzungen wird daher abweichend von der Formulierung in § 12 Abs. 2 des Musters die Einberufungsfrist vom Tage der Hauptversammlung an mit 36 Tagen bemessen. Demgegenüber ist hier von der flexiblen Regelung des § 123 Abs. 2 Satz 3 AktG Gebrauch gemacht worden, wonach das die Hauptversammlung einberufende Organ durch die Satzung ermächtigt wird, eine kürzere Anmeldefrist vorzusehen. Dementsprechend muss auch die Einberufungsfrist in § 12 Abs. 1 des Musters flexibel gehalten werden. Hierbei ist allerdings vor dem Hintergrund des Wortlauts von § 123 Abs. 2 Satz 5 AktG unklar, ob auch die auf der Grundlage einer solchen Ermächtigung verkürzte Anmeldefrist zu einer entsprechenden (kürzeren) Verlängerung der Einberufungsfrist von § 123 Abs. 1 AktG führt, da diese Vorschrift lediglich auf § 123 Abs. 2 Satz 2 AktG und nicht auf den Satz 3 verweist, in welchem die entsprechende Ermächtigung enthalten ist. Nach richtiger Auslegung ist jedoch anzunehmen, dass sich in dem Fall einer entsprechend verkürzten Anmeldefrist auch die Einladungsfrist nur um den verkürzten Zeitraum und nicht um sechs Tage verlängert.[114] Rechtsprechung hierzu liegt allerdings noch nicht vor. [→ Rz. 108]

202 Durch die Neufassung von § 123 Abs. 2 AktG im Rahmen des am 1.11.2005 in Kraft getretenen UMAG wurde das Hinterlegungserfordernis als Grundform der Aktionärslegitimation für **Inhaberaktien** beseitigt. Grund dafür war zum einen, dass eine Hinterlegung in der Praxis kaum noch stattfand.[115] Denn insbesondere bei börsennotierten Aktiengesellschaften befinden sich die Aktien in der Regel als Globalurkunden in Girosammelverwahrung. Auch wenn der Einzelverbriefungsanspruch in der Satzung nicht gem. § 10 Abs. 5 AktG ausgeschlossen wird, lassen die meisten Aktionäre die Aktien unter Einschaltung einer Depotbank bei einer Wertpapiersammelbank verwahren. In beiden Fällen kann eine körperliche Hinterlegung nicht stattfinden; sie wurde bereits in der Vergangenheit faktisch durch eine Depotbescheinigung ersetzt. Ein weiterer Grund für die Abschaffung der Hinterlegung war, dass der Begriff bei ausländischen Investoren zu der (irrigen) Vorstellung führte, eine Veräußerung der Aktien sei während der Hinterlegungsfrist nicht möglich, was die Attraktivität einer Anlage in deutschen Aktien oder jedenfalls die Teilnahme an den Hauptversammlungen eingeschränkt haben soll.[116]

203 Nach der Fassung des § 123 AktG auch durch das ARUG gilt bei börsennotierten Gesellschaften zwingend, dass jedenfalls ein in Textform erstellter Nachweis des Anteilsbesitzes durch das depotführende Institut ausreichend ist. Der Bestandsnachweis muss sich auf den Beginn des 21. Tages vor der Hauptversammlung, das sog. *Record Date*, beziehen. Aktionäre, die Aktien nach dem *Record Date* erwerben, sind somit nicht berechtigt an der Hauptversammlung teilzunehmen. Teilnahmeberechtigt bleibt vielmehr der Veräußerer, wenn er den Nachweis zum *Record Date* erbracht hat.[117] Treupflichten des Veräußerers sind bei Kleinbeteiligungen bzw. einem Erwerb über die Börse praktisch nicht relevant. Bei Paketkäufen wird man hingegen entweder eine Stimmrechtsausübungsregelung oder

---

114) So *Rieckers* in: Spindler/Stilz, AktG, § 123 Rz. 17; *Ziemons* in: Schmidt/Lutter, AktG, § 123 Rz. 21; *Grobecker*, NZG 2010, 165, 166; *Höreth/Linnertz*, GWR 2010, 155, *Noack/Zetzsche* in: Kölner Kommentar, § 123 Rz. 33 ff.; *Wilm*, DB 2010, 1687 f; *Florstedt*, ZIP 2010, 761, 766.
115) Begründung RegE UMAG, BT-Drucks. 15/5092, S. 13.
116) Begründung RegE UMAG, BT-Drucks. 15/5092, S. 13.
117) Siehe nur *Ziemons* in: Schmidt/Lutter, AktG, § 123 Rz. 36 ff.

eine Vollmachtserteilung vorsehen. Hinsichtlich der Dividendenberechtigung gilt, dass maßgeblich die Aktionärsstellung zum Zeitpunkt der Hauptversammlung ist. Der Nachweis des Anteilsbesitzes durch die Depotbank muss der Gesellschaft unter der in der Einberufung hierfür mitgeteilten Adresse bis spätestens am sechsten Tage vor der Versammlung zugehen, soweit die Satzung keine kürzere Frist vorsieht (§ 123 Abs. 3 Satz 4 AktG). [→ Rz. 108]

Hinsichtlich der Bescheinigungen der Depotbanken gilt, dass ausreichend nur der materiell und inhaltlich richtige Nachweis ist. Die Gesellschaft kann zweifelhafte Bescheinigungen prüfen und bei hinreichenden Verdachtsmomenten weitere Nachweise verlangen oder die Bescheinigung zurückweisen.[118] Dabei ist jedoch zu bedenken, dass die unberechtigte Zurückweisung stets eine Anfechtungsbefugnis (§ 245 Nr. 1 AktG) begründet, während die unberechtigte Akzeptanz einer Bescheinigung nur zur Anfechtbarkeit führt, wenn ausgerechnet diese Stimmen den Ausschlag gegeben hätten. Eine Regelung in der Satzung empfiehlt sich nicht. 204

Probleme entstehen schließlich, wenn die Aktien einer börsennotierten Gesellschaft (auch) in Einzel- oder Mehrfachurkunden verbrieft und nicht depotgeführt sind (**effektive Stücke**). Hier muss die Satzung weitere Legitimationsverfahren vorsehen.[119] Es bietet sich dabei zum einen an, das Hinterlegungsverfahren wieder aufzunehmen. Bezüglich des Hinterlegungszeitpunkts scheint es zunächst nahezuliegen, ebenfalls das *Record Date*, also spätestens den Beginn des 21. Tages vor der Hauptversammlung heranzuziehen.[120] Nur so lässt sich zuverlässig die Gefahr einer Verdopplung der Stimmen vermeiden.[121] Dadurch verlängert sich allerdings für solche Aktien der umständliche und mit Kosten verbundene Hinterlegungszeitraum erheblich. Alternativ zu einem 21-tägigen Hinterlegungszeitraum und in Anknüpfung an das neue Konzept des *Record Date* könnte die Satzung vorsehen, dass es nur auf den Aktienbesitz am Beginn des 21. Tages vor der Hauptversammlung ankommt und der Nachweis hierüber durch eine entsprechende Bescheinigung nicht des depotführenden Instituts, sondern eines deutschen Notars oder eines Kreditinstituts gegen Vorlage der Aktien zu erbringen ist.[122] 205

Soweit die Gesellschaft **Namensaktien** ausgegeben hat, veränderte sich durch das ARUG bezüglich der Teilnahmeberechtigung nichts. Vielmehr ist für das Recht zur Teilnahme an der Hauptversammlung und zur Stimmrechtsausübung an der Hauptversammlung in diesem Falle ausschließlich die Eintragung im Aktienregister maßgeblich (§ 67 Abs. 2 AktG). Für den im Muster geregelten Umschreibungsstopp im Aktienregister enthält das Gesetz keine näheren Vorgaben. Aus technischen Gründen erscheint eine kurzfristige Unterbrechung der Umschreibung vor der Hauptversammlung zwischen drei und sechs 206

---

118) Dazu *Rieckers* in: Spindler/Stilz, AktG, § 123 Rz. 40; *Ziemons* in: Schmidt/Lutter, AktG, § 123 Rz. 35; *Noack/Zetzsche* in Kölner Kommentar, § 123 Rz. 69 ff.

119) *Rieckers* in: Spindler/Stilz, AktG, § 123 Rz. 28; *Ziemons* in: Schmidt/Lutter, AktG, § 123 Rz. 30; *Noack/Zetzsche* in: Kölner Kommentar, § 123 Rz. 146 f.

120) Dies legt auch § 16 EGAktG nahe, der für alte Hinterlegungsregeln bestimmt, dass für den Zeitpunkt der Hinterlegung oder der Ausstellung eines sonstigen Legitimationsnachweises auf den Beginn des 21. Tages vor der Versammlung abzustellen ist. Anders dagegen der Formulierungsvorschlag des Bundesrates, der von einer Hinterlegungsmöglichkeit bis zum siebten Tag auszugehen scheint: Stellungnahme Bundesrat zum RegE UMAG, BT-Drucks. 15/5092, S. 34.

121) *Simon/Zetzsche*, NZG 2005, 369, 374.

122) *Simon/Zetzsche*, NZG 2005, 369, 374; *Noack/Zetzsche* in: Kölner Kommentar, § 123 Rz. 147 mit Satzungsvorschlag.

Tagen zulässig und angemessen.[123] Vorsorglich sollte ein Umschreibestopp allerdings als Teilnahmebedingung i. S. v. § 121 Abs. 3 Nr. 1 AktG in der Einladungsbekanntmachung angegeben werden.[124] Allerdings lässt § 123 Abs. 2 Satz 1 Halbs. 2 AktG auch ein Anmeldeerfordernis zu. Die Anmeldung dient insoweit nicht der Legitimation, sondern nur der Vorbereitung der Hauptversammlung und kann deswegen auch für Namensaktien vorgeschrieben werden. [→ Rz. 109]

207 § 13 Abs. 2 des Musters geht auf die in Umsetzung der Aktionärsrechterichtlinie durch das ARUG geänderte Fassung von § 118 Abs. 1 Satz 2 AktG zurück. Dadurch kann den Aktionären durch Bestimmung in der Satzung die Online-Teilnahme an der Hauptversammlung ohne ihre eigene Anwesenheit ermöglicht werden. Dabei bestimmt die hier vorgeschlagene Regelung nicht, dass eine solche Online-Teilnahme ermöglicht werden muss, sondern stellt dies in die Ermächtigung des Vorstands, der insbesondere auch darüber entscheiden kann, welche der Aktionärsrechte ganz oder teilweise im Wege elektronischer Kommunikation ausgeübt werden können.[125] Technisch kommen alle Verfahren in Betracht, die eine Zwei-Wege-Direktverbindung ermöglichen, d. h., vor allen Dingen über ein besonderes Internetportal, zu dem die Aktionäre unter Angabe ihrer Aktionärsnummer (bei Namensaktiengesellschaften) und Zugangscode/Passwort Zugang haben. Es liegt dann in der Entscheidung des Vorstands, welche Rechte er zur Online-Teilnahme zulässt. Wegen der derzeit noch bestehenden Unsicherheiten im Zusammenhang mit dem Fragerecht, der Begrenzung des Fragerechts und eines möglicherweise hiermit in Zusammenhang stehenden Anfechtungsrisikos ist in der bisherigen Praxis hiervon kein Gebrauch gemacht worden. Vielmehr wurde, soweit ersichtlich, den Aktionären im Wege der Online-Teilnahme die Verfolgung der gesamten Hauptversammlung in Ton und Bild ermöglicht, die Stimmabgabe in Echtzeit (auch zu Verfahrensanträgen), die Einsicht in das Teilnehmerverzeichnis sowie ein Präsenzwechsel (einschließlich der Erteilung von Vollmachten und Weisungen an Stimmrechtsvertreter).[126] Die auf diese Weise online teilnehmenden Aktionäre rechnen zur Präsenz und sind zur Anfechtung befugt. Allerdings berechtigen technische Störungen nach Maßgabe von § 243 Abs. 3 Nr. 1 AktG in der Fassung des ARUG nicht zur Anfechtung. [→ Rz. 110]

c) Vorsitz in der Hauptversammlung

aa) Bestimmung des Versammlungsleiters [→ Rz. 111]

208 Das Gesetz geht in § 130 Abs. 2 und § 129 Abs. 4 AktG davon aus, dass die Hauptversammlung einen Vorsitzenden hat. Weitere Bestimmungen über dessen Wahl und die sonstigen Befugnisse sind nicht enthalten. Wie allgemein üblich ist hier festgelegt, dass

---

123) BGH v. 21.9.2009, BGHZ 182, 272 Tz. 9; *Hüffer*, AktG, § 67 Rz. 20; *Noack/Zetzsche* in: Kölner Kommentar AktG, § 123 Rz. 227 ff.

124) Nach h.M. ist der Umschreibestopp allerdings keine Teilnahmebedingung i. d. S., vgl. nur *Noack/Zetzsche* in: Kölner Kommentar, § 121 Rz. 93 m. w. N.; a. A. OLG Köln, AG 2009, 448; *Grobecker*, NZG 2010, 165, 166; *Ziemons* in: Schmidt/Lutter, AktG, § 121 Rz. 46 f.; siehe auch Muster 5.1, Rz. 445 ff.

125) Dazu insbesondere *von Nussbaum*, GWR 2009, 215 ff.; *Spindler* in: Schmidt/Lutter, AktG, § 118 Rz. 47 ff.; *Hüffer*, AktG, § 118 Rz. 8a–8d.

126) Vgl. zur Praxis der Hauptversammlung der Münchener Rückversicherungs-Gesellschaft: *Mörlein/Balling*, HV Magazin 2/2010, S. 16 ff. und Höreth, AG 2011, Rz. 300.

der Vorsitzende des Aufsichtsrats Versammlungsleiter ist.[127] Bei börsennotierten Gesellschaften, wo die Leitung der Hauptversammlung in erfahrenen Händen liegen sollte, ist es angezeigt, Vertretungsregelungen in die Satzung aufzunehmen. Dabei wird auf die mögliche Vertretung durch den stellvertretenden Vorsitzenden des Aufsichtsrats verzichtet und stattdessen bei einer Verhinderung des Aufsichtsratsvorsitzenden unmittelbar die Bestimmung eines Versammlungsleiters aus dem Kreis der Aufsichtsratmitglieder vorgesehen. Hintergrund ist, dass bei mitbestimmten Gesellschaften kein Vertreter der Arbeitnehmerbank die Leitung übernehmen soll. Wegen der zur Versammlungsleitung erforderlichen Sachkompetenz ist auch denkbar, dass die Hauptversammlung von einem außenstehenden Dritten geleitet wird.[128]

bb) Ablauf der Hauptversammlung [→ Rz. 112 f.]

Auch über den Ablauf der Hauptversammlung enthält das Gesetz nur rudimentäre Vorschriften. Die im Muster aufgenommenen Bestimmungen entsprechen dem, was von Gesetzes wegen dem Versammlungsleiter an Befugnissen kraft seiner Aufgabe ohnehin zusteht. Weitere Fragen der Versammlungsleitung sind durch Praxis und Rechtsprechung im Wesentlichen geklärt.[129] Insofern hat es sich nicht durchgesetzt, von der durch das KonTraG eingeführten Möglichkeit einer Geschäftsordnung der Hauptversammlung (§ 129 Abs. 1 Satz 1 AktG) Gebrauch zu machen.[130] Durch das UMAG wurde in § 131 Abs. 2 AktG die Möglichkeit geschaffen, den Versammlungsleiter in der Satzung oder der Geschäftsordnung der Hauptversammlung zu ermächtigen, das Frage- und Rederecht des Aktionärs zeitlich angemessen zu beschränken und in der Satzung oder der Geschäftsordnung Näheres dazu zu bestimmen. Die Beschränkung der Redezeit durch den Versammlungsleiter war bereits vor der gesetzlichen Neuregelung zulässig und gängige Praxis. Neu war allerdings die Möglichkeit, auch das Fragerecht zu begrenzen. Der Versammlungsleiter muss den Ermächtigungsrahmen konkret ausfüllen. Die Beschränkungen müssen angemessen sein. Dabei kann sich der Versammlungsleiter nach der Begründung des Regierungsentwurfs zum UMAG und Ziffer 2.2.4 DCGK davon leiten lassen, dass eine normale Hauptversammlung, in der keine tiefgreifenden unternehmensstrukturellen Maßnahmen zu erörtern sind, in 4–6 Stunden abgewickelt sein sollte.[131] Die vorgeschlagene Formulierung folgt der Praxis und verzichtet im Interesse der Flexibilität auf eine weitere Konkretisierung der Angemessenheit.[132]

209

cc) Bild- und Tonübertragungen [→ Rz. 114]

Gemäß § 118 Abs. 4 AktG, der durch das Transparenz- und Publizitätsgesetz neu eingeführt wurde, kann in der Satzung (oder in der Geschäftsordnung der Hauptversammlung

210

---

127) Ein Mitglied des Vorstands oder der die Hauptversammlung protokollierende Notar dürfen nicht Versammlungsleiter sein, siehe *Hüffer*, AktG, § 129 Rz. 18; *Kubis* in: MünchKomm AktG, § 119 Rz. 101; der Notar auch nicht, wenn es um die provisorische Versammlungsleitung zur Wahl eines Versammlungsleiters geht, KG Berlin v. 15.12.2010, Beck RS 2011.

128) Siehe nur *Hüffer*, AktG, § 129 Rz. 18.

129) Siehe insbesondere BGH v. 8.2.2010 – Biotest, ZIP 2010, 575.

130) Siehe hierzu *Hüffer*, AktG, § 129 Rz. 1a ff.; *Ziemons* in: Schmidt/Lutter, AktG, § 129 Rz. 1.

131) Begründung RegE UMAG, BT-Drucks. 15/5092, S. 17.

132) Ein Vorschlag für eine solche besondere Konkretisierung findet sich bei *Weißhaupt*, ZIP 2005, 1766, 1769, siehe ansonsten BGH v. 8.2.2010 – „Redezeitbeschränkung" ZIP 2010, 575; *Spindler* in: Schmidt/Lutter, AktG, § 131 Rz. 66.

gem. § 129 Abs. 1 AktG) die Möglichkeit der Übertragung der Hauptversammlung in Ton und Bild vorgesehen werden. Wenn Satzung oder Geschäftsordnung eine solche Übertragung vorsehen, können einzelne Aktionäre einer Übertragung ihres Beitrags nicht mehr widersprechen.[133] Eine Bekanntmachung hinsichtlich der Übertragung mit der Einberufung der Hauptversammlung wird nach der Begründung des Regierungsentwurfs „unbedingt empfohlen".[134] Die Satzung kann die Entscheidung, ob und wie übertragen wird, der Verwaltung überlassen. Für eine Entscheidung durch den Vorstand spricht, dass bereits im Vorfeld der Hauptversammlung die notwendigen organisatorischen Voraussetzungen getroffen werden müssen und in der Einberufung der Hauptversammlung die Form der Übertragung bekannt gegeben wird.[135] In der Praxis finden sich auch Gestaltungen, nach denen die Entscheidung dem Versammlungsleiter übertragen wird. Nach § 118 Abs. 4 AktG in der Fassung des ARUG ist ausdrücklich beides möglich.[136]

211 Daneben eröffnet § 118 Abs. 3 Satz 2 AktG die Möglichkeit, in der Satzung für die Teilnahme der Aufsichtsratmitglieder eine Erleichterung vorzusehen, indem in bestimmten Fällen die Teilnahme eines Aufsichtsratsmitglieds im Wege der Ton- und Bildübertragung ermöglicht werden kann. Die meisten börsennotierten Aktiengesellschaften haben aber, soweit ersichtlich, von der Möglichkeit einer solchen Satzungsregelung keinen Gebrauch gemacht. Ausweislich der Regierungsbegründung hatte der Gesetzgeber vor allem ausländische Aufsichtsratsmitglieder nicht börsennotierter Aktiengesellschaften vor Augen. Wenn eine Satzungsregel aufgenommen wird, sollte sie eindeutig formuliert werden. Beispielsweise könnten Fälle der Verhinderung oder Wohnsitz im überseeischen Ausland bestimmt werden.[137]

d) Stimmrecht/Beschlussfassung

aa) Stimmrecht [→ Rz. 115]

212 Bei Stückaktien gewährt zwingend jede Aktie eine Stimme. Bei auf den Nennwert ausgestellten Aktien richtet sich das Stimmrecht nach den in der Satzung bestimmten Nennbeträgen (§ 134 Abs. 1 AktG). Soweit das Gesetz neben der Stimmrechtsmehrheit auch eine Kapitalmehrheit verlangt (etwa § 179 Abs. 2, § 182 Abs. 1, § 193 Abs. 1, § 202 Abs. 2, § 293 Abs. 1 AktG und andere Fälle), wird die Kapitalmehrheit bei Stückaktien ebenso wie die Stimmmehrheit ermittelt.

bb) Stimmrechtsvollmacht [→ Rz. 116]

213 Nach § 134 Abs. 3 Satz 3 AktG in der durch das ARUG geänderten Fassung gilt für die Stimmrechtsvollmacht, ihren Widerruf und ihren Nachweis die Textform (§ 126b BGB). Bei börsennotierten Gesellschaften kann die Satzung Erleichterungen hiervon vorsehen. Im Interesse der Rechtssicherheit und für Dokumentationszwecke sollte es jedoch dabei verbleiben, dass die erteilten Vollmachten wenigstens per Textform nachgewiesen werden.[138] Dazu muss die Gesellschaft, wenn auch nicht zwingend in der Satzung, sondern

133) *Hüffer*, AktG, § 118 Rz. 17; Begründung RegE TransPuG, BT-Drucks. 14/8769, S. 19 f.

134) Begründung RegE TransPuG, BT-Drucks. 14/8769, S. 19.

135) *Kubis* in: MünchKomm AktG, § 118 Rz. 96.

136) *Von Nussbaum*, GWR 2009, 215, 216 hält die Bestimmung durch den Versammlungsleiter für die bessere Variante (größere Flexibilität); dazu auch *Hoffmann* in: Spindler/Stilz, AktG, § 118 Rz. 47.

137) Siehe näher *Hoffmann* in: Spindler/Stilz, AktG, § 118 Rz. 23, 25.

138) *Spindler* in: Schmidt/Lutter, AktG, § 134 Rz. 45; *Hoffmann* in: Spindler/Stilz, AktG, § 134, Rz. 70, 72.

besser, wie hier vorgeschlagen, durch den Vorstand, in der Einberufungsbekanntmachung mindestens einen Übermittlungsweg angeben.

Die Bestellung eines Stimmrechtsvertreters durch den Vorstand wird durch Ziffer 2.3.3 **214** DCGK empfohlen und ist hier im Satzungsmuster aufgenommen. Die insoweit erteilten Vollmachten müssen von der Gesellschaft nachprüfbar festgehalten werden (§ 134 Abs. 3 Satz 5 AktG), was ebenfalls für die Beibehaltung mindestens der Textform spricht. Die hier satzungsmäßig geregelte Form der Vollmacht gilt nicht für die Bevollmächtigung von Kreditinstituten und geschäftsmäßigen Aktionärsvertretern und Aktionärsvereinigungen, für die nach ARUG ausschließlich die gesetzliche Regelung des § 135 AktG gilt. § 135 Abs. 5 Satz 4 AktG betrifft nur den Nachweis.[139]

cc) Briefwahl

§ 15 Abs. 3 des Musters greift die in § 118 Abs. 2 AktG in der Fassung des ARUG dem Sat- **215** zungsgeber eingeräumte Möglichkeit zur Gestattung der sog. „Briefwahl" auf. [→ Rz. 117] Danach kann die Satzung entweder selbst vorsehen oder den Vorstand dazu ermächtigen, dass Aktionäre ihre Stimmen, ohne an der Versammlung teilzunehmen, schriftlich oder im Wege der elektronischen Kommunikation abgeben dürfen. Damit ist die elektronische Fernabstimmung möglich. Dabei genügen alle Formen der Übermittlung der Stimme, die unter § 126 BGB als Textform bezeichnet werden.[140] Die hiernach mögliche Fernabstimmung unterscheidet sich von der Online-Teilnahme gem. § 118 Abs. 1 Satz 2 AktG dadurch, dass der auf diese Weise an der Abstimmung teilnehmende Aktionär keine weitergehenden, versammlungsgebundenen Rechte ausüben kann, insbesondere keine Möglichkeit zur Erhebung eines Protokollwiderspruchs und damit zur Erhebung einer Anfechtungsklage hat.[141] Konsequenterweise erscheint der nur per Briefwahl teilnehmende Aktionär nicht im Teilnehmerverzeichnis der Hauptversammlung, obwohl umgekehrt die auf diese Weise i. S. v. § 133 AktG abgegebenen Stimmen bei der Beschlussfassung und bei Verkündung der Ergebnisse (§ 130 Abs. 2 Satz 2 AktG) zu berücksichtigen sind.

Im Interesse der Flexibilität ist in § 15 Abs. 3 des Musters vorgesehen, den Vorstand zu **216** ermächtigen, über die Frage der Einrichtung einer Briefwahl zu entscheiden und auch die näheren Einzelheiten dieses Verfahrens festzulegen. Eine wie auch immer geartete Selbstbindung des Vorstands bei erstmaliger Zulassung dieses Verfahrens besteht für die Folgejahre nicht.[142] Anders als bei der Online-Teilnahme nach § 118 Abs. 1 Satz 2 AktG hat sich die Möglichkeit zur Briefwahl in der Praxis relativ weit – insbesondere bei den DAX-Gesellschaften – durchgesetzt.[142a] Bereits in der Hauptversammlungssaison 2010 konnte festgestellt werden, dass bei einzelnen Hauptversammlungen bis zu 5 % des Grundkapitals im Wege einer Briefwahl an Abstimmungen teilgenommen hat. Dazu trägt auch bei, dass sich auch Kreditinstitute und geschäftsmäßige Stimmrechtsvertreter nach § 135 Abs. 5 Satz 3 i. V. m. Abs. 5 AktG der Briefwahl bedienen können. Hinzu kommt, dass nach Ziffer 2.3.3 Satz 2 DCGK den börsennotierten Gesellschaften empfohlen wird, ihre

---

139) *Rieckers* in: Spindler/Stilz, AktG, § 135 Rz. 18; *Hüffer*, AktG, § 135 Rz. 9; anderenfalls bleibt es für die börsennotierten Gesellschaften trotzdem bei der Textform.

140) Begründung RegE ARUG, BT-Drucks. 16/11462, S. 27; *Spindler* in: Schmidt/Lutter, AktG, § 118 Rz. 56.

141) *Spindler* in: Schmidt/Lutter, AktG, § 118 Rz. 58; *Noack*, WM 2009, 2289, 2291; *Hoffmann* in: Spindler/Stilz, AktG, § 118 Rz. 43; *Hüffer*, AktG, § 118 Rz. 8g.

142) *Noack*, WM 2009, 2298, 2290; *Spindler* in: Schmidt/Lutter, AktG, § 118 Rz. 57.

142a) Zur Praxis der HV-Saison 2011 s. Höreth, AG 2011, Rz. 300 f.

Aktionäre auch bei Briefwahl zu unterstützen. Entgegen der von ihrem Wortlaut her missverständlichen Kodex-Empfehlung ist auch bei völligem Fehlen einer satzungsmäßigen Ermächtigung zur Briefwahl bzw. bei Nichtanwendung einer entsprechenden Ermächtigung für den Vorstand keine Abweichung i. S. d. § 161 AktG offenzulegen.[143]

dd) Beschlussfassung [→ Rz. 118]

217 Von dem Erfordernis der qualifizierten Kapitalmehrheit (75 % des bei der Beschlussfassung vertretenen Grundkapitals) kann die Satzung in den meisten Fällen befreien. Hiervon wird in § 15 Abs. 3 des Musters in einer Form Gebrauch gemacht, die keinen Verstoß gegen den Bestimmtheitsgrundsatz bedeutet, weil einerseits auch die Kapitalmehrheit angesprochen ist und andererseits die Abweichung nur von zwingenden gesetzlichen Mehrheitserfordernissen gestattet wird.[144]

218 Für die SE gilt eine leicht abweichende Rechtslage. Für die Beschlussfassung der Hauptversammlung und die hierbei notwendigen Mehrheiten enthält der vierte Abschnitt der SE-VO (Art. 52–60) besondere Vorschriften. Dabei gilt im Grundsatz nach Art. 57 SE-VO die einfache Mehrheit der abgegebenen Stimmen, wenn die Verordnung oder das Sitzstaatrecht nicht eine höhere Mehrheit vorschreiben. Dies gilt auch für die in Deutschland geltenden Erfordernisse für eine Kapitalmehrheit, obwohl Art. 57 SE-VO nur von Stimmenmehrheit spricht.[145] Raum für Satzungsbestimmungen ist hier jedenfalls nicht eröffnet. Abweichungen in Form satzungsmäßiger Gestaltung lässt jedoch Art. 59 Abs. 1 und Abs. 2 SE-VO zu. Hiervon hat der deutsche Gesetzgeber mit § 51 SEAG für Satzungsänderungen Gebrauch gemacht und bestimmt, dass die Satzung für Änderungen der Satzung die einfache Mehrheit der abgegebenen Stimmen ausreichen lassen kann, sofern mindestens die Hälfte des Grundkapitals vertreten ist. Dabei gelten die in § 51 SEAG Satz 2 bestimmten Ausnahmen. Daraus ergibt sich, dass die Satzung einer in Deutschland registrierten SE hinsichtlich der Stimmenmehrheit auf die einfache Mehrheit der Stimmen nur unter der Voraussetzung absenken darf, dass mindestens die Hälfte des gezeichneten Kapitals auf der fraglichen Hauptversammlung vertreten ist und weiter eine höhere Kapitalmehrheit auf die einfache Mehrheit des bei der Beschlussfassung vertretenen Kapitals nur absenken darf, soweit nicht zwingendes nationales Recht dem entgegensteht. Der Satzungsvorschlag in der Alternative für die SE greift diese Möglichkeiten auf, indem in Satz 1 die allgemeine Absenkungsregelung enthalten ist, die auch derjenigen für eine deutsche Aktiengesellschaft entspricht, mit Ausnahme allerdings für Satzungsänderungen, hinsichtlich derer die zwingenden und einschränkenderen Vorschriften des Art. 59 SE-VO berücksichtigt werden. [→ Rz. 119] Hält man mit den oben angegebenen Literaturmeinungen die Festlegung einer Kapitalmehrheit einer in Deutschland registrierten SE für unzulässig, wäre dies für die vorgeschlagene Satzungsbestimmung unschädlich, da dann die Regelung über die Absenkung der Kapitalmehrheit schlicht ins Leere ginge. In prakti-

---

143) Mit guten Gründen gegen die Verpflichtung zur Abgabe einer Abweichungserklärung: *Linnerz*, AG 2010, R345 f. und *Paschos*, HV Magazin 1/2011, S. 42; ebenso wohl: *Hecker/Peters*, BB 2010, 251, 2252.

144) Vgl. dazu BGH v. 11.11.1985, BGHZ 96, 245, ZIP 1986, 368, 369 f, für die Zweckänderung eines Vereins; *Hüffer*, AktG, § 179 Rz. 18; *Holzborn* in: Spindler/Stilz, AktG, § 179 Rz. 120; *Semler* in: Münchener Handbuch, § 39 Rz. 32 und *Krieger* in: Münchener Handbuch, § 56 Rz. 14; *Seibt* in: Schmidt/Lutter, AktG, § 179 Rz. 30; ausführlich: *Stein* in: MünchKomm AktG, § 179 Rz. 91.

145) Vgl. nur *Kiem* in: Kölner Kommentar, Art. 57 Rz. 28 ff., 36, *Seibt* in: SE-Kommentar, Art. 59 SE-VO Rz. 8; anders (Umdeutung in Stimmenmehrheit): *Spindler* in: SE-Kommentar, Art. 57 SE-VO Rz. 13; *Kubis* in: MünchKomm AktG, Art. 57, 58 Rz. 7; *Eberspächer* in: Spindler/Stilz, AktG, Art. 57, 58 Rz. 5.

scher Hinsicht ist zu bedenken, dass das Erfordernis der Präsenz von mindestens der Hälfte des Grundkapitals bei satzungsändernden Beschlüssen zumindest für solche Gesellschaften mit großem Streubesitz durchaus ein erhebliches Hindernis sein kann.

6. Jahresabschluss

a) Vorlagepflichten und Fristen [➔ Rz. 120, 122]

Die Regelungen sind eine Wiedergabe ohnehin zwingenden Rechts. Die Fristen zur Aufstellung ergeben sich aus § 264 Abs. 1 Satz 3 i. V. m. §§ 264d, 267 Abs. 3 Satz 2 HGB für den Jahresabschluss und aus §§ 290, 293 HGB für den Konzernabschluss. Die Pflicht zur Vorlage des aufgestellten Abschlusses durch den Vorstand an den Abschlussprüfer folgt aus § 320 Abs. 1 HGB und an den Aufsichtsrat aus § 170 Abs. 1 AktG. Die Vorlage erfolgt an den Aufsichtsrat als Organ zu Händen des Aufsichtsratsvorsitzenden. Da die börsennotierte Aktiengesellschaft nach §§ 264d, 267 Abs. 3 Satz 2, 316 Abs. 1 HGB stets prüfungspflichtig ist, ist auch der Prüfungsbericht dem Aufsichtsrat vorzulegen, was jedoch nach § 321 Abs. 5 Satz 2 HGB durch den Abschlussprüfer geschieht. Diese Unterlagen hat der Aufsichtsrat innerhalb der Monatsfrist des § 171 Abs. 3 AktG zu prüfen und hierüber zu berichten. Die Frist von acht Monaten nach Geschäftsjahresende zur Einberufung der ordentlichen Hauptversammlung ist in § 175 Abs. 1 AktG enthalten. Für die SE gilt gem. Art. 54 Abs. 1 Satz 1 SE-VO insofern eine sechsmonatige Frist. **219**

b) Feststellung des Jahresabschlusses und Billigung des Konzernabschlusses [➔ Rz. 120 ff.]

Bei der Aktiengesellschaft obliegt die Billigung und damit die Feststellung des Jahresabschlusses grundsätzlich dem Aufsichtsrat (§ 171 Abs. 2 Satz 4, § 172 AktG), soweit nicht Vorstand und Aufsichtsrat beschließen, die Feststellung des Jahresabschlusses der Hauptversammlung zu übertragen (§ 173 Abs. 1 AktG). Entsprechendes gilt für den Konzernabschluss, der zwar nicht festgestellt wird, aber gem. § 171 Abs. 2 Satz 5 AktG vom Aufsichtsrat zu billigen ist. [➔ Rz. 121] **220**

Bei der Feststellung des Jahresabschlusses durch Vorstand und Aufsichtsrat enthält § 58 AktG Spielraum für Satzungsbestimmungen. Nach § 58 Abs. 2 Satz 1 AktG können Vorstand und Aufsichtsrat höchstens die Hälfte des Jahresüberschusses in andere **Gewinnrücklagen** einstellen. Die Satzung kann jedoch Vorstand und Aufsichtsrat ermächtigen (nicht verpflichten), einen kleineren oder einen größeren Teil des Jahresüberschusses, und zwar bis zu 100 %, in andere Gewinnrücklagen einzustellen, sofern die anderen Gewinnrücklagen die Hälfte des Grundkapitals hierdurch nicht übersteigen würden. Von dieser Möglichkeit geht das Satzungsmuster in § 16 Abs. 3 aus. Durch die vorgeschlagene Regelung wird die Kompetenz der Verwaltung gegenüber der Hauptversammlung gestärkt. Soll dem Ausschüttungsinteresse von Aktionären bzw. höherer Verantwortung der Hauptversammlung für die Rücklagen- und Ausschüttungspolitik Raum eingeräumt werden, sollte von dieser Ermächtigung kein Gebrauch gemacht werden.[146] [➔ Rz. 123] **221**

c) Gewinnverwendung

Gemäß dem durch das Transparenz- und Publizitätsgesetz neu eingeführten § 58 Abs. 5 AktG kann die Satzung regeln, dass die Barausschüttung durch eine **Sachausschüttung** **222**

---

146) Vgl. hierzu *Hüffer*, AktG, § 58 Rz. 11 ff.

ersetzt werden kann, wenn die Hauptversammlung dies beschließt.[147] Da die Ausschüttung von Sachwerten, die nicht oder nur schwer bewertet werden können, problematisch sein kann, sieht das Muster in § 16 Abs. 2 Satz 3 eine Regelung vor, wonach nur Aktien börsennotierter Aktiengesellschaften ausgeschüttet werden dürfen, da bei diesen grundsätzlich von einem leicht feststellbaren Marktwert ausgegangen werden kann (siehe dazu Muster 6.1 Sachdividende). [→ Rz. 124] Hiervon wird, auch aus steuerlichen Gründen, selten Gebrauch gemacht. Eine Ungewissheit, die bei der Schaffung einer solchen Ermächtigung zu bedenken ist, liegt darin, dass die Festlegung und Konkretisierung des Ausschüttungsgegenstands damit nicht allein bei Vorstand und Aufsichtsrat liegen, sondern von der Hauptversammlung, die an deren Vorschläge nicht gebunden ist, an sich gezogen werden können, u. U. auch im Wege eines Minderheits- oder Ergänzungsverlangens oder eines Gegenantrags von Aktionären. Dies kann zu einer Verwerfung mit der Leitungskompetenz des Vorstands führen, deren Behandlung streitig ist.[148]

223 § 17 Abs. 2 des Musters greift eine Ermächtigung des § 59 Abs. 1 AktG auf. [→ Rz. 125] Danach kann die Satzung den Vorstand ermächtigen, nach Ablauf eines Geschäftsjahres auf den voraussichtlichen Bilanzgewinn einen Abschlag an die Aktionäre zu zahlen (**Vorabausschüttung**). Im Gegensatz zu ausländischen Beispielen ist mit dieser Regelung nicht die Möglichkeit zur Auszahlung von Halbjahres- oder Quartalsdividenden verbunden. Es bleibt bei einem Abschlag auf den Bilanzgewinn, der in Anbetracht der zunehmend früher abgehaltenen Hauptversammlungen und der folgenden Dividendenausschüttung (überwiegend ca. fünf Monate nach Abschlussstichtag) eine um ca. vier Monate vorgezogene Abschlagszahlung ermöglicht. Dies liegt daran, dass nicht nur der Ablauf des Geschäftsjahres abgewartet werden muss, sondern als Basis für die Ermittlung des vorläufigen Bilanzgewinns nach § 59 Abs. 2 AktG der Jahresabschluss und die Gewinn- und Verlustrechnung zumindest aufgestellt sein müssen (Prüfung und Feststellung sind nicht erforderlich).[149] Hinzu kommt nach § 59 Abs. 3 AktG das Erfordernis einer Zustimmung des Aufsichtsrats. Der Höhe nach ist der Abschlag zudem auf die Hälfte des zu erwartenden Jahresüberschusses abzüglich der Dotierung der Rücklagen und die Hälfte des vorjährigen Bilanzgewinns (§ 59 Abs. 2 Satz 2 und Satz 3 AktG) zu beschränken. Obwohl nicht wenige Gesellschaften sich entsprechende Satzungsermächtigungen haben einräumen lassen, wird aus diesen Gründen hiervon relativ selten Gebrauch gemacht.

7. Sonstiges (Gründungsaufwand) [→ Rz. 126 ff.]

224 Grundsätzlich sind die Kosten, die mit der Gründung der Gesellschaft in Zusammenhang stehen, von den Gründern zu tragen, um sicherzustellen, dass der Aktiengesellschaft zumindest am Anfang das angemessene Grundkapital zur Verfügung steht. Nur wenn eine besondere Satzungsregelung dies vorsieht, kann der Gründungsaufwand auf die Gesellschaft übergewälzt werden (§ 26 Abs. 2 AktG). Gemeint sind hiermit alle Aufwendungen der Gesellschaft im Zusammenhang mit der Gründung und der Einlagenleistung, nämlich alle Gebühren, Honorare und Kosten. Nicht hierunter fallen allerdings die Kosten für die

---

147) Ausführlich zur Sachdividende *Holzborn/Bunnemann*, AG 2003, 671 sowie speziell zu Bewertungsfragen *Waclawik*, WM 2003, 2266.

148) Für den Vorrang des Gewinnverwendungsinteresses *Drinhausen* in: Heidel, Aktien- und Kapitalmarktrecht, § 58 AktG Rz. 54; *Henze/Notz* in: Großkomm. AktG, § 58 Abs. 5 Rz. 177; a. A. Vorrang der Leitungskompetenz des Vorstands mit entsprechendem Anfechtungsrecht *Cahn/v. Spannenberg* in: Spindler/Stilz, AktG, § 58 Rz. 108; *Drygala* in: Kölner Kommentar, § 58 Rz. 178, 179.

149) Siehe nur *Hüffer*, AktG, § 59 Rz. 3.

Ingangsetzung des Geschäftsbetriebs. Unter Gründerlohn wird die Tätigkeitsvergütung an Gründer oder Dritte bei der Gründung oder Vorbereitung hierzu verstanden.[150] Ohne die entsprechende Festsetzung sind nicht nur die zugrunde liegenden Rechtsgeschäfte und Ausführungshandlungen (§ 26 Abs. 3 AktG) unwirksam, sondern es besteht auch ein Errichtungsmangel, der das Registergericht zu Ablehnung der Eintragung befugt (§ 38 Abs. 3 AktG). Die hier aufzunehmenden Festsetzungen können gem. § 26 Abs. 4 AktG erst nach fünf Jahren geändert und gem. § 26 Abs. 5 AktG erst nach frühestens 30 Jahren beseitigt werden.

Über §§ 197, 243 Abs. 1 UmwG gelten diese Vorschriften auch für den Fall des Form- **225** wechsels in eine Aktiengesellschaft oder eine SE (Art. 15 Abs. 1 SE-VO). In diesem Falle muss, wie hier in der Alternative vorgeschlagen, der Formwechselaufwand als Gründungsaufwand festgesetzt werden. [→ Rz. 127] Mit einem Formwechsel in die SE ist häufig auch die Wiederbestellung von Mitgliedern des Vorstands oder des Aufsichtsrats der Gesellschaft in bisheriger Rechtsform verbunden. Dies wird häufig aus Gründen rechtlicher Vorsorge als Sondervorteile i. S. v. § 26 Abs. 1 AktG in die Satzung mit aufgenommen. [→ Rz. 129] Das alles ist vor dem Hintergrund der harten Sanktionen fehlender Satzungspublizität (Errichtungsmangel und Unwirksamkeit der Verträge und Ausführungsgeschäfte nach § 26 Abs. 3 AktG) sorgfältig zu prüfen.

Weiter gilt, dass die Erbringung des Grundkapitals als durch den Formwechsel im Wege **226** einer Sacheinlage erbracht nach § 27 Abs. 5 AktG in der Satzung festzusetzen ist.[151] Insoweit reicht eine Formulierung, die festhält, dass das Grundkapital der SE durch den Formwechsel der namentlich und mit Sitz zu bezeichnenden Ausgangsaktiengesellschaft aufgebracht wurde. Solche Satzungsfestsetzungen finden sich oft auch in dem Abschnitt über das Grundkapital der SE. [→ Rz. 128]

---

150) Vgl. nur *Hüffer*, AktG, § 26 Rz. 5 zu Gründungsaufwand und Gründerlohn.
151) Zumindest aus Gründen rechtlicher Vorsorge, gegen eine Anwendung des § 27 AktG über die Verweisungskette von Art. 15 Abs. 1 SE-VO und § 197 Abs. 1 UmwG: *Paefgen* in: Kölner Kommentar, Art. 37 SE-VO Rz. 40; *Seibt* in: SE-Kommentar, Art. 37 SE-VO Rz. 33; a. A. *Schäfer* in: MünchKomm AktG, Art. 37 SE-VO Rz. 13; auch wohl *Caspar* in: Spindler/Stilz, AktG, Art. 37 SE-VO Rz. 4 jeweils m. w. N.

Teil 2: Mitteilungen und Bekanntmachungen zum Aktienbesitz*)

Muster 2.1: Stimmrechtsmitteilung nach § 21 Abs. 1 WpHG (Aktien)

I.   Mustertext [→ Rz. 229 ff.]

Variante 1: Mitteilung einer unmittelbaren Beteiligung [→ Rz. 233]   **227**

X-Inc.

[*Anschrift*], USA

An die

Bundesanstalt für Finanzdienstleistungsaufsicht [→ Rz. 248]

Referat WA 12

Lurgiallee 12

60439 Frankfurt am Main

Vorab per Fax: 0228 4108-3119

und die

A-AG [→ Rz. 248]

[*Anschrift*]

Vorab per Fax: [...]

Stimmrechtsmitteilung gem. § 21 Abs. 1 WpHG [→ Rz. 249]

Sehr geehrte Damen und Herren,

hiermit teilen wir Ihnen gem. § 21 Abs. 1 WpHG mit, dass unser Stimmrechtsanteil an der A-AG, [Sitz], Deutschland, ISIN: [...], am [*Datum der Schwellenberührung*] die Schwelle von 3 % der Stimmrechte erreicht hat und zu diesem Tag 3,00 % ([...] Stimmrechte) beträgt.

Mit freundlichen Grüßen

[...]

X-Inc.

Variante 2: Mitteilung unmittelbarer und mittelbarer Beteiligungen [→ Rz. 249, 250]   **228**

X-GmbH [→ Rz. 241]

[*Anschrift*]

An die

Bundesanstalt für Finanzdienstleistungsaufsicht [→ Rz. 248]

---

*)   Bearbeitet von Frau Rechtsanwältin Uta Carpier.

Referat WA 12

Lurgiallee 12

60439 Frankfurt am Main

Vorab per Fax: 0228 4108-3119

und die

A-AG [→ Rz. 248]

[*Anschrift*]

Vorab per Fax: [...]

Stimmrechtsmitteilung gem. §§ 21 Abs. 1, 22 Abs. 1 WpHG [→ Rz. 250]

Sehr geehrte Damen und Herren,

hiermit teilen wir Ihnen gem. § 21 Abs. 1 WpHG mit, dass unser Stimmrechtsanteil an der A-AG, [*Sitz*], am [*Datum der Schwellenüberschreitung*] die Schwellen von 3 %, 5 %, 10 % und 15 % der Stimmrechte überschritten hat und zu diesem Tag 15,04 % ([...] Stimmrechte) betrug. Davon waren uns 15,04 % ([...] Stimmrechte) nach § 22 Abs. 1 Satz 1 Nr. 1 WpHG zuzurechnen. Zugerechnete Stimmrechte wurden dabei über folgende von uns kontrollierte Unternehmen, deren Stimmrechtsanteil an der A-AG jeweils 3 % oder mehr beträgt, gehalten:

Y-GmbH, [*Sitz*];

Z-GmbH, [*Sitz*].

Außerdem teilen wir Ihnen gem. §§ 21 Abs. 1, 24 WpHG mit, dass der Stimmrechtsanteil unserer unmittelbaren Tochtergesellschaft Y-GmbH, [*Anschrift*], an der A-AG, [*Sitz*], am [*Datum der Schwellenüberschreitung*] die Schwellen von 3 %, 5 %, 10 % und 15 % der Stimmrechte überschritten hat und zu diesem Tag 15,04 % ([...] Stimmrechte) betrug. Davon waren der Y-GmbH 9,99 % ([...] Stimmrechte) nach § 22 Abs. 1 Satz 1 Nr. 1 WpHG zuzurechnen. Zugerechnete Stimmrechte wurden dabei über folgende von der Y-GmbH kontrollierte Unternehmen, deren Stimmrechtsanteil an der A-AG jeweils 3 % oder mehr beträgt, gehalten:

Z-GmbH, [*Sitz*].

Wir teilen Ihnen weiter gem. §§ 21 Abs. 1, 24 WpHG mit, dass der Stimmrechtsanteil unserer mittelbaren Tochtergesellschaft Z-GmbH, [*Anschrift*], an der A-AG, [*Sitz*], am [*Datum der Schwellenüberschreitung*] die Schwellen von 3 % und 5 % der Stimmrechte überschritten hat und zu diesem Tag 9,99 % ([...] Stimmrechte) betrug.

Mit freundlichen Grüßen

[...]

X-GmbH

II. Erläuterungen

1. Einleitung [→ Rz. 227]

Bei börsennotierten Gesellschaften müssen Aktionäre, deren Stimmrechtsanteile die in **229** § 21 Abs. 1 WpHG genannten Prozentgrenzen erreichen, über- oder unterschreiten, dies der Gesellschaft und der Bundesanstalt für Finanzdienstleistungsaufsicht (BaFin) mitteilen. Die Gesellschaft ist ihrerseits sodann verpflichtet, den ihr gemeldeten Stimmrechtsanteil europaweit zu veröffentlichen und dem Unternehmensregister nach § 8b HGB zuzuleiten. Die Mitteilungs- und Veröffentlichungspflichten dienen der Transparenz im Wertpapierhandel und sollen informierte Anlageentscheidungen der Marktteilnehmer ermöglichen.[152] Die Mitteilungspflichten beruhen auf den Vorgaben der europäischen Transparenzrichtlinien.[153] Der deutsche Gesetzgeber hat diese Vorgaben in den §§ 21 ff. WpHG umgesetzt. Sie wurden in den letzten Jahren mehrfach geändert und ergänzt, etwa durch das Transparenzrichtlinie-Umsetzungsgesetz,[154] das Risikobegrenzungsgesetz[155] und das Anlegerschutz- und Funktionsverbesserungsgesetz.[156]

2. Mitteilungspflicht

Die Mitteilungspflichten gelten für Anteile an Aktiengesellschaften (AG), Europäische Ge- **230** sellschaften (SE) und Kommanditgesellschaften auf Aktien (KGaA) mit Sitz in der Bundesrepublik Deutschland, deren Aktien im Inland, in einem Mitgliedstaat der Europäischen Union oder in einem anderen Mitgliedstaat des europäischen Wirtschaftsraums (EWR) an einem organisierten Markt (§ 2 Abs. 5 WpHG)[157] notiert sind. Das sind in Deutschland Gesellschaften, deren Aktien im regulierten Markt (§ 32 BörsG) notiert sind; nicht hingegen solche, deren Aktien lediglich in dem auf privatrechtlicher Grundlage eingerichteten Handel im Freiverkehr (§ 48 BörsG) gehandelt werden. Nicht erfasst sind damit Unternehmen, die etwa in den Entry Standard der Frankfurter Wertpapierbörse eingerichteten Freiverkehrs, in den M:access der Bayerischen Börse München oder in die Mittelstandsbörse Deutschland der Börsen Hamburg – Hannover einbezogen sind. Für diese Teilbereiche des Freiverkehrs gelten nach den jeweiligen Börsenordnungen zwar erhöhte Transparenzpflichten, sie unterliegen jedoch nicht staatlicher Überwachung. Die Mitteilungspflichten nach

---

152) Hinweise der *BaFin* zu den Mitteilungs- und Veröffentlichungspflichten, insbesondere der Emittentenleitfaden in der Fassung vom 14.5.2009, sowie weitere Muster (auch in englischer Sprache) für Stimmrechtsmitteilungen finden sich unter http://www.bafin.de.

153) Richtlinie 88/627/EWG des Rates vom 12.12.1988, ABl. L 348 vom 12.12.1988, aufgehoben und integriert in Richtlinie 2001/34/EG vom 28.5.2001, ABl. L 184 vom 6.7.2001; Richtlinie 2004/109/EG des Europäischen Parlaments und des Rates vom 15.12.2004 zur Harmonisierung der Transparenzanforderungen in Bezug auf Informationen über Emittenten, deren Wertpapiere zum Handel auf einem geregelten Markt zugelassen sind, und zur Änderung der Richtlinie 2001/34/EG, vom 15.12.2004, ABl. L 390/18 vom 31.12.2004.

154) Gesetz zur Umsetzung der Richtlinie 2004/109/EG des Europäischen Parlaments und des Rates vom 15.12.2004 zur Harmonisierung der Transparenzanforderungen in Bezug auf Informationen über Emittenten, deren Wertpapier zum Handel auf einem geregelten Markt zugelassen sind, und zur Änderung der Richtlinie 2001/34/EG (Transparenzrichtlinie-Umsetzungsgesetz, TUG), BGBl. I 2007, S. 10 ff.

155) Gesetz zur Begrenzung der mit Finanzinvestitionen verbundenen Risiken vom 12.8.2008, BGBl. I 2008, S. 1666 ff.

156) Gesetz zur Stärkung des Anlegerschutzes und Verbesserung der Funktionsfähigkeit des Kapitalmarktes vom 5.4.2011, BGBl. I 2011, S. 539 ff.

157) Die Definition des organisierten Marktes entspricht derjenigen des „geregelten Marktes" i. S. d. Art. 1 Nr. 13 der Wertpapierdienstleistungsrichtlinie 93/22/EWG vom 10.5.1993, ABl L 141/27. Bis zum Inkrafttreten des Wertpapiererwerbs- und Übernahmegesetzes (WpÜG) am 1.1.2002 galt die Meldepflicht nur für Gesellschaften, deren Aktien im amtlichen Markt (§§ 30 ff. BörsG) gehandelt wurden.

§§ 21 ff. WpHG bestehen daneben auch für Anteile an Aktiengesellschaften mit Sitz im Ausland, wenn diese an einem organisierten Markt in Deutschland oder einem in einem anderen Mitgliedstaat der EU oder des EWR zugelassen sind und die ausländische Gesellschaft das jährliche Dokument nach § 10 WpPG bei der BaFin hinterlegen muss.

231 **Mitteilungspflichtig** ist jeder Aktionär, der den Tatbestand von § 21 Abs. 1 WpHG, ggf. in Verbindung mit den Zurechnungstatbeständen des § 22 WpHG, erfüllt. Anders als nach den aktienrechtlichen Mitteilungsvorschriften in § 20 AktG ist der Personenkreis der Meldepflichtigen nicht auf Unternehmen beschränkt. Auch Privataktionäre und Konsortien[158] sowie Gesamthandsgemeinschaften (insbesondere GbR, Erbengemeinschaften etc.), die die Aktien im Gesamthandsvermögen halten, können zur Mitteilung über Veränderungen ihres Stimmrechtsanteils verpflichtet sein. Ein Insolvenzverwalter ist zur Vornahme von Meldungen und Veröffentlichungen nach dem WpHG nur verpflichtet, wenn sie einen unmittelbaren Massebezug haben; im Übrigen trifft ihn nach § 11 WpHG lediglich eine Unterstützungspflicht.[159] Familien sind nicht mitteilungspflichtig, wohl aber unter den Voraussetzungen der §§ 21 ff. WpHG die einzelnen Familienmitglieder. Die Mitteilungspflicht besteht unabhängig von der Herkunft des Aktionärs und betrifft daher insbesondere auch ausländische Investoren.

232 Die Mitteilungspflicht setzt voraus, dass der Aktionär **bestimmte Stimmrechtsanteile** erreicht, überschreitet oder wieder unterschreitet. Maßgeblich sind die Schwellenwerte von 3 %, 5 %, 10 %, 15 %, 20 %, 25 %, 30 %, 50 % und 75 % der Stimmrechte. Da das Gesetz ausdrücklich auf Stimmrechte abstellt, sind ausschließlich stimmberechtigte Aktien, d.h. in der Regel Stammaktien, in die Berechnung des Schwellenwerts einzubeziehen. Stimmrechtslose Vorzugsaktien sind nur dann zu berücksichtigen, wenn das Stimmrecht ausnahmsweise nach § 140 Abs. 2 Satz 1 AktG aufgelebt ist. Anders als bei den aktienrechtlichen Meldepflichten nach §§ 20, 21 AktG ist die Höhe der Kapitalbeteiligung am gesamten Grundkapital der Gesellschaft nicht maßgeblich.

233 Das **Muster Variante 1** [→ Rz. 227] betrifft den Standardfall einer Stimmrechtsmitteilung eines ausländischen Investors über seine unmittelbare Beteiligung an der A-AG nach § 21 Abs. 1 WpHG.

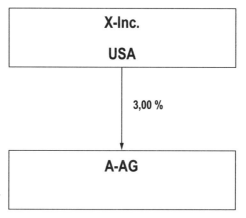

---

158) OLG Köln v. 27.9.2001, ZIP 2001, 2089, AG 2002, 89.
159) BVerwG v. 13.4.2005, BB 2005, 158 ff.; *Schneider* in: Assmann/Schneider, WpHG, § 11 Rz. 9 ff., § 21 Rz. 19 f.

Gegenstand der Mitteilung ist das Erreichen der niedrigsten relevanten Meldeschwelle **234** von 3 % der Stimmrechte. [→ Rz. 227] Das Erreichen setzt eine rechnerisch exakte Berührung der Meldeschwelle voraus und ist daher in der Praxis eher selten. Häufiger anzutreffen und ebenso meldepflichtig wäre ein Überschreiten oder ein späteres Unterschreiten dieser Schwelle.

Die Schwellenberührung kann durch den Erwerb oder die Veräußerung von Aktien sei- **235** tens des Meldepflichtigen erfolgen. Maßgeblich ist grundsätzlich der Zeitpunkt des dinglichen Rechtsgeschäfts, zumeist die Ein- oder Ausbuchung der Aktien auf dem Depotkonto des Meldepflichtigen. Auch ein nur kurzfristiger **Durchgangserwerb** ist mitzuteilen. Die Schwellenberührung kann jedoch auch in sonstiger Weise, insbesondere auch ohne Zutun des Mitteilungspflichtigen, erfolgen. So kann beispielsweise eine Kapitalerhöhung der Gesellschaft, an der der betreffende Aktionär nicht teilnimmt, eine Verwässerung seines Aktienbesitzes und zugleich unter Umständen die Unterschreitung einer Meldeschwelle auslösen. Umgekehrt kann die Einziehung stimmberechtigter Aktien zur Berührung bzw. Überschreitung von Meldeschwellen führen.

> **Praxistipp:**
>
> Die Gesellschaft ist nach § 26a WpHG verpflichtet, die Gesamtzahl der Stimmrechte am Ende eines jeden Kalendermonats, in dem es zu einer Zu- oder Abnahme von Stimmrechten gekommen ist, über Medien zur europaweiten Verbreitung zu veröffentlichen. Die Gesamtstimmrechte sind Grundlage für die Berechnung des Stimmrechtsanteils. Aktionäre, deren Aktienbesitz sich knapp unter- oder oberhalb bestimmter Schwellenwerte bewegt, sollten die Veröffentlichungen nach § 26a WpHG beobachten, um eine etwaige Schwellenberührung in sonstiger Weise, nämlich durch Veränderung der Gesamtzahl der Stimmrechte, fristgerecht nach § 21 Abs. 1 WpHG melden zu können.

Keine Meldepflicht wird demgegenüber dadurch begründet, dass die Gesellschaft umfir- **236** miert oder ihren Sitz verlegt.[160] Gleiches gilt für Umfirmierungen oder Namensänderungen des Meldepflichtigen.[161]

Die Mitteilungspflichten werden nach § 21 Abs. 1a WpHG schließlich auch durch erst- **237** malige Zulassung der Aktien zu einem organisierten Markt oder durch den Wechsel vom Freiverkehr in den regulierten Markt ausgelöst. Es kommt insoweit auf den Anteil der Stimmrechte an, die der Aktionär im Zeitpunkt der Zulassung, wie er sich aus dem Zulassungsbeschluss ergibt, hält.

3. Zurechnung von Stimmrechten [→ Rz. 228]

Nach der Intention des Richtlinien- und Gesetzgebers kommt es nicht nur auf die direkte **238** Stimmrechtsbeteiligung, sondern auch auf die Möglichkeit eines Aktionärs an, auf die Stimmrechtsausübung eines Dritten Einfluss zu nehmen. Daher sind in die Bestimmung der Schwellenberührung auch **zuzurechnende Stimmrechte** einzubeziehen. Die einzelnen Zurechnungstatbestände sind in § 22 Abs. 1, 2 und 4 WpHG abschließend geregelt. In den Zurechnungsfällen besteht grundsätzlich eine **doppelte Meldepflicht**. Dies führt dazu, dass im Grundsatz mehrere Personen hinsichtlich desselben Stimmrechtsanteils meldepflichtig sein können, nämlich die eine Person, weil sie Aktionär ist und ihr die Stimmrechte unmittelbar gehören, die andere, weil ihr die Stimmrechte zugerechnet werden. Eine Ausnahme von der doppelten Meldepflicht gilt für Fälle der Sicherheitsübertra-

---

160) OLG Hamm v. 4.3.2009, AG 2009, 876.

161) *Schneider* in: Assmann/Schneider, WpHG, § 21 Rz. 77; a. A. LG Köln v. 5.10.2007, AG 2008, 338.

gung nach § 22 Abs. 1 Nr. 3 WpHG, in denen der Sicherheitseigentümer nicht meldepflichtig ist.

239 Wichtig und in der Praxis häufig ist die Zurechnung von Stimmrechten, die von Tochterunternehmen des Meldepflichtigen gehalten werden (§ 22 Abs. 1 Satz 1 Nr. 1, Abs. 3
WpHG). Stimmrechte des Tochterunternehmens werden dem Meldepflichtigen voll zugerechnet. Auch Stimmrechte, die dem Tochterunternehmen nach § 22 Abs. 1 Satz 1
Nr. 2 bis 6 WpHG zugerechnet werden, sind wie zugerechnete Stimmrechte des Meldepflichtigen selbst zu behandeln (§ 22 Abs. 1 Satz 2 WpHG). Diese unter Umständen
mehrstufige Zurechnung von Stimmrechten kann im Konzern komplexe Meldepflichten
auslösen.

240 Das **Muster Variante 2** [→ Rz. 228] behandelt einen häufig anzutreffenden Konzern-
sachverhalt, bei dem die Muttergesellschaft eine mittelbare Beteiligung über mehrere
Tochterunternehmen hält.

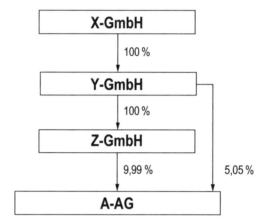

241 Hier sind die Z-GmbH aufgrund ihres unmittelbaren Besitzes von mehr als 5 % der
Stimmrechte sowie die Y-GmbH aufgrund ihres unmittelbaren und mittelbaren Besitzes
und die X-GmbH als Muttergesellschaft aufgrund ihres mittelbaren Besitzes von jeweils
mehr als 10 % der Stimmrechte meldepflichtig. Das Mutterunternehmen hat hier die **Ver-
fahrensvereinfachung nach § 24 WpHG** in Anspruch genommen. Nach dieser Vorschrift muss das Konzernunternehmen, das die Aktien selbst hält, nicht melden, wenn das
Mutterunternehmen, dem die Aktien zugerechnet werden, die Mitteilung für sich selbst
und seine Konzernunternehmen macht. Da die zusammengefasste Meldung mehrere Ein-
zelmeldungen gem. § 21 Abs. 1 WpHG ersetzen soll, sind in ihr sämtliche betroffenen
Tochterunternehmen mit Firma, Anschrift, den jeweiligen Stimmrechtsanteilen, Zurechnungstatbeständen und betroffenen Schwellenwerten aufzuführen. Nicht eindeutig ist, ob
§ 24 WpHG auch auf grenzüberschreitende Sachverhalte Anwendung findet.[162] In der
Praxis wird eine analoge Anwendung des § 24 WpHG bei ausländischen Muttergesell-
schaften zumindest von der Verwaltungspraxis toleriert. Alternativ zu mehreren Einzel-
mitteilungen bzw. der Mitteilung gem. § 24 WpHG wäre auch die Abgabe einer gemeinsamen Stimmrechtsmitteilung durch mehrere Meldepflichtige oder „namens und in Vollmacht" durch eine bevollmächtigte Person zulässig.[163]

---

162) Vgl. *Schneider* in: Assmann/Schneider, WpHG, § 24 Rz. 7a.
163) *BaFin*, Emittentenleitfaden, Stand v. 28.4.2009, S. 161.

In Treuhandverhältnissen besteht eine doppelte Meldepflicht des Treuhänders und der 242 dahinter stehenden Gesellschaften gem. § 22 Abs. 1 Nr. 2 bzw. 6 WpHG. Verstößt der Treuhänder gegen seine Meldepflicht, so verliert der Treugeber seine Rechte aber nur in Fällen der Verwaltungstreuhand gem. § 22 Abs. 1 Nr. 2 WpHG (vgl. § 28 Satz 1 WpHG).[164] Kein Fall der Verwaltungstreuhand liegt vor, wenn die Anteile über ein Spezial-Sondervermögen gehalten werden, für das die Miteigentumslösung gewählt worden ist: Hier ist der Anleger selbst meldepflichtig gem. § 21 Abs. 1 WpHG, weil ihm die Anteile gehören. Wegen ihrer gesetzlichen Ermächtigung zur Ausübung des Stimmrechts nach eigenem Ermessen ist auch die Kapitalanlagegesellschaft gem. § 22 Abs. 1 Nr. 6 (und nicht etwa Nr. 2) WpHG meldepflichtig; eventuelle Verstöße wirken aber nicht zulasten des Anlegers.[165]

Auch im Familienkreis kann die Zurechnung nach § 22 Abs. 1 Nr. 6 WpHG eine Rolle 243 spielen. So gelten die von minderjährigen Kindern gehaltenen Aktien grundsätzlich als den Eltern aufgrund des gesetzlichen Sorgerechts anvertraut. Hier ist bei gemeinsamem Sorgerecht zu beachten, dass die Zurechnung an beide Elternteile unabhängig davon erfolgt, wie die Eltern die Zuständigkeit für die Stimmrechtsausübung untereinander geregelt haben.[166]

Einen Sonderfall der Zurechnung bei Stimmrechtsvollmachten ohne Weisungsbindung 244 nach § 22 Abs. 1 Satz 1 Nr. 6 WpHG regelt der durch das Transparenzrichtlinie-Umsetzungsgesetz neu eingefügte § 22 Abs. 4 WpHG. Wird danach der Bevollmächtigte nur für eine Hauptversammlung zur Ausübung von Stimmrechten nach eigenem Ermessen ohne besondere Weisungen des Aktionärs ermächtigt, so genügt es ausnahmsweise, wenn er den Vollmachtsbesitz nur einmal vor der Hauptversammlung mitteilt und in der Stimmrechtsmitteilung zusätzlich offenlegt, wann die Hauptversammlung stattfindet und wie hoch sein Stimmrechtsanteil nach Erlöschen der Vollmacht oder des Ausübungsermessens sein wird. Ein weisungsabhängiger Bevollmächtigter ist nicht meldepflichtig.

Praxistipp:

Im Bereich der Meldepflichten nach §§ 21 ff. WpHG ist wegen der strengen Sanktionen (Rechtsverlust nach § 28 WpHG) unbedingte Genauigkeit und Vollständigkeit erforderlich. Sind komplizierte Erwerbstatbestände (etwa Kapitalerhöhungen) oder Zurechnungs- oder Konzerntatbestände involviert, empfiehlt sich die Inanspruchnahme anwaltlicher Hilfe.

Dem Meldepflichtigen werden schließlich auch Stimmrechte eines Dritten zugerechnet, 245 mit dem der Meldepflichtige oder sein Tochterunternehmen sein Verhalten in Bezug auf die börsennotierte Gesellschaft aufgrund einer Vereinbarung oder in sonstiger Weise abstimmt. Dieser Zurechnungstatbestand des sog. *Acting in Concert* entspricht demjenigen in § 30 WpÜG und wurde zuletzt durch das Risikobegrenzungsgesetz geändert. Hauptanwendungsfall des *Acting in Concert* sind Poolvereinbarungen oder Stimmbindungsvereinbarungen, mit denen Aktionäre ihr Stimmverhalten an einer börsennotierten Gesellschaft langfristig koordinieren. Aber auch rechtlich nicht bindende Gentlemen's Agreements über eine längerfristige Interessenkoordination können als Abstimmung „in sons-

164) LG München II v. 6.5.2004, AG 2005, 52, 53 f.; wegen Einzelheiten zu Treuhandverhältnissen siehe *Schneider* in: Assmann/Schneider, WpHG, § 22 Rz. 50 ff., insb. 62 ff.

165) OLG Stuttgart v. 10.11.2004, NZG 2005, 432.

166) VGH Kassel v. 25.1.2010, NJW 2010, 1307.

tiger Weise" dem Tatbestand des Acting in Concert unterfallen.[167] Grundsätzlich nicht erfasst ist hingegen eine punktuelle, auf den Einzelfall beschränkte Vereinbarung über die Ausübung von Stimmrechten.[168]

4. Ausnahmeregelungen

246 Unter bestimmten Voraussetzungen bleiben Stimmrechte nach §§ 22 Abs. 3a, 23 WpHG bei der Berechnung des maßgeblichen Stimmrechtsanteils unberücksichtigt. Die Ausnahmeregelungen betreffen vor allem den Handelsbestand von Wertpapierdienstleistungsunternehmen, das kurzfristige Halten von Aktien ausschließlich zum Zweck der Abrechnung und Abwicklung von Wertpapiergeschäften oder durch weisungsabhängige Verwahrstellen und das Market-Making. Die hiervon betroffenen Stimmrechte dürfen ohnehin nicht und im Fall der Verwahrung nur weisungsgebunden ausgeübt werden.

5. Frist, Form und Inhalt der Mitteilung [→ Rz. 227 ff.]

247 Die Mitteilung muss **unverzüglich** erfolgen, spätestens innerhalb von **vier Handelstagen** ab dem Zeitpunkt, zu dem der Meldepflichtige Kenntnis von der Schwellenwertberührung hatte oder hätte haben müssen. Dabei wird vermutet, dass der Meldepflichtige zwei Handelstage nach dem Erreichen, Überschreiten oder Unterschreiten der Meldeschwelle Kenntnis hat (§ 21 Abs. 1 Satz 3, 4 WpHG)

> **Praxistipp:**
>
> Handelstage sind nach der gesetzlichen Definition in § 30 WpHG alle Kalendertage mit Ausnahme der Samstage, Sonntage und landeseinheitlichen gesetzlichen Feiertage in zumindest einem Bundesland. Die BaFin veröffentlicht auf ihrer Internetseite (http://www.bafin.de) jährlich einen Kalender der Handelstage.

248 Die Mitteilungspflicht besteht sowohl gegenüber der **Bundesanstalt für Finanzdienstleistungsaufsicht** als auch gegenüber dem **Emittenten**. Die Mitteilung ist schriftlich oder per Telefax in deutscher oder englischer Sprache zu übersenden (§ 18 WpAIV). Maßgeblich ist der Zeitpunkt des Zugangs (§ 130 BGB) bei den Empfängern; Verzögerungen hat der Meldepflichtige zu vertreten.[169]

> **Praxistipp:**
>
> Zur Wahrung der kurz bemessenen Meldefristen empfiehlt sich die Übersendung der Stimmrechtsmitteilung per Telefax. Diese Form der Übersendung hat zudem den Vorteil, dass sie dem Meldepflichtigen mit dem Faxsendebericht eine Kontrolle über den ordnungsgemäßen Versand und (wahrscheinlichen) Zugang beim Empfänger ermöglicht.

249 Die konkreten Inhalte der **Stimmrechtsmitteilung nach § 21 Abs. 1 WpHG** sind in § 17 Abs. 1 und 2 WpAIV näher geregelt. Eine vollständige Stimmrechtsmitteilung verlangt folgende Angaben:[170]

– die Überschrift „Stimmrechtsmitteilung";

---

167) *Schneider* in: Assmann/Schneider, WpHG, § 22 Rz. 154 ff.; *Schockenhoff/Schumann*, ZGR 2005, 568. Aus der Rechtsprechung zum Acting in Concert (zu § 30 WpÜG): OLG München v. 27.4.2005, ZIP 2005, 856, BB 2005, 1411; OLG Frankfurt/M. v. 25.6.2004, ZIP 2004, 1309, NZG 2004, 865; OLG Stuttgart v. 10.11.2004, ZIP 2005, 2232, AG 2005, 125.

168) *Schwark* in: Schwark/Zimmer, Kapitalmarktrecht, § 22 WpHG, Rz. 24.

169) *Schneider* in: Assmann/Schneider, WpHG, § 21 Rz. 131; krit. *Schwark* in: Schwark/Zimmer, Kapitalmarktrecht, § 21 Rz. 29.

170) Vgl. auch *BaFin*, Emittentenleitfaden, Stand v. 28.4.2009, S. 134–135.

– Name und Anschrift des Mitteilungspflichtigen;

– Name und Anschrift des Emittenten;

– die berührte(n) Schwelle(n) (3 %, 5 %, 10 %, 15 %, 20 %, 25 %, 30 %, 50 %, 75 %) sowie die Angabe, ob diese Schwelle(n) überschritten, unterschritten oder erreicht wurde(n);

– die genaue Höhe des nunmehr, d.h. am Tag der Schwellenberührung, gehaltenen Stimmrechtsanteils **in Prozent** bezogen auf die Gesamtzahl der Stimmrechte des Emittenten (grundsätzlich gerundet auf zwei Nachkommastellen; ausnahmsweise gerundet auf weitere Nachkommastellen bzw. ungerundet, wenn die Rundung sonst bei tatsächlichem Über- oder Unterschreiten von Schwellenwerten fälschlich eine Schwellenerreichung suggerieren würde) **und die absolute Anzahl** der Stimmrechte;

– das Datum der Schwellenberührung (maßgeblich: der dingliche Rechtsübergang); und

– ob und wie viele Stimmrechte durch Ausübung von Finanzinstrumenten nach § 25 Abs. 1 Satz 1 WpHG erlangt wurden.[171]

Bei einer Zurechnung von Stimmrechten nach § 22 WpHG [→ Rz. 228] sind folgende weitere Angaben erforderlich: **250**

– die Anzahl der zuzurechnenden Stimmrechte getrennt für jeden Zurechnungstatbestand nach § 22 Abs. 1 und Abs. 2 Satz 1 WpHG;

– der Name des Dritten, aus dessen Aktien dem Meldepflichtigen Stimmrechte zugerechnet werden, wenn sein zugerechneter Stimmrechtsanteil mindestens 3 % beträgt; und

– ggf. die Namen der kontrollierten Unternehmen, über die die Stimmrechte tatsächlich gehalten werden, wenn deren zugerechneter Stimmrechtsanteil jeweils mindestens 3 % beträgt.

6. Sanktionen

Die Einhaltung der in §§ 21 ff. WpHG geregelten Mitteilungspflichten ist doppelt sanktioniert: einmal als **Bußgeldtatbestand**, zum anderen mit dem **Verlust der Rechte** aus den dem Meldepflichtigen gehörenden oder zuzurechnenden Aktien. Der Bußgeldrahmen für eine vorsätzlich oder leichtfertig unterlassene, nicht richtige, nicht vollständige oder nicht fristgerechte Stimmrechtsmitteilung beträgt bis zu 1 000 000 € (§ 39 Abs. 2 Nr. 5e, Abs. 4 WpHG). **251**

Der Rechtsverlust gem. § 28 WpHG greift ein bei einer Verletzung der Mitteilungspflicht wegen Aktien, die dem Meldepflichtigen selbst gehören sowie in den Zurechnungsfällen des § 22 Abs. 1 Satz 1 Nr. 1 und 2 WpHG. Kein Rechtsverlust droht hingegen in den anderen Zurechnungsfällen des § 22 Abs. 2 Nr. 3 bis 6 und Abs. 2, 4 WpHG.[172] Der Rechtsverlust betrifft grundsätzlich alle Rechte aus Aktien, d. h. alle Verwaltungsrechte und Vermögensrechte mit Ausnahme der Bezugsrechte bei einer Kapitalerhöhung aus **252**

---

171) § 17 Abs. 1 Nr. 7, WpAIV, diese Anforderung entfällt mit Ablauf der Übergangsfrist nach Inkrafttreten des Anlegerschutz- und Funktionsverbesserungsgesetzes, also am 1.2.2012.

172) Vgl. OLG München v. 9.9.2009, NZG 2009, 1386 ff. zu Zurechnung und Rechtsverlust bei Treuhandverhältnis und Acting in Concert.

Gesellschaftsmitteln.[173] Suspendiert sind danach insbesondere das Stimmrecht, der Dividendenanspruch und Bezugsrechte aus etwaigen Kapitalerhöhungen. In den Zurechnungsfällen des § 22 Abs. 1 Satz 1 Nr. 1 WpHG wirkt der Rechtsverlust konzernweit, d.h. verstößt nur ein einziges Unternehmen in der Zurechnungskette gegen die Meldepflicht, tritt der Rechtsverlust bezogen auf alle von ihm gehaltenen oder ihm zuzurechnenden Aktien dergestalt ein, dass auch sämtliche anderen Unternehmen in der Zurechnungskette sie nicht gelten machen können.[174]

253 Der Rechtsverlust besteht grundsätzlich für die Dauer der Verletzung der Mitteilungspflicht und ist für diese Zeit endgültig. Die Stimmrechte leben, ebenso wie die sonstigen Rechte aus den Aktien, erst wieder auf, wenn der Meldepflichtige seine zuvor verletzte(n) Meldepflicht(en) nacherfüllt hat. Ausgenommen sind lediglich die Ansprüche auf Dividenden und Liquidationserlös, die rückwirkend wieder hergestellt werden können, wenn die Stimmrechtsmitteilung nicht vorsätzlich unterlassen wurde und nachgeholt wird (§ 28 Satz 2 WpHG). Umgekehrt **verlängert** sich der Rechtsverlust um weitere sechs Monate, wenn der Meldepflichtige die Mitteilungspflicht vorsätzlich oder grob fahrlässig verletzt hat und die Höhe des Stimmrechtsanteils betroffen ist (§ 28 Satz 3 WpHG). Von dieser zusätzlichen Sperre sind im Wege einer Bagatellausnahme diejenigen Fälle ausgenommen, bei denen keine Schwellenberührung verschwiegen wurde und die Abweichung des angegebenen im Verhältnis zum tatsächlichen Stimmrechtsanteil weniger als 10 % beträgt (§ 28 Satz 4 WpHG). Der verlängerte Rechtsverlust nach § 28 Satz 3 und 4 WpHG wurde im Sommer 2008 durch das Risikobegrenzungsgesetz eingeführt. Verschiedene Einzelfragen im Zusammenhang mit seinen tatbestandlichen Voraussetzungen und Rechtsfolgen sind in der Kommentarliteratur umstritten.[175] Weitere Anwendungsschwierigkeiten bereitet in der Praxis die Beurteilung und der Nachweis des Verschuldens.

Muster 2.2: Stimmrechtsmitteilung nach § 25 Abs. 1 WpHG (Finanzinstrumente)

I.   Mustertext [→ Rz. 257 ff.]

254 XY [→ Rz. 258]

[*Privatanschrift*]

An die

Bundesanstalt für Finanzdienstleistungsaufsicht [→ Rz. 262]

Referat WA 12

Lurgiallee 12

60439 Frankfurt am Main

Vorab per Fax: 0228 4108-3119

und die

---

173) *Schneider* in: Assmann/Schneider, WpHG, § 28 Rz. 32–41; zur parallelen Problematik bei § 20 Abs. 7 AktG siehe *Hüffer*, AktG, § 20 Rz. 14 ff. m. w. N.

174) LG Hamburg v. 23.1.2002, AG 2002, 525, 526 f; *Schneider* in: Assmann/Schneider, WpHG, § 28 Rz. 43 ff.

175) Vgl. u. a. *Schulenburg*, NZG 2009, 1246 ff.

A-AG [→ Rz. 262]

[*Anschrift*]

Vorab per Fax: [...]

Stimmrechtsmitteilung gem. § 25 Abs. 1 WpHG [→ Rz. 263]

Sehr geehrte Damen und Herren,

hiermit teile ich Ihnen in eigenem Namen sowie namens und in Vollmacht der Y-S.à.r.l., [*Anschrift*], Luxemburg, gem. § 25 Abs. 1 WpHG mit:

1. Ich hätte am [*Datum der Schwellenüberschreitung*] gem. § 25 Abs. 1 WpHG durch Zu- **255**
   sammenrechnung von Stimmrechten, die ich aufgrund mittelbar gehaltener Finanzinstrumente einseitig erwerben kann und aus Stimmrechten nach §§ 21, 22 WpHG die
   Schwelle von 5 % der Stimmrechte an der A-AG, [*Sitz*], Deutschland, überschritten
   und würde an diesem Tag 6,50 % ([*Anzahl*] Stimmrechte) halten.

   Hierbei beträgt mein aufgrund von Finanzinstrumenten (Call Option) beziehbarer
   Stimmrechtsanteil 3,75 % ([*Anzahl*] Stimmrechte) und mein Stimmrechtsanteil nach
   §§ 21, 22 WpHG 2,75 % ([*Anzahl*] Stimmrechte).

   Der Ausübungszeitraum für die Call Option liegt zwischen dem [*Datum*] und dem
   [*Datum*]; sie verfällt am [*Datum*].

   Die von mir mittelbar gehaltenen Finanzinstrumente werden über folgendes von mir
   kontrolliertes Unternehmen gehalten: Y-S.à r.l., [*Sitz*], Luxemburg.

2. Die Y-S.à.r.l., [*Anschrift*], Luxemburg, hätte am [*Datum der Schwellenüberschreitung*] **256**
   gem. § 25 Abs. 1 WpHG durch Zusammenrechnung von Stimmrechten, die die Y-
   S.à.r.l., aufgrund unmittelbar gehaltener Finanzinstrumente einseitig erwerben kann
   und aus Stimmrechten nach § 21 Abs. 1 WpHG die Schwelle von 5 % der Stimmrechte
   an der A-AG, [*Sitz*], Deutschland, überschritten und würde an diesem Tag 6,50 %
   ([*Anzahl*] Stimmrechte) halten.

   Hierbei beträgt der aufgrund von Finanzinstrumenten (Call Option) beziehbare
   Stimmrechtsanteil der Y-S.à.r.l. 3,75 % ([*Anzahl*] Stimmrechte) und der Stimmrechtsanteil nach § 21 Abs. 1 WpHG 2,75 % ([*Anzahl*] Stimmrechte).

   Der Ausübungszeitraum für die Call Option liegt zwischen dem [*Datum*] und dem
   [*Datum*]; sie verfällt am [*Datum*].

Mit freundlichen Grüßen

[...]

XY

II.   Erläuterungen

1.   Einleitung [→ Rz. 254]

Die Mitteilungspflicht gem. § 25 Abs. 1 Satz 1 WpHG beim Halten von Finanzinstru- **257**
menten und sonstigen Instrumenten, die dem Meldepflichtigen einen Rechtsanspruch auf
den Erwerb von Stimmrechten an einem Emittenten vermitteln, beruht auf Art. 13 Abs. 1
der Transparenzrichtlinie von 2004. Sie wurde in Deutschland durch das Transparenz-

richtlinie-Umsetzungsgesetz umgesetzt und wird mit Inkrafttreten des Anlegerschutz- und Funktionsverbesserungsgesetzes am 1.2.2012 auf „sonstige Finanzinstrumente" erweitert. Systematisch baut die Mitteilungspflicht nach § 25 WpHG auf den Mitteilungspflichten nach §§ 21 ff. WpHG auf. Sie erfasst Derivate, die den Inhaber berechtigen, nach seinem Ermessen aufgrund einer rechtlich bindenden Vereinbarung Aktien des Emittenten zu erwerben. Hierdurch soll ein unbemerktes „Anschleichen" an Emittenten erschwert werden.

2. Mitteilungspflicht [→ Rz. 254]

258 Die Mitteilungspflicht knüpft daran an, dass der Meldpflichtige **Finanzinstrumente** hält, die ihm das Recht verleihen, einseitig im Rahmen einer rechtlich bindenden Vereinbarung bereits ausgegebene stimmberechtigte Aktien des Emittenten, für den Deutschland der Herkunftsstaat ist, zu erwerben. Finanzinstrumente sind Wertpapiere, Geldmarktinstrumente, Derivate und Rechte auf Zeichnung von Wertpapieren (§ 2 Abs. 2b WpHG), die wiederum im Einzelnen in § 2 WpHG definiert sind. Um für die Meldpflicht des § 25 Abs. 1 Satz 1 WpHG relevant zu sein, müssen sie jedoch dem Inhaber einen Rechtsanspruch auf Übertragung stimmberechtigter Aktien gewähren, den dieser einseitig, d. h., unabhängig von jeglichem Ermessen Dritter oder sonstigen äußeren Umständen, ausüben kann. Hierunter fallen insbesondere Call-Optionen. Da dinglich ausgestaltete Call-Optionen bereits von § 22 Abs. 1 Satz 1 Nr. 5 WpHG erfasst sind, dürfen sie jedoch nach § 25 Abs. 1 Satz 2 Halbs. 2 WpHG bei der Berechnung des Stimmrechtsanteils nur einfach berücksichtigt werden. In den Anwendungsbereich des § 25 Abs. 1 Satz 1 WpHG fallen daher vor allem schuldrechtliche Call-Optionen.

259 Durch das Anlegerschutz- und Funktionsverbesserungsgesetz hat der Gesetzgeber mit Wirkung zum 1.2.2012 die Mitteilungspflicht auf **sonstige Instrumente** erweitert. Dies sind alle anderen rechtlichen Vereinbarungen, die ein Recht auf Erwerb von stimmberechtigten Aktien gewähren, beispielsweise der Rückforderungsanspruch des Darlehensgebers eines Wertpapierdarlehens und die Rückkaufvereinbarung bei einem Depot-Geschäft (Repurchase Agreement).[176] Nicht von der Mitteilungspflicht nach § 25 WpHG erfasst sind hingegen Put-Optionen, weil sie lediglich ein Recht auf Andienung von Aktien, nicht jedoch der anderen Partei einen Rechtsanspruch auf Lieferung von Aktien einräumen. Ebenfalls nicht erfasst sind Wandelschuldverschreibungen, weil diese nicht auf den Erwerb bereits ausgegebener, sondern noch zu schaffender Aktien gerichtet sind.[177]

260 Meldpflichtig sind Stimmrechtsanteile an einem Emittenten, für den Deutschland der Herkunftsstaat ist, die aus solchen Finanzinstrumenten oder sonstigen Instrumenten erlangt werden können, wenn sie die Schwellenwerte nach § 21 Abs. 1 Satz 1 WpHG mit Ausnahme der 3 %-Schwelle, also die Schwellen von 5 %, 10 %, 15 %, 20 %, 25 %, 30 %, 50 % und/oder 75 %, überschreiten, unterschreiten oder erreichen. Bei der Berechnung der maßgeblichen Stimmrechtsschwellen sind die Stimmrechtsanteile nach §§ 21, 22 WpHG und die Finanzinstrumente und sonstigen Instrumente nach § 25 WpHG zusammen zu rechnen. Auch mittelbar über Tochterunternehmen oder Verwaltungstreuhänder gehaltene Finanzinstrumente sind einzubeziehen. Es kann daher sein, dass eine Meldpflicht nach § 25 Abs. 1 Satz 1 WpHG entsteht, obwohl der Meldepflichtige Fi-

---

176) Vgl. die Gesetzesbegründung BT-Drs. 17/3628, S. 19 rechte Spalte; dazu näher *Krause*, AG 2011, 469, 474 ff.

177) *Schwark* in: Schwark/Zimmer, Kapitalmarktrecht, § 25 WpHG Rz. 10.

nanzinstrumente oder sonstige Instrumente auf weniger als fünf Prozent der Stimmrechte erwirbt, sofern er nur bereits Stimmrechte nach §§ 21, 22 WpHG hält. Umgekehrt kann die Ausübung eines Finanzinstruments oder sonstigen Instruments eine Mitteilungs-pflicht durch Unterschreiten der betreffenden Meldeschwelle nach § 25 WpHG auslösen.

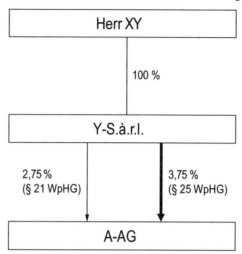

Das **Muster** bildet einen solchen Fall ab. Es geht davon aus, dass der Investor XY bereits   **261** 2,75 % der Stimmrechte der A-AG nach §§ 21, 22 WpHG hält. [→ Rz. 254] Dieser Stimmrechtsanteil ist nach § 21 Abs. 1 Satz 1 WpHG noch nicht meldepflichtig, da er un-terhalb der niedrigsten Meldeschwelle von drei Prozent der Stimmrechte liegt. Durch den Erwerb von Finanzinstrumenten (hier: einer schuldrechtlichen Call-Option) auf weitere 3,75 % der Stimmrechte der A-AG erlangt der Investor X-AG insgesamt einen zusam-mengerechneten Stimmrechtsanteil von 6,50 %. Dieser ist nach § 25 Abs. 1 Satz 1 WpHG meldepflichtig, weil er die niedrigste Meldeschwelle von 5 % der durch Finanzinstrumente vermittelten Stimmrechte an der A-AG überschreitet. Meldepflichtig ist darüber hinaus auch die Tochtergesellschaft Y-S.à.r.l., über die XY seine Stimmrechte und Finanzinstru-mente hält. XY gibt die Stimmrechtsmitteilung hier auch namens und in Vollmacht der Y-S.à.r.l. ab.[178]

3. Frist, Form und Inhalt der Mitteilung

Die Stimmrechtsmitteilung nach § 25 Abs. 1 Satz 1 WpHG unterliegt den selben Frist-   **262** und Formerfordernissen wie die Stimmrechtsmitteilungen nach §§ 21, 22 WpHG, d.h., sie muss der BaFin und dem Emittenten schriftlich oder per Telefax in deutscher oder engli-scher Sprache unverzüglich, spätestens aber innerhalb von vier Handelstagen nach Über-schreiten, Unterschreiten oder Erreichen der hypothetischen Meldeschwelle übersandt werden. Der maßgebliche Zeitpunkt richtet sich nach dem Erwerb bzw. der Ausübung, Veräußerung oder dem Verfall des jeweiligen Finanzinstruments.

Der erforderliche Inhalt der Stimmrechtsmitteilung nach § 25 Abs. 1 WpHG ist in § 17   **263** Abs. 3 WpAIV näher geregelt. Eine vollständige Stimmrechtsmitteilung erfordert folgen-de Angaben:

---

178) Zur Abgabe von Stimmrechtsmitteilungen für andere Personen vgl. *BaFin*, Emittentenleitfaden, Stand v. 28.4.2009, S. 161.

- Überschrift „Stimmrechtsmitteilung";

- Name und Anschrift des Mitteilungspflichtigen;

- Name und Anschrift des Emittenten, der Aktien, die mit den Finanzinstrumenten oder sonstigen Instrumenten erworben werden können;

- die berührte(n) Schwelle(n) (5 %, 10 %, 15 %, 20 %, 25 %, 30 %, 50 %, 75 %) sowie die Angabe, ob diese Schwelle(n) überschritten, unterschritten oder erreicht wurde(n);

- in Summe und jeweils einzeln, in Prozent und in absoluten Zahlen:

  • der Stimmrechtsanteil aus Aktien nach §§ 21, 22 WpHG und

  • der Stimmrechtsanteil aus Finanzinstrumenten oder sonstigen Instrumenten nach § 25 WpHG sowie

  • die Angabe, ob die Schwelle mit dieser Summe überschritten, unterschritten oder erreicht wurde;

- das Datum der Schwellenberührung;

- ggf. die Kette der kontrollierten Unternehmen, über die der Meldepflichtige die Finanzinstrumente oder sonstigen Instrumente hält;

- ggf. einen Hinweis auf den Zeitpunkt oder Zeitraum, zu dem aus den Finanzinstrumenten oder sonstigen Instrumenten Aktien erworben werden können sowie das Datum der Fälligkeit oder des Verfalls der Finanzinstrumente oder sonstigen Instrumente.

4. Sanktionen

264 Eine unterlassene, nicht vollständige, nicht fristgemäße oder sonst nicht ordnungsgemäße Stimmrechtsmitteilung nach § 25 Abs. 1 Satz WpHG ist nach § 39 Abs. 2 Nr. 2 f) Abs. 4 WpHG mit einem Bußgeld von bis zu 1 000 000 € sanktioniert. Ein Rechtsverlust entsprechend § 28 WpHG droht hingegen nicht.

**Muster 2.3: Stimmrechtsmitteilung nach § 25a Abs. 1 WpHG
(weitere Finanzinstrumente)**

I. Mustertext [→ Rz. 266 ff.]

265 X-GmbH [→ Rz. 267]

[*Anschrift*]

An die

Bundesanstalt für Finanzdienstleistungsaufsicht [→ Rz. 270]

Referat WA 12

Lurgiallee 12

60439 Frankfurt am Main

Vorab per Fax: 0228 4108-3119

und die

A-AG [→ Rz. 270]

[Anschrift]

Vorab per Fax: [...]

Stimmrechtsmitteilung gem. § 25a Abs. 1 WpHG [→ Rz. 271]

Sehr geehrte Damen und Herren,

hiermit teilen wir Ihnen gem. §§ 25a Abs. 1 WpHG mit, dass wir am *[Datum der Schwellenüberschreitung]* durch Zusammenrechnung von Stimmrechten, die wir aufgrund mittelbar gehaltener weiterer Finanzinstrumente nach § 25a Abs. 1 Satz 1 WpHG erwerben können, von Stimmrechten, die wir aufgrund unmittelbar gehaltener Finanzinstrumente nach § 25 Abs. 1 Satz 1 WpHG erwerben können, und von mittelbar gehaltenen Stimmrechten nach §§ 21, 22 WpHG die Schwelle von 10 % der Stimmrechte an der A-AG, *[Sitz]*, Deutschland, überschritten hätten und an diesem Tag 10,05 % (*[Anzahl]* Stimmrechte) halten würden.

Hierbei beträgt unser aufgrund von weiteren Finanzinstrumenten nach § 25a WpHG (Put Option) beziehbarer Stimmrechtsanteil 3,55 % (*[Anzahl]* Stimmrechte), unser aufgrund von Finanzinstrumenten nach § 25 WpHG (Call Option) beziehbarer Stimmrechtsanteil 3,75 % (*[Anzahl]* Stimmrechte) und unser Stimmrechtsanteil nach §§ 21, 22 WpHG 2,75 % (*[Anzahl]* Stimmrechte).

Der Ausübungszeitraum für die Put Option liegt zwischen dem *[Datum]* und dem *[Datum]*; sie verfällt am *[Datum]*.

Der Ausübungszeitraum für die Call Option liegt zwischen dem *[Datum]* und dem *[Datum]*; sie verfällt am *[Datum]*.

Die von uns mittelbar gehaltenen Finanzinstrumente werden über das folgende von uns kontrollierte Unternehmen gehalten: Y-S.à r.l., [Sitz], Luxemburg.

Wir teilen Ihnen außerdem gem. §§ 24, 25 Abs. 1 WpHG mit, dass unsere Tochtergesellschaft Y-S.à.r.l., *[Anschrift]*, Luxemburg, am *[Datum der Schwellenüberschreitung]* durch Zusammenrechnung von Stimmrechten, die die Y-S.à.r.l., aufgrund unmittelbar gehaltener weiterer Finanzinstrumente nach § 25a Abs. 1 Satz 1 WpHG erwerben kann und aus Stimmrechten nach § 21 Abs. 1 WpHG die Schwelle von 5 % der Stimmrechte an der A-AG, *[Sitz]*, Deutschland, überschritten hätte und an diesem Tag 6,30 % (*[Anzahl]* Stimmrechte) halten würde.

Hierbei beträgt der aufgrund von weiteren Finanzinstrumenten nach § 25a WpHG (Put Option) beziehbare Stimmrechtsanteil der Y-S.à.r.l. 3,55 % (*[Anzahl]* Stimmrechte) und der Stimmrechtsanteil nach § 21 Abs. 1 WpHG 2,75 % (*[Anzahl]* Stimmrechte).

Der Ausübungszeitraum für die Put Option liegt zwischen dem *[Datum]* und dem *[Datum]*; sie verfällt am *[Datum]*.

Mit freundlichen Grüßen

[...]

X-GmbH

II. Erläuterungen

1. Einleitung [→ Rz. 265]

266 § 25a WpHG wurde durch das Anlegerschutz- und Funktionsverbesserungsgesetz in das WpHG eingefügt und tritt zum 1.2.2012 in Kraft. Die Vorschrift erweitert die Meldepflichten auf alle Finanzinstrumente und sonstigen Instrumente, die nicht bereits von § 25 WpHG erfasst sind und es ihrem Inhaber faktisch oder wirtschaftlich ermöglichen, bereits ausgegebene stimmberechtigte Aktien eines Emittenten zu erwerben. Damit erfasst das Gesetz alle sonstigen Instrumente, aus denen der Meldepflichtige stimmberechtigte Aktien erlangen kann und auf die nicht bereits ein Rechtsanspruch besteht. Mit dieser gegenüber § 25 WpHG wesentlich erweiterten Definition meldepflichtiger Instrumente geht § 25a WpHG über die Vorgaben der Transparenzrichtlinie hinaus. Nach der Erfahrung aus Übernahmen wie beispielsweise Schaeffler/Continental, bei denen im Vorfeld hohe Aktienbestände über verschiedene, damals nicht meldepflichtige Swap-Geschäfte erworben worden waren, ist es Ziel der Regelung, die Beteiligungstransparenz zu erhöhen und das Anschleichen an Übernahmekandidaten weiter zu erschweren. Im Übrigen entspricht die Regelungssystematik derjenigen in §§ 21, 22 und § 25 WpHG und baut auch inhaltlich auf diesen Normen auf. Im Übrigen besteht eine stichtagsbezogene Meldepflicht als Übergangsbestimmung. Nach § 41 Abs. 4d WpHG musste der Bestand der durch § 25a WpHG erfassten Finanzinstrumente oder sonstigen Instrumente zum 1. Februar 2012 spätestens nach 30 Handeltagen gemeldet werden (siehe dazu Muster 2.4, Rz. 273 ff.).

2. Mitteilungspflicht [→ Rz. 265]

267 Die Mitteilungspflicht bezieht sich auf Finanzinstrumente oder sonstige Instrumente, die nicht bereits von § 25 WpHG erfasst sind und so ausgestaltet sind, dass sie es ihrem Inhaber oder einem Dritten ermöglichen, damit bereits ausgegebene stimmberechtigte Aktien eines Emittenten zu erwerben. Es genügt bereits eine informelle Verständigung (Gentleman's Agreement) oder die wirtschaftliche Ausgestaltung eines Geschäfts dahingehend, dass es faktisch eine Leistung von Aktien an den Meldepflichtigen oder den Dritten nahelegt oder auch nur ermöglicht. Darüber hinaus sollen auch Geschäfte erfasst sein, bei denen ein Stimmrechtserwerb aufgrund der ihnen zugrunde liegenden wirtschaftlichen Logik zumindest möglich ist. Dies betrifft insbesondere Instrumente, bei denen eine Risikoabsicherung in Aktien üblich ist (§ 25a Abs. 1 Satz 2 Nr. 1 WpHG; z. B. Cash-Settled Equity Swap, Contracts for Difference) und Instrumente, die Erwerbsrechte oder Erwerbspflichten in Bezug auf Aktien begründen und nicht bereits § 25 WpHG unterfallen (§ 25a Abs. 1 Satz 2 Nr. 2 WpHG; z. B. Put-Optionen, Call-Optionen mit alternativem Cash Settlement).[179)]

268 Die Mitteilungspflicht erfasst unmittelbar und mittelbar gehaltene Instrumente. Sie wird ausgelöst durch das Überschreiten, Unterschreiten oder Erreichen der (hypothetischen) Meldeschwellen des § 21 Abs. 1 Satz 1 WpHG mit Ausnahme der 3 %-Schwelle, also der Schwellen von 5 %, 10 %, 15 %, 20 %, 25 %, 30 %, 50 % und/oder 75 % der Stimmrechte eines Emittenten, für den Deutschland der Herkunftsstaat ist. Bei der Berechnung des Stimmrechtsanteils ist nach § 25a Satz 2 WpHG die Anzahl stimmberechtigter Aktien anzusetzen, die der Inhaber aufgrund des Instruments erwerben kann bzw. die zur Absi-

---

179) Gesetzesentwurf der Bundesregierung, BT-Drs. 17/3628, S. 19 rechte Spalte; Bericht des Finanzausschusses des Bundestags, BT-Drs. 17/4739 S. 19 f.; siehe auch *Anzinger*, WM 2011, 391 ff., *Merkner/Sustmann*, NZG 2010, 681 zum Diskussionsentwurf; Krause, AG 2011, 489, 477 ff.

cherung des Geschäfts erforderlich wären. Bei Optionsgeschäften ist die Ausübung nach § 25a Abs. 1 Satz 3 WpHG zu unterstellen. Außerdem findet auch im Rahmen des § 25a WpHG eine Aggregation von Stimmrechten statt, d.h. für die Beurteilung der Schwellenberührung sind die hypothetischen Stimmrechte nach § 25a WpHG mit den hypothetischen Stimmrechten nach § 25 WpHG und den Stimmrechten nach §§ 21, 22 WpHG zusammenzurechnen. Es kann daher sein, dass bereits ein vergleichsweise geringer Stimmrechtsanteil aus weiteren Finanzinstrumenten eine Meldepflicht nach § 25a Abs. 1 Satz 1 WpHG auslöst, wenn der Meldepflichtige bereits Stimmrechte nach §§ 21, 22 WpHG und Finanzinstrumente nach § 25 WpHG bezogen auf den Emittenten hält und nunmehr durch den Erwerb weiterer Finanzinstrumente nach § 25a WpHG eine insgesamt höhere Meldeschwelle berührt.

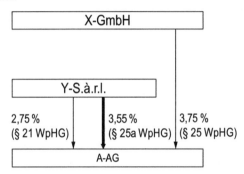

Das **Muster** behandelt die ab dem 1. Februar 2012 gebotene Stimmrechtsmitteilung des Investors X-GmbH, der mittelbar Stimmrechte aus Aktien nach §§ 21, 22 WpHG, unmittelbar Finanzinstrumente nach § 25 Abs. 1 Satz 1 WpHG und mittelbar weitere Finanzinstrumente nach § 25a Abs. 1 Satz 1 WpHG hält und aufgrund des Erwerbs dieser weiteren Finanzinstrumente eine weitere Meldeschwelle, nämlich 10 % der Stimmrechte an der A-AG, überschreitet. [→ Rz. 265] Auch die luxemburgische Tochtergesellschaft Y-S.a.r.l. ist nach § 25a Abs. 1 Satz 1 WpHG meldepflichtig, weil sie bereits unmittelbar Stimmrechte aus Aktien nach § 21 WpHG hält und durch die Zusammenrechnung mit den hinzu erworbenen weiteren Finanzinstrumenten die niedrigste Meldeschwelle von 5 % der Stimmrechte an der A-AG überschreitet. In dem Muster macht die Muttergesellschaft von der Verfahrenserleichterung des § 24 WpHG Gebrauch und gibt die Stimmrechtsmitteilung zugleich für ihre Tochtergesellschaft ab. **269**

3. Frist, Form und Inhalt der Mitteilung

Für die Stimmrechtsmitteilung nach § 25a Abs. 1 Satz WpHG gelten dieselben Frist- und Formerfordernisse wie für die Stimmrechtsmitteilung nach §§ 21, 22 WpHG: Die Stimmrechtsmitteilung muss der BaFin und dem Emittenten schriftlich oder per Telefax in deutscher oder englischer Sprache unverzüglich, spätestens aber innerhalb von vier Handelstagen nach Überschreiten, Unterschreiten oder Erreichen der hypothetischen Meldeschwelle zugehen. **270**

§ 17 Abs. 4 WpAIV regelt den Inhalt der Stimmrechtsmitteilung. Eine vollständige Stimmrechtsmitteilung erfolgt nach § 25a Abs. 1 Satz 1 WpHG und erfordert folgende Angaben: **271**

– Überschrift „Stimmrechtsmitteilung";

– Name und Anschrift des Mitteilungspflichtigen;

- Name und Anschrift des Emittenten der Aktien, die mit den weiteren Finanzinstrumenten oder sonstigen Instrumenten erworben werden können;
- die berührte(n) Schwelle(n) (5 %, 10 %, 15 %, 20 %, 25 %, 30 %, 50 %, 75 %) sowie die Angabe, ob diese Schwelle(n) überschritten, unterschritten oder erreicht wurde(n);
- in Summe und jeweils einzeln, in Prozent und in absoluten Zahlen:
  - der Stimmrechtsanteil aus Aktien nach §§ 21, 22 WpHG,
  - der Stimmrechtsanteil aus Finanzinstrumenten oder sonstigen Instrumenten nach § 25 WpHG und
  - der Stimmrechtsanteil aus weiteren Finanzinstrumenten oder sonstigen Instrumenten nach § 25a WpHG sowie
  - die Angabe, ob die Schwelle mit dieser Summe überschritten, unterschritten oder erreicht wurde;
- das Datum der Schwellenberührung;
- ggf. die Kette der kontrollierten Unternehmen, über die die weiteren Finanzinstrumente oder sonstigen Instrumente gehalten werden;
- ggf. einen Hinweis auf den Zeitpunkt oder Zeitraum, zu dem aus den Finanzinstrumenten oder sonstigen Instrumenten Aktien erworben werden können sowie das Datum der Fälligkeit oder des Verfalls der Finanzinstrumente oder sonstigen Instrumente;
- ggf. die International Securities Identification Number (ISIN) des weiteren Finanzinstruments oder sonstigen Instruments.

4. Sanktionen

272 Eine unterlassene, nicht vollständige, nicht fristgemäße oder sonst nicht ordnungsgemäße Stimmrechtsmitteilung nach § 25a Abs. 1 Satz WpHG ist nach § 39 Abs. 2 Nr. 2 f), Abs. 4 WpHG mit einem Bußgeld von bis zu 1 000 000 € sanktioniert. Ein Rechtsverlust entsprechend § 28 WpHG droht hingegen nicht.

Muster 2.4: Bestandsmitteilung nach § 41 Abs. 4d WpHG (weitere Finanzinstrumente)

I. Mustertext [→ Rz. 274]

273 X-Inc [→ Rz. 275]

[Anschrift]

An die

Bundesanstalt für Finanzdienstleistungsaufsicht

Referat WA 12

Lurgiallee 12

60439 Frankfurt am Main

Vorab per Fax: 0228 4108-3119

und die

A-AG

[Anschrift]

Vorab per Fax: [...]

Stimmrechtsmitteilung gem. § 41 Abs. 4d WpHG

Sehr geehrte Damen und Herren,

hiermit teilen wir Ihnen gem. §§ 41 Abs. 4d WpHG mit, dass wir am *[Datum der Schwel-lenüberschreitung]* durch Zusammenrechnung von Stimmrechten, die wir aufgrund von unmittelbar gehaltenen weiteren Finanzinstrumenten nach § 25a Abs. 1 Satz 1 WpHG (Put Option) erwerben können und Stimmrechten nach §§ 21, 22 WpHG insgesamt 10,05 % der Stimmrechte ([...] Stimmrechte) an der A-AG, *[Sitz]*, Deutschland, halten würden.

Hierbei beträgt unser aufgrund von weiteren Finanzinstrumenten nach § 25a Abs. 1 Satz 1 WpHG (Put Option) beziehbarer Stimmrechtsanteil 5,10 % und unser Stimmrechtsanteil nach § 21, 22 WpHG 4,95 % (*[Anzahl]* Stimmrechte).

Der Ausübungszeitraum für die Put Option liegt zwischen dem *[Datum]* und dem *[Datum]*; sie verfällt am *[Datum]*.

Mit freundlichen Grüßen

[...]

X-Inc.

II. Erläuterungen

Anlässlich des Inkrafttretens der Mitteilungspflicht für weitere Finanzinstrumente nach §25a WpHG zum 1.2.2012 sieht § 41 Abs. 4d WpHG eine Verpflichtung zur Abgabe und Veröffentlichung von Bestandsmitteilungen zum Zeitpunkt des Inkrafttretens der Neuregelung vor. Hierdurch soll zeitnah nach Inkrafttreten des Anlegerschutz- und Funktionsverbesserungsgesetzes zum 1.2.2012 ein Gesamtüberblick über die im Markt bestehenden Positionen an weiteren Finanzinstrumenten (§ 25 WpHG) herbeigeführt werden.[180] Ebenso wie bei der Stimmrechtsmitteilung nach dem neuen § 25a WpHG sind für Zwecke dieser Meldung die Stimmrechte nach §§ 21, 22 WpHG, die Stimmrechte aus Finanzinstrumenten nach § 25 WpHG und die Stimmrechte aus weiteren Finanzinstrumenten nach § 25a WpHG zusammen zu rechnen (§ 41 Abs. 4d Satz 3 WpHG). Die Stimmrechtsmitteilung muss sich auf den Stichtag 1.2.2012 beziehen und dem Emittenten und der BaFin innerhalb von 30 Handelstagen zugehen.

274

---

180) BT-Drs. 17/3628, S. 25 rechte Spalte; *Krause*, AG 2011, 469, 483 f.

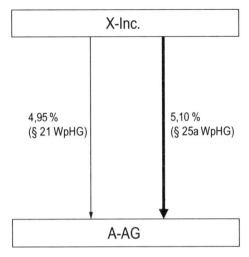

275 Das **Muster** behandelt die Bestandsmitteilung nach § 41 Abs. 4d WpHG des Investors X-AG, der sowohl Stimmrechte (§§ 21, 22 WpHG) und weitere Finanzinstrumente (§ 25a Abs. 1 Satz 1 WpHG) jeweils unmittelbar hält. Die Bestandsmeldung ist in diesem Fall abzugeben, weil sein zusammengerechneter Stimmrechtsanteil mit insgesamt 10,05 % der Stimmrechte die Meldeschwellen von 5 % und 10 % übersteigt.

276 Der Emittent ist nach § 41 Abs. 4e WpHG verpflichtet, die Bestandsmitteilung unverzüglich, spätestens innerhalb von drei Handelstagen nach ihrem Zugang gem. § 26 Abs. 1 Satz 1 WpHG zu veröffentlichen, dem Unternehmensregister zur Speicherung zu übermitteln und der BaFin mitzuteilen.

277 Verstöße gegen die Bestandsmitteilungs- und Veröffentlichungspflicht sind nach § 41 Abs. 5 Nr. 3 Abs. 6 WpHG mit einem Bußgeld von bis zu 200 000 € sanktioniert.

Muster 2.5: Mitteilung von Inhabern wesentlicher Beteiligungen nach § 27a WpHG

I.   **Mustertext [→ Rz. 280 ff.]**

Variante 1: Finanzbeteiligung [→ Rz. 285]

278 X-GmbH [→ Rz. 279]

[*Anschrift*]

An die

A-AG

[*Anschrift*]

Vorab per Fax: [...]

Mitteilung gem. § 27a WpHG [→ Rz. 284]

Sehr geehrte Damen und Herren,

wir haben Ihnen am [*Datum der Stimmrechtsmitteilung*] mitgeteilt, dass unser Stimmrechtsanteil an der A-AG, [*Sitz*], Deutschland, ISIN: [...], WKN [...], am [*Datum der*

Schwellenüberschreitung] die Schwelle von 10 % überschritten und an diesem Tag 10,41 % (das entspricht [*Anzahl*] Stimmrechten) betragen hat. Ergänzend dazu teilen wir Ihnen gem. § 27a Abs. 1 WpHG folgende Informationen mit:

1. Die Investition dient nur der Erzielung von Handelsgewinnen.

2. Ein weiterer Erwerb von Aktien der A-AG durch die X-GmbH ist derzeit nicht geplant.

3. Eine Einflussnahme auf die Besetzung des Vorstands oder des Aufsichtsrats der A-AG strebt die X-GmbH derzeit nicht an.

4. Eine wesentliche Änderung der Kapitalstruktur der A-AG, insbesondere im Hinblick auf das Verhältnis von Eigen- und Fremdfinanzierung und die Dividendenpolitik, strebt die X-GmbH nicht an.

5. Der Erwerb der Stimmrechte wurde zu 20 % aus Eigenmitteln und im Übrigen aus Fremdmitteln finanziert.

Mit freundlichen Grüßen

[...]

X-GmbH

Variante 2: Strategische Beteiligung [→ Rz. 285]

X-GmbH [→ Rz. 280]   279

[*Anschrift*]

A-AG

[*Anschrift*]

Vorab per Fax: [...]

Mitteilung gem. § 27a WpHG [→ Rz. 284]

Sehr geehrte Damen und Herren,

wir haben Ihnen am [*Datum der Stimmrechtsmitteilung*] mitgeteilt, dass unser Stimmrechtsanteil an der A-Aktiengesellschaft, [*Sitz*], am [*Datum der Schwellenüberschreitung*] die Schwellen von 3 %, 5 %, 10 %, 15 %, 20 % und 25 % überschritten hat und an diesem Tag 25,23 % ([*Anzahl*] Stimmrechte) betrug. Dies haben wir Ihnen zugleich auch im Namen und im Auftrag der Y-GmbH, [*Sitz*], und der Z-GmbH [*Sitz*], mitgeteilt, denen die Stimmrechte § 22 Abs. 1 Satz 1 Nr. 1 i. V. m. Satz 3 WpHG zuzurechnen sind.

Ergänzend erklären wir in eigenem Namen sowie im Namen und Auftrag der Y-GmbH und der Z-GmbH gem. § 27a WpHG:

1. Die Investitionen dient der Umsetzung strategischer Ziele.

2. Derzeit ist nicht beabsichtigt, innerhalb der nächsten zwölf Monate weitere Stimmrechte durch Erwerb oder auf sonstige Weise zu erlangen.

3. Eine Einflussnahme auf die Besetzung von Vorstand und Aufsichtsrat der A-AG wird in Ausübung der Aktionärsrechte angestrebt.

4. Eine wesentliche Änderung der Kapitalstruktur der Gesellschaft wird derzeit nicht angestrebt.

5. Der Erwerb der Stimmrechte wurde aus Eigenmitteln finanziert.

Mit freundlichen Grüßen

[...]

X-GmbH

II. Erläuterungen [→ Rz. 278 f.]

280 § 27a WpHG verpflichtet Meldepflichtige, deren Beteiligung nach §§ 21, 22 WpHG die Schwelle von 10 % der Stimmrechte oder eine höhere Schwelle (15 %, 20 %, 25 %, 30 %, 50 %, 75 %) erreicht oder überschreitet, dem Emittenten mitzuteilen, welche Ziele er mit dem Erwerb der Stimmrechte verfolgt und woher die für den Erwerb verwendeten Mittel stammen. Diese durch das Risikobegrenzungsgesetz neu eingefügte zusätzliche Mitteilungspflicht ist an ähnliche Regelungen im französischen Recht[181] und im US-amerikanischen Recht[182] angelehnt und soll den Emittenten und der Öffentlichkeit eine breitere Informationsgrundlage über den Aufbau und die weitere Entwicklung wesentlicher Beteiligungen schaffen. Anders als bei den regulären Stimmrechtsmitteilungen nach §§ 21 ff. WpHG kann die Gesellschaft jedoch durch entsprechende Satzungsregelung auf die Offenlegung der Informationen nach § 27a WpHG verzichten (§ 27a Abs. 3 WpHG).

> **Praxistipp:**
>
> Da die Mitteilung nach § 27a WpHG durch Satzungsregelung disponibel ist, sollten Investoren zunächst prüfen, ob die Satzung des Emittenten keine Ausnahme von der Offenlegungspflicht nach § 27a WpHG enthält. Eine Mitteilung wäre dann entbehrlich.

281 Weitere gesetzliche Ausnahmen von der Mitteilungspflicht regelt § 27a Abs. 1 Satz 5 und 6 WpHG für den Fall einer Schwellenüberschreitung infolge eines Angebots nach dem Wertpapiererwerbs- und Übernahmegesetz (WpÜG) und bestimmte Kapitalanlagegesellschaften, Investment-Aktiengesellschaften und ausländische Organismen für gemeinsame Anlagen in Wertpapieren (OGAW).

282 Bei der Berechnung des die zusätzliche Mitteilungspflicht auslösenden Stimmrechtsanteils sind unmittelbar gehaltene Aktien und nach § 22 WpHG zuzurechnende Aktien zu berücksichtigen, nicht jedoch Stimmrechte, die der Meldepflichtige aus Finanzinstrumenten und sonstigen Instrumenten nach §§ 25, 25a WpHG erwerben kann.

283 Die Mitteilung nach § 27a WpHG muss binnen 20 Handelstagen nach Erreichung oder Überschreitung der relevanten Meldeschwelle erfolgen. Ein späteres Unterschreiten einer Meldeschwelle hingegen löst keine Mitteilungspflicht aus. Wohl aber ist der Meldepflichtige verpflichtet, seine Meldung binnen 20 Handelstagen zu aktualisieren, wenn sich seine mitgeteilten Erwerbsziele zu einem späteren Zeitpunkt maßgeblich verändern.

284 Die Inhalte der Mitteilung nach § 27a WpHG sind in § 27a Satz 3 und Satz 4 WpHG geregelt. Danach muss eine vollständige Mitteilung nach § 27a WpHG folgende Angaben enthalten:

---

181) Article L 233-6 Abs. 7 Code de Commerce.
182) Section 13(d) Securities Exchange Act.

- ob die Investition der Umsetzung strategischer Ziele oder der Erzielung von Handelsgewinn dient;

- ob der Meldepflichtige beabsichtigt, innerhalb der nächsten zwölf Monate weitere Stimmrechte durch Erwerb oder auf sonstige Weise zu erlangen;

- ob der Meldepflichtige eine Einflussnahme auf die Besetzung von Verwaltungs-, Leitungs- und Aufsichtsorgane des Emittenten anstrebt;

- ob der Meldepflichtige eine wesentliche Änderung der Kapitalstruktur der Gesellschaft, insbesondere im Hinblick auf das Verhältnis von Eigen- und Fremdfinanzierung und die Dividendenpolitik, anstrebt und

- ob der Meldepflichtige zur Finanzierung des Erwerbs der Stimmrechte eigene oder fremde Mittel verwendet hat.

In der Praxis sind Mitteilungen gem. § 27a WpHG zumeist sehr knapp abgefasst und beschränken sich auf die gesetzlich geforderten Angaben. Das **Muster Variante 1** [→ Rz. 278] enthält eine typische Mitteilung über die mit einer reinen Finanzbeteiligung verfolgten Ziele und ihre Finanzierung. Das **Muster Variante 2** [→ Rz. 279] behandelt demgegenüber eine strategische Beteiligung. Strategische Ziele beziehen sich in der Regel auf das Gesamtunternehmen oder bedeutende Unternehmensteile und sind mittel- oder langfristig angelegt. Im Unterschied zu einer reinen Finanzbeteiligung, die primär auf die Erzielung von Kursgewinnen aus dem Kauf oder Verkauf von Anteilen gerichtet ist, wird bei einer strategischen Beteiligung eine weitergehende Einflussnahme, etwa auf die Unternehmenspolitik oder die Durchführung von Strukturmaßnahmen, angestrebt. **285**

Der Emittent ist verpflichtet, die ihm gemachte Mitteilung nach § 27a WpHG binnen drei Handelstagen nach Zugang zu veröffentlichen und dem Unternehmensregister zuzuleiten (§ 27a Abs. 2 i. V. m. § 26 Abs. 1 Satz 1 WpHG). **286**

Verstöße gegen die Mitteilungspflicht nach § 27a WpHG sind weder bußgeldbewehrt noch mit einem Rechtsverlust[183] entsprechend § 28 WpHG sanktioniert. Die Vorschrift ist auch kein Schutzgesetz i. S. d. § 823 Abs. 2 BGB. Ist dem Emittenten – etwa durch eine vorangegangene Stimmrechtsmitteilung nach § 21 Abs. 1 Satz 1 WpHG – bekannt, dass der Investor die weitere Mitteilung nach § 27a WpHG unterlassen hat, so hat er dies zu veröffentlichen. **287**

Muster 2.6: Bekanntmachung des Emittenten nach § 26 Abs. 1 Satz 1 WpHG

I. **Mustertext** [→ Rz. 292 ff.]

Variante 1: Mitteilung einer unmittelbaren Beteiligung (§ 21 WpHG) [→ Rz. 227]

A-AG, [Sitz] **288**

ISIN: [...]; WKN: [...]

Veröffentlichung gem. § 26 Abs. 1 WpHG mit dem Ziel der europaweiten Verbreitung

Stimmrechtsmitteilung nach § 21 Abs. 1 WpHG (Aktie)

Die X-Inc., [*Sitz*], USA, hat uns am [*Datum*] gem. § 21 Abs. 1 WpHG mitgeteilt, dass ihr Stimmrechtsanteil an der A-AG, [*Sitz*], Deutschland, ISIN: [...], am [*Datum*] die

---

183) *Schwark* in: Schwark/Zimmer, Kapitalmarktrecht, § 27a Rz. 15 m. w. N.

Schwelle von 3 % der Stimmrechte erreicht hat und zu diesem Tag 3,00 % ([*Anzahl*] Stimmrechte) beträgt.

[*Ort*], [*Datum*]

Der Vorstand

Variante 2: Mitteilung einer mittelbaren Beteiligung (§§ 21, 22 WpHG) [→ Rz. 228]

289 A-AG, [*Sitz*]

ISIN: [...]; WKN: [...]

Veröffentlichung gem. § 26 Abs. 1 WpHG mit dem Ziel der europaweiten Verbreitung

Stimmrechtsmitteilungen nach § 21 Abs. 1 WpHG (Aktie)

Die X-GmbH, [*Sitz*], Deutschland, hat uns am [*Datum*] gem. § 21 Abs. 1 WpHG mitgeteilt, dass ihr Stimmrechtsanteil an der A-AG, [*Sitz*], am [*Datum*] die Schwellen von 3 %, 5 %, 10 % und 15 % der Stimmrechte überschritten hat und zu diesem Tag 15,04 % ([*Anzahl*] Stimmrechte) betrug. Davon waren der X-GmbH 15,04 % ([*Anzahl*] Stimmrechte) nach § 22 Abs. 1 Satz 1 Nr. 1 WpHG zuzurechnen. Zugerechnete Stimmrechte wurden dabei über folgende von der X-GmbH kontrollierte Unternehmen, deren Stimmrechtsanteil an der A-AG jeweils 3 % oder mehr beträgt, gehalten:

Y-GmbH, [*Sitz*], Deutschland;

Z-GmbH, [*Sitz*], Deutschland.

Die X-GmbH hat uns am [*Datum*] außerdem gem. §§ 21 Abs. 1, 24 WpHG mitgeteilt, dass der Stimmrechtsanteil ihrer unmittelbaren Tochtergesellschaft Y-GmbH, [*Sitz*], Deutschland, an der A-AG, [*Sitz*], am [*Datum*] die Schwellen von 3 %, 5 %, 10 % und 15 % der Stimmrechte überschritten hat und zu diesem Tag 15,04 % ([*Anzahl*] Stimmrechte) betrug. Davon waren der X-GmbH GmbH 9,99 % ([*Anzahl*] Stimmrechte) nach § 22 Abs. 1 Satz 1 Nr. 1 WpHG zuzurechnen. Zugerechnete Stimmrechte wurden dabei über folgende von der X-GmbH kontrollierte Unternehmen, deren Stimmrechtsanteil an der A-AG jeweils 3 % oder mehr beträgt, gehalten:

Z-GmbH, [*Sitz*].

Die X-GmbH, hat uns am [*Datum*] weiter gem. §§ 21 Abs. 1, 24 WpHG mitgeteilt, dass der Stimmrechtsanteil ihrer mittelbaren Tochtergesellschaft Z-GmbH, [*Sitz*], Deutschland, an der A-AG, [*Sitz*], am [*Datum*] die Schwellen von 3 % und 5 % der Stimmrechte überschritten hat und zu diesem Tag 9,99 % ([*Anzahl*] Stimmrechte) betrug.

[*Ort*], [*Datum*]

Der Vorstand

Variante 3: Mitteilung von Finanzinstrumenten (§ 25 WpHG) [→ Rz. 254]

290 A-AG, [*Sitz*]

ISIN: [...]; WKN: [...]

Veröffentlichung gem. § 26 Abs. 1 WpHG mit dem Ziel der europaweiten Verbreitung

Stimmrechtsmitteilungen nach § 25 Abs. 1 WpHG (Finanzinstrumente)

1. Herr XY, Deutschland, hat uns am [*Datum der Mitteilung*] gem. § 25 Abs. 1 WpHG mitgeteilt, dass er am [*Datum der Schwellenüberschreitung*] durch Zusammenrechnung von Stimmrechten, die er aufgrund mittelbar gehaltener Finanzinstrumente einseitig erwerben kann und aus Stimmrechten nach §§ 21, 22 WpHG die Schwelle von 5 % der Stimmrechte an der A-AG, [*Sitz*], Deutschland, überschritten hätte und an diesem Tag 6,50 % ([*Anzahl*] Stimmrechte) halten würde. Hierbei beträgt der aufgrund von Finanzinstrumenten (Call Option) beziehbare Stimmrechtsanteil von Herrn XY 3,75 % ([*Anzahl*] Stimmrechte) und der Stimmrechtsanteil nach §§ 21, 22 WpHG 2,75 % ([*Anzahl*] Stimmrechte). Der Ausübungszeitraum für die Call Option liegt zwischen dem [*Datum*] und dem [*Datum*]; sie verfällt am [*Datum*]. Die von Herrn XY mittelbar gehaltenen Finanzinstrumente werden dabei über folgendes von ihm kontrolliertes Unternehmen gehalten: Y-S.à.r.l., [*Sitz*], Luxemburg

2. Die Y-S.à.r.l., [*Sitz*], Luxemburg, hat uns am [*Datum der Mitteilung*] gem. § 25 Abs. 1 WpHG mitgeteilt, dass sie am [*Datum der Schwellenüberschreitung*] durch Zusammenrechnung von Stimmrechten, die sie aufgrund unmittelbar gehaltener Finanzinstrumente einseitig erwerben kann und aus Stimmrechten nach § 21 Abs. 1 WpHG die Schwelle von 5 % der Stimmrechte an der A-AG, [*Sitz*], Deutschland, überschritten hätte und an diesem Tag 6,50 % ([*Anzahl*] Stimmrechte) halten würde. Hierbei beträgt der aufgrund von Finanzinstrumenten (Call Option) beziehbare Stimmrechtsanteil der Y-S.à.r.l. 3,75 % ([*Anzahl*] Stimmrechte) und der Stimmrechtsanteil nach § 21 Abs. 1 WpHG 2,75 % ([*Anzahl*] Stimmrechte). Der Ausübungszeitraum für die Call Option liegt zwischen dem [*Datum*] und dem [*Datum*]; sie verfällt am [*Datum*].

[*Ort*], [*Datum*]

Der Vorstand

Variante 4: Mitteilung einer wesentlichen Beteiligung (§ 27a WpHG) [→ Rz. 278]

Veröffentlichung gem. § 26 Abs. 1 WpHG mit dem Ziel der europaweiten Verbreitung   291

Veröffentlichung einer Mitteilung gem. § 27a Abs. 1 WpHG (wesentliche Beteiligung)

Die X-GmbH, [*Sitz*], Deutschland, hat uns am [*Datum der Stimmrechtsmitteilung*] mitgeteilt, dass ihr Stimmrechtsanteil an der A-AG, [*Sitz*], Deutschland, ISIN: [...], WKN [...], am [*Datum der Schwellenüberschreitung*] die Schwelle von 10 % überschritten und an diesem Tag 10,41 Prozent (das entspricht [*Anzahl*] Stimmrechten) betragen hat. Am [*Datum der Mitteilung nach § 27a WpHG*] hat uns die X-GmbH ergänzend dazu gem. § 27a Abs. 1 WpHG folgende Informationen mitgeteilt:

1. Die Investition dient der Erzielung von Handelsgewinnen.

2. Ein weiterer Erwerb von Aktien der A-AG durch die X-GmbH ist derzeit nicht geplant.

3. Eine Einflussnahme auf die Besetzung des Vorstands oder des Aufsichtsrats der A-AG strebt die X-GmbH derzeit nicht an.

4. Eine wesentliche Änderung der Kapitalstruktur der A-AG, insbesondere im Hinblick auf das Verhältnis von Eigen- und Fremdfinanzierung und die Dividendenpolitik, strebt die X-GmbH nicht an.

5. Der Erwerb der Stimmrechte wurde zu 20 % aus Eigenmitteln und im Übrigen aus Fremdmitteln finanziert.

[*Ort*], [*Datum der Veröffentlichung*]

Der Vorstand

II. Erläuterungen [→ Rz. 288 ff.]

292 Die Gesellschaft, die eine Stimmrechtsmitteilung gem. § 21 Abs. 1 oder 1a WpHG (Aktien), § 25 Abs. 1 Satz 1 WpHG (Finanzinstrumente), § 25a Abs. 1 Satz 1 WpHG (weitere Finanzinstrumente) oder eine weitere Mitteilung nach § 27a WpHG (wesentliche Beteiligung) erhalten hat, muss diese nach § 26 Abs. 1 Satz 1 WpHG **unverzüglich**, spätestens jedoch innerhalb von drei Handelstagen, in Medien veröffentlichen, bei denen davon ausgegangen werden kann, dass sie die Bekanntmachung europaweit verbreiten (sog. Medienbündel). Diese durch das Transparenzrichtlinie-Umsetzungsgesetz eingeführte, in der Regel elektronische Form der Verbreitung hat die frühere Veröffentlichungspflicht in einem überregionalen Börsenpflichtblatt abgelöst. Außerdem muss die Gesellschaft die Bekanntmachung an das Unternehmensregister nach § 8b HGB weiterleiten und (mit Ausnahme der Mitteilung nach § 27a WpHG) der BaFin nach § 26 Abs. 2 WpHG mitteilen.

Praxistipp:

Das Serviceangebot der Dienstleister für Online-Unternehmenskommunikation beinhaltet häufig sowohl die europaweite Verbreitung der Bekanntmachung über das Medienbündel als auch die Weiterleitung an das Unternehmensregister und die Mitteilung an die BaFin.

293 Der **Inhalt der Veröffentlichung** nach § 26 Abs. 1 Satz 1 WpHG richtet sich strikt nach dem, was der Gesellschaft vom Meldepflichtigen mitgeteilt worden ist. Zulässig sind nur redaktionelle Korrekturen. Ist die der Gesellschaft zugegangene Mitteilung derart unvollständig, dass sich aus ihr kein für eine Veröffentlichung hinreichender, kapitalmarktrechtlicher Informationskern des Inhalts ergibt, nach dem ein Meldepflichtiger eine Meldeschwelle erreicht, über- oder unterschritten hat, liegt eine „Nichtmeldung" vor, die für die Gesellschaft keine Veröffentlichungspflicht auslöst. Enthält die Meldung jedoch einen kapitalmarktrechtlichen Informationskern, ist sie aber im Übrigen unvollständig, so sollte die Gesellschaft zunächst den/die Meldepflichtige/n zur Ergänzung auffordern, muss dann jedoch innerhalb der ihr auferlegten Bekanntmachungsfrist ggf. auch unvollständig veröffentlichen. Eine spätere etwaige Korrektur der Stimmrechtsmitteilung muss im Wege einer Korrekturveröffentlichung ebenfalls bekannt gemacht werden.[184] In Zweifelsfällen darf die Gesellschaft, ebenso wie die Bundesanstalt für Finanzdienstleistungsaufsicht, nach § 27 WpHG Nachweise für den ihr mitgeteilten Stimmrechtsanteil verlangen. Ohne konkrete Anhaltspunkte, die berechtigte Zweifel an der Richtigkeit von Stimmrechtsmitteilungen begründen, ist die Gesellschaft nicht zu weiteren Nachforschungen betreffend die Stimmrechts- und Zurechungsverhältnisse ihrer Aktionäre verpflichtet.[185]

294 Zu beachten ist, dass abweichend von der Stimmrechtsmitteilung in der Veröffentlichung nach § 26 Abs. 1 WpHG statt der Anschrift des Meldepflichtigen bei Unternehmen nur Firma, Sitz und Staat und bei Privatpersonen nur Name und Staat anzugeben sind (§ 19

---

184) *BaFin*, Emittentenleitfaden, Stand v. 28.4.2009, S. 175.
185) OLG Stuttgart v. 15.10.2008, AG 2009, 124.

WpAIV). Entsprechend sind hier in **allen Mustern** lediglich Firma, Sitz und Staat und in **Muster Variante 3** nur Name und Staat der Privatperson angegeben.

Praxistipp:

Vor allem bei Privatpersonen sollte auch aus datenschutzrechtlichen Gründen keinesfalls die Privatanschrift in den Bekanntmachungstext aufgenommen werden, weil sie eine europaweite Veröffentlichung privater Daten nach sich zöge, die zur Befriedigung des Informationsbedürfnisses der Kapitalmarktteilnehmer nicht erforderlich ist.

Kommt die Gesellschaft ihrer Veröffentlichungspflicht nicht oder nicht ordnungsgemäß 295 nach, kann die Bundesanstalt für Finanzdienstleistungsaufsicht die Veröffentlichung auf Kosten der Gesellschaft selbst vornehmen (§ 28 Abs. 3 WpHG). Außerdem kann sie der Gesellschaft ein Bußgeld auferlegen (§ 39 WpHG).

Die Bundesanstalt für Finanzdienstleistungsaufsicht unterhält auf ihrer Internetseite 296 (http://www.bafin.de) eine allgemein zugängliche Datenbank, in der die ihr mitgeteilten bedeutenden Stimmrechtsanteile gem. §§ 21 ff. WpHG in einer konsolidierten Übersicht aufgeführt sind. Die Daten werden auf der Grundlage der Veröffentlichungsmitteilungen nach § 26 Abs. 2 WpHG aktualisiert. Der Disclaimer der Bundesanstalt, wonach die Datenbank in keinem Fall als Nachweis dafür dienen kann, dass die Mitteilungspflichten erfüllt oder nicht erfüllt wurden, ist ernst zu nehmen, da es durchaus zu deutlichen zeitlichen Verzögerungen bei der Einpflegung der eingegangenen Stimmrechtsmitteilungen in die allgemeine Datenbank kommen kann.

Muster 2.7: Bekanntmachung des Emittenten nach § 26 Abs. 1 Satz 2 WpHG (eigene Aktien)

I. Mustertext [→ Rz. 298]

Die A-AG, [Sitz], Deutschland, teilt gem. § 26 Abs. 1 Satz 2 WpHG mit, dass ihr Anteil 297 an eigenen Aktien an der A-AG, [*Sitz*], Deutschland, ISIN: [...], WKN: [...] am [*Datum der Schwellenunterschreitung*] die Schwelle von 3 % der Stimmrechte unterschritten hat und nunmehr 0,00 % (das entspricht 0 Stimmrechten) beträgt.

II. Erläuterungen [→ Rz. 297]

§ 26 Abs. 1 Satz 2 WpHG statuiert eine originäre Bekanntmachungspflicht für Inlands- 298 emittenten betreffend den Anteil an eigenen Aktien. Danach haben Inlandsemittenten eine Erklärung zu veröffentlichen, wenn ihr Anteil eigener Aktien die Schwellen von 5 % bzw. 10 % der Stimmrechte erreicht, überschreitet oder unterschreitet. Für Inlandsemittenten, für die Deutschland der Herkunftsstaat ist, gilt zusätzlich die Schwelle von 3 %. Das deutsche Aktienrecht erlaubt den Erwerb eigener Aktien unter den Voraussetzungen der §§ 71 ff. AktG. Die Meldepflicht gilt sowohl für den unmittelbaren Erwerb eigener Aktien durch die Gesellschaft als auch für mittelbare Erwerbe, beispielsweise über Tochtergesellschaften oder Dritte für Rechnung der Gesellschaft.[186] Bei der Berechnung des maßgeblichen Stimmrechtsanteils bleibt die Tatsache, dass der Gesellschaft aus diesen Aktien keine Stimmrechte zustehen, außer Betracht. Die Inhalte der Erklärung entsprechen grundsätzlich den Angaben nach § 21 WpHG. Damit ersetzt die Bekanntmachungspflicht zugleich die Mitteilung nach § 21 Abs. 1 WpHG, die in dieser Sonder-

---

186) *Schneider* in: Assmann/Schneider, WpHG, § 26 Rz. 20.

konstellation überflüssig wäre. Die Erklärung ist unverzüglich, spätestens jedoch vier Handelstage nach dem Tag, an dem die betreffende Schwelle erreicht, über- oder unterschritten wurde, zu veröffentlichen und zugleich der Bafin mitzuteilen (§ 26 Abs. 2 WpHG). Die Veröffentlichungspflicht ist mit einem Bußgeld von bis zu 200 000 € sanktioniert.

Muster 2.8: Veröffentlichung der Gesamtzahl der Stimmrechte gemäß § 26a Satz 1 WpHG

I.   Mustertext [→ Rz. 300]

299 A-AG, [*Sitz*]

ISIN: [...]; WKN: [...]

Veröffentlichung gem. § 26a Satz 1 WpHG mit dem Ziel der europaweiten Verbreitung

A-AG/Veröffentlichung der Gesamtzahl der Stimmrechte

Hiermit teilt die A-AG mit, dass die Gesamtzahl der Stimmrechte am Ende des Monats [...] [*Jahr*] insgesamt [...] Stimmrechte beträgt.

[*Ort*], [*Datum*]

Der Vorstand

II.   Erläuterungen [→ Rz. 299]

300 Inlandsemittenten i. S. d. § 2 Abs. 7 WpHG müssen Veränderungen der Gesamtzahl der Stimmrechte am Ende eines jeden Kalendermonats, in dem es zu einer Zu- oder Abnahme von Stimmrechten (beispielsweise aufgrund einer Kapitalerhöhung, des Einzugs eigener Aktien oder im Falle von Vorzugsaktien, bei denen das Stimmrecht wieder auflebt) gekommen ist, Medien zuleiten, bei denen davon ausgegangen werden kann, dass sie die Bekanntmachung europaweit verbreiten (Medienbündel). Zusätzlich muss die Information an das Unternehmensregister zur Speicherung übermittelt und der BaFin die Veröffentlichung mitgeteilt werden.

301 Bei der Angabe der Gesamtzahl der Stimmrechte sind die vom Inlandsemittenten gehaltenen eigenen Aktien (für die eine eigene Veröffentlichungspflicht gem. § 26 Abs. 1 Satz 2 WpHG besteht, siehe Muster 2.7, Rz. 297) nicht abzuziehen.[187]

302 Die Angabe des Zeitpunkts des Wirksamwerdens der Veränderung ist freiwillig; sofern eine Angabe erfolgt, muss sie (beispielsweise bei der Ausgabe von Bezugsaktien) sämtliche Tage erfassen, an denen es zu einer Veränderung kam.

---

187) *Heinrich* in: Heidel, Aktien- und Kapitalmarktrecht, § 26a WpHG Rz. 4.

Die Veröffentlichung hat am Ende des Monats, in dem es zu Änderungen gekommen ist, **303** zu erfolgen, und zwar unabhängig vom Datum des Wirksamwerdens der Änderungen. Ende des Kalendermonats ist grundsätzlich der letzte Kalendertag des jeweiligen Monats. Die BaFin kontrolliert die Einhaltung dieser Veröffentlichungspflicht streng. Eine Veröffentlichung erst am ersten oder zweiten Tag des folgenden Monats wird als nicht mehr rechtzeitig angesehen. Erfolgt die Veröffentlichung umgekehrt zu früh, ist sie erneut am Ende des Kalendermonats vorzunehmen[188] Fällt der letzte Kalendertag des Monats auf einen Samstag, Sonntag oder bundeseinheitlichen gesetzlichen Feiertag, ist eine Veröffentlichung am vorherigen letzten Handelstag i. S. d. § 30 WpHG für die Erfüllung der Veröffentlichungspflicht ausreichend.

Bei der Ausgabe von Bezugsaktien im Rahmen einer bedingten Kapitalerhöhung (z.B. **304** Mitarbeiter-Optionsprogramme) ist zu beachten, dass diese rechtlich erst mit Einbuchung im Depot des Bezugsberechtigten erfolgt. Das genaue Datum ist dem Emittenten in der Regel nicht bekannt. Die BaFin vertritt daher die Auffassung, dass der Emittent aus Praktikabilitätsgründen bereits mit der Anweisung an das beauftragte Institut, die (Bezugs)Aktien beim Berechtigten einzubuchen, von der Erhöhung des Grundkapitals ausgehen kann.[189]

---

188) *BaFin*, Emittentenleitfaden, i .d. F. v. 28.4.2009, S. 177.
189) *BaFin*, Emittentenleitfaden, i .d .F. v. 28.4.2009, S. 178.

Teil 3: Mitteilungen, Bekanntmachungen und Veröffentlichungen vor und nach der Hauptversammlung

Muster 3.1: Meldung über geplante Satzungsänderungen (§ 30c WpHG)

I.   Mustertext [→ Rz. 306 ff.]

[Briefkopf … AG]   305

Bundesanstalt für Finanzdienstleistungsaufsicht

Referat WA12

Lurgiallee 12

60439 Frankfurt am Main

Per E-Mail: WA12@bafin.de

Deutsche Börse AG

60485 Frankfurt am Main

Per E-Mail: listing@deutsche-boerse.com

Mitteilung nach § 30c WpHG – […] AG, *[Sitz]*

Sehr geehrte Damen und Herren,

hiermit teilen wir Ihnen fristgerecht nach § 30c WpHG mit, dass beabsichtigt ist, auf der ordentlichen Hauptversammlung der […] AG am *[Datum]* zu Tagesordnungspunkt(en) […] und/bis […] über folgende Satzungsänderungen Beschluss zu fassen:

TOP […] Änderung der Satzung in § […]

Vorstand und Aufsichtsrat schlagen vor, zu beschließen:

Text des Beschlussvorschlags gem. Tagesordnung wiedergeben, z. B.:

§ […] Abs. […] der Satzung wird wie folgt neu gefasst:

„[neuer Satzungstext]"

[Etwaige Anweisungen des Vorstands zur Anmeldung der Satzungsänderung zum Handelsregister.]

Der bisherige Inhalt der geänderten Satzungsbestimmungen lautet wie folgt:

§ […]

([Abs.]) [bisherigen Satzungstext wiedergeben]

Mit freundlichen Grüßen

[…] AG

II. Erläuterungen [→ Rz. 305 ff.]

306 Nach § 30c WpHG müssen Emittenten von Aktien, für die die Bundesrepublik Deutschland Herkunftsstaat ist, beabsichtigte Änderungen der Satzung (siehe hierzu Muster 6.5. Rz. 973 ff.) mitteilen. Betroffen sind also grundsätzlich nur **Gesellschaften im regulierten Markt**. Bei Emittenten sonstiger Wertpapiere kommt ggf. eine Mitteilungspflicht bezüglich sonstiger Rechtsgrundlagen gem. § 30c WpHG in Betracht.

307 **Adressat der Mitteilung** gem. § 30c WpHG sind die BaFin und die Zulassungsstellen derjenigen inländischen und ausländischen organisierten Märkte i. S. d. § 2 Abs. 5 WpHG, an denen Aktien des Emittenten zugelassen sind.

308 Die Mitteilung muss **unverzüglich**, d.h. ohne schuldhaftes Zögern (§ 121 Abs. 1 BGB) nach der Entscheidung erfolgen, die geplanten Änderungen der Hauptversammlung, die über die Änderungen beschließen soll, vorzulegen. Die Mitteilungspflicht entsteht also, sobald Vorstand und Aufsichtsrat (§ 124 Abs. 3 Satz 1 AktG) entschieden haben, die geplante Satzungsänderung in die Tagesordnung aufzunehmen.[190] Spätester Zeitpunkt für die Mitteilung ist die Einberufung der Hauptversammlung, also der Tag, an dem die Einberufung im elektronischen Bundesanzeiger veröffentlicht wird.

309 Hinsichtlich der **Form der Mitteilung** ist eine Übermittlung per E-Mail oder Fax ausreichend. Im Betreff sollte die Vorschrift (§ 30c WpHG) sowie der Name des Emittenten genannt werden. Die Mitteilung erfolgt in deutscher Sprache (§ 23 Abs. 1 VwVfG).[191]

310 Es ist ausreichend und nach den Vorstellungen der BaFin auch wünschenswert, dass nicht die komplette Einberufung bzw. die vollständige Satzung übermittelt wird, sondern nur der bisherige Satzungsinhalt bezüglich der zu ändernden Punkte sowie der Inhalt der geplanten neuen Regelungen genannt werden.[192] Auch eine Begründung der geplanten Satzungsänderung ist nicht erforderlich.

311 Satzungsänderungen ergeben sich regelmäßig insbesondere auch im Zusammenhang mit Ermächtigungen zu Kapitalmaßnahmen (bedingtes/genehmigtes Kapital). Die Vorschrift erfasst nur Satzungsänderungen durch die Hauptversammlung, keine Änderungen durch Aufsichtsrat oder Vorstand, die nur die Fassung betreffen (§ 179 Abs. 1 Satz 2 bzw. § 237 Abs. 3 Nr. 3 AktG).[193]

312 Für den Fall, dass die Satzungsänderung auch zu einer Änderung der mit den Aktien verbundenen Rechte (z. B. bei einer Änderung des Stimmrechts oder der Dividendenberechtigung oder der Zusammenlegung von Aktien im Rahmen einer Kapitalherabsetzung) führt, ist außerdem an die **Veröffentlichungspflicht gem. § 30e WpHG** unverzüglich nach der Eintragung der Satzungsänderung im Handelsregister zu denken. Diese Veröffentlichung muss durch europaweite Verbreitung und Mitteilung an die BaFin erfolgen und anschließend an das Unternehmensregister weitergeleitet werden.

313 Erfolgt die Mitteilung gem. § 30c WpHG an die BaFin und/oder die Zulassungsstelle(n) vorsätzlich oder leichtfertig nicht, nicht richtig, nicht vollständig, nicht in der vorge

---

190) *Heidelbach* in: Schwark/Zimmer, Kapitalmarktrecht, § 30c Rz. 10; *Zimmermann* in: Fuchs, WpHG, § 30c Rz. 4 m. w. N.; *BaFin*, Emittentenleitfaden, Stand v. 28.4.2009, S. 195; a. A. (bereits nach Beschlussfassung durch den Vorstand) *Mülbert* in: Assmann/Schneider, WpHG, § 30c Rz. 12.

191) *Heidelbach* in: Schwark/Zimmer, Kapitalmarktrecht, § 30c Rz. 8.

192) *BaFin*, Emittentenleitfaden, Stand v. 28.4.2009, S. 195.

193) *BaFin*, Emittentenleitfaden, Stand v. 28.4.2009, S. 194; *Zimmermann* in: Fuchs, WpHG, § 30c Rz. 6.

schriebenen Weise oder nicht rechtzeitig, so kann dies als **Ordnungswidrigkeit** mit einer Geldbuße bis zu 50 000 € geahndet werden (§ 39 Abs. 4 WpHG). Allerdings berechtigt eine unterlassene oder unrichtige Mitteilung nicht zur Anfechtung der entsprechenden Hauptversammlungsbeschlüsse (§ 30g WpHG).

Muster 3.2: Dividendenbekanntmachung

I. Mustertext [→ Rz. 320 ff.]

[...] AG, [*Sitz*]   314

WKN [...]/ISIN [...]

Dividendenbekanntmachung

Die ordentliche Hauptversammlung unserer Gesellschaft vom [*Datum*] hat beschlossen, 315
aus dem Bilanzgewinn des Geschäftsjahres [...] eine Dividende in Höhe von [...] € je dividendenberechtigter Stückaktie zu zahlen, einen Betrag in Höhe von [...] € in andere Gewinnrücklagen einzustellen und einen Betrag in Höhe von [...] € auf neue Rechnung vorzutragen.

Die Dividende wird ab dem [*Datum*], unter Abzug von 25 % Kapitalertragsteuer zuzüg- 316
lich 5,5 % Solidaritätszuschlag auf die Kapitalertragsteuer (insgesamt 26,375 %) sowie ggf. Kirchensteuer auf die Kapitalertragsteuer über die Clearstream Banking AG durch die depotführenden Kreditinstitute ausgezahlt.

Bei inländischen Aktionären erfolgt der Abzug der Steuer unabhängig vom persönlichen 317
Einkommensteuersatz und hat Abgeltungswirkung. Für Aktionäre mit einem persönlichen Steuersatz unterhalb von 25 % besteht die Möglichkeit, die Dividendeneinnahmen in der Einkommensteuererklärung anzugeben und die Differenz zwischen Steuersatz und gezahlter Abgeltungssteuer erstattet zu bekommen.

Der Abzug von Kapitalertragsteuer und Solidaritätszuschlag entfällt bei solchen Aktionä- 318
ren, die ihrer Depotbank eine „Nicht-Veranlagungsbescheinigung" des für sie zuständigen Finanzamts eingereicht haben. Das Gleiche gilt für Aktionäre, die ihrer Depotbank einen „Freistellungsauftrag" eingereicht haben, soweit das in diesem Auftrag angeführte Freistellungsvolumen nicht durch andere Kapitalerträge bereits aufgebraucht ist.

Bei ausländischen Aktionären wird die deutsche Kapitalertragsteuer einschließlich des So- 319
lidaritätszuschlags im Falle eines zwischen dem betreffenden Staat und der Bundesrepublik Deutschland abgeschlossenen Abkommens zur Vermeidung der Doppelbesteuerung (DBA) grundsätzlich auf den nach diesem DBA zulässigen Höchstsatz ermäßigt. Erstattungsanträge müssen spätestens bis zum 31. Dezember [...] beim Bundeszentralamt für Steuern, 53221 Bonn, eingegangen sein.

[*Ort*], [*Datum*]

[...] AG

Der Vorstand

II. Erläuterungen [→ Rz. 314 ff.]

Gemäß § 30b Abs. 1 Satz 1 Nr. 2 WpHG müssen Emittenten, für die die Bundesrepublik 320
Deutschland Herkunftsstaat ist, die Ausschüttung und Auszahlung von Dividenden nach

der Beschlussfassung durch die Hauptversammlung im **elektronischen Bundesanzeiger** veröffentlichen. Betroffen sind grundsätzlich nur **Gesellschaften im regulierten Markt**.

321 Eine zusätzliche Veröffentlichung der Dividendenbekanntmachung auf der Internetseite der Gesellschaft ist in der Praxis üblich und entspricht der Empfehlung in Ziff. 6.8 DCGK. Gesellschafen im Entry Standard sind gem. § 17 Abs. 2 lit. a) der AGB der Frankfurter Wertpapierbörse für den Freiverkehr verpflichtet, die Dividendenbekanntmachung auf ihrer Internetseite einzustellen.

322 Der Begriff der Dividende umfasst lediglich die „echte" Dividende i. S. d. Aktiengesetzes, nicht hingegen andere Zahlungen, deren Höhe sich hieran orientiert. So stellt etwa eine Ausgleichszahlung nach § 304 AktG bzw. der Beschluss hierüber keine Dividendenzahlung i. S. d. § 30b Abs. 1 Nr. 2 WpHG dar.

323 Die Veröffentlichung muss im elektronischen Bundesanzeiger **unverzüglich** nach der Beschlussfassung der Hauptversammlung über die Gewinnverwendung erfolgen. Unverzüglich bedeutet grundsätzlich, dass die Information noch am Tag des Ereignisses, spätestens am folgenden Arbeitstag im elektronischen Bundesanzeiger veröffentlich werden muss.[194] Eine Veröffentlichung in einem Börsenpflichtblatt ist seit dem 1.1.2011 nicht mehr erforderlich.

324 Die Veröffentlichung enthält üblicherweise auch weitere Angaben zu den Auszahlungsmodalitäten, insbesondere auch zur steuerlichen Situation der Aktionäre. Letztere sind nicht vorgeschrieben aber weithin üblich. Sie müssen sorgfältig erstellt und gegebenenfalls den sich ändernden steuerlichen Gegebenheiten angepasst werden.

325 Der **Anspruch auf Auszahlung** der Dividende wird grundsätzlich sofort mit seiner Entstehung, also im Zeitpunkt des Gewinnverwendungsbeschlusses der Hauptversammlung, fällig (§ 271 Abs. 1 BGB). Allerdings ist der Gesellschaft für die organisatorische Durchführung der Auszahlung eine kurze Frist von einigen wenigen Tagen einzuräumen.[195]

Muster 3.3: Veröffentlichung des Gewinnverwendungsbeschlusses gem. § 325 Abs. 1 HGB

I.   Mustertext [→ Rz. 327 ff.]

326 [...] AG, [*Sitz*]

WKN [...]/ISIN [...]

Gewinnverwendungsbeschluss

Nachtrag zum Jahresabschluss zum Geschäftsjahr [...]

Ergänzung der Veröffentlichung vom [Datum]

Gemäß § 325 Abs. 1 Satz 3 und Abs. 2 HGB geben wir bekannt, dass die ordentliche Hauptversammlung der [...] AG, [*Ort*], am [*Datum*] beschlossen hat, aus dem Bilanzgewinn des Geschäftsjahres [...] in Höhe von [...] € eine Dividende in Höhe von [...] € je dividendenberechtigter Stückaktie zu zahlen, einen Betrag in Höhe von [...] € in andere Gewinnrücklagen einzustellen und einen Betrag in Höhe von [...] € auf neue Rechnung vorzutragen.

---

194) *Mülbert* in: Assmann/Schneider, WpHG, § 30b Rz. 12.
195) *Hüffer*, AktG, § 58 Rz. 28.

[*Ort*], im [*Monat, Jahr*]

[...] AG

Der Vorstand

II.   Erläuterungen [→ Rz. 326 ff.]

§ 325 Abs. 1, 2 und 4 HGB verpflichtet **alle Gesellschaften**, also auch Gesellschaften im   327
Freiverkehr, zur Einreichung ihres Jahresabschlusses sowie weiterer Rechnungslegungsunterlagen, u. a. auch des Gewinnverwendungsbeschlusses, zur Veröffentlichung im
elektronischen Bundesanzeiger.

Falls der Gewinnverwendungsbeschluss erst nach Ablauf der Einreichungsfrist (§ 325   328
Abs. 1, 4 HGB) vorliegt, müssen zunächst der Jahresabschluss sowie der Lagebericht und
alle anderen bereits vorliegenden offenlegungspflichtigen Unterlagen fristwahrend eingereicht werden.[196] Der Gewinnverwendungsbeschluss muss sodann **unverzüglich** nach der
Beschlussfassung durch die Hauptversammlung **nachträglich zur Veröffentlichung** im
elektronischen Bundesanzeiger in der Rubrik Rechnungslegung nachgereicht werden. Die
Einreichungsfrist für Kapitalgesellschaften i.S.d § 264d HGB, d.h. Gesellschaften im regulierten Markt, für die die Erleichterungen des § 327a HGB nicht einschlägig sind, beträgt vier Monate nach dem Abschlussstichtag (§ 325 Abs. 4 HGB). Alle anderen Gesellschaften müssen die offenlegungspflichtigen Unterlagen spätestens vor Ablauf von zwölf
Monaten nach dem Abschlussstichtag zur Veröffentlichung einreichen.

Muster 3.4: Mitteilung gem. § 30b Abs. 1 Satz 1 Nr. 2 WpHG über die Ermächtigung zum Erwerb/Verwendung eigener Aktien mit Bezugsrechtsausschluss oder Einziehungsrechten

I.   Mustertext [→ Rz. 330 ff.]

[...] AG, [*Sitz*]   329

WKN [...]/ISIN [...]

Mitteilung nach § 30b Abs. 1 Satz 1 Nr. 2 WpHG

Die Hauptversammlung der XY AG hat den Vorstand der Gesellschaft am [*Datum der
Hauptversammlung*] ermächtigt, mit vorheriger Zustimmung des Aufsichtsrats bis zum
[*Datum*] eigene Aktien bis zu insgesamt 10 % des Grundkapitals von [...] € zu anderen
Zwecken als dem Handel in eigenen Aktien zu erwerben und die so erworbenen eigenen
Aktien auch unter Ausschluss des Bezugsrechts der Aktionäre zu verwenden. Die auf-
grund dieses Beschlusses erworbenen eigenen Aktien können auch eingezogen werden
(Punkt [...] der Tagesordnung). Der vollständige Wortlaut der Ermächtigung ist in der
Einladung zur Hauptversammlung wiedergegeben, die im elektronischen Bundesanzeiger
am [*Datum*] veröffentlicht worden ist.

[*Ort*], im [*Monat, Jahr*]

[...] AG

Der Vorstand

---

196) *Ellrott/Grottel* in: Beck'scher Bilanz-Kommentar, § 325 Rz. 45 f.; *Fehrenbacher* in: MünchKomm
HGB, § 325 Rz. 63 ff.

II. Erläuterungen [→ Rz. 329]

330 Gemäß § 30b Abs. 1 Satz 1 Nr. 2 WpHG müssen Emittenten, für die die Bundesrepublik Deutschland Herkunftsstaat ist, Beschlüsse nach § 71 Abs. 1 Nr. 8 AktG zum Erwerb eigener Aktien, soweit sie – wie regelmäßig – mit der Ermächtigung des Vorstands zur Einziehung der Aktien verbunden sind, als Vereinbarung eines Einziehungsrechts im elektronischen Bundesanzeiger veröffentlichen. Betroffen sind grundsätzlich nur **Gesellschaften im regulierten Markt.**

331 Die Veröffentlichung muss im elektronischen Bundesanzeiger **unverzüglich** nach der Beschlussfassung der Hauptversammlung über die Ermächtigung (siehe Muster 6.12, Rz. 1169 ff.) erfolgen. Unverzüglich bedeutet grundsätzlich, dass die Information noch am Tag des Ereignisses, spätestens am folgenden Arbeitstag im elektronischen Bundesanzeiger veröffentlich werden muss.[197] Eine Veröffentlichung in einem Börsenpflichtblatt ist seit dem 1.1.2011 nicht mehr erforderlich, auch die Unterrichtung der BaFin nach § 71 Abs. 3 Satz 3 AktG a. F. ist entfallen.

332 Macht der Vorstand zu einem späteren Zeitpunkt von der Ermächtigung zur Einziehung Gebrauch, so ist dies von Gesellschaften im regulierten Markt ebenfalls nach § 30b Abs. 1 Nr. 2 WpHG als Ausübung des Einziehungsrechts zu veröffentlichen.

Muster 3.5: Mitteilung gem. § 30b Abs. 1 Satz 1 Nr. 2 WpHG über die Vereinbarung von Bezugsrechten und die Ausgabe neuer Aktien (genehmigtes Kapital/ bedingtes Kapital) und Hinweisbekanntmachung gem. § 221 Abs. 2 Satz 3 AktG

I. Mustertext [→ Rz. 342 ff.]

333 […] AG, [*Sitz*]

WKN […]/ISIN […]

334 Mitteilung gem. § 30b Abs. 1 Satz 1 Nr. 2 WpHG über die Vereinbarung von Bezugsrechten (genehmigtes Kapital/bedingtes Kapital) und Hinweisbekanntmachung gem. § 221 Abs. 2 Satz 3 AktG

1. Genehmigtes Kapital

335 Die Hauptversammlung der […] AG mit Sitz in […] hat den Vorstand am [*Datum der Hauptversammlung*] ermächtigt, das Grundkapital der Gesellschaft mit Zustimmung des Aufsichtsrats bis zum [*Datum*] durch Ausgabe von neuen, auf den Inhaber lautenden Stückaktien gegen Bar- und/oder Sacheinlage einmalig oder mehrmals um bis zu insgesamt […] € zu erhöhen (genehmigtes Kapital). Dabei muss sich die Zahl der Aktien in demselben Verhältnis erhöhen wie das Grundkapital. Den Aktionären ist dabei grundsätzlich ein Bezugsrecht einzuräumen. Der Vorstand wurde jedoch ermächtigt, mit Zustimmung des Aufsichtsrats das Bezugsrecht nach Maßgabe der näheren Bestimmungen des im Rahmen der Einladung zur Hauptversammlung im elektronischen Bundesanzeiger am [*Datum*] veröffentlichten Tagesordnungspunkts […] auszuschließen. Der Vorstand ist schließlich mit Zustimmung des Aufsichtsrats ermächtigt, den Inhalt der Aktienrechte, die Einzelheiten der Kapitalerhöhung sowie die Bedingungen der Aktienausgabe festzulegen.

336 Die entsprechende Änderung des § […] der Satzung wurde am [*Datum*] in das Handelsregister der Gesellschaft beim Amtsgericht [*Ort*] eingetragen.

---

197) *Mülbert* in: Assmann/Schneider, WpHG, § 30b Rz. 12.

2. Bedingtes Kapital

Die Hauptversammlung der [...] AG, mit Sitz in [...] hat den Vorstand am [*Datum der* 337 *Hauptversammlung*] außerdem ermächtigt, mit Zustimmung des Aufsichtsrats bis zum [*Datum*] einmalig oder mehrmals auf den Inhaber oder auf den Namen lautende Options- und/oder Wandelschuldverschreibungen, Gewinnschuldverschreibungen, und/oder Genussrechte mit Options- und/oder Wandlungsrechten bzw. Wandlungspflichten (bzw. Kombinationen dieser Instrumente) (zusammen „Schuldverschreibungen") mit oder ohne Laufzeitbegrenzung im Gesamtnennbetrag von bis zu [...] € zu begeben und den Inhabern bzw. Gläubigern von Schuldverschreibungen Options- bzw. Wandlungsrechte (auch mit Wandlungspflicht) auf Inhaberstückaktien der Gesellschaft mit einem anteiligen Betrag am Grundkapital insgesamt bis zu [...] € nach näherer Maßgabe der Anleihebedingungen der Schuldverschreibungen zu gewähren.

Den Aktionären steht dabei grundsätzlich ein Bezugsrecht auf die Schuldverschreibungen 338 zu. Der Vorstand wurde jedoch ermächtigt, das Bezugsrecht der Aktionäre auf Schuldverschreibungen mit Zustimmung des Aufsichtsrats nach Maßgabe der näheren Bestimmungen des im Rahmen der Einladung zur Hauptversammlung am [*Datum*] im elektronischen Bundesanzeiger veröffentlichten Tagesordnungspunkts [...] auszuschließen.

Das Grundkapital wurde um bis zu [...] € durch Ausgabe von bis zu [...] neuen, auf den 339 Inhaber lautenden Stückaktien bedingt erhöht (bedingtes Kapital). Die bedingte Kapitalerhöhung dient der Gewährung von Aktien an die Inhaber bzw. Gläubiger von Options- und/oder Wandelschuldverschreibungen, Gewinnschuldverschreibungen, und/oder Genussrechten mit Options- und/oder Wandlungsrechten bzw. Wandlungspflichten, die aufgrund der von der Hauptversammlung am [*Datum der Hauptversammlung*] zu Tagesordnungspunkt [...] beschlossenen Ermächtigung bis zum [*Datum*] von der Gesellschaft oder durch eine in- oder ausländische Mehrheitsbeteiligungsgesellschaft begeben werden.

Die entsprechende Änderung des § [...] der Satzung wurde am [*Datum*] in das Handels- 340 register der Gesellschaft beim Amtsgericht [*Ort*] eingetragen.

Der vollständige Wortlaut der Beschlüsse ist jeweils in der im elektronischen Bundesan- 341 zeiger am [*Datum*] veröffentlichten Tagesordnung der Hauptversammlung angegeben.

II. Erläuterungen [→ Rz. 333 ff.]

Mit dem Beschluss über bedingtes Kapital (siehe Muster 6.10, Rz. 1082 ff.) bzw. geneh- 342 migtes Kapital (siehe Muster 6.9, Rz. 1026 ff.) ist stets die Entscheidung verbunden, zu wessen Gunsten ein Bezugsrecht bestellt werden soll, regelmäßig wird hier das Bezugsrecht für die Altaktionäre ausgeschlossen. Dieser Bezugsrechtsausschluss stellt eine **Vereinbarung über das Bezugsrecht** dar und ist daher von Emittenten, für die die Bundesrepublik Deutschland Herkunftsstaat ist, nach § 30b Abs. 1 Nr. 2 WpHG **im elektronischen Bundesanzeiger** zu veröffentlichen. Betroffen sind also grundsätzlich nur **Gesellschaften im regulierten Markt.**

Beim bedingten Kapital ist der Beschluss zudem unter dem Gesichtspunkt der **Ausgabe** 343 **neuer Aktien** zu veröffentlichen.[198]

Die Veröffentlichung hat **unverzüglich** nach der Eintragung des jeweiligen Beschlusses in 344 das Handelsregister (und nicht bereits nach der Beschlussfassung der Hauptversammlung) zu erfolgen, da die Beschlussfassung erst mit der Eintragung wirksam wird.[199]

---

198) *BaFin*, Emittentenleitfaden, Stand v. 28.4.2009, S. 189 f.

345 Gemäß § 221 Abs. 2 Satz 2 AktG sind zudem **alle Aktiengesellschaften** verpflichtet, einen Hinweis auf einen Beschluss der Hauptversammlung über die **Ermächtigung zur Ausgabe von Wandelschuldverschreibungen** beim Handelsregister zu hinterlegen sowie gem. § 221 Abs. 2 Satz 3 AktG im elektronischen Bundesanzeiger und ggf. weiteren von der Satzung bestimmten Gesellschaftsblättern bekannt zu machen. Nach ganz h.M. gilt § 221 Abs. 2 AktG entsprechend auch für Gewinnschuldverschreibungen und Genussrechte.[200] Diese Hinweisbekanntmachung im elektronischen Bundesanzeiger kann – wie hier vorgeschlagen – mit der Veröffentlichung gem. § 30b Abs. 1 Nr. 2 WpHG verbunden werden, dies sollte allerdings in der Überschrift kenntlich gemacht werden. Gesellschaften, die nicht im regulierten Markt notieren, insbesondere auch Gesellschaften im Freiverkehr (einschließlich Entry Standard), nehmen nur die aktienrechtliche Veröffentlichung vor. [→ Rz. 334]

346 Macht der Vorstand später von der Ermächtigung zum Bezugsrechtsausschluss Gebrauch, so ist auch dies nach § 30b Abs. 1 Nr. 2 als **Ausübung** zu veröffentlichen.

347 Ebenso ist die **Erklärung über die Ausgabe** gem. § 221 Abs. 2 Satz 2 und 3 AktG beim Handelsregister zu hinterlegen und in den Gesellschaftsblättern zu veröffentlichen.

348 Außerdem ist die Ausgabe neuer Aktien im Rahmen der **Ausnutzung des genehmigten Kapitals** gem. § 30b Abs. 1 Nr. 2 WpHG unverzüglich nach der Eintragung der Durchführung der Kapitalerhöhung zu veröffentlichen.

349 Bei der bedingten Kapitalerhöhung werden die Aktien nach § 199 AktG ausgegeben, was in Optionsausübungszeiträumen eine tägliche Veröffentlichungspflicht zur Folge haben könnte. Nach Auffassung der BaFin besteht hieran jedoch kein Interesse des Gesetzgebers, sodass **bei bedingten Kapitalerhöhungen** als „Ausgabe neuer Aktien" nach § 30b Abs. 1 Nr. 2 WpHG lediglich die Eintragung des Beschlusses über das bedingte Kapital (§ 195 AktG) zu veröffentlichen ist.[201] Unabhängig davon besteht aber weiterhin die Veröffentlichungspflicht gem. § 26a WpHG bezüglich der **Gesamtzahl der Stimmrechte** zum Ende eines Kalendermonats, in dem es zu einer Zu- oder Abnahme von Stimmrechten gekommen ist.

Muster 3.6: Veröffentlichung der Abstimmungsergebnisse (§ 130 Abs. 6 AktG)

350 **I.** **Mustertext** [→ Rz. 351 ff.]

Tagesordnungspunkt	Gültige Stimmen**		Ja-Stimmen		Nein-Sxtimmen		Enthaltungen		Ergebnis
	Stück	in %***	Stück	in %	Stück	in %	Stück	in %	
(2) Verwendung des Bilanzgewinns für das Geschäftsjahr [...]*	[...]	[...]	[...]	[...]	[...]	[...]	[...]	[...]	[angenommen/ abgelehnt]
(3) Entlastung der Mitglieder des Vorstands*	[...]	[...]	[...]	[...]	[...]	[...]	[...]	[...]	[angenommen/ abgelehnt]

---

199) *BaFin*, Emittentenleitfaden, Stand v. 28.4.2009, S. 191 f.

200) *Habersack* in: MünchKomm AktG, § 221 Rz. 149.

201) *BaFin*, Emittentenleitfaden, Stand v. 28.4.2009, S. 189 f.

(4) Entlastung der Mitglieder des Aufsichtsrats[*]	[...]	[...]	[...]	[...]	[...]	[...]	[...]	[...]	[angenommen/ abgelehnt]
(5) Wahl des Abschlussprüfers und Konzernabschlussprüfers für das Geschäftsjahr [...][*]	[...]	[...]	[...]	[...]	[...]	[...]	[...]	[...]	[angenommen/ abgelehnt]

Prozentzahlen stellen lediglich Näherungswerte dar.

[*]   gem. Beschlussvorschlag wie im elektronischen Bundesanzeiger vom [*Datum*] veröffentlicht.

[**]   abgegebene gültige Stimmen; entspricht jeweils der Summe der abgegebenen Ja- und Nein-Stimmen

[***]   in % des satzungsmäßigen Grundkapitals

II.   Erläuterungen [→ Rz. 350]

Börsennotierte Gesellschaften müssen gem. § 130 Abs. 6 AktG **innerhalb von sieben Tagen nach der Hauptversammlung** die nach § 130 Abs. 2 Satz 2 AktG festgestellten Abstimmungsergebnisse **auf ihrer Internetseite** veröffentlichen, und zwar auch dann, wenn von der Möglichkeit einer verkürzten Beschlussfeststellung Gebrauch gemacht wurde (siehe Muster 5.7, Rz. 831, 899 f.).[202] Zu veröffentlichen ist demnach stets nicht nur die Angabe, ob der Beschluss angenommen oder abgelehnt wurde, sondern außerdem die Zahl der Aktien, für die gültige Stimmen abgegeben wurden, der Anteil des durch die gültigen Stimmen vertretenen Grundkapitals und die Zahl der für einen Beschluss abgegebenen Stimmen, Gegenstimmen und (zwingend jedoch nur bei Anwendung des Subtraktionsverfahrens)[203] die Zahl der Enthaltungen. Das Muster sieht darüber hinaus noch eine prozentuale Angabe der Ja- und Nein-Stimmen vor.   **351**

Der Wortlaut der gefassten Beschlüsse muss nicht veröffentlicht werden. Ebenso besteht keine Veröffentlichungspflicht hinsichtlich der Abstimmungsergebnisse zu Verfahrensanträgen.[204] Gleichwohl bietet es sich an, ggf. auf die im elektronischen Bundesanzeiger veröffentlichten Beschlussvorschläge zu verweisen, nicht zuletzt um mögliche Mitteilungsverlangen von Aktionären gem. § 125 Abs. 4 AktG zu reduzieren.[205]   **352**

---

202) *Wicke* in: Spindler/Stilz, AktG, § 130 Rz. 62.
203) *Ziemons* in: Schmidt/Lutter, AktG, § 130 Rz. 18; *Hüffer*, AktG, § 130 Rz. 23a; *Noack/Zetzsche* in: Kölner Kommentar, Rz. 206 m. w. N.
204) *Noack/Zetzsche* in: Kölner Kommentar, Rz. 390.
205) *Ziemons* in: Schmidt/Lutter, AktG, § 130 Rz. 69; *Noack/Zetzsche* Kölner Kommentar, Rz. 391.

Muster 3.7: Anmeldung über Veränderungen im Aufsichtsrat

I.   Mustertext [→ Rz. 354 ff.]

353 *[Briefkopf XY AG]*

Handelsregister *[Ort]*

[Anschrift Handelsregister]

HRB [...] – Liste der Mitglieder des Aufsichtsrats gem. § 106 AktG

In der Handelsregistersache der

XY AG

reichen wir die Liste der Aufsichtsratsmitglieder gem. § 106 AktG ein.

Aktuelle Aufsichtsratsmitglieder

Name, Vorname	Ausgeübter Beruf	Wohnort
[...]	[...]	[...]
[...]	[...]	[...]
[...]	[...]	[...]

[Ort], *[Datum]*

_____   _____

[Unterschriften Vorstand in vertretungsberechtigter Zahl]

II.   Erläuterungen [→ Rz. 353 f.]

354 Bei jeder Änderung in den Personen der Aufsichtsratsmitglieder ist der Vorstand einer
Aktiengesellschaft verpflichtet, unverzüglich eine Liste der Mitglieder des Aufsichtsrats
beim **Handelsregister** einzureichen. Einzureichen ist eine Liste sämtlicher Aufsichtsratsmitglieder, selbst wenn die Veränderung nur das Ausscheiden oder den Eintritt eines einzelnen Mitglieds oder den Eintritt eines Ersatzmitglieds betrifft. Unabhängig von der besonderen Anmeldung des Vorsitzenden und seines Stellvertreters nach § 107 Abs. 1 Satz 2
AktG (dazu Muster 3.8, Rz. 358), werden in der Praxis auch oft in der Gesamtliste nach
§ 106 AktG diese Funktionen mit angeben.

> **Praxistipp:**
>
> Wie auch bei den Angaben bei den Wahlvorschlägen zur Hauptversammlung nach § 124
> Abs. 3 Satz 4 AktG reicht hier die Angabe des Wohnortes aus. Es muss und sollte aus Grün-
> den des Persönlichkeitsschutzes nicht die vollständige Anschrift angegeben werden. Die Be-
> rufsangaben sollten mit den in den Anhang des letzten Jahresabschluss nach § 285 Nr. 10
> HGB aufgenommenen Angaben übereinstimmen.

355 Die Bekanntmachung erfolgt dann durch das Registergericht gem. § 10 HGB, also in dem
von der Landesjustizverwaltung für die Bekanntmachung von Eintragungen bestimmten
elektronischen System (und nicht mehr, wie vor Inkrafttreten des EHUG vom

20.11.2006, durch den Vorstand selbst unter Einsendungen eines Nachweises an das Registergericht). Außerdem stehen die Informationen auf der Internetseite des Unternehmensregisters (http://www.unternehmensregister.de) zur Verfügung.

Die Liste ist vom Vorstand in vertretungsberechtigter Zahl einzureichen. Die Einreichung **356** ist in elektronischer Form vorzunehmen (§ 12 Abs. 2 HGB). Dies bedeutet in der Praxis, dass sie unter Zuhilfenahme eines Notariats eingereicht werden muss, auch wenn keine Unterschriftsbeglaubigung erforderlich ist. Die Einreichung kann im Zwangsgeldverfahren durchgesetzt werden (§ 14 HGB).

Bei mitbestimmten Gesellschaften ist es außerdem erforderlich, dass die Bestellung von **357** Aufsichtsratsmitgliedern in den Betrieben bekannt gemacht und im elektronischen Bundesanzeiger veröffentlicht werden (§ 8 DrittelbG, § 19 MitbestG). Anders als hier sind in diesen von der Gesellschaft selbst zu veranlassenden Bekanntmachungen nur Namen und Vornamen der Aufsichtsratsmitglieder, hinsichtlich derer sich Veränderungen ergeben haben, offenzulegen. Diese Bestimmungen gelten auch für die Anteilseignervertreter.

Muster 3.8: Anmeldung des Aufsichtsratsvorsitzenden und Stellvertreters gem. § 107 Abs. 1 Satz 2 AktG

I. **Mustertext** [→ Rz. 359 ff.]

[Briefkopf XY AG]   **358**

Handelsregister *[Ort]*

[Anschrift Handelsregister]

HRB [...] – Anmeldung des Aufsichtsratsvorsitzenden und Stellvertreters gem. § 107 Abs. 1 Satz 2 AktG

In der Handelsregistersache der

XY AG

melden wir gem. § 107 Abs. 1 Satz 2 AktG an, dass der Aufsichtsrat der Gesellschaft in seiner Sitzung vom *[Datum]*

1. zu seinem Vorsitzenden

    Herrn *[Vorname, Name]*
    [Anschrift]

und

2. als Stellvertreterin

    Frau *[Vorname, Name]*
    [Anschrift]

gewählt hat.

[*Ort*], [*Datum*]

_____   _____

[*Unterschriften Vorstand in vertretungsberechtigter Zahl*]

II.   Erläuterungen [→ Rz. 358 f.]

359   Gem. § 107 Abs. 1 Satz 2 AktG hat der Vorstand zum Handelsregister anzumelden, wen der Aufsichtsrat gem. § 107 Abs. 1 Satz 1 AktG zu seinem Vorsitzenden und dessen Stellvertreter(n) gewählt hat. Die Wahl erfolgt üblicherweise in der konstituierenden Sitzung des Aufsichtsrats im unmittelbaren Anschluss an die Hauptversammlung, in der der Aufsichtsrat neu gewählt wurde. Die Wahl erfolgt durch den Aufsichtsrat aus einer Mitte. Kandidatenvorschläge sollen von börsennotierten Aktiengesellschaften gem. der Empfehlung in Ziff. 5.4.3 DCGK den Aktionären mit den Vorschlägen zur Aufsichtratswahl an die Hauptversammlung bekannt gegeben werden, andernfalls muss in der Entsprechenserklärung gem. § 161 AktG eine Abweichung offengelegt werden.

360   Die in der Anmeldung enthaltenen Informationen werden nicht im Handelsregister eingetragen.

361   In der Literatur wird zum Teil gefordert, die Anschrift des Vorsitzenden sowie des Stellvertreters anzugeben.[206)] Aus diesem Grund sollten die Anschriften vorsorglich aufgenommen werden oder eine Abstimmung mit dem Registergericht erfolgen, ob dieses eine Angabe der Anschriften verlangt.

362   Die Anmeldung ist vom Vorstand in vertretungsberechtigter Zahl einzureichen. Die Einreichung ist grundsätzlich in elektronischer Form vorzunehmen (§ 12 Abs. 2 HGB). In der aktuellen Kommentarliteratur wird zum Teil vertreten, dass Schriftform ausreicht, sodass auch hier ggf. eine Abklärung mit dem Registergericht erfolgen sollte. Öffentliche Beglaubigung ist jedenfalls nicht erforderlich.

363   Die Einreichung kann im Zwangsgeldverfahren durchgesetzt werden (§ 14 HGB).

---

206) *Hüffer*, AktG, § 107 Rz. 8.

Teil 4: Corporate Governance

Muster 4.1: Corporate Governance Bericht

I.   Mustertext [→ Rz. 399]

Der Begriff Corporate Governance steht für eine verantwortungsbewusste und transparente Unternehmensführung und -kontrolle, die auf langfristige Wertschaffung ausgerichtet ist. Diese Grundsätze sind seit langem die Basis für unsere Entscheidungs- und Kontrollprozesse. **364**

Der Vorstand berichtet nachfolgend – zugleich für den Aufsichtsrat – gem. Ziffer 3.10 **365** des Deutschen Corporate Governance Kodex über die Corporate Governance bei der [...] AG. [→ Rz. 403] Dieser Bericht enthält als Bestandteil des Lageberichts der Gesellschaft die Erklärung zur Unternehmensführung nach § 289a HGB und den Vergütungsbericht nach Ziffer 4.2.5 und Ziffer 5.4.6 Deutscher Corporate Governance Kodex zur Vergütung des Vorstands und des Aufsichtsrats.

Erklärung zur Unternehmensführung [→ Rz. 400, 405 ff.]

Entsprechenserklärung 2010 [→ Rz. 405]

Vorstand und Aufsichtsrat der [...] AG haben im [*Datum*] folgende gemeinsame Ent- **366** sprechenserklärung gem. § 161 AktG abgegeben:

> „Der Vorstand und der Aufsichtsrat erklären, dass die [...] AG seit Abgabe ihrer letzten Entsprechenserklärung den Empfehlungen der Regierungskommission Deutscher Corporate Governance Kodex in der Fassung vom 18.6.2009 bzw. ab deren Geltung in der Fassung vom 26.5.2010 entsprochen hat und entsprechen wird. Dies gilt vorbehaltlich der nachfolgend aufgeführten Ausnahmen:
>
> 1) Der Aufsichtsrat hat für seine Zusammensetzung keine konkreten Ziele benannt, die unter Beachtung der unternehmensspezifischen Situation die internationale Tätigkeit des Unternehmens, potentielle Interessenkonflikte, eine festzulegende Altersgrenze für die Aufsichtsratmitglieder und Vielfalt (Diversity) berücksichtigen und insbesondere eine angemessene Beteiligung von Frauen vorsehen (Kodex Ziffer 5.4.1 Abs. 2). Solange derartige Zielsetzungen nicht erfolgt sind, werden sie bei Wahlvorschlägen des Aufsichtsrats nicht berücksichtigt und die Zielsetzungen und der Stand der Umsetzung nicht im Corporate-Governance-Bericht veröffentlicht (Kodex Ziffer 5.4.1 Abs. 3).
>
> Begründung:
>
> Der Aufsichtsrat hat bereits in der Vergangenheit eine Altersgrenze für seine Mitglieder festgelegt und berücksichtigt diese bei Wahlvorschlägen. Ob der Aufsichtsrat darüber hinaus konkrete Ziele für seine Zusammensetzung festlegt und welche Ziele insoweit unter Beachtung der besonderen Situation unseres Unternehmens sinnvoll wären, prüft der Aufsichtsrat im Zeitpunkt der Abgabe dieser Entsprechenserklärung noch. Entsprechend der (noch) nicht erfolgten Festlegung weiterer konkreter Ziele können solche bei Wahlvorschlägen momentan nicht berücksichtigt und die Zielsetzungen und der Stand der Umsetzung nicht im Corporate Governance offengelegt werden.

2) Die Gesellschaft hat für ihre Organe eine D&O-Versicherung ohne Selbstbehalt abgeschlossen. Der durch das Gesetz zur Angemessenheit der Vorstandsvergütung eingeführten Pflicht zur Vereinbarung eines Selbstbehalts für die Mitglieder des Vorstands nach § 93 Abs. 2 Satz 3 AktG wird die Gesellschaft innerhalb der gesetzlichen und anstellungsvertraglich eingeräumten Umsetzungsfristen nachkommen. In der D&O-Versicherung für die Mitglieder des Aufsichtsrats wird kein Selbstbehalt vereinbart (Kodex Ziffer 3.8 Abs. 3).

Begründung:

Selbstbehalte werden in der Regel durch die Mitglieder des betreffenden Organs selbst versichert, so dass die eigentliche gesetzliche Funktion des Selbstbehalts leerläuft.

3) Dem Aufsichtsrat gehören mehr als zwei ehemalige Mitglieder des Vorstands an. (Kodex Ziffer 5.4.2, Satz 3).

Begründung:

Eine Regelung dieser Art wird als eine für die [...] AG nicht sinnvolle Einschränkung des Rechts der Aktionäre, die Mitglieder des Aufsichtsrats zu wählen, betrachtet.

4) Der Aufsichtsrat hat keinen Nominierungsausschuss gebildet, der dem Aufsichtsrat für dessen Wahlvorschläge an die Hauptversammlung betreffend die Wahl von Mitgliedern des Aufsichtsrats Vorschläge unterbreitet (Kodex Ziffer 5.3.3.)

Begründung:

Da dem aus sechs Mitgliedern bestehenden Aufsichtsrat nur Mitglieder der Anteilseigner angehören und kein Effizienzverlust bei der Beratung der Wahlvorschläge im Gesamtaufsichtsrat zu beobachten war, besteht keine Notwendigkeit, einen Nominierungsausschuss zu bilden.

5) Die Vergütung der Aufsichtsratmitglieder enthielt und enthält keine erfolgsorientierten Bestandteile (Kodex Ziffer 5.4.6 Abs. 2).

Begründung:

Vorstand und Aufsichtsrat möchten keine an den Konzernerfolg geknüpften Anreize setzen, um die erforderliche unabhängige Kontrollfunktion des Aufsichtsrats zu stärken.

[*Ort*], [*Datum*].

Für den Aufsichtsrat der [...] AG	Für den Vorstand der [...] AG
Vorsitzender des Aufsichtsrats	
gez.	gez.
	gez.
	gez.

Angaben zu Unternehmensführungspraktiken [→ Rz. 408]

367 Die [...] AG misst der Corporate Governance einen hohen Stellenwert bei. Vorstand und Aufsichtsrat sehen sich in der Verpflichtung, durch eine verantwortungsbewusste und langfristig ausgerichtete Unternehmensführung für den Bestand des Unternehmens und

eine nachhaltige Wertschöpfung zu sorgen. Zu einer guten Corporate Governance gehört auch der verantwortungsbewusste Umgang mit Risiken. Der Vorstand stellt ein angemessenes Risikomanagement und Risikocontrolling im Unternehmen sicher (vgl. dazu die Ausführungen zum Risikomanagement innerhalb des Konzern-Lageberichts) und sorgt für die Einhaltung von Recht und Gesetz sowie der Empfehlungen des Deutschen Corporate Governance Kodex nach Maßgabe der jährlichen Entsprechenserklärung. Unternehmensinterne Kontroll-, Berichts- und Compliance-Strukturen werden kontinuierlich überprüft, weiterentwickelt und veränderten Rahmenbedingungen angepasst.

Weitergehender Unternehmensführungsinstrumente, wie eigener Corporate-Governance-Grundsätze oder Compliance-Richtlinien bedarf es aufgrund der unternehmensspezifischen Gegebenheiten der [...] AG gegenwärtig nicht. Sollten zukünftige Entwicklungen die Implementierung zusätzlicher Instrumente erforderlich machen, werden Vorstand und Aufsichtsrat umgehend reagieren. **368**

Arbeitsweise von Vorstand und Aufsichtsrat – duale Führungsstruktur [→ Rz. 409]

Wie im deutschen Aktiengesetz vorgeschrieben, besteht die duale Führungsstruktur der [...] AG als börsennotierte Aktiengesellschaft aus Vorstand und Aufsichtsrat. Beide Gremien sind personell voneinander getrennt und können so ihren unterschiedlichen Aufgaben unabhängig nachkommen. Dem Vorstand obliegt die Leitung der Gesellschaft und des Konzerns, dem Aufsichtsrat die Überwachung des Vorstands. **369**

Dem Vorstand der [...] AG obliegt die eigenverantwortliche Leitung des Konzerns. Die Leitungsaufgabe, bestehend insbesondere aus der Festlegung der Unternehmensziele, der strategischen Ausrichtung des Konzerns und dessen Steuerung und Überwachung sowie die Unternehmensplanung und die Konzernfinanzierung wird dabei vom Vorstand als Kollegialorgan wahrgenommen. Die Mitglieder des Vorstands tragen daher gemeinsam die Verantwortung für die gesamte Geschäftsführung. Ungeachtet dieser Gesamtverantwortung führen die einzelnen Mitglieder des Vorstands die ihnen durch die Geschäftsordnung des Vorstands zugewiesenen Ressorts in eigener Verantwortung. Die Zusammenarbeit innerhalb des Vorstands wird ebenfalls durch die Geschäftsordnung des Vorstands näher festgelegt. **370**

Der Aufsichtsrat bestellt, überwacht und berät den Vorstand. Bei im Einzelnen definierten Maßnahmen von grundlegender Bedeutung in der Gesellschaft oder im Konzern, wie beispielsweise umfangreichen Investitionen und Rechtsgeschäften, ist die Zustimmung des Aufsichtsrats notwendig. Für seine Arbeit hat sich der Aufsichtsrat eine Geschäftsordnung gegeben. Der Aufsichtsratsvorsitzende koordiniert die Arbeit im Aufsichtsrat, leitet dessen Sitzungen und nimmt die Belange des Gremiums nach außen wahr. Eine Zusammenfassung von Art und Umfang der Tätigkeit des Aufsichtsrats im Geschäftsjahr 2010 liefert der Bericht des Aufsichtsrats. **371**

Zur Wahrnehmung seiner Aufgaben hat der Aufsichtsrat insgesamt zwei Ausschüsse eingerichtet: ein Präsidium und den Prüfungsausschuss. Die Ausschüsse bereiten die Beschlüsse des Aufsichtsrats zu den ihnen durch Aufsichtsratsbeschluss zugewiesenen Themen vor, die anschließend im Plenum zu behandeln und zu beschließen sind. Darüber hinaus beschließen das Präsidium und der Prüfungsausschuss anstelle des Gesamtaufsichtsrats über bestimmte, in der Geschäftsordnung des Aufsichtsrats festgelegte Angelegenheiten, die nach den gesetzlichen Bestimmungen einem Ausschuss zur Beschlussfassung überwiesen werden können. Die aktuelle Besetzung der Ausschüsse des Aufsichts- **372** rats ist im Bericht des Aufsichtsrats dargestellt. Vorsitzender des Prüfungsausschusses ist als unabhängiger Finanzexperte i. S. v. § 100 Abs. 5 AktG bzw. Ziffer 5.3.2 Deutscher Corporate Governance Kodex Herr/Frau […].

Enge Zusammenarbeit von Vorstand und Aufsichtsrat

373 Im Interesse des Unternehmens arbeiten Vorstand und Aufsichtsrat miteinander eng zusammen. Dies garantiert die optimale Nutzung der fachlichen Kompetenz der Gremienmitglieder und beschleunigt Abstimmungsprozesse. Der Vorstand informiert den Aufsichtsrat regelmäßig, zeitnah und umfassend über Strategie, Planung, Risikolage und Risikomanagement sowie aktuelle Geschäftsentwicklungen.

Offenlegung von Interessenkonflikten

374 Jedes Vorstands- und Aufsichtsratsmitglied legt möglicherweise auftretende Interessenkonflikte dem Aufsichtsrat offen. Soweit der Aufsichtsrat über Verträge mit Aufsichtsratsmitgliedern nach § 114 AktG beschließt, wirkt das betroffene Aufsichtsratsmitglied an der Beschlussfassung nicht mit. Über entsprechende Verträge wurde im Berichtsjahr nicht beschlossen. Interessenkonflikte bestanden nicht.

Aufsichtsratsarbeit auf Effizienz und Unabhängigkeit geprüft

375 Der Aufsichtsrat stellt seine Effizienz und seine Unabhängigkeit regelmäßig auf den Prüfstand. Die Prüfung der Effizienz erfolgt anhand eines unternehmensspezifisch ausgerichteten Fragebogens, dessen Auswertung zeitnah erfolgt. Die Ergebnisse werden ausführlich besprochen und die Erkenntnisse in die weitere Arbeit integriert. Die regelmäßige Beurteilung der Unabhängigkeit erfolgt nach den Maßstäben von Ziffer 5.4.2 des Deutschen Corporate Governance Kodex. Die derzeitige Zusammensetzung des Aufsichtsrats führt alle fachlichen Qualifikationen zusammen, die der Aufsichtsrat insgesamt benötigt, um seine Aufgaben ordnungsgemäß wahrnehmen zu können.

Zusammensetzung von Vorstand und Aufsichtsrat

376 Der Vorstand besteht derzeit aus drei Mitgliedern. Die Geschäftsverteilung zwischen den Vorstandsmitgliedern ergibt sich aus einem Geschäftsverteilungsplan. Der Vorstand fasst seine Beschlüsse mit einfacher Mehrheit, der an der Beschlussfassung teilnehmenden Mitglieder.

377 Dem Aufsichtsrat der […] AG gehören sechs Mitglieder an, die sämtlich von der Hauptversammlung gewählt werden. Der Aufsichtsrat hat aus seiner Mitte einen Vorsitzenden und einen stellvertretenden Vorsitzenden gewählt. Die Mitglieder des Aufsichtsrats werden für eine Amtszeit bis zur Beendigung der Hauptversammlung gewählt, die über die Entlastung für das vierte Geschäftsjahr nach dem Beginn der Amtszeit beschließt. Das Geschäftsjahr, in dem die Amtszeit beginnt, wird dabei nicht mitgerechnet. Derzeit gehören drei ehemalige Vorstandsmitglieder der AG dem Aufsichtsrat an. Die Amtszeit der Aufsichtsratsmitglieder endet mit Ablauf der Hauptversammlung, die über die Entlastung für das am [*Datum*] endende Geschäftsjahr beschließt.

378 Hinsichtlich der aktuellen personellen Zusammensetzung beider Gremien und der Angaben nach § 285 Nr. 10 HGB wird auf den Konzern-Anhang verwiesen.

Meldepflichtige Wertpapiergeschäfte und Aktienbesitz von Vorstand und Aufsichtsrat [→ Rz. 410]

Gemäß § 15a des WpHG haben Führungspersonen des Unternehmens den Erwerb oder   379
die Veräußerung von Aktien der [...] AG oder sich darauf beziehender Finanzinstrumente offenzulegen, wenn sie den Betrag von 5 000 € im Kalenderjahr mindestens erreichen. Im Geschäftsjahr [*Jahr*] lagen der [...] AG die in nachfolgender Tabelle aufgeführten meldepflichtigen Transaktionen vor:

[*Tabelle*]

Aktienbesitz von Vorstand und Aufsichtsrat [→ Rz. 410]

Die Zahl der direkt oder indirekt von den Mitgliedern des Vorstands und des Aufsichts-   380
rats gehaltenen Aktien der Gesellschaft oder sich darauf beziehenden Finanzinstrumente ist zum [*Datum*] größer als ein Prozent der ausgegebenen Aktien. Einzelheiten ergeben sich aus nachstehender Tabelle:

[*Tabelle*]

Aktionäre und Hauptversammlung

In der Hauptversammlung nehmen die Aktionäre der [...] AG ihre Rechte wahr. Die   381
Hauptversammlung wählt die Aufsichtsratsmitglieder und beschließt über die Entlastung von Vorstand und Aufsichtsrat sowie die Vergütung des Aufsichtsrats. Sie entscheidet über die Verwendung des Bilanzgewinns sowie über Satzungsänderungen und wichtige Strukturmaßnahmen, die die Grundlagen des Unternehmens berühren. Jeder Aktionär ist berechtigt, an der Hauptversammlung teilzunehmen, mit seinen angemeldeten Aktien abzustimmen und Fragen an den Vorstand zu stellen. Jede Aktie gewährt eine Stimme. Die Gesellschaft ermöglicht ihren Aktionären die Wahrnehmung des Stimmrechts auf der Hauptversammlung durch einen Vertreter ihrer Wahl oder durch einen weisungsgebundenen Stimmrechtsvertreter der Gesellschaft und unterstützt entsprechend ihrer Satzung die Briefwahl.

Transparente Kommunikation

Die [...] AG berichtet in jedem Quartal ausführlich über den Geschäftsverlauf und die   382
Ertrags-, Finanz- und Vermögenslage. Zusätzlich wird die Öffentlichkeit über Unternehmensentwicklungen unter Nutzung vielfältiger Medien unterrichtet. Insiderinformationen, die den Kurs erheblich beeinflussen könnten, werden umgehend als Ad-hoc-Mitteilungen veröffentlicht. Die Website der [...] AG ist ein wichtiges Werkzeug zur Information der Aktionäre, Investoren und der allgemeinen Öffentlichkeit. Im Rahmen ihrer Investor-Relations-Tätigkeit steht die Gesellschaft in regelmäßiger und enger Verbindung mit ihren Aktionären und potenziellen Anlegern. Die Vorstände der Gesellschaft treffen sich regelmäßig mit Analysten und potenziellen Investoren im Rahmen von Roadshows und Analystenkonferenzen. Hierzu erstellte Präsentationen sind auf der Website der Gesellschaft eingestellt. In deutscher und englischer Sprache bietet die Gesellschaft auf ihrer Website außerdem Finanzberichte sowie Ad-hoc- und sonstige Mitteilungen an. Ebenso sind dort die Satzung der Gesellschaft, die Geschäftsordnung sowie sonstige Dokumente eingestellt. Der Finanzkalender informiert über wichtige Termine.

Rechnungslegung und Abschlussprüfung

383 Die AG erstellt ihren Konzern-Abschluss nach International Financial Reporting Standards (IFRS), der Einzelabschluss wird gem. den Regelungen des HGB aufgestellt. Der Abschluss des Gesamtjahres wird vom Vorstand aufgestellt und vom Aufsichtsrat geprüft, ebenso wie die Quartals- und Halbjahresfinanzberichte. Der Aufsichtsrat schlägt den Abschlussprüfer vor, der von der Hauptversammlung gewählt wird. Zuvor erklärt der Abschlussprüfer gegenüber dem Aufsichtsrat seine Unabhängigkeit. Der Aufsichtsrat erteilt den Prüfungsauftrag und legt die Prüfungsschwerpunkte und das Prüfungshonorar fest.

Vergütungsbericht [→ Rz. 411]

384 Der nachstehende Vergütungsbericht ist Bestandteil des Lageberichts für die Gesellschaft und den Konzern. Wegen der zusätzlichen Angaben nach §§ 285 Nr. 9 und 314 Abs. 1 Nr. 6 HGB wird auf den Konzernanhang verwiesen (Tz. [...] ff.).

Vergütung der Vorstandsmitglieder [→ Rz. 411]

385 Die Vergütung des Vorstands wird vom Aufsichtsrat beschlossen und regelmäßig überprüft. Die Vorstandsvergütung umfasst neben einer fixen Vergütung und Nebenleistungen eine variable, leistungsbasierte Komponente sowie eine Komponente mit langfristiger Anreizwirkung. Die Gesamtbezüge und die einzelnen Vergütungskomponenten stehen nach Beurteilung des Aufsichtsrats in einem angemessenen Verhältnis zu den Aufgaben des jeweiligen Vorstandsmitglieds, seiner persönlichen Leistung, der wirtschaftlichen Lage, dem Erfolg und den Zukunftsaussichten der [...] AG und sind auch unter Berücksichtigung des Vergleichsumfelds und der Vergütungsstruktur, die ansonsten in der Gesellschaft gilt, angemessen.

386 Der Aufsichtsrat hat die **Vergütungsstruktur** des Vorstands mit Blick auf das am 5. August 2009 in Kraft getretene Gesetz zur Angemessenheit der Vorstandsvergütung überprüft und im Bereich der variablen Vergütung geändert. Im Fokus stand die Anreizwirkung auf eine nachhaltige Wertschöpfung des Unternehmens bei angemessener Gesamtvergütung und die Schaffung einer variablen Vergütung, die dem Geschäftsmodell der [...] AG Rechnung trägt. Das geänderte Vergütungssystem gilt seit Beginn des Geschäftsjahres 2010 für alle Vorstandsmitglieder.

387 Die Gesamtvergütung des Vorstands ist leistungsorientiert. Sie setzt sich aus drei Komponenten zusammen: einer erfolgsunabhängigen Vergütung (Fixgehalt), einer kurzfristigen erfolgsbezogenen Vergütung (Tantieme) und einer langfristigen erfolgsbezogenen Vergütung mit mehrjähriger Bemessungsgrundlage.

388 Das Fixgehalt wird in zwölfmonatlichen Teilbeträgen ausgezahlt. Zum Fixgehalt gehören zusätzliche Nebenleistungen in Form von Sachbezügen. Diese bestehen in einem Anspruch auf die Nutzung eines angemessenen Dienstwagens auch zur privaten Nutzung, Zuschüssen zu Wohnungs- und Umzugskosten, sowie Versicherungsprämien. Diese Nebenleistungen sind als Vergütungsbestandteile von jedem einzelnen Vorstandsmitglied zu versteuern.

389 Als kurzfristige erfolgsbezogene Vergütung wird eine Tantieme in Höhe von [...] Prozent des das Konzern-EBIT nach Minderheitsbeteiligungen des betreffenden Geschäftsjahres von [...] € übersteigenden Betrags gewährt. Die variable Vergütung ist auf maximal

[...] € beschränkt. Die Tantieme wird mit Ablauf der ordentlichen Hauptversammlung des nachfolgenden Geschäftsjahres fällig.

Weiterhin erhalten die Vorstandsmitglieder eine langfristig bemessene, bare Vergütungskomponente, bei der tatsächliche Leistung der einzelnen Vorstandsmitglieder über ihre jeweilige Amtszeit anhand individueller langfristiger Ziele berücksichtigt wird. Die zu erreichenden Ziele werden vom Aufsichtsrat unter Berücksichtigung der verschiedenen Positionen und Zuständigkeiten innerhalb des Vorstands und einer nachhaltig erfolgreichen Entwicklung der Gesellschaft festgelegt. Die Laufzeiten entsprechen den individuellen Amtszeiten und die Höhe der erzielbaren zusätzlichen Vergütung ist von den jeweiligen individuellen Fixgehältern abhängig. Die derzeit geltenden Ziele umfassen [...]. Die zusätzliche Vergütung reicht von 30 % des Fixgehalts (bei 80 %iger Zielerreichung), über 50 % (bei 100 %iger Zielerreichung) bis zu maximal 80 % des festen Grundgehalts p.a. (bei über 120 %iger Zielerreichung). Bei einer Zielerreichung unter 80 % wird keine zusätzliche Tantieme ausbezahlt. Der Höchstbetrag der zusätzlichen Tantieme ist auf 80 % des Fixgehalts beschränkt. **390**

Aktien- oder aktienkursbasierte Vergütungselemente werden nicht gewährt. **391**

Vorstand und Aufsichtsrat haben dieses Vergütungssystem der Hauptversammlung am [...] 2010 gem. § 120 Abs. 4 AktG vorgelegt. Die Hauptversammlung hat das Vergütungssystem der Gesellschaft mit großer Mehrheit von rund [...] % der abgegebenen Stimmen gebilligt. **392**

Die Vorstandsverträge enthalten für den Fall der vorzeitigen Beendigung der Vorstandstätigkeit ohne wichtigen Grund Abfindungszusagen, die auf 80 % des Fixgehalts, das anderenfalls bis zum Ablauf der Amtszeit gezahlt worden wäre, begrenzt sind. Für den Fall eines "Change of Control" sind keine Abfindungszahlungen vereinbart. Pensionszusagen sind nicht erteilt, die Mitglieder des Vorstands haben jedoch die Möglichkeit, Teile ihres Fixgehalts im Wege der Entgeltumwandlung in eine extern finanzierte Altersvorsorge ihrer Wahl einzuzahlen. **393**

Die **Gesamtvergütung** des Vorstands belief sich im **Geschäftsjahr** [*Jahr*] auf [...] € (Vorjahr [...] €). Der erfolgsunabhängige Teil (einschließlich geldwerter Vorteile aus Dienstwagen und Zuschüssen zur Sozialversicherung) betrug [...] € (Vorjahr [...] €). Da das Gesamtunternehmensziel Konzern-EBIT nicht erreicht wurde, wurde keine erfolgsbezogene Jahrestantieme fällig (Vorjahr [...] €). **394**

Die folgende Tabelle gibt einen umfassenden Überblick über die im abgelaufenen Geschäftsjahr an die einzelnen Mitglieder des Vorstands gezahlten Vergütungen: **395**

Name	Fixgehalt	jährl. Tantieme	erfolgsbezogene langfristige Vergütung	Sachleistungen	Gesamt

Vergütung der Aufsichtsratsmitglieder [→ Rz. 414]

Jedes Aufsichtsratsmitglied erhält – bis auf Widerruf dieser Regelung durch einen künftigen Hauptversammlungsbeschluss – eine feste jährliche Vergütung von [...] €, die nach Ablauf eines Geschäftsjahres und anteilig für volle Mandatsmonate zahlbar ist. Der Vorsitzende erhält das Doppelte, sein Stellvertreter das Anderthalbfache dieses Betrags. Vor- **396** sitz und Mitgliedschaft in den Ausschüssen werden mit [...] € p.a. (Vorsitz) und [...] € p.a. (Mitgliedschaft) vergütet.

397 Zudem erhält jedes Aufsichtsratsmitglied – neben dem Ersatz nachgewiesener erforderlicher Auslagen – für jede Sitzung des Aufsichtsrats 1 500 €. Die Beträge verstehen sich zuzüglich ggf. anfallender Mehrwertsteuer. Vergütungen für aufgrund entsprechender Verträge persönlich erbrachte Leistungen wurden nicht gezahlt.

398 Die Gesamtbezüge des Aufsichtsrats beliefen sich im Geschäftsjahr 2010 auf [...] € (Vorjahr [...] €) und die Sitzungsgelder und Reisekosten [...] € (Vorjahr [...] €. Diese Bezüge verteilen sich auf die einzelnen Mitglieder des Aufsichtsrats wie folgt: [...]

II. Erläuterungen

1. Rechtliche Grundlagen [→ Rz. 364 f.]

399 Das Muster enthält den **Corporate-Governance-Bericht** einer am regulierten Markt börsennotierten Aktiengesellschaft (§§ 161 Abs. 1 Satz 1, 3 Abs. 2 AktG). Der Corporate-Governance-Bericht ist ein außerhalb des gesetzlich vorgeschriebenen Lageberichts von der betreffenden Aktiengesellschaft zu erstellender Bericht, der in der Regel in einem gesonderten Teil des jährlichen Geschäftsberichts unter dieser Überschrift enthalten ist. Seine Grundlage findet er in Ziffer 3.10 des Deutschen Corporate Governance Kodex (DCGK). Dabei sind die inhaltlichen Vorgaben in Ziffer 3.10 des DCGK eher dürftig. Erwähnt wird an dieser Stelle nur, dass eine Erläuterung eventueller Abweichungen von den Kodex-Empfehlungen erfolgen soll, was indessen durch die gesetzliche Bestimmung in § 161 Abs. 1 Satz 1 AktG in der Fassung des BilMoG[207] als Inhalt der sog. Entsprechenserklärung vorgesehen ist. Daneben sieht der DCGK als Bestandteil des Corporate-Governance-Berichts den **Vergütungsbericht** über die Vergütung der Mitglieder des Vorstands (Ziffern 4.2.4 und 4.2.5 DCGK) und des Aufsichtsrats (Ziffer 5.4.6 DCGK) und weiter der Transparenz dienenden Angaben (Aktienbesitz von Vorstands- und Aufsichtsratsmitgliedern – Ziffer 6.6 DCGK, Angaben zu Aktienoptionsprogrammen und ähnlichen Anreizsystemen – Ziffer 7.1.3 DCGK) vor. Was im Übrigen über die Corporate Governance des Unternehmens zu berichten war, lag bisher im Ermessen des Vorstands.

400 Zugleich mit dem BilMoG ist in § 289a HGB allerdings die Verpflichtung zur Abgabe einer sog. Erklärung zur Unternehmensführung für börsennotierte Unternehmen eingeführt worden, wonach in der dort gesetzlich bestimmten Weise über die Corporate Governance zu berichten ist. Die Verpflichtung zur Abgabe einer Erklärung zur Unternehmensführung ist auf börsennotierte Aktiengesellschaften sowie Aktiengesellschaften, die andere Wertpapiere als Aktien zum Handel an einem organisierten Markt i. S. v. § 2 Abs. 5 WpHG ausgegeben haben, soweit im letzteren Fall deren Aktien auf eigene Veranlassung in ein multilaterales Handelssystem i. S. v. § 2 Abs. 3 Satz 1 Nr. 8 WpHG einbezogen sind, beschränkt.

401 Wegen der sich insoweit ergebenden inhaltlichen Überschneidungen hatte der DCGK in seiner Fassung vom 18.6.2009 vorgesehen, dass der Corporate-Governance-Bericht als Bestandteil der hiernach geforderten Erklärung zur Unternehmensführung der Gesellschaft anzusehen sei.

---

207) Gesetz zur Modernisierung des Bilanzrechts vom 25. Mai 2009, BGBl I S. 1102.

Praxistipp:

Obwohl diese Aussage in der Fassung des DCGK vom 26.5.2010 zu Recht wieder gestrichen worden ist, um den Unternehmen damit eine größere Flexibilität bei der Gestaltung einzuräumen, empfiehlt es sich in der Praxis nach wie vor, Corporate-Governance-Bericht und Erklärung zur Unternehmensführung zur Vermeidung von Überschneidungen und Redundanzen zu kombinieren.[208]

Im Muster sind demzufolge als Bestandteil des Corporate-Governance-Berichts die Er-   **402** klärung zur Unternehmensführung und der Vergütungsbericht in einem Dokument zusammengefasst, dessen Veröffentlichung außerhalb des gesetzlich vorgeschriebenen Lageberichts unter gesonderter Überschrift im jährlichen Geschäftsbericht erfolgt. Soweit es sich hierbei um gesetzliche Bestandteile des Lageberichts der Gesellschaft handelt, ist im Lagebericht ein entsprechender Verweis aufzunehmen (vgl. insoweit nachstehendes Muster 4.2).

2.   Berichtspflichtige Organe [→ Rz. 365]

Aufgrund dieser Inhalte muss die Berichterstattung nicht nur durch den Vorstand, son-   **403** dern auch durch den Aufsichtsrat der Gesellschaft erfolgen. Für die Erklärung zur Unternehmensführung ist anerkannt, dass diese als Bestandteil der gesetzlichen Lageberichterstattung primär durch den Vorstand zu erfolgen hat. Hinsichtlich einiger Inhalte der Erklärung zur Unternehmensführung, insbesondere betreffend die Beschreibung der Arbeitsweise des Aufsichtsrats und seiner Ausschüsse, ist es jedoch sinnvoll eine Abstimmung mit dem Aufsichtsrat herbeizuführen.[209] Hinsichtlich der sonstigen Bestandteile des Corporate-Governance-Berichts, insbesondere der Vergütungsberichte, geht der DCGK von einer gemeinsamen Berichterstattung von Vorstand und Aufsichtsrat aus. Praktischerweise erfolgt dies dergestalt, dass der Vorstand einen entsprechenden Bericht vorbereitet und dieser dann in einer gemeinsamen Sitzung der Organe erörtert und verabschiedet wird.[210]

3.   Verortung [→ Rz. 365]

Die Erklärung zur Unternehmensführung ist als Bestandteil des Lageberichts, also des   **404** Einzelabschlusses, aufzunehmen. Eine Parallele für den Konzernabschluss fehlt. Erstellt die Gesellschaft einen gemeinsamen Lage- und Konzernlagebericht (§ 315 Abs. 3 HGB), so ist die Erklärung zur Unternehmensführung als Bestandteil des Konzernlageberichts zu veröffentlichen.[211] Werden Lagebericht und Konzernlagebericht getrennt veröffentlicht, kann die Gesellschaft die Erklärung zur Unternehmensführung freiwillig als Bestandteil des Konzernlageberichts aufnehmen und damit in ihrem Geschäftsbericht veröffentlichen. In der Lageberichterstattung des Einzelabschlusses ist dann auf entsprechende Verweise zu achten, falls nicht dort eine wörtliche Übernahme der Erklärung zur Unternehmensführung in den Text erfolgt. Das Gesetz erklärt darüber hinaus in § 289a Abs. 1 Satz 3 HGB einen Verweis auf die Internetseite der Gesellschaft für zulässig. Wegen des

---

208) So *Ringleb/Kremer/Lutter/v. Werder*, NZG 2010, 1161, 1162; dies entspricht auch der überwiegenden Praxis der Unternehmen.

209) *Kocher*, DStR 2010, 1034, 1035; *Strieder*, BB 2009, 1002, 1005.

210) *Von Werder* in: Ringleb/Kremer/Lutter/von Werder, DCGK, Rz. 550 f; *Bachmann*, ZIP 2010, 1517, 1521 f.

211) Deutscher Rechnungslegungsstandard Nr. 15 v. 7.12.2004 i. d. F. des Änderungsstandards Nr. 4 vom 4.2.2010, Textziffer 140.

Charakters als zwingenden Bestandteil der Lageberichterstattung empfiehlt es sich, die Erklärung zur Unternehmensführung unter gesonderter Überschrift und in einem eigenen Absatz als Bestandteil des Corporate-Governance-Berichts wiederzugeben. Dies ist in der Praxis des Geschäftsjahres 2010 nicht immer so erfolgt.

4. Erklärung zur Unternehmensführung

a) Entsprechenserklärung [→ Rz. 366]

405 Nach § 289a Abs. 2 Nr. 1 HGB ist inhaltlich in die Erklärung zur Unternehmensführung zunächst die Erklärung nach § 161 AktG, die sog. Entsprechenserklärung, wörtlich zu übernehmen. Hiernach ist durch Vorstand und Aufsichtsrat der börsennotierten Gesellschaft zu erklären, welche Empfehlungen des DCGK nicht angewendet wurden und werden. Seit seiner Neufassung durch Art. 5 Nr. 9 BilMoG sind gem. § 161 Abs. 1 Satz 1 AktG auch die Gründe dafür anzugeben, warum von einzelnen Empfehlungen abgewichen wird.[212] Die Erklärung hat jährlich zu erfolgen und bezieht sich sowohl auf die Vergangenheit als auch auf die Zukunft. Soweit – wie bislang üblich – der DCGK in der Regel im Sommer eines Jahres geändert wird, erfasst also die jährliche Erklärung für die Vergangenheit sowohl den Kodex in der vorherigen Fassung als auch in der aktuellen Fassung. Es ist üblich, dies sowohl in der Einleitung, als auch ggf. bei der Erklärung der Abweichungen von einzelnen Kodex-Empfehlungen, die unterjährig eine Änderung erfahren haben, anzusprechen.

406 In den Ziffern 1 bis 5 der im Muster wiedergegebenen Entsprechenserklärung sind in der Praxis bei kleineren Gesellschaften (mit Ausnahme der Abweichung zu der erfolgsbezogenen Vergütung von Aufsichtsratsmitgliedern, die auch viele DAX-Unternehmen in 2010/2011 erklärt haben) häufig vorkommende Abweichungen geschildert und begründet. Die hierbei gegebenen Begründungen sind unterschiedlich stichhaltig, und es ist in jedem Einzelfall sorgfältig abzuwägen, ob nicht weitergehende, ausführlichere Begründungen gegeben werden sollen und können. Fehlende oder unrichtige Entsprechenserklärungen können die Beschlüsse über die Entlastung von Vorstand und Aufsichtsrat, soweit es nicht um bloße Bagatellverstöße geht, anfechtbar machen.[213] Darüber hinaus haben Vorstand und Aufsichtsrat auch unterjährig zu überprüfen, inwieweit sie von ihren in dem in die Zukunft gerichteten Teil der Entsprechenserklärung niedergelegten Absichten abrücken. Soweit es sich hierbei um wesentliche Abweichungen von der Entsprechenserklärung handelt, ist nach dem BGH eine entsprechend geänderte Entsprechenserklärung bekannt zu machen.[214] Unterjährige Änderungen des DCGK selbst lösen demgegenüber seitens der Gesellschaft keine Pflicht zur Aktualisierung der Entsprechenserklärung aus.[215]

407 Die Formulierung von § 161 Abs. 1 Satz 1 AktG lässt offen, ob die jährliche Abgabe der Erklärung sich auf das Kalenderjahr oder auf das Geschäftsjahr bezieht und welches der

---

212) Siehe *Hüffer*, AktG, § 161 Rz. 17a.

213) H.M. siehe nur *Hüffer*, § 161, Rz. 31 und *Kiefner*, NZG 2010, 201, mit zahlreichen Nachweisen. Darüber hinausgehende Haftungsfolgen werden diskutiert, sind jedoch wenig praktischer Natur.

214) BGH v. 16.2.2009 – Kirch/Deutsche Bank, NZG 2009, 460; BGH v. 21.9.2009 – Springer, NZG 2009, 1270, jeweils zum nicht offengelegten Interessenskonflikt eines Aufsichtsratsmitglieds; OLG München v. 6.8.2008, ZIP 2009, 1333 – MAN – Altersgrenze für Aufsichtsratsmitglieder mit möglicher Relevanz sogar für den Wahlbeschluss der Hauptversammlung.

215) H.M. siehe nur *Hüffer*, AktG, § 161 Rz. 15 a.E.

für die rückwärtsgerichtete Erklärung einzubeziehende Zeitraum ist. In der Praxis werden die Entsprechenserklärungen durch Vorstand und Aufsichtsrat jährlich gegen Ende oder kurz nach Ende eines Geschäftsjahres beschlossen. Damit besteht ein Bezug zum Geschäftsjahr, der mit der entsprechenden Rechnungslegungsberichterstattung übereinstimmt. Ein genau jährlicher Abstand ist schon allein mit Blick auf die Terminierung von Vorstands- und Aufsichtsratssitzungen nicht einzuhalten, vielmehr ist eine Abweichung um plus/minus einige Tage unschädlich.[216] Dies entspricht auch der überwiegenden Praxis der DAX-Gesellschaften, die entweder an unterschiedlichen, aber zeitlich nahe beisammen liegenden Tagen ihre Entsprechenserklärung datieren und veröffentlichen oder sie auf den selben Monat, aber nicht taggenau datieren und zeitlich nahe bei dem Vorjahresdatum veröffentlichen. Auch bei einer Datierung auf den Kalendermonat kommt es für die Einhaltung der hiernach umrissenen Jahresfrist auf die Veröffentlichung gem. § 161 Abs. 2 AktG an.

b)   Angaben zu den Unternehmensführungspraktiken [→ Rz. 367]

Gemäß § 289a Abs. 2 Nr. 2 HGB sind in die Erklärung zur Unternehmensführung wei-   **408** terhin relevante Angaben zu den Unternehmensführungspraktiken des Unternehmens sowie ein Hinweis darauf, wo dergleichen veröffentlicht ist, aufzunehmen. Nach der Regierungsbegründung zum BilMoG und dem Deutschen Rechnungslegungsstandard Nr. 15 sind damit über die gesetzlichen Anforderungen hinausgehende Unternehmensführungspraktiken gemeint, wie etwa unternehmensweit gültige ethische Standards und Arbeits- und Sozialstandards.[217] Damit sind nicht notwendigerweise schriftliche Unternehmensführungspraktiken gemeint, in der Regel jedoch solche, die auf diese Weise dokumentiert sind. Auf schriftlich dokumentierte Führungspraktiken abzustellen ist auch deswegen angezeigt, weil es sich um dauerhaft angewandte Führungspraktiken handeln sollte. Nicht angezeigt ist eine Begrenzung auf gesellschaftsrechtlich bezogene Grundsätze. Auf der anderen Seite sollten keine allgemeinen Unternehmensleitbilder oder „Werbebotschaften" an dieser Stelle Gegenstand der Berichterstattung sein. In der Praxis werden in der Regel allgemeine Compliance-Richtlinien wie ein "Code of Conduct" angesprochen. Im Muster ist in einer Art Abweichungsbegründung angegeben, warum ein solcher "Code of Conduct" nicht entwickelt wurde. Im Ergebnis besteht hier ein von den Unternehmen eigenständig auszufüllender Ermessensspielraum.

c)   Arbeitsweise von Vorstand und Aufsichtsrat [→ Rz. 369 ff.]

Leichter ist demgegenüber zu ermitteln, was nach § 289a Abs. 2 Nr. 3 HGB als Beschrei-   **409** bung der Arbeitsweise von Vorstand und Aufsichtsrat als Bestandteil der Erklärung zur Unternehmensführung aufzuführen ist. Wie im Muster vorgesehen, werden in der Praxis üblicherweise die für deutsche Aktiengesellschaften charakteristische duale Unternehmensführung durch Vorstand und Aufsichtsrat mit den spezifischen Verantwortlichkeiten dieser beiden Organe beschrieben, sowie dann über die nach der Geschäftsordnung der jeweiligen Organe vorgegebenen wichtigsten Regelungen zu deren interner Geschäftsführung berichtet. [→ Rz. 370, 371] Dabei sind ausweislich des Gesetzeswortlauts

---

216) So h.M., siehe nur *Hüffer*, AktG, § 161 Rz. 15; *Sester* in: Spindler/Stilz, AktG, § 161 Rz. 55; für eine taggenaue Jahresfrist offenbar OLG München v. 23.1.2008, AG 2008, 386 und BGH v. 7.12.2009, NZG 2010, 218.

217) DRS 15 in der Fassung des 5. Änderungsstandards v. 4.2.2010, Textziffer 141, vgl. weiter *Bachmann*, ZIP 2010, 1517, 1518 f.; *Kozikowski/Röhm-Kottmann* in: Beck'scher Bilanz-Kommentar, § 289a Rz. 30.

die vom Aufsichtsrat eingerichteten Ausschüsse besonders zu behandeln. Hinsichtlich der Zusammensetzung, der Selbstevaluierung und der Unabhängigkeit der Mitglieder des Aufsichtsrats orientiert sich die Erklärung zur Unternehmensführung im Muster an den Vorgaben des DCGK. Unterstellt ist im Muster ein mitbestimmungsfreier Aufsichtsrat und die Ausgabe von nur stimmberechtigten Stammaktien. Hier ist eine Anpassung des Musters an die jeweiligen Verhältnisse des Unternehmens sorgfältig vorzunehmen. Weitere Anpassungen ergeben sich Jahr zu Jahr etwa bei der Zusammensetzung der Organe und Ausschüsse des Aufsichtsrats sowie den verschiedenen tabellarischen Angaben.

410 Mit den Angaben zu den meldepflichtigen Wertpapiergeschäften von Vorstand und Aufsichtsrat und deren Aktienbesitz, soweit er ein Prozent des Grundkapitals übersteigt, folgt die Erklärung zur Unternehmensführung den Angabepflichten nach Ziffer 6.6 des DCGK. [→ Rz. 379, 380] Wegen der weiteren nach § 285 Nr. 10 HGB für den Einzelabschluss zu machenden Angaben zu den Mitgliedern des Vorstands und des Aufsichtsrats wird hier auf den Konzernanhang verwiesen (§ 298 Abs. 3 HGB). Die Benennung des unabhängigen Finanzexperten nach Ziffer 5.2.3 DCGK bzw. § 100 Abs. 5 AktG wird jedoch empfohlen.[218] [→ Rz. 382] Die weiteren Angaben zu Kommunikation und Rechnungslegung sind im Gesetzeswortlaut nicht näher angesprochen, aber vielfach üblich. [→ Rz. 382, 383]

5. Vergütungsbericht [→ Rz. 384 ff.]

411 Wie bereits oben ausgeführt, ist der Vergütungsbericht Bestandteil des Corporate-Governance-Berichts nach verschiedenen Empfehlungen des DCGK. Darüber hinaus sind Berichte über die Grundzüge des Vergütungssystems des Vorstands auch zwingende gesetzliche Bestandteile des Lageberichts im Einzelabschluss wie auch im Konzernabschluss (§§ 289 Abs. 2 Nr. 5, 315 Abs. 2 Nr. 4 HGB). In dem im Muster vorgeschlagenen Vergütungsbericht als Bestandteil des Corporate-Governance-Berichts wird demnach getrennt über die Vergütung der Mitglieder des Vorstands und der Mitglieder des Aufsichtsrats berichtet. Dabei muss aufgrund der gesetzlichen Vorgaben hinsichtlich der Vergütung der Vorstandsmitglieder sowohl über die Struktur der Vergütung als auch über die im Einzelnen gewährte Vergütung der Vorstands- und Aufsichtsratsmitglieder (Ziffern 4.2.4 und 4.2.5 einerseits 5.4.6 andererseits DCGK) berichtet werden.[219]

Im Rahmen der **Vergütungsstruktur für den Vorstand** stellt der im Muster enthaltene Vergütungsbericht auf das am 5.8.2009 in Kraft getretene Gesetz zur Angemessenheit der Vorstandsvergütung und die damit geänderten Bestimmungen des § 87 Abs. 1 AktG ab. [→ Rz. 385] Erläutert wird eine insgesamt kodexgerechte Vergütung, die aus einer fixen, monatlich in Teilbeträgen ausgezahlten Vergütung, einer kurzfristig variablen sowie einer langfristig variablen Vergütung zusammengesetzt ist. Die Angemessenheit der im konkreten Fall zu gewährenden Vergütungen ist einzelfallabhängig, ebenso wie das Verhältnis

---

218) *Bachmann*, ZIP 2010, 1517, 1520; *Melcher/Mattheus*, DB Beilage 5, 77 ff., 80.

219) Dazu auch der Deutsche Rechnungslegungsstandard Nr. 17 in seiner geänderten Fassung v. 27.1.2011: Hiernach wird insbesondere empfohlen, den nach dem DCGK geschuldeten Vergütungsbericht und die gesetzlich als Bestandteil des Lageberichts geschuldeten Vergütungsberichte zusammen mit den Angaben zur individualisierten Vorstandsvergütung im Konzernanhang (§§ 285 Nr. 9, 314 Abs. 1 Nr. 6 HGB) in einem Vergütungsbericht zusammenzufassen.

der genannten drei Vergütungsbestandteile zueinander.[220] Es handelt sich insoweit im Muster um Vorschläge, die keinerlei allgemeine Gültigkeit beanspruchen, sondern nur einen Fingerzeig für die üblicherweise angewendete Darstellungstiefe darstellen.

Falls das System der Vorstandsvergütung zum Gegenstand eines Vergütungsvotums der Hauptversammlung nach § 120 Abs. 4 AktG gemacht worden ist, könnte dies, wie im Muster empfohlen, in dem Vergütungsbericht angesprochen werden. Umgekehrt ist darauf zu verweisen, dass nach der Praxis der Vergütungsvoten in der Hauptversammlungssaison 2010 und 2011 als Gegenstand der Beschlussfassung regelmäßig auf die Vergütungsberichte des jeweils der Hauptversammlung vorliegenden Geschäftsberichts für das abgelaufene Geschäftsjahr verwiesen wurde.[221]   **412**

Hinsichtlich der Abfindungszusagen für den Fall der vorzeitigen Beendigung des Anstellungsvertrags bzw. eines "Change of Control" ist auf die näheren Empfehlungen von Ziffer 4.2.3 des DCGK zu verweisen. Hinsichtlich der individualisierten Vergütungsangaben ist im Muster eine Tabelle vorgesehen, die nicht alle nach §§ 285 Nr. 9 und 314 Abs. 1 Nr. 6 HGB für den Anhang erforderlichen Angaben enthält, jedoch aus Gründen der Transparenz und der Übersichtlichkeit üblicherweise als Bestandteil des Vergütungsberichts an dieser Stelle zusätzlich aufgenommen wird. Dabei können auch die Vorjahresvergütungen angegeben werden. Falls die Hauptversammlung eine Befreiung von der Verpflichtung zu individualisierten Vergütungsangaben beschlossen hat (sog. Opt-out-Beschluss), bedarf es hier keiner Angaben.   **413**

Hinsichtlich der **Vergütung der Aufsichtsratsmitglieder** ist in den Anhangsangaben nur die Gesamtvergütung maßgeblich, nach Ziffer 5.4.6 DCGK jedoch auch die individualisierte Vergütung. Diese soll auch aufgrund von Beratungs- und Vermittlungsverträgen persönlich bezogene Vergütungen angeben (vgl. §§ 113, 114 AktG). Im Muster wird davon ausgegangen, dass solche Verträge nicht bestanden. [→ Rz. 396 ff.]   **414**

Muster 4.2: Auszug aus dem Lagebericht

I.   Mustertext [→ Rz. 436 ff.]

Erklärung zur Unternehmensführung [→ Rz. 437]

Die nach § 289a HGB abzugebende Erklärung zur Unternehmensführung ist im **Corporate-Governance-Bericht** enthalten. Sie steht auch im Internet unter [*Website*] zur Verfügung.   **415**

Vergütungsbericht [→ Rz. 437]

Der Vergütungsbericht ist im **Corporate-Governance-Bericht** enthalten und Bestandteil des Konzernlageberichts.   **416**

Übernahmerechtliche Angaben und erläuternder Bericht [→ Rz. 438 ff.]

Im Folgenden sind die nach §§ 289 Abs. 4, 315 Abs. 4 HGB geforderten übernahmerechtlichen Angaben zum [*Datum*] dargestellt und erläutert.   **417**

---

220) Zu den neuen Angemessenheitskriterien des § 87 AktG in der Fassung des VorstAG siehe nur *Hüffer*, AktG, § 87 Rz. 2–5; *Fleischer* in: Spindler/Stilz, AktG, § 87 Rz. 3 ff., 9 ff., jeweils mit zahlreichen Nachweisen.

221) Siehe zum Vergütungsvotum der Hauptversammlung *von Falkenhausen/Kocher*, AG 2010, 623 ff.

Zusammensetzung des gezeichneten Kapitals [→ Rz. 440]

418   Das gezeichnete Kapital (Grundkapital) der [...] AG beträgt unverändert [...] € und ist in [...] auf den Inhaber lautende Stückaktien eingeteilt. Jede Aktie gewährt gleiche Rechte und in der Hauptversammlung je eine Stimme.

10 % der Stimmrechte überschreitende Kapitalbeteiligungen

419   Es besteht eine direkte Beteiligung am Kapital der Gesellschaft, die 10 % der Stimmrechte überschreitet: die [...] hat gemeldet, dass sie zum [*Datum*] rund [...] % der Stimmrechtsanteile an der [...] AG hält.

Ernennung und Abberufung der Vorstandsmitglieder, Satzungsänderungen

420   Die Regeln zur Ernennung und zur Abberufung der Mitglieder des Vorstands der [...] AG ergeben sich aus den §§ 84, 85 AktG und § 31 MitbestG in Verbindung mit § [...] der Satzung. Die Änderung der Satzung wird von der Hauptversammlung mit einer Mehrheit von mindestens drei Vierteln des bei der Beschlussfassung vertretenen Grundkapitals beschlossen, die §§ 179 ff. AktG sind anwendbar. Nach § [...] der Satzung ist der Aufsichtsrat ermächtigt, Satzungsänderungen, die nur die Fassung betreffen, zu beschließen. Der Aufsichtsrat ist ferner ermächtigt, die Fassung des § [...] der Satzung (Grundkapital und Aktien) entsprechend der jeweiligen Ausnutzung der genehmigten und bedingten Kapitalia anzupassen.

Befugnisse des Vorstands zur Aktienausgabe

421   Gemäß § [...] der Satzung ist der Vorstand ermächtigt, das Grundkapital der Gesellschaft bis zum [*Datum*] mit Zustimmung des Aufsichtsrats um bis zu [...] € durch Ausgabe von bis zu [...] neuen, auf den Inhaber lautenden Stückaktien gegen Bar- und/oder Sacheinlagen einmal oder mehrmals zu erhöhen (genehmigtes Kapital).

422   Er kann das Bezugsrecht der Aktionäre mit Zustimmung des Aufsichtsrats in folgenden Fällen ausschließen:

- für Spitzenbeträge, die sich aufgrund des Bezugsverhältnisses ergeben;
- um Inhabern von im Zeitpunkt der Ausübung des genehmigten Kapitals umlaufenden Options- und/oder Wandlungsrechten bzw. einer Wandlungspflicht aus von der Gesellschaft oder ihren Konzernunternehmen bereits begebenen oder künftig zu begebenden Options- und/oder Wandelschuldverschreibungen ein Bezugsrecht auf neue Aktien in dem Umfang einzuräumen, wie es ihnen nach Ausübung der Options- und/oder Wandlungsrechte bzw. nach Erfüllung einer Wandlungspflicht als Aktionären zustehen würde;
- wenn der Ausgabepreis der neuen Aktien den Börsenpreis der bereits börsennotierten Aktien zum Zeitpunkt der endgültigen Festlegung des Ausgabepreises nicht wesentlich unterschreitet und die ausgegebenen Aktien insgesamt 10 % des Grundkapitals weder im Zeitpunkt des Wirksamwerdens noch im Zeitpunkt der Ausübung dieser Ermächtigung überschreiten;
- bei Kapitalerhöhungen gegen Sacheinlagen.

423   Auf die Kapitalgrenze von 10 % ist die Veräußerung eigener Aktien anzurechnen, sofern sie während der Laufzeit dieser Ermächtigung unter Ausschluss des Bezugsrechts gem.

§ 186 Abs. 3 Satz 4 AktG erfolgt. Aktien, die zur Bedienung von Schuldverschreibungen mit Options- und/oder Wandlungsrechten bzw. einer Wandlungspflicht ausgegeben werden bzw. auszugeben sind, sind ebenfalls auf die Kapitalgrenze von 10 % anzurechnen, sofern die Schuldverschreibungen während der Laufzeit dieser Ermächtigung unter Ausschluss des Bezugsrechts in entsprechender Anwendung des § 186 Abs. 3 Satz 4 AktG ausgegeben werden. Der Vorstand ist ermächtigt, mit Zustimmung des Aufsichtsrats den weiteren Inhalt und die Bedingungen der Aktienausgabe festzulegen.

Mit Beschluss der Hauptversammlung vom [*Datum*] wurde der Vorstand bis zum [*Datum*] ermächtigt, mit Zustimmung des Aufsichtsrats auf den Inhaber lautende Schuldverschreibungen im Gesamtnennbetrag von bis zu [...] € zu begeben und den Inhabern von Schuldverschreibungen Umtauschrechte auf bis zu [...] eigene, auf den Inhaber lautende Stückaktien der [...] AG mit einem anteiligen rechnerischen Betrag am Grundkapital von bis zu [...] € zu gewähren (Wandelschuldverschreibungen).   **424**

[...]

Befugnisse des Vorstands zum Aktienrückkauf

Mit Beschluss der Hauptversammlung vom [*Datum*] wurde die Gesellschaft bis zum [*Datum*] ermächtigt, eigene Aktie bis zu 10 % des zum Zeitpunkt der Beschlussfassung bestehenden Grundkapitals in Höhe von [...] € zu erwerben. Die Ermächtigung kann ganz oder in Teilbeträgen, einmal oder mehrmals, zu einem oder zu mehreren Zwecken durch die Gesellschaft oder durch Dritte für Rechnung der Gesellschaft ausgeübt werden. Der Erwerb erfolgt nach Wahl des Vorstands über die Börse oder mittels eines öffentlichen Kaufangebots bzw. mittels einer öffentlichen Aufforderung zur Abgabe eines solchen Angebots oder unter Einsatz von Eigenkapitalderivaten (Put- oder Call-Optionen oder einer Kombination aus beiden). Der für den Erwerb der Aktien gezahlte Gegenwert je Aktie (ohne Erwerbsnebenkosten) darf den am Börsenhandelstag durch die Eröffnungsauktion ermittelten Kurs im Xetra-Handelssystem (oder einem vergleichbaren Nachfolgesystem) um nicht mehr als 5 % überschreiten oder unterschreiten.   **425**

[...]

Der Vorstand ist ermächtigt, die erworbenen eigenen Aktien zu allen gesetzlich zugelassenen Zwecken zu verwenden; insbesondere kann er die Aktien einziehen, in anderer Weise als über die Börse oder durch ein Angebot an die Aktionäre sowie gegen Sachleistung veräußern, zur Erfüllung von Umtauschrechten aus von der Gesellschaft oder von Konzernunternehmen begebenen Wandelschuldverschreibungen verwenden und an Mitarbeiter der Gesellschaft und mit ihr verbundener Unternehmen sowie an Mitglieder der Geschäftsführung verbundener Unternehmen ausgeben und zur Bedienung von Rechten auf Erwerb oder Pflichten zum Erwerb von Aktien der Gesellschaft, die dem vorgenannten Personenkreis eingeräumt wurden, verwenden. Der Aufsichtsrat ist weiter ermächtigt, die erworbenen eigenen Aktien zur Bedienung von Rechten auf Erwerb oder Pflichten zum Erwerb von Aktien der Gesellschaft zu verwenden, die Mitgliedern des Vorstands der Gesellschaft eingeräumt wurden. Soweit erforderlich, ist der Vorstand ermächtigt, das Bezugsrecht der Aktionäre auszuschließen. Der Aufsichtsrat kann bestimmen, dass Maßnahmen des Vorstands aufgrund dieser Ermächtigung zum Erwerb und zur Verwendung eigener Aktien nur mit seiner Zustimmung vorgenommen werden dürfen.   **426**

Wesentliche konditionierte Vereinbarungen der Gesellschaft

427 Die [...] AG ist Vertragspartei folgender Vereinbarungen, die bestimmte Bedingungen für den Fall eines Kontrollwechsels infolge eines Übernahmeangebots beinhalten:

[...]

Merkmale des internen Kontroll- und Risikomanagementsystems im Hinblick auf den Rechnungslegungsprozess nach §§ 289 Abs. 5, 315 Abs. 2 Nr. 5 HGB und erläuternder Bericht dazu: [→ Rz. 441 ff.]

428 Die Gesellschaft definiert das interne Kontrollsystem als Gesamtheit aller aufeinander abgestimmten Grundsätze, Verfahren und Maßnahmen, die im Unternehmen angewendet werden, um die Erreichung der Geschäfts- und Kontrollziele zu gewährleisten. Dazu gehören insbesondere die Sicherheit und Effizienz der Geschäftsabwicklung, die Zuverlässigkeit der Finanzberichterstattung sowie die Übereinstimmung mit Gesetzen und Richtlinien. Diese grundsätzlichen Aspekte des internen Kontrollsystems gelten insbesondere auch für den Rechnungslegungsprozess bei der [...] AG. Es ist Ziel des internen Kontrollsystems für den Rechnungslegungsprozess, hinreichend sicherzustellen, dass trotz möglicher Risiken ein regelgerechter Konzernabschluss erstellt wird. Verschiedene prozessintegrierte und prozessunabhängige Überwachungsmaßnahmen tragen dazu bei, dieses Ziel zu erreichen.

429 Der Prozess der Konzernabschlusserstellung basiert auf einer einheitlichen, regelmäßig aktualisierten und von allen relevanten Mitarbeitern zu beachtenden internen Bilanzierungsrichtlinie; er wird in einem konzernweit eingerichteten Konsolidierungstool auf Basis von Standardsoftware abgewickelt.

430 Der Prozess der Finanzberichterstattung bei der [...] AG besteht aus eindeutig definierten Teilprozessen mit klaren Verantwortlichkeiten unter Wahrung des Prinzips der Funktionstrennung und des Vier-Augen-Prinzips, wodurch das Risiko von Falschaussagen vermindert wird.

431 Die fachliche Verantwortung für die Erstellung des Konzernabschlusses liegt bei der Abteilung Rechnungswesen. Verbindliche inhaltliche und terminliche Vorgaben beschränken den Ermessensspielraum der dezentralen Einheiten bei Ansatz, Bewertung und Ausweis von Vermögenswerten und Schulden und reduzieren damit das Risiko konzernuneinheitlicher Rechnungslegungspraktiken.

432 Die Konzernunternehmen erstellen ihre lokalen Abschlüsse selbständig. Für den Konzernabschluss werden die ermittelten Daten in das konzernweite Konsolidierungstool eingespielt. Die in den Rechnungslegungsprozess eingebundenen Mitarbeiter werden regelmäßig geschult und durch zentrale Ansprechpartner unterstützt.

433 Es werden maßgeschneiderte Zugangsbeschränkungen eingesetzt, um die verwendeten Finanzsysteme vor Missbrauch zu schützen. Eine zentrale Steuerung und Überwachung der relevanten IT-Systeme sowie regelmäßige Systemsicherungen reduzieren das Risiko von Datenverlusten und Systemausfällen. Systemtechnische Kontrollen im Rahmen des Konsolidierungsprozesses werden überwacht und durch manuelle Stichprobenprüfungen erfahrener Mitarbeiter ergänzt.

434 Die Wirksamkeit des internen Kontroll- und Risikomanagementsystems in den rechnungslegungsrelevanten Prozessen wird regelmäßig durch die Konzernrevision überprüft.

Mit den von uns eingerichteten Prozessen, Systemen und Kontrollen ist hinreichend ge- **435**
währleistet, dass der Konzernrechnungslegungsprozess im Einklang mit den International
Financial Reporting Standards (IFRS), dem HGB sowie anderen rechnungslegungsrelevanten Regelungen und Gesetzen erfolgt und zulässig ist.

II. Erläuterungen [→ Rz. 415 ff.]

Das Muster 4.2 enthält einen Auszug aus dem Lagebericht soweit es sich um besondere, **436**
rechtlich relevante Inhalte handelt. Angenommen wird ein zusammengefasster Lage- und
Konzernlagebericht. Werden getrennte Berichte erstellt, sind die Verweise auf die entsprechenden HGB-Normen anzupassen.

1. Verweise [→ Rz. 415, 416]

Zunächst sind, wie von den Deutsche Rechnungslegungsstandards 15 und 17 empfohlen, **437**
die **Erklärung zur Unternehmensführung** und der **Vergütungsbericht** als Bestandteil
des Corporate-Governance-Berichts außerhalb des Lageberichts wiedergegeben, so dass
in den eigentlichen Lagebericht nur entsprechende Verweise aufzunehmen sind.[222)] Nach
§ 176 Abs. 1 Satz 1 AktG hat der Vorstand der Hauptversammlung die Angaben nach
§§ 289 Abs. 4, 315 Abs. 4 HGB zusätzlich zu erläutern und einen entsprechenden Bericht
der Hauptversammlung zugänglich zu machen. Um eine zusätzliche Berichterstattung in
einem gesonderten Dokument zu vermeiden und da die Erläuterungen der Sache nach
ohnehin wenig über die eigentlichen Angaben hinausgehen, hat es sich eingebürgert, die
Angaben und den erläuternden Bericht in der hier vorgeschlagenen Form zusammen zu
fassen.

2. Übernahmerechtliche Angaben und erläuternder Bericht [→ Rz. 417 ff.]

Unabhängig von diesen Bestandteilen sind für börsennotierte Unternehmen, die einen **438**
organisierten Markt i. S. v. § 2 Abs. 7 WpÜG für die von ihnen ausgegebenen stimmberechtigten Aktien (also keine Vorzugsaktien) in Anspruch nehmen, nach §§ 289 Abs. 4
und 315 Abs. 4 HGB im Lagebericht des Einzelabschlusses bzw. im Konzernlagebericht
verschiedene **Angaben zu machen, die für ein öffentliches Übernahmeangebot von Bedeutung sein können.** Die im Einzelnen zu machenden übernahmerechtlichen Angaben
sind inhaltlich für den Lagebericht und den Konzernlagebericht identisch und im Gesetz
abschließend umschrieben. Da es sich auch insoweit um einen gesetzlichen Bestandteil
des Lageberichts handelt, empfiehlt es sich, diesen Abschnitt unter gesonderter Überschrift im Lagebericht anzusiedeln.

Nach § 176 Abs. 1 Satz 1 AktG hat der Vorstand der Hauptversammlung die Angaben **439**
nach §§ 289 Abs. 4, 315 Abs. 4 HGB zusätzlich zu erläutern und einen entsprechenden
Bericht der Hauptversammlung zugänglich zu machen. Um die zusätzliche Berichterstattung in einem gesonderten Dokument zu vermeiden und da die Erläuterungen der Sache
nach ohnehin wenig über die eigentlichen Angaben hinausgehen, hat es sich eingebürgert,
die Angaben und den erläuternden Bericht in der hier vorgeschlagenen Form zusammenzufassen.

---

222) Deutscher Rechnungslegungsstandard 15 – Lageberichterstattung v. 7.12.2004, neu gefasst am 5.1.2010;
Deutscher Rechnungslegungsstandard 17 geändert 2010, Berichterstattung über die Vergütung der
Organmitglieder v. 13.12.2010.

440 Die **Inhalte** [→ Rz. 418 ff.] der danach zu machenden übernahmerechtlichen Angaben ergeben sich im Detail aus dem Gesetz. Dabei bereiten die Angaben nach §§ 289 Abs. 4, 315 Abs. 4 Nr. 1, 3, 4, 6 und 7 HGB in der Regel keine Schwierigkeiten. Hinsichtlich der Befugnisse des Vorstands Aktien auszugeben oder zurückzukaufen, hat es sich eingebürgert, den Wortlaut der entsprechenden Satzungsbestimmungen bzw. Hauptversammlungsbeschlüsse betreffend die Schaffung genehmigten Kapitals, bedingten Kapitals oder die Ermächtigung zum Rückkauf eigener Aktien im Wortlaut wiederzugeben. Sofern hier geforderte Angaben bereits im Konzernanhang zu machen sind, bedarf es keiner Wiederholung, wenn im Lagebericht auf die entsprechenden Angaben im Konzernanhang verwiesen wird (§§ 289 Abs. 4 Satz 2, 315 Abs. 4 Satz 2 HGB). Die nach § 289 Abs. 4 Nr. 5, § 315 Abs. 4 Nr. 5 HGB geforderte Angabe über die Art der Stimmrechtskontrolle, wenn Arbeitnehmer am Kapital beteiligt sind und ihre Kontrollrechte nicht unmittelbar ausüben, ist für den deutschen Rechtskreis wenig verständlich, da von einer Trennung zwischen Stimmrecht und Aktie ausgegangen wird, welche als Ausprägung des sog. „Abspaltungsverbots" in Deutschland verboten ist.[223] In der Praxis wesentlich relevanter und auch schwieriger nachzuhalten, sind die unter §§ 289 Abs. 4, 315 Abs. 4 Nr. 8 und 9 HGB zu machenden Angaben über Vereinbarungen der Gesellschaft mit Mitgliedern des Vorstands, Arbeitnehmern oder Dritten für den Fall eines Übernahmeangebots ("Change of Control"). Für die Feststellung, ob solche Vereinbarungen überhaupt vorhanden sind, bedarf es oftmals einer zusätzlichen juristischen Einschätzung. Sodann ist sicherzustellen, dass die entsprechenden Informationen bei der Erstellung des Lageberichts verfügbar werden. Bei der Wiedergabe des Inhalts solcher Vereinbarungen reicht eine Umschreibung der wesentlichen Elemente. In Fällen der Nr. 8 kann eine Angabe unterbleiben, soweit sie geeignet ist, der Gesellschaft einen erheblichen Nachteil zuzufügen. Zu beachten ist, dass sich auch nach § 315 Abs. 4 Nr. 8 und Nr. 9 HGB die für den Konzernlagebericht erforderlichen Angaben auf Vereinbarungen des jeweiligen Mutterunternehmens beschränken.[224]

3. Merkmale des internen Kontroll- und Risikomanagementsystems und erläuternder Bericht [→ Rz. 428 ff.]

441 Neu durch das BilMoG eingeführt ist, dass im Lagebericht einer kapitalmarktorientierten Kapitalgesellschaft die **wesentlichen Merkmale des internen Kontroll- und Risikomanagements im Hinblick auf den Rechnungslegungsprozess** zu beschreiben sind. Inhaltlich geht es insoweit nicht um die Beschreibung der internen Kontroll- und Risikomanagementsysteme in ihrer ganzen Breite, sondern um eine Beschreibung beschränkt auf die wesentlichen Merkmale dieser Systeme und auf den Prozess der Rechnungslegung. Die Beschreibung ist von den nach den individuellen Gegebenheiten des jeweiligen Unternehmens eingerichteten Systemen abhängig und muss nur so gestaltet sein, dass dem Rechnungslegungsadressaten ein Bild von den bestehenden Systemen in Bezug auf den Rechnungslegungsprozess möglich ist. Dabei müssen nicht die im Einzelfall bestehenden unternehmerischen oder bilanziellen Risiken beschrieben werden.[225] Dies gilt sowohl für den Lagebericht des Einzelabschlusses nach § 289 Abs. 5 HGB als auch für den

---

223) Vgl. nur *Hüffer*, AktG, § 12 Rz. 3; Ellrodt in: Beck'scher Bilanz-Kommentar, § 289 Rz. 129.

224) Wegen weiterer Einzelheiten siehe Ellrodt in: Beck'scher Bilanz-Kommentar, § 289 Rz. 136, 144 ff. m. w. N.

225) Siehe Melcher/Mattheus, DB 2009 Beilage 5, 77 ff.; Ellrodt in: Beck'scher Bilanz-Kommentar, § 289 Rz. 153.

Konzernlagebericht nach § 315 Abs. 1 Nr. 5 HGB, wobei in diesem Falle der Konzern-rechnungslegungsprozess im Fokus steht. Eine Würdigung der eingerichteten Systeme durch den Vorstand und Aussagen zur Funktionsfähigkeit und zur Effektivität der Systeme ist im hier geforderten Bericht nicht erforderlich. Die Berichtspflicht erschöpft sich in der Systembeschreibung.[226] Damit unterscheidet sich diese Berichterstattung von der Berichterstattung des Abschlussprüfers an den Aufsichtsrat, wobei gem. § 171 Abs. 1 Satz 2 AktG insbesondere auch über wesentliche Schwächen des internen Kontroll- und Risikomanagementsystems bezogen auf den Rechnungslegungsprozess zu berichten ist.

Die hier im Muster gemachten Angaben sind rein beispielhaft zu verstehen und im konkreten Einzelfall den Gegebenheiten anzupassen. Was die Tiefe der Angaben angeht, besteht relativ weitgehendes Ermessen. In der Praxis sind die Angaben wie hier im Muster eher knapp gehalten. **442**

Durch das Bilanzrechtsmodernisierungsgesetz vom 25.5.2009 ist durch eine Änderung in § 175 Abs. 2 Satz 1 AktG vorgesehen worden, dass den Aktionären zusätzlich ein erläuternder Bericht zu diesen Angaben von der Einberufung der Hauptversammlung an in den Geschäftsräumen der Gesellschaft zur Einsicht auszulegen bzw. über die Internetseite der Gesellschaft zugänglich zu machen ist. Ferner war durch entsprechende Änderung von § 176 Abs. 1 Satz 1 AktG klargestellt, dass dieser Bericht sowie der erläuternde Bericht zu den übernahmerechtlichen Angaben auch der Hauptversammlung zugänglich zu machen waren. Durch die nachfolgende Änderung durch das Gesetz zur Umsetzung der Aktionärsrechterichtlinie vom 30.7.2009 sind diese Änderungen infolge eines Versehens des Gesetzgebers nicht berücksichtigt worden. In der Praxis besteht nunmehr Unsicherheit, ob ein zusätzlich erläuternder Bericht zu den Merkmalen des internen Kontroll- und Risikomanagementsystems im Hinblick auf den Konzernrechnungslegungsprozess erforderlich ist oder nicht. Die überwiegende Zahl der DAX-Gesellschaften hat in der Hauptversammlungssaison 2010 die entsprechenden Angaben auch zu einem erläuternden Bericht ausgebaut. Da mit einer entsprechenden gesetzlichen Klarstellung zu rechnen ist, ist dieser vorsichtigen Praxis beizupflichten. Auch hier gilt, dass sich der erläuternde Bericht und die Beschreibung der wesentlichen Merkmale nicht deutlich voneinander trennen lassen und daher textlich zusammengefasst werden sollten. **443**

Was die **Verortung** der Berichterstattung nach §§ 298 Abs. 5, 315 Abs. 2 Nr. 5 HGB angeht, ist es sowohl nach der Regierungsbegründung zum BilMoG als auch nach dem Deutscher Rechnungslegungsstandard Nr. 15 empfohlen, diese mit den Ausführungen zum allgemeinen Risikomanagement nach §§ 298 Abs. 2 Nr. 2 bzw. 315 Abs. 2 Nr. 2 HGB sowie den Ausführungen zum allgemeinen Risikomanagement gem. Deutschem Rechnungslegungsstandard Nr. 5 zusammenzufassen.[227] In der Praxis wird überwiegend so verfahren. **444**

---

226) RegBegr zum BilMoG, BT-Drs. 16/10067, S. 168; Melcher/Mattheus, DB 2009 Beilage 5, 77, 78; Ellrodt in: Beck'scher Bilanz-Kommentar, § 289 Rz. 158; Deutscher Rechnungslegungsstandard Nr. 15 v. 7.12.2004 i. d. F. v. 4.2.2010, BAnz v. 18.2.2010, Textziffer 104.

227) RegBegr BilMoG, BT-Drs. 16/10067, 169; Deutscher Rechnungslegungsstandard Nr. 15 v. 7.12.2004 i. d. F. v. 4.2.2010, BAnz v. 18.2.2010, Textziffer 106; Ellrodt in: Beck'scher Bilanz-Kommentar, § 289 Rz. 159.

Teil 5: Hauptversammlung

Muster 5.1: Einladung zur ordentlichen Hauptversammlung

I. Mustertext [→ Rz. 492 ff.]

[...] AG   445

[...] [*Sitz*]

WKN [...]/ISIN [...] [→ Rz. 515]

Hiermit laden wir die Aktionäre unserer Gesellschaft zu der am [*Wochentag, Datum*] um   446
[...] Uhr in [*Örtlichkeit, Adresse*] stattfindenden ordentlichen Hauptversammlung ein.

Alternativ bei mehrtägiger Versammlung: Sollte die Tagesordnung an diesem Tag nicht ab-   447
schließend behandelt werden können, wird die Hauptversammlung am [*Wochentag, Datum*]
um [...] *Uhr an gleicher Stelle fortgesetzt.* [→ Rz. 512 ff.]

Tagesordnung [→ Rz. 513 ff., 557 ff.]

(1) Vorlage des festgestellten Jahresabschlusses und des gebilligten Konzernabschlus-   448
ses sowie des zusammengefassten Lageberichts der Gesellschaft und des Konzerns [*al-*
ternativ: des Lageberichts der Gesellschaft und des Konzernlageberichts] **für das Ge-**
schäftsjahr [...]**, des Berichts des Aufsichtsrats sowie des erläuternden Berichts des**
Vorstands zu den Angaben nach §§ 289 Abs. 4 und 5, 315 Abs. 4 HGB. [→ Rz. 558 ff.]

Die zu Punkt 1 der Tagesordnung vorgelegten Unterlagen können von der Einberufung   449
der Hauptversammlung an auf der Internetseite der Gesellschaft unter http://
[*Internetseite der Gesellschaft*] eingesehen werden. Die Unterlagen werden auch in der
Hauptversammlung am [*Datum der Hauptversammlung*] zugänglich sein und mündlich
erläutert werden. [→ Rz. 562]

Es ist keine Beschlussfassung der Hauptversammlung zu Punkt 1 der Tagesordnung vor-   450
gesehen. Der Aufsichtsrat hat den vom Vorstand aufgestellten Jahresabschluss und den
Konzernabschluss nach §§ 171, 172 Satz 1 AktG gebilligt. Der Jahresabschluss ist damit
nach § 172 AktG festgestellt. Die Voraussetzungen, unter denen nach § 173 Abs. 1 AktG
die Hauptversammlung über die Feststellung des Jahresabschlusses und die Billigung des
Konzernabschlusses zu beschließen hat, liegen nicht vor. [**→ Rz. 563**]

(2) Beschlussfassung über die Verwendung des Bilanzgewinns für das Geschäftsjahr   451
[...]. [→ Rz. 564 ff.]

Vorstand und Aufsichtsrat schlagen vor, den für das Geschäftsjahr [...] ausgewiesenen   452
Bilanzgewinn in Höhe von [...] € wie folgt zu verwenden:

Ausschüttung einer Dividende in Höhe von [...] € je Aktie auf die [An-zahl] dividenendenberechtigten [*Stamm-*]Stückaktien, insgesamt	[...] €
Alternativ bei Vorzugsaktien: Ausschüttung einer Dividende in Höhe von [...] *€ je Aktie auf die [Anzahl] dividendenberechtigten, stimmrechtslosen Vorzugs-Stückaktien, insgesamt*	[...] €
Vortrag auf neue Rechnung	[...] €
Bilanzgewinn	[...] €

453

454

455 *Alternativ bei eigenen Aktien: Der Gewinnverwendungsvorschlag berücksichtigt die von der Gesellschaft derzeit gehaltenen eigenen Aktien, die gem. § 71b AktG nicht dividendenberechtigt sind. Sollte sich die Zahl der dividendenberechtigten Aktien bis zur Hauptversammlung verändern, wird der Hauptversammlung bei unveränderter Ausschüttung von [...] € je dividendenberechtigter Stückaktie ein auf den Bestand eigener Aktien am Hauptversammlungstag angepasster Beschlussvorschlag unterbreitet.* [→ Rz. 567]

456 **(3) Beschlussfassung über die Entlastung der Mitglieder des Vorstands für das Geschäftsjahr [...].** [→ Rz. 568 f.]

457 Vorstand und Aufsichtsrat schlagen vor, den Mitgliedern des Vorstands im Geschäftsjahr [...] für diesen Zeitraum Entlastung zu erteilen.

458 **(4) Beschlussfassung über die Entlastung der Mitglieder des Aufsichtsrats für das Geschäftsjahr [...].** [→ Rz. 568 f.]

459 Vorstand und Aufsichtsrat schlagen vor, den Mitgliedern des Aufsichtsrats im Geschäftsjahr [...] für diesen Zeitraum Entlastung zu erteilen.

460 **(5) Wahl des Abschlussprüfers und Konzernabschlussprüfers für das Geschäftsjahr [*neues Geschäftsjahr*] [*alternativ, falls prüferische Durchsicht geplant ist: und des Prüfers für die (ggf. erfolgende) prüferische Durchsicht des Halbjahresfinanzberichts*].** [→ Rz. 570 ff.]

461 Der Aufsichtsrat schlägt vor, die [...] Wirtschaftsprüfungsgesellschaft, mit Sitz in [...], zum Abschlussprüfer und Konzernabschlussprüfer für das Geschäftsjahr [*neues Geschäftsjahr*] *(alternativ, falls prüferische Durchsicht geplant ist: sowie zum Prüfer für die [ggf. erfolgende] prüferische Durchsicht des verkürzten Abschlusses und des Zwischenlageberichts des Halbjahresfinanzberichts zum [Datum])* zu wählen. [→ Rz. 573]

462 Dieser Wahlvorschlag ist gestützt auf die Empfehlung des Prüfungsausschusses. [→ Rz. 574]

Voraussetzungen für die Teilnahme an der Hauptversammlung und die Ausübung des Stimmrechts [→ Rz. 517 ff.]

463 Zur Teilnahme an der Hauptversammlung und zur Ausübung des Stimmrechts [*bei Stamm- und Vorzugsaktien: – soweit ein solches besteht-*] sind diejenigen Aktionäre berechtigt, die sich zur Hauptversammlung angemeldet und der Gesellschaft ihren Anteilsbesitz nachgewiesen haben. [→ Rz. 517 ff.]

464 Der Nachweis des Anteilsbesitzes muss durch eine von dem depotführenden Institut in Textform erstellte und in deutscher oder englischer Sprache abgefasste Bescheinigung erbracht werden und sich auf den Beginn des 21. Tages vor der Hauptversammlung beziehen, das ist [→ Rz. 519]

[*Wochentag, Datum*], 00:00 Uhr,

(sog. „Nachweisstichtag"),

Die Anmeldung und der Nachweis des Anteilsbesitzes müssen der Gesellschaft mindestens sechs Tage vor der Hauptversammlung, also spätestens am [→ Rz. 517, 504 ff.]

[*Wochentag, Datum*], 24:00 Uhr

unter folgender Adresse zugegangen sein:

[...] AG

c/o [...] Bank

[Anschrift der Bank]

Telefax: [...]

E-Mail: [...]

Aktionäre können für die Anmeldung die ihnen über ihr depotführendes Institut zuge- **465** sandten Formulare zur Eintrittskartenbestellung ausfüllen und an ihr depotführendes Institut zurücksenden. Das depotführende Institut wird daraufhin die Anmeldung unter gleichzeitiger Übersendung des Nachweises über den Anteilsbesitz an die oben aufgeführte Adresse vornehmen. Nach Zugang der Anmeldung und des Nachweises über den Anteilsbesitz werden den Aktionären Eintrittskarten für die Hauptversammlung übersandt. Um den rechtzeitigen Erhalt der Eintrittskarten sicherzustellen, bitten wir die Aktionäre, frühzeitig für die Anmeldung und Übersendung des Nachweises über ihren Anteilsbesitz Sorge zu tragen.

Bedeutung des Nachweisstichtags [→ Rz. 520]

Im Verhältnis zur Gesellschaft gilt für die Teilnahme an der Hauptversammlung und die **466** Ausübung des Stimmrechts als Aktionär nur, wer den Nachweis des Anteilsbesitzes erbracht hat. Die Berechtigung zur Teilnahme an der Hauptversammlung und der Umfang des Stimmrechts bemessen sich dabei ausschließlich nach dem Anteilsbesitz des Aktionärs zum Nachweisstichtag. Mit dem Nachweisstichtag geht keine Sperre für die Veräußerbarkeit des Anteilsbesitzes einher. Auch im Fall der vollständigen oder teilweisen Veräußerung des Anteilsbesitzes nach dem Nachweisstichtag ist für die Teilnahme und den Umfang des Stimmrechts ausschließlich der Anteilsbesitz des Aktionärs am Nachweisstichtag maßgeblich, d.h. Veräußerungen oder sonstige Übertragungen von Aktien nach dem Nachweisstichtag haben keine Auswirkungen auf die Berechtigung zur Teilnahme an der Hauptversammlung und auf den Umfang des Stimmrechts. Entsprechendes gilt für den Erwerb und Zuerwerb von Aktien nach dem Nachweisstichtag. Personen, die zum Nachweisstichtag noch keine Aktien besitzen und erst danach Aktionär werden, sind nicht teilnahme- und stimmberechtigt, es sei denn, sie lassen sich bevollmächtigen oder zur Rechtsausübung ermächtigen. Der Nachweisstichtag hat keine Bedeutung für die Dividendenberechtigung.

Alternativ (bei Namensaktien): [→ Rz. 521 f.]

Zur Teilnahme an der Hauptversammlung und zur Ausübung des Stimmrechts sind diejeni- **467** *gen Aktionäre berechtigt, die am Tage der Hauptversammlung im Aktienregister der Gesellschaft eingetragen sind und sich zur Hauptversammlung angemeldet haben. Die Anmeldung muss der Gesellschaft spätestens am sechsten Tage vor der Hauptversammlung, also bis*

[Wochentag, Datum], 24:00 Uhr [→ Rz. 517, 504 ff.]

unter der nachfolgend genannten Adresse zugegangen sein:

[...] AG

c/o [...] Bank

[Anschrift der Bank]

Telefax: [...]

E-Mail: [...]

468 *Nach Zugang der Anmeldung werden den Aktionären Eintrittskarten für die Hauptversammlung übersandt. Um den rechtzeitigen Erhalt der Eintrittskarten sicherzustellen, bitten wir die Aktionäre, frühzeitig für die Anmeldung Sorge zu tragen.*

469 *In dem Zeitraum ab [Wochentag, Datum], 00:00 Uhr werden keine Umschreibungen im Aktienregister vorgenommen. [→ Rz. 522]*

470 *Ggf. bei entsprechender Satzungsregelung: Ist ein Aktionär im eigenen Namen für Aktien, die einem anderen gehören, verzeichnet, bestehen gem. § […] der Satzung aus der Eintragung keine Stimmrechte. [→ Rz. 523]*

Verfahren für die Stimmabgabe durch Bevollmächtigte [→ Rz. 524 ff.]

471 Aktionäre, [*nur bei Namensaktien: die im Aktienregister eingetragen sind und*] die nicht persönlich an der Hauptversammlung teilnehmen möchten, können ihr Stimmrecht [*bei Vorzugsaktien: bzw. ihr Teilnahmerecht*] in der Hauptversammlung auch durch einen Bevollmächtigten, zum Beispiel durch ein Kreditinstitut, eine Aktionärsvereinigung oder eine andere Person ihrer Wahl, ausüben lassen. Auch in diesen Fällen ist eine fristgerechte Anmeldung zur Hauptversammlung [*nur bei Inhaberaktien: und ein Nachweis des Anteilsbesitzes*] nach den vorstehenden Bestimmungen erforderlich.

472 Vollmachten, die nicht an ein Kreditinstitut, eine Aktionärsvereinigung oder eine andere der gem. aktienrechtlichen Bestimmungen gleichgestellten Personen oder Institutionen erteilt werden, ihr Widerruf und der Nachweis der Bevollmächtigung gegenüber der Gesellschaft bedürfen der Textform. Die Erklärung der Erteilung der Vollmacht kann gegenüber dem Bevollmächtigten oder gegenüber der Gesellschaft erfolgen. Für die Erklärung einer Vollmachtserteilung gegenüber der Gesellschaft, den Widerruf einer bereits erteilten Vollmacht und die Übermittlung des Nachweises der Bevollmächtigung bietet die Gesellschaft folgende (auch elektronische) Adresse an: [→ Rz. 529 ff.]

[...] AG

[*Anschrift*]

Telefax: [...]

E-Mail: [...]

473 Der Nachweis einer gegenüber dem Bevollmächtigten erteilten Vollmacht kann gegenüber der Gesellschaft dadurch geführt werden, dass dieser die Vollmacht am Tag der Hauptversammlung an der Einlasskontrolle vorweist. Erfolgt die Erteilung der Vollmacht durch Erklärung gegenüber der Gesellschaft, erübrigt sich ein gesonderter Nachweis über die Erteilung der Vollmacht.

474 Wir bitten unsere Aktionäre, Vollmachten, Nachweise der Bevollmächtigung und den Widerruf von Vollmachten, soweit diese postalisch oder per Telefax übermittelt werden, bis [→ Rz. 530]

[*Datum, z. B. zwei Tage vor der Hauptversammlung*], 24:00 Uhr (Eingang), der Gesellschaft zu übermitteln.

475 Formulare zur Vollmachtserteilung erhalten die [*nur bei Namensaktien: im Aktienregister eingetragenen*] Aktionäre zusammen mit der Eintrittskarte, die ihnen nach form- und fristgerechter Anmeldung [*nur bei Inhaberakten: und Nachweis über den Anteilsbesitz*] zugesandt wird. Sie stehen auch unter http://[*Internetseite der Gesellschaft mit Pfadangabe*] zum Download zur Verfügung. [→ Rz. 541 ff.]

Für die Bevollmächtigung von Kreditinstituten, Aktionärsvereinigungen oder anderen, **476** diesen gem. § 135 Abs. 8 und Abs. 10 i. V. m. § 125 Abs. 5 AktG gleichgestellten Personen oder Institutionen sowie für den Widerruf und den Nachweis einer solchen Bevollmächtigung können Besonderheiten gelten; die Aktionäre werden gebeten, sich in einem solchen Fall rechtzeitig mit der zu bevollmächtigenden Person oder Institution über Form und Verfahren der Vollmachtserteilung abzustimmen. [*Nur bei Namensaktien: Ist ein Kreditinstitut im Aktienregister eingetragen, so kann dieses das Stimmrecht für Aktien, die ihm nicht gehören, nur aufgrund einer Ermächtigung des Aktionärs ausüben.*] [→ Rz. 531]

Darüber hinaus bieten wir Aktionären, [*nur bei Namensaktien: die im Aktienregister einge-* **477** *tragen sind und*] die sich fristgerecht zur Hauptversammlung angemeldet [*nur bei Inhaberaktien: den Nachweis des Anteilsbesitzes nach den vorstehenden Bestimmungen geführt*] haben und zur Hauptversammlung erschienen sind, an, die von der Gesellschaft benannten Stimmrechtsvertreter auch in der Hauptversammlung mit der Ausübung des Stimmrechts zu bevollmächtigen. [→ Rz. 533 ff.]

Auch in diesem Fall müssen sich die Aktionäre fristgerecht zur Hauptversammlung an- **478** melden [*nur bei Inhaberaktien: und zusätzlich den Nachweis des Anteilsbesitzes nach den vorstehenden Bestimmungen führen*]. Die von der Gesellschaft benannten Stimmrechtsvertreter üben das Stimmrecht im Fall ihrer Bevollmächtigung weisungsgebunden aus. Ohne Weisungen des Aktionärs sind die von der Gesellschaft benannten Stimmrechtsvertreter nicht zur Stimmrechtsausübung befugt. Vollmachten und Weisungen an den von der Gesellschaft benannten Stimmrechtsvertreter müssen der Gesellschaft ebenfalls in Textform übermittelt werden. Aktionäre, die die von der Gesellschaft benannten Stimmrechtsvertreter bereits vor der Hauptversammlung bevollmächtigen möchten, werden zur organisatorischen Erleichterung gebeten, die Vollmachten nebst Weisungen spätestens bis [→ Rz. 538 ff.]

[*Datum z. B. zwei Tage vor der Hauptversammlung*], 24:00 Uhr (Eingang),

postalisch, per Telefax oder per E-Mail an folgende Adresse zu übermitteln:

[...] AG

[*Anschrift der Gesellschaft*]

Telefax: [...]

E-Mail: [...]

Formulare zur Vollmachtserteilung an die von der Gesellschaft benannten Stimmrechts- **479** vertreter erhalten die Aktionäre ebenfalls zusammen mit der Eintrittskarte, die ihnen nach form- und fristgerechter Anmeldung und Nachweis über den Anteilsbesitz zugesandt wird. Sie stehen auch unter http://[*Internetseite der Gesellschaft mit Pfadangabe*] zum Download zur Verfügung. [→ Rz. 541 ff.]

Bevollmächtigt ein Aktionär mehr als eine Person, so kann die Gesellschaft eine oder mehrere von diesen zurückweisen. [→ Rz. 539]

Alternativ bei entsprechender Satzungsregelung zur Stimmabgabe durch Briefwahl:

Verfahren für die Stimmabgabe durch Briefwahl [→ Rz. 543 ff.]

Aktionäre [*nur bei Namensaktien: die im Aktienregister eingetragen sind,*] *können ihr* **480** *Stimmrecht in der Hauptversammlung, auch ohne an der Versammlung teilzunehmen, durch Briefwahl ausüben. Auch in diesen Fällen ist eine fristgerechte Anmeldung zur Hauptver-*

sammlung [nur bei Inhaberaktien: und ein Nachweis des Anteilsbesitzes] nach den vorstehenden Bestimmungen notwendig.

Die Stimmabgabe durch Briefwahl muss der Gesellschaft spätestens am

[Wochentag, Datum], 24:00 Uhr

unter der folgenden Adresse zugegangen sein:

[...] AG
[Anschrift der Gesellschaft]
Telefax: […]
E-Mail: […]

481 *Auch bevollmächtigte Kreditinstitute und sonstige nach § 135 Abs. 8 AktG gleichgestellte Vereinigungen und Personen können sich der Möglichkeit zur Briefwahl bedienen.*

482 *Formulare zur Briefwahl erhalten die Aktionäre zusammen mit der Eintrittskarte, die ihnen nach form- und fristgerechter Anmeldung [nur bei Inhaberaktien: und Nachweis über den Anteilsbesitz] zugesandt wird. Sie stehen auch unter http://[Internetseite der Gesellschaft mit Pfadangabe] zum Download zur Verfügung. [→ Rz. 547]*

Rechte der Aktionäre [→ Rz. 548 ff.]

Anträge auf Ergänzung der Tagesordnung nach § 122 Abs. 2 AktG

483 Aktionäre, deren Anteile zusammen den zwanzigsten Teil des Grundkapitals oder den anteiligen Betrag von 500 000 € (das sind [...] Aktien) erreichen ("Quorum"), können gem. § 122 Abs. 2 AktG verlangen, dass Gegenstände auf die Tagesordnung gesetzt und bekannt gemacht werden. Jedem neuen Gegenstand muss eine Begründung oder eine Beschlussvorlage beiliegen. Das Verlangen ist schriftlich (§ 126 BGB) an den Vorstand ([...] AG, Der Vorstand, [Anschrift der Gesellschaft]) zu richten und muss der Gesellschaft mindestens 30 Tage vor der Hauptversammlung (wobei der Tag der Hauptversammlung und der Tag des Zugangs nicht mitzurechnen sind), also spätestens bis

[Wochentag, Datum], 24:00 Uhr (Eingang),

zugehen.

Gegenanträge und Wahlvorschläge von Aktionären nach §§ 126 Abs. 1, 127 AktG

484 Jeder Aktionär ist berechtigt, Gegenanträge gegen einen Vorschlag von Vorstand und Aufsichtsrat zu einem bestimmten Punkt der Tagesordnung zu stellen. Jeder Aktionär kann auch Wahlvorschläge *[ggf. zur Wahl von Aufsichtsratsmitgliedern und/oder zur Wahl von Abschlussprüfern]* unterbreiten. Die Gesellschaft macht gem. § 126 Abs. 1 AktG Gegenanträge einschließlich des Namens des Aktionärs, der Begründung und einer etwaigen Stellungnahme der Verwaltung auf der Internetseite der Gesellschaft unter http://*[Internetseite der Gesellschaft]* zugänglich, wenn ihr die Gegenanträge mit einer Begründung mindestens 14 Tage vor der Hauptversammlung (wobei der Tag der Hauptversammlung und der Tag des Zugangs nicht mitzurechnen sind), also spätestens bis

[Wochentag, Datum], 24:00 Uhr (Eingang),

unter der folgenden Adresse zugegangen sind:

[...] AG

[Anschrift der Gesellschaft]

Telefax: [...]

E-Mail: [...]

Anderweitig adressierte Anträge werden nicht berücksichtigt.

Auskunftsrecht nach § 131 Abs. 1 AktG [→ Rz. 550]

Jedem Aktionär ist gem. § 131 Abs. 1 AktG auf Verlangen in der Hauptversammlung **485** vom Vorstand Auskunft über Angelegenheiten der Gesellschaft zu geben, soweit die Auskunft zur sachgemäßen Beurteilung des Gegenstands der Tagesordnung erforderlich ist. Die Auskunftspflicht erstreckt sich auch auf die rechtlichen und geschäftlichen Beziehungen der Gesellschaft zu einem verbundenen Unternehmen sowie auf die Lage des Konzerns und der in den Konzernabschluss einbezogenen Unternehmen, da der Hauptversammlung zu Punkt 1 der Tagesordnung auch der Konzernabschluss und der Konzernlagebericht vorgelegt werden. Auskunftsverlangen sind in der Hauptversammlung grundsätzlich mündlich im Rahmen der Aussprache zu stellen.

Weitergehende Erläuterungen der Rechte der Aktionäre [→ Rz. 549]

Weitergehende Erläuterungen zu den Rechten der Aktionäre nach § 122 Abs. 2, § 126 **486** Abs. 1, § 127, § 131 Abs. 1 AktG finden sich unter http://[*Internetseite der Gesellschaft mit Pfadangabe*].

Informationen auf der Internetseite, Unterlagen [→ Rz. 551]

Den Aktionären sind die Informationen zur Hauptversammlung nach § 124a AktG auf **487** der Internetseite der Gesellschaft unter http://[*Internetseite der Gesellschaft mit Pfadangabe*] zugänglich. Alternativ bei entsprechender Satzungsregelung zur Übertragung der Hauptversammlung:

Übertragung der Hauptversammlung [→ Rz. 552]

Alle Aktionäre unserer Gesellschaft sowie die interessierte Öffentlichkeit können auf Anord- **488** *nung des Vorstands die Hauptversammlung am [Datum der Hauptversammlung] ab [Uhrzeit] in voller Länge [alternativ: die Eröffnung der Hauptversammlung sowie die Rede des Vorstandsvorsitzenden] auf der Internetseite der Gesellschaft (http://www.[...]) im Internet verfolgen. Die Eröffnung der Hauptversammlung durch den Versammlungsleiter sowie die Rede des Vorstandsvorsitzenden stehen auch nach der Hauptversammlung als Aufzeichnung zur Verfügung.*

Gesamtzahl der Aktien und Stimmrechte im Zeitpunkt der Einberufung der Hauptversammlung [→ Rz. 553 ff.]

Das Grundkapital der Gesellschaft beträgt im Zeitpunkt der Einberufung der Hauptver- **489** sammlung [...] € und ist eingeteilt in [...] [*Stamm-*] Stückaktien [*bei Vorzugsaktien: und* [...] *stimmrechtslose Vorzugs-Stückaktien*]. Grundsätzlich gewährt jede [*Stamm-*] Stückaktie eine Stimme. Die Gesamtzahl der Aktien und Stimmrechte im Zeitpunkt der Einberufung der Hauptversammlung beträgt damit [...].

Alternativ bei Vorzugsaktien: Die Gesamtzahl der Aktien beträgt damit [....] Stückaktien, **490** stimmberechtigt sind [...] Stamm-Stückaktien.

491   *Bei eigenen Aktien:* Diese Gesamtzahl schließt die zum Zeitpunkt der Einberufung der Hauptversammlung gehaltenen [...] eigenen Aktien der Gesellschaft mit ein, aus denen der Gesellschaft aufgrund der gesetzlichen Regelung keine Rechte zustehen. Insbesondere ruht das Stimmrecht aus diesen Aktien.

[Ort], im [Monat]

[...] AG

Der Vorstand [→ Rz. 514]

II.   Erläuterungen [→ Rz. 445 ff.]

492   Bei dem hier vorgeschlagenen Text handelt es sich um die Einladung nebst Tagesordnung zu der ordentlichen Hauptversammlung einer Aktiengesellschaft.

1.   Form der Einberufung

a)   Elektronischer Bundesanzeiger

493   Für die Form der Einberufung gilt, dass sie gem. § 121 Abs. 4 Satz 1 AktG in Verbindung mit § 23 Abs. 4 AktG und der Satzung im **elektronischen Bundesanzeiger** als dem Pflichtgesellschaftsblatt bekannt zu machen ist, sowie daneben ggf. in weiteren Gesellschaftsblättern, sofern die Satzung solche bestimmt.

b)   Eingeschriebener Brief

494   Wenn die Aktionäre der Gesellschaft namentlich bekannt sind, kann die Hauptversammlung gem. § 121 Abs. 4 Satz 2 AktG stattdessen mit **eingeschriebenem Brief** einberufen werden, wenn die Satzung nichts anderes bestimmt. Die Satzung kann also die Einberufung weiter erleichtern. Grundsätzlich steht diese Form der Einberufung auch börsennotierten Gesellschaften offen.[228] Sichere Kenntnis über die Aktionäre und deren Anschriften hat die Gesellschaft allerdings regelmäßig nur dann, wenn Namensaktien ausgegeben sind. Die Gesellschaft darf sich in diesem Fall gem. § 67 Abs. 2 AktG auf das von ihr geführte Aktienregister verlassen. Dies gilt auch, wenn Namensaktien mit Blanko-Indossament ausgegeben und damit börsenumlauffähig ausgestaltet sind. Hier kann sich die Gesellschaft bis zu einer Änderung des Aktienregisters stets auf den dort angegebenen Stand verlassen. Bei Inhaberaktien kommt es auf die Umstände des Einzelfalles an, um zu beurteilen, ob die Einladung mittels eingeschriebenen Briefs zweckmäßig ist. Bei zweifelhaften Verhältnissen empfiehlt es sich, hiervon nicht Gebrauch zu machen. Bei Einladung durch eingeschriebenen Brief ist eine Unterschrift gesetzlich nicht erforderlich. Sie ist gleichwohl empfehlenswert. Für die Einberufung bedarf es eines Vorstandsbeschlusses, der abweichend von § 77 Abs. 1 AktG mit einfacher Mehrheit gefasst werden kann (§ 121 Abs. 2 AktG).

---

228) *Hüffer*, AktG, § 121 Rz. 116.

c) Europaweite Verbreitung

Börsennotierte Gesellschaften, die nicht ausschließlich Namensaktien ausgegeben haben **495** und ihren Aktionären die Einberufung nicht durch eingeschriebenen Brief übermitteln,[229] müssen zusätzlich zur Veröffentlichung der Einberufung im elektronischen Bundesanzeiger die Einberufung solchen **Medien zuleiten, bei denen davon ausgegangen werden kann, dass sie die Information in der gesamten Europäischen Union verbreiten** (§ 121 Abs. 4a AktG). Die Zuleitung muss zu dem Zeitpunkt erfolgen, zu dem die Einberufung bekannt gemacht wird. Ob bereits die Bekanntmachung im elektronischen Bundesanzeiger den Anforderungen des § 124 Abs. 4a AktG entspricht, ist umstritten.[230] Die Praxis wird zur Vermeidung von Zweifelsfragen eine Zuleitung an ein europäisches Medienbündel vornehmen. Der elektronische Bundesanzeiger stellt in Zusammenarbeit mit der Deutschen Gesellschaft für Ad-hoc-Publizität mbH (DGAP) ein entsprechendes (kostenpflichtiges) Zusatzangebot zur Verfügung. Details hierzu finden sich in den „Allgemeinen Geschäftsbedingungen für den Verbreitungsdienst nach § 121 Abs. 4a AktG", die auf der Internetseite des elektronischen Bundesanzeigers veröffentlicht sind.[231]

Die **Übermittlung** an ein geeignetes Medienbündel ist ausreichend, eine Veröffentlichung **496** muss die Gesellschaft weder vornehmen noch überprüfen. Da nach dem Gesetzeswortlaut die „Einberufung" zuzuleiten ist, ist eine Kurzfassung nicht ausreichend. Es genügt die Zuleitung der Einberufung in deutscher Sprache. Die Zuleitung weiterer Sprachfassungen ist möglich, wenn dies unter dem Aspekt der Investor Relation wünschenswert ist, eine Verpflichtung hierzu besteht jedoch nicht und lässt sich insbesondere auch nicht aus Ziff. 2.3.2 oder 6.8 DCGK bzw. der Börsenordnung der Frankfurter Wertpapierbörse ableiten.

Der Verstoß gegen die Zuleitungsverpflichtung begründet gem. § 243 Abs. 3 Nr. 2 AktG **497** keine Anfechtbarkeit der in der Hauptversammlung gefassten Beschlüsse, kann aber bei Vorsatz oder Leichtfertigkeit eine Ordnungswidrigkeit gem. § 405 Abs. 3a AktG darstellen und zu einer Geldbuße in Höhe von bis zu 25 000 € führen.

d) Kapitalmarktrechtliche Veröffentlichungspflichten

Börsennotierte Gesellschaften sind auch gem. **§ 30b Abs. 1 Satz 1 WpHG** verpflichtet, die **498** Einberufung einschließlich bestimmter zusätzlicher Angaben im elektronischen Bundesanzeiger zu veröffentlichen. Diese kapitalmarktrechtliche Regelung entfaltet (sofern nicht ausnahmsweise durch eingeschriebenen Brief einberufen wird) in der Regel keine eigenständige Bedeutung, da die Veröffentlichung der Einberufung gem. § 124 Abs. 4 Satz 1 AktG üblicherweise und nach dem hier vorgeschlagenen Muster auch die nach Kapitalmarktrecht erforderlichen Angaben abdeckt. In diesem Fall ist ausdrückliche keine doppelte Veröffentlichung erforderlich (§ 30b Abs. 1 Satz 2 WpHG). Zu den geforderten kapitalmarktrechtlichen Angaben gehören insbesondere Hinweise auf Stimmrechtsvertreter und auf Vollmachtsformulare sowie zur Einreichung von Gegenanträgen und die Angabe

---

229) Ob die Ausnahme möglicherweise richtlinienwidrig und daher nicht anwendbar ist, ist umstritten: Ziemons in: Schmidt/Lutter, AktG, § 121 Rz. 82; *Noack/Zetzsche* in: Kölner Kommentar, § 121 Rz. 172; *Rieckers* in: Spindler/Stilz, AktG, § 121, Rz. 66.

230) Gegen eine weitere Zuleitung an weitere Medien: Noack/Zetzsche in: Kölner Kommentar, § 121 Rz. 162 ff.; Rieckers in: Spindler/Stilz, AktG, § 121, Rz. 66. Für eine Zuleitung (unter Hinweis auf eine erforderliche aktive Verbreitung durch Push-Dienste): Ziemons in: Schmidt/Lutter, AktG, § 121 Rz. 80.

231) http://www.ebundesanzeiger.de/download/D023_agb-verbreitungsdienst.pdf) (Stand 14.10.2010).

einer Kontaktadresse bei der Gesellschaft.[232] Zur erforderlichen Angabe der Gesamtzahl der Stimmrechte siehe unten Rz. 553.

e) Börsenpflichtblatt

499 Die Pflicht zur Veröffentlichung der **Kurzfassung der Einberufung in einem Börsenpflichtblatt** gem. § 46 Abs. 4 WpHG bestand nur noch bis 31.12.2010. Der Gesetzgeber hat diese Verpflichtung auch nicht nochmals – wie zuletzt in Art. 35 des Jahressteuergesetzes 2009 geschehen – im Interesse der Printmedien verlängert.

f) Internetseite der Gesellschaft

500 Börsennotierte Gesellschaften sind außerdem gem. § 124a Satz 1 Nr. 1 AktG verpflichtet, den Inhalt der Einberufung über die **Internetseite der Gesellschaft** zugänglich zu machen (siehe Muster 5.4, Rz. 635).

2. Frist der Einberufung

a) Einleitung

501 Die ordentliche Hauptversammlung muss gem. § 175 Abs. 1 Satz 1 AktG **unverzüglich nach Eingang des Berichts des Aufsichtsrats** (§ 171 Abs. 2 und 3 AktG) und jedenfalls **innerhalb der ersten acht Monate des kommenden Geschäftsjahres** (bei der SE innerhalb der ersten sechs Monate, Art. 54 Abs. 1 Satz 1 SE-VO), also soweit das Geschäftsjahr dem Kalenderjahr entspricht, bis Ende August bzw. Ende Juni des Folgejahres, stattfinden (§ 175 Abs. 1 Satz 2 AktG). Unverzüglich bedeutet allerdings nicht sofort oder zum frühestmöglichen Termin, sondern innerhalb einer angemessenen Zeitspanne, die Planungserfordernisse und notwendige zeitliche Puffer berücksichtigt.[233] Allerdings ist die Einhaltung dieser Frist nicht sanktioniert. Es kann allenfalls zur Einleitung eines Zwangsgeldverfahrens nach § 407 Abs. 1 AktG kommen. Ferner kann es bei verspäteter Dividendenausschüttung theoretisch zu Schadensersatzansprüchen gegen die Vorstandsmitglieder kommen.

502 Das ARUG hat das **Fristenregime** rund um die Hauptversammlung insgesamt neu geordnet und vereinheitlicht. Die Fristen werden nunmehr grundsätzlich einheitlich vom Tag der Hauptversammlung zurückgerechnet, der Sonn- und Feiertagsschutz des BGB wurde aufgegeben. Einheitlich wurde in § 121 Abs. 7 AktG zudem festgelegt, dass bei der Fristberechnung sowohl der Tag der Versammlung als auch der Tag, an dem eine Handlung vorzunehmen oder ein Erfolg zu bewirken ist, unberücksichtigt bleiben. Diese Regelung ist für börsennotierte Gesellschaften zwingend. Lediglich nicht börsennotierte Gesellschaften können in ihrer Satzung eine andere Berechnung der Frist bestimmen. § 20 Abs. 3 EGAktG enthält Übergangsregeln für die Anmeldefrist, den Record Date und die Regelungen zur Berechnung dieser Fristen, sofern eine Gesellschaft ihre bisherige Satzungsregelungen noch nicht an die gesetzlichen Neuregelungen durch das ARUG ange-

---

232) *BaFin*, Emittentenleitfaden, Stand 28.4.2009, S. 188.
233) *Butzke*, HV, B Rz. 6.

passt hat.[234] Ein Formulierungsvorschlag für eine gesetzeskonforme Satzungsregelung findet sich in dem Muster 1, Rz. 507 ff.

b) Einberufungsfrist

Die **Einberufungsfrist** beträgt gem. § 123 Abs. 1 AktG auch nach Inkrafttreten des 503 ARUG weiterhin **mindestens 30 Tage** vor dem Tag der Versammlung. Die Frist ist von dem nicht mitzählenden Tag der Hauptversammlung zurückzurechnen (§ 123 Abs. 7 AktG). Ferner ist der Tag der Einberufung nicht mitzuzählen (§ 123 Abs. 1 Satz 2 AktG), d.h. zwischen dem Einberufungstag und dem Tag der Hauptversammlung müssen mindestens 30 Tage liegen. Die Satzung kann (in Grenzen) auch eine längere Einberufungsfrist vorsehen, dies ist jedoch unüblich. Das Fristende kann auch auf den Sonnabend, Sonntag oder einen Feiertag fallen (siehe aber Rz. 508).

c) Anmelde- und Nachweisfrist

Die Einberufungsfrist **verlängert sich um eine Anmeldefrist** (§ 123 Abs. 2 Satz 5 AktG), 504 bzw. bei Gesellschaften mit Inhaberaktien um eine **Frist zur Vorlage eines Legitimationsnachweises** (§ 123 Abs. 3 Satz 1 AktG), sofern die Satzung der Gesellschaft (was üblich ist) eine Anmeldung bzw. einen solchen Nachweis verlangt (siehe hierzu Muster 1, Rz. 107 ff.).

Die Anmelde- bzw. Nachweisfrist beträgt gem. § 123 Abs. 2 Satz 2 und 3 bzw. Abs. 3 505 Satz 1 AktG maximal sechs Tage. Der Tag des Zugangs ist nicht mitzurechnen (§ 123 Abs. 2 Satz 4 AktG). Die Anmelde- bzw. Nachweisfrist kann durch Satzung oder durch den Vorstand bei entsprechender Satzungsermächtigung verkürzt, aber nicht verlängert werden (§ 123 Abs. 2 Satz 3 bzw. Abs. 2 Satz 4 AktG).[235]

Sofern ein Anmelde- bzw. Nachweiserfordernis mit einer Frist jeweils von maximal zuläs- 506 sigen sechs Tagen besteht, beträgt die Einberufungsfrist also insgesamt **36 Tage**. Vorsicht ist geboten, wenn die Satzung bestimmt, dass die Einberufung mindestens „30 Tage vor dem letzten Anmeldetag" erfolgen muss. Bei dieser Formulierung verlängert sich die Einberufungsfrist zusätzlich um den Anmeldetag und beträgt somit 37 Tage.

Ob eine Verkürzung der Anmelde- bzw. Nachweisfrist zu einer Verkürzung der Einberu- 507 fungsfrist führt, ist angesichts der gesetzlichen Bezugsnormen (§ 123 Abs. 2 Satz 5 AktG verweist lediglich auf § 123 Abs. 2 Satz 2, nicht jedoch auf Satz 3 AktG) unklar. Aus Gründen der Rechtssicherheit sollte daher auch in diesem Fall von einer Einberufungsfrist von 36 Tagen ausgegangen werden.

d) Publikationszeiten des elektronischen Bundesanzeigers

Zu beachten sind im Zusammenhang mit der Einberufungsfrist schließlich die **Publika-** 508 **tionszeiten des elektronischen Bundesanzeigers**, die sich aus dessen Allgemeinen Geschäftsbedingungen für die entgeltliche Einreichung und Publikation im „elektronischen

---

234) Zu den mit der Übergangsregelung verbundenen Unwägbarkeiten für die Praxis: Höreth/Linnerz, GWR 2010, 301197.

235) Diese Regelung des ARUG-Gesetzgebers führt dazu, dass die Entscheidung des OLG München v. 26.3.2008, WM 2008, 1072, wonach eine Verkürzung der Anmeldefrist nur durch Satzungsregelung erfolgen kann, überholt ist.

Bundesanzeiger" ergeben, die dieser auf seiner Internetseite eingestellt hat.[236] Nach dem gegenwärtigen Stand dieser AGB erfolgt eine Veröffentlichung regelmäßig von Montag bis Freitag mit Ausnahme der gesetzlichen Feiertage. Auch wenn die Einberufungsfrist nach dem Aktiengesetz aufgrund der Aufgabe der Sonn- und Feiertagsregelung des BGB rechnerisch auf einen Sonn- oder Feiertag fallen kann, muss bei einer Einberufung durch Veröffentlichung im elektronischen Bundesanzeiger die Veröffentlichung am vorhergehenden Werktag erfolgen, da andernfalls den Aktionären nicht die volle Einberufungsfrist zur Verfügung stünde. Bei elektronischen Datenformaten (mit Ausnahme von PDF-Dokumenten) bis zu 25 DIN A4-Seiten kann bei abgeschlossener Datenübermittlung bis 14:00 Uhr eine Publikation bis spätestens am übernächsten Publikationstag zugesagt werden. Bei Papiermanuskripten und PDF-Dokumenten bis zu drei maschinengeschriebenen Seiten DIN A4 müssen zwischen dem Eingang der Unterlagen und dem Publikationstermin drei Arbeitstage (montags bis freitags) liegen, wobei der Manuskripteingang bis spätestens 12:00 Uhr erfolgt sein muss. Am Veröffentlichungstag werden die Einberufungen vom elektronischen Bundesanzeiger ab 15:00 Uhr eingestellt.

Praxistipp:

Grundsätzlich sollte die Bekanntmachung der Einberufung nicht am letzten möglichen Tag, sondern einige Tage früher erfolgen. Nur so besteht die Möglichkeit, die Veröffentlichung im elektronischen Bundesanzeiger zu kontrollieren und eventuelle Fehler noch fristgerecht zu korrigieren. Im Rahmen der Kontrolle sollte insbesondere darauf geachtet werden, dass die Nummerierung der einzelnen Tagesordnungs- und Gliederungspunkte korrekt wiedergegeben werden, dass Absätze nicht sinnentstellend eingerückt und dass sämtliche Zahlen- und Datumsangaben zutreffend sind.

509 Eine Übersicht über die wesentlichen im Zusammenhang mit der Hauptversammlung relevanten Fristen findet sich in Muster 5.2, Rz. 578.

3. Inhalt der Einberufung [→ Rz. 445 ff.]

a) Allgemeine Mindestangaben

510 Für den Inhalt der Einberufung ist § 121 Abs. 3 AktG maßgeblich. Danach muss die Einberufung mindestens **die Firma**, den **Sitz** der Gesellschaft (wie sie sich aus der Satzung ergeben), **Zeit** und **Ort** der Hauptversammlung sowie die **Tagesordnung** angeben. Die Einhaltung dieser Anforderungen ist gem. § 241 Nr. 1 AktG mit der Nichtigkeit gleichwohl gefasster Beschlüsse sanktioniert. [→ Rz. 445 f.]

511 Der **Ort der Hauptversammlung** ist regelmäßig der Sitz der Gesellschaft oder, bei börsennotierten Gesellschaften, auch der Sitz einer inländischen Börse, an der die Aktien zugelassen sind, sofern die Satzung nichts anderes bestimmt (§ 121 Abs. 5 AktG).[237] Bei der Angabe des Ortes der Versammlung ist auf die korrekte Bezeichnung und Anschrift des Versammlungsraums zu achten. Eine Wegbeschreibung zum Versammlungsort ist fakultativ. [→ Rz. 446]

512 Die **Dauer der Hauptversammlung** muss nicht angegeben werden, Leitbild des Aktienrechts ist die eintägige Hauptversammlung. Die Einberufung für **mehrere Tage** ist jedoch zulässig, wenn dies erforderlich ist, etwa angesichts des Umfangs der Tagesordnung, des Vorliegens besonders schwerwiegender Tagesordnungspunkte, komplexe Materien etc.

---

236) http://www.ebundesanzeiger.de/download/D042 agb-ebanz.pdf (Stand 1.1.2011).

237) Freie Wahl des Versammlungsorts besteht ausnahmsweise bei der Hauptversammlung im Zusammenhang mit einem Übernahmeangebote (§ 16 Abs. 4 WpÜG).

Ob in solchen Fällen der Vorstand auch verpflichtet ist, eine zweitägige Versammlung anzuberaumen, ist umstritten.[238] Grundsätzlich sollte ein zweiter Versammlungstag nach Möglichkeit vermieden werden, da er eine zusätzliche Belastung für die Aktionäre darstellt. und einer straffen Verhandlungsführung am ersten Tag entgegensteht. [→ Rz. 447]

Nach dem ARUG ist nunmehr auch die **Tagesordnung** Bestandteil der Einberufung (und 513 nicht mehr nur „bei der Einberufung" bekannt zu machen). Für die Praxis ergibt sich hieraus keine Änderung, da die Tagesordnung bereits in der Vergangenheit nach § 124 Abs. 1 Satz AktG a.F mit der Einberufung verbunden werden musste. [→ Rz. 448 ff.]

Notwendiger Bestandteil der Einberufung ist außerdem die **Bezeichnung des einbe-** 514 **rufenden Organs**.[239] Dies ist in der Regel der Vorstand (§ 121 Abs. 2 Satz 1 und 2) und ausnahmsweise der Aufsichtsrat (§ 111 Abs. 3 AktG). Erfolgt die Einberufung durch andere Einberufungsberechtigte (§ 121 Abs. 2 Satz 3 AktG), insbesondere durch eine Aktionärsminderheit (§ 122 As. 2 Satz 3 AktG), so ist eine namentliche Nennung der Einberufenden sowie ein Hinweis auf die gerichtliche Ermächtigung aufzunehmen.[240] [→ Rz. 491]

Informationshalber werden außerdem für alle ausgegebenen Aktien die Wertpapierkenn- 515 nummern (**WKN**) sowie daneben die seit dem 22.4.2003 eingeführten International Securities Identification Numbers (**ISIN**) angegeben. [→ Rz. 445]

b)   Zusätzliche zwingende Angaben für börsennotierte Gesellschaften

Durch das ARUG wurde in § 121 Abs. 3 Satz 2 der Umfang der Angaben, die börsenno- 516 tierte Gesellschaften i. S. v. § 3 Abs. 2 AktG in der Einberufung machen müssen, erweitert. Anzugeben sind gem. § 121 Abs. 3 Satz 3 Nr. 1 bis 4 AktG zusätzlich zu den Mindestangaben die Voraussetzungen für die Teilnahme an der Versammlung und die Ausübung des Stimmrechts sowie (bei Inhaberaktien) der Nachweisstichtag (Record Date) und dessen Bedeutung, das Verfahren für die Stimmabgabe, die Rechte der Aktionäre nach §§ 122 Abs. 2, 126 Abs. 1, 127, 131 AktG sowie die Internetseite der Gesellschaft, über die die Informationen nach § 124a AktG zugänglich sind.

aa)   Voraussetzungen für die Teilnahme und die Ausübung des Stimmrechts (§ 121 Abs. 3 Satz 3 Nr. 1 AktG) [→ Rz. 463 ff.]

Die Voraussetzungen für die Teilnahme an der Hauptversammlung ergeben sich aus § 123 517 Abs. 2 und 3 AktG in Verbindung mit den jeweiligen Satzungsbestimmungen und betreffen insbesondere das **Anmeldeerfordernis** und den **Legitimationsnachweis**. Sie müssen in der Einberufung inhaltlich zutreffend und vollständig wiedergegeben werden, im Zweifel empfiehlt sich eine Wiedergabe entlang des Satzungswortlauts (siehe hierzu auch Muster 1, Rz. 107 ff.). Im Muster sind die entsprechenden Angaben, wie üblich, am Schluss enthalten. Die **Fristen für die Anmeldung** und (bei Inhaberaktien) die **Vorlage eines**

---

238) *Linnerz*, NZG 2006, 208, 210 f; *Reichert/Balke* in: Semler/Volhard/Reichert, Arbeitshdb. HV, § 4 Rz. 107 ff.; *Nagel/Ziegenhahn*, WM 2010, 1005; LG Mainz, AG 2005, 894; LG Düsseldorf, AG 2007, 797; LG Frankfurt/M., AG 2007, 505; *Kubis* in: MünchKomm AktG § 121 Rz. 35; kritisch hinsichtlich des Nutzens zweitägiger Versammlungen: LG Berlin, ZIP 2007, 1992.

239) *Rieckers* in: Spindler/Stilz, AktG, § 121, Rz. 34; *Ziemons* in: Schmidt/Lutter, AktG, § 121 Rz. 69; *Butzke*, HV, B Rz. 69.

240) *Rieckers* in: Spindler/Stilz, AktG, § 121, Rz. 34.

Legitimationsnachweises (siehe hierzu Rz. 504 ff.) sind in der Einberufung konkret unter Datumsnennung anzugeben.[241]

518 Für den in der Fakultative berücksichtigten Fall einer Gesellschaft, die Stammaktien und **Vorzugsaktien** ausgegeben hat, ist zu beachten, dass die Vorzugsaktionäre zwar Teilnahme- und Auskunfts- bzw. Rederecht, jedoch (vorbehaltlich eines Wiederauflebens des Stimmrechts nach § 140 Abs. 2 AktG) kein Stimmrecht haben. [→ Rz. 463]

519 Für **Gesellschaften mit Inhaberaktien** hat der Gesetzgeber bereits durch das UMAG die Hinterlegung als Grundform des Nachweises des Anteilsbesitzes beseitigt und durch die Bescheinigung des depotführenden Instituts ersetzt (§ 123 Abs. 3 AktG). Für börsennotierte Gesellschaften gilt zwingend, dass jedenfalls eine in Textform erstellte Bescheinigung des Anteilsbesitzes durch das depotführende Institut ausreichend ist. Sofern die Satzung keine Regelung zur **Sprache** der Bescheinigung vorsieht, ist streitig, ob die Bescheinigung nur in deutscher Sprache oder in jeder Sprache vorgelegt werden kann.[242] Probleme können sich ergeben, wenn sich nicht alle Aktien der Gesellschaft in einer depotverwahrten Globalurkunde verbrieft sind, sondern daneben noch **effektive Stücke** existieren.[243] Der Bestandsnachweis gem. § 123 Abs. 3 AktG muss sich auf den Beginn des 21. Tages vor der Hauptversammlung beziehen (sog. **Nachweisstichtag** oder **Record Date**). Bei mehrtägiger Hauptversammlung ist der erste Tag der Hauptversammlung für die Rückrechnung maßgeblich. Der Nachweisstichtag kann gem. § 127 Abs. 7 AktG auch auf einen Sonnabend, Sonntag oder einen Feiertag fallen. In der Einberufung muss das konkrete Datum (und die Uhrzeit)[244] des Nachweisstichtags angegeben werden.[245] Lediglich eine Beschreibung der Berechnung (wie sie vor dem Inkrafttreten des ARUG gelegentlich erfolgte) ist nicht mehr ausreichend. [→ Rz. 464]

> **Praxistipp:**
>
> Gerade bei großen Publikumsgesellschaften mit vielen Aktionären ist eine Bearbeitung der Nachweise durch die Gesellschaft kaum zu bewältigen. Üblicherweise wird daher für die Entgegennahme der Berechtigungsnachweise eine Bank oder ein Dienstleister angegeben, die über die erforderliche EDV zur Bearbeitung und zum Abgleich der Nachweise verfügen und der Gesellschaft dann eine entsprechend aufbereitete Liste zur Verfügung stellen.

520 Im Rahmen der vom Gesetz geforderten **Angaben zur Bedeutung des Nachweisstichtags** (§ 121 Abs. 2 Satz 3 Nr. 1 AktG) ist eine Erläuterung dahingehend erforderlich, dass nur die Personen zur Teilnahme an der Hauptversammlung und zur Stimmrechtsausübung berechtigt sind, die an dem Stichtag Aktionäre sind.[246] Das Muster enthält außerdem weitere Ausführungen zu den Folgen einer Veräußerung bzw. den Erwerb von Aktien nach dem Nachweisstichtag und zur Dividendenberechtigung.[247] [→ Rz. 466]

---

241) *Hüffer*, AktG, § 121 Rz. 10d.

242) nur deutsch: *Rieckers*, in: Spindler/Stilz, AktG, § 123 Rz. 29; jede Sprache: *Ziemons* in: Schmidt/Lutter, AktG, § 123 Rz. 24.

243) Vgl. z. B. Beate Uhse AG, Lösungsansätze bei *Dohm*, HV Magazin 3/2008, 18 f.

244) *Noack/Zetzsche* in: Kölner Kommentar, § 121 Rz. 92.

245) Begründung RegE ARUG, BT-Drucks. 16/11642, S. 28.

246) *Rieckers* in: Spindler/Stilz, AktG, § 121, Rz. 38; *Hüffer*, AktG, § 121 Rz. 10a; *Ziemons* in: Schmidt/Lutter, AktG, § 121 Rz. 46 (von zusätzlichen Ausführungen abratend).

247) Für diese Angaben jdf. aus Gründen der Vorsorge: *Mimberg/Gätsch*, HV, S. 18 f. Rz. 39. Zwei Gerichtsentscheidungen, die allerdings die Rechtslage vor dem Inkrafttreten des ARUG betrafen, verneinten allerdings die Erforderlichkeit eines Hinweises, dass ein Aktionär der Aktien nach dem Nachweisstichtag veräußert, weiterhin zur Ausübung des Stimmrechts in der Hauptversammlung berechtigt bleibt: OLG Stuttgart v. 15.10.2008, AG 2009, 124 und OLG Frankfurt/M. v. 21.7.2009, NZG 2009, 1068.

Bei **Gesellschaften mit Namensaktien** ist für das Recht zur Teilnahme an der Hauptver- **521** sammlung und zur Stimmrechtsausübung ausschließlich die Eintragung im Aktienregister maßgeblich (§ 67 Abs. 2 AktG). Daneben schreibt die Satzung (siehe hierzu auch Muster 1, Rz. 108) zur Vorbereitung und Planung der Hauptversammlung üblicherweise ein Anmeldeerfordernis vor (§ 123 Abs. 2 Satz 1 Halbs. 2 AktG). [→ Rz. 467].

Aus organisatorischen Gründen wird zudem häufig ein **Umschreibestopp** im Aktienre- **522** gister vorgesehen, d.h. Anträge auf Umschreibung werden ab einem bestimmten Zeitpunkt vor und bis zum Ende der Hauptversammlung nicht mehr berücksichtigt. Die Zulässigkeit eines solchen Umschreibestopps war umstritten, ist aber inzwischen höchstrichterlich bestätigt worden.[248] Für einen Umschreibestopp ist keine Ermächtigung in der Satzung erforderlich, auch wenn Satzungen häufig entsprechende Regelungen enthalten (Muster 1, Rz. 108). Die Dauer des Umschreibestopps darf der Anmeldefrist entsprechen (dann entspricht der Bestand des Aktienregisters am Tag der Hauptversammlung dem Bestand am Tag des Anmeldeschlusses). Ob es sich bei dem Umschreibestopp um eine Teilnahmebedingung gem. § 121 Abs. 3 AktG handelt, die in der Einberufung angegeben werden muss, ist umstritten.[249] In der Praxis empfiehlt es sich für den Fall, dass ein Umschreibestopp besteht, diesen im Interesse der Transparenz auch in der Einberufung anzugeben.[250] [→ Rz. 469]

Gesellschaften mit Namensaktien können außerdem in der Satzung die Möglichkeit, als **523** Legitimationsaktionär in das Aktienregister eingetragen zu werden, ausschließen oder beschränken (§ 67 Abs. 1 Satz 3 AktG). Sofern zudem eine solche Satzungsregelung besteht, die das Stimmrecht im Falle eines Verstoßes ausschließt, ist auf den Inhalt der Regelung an dieser Stelle hinzuweisen. [→ Rz. 470]

bb) Verfahren für die Stimmabgabe durch einen Bevollmächtigten (§ 121 Abs. 3 Satz 3 Nr. 2 lit. a AktG) [→ Rz. 471 ff.]

Die Einberufung muss im Falle einer börsennotierten Gesellschaft Angaben für das Ver- **524** fahren der Stimmabgabe durch einen Bevollmächtigten enthalten.

Bei den Angaben über das Verfahren der Stimmabgabe durch Bevollmächtigte sollte ei- **525** nerseits klar zwischen allgemeinen Vollmachten an Dritte (§ 134 AktG) und andererseits zwischen Vollmachten an Kreditinstitute, Aktionärsvereinigungen und Personen, die sich geschäftsmäßig gegenüber Aktionären zur Ausübung des Stimmrechts in der Hauptversammlung erbieten (§ 135 AktG), unterschieden werden.

Zu beachten ist insbesondere, dass die **allgemeinen Vollmachten an Dritte**, ihr Widerruf **526** und ihr Nachweis nach Inkrafttreten des ARUG nur noch der Textform bedürfen und die Satzung börsennotierter Gesellschaften nur eine Erleichterung vorsehen kann (§ 134 Abs. 3 Satz 3 AktG), siehe hierzu auch Muster 5.3, Rz. 593. Soweit die Satzung noch nicht an die neue Rechtslage nach ARUG angepasst ist und Schriftform vorsieht, wird diese Satzungsregelung durch die gesetzliche Regelung (Textform) verdrängt, worauf dann in der Einladung hingewiesen werden sollte. [→ Rz. 472 ff.]

---

248) BGH v. 21.9.2009, NZG 2009, 1270.

249) Keine Teilnahmebedingung: *Noack/Zetzsche* in: Kölner Kommentar, § 121 Rz. 93; *Rieckers* in: Spindler/Stilz, AktG, § 121, Rz. 36; *Hüffer*, AktG, § 121 Rz. 10; *Butzke*, HV, B Rz. 70. Teilnahmebedingung: *Ziemons* in: Schmidt/Lutter, AktG, § 121 Rz. 47 ff.

250) *Butzke*, HV, E Rz. 101.

527 **Textform** bedeutet nach § 126b BGB, dass die Erklärung in einer Urkunde oder auf andere zur dauerhaften Wiedergabe in Schriftzeichen geeigneter Weise abzugeben ist, die Person des Erklärenden genannt und der Abschluss der Erklärung durch Nachbildung der Namensunterschrift oder anders erkennbar zu machen ist. Eine Unterschrift ist also nicht erforderlich. Entscheidend ist, dass der Empfänger die Erklärung speichern und ausdrucken kann (ohne dass es darauf ankommt, ob er dies auch tatsächlich geschehen ist).[251] Zulässig sind damit auch Erklärungen, deren Widerruf und Nachweis in der Form eines Telefax oder einer E-Mail bzw. SMS, auch durch Vorzeigen am Tag der Hauptversammlung an der Einlasskontrolle beispielsweise auf einem Smartphone. Generell ist der Bevollmächtigte nur verpflichtet, die Vollmacht vorzuweisen, nicht aber diese auch abzugeben. Von der Textform dürfte auch die Vollmachtserteilung auf einem internetbasierten Kommunikationsweg (Bildschirmformular oder Internetdialog) umfasst sein, ggf. mag eine Satzungsregelung sinnvoll sein, die diese Form der Vollmachtserteilung regelt und allgemein den Vorstand ermächtigt, Erleichterungen gegenüber der Textform zuzulassen.[252]

528 Erscheint ein Aktionär, der eine Vollmacht erteilt hat, persönlich auf der Hauptversammlung, so ist zweifelhaft, ob damit auch ein Widerruf seiner Vollmacht verbunden ist. Sofern dies nicht als Erleichterung gegenüber der Textform in der Satzung zugelassen ist, bleibt nur, den betreffenden Aktionär an der Einlasskontrolle aufzufordern, einen Widerruf in Textform zu erklären.

529 Börsennotierte Gesellschaften müssen **mindestens einen Weg elektronischer Kommunikation** für die Übermittlung eines Nachweises der Bevollmächtigung anbieten (§ 134 Abs. 2 Satz 4 AktG). Das Muster trägt dem durch das Bereitstellen einer E-Mail-Adresse Rechnung. Die Übermittlung per Fax ist keine elektronische Kommunikation, sodass die ausschließliche Angabe einer Faxnummer nicht ausreichend wäre.[253] Eine Alternative ist die Vollmachtserteilung durch Internetdialog, sofern die Satzung dieses Verfahren vorsieht.[254] Grundsätzlich wird die Möglichkeit der Vollmachtserteilung auf elektronischem Weg bis zum Ende der Hauptversammlung offen zu halten sein, da selbst nach Verkündung der Abstimmungsergebnisse noch eine Vollmacht zur Einlegung von Widersprüchen erteilt werden könnte.

530 Eine Bitte zur frühzeitigen Übermittlung jedenfalls von schriftlichen und Faxvollmachten, wie in dem Muster vorgesehen, kann aber bei der Vorbereitung der Versammlung hilfreich sein. [→ Rz. 474]

> **Praxistipp:**
> Empfehlenswert ist die Verwendung einer versammlungsbezogenen E-Mail-Adresse, bei der der Spamfilter ausgeschaltet werden sollte und die bis zum Ende der Hauptversammlung verfügbar ist.

531 Für die Vollmachtserteilung an Kreditinstitute, Aktionärsvereinigungen und andere in § 135 Abs. 8 und Abs. 10 i. V. m. § 125 Abs. 5 AktG gleichgestellte Personen und Institutionen gelten keine Formerfordernisse.[255] Allerdings können diese für ihre eigene Be-

---

251) *Götze*, NZG 2010, 93 m. w. N.

252) Begr RegE ARUG, BT-Dr 16/11642, S. 49; siehe auch *Butzke*, HV, B Rz. 70.

253) Begr RegE ARUG BT-Drucks. 16/11642, S. 32.

254) Für eine Zulässigkeit auch ohne Satzungsregelung: *Noack/Zetzsche* in: Kölner Kommentar, § 121 Rz. 100.

255) Kritisch hierzu (Textformerfordernis bei richtlinienkonformer Auslegung): *Ziemons* in: Schmidt/Lutter, AktG, § 121 Rz. 56.

vollmächtigung abweichende Regelungen für die Form der Vollmacht vorgeben. Ein entsprechender klarstellender Hinweis in der Einladung ist sinnvoll, verbunden mit der Anregung an die Aktionäre, sich in einem solchen Fall rechtzeitig mit der zu bevollmächtigenden Person oder Institution über Form und Verfahren der Vollmachtserteilung abzustimmen. [→ Rz. 476]

Das ARUG hat das **Vollmachtstimmrecht geschäftsmäßig Handelnder** geändert und in § 135 AktG konzentriert. Wie bisher kann der Aktionär dem Kreditinstitut oder geschäftsmäßig Handelnden ausdrückliche Weisungen für die Stimmrechtsausübung erteilen. Daneben ist aber auch eine weisungsfreie generelle Vollmacht möglich (§ 135 Abs. 1 Satz 4 Nr. 1 u. 2 AktG). Diese ermöglicht dem Kreditinstitut die Abstimmung nach eigenen Vorschlägen und neuerdings auch entsprechend den Vorschlägen der Verwaltung. Die generelle Vollmacht entsprechend den Verwaltungsvorschlägen zu stimmen gilt auch bei bekanntmachungsfreien Abstimmungen in der Hauptversammlung (z. B. Verfahrensanträge, etwa die Abwahl des Versammlungsleiters oder die Absetzung eines Tagesordnungspunkts). Bisher konnten die Depotbanken bei diesen Abstimmungen mangels ausdrücklicher Weisungen der Aktionäre nicht mitstimmen. **532**

Die Benennung eines **von der Gesellschaft benannten, weisungsgebundenen Stimmrechtsvertreters** (*„Proxy Voting"*) (in § 130 Abs. 3 Satz 5 AktG als zulässig vorausgesetzt) ist nicht zwingend.. Es handelt sich um eine freiwillige Maßnahme, die den Aktionären die Ausübung des Stimmrechts erleichtern soll, auch wenn sie selbst nicht an der Hauptversammlung teilnehmen. Ziff. 2.3.3 des Deutschen Corporate Governance Kodex empfiehlt dementsprechend, dass der Vorstand für die Bestellung eines Vertreters für die weisungsgebundene Ausübung des Stimmrechts sorgen soll und regt weiter an, dass dieser auch während der Hauptversammlung erreichbar sein sollte. Gesellschaften, die keinen Stimmrechtsvertreter benennen möchten, müssen dies also in ihrer Entsprechenserklärung gem. § 161 AktG offenlegen. Das Muster trägt der ganz herrschenden Praxis folgend sowohl der Empfehlung als auch der Anregung des Kodexes Rechnung. [→ Rz. 477 ff.] **533**

Die Stimmrechtsvertreter werden vom Vorstand benannt. Häufig handelt es sich um Mitarbeiter des Hauptversammlungsdienstleisters oder einer Bank. Als Stimmrechtsvertreter kommen aber auch Angestellte der Gesellschaft in Betracht, da diese insoweit ausschließlich den ausdrücklichen Weisungen der Aktionäre unterliegen. **534**

Auch für den von der Gesellschaft benannten Stimmrechtsvertreter gilt, dass die Vollmacht der Textform bedarf, sofern die Satzung nichts Abweichendes und bei börsennotierten Gesellschaften keine Erleichterung bestimmt (zur Textform im Einzelnen siehe oben Rz. 527). **535**

Die Vollmachtserteilung an den von der Gesellschaft benannten Stimmrechtsvertreter muss von der Gesellschaft drei Jahre nachprüfbar festgehalten werden. Sofern die Vollmacht nur vorgelegt, aber nicht ausgehändigt wird (z. B. auch an der Einlasskontrolle auf einem Smartphone o. Ä.), empfiehlt sich eine kurze Notiz über die Inaugenscheinnahme durch die Mitarbeiter an der Einlasskontrolle. **536**

Die ausdrückliche Weisungserteilung für den von der Gesellschaft benannten Stimmrechtsvertreter ergibt sich aus einer entsprechenden einschränkenden Auslegung von § 134 Abs. 3 Satz 3 AktG. Werden von den in der bekannt gemachten Tagesordnung enthaltenen Anträgen abweichende Anträge in der Hauptversammlung selbst gestellt werden oder ändert sich kurzfristig die Tagesordnung ohne dass hierzu Weisungen gegeben sind so hat dies zur Folge, dass die Stimmrechte der über die Stimmrechtsvertreter der Gesell- **537** schaft vertretenen Aktionäre mangels entsprechender Weisung nicht berücksichtigt werden können.

538 Ob die Gesellschaft auch verlangen kann, dass Vollmacht und Weisungen zu einem bestimmten Zeitpunkt vor der Hauptversammlung zugegangen sein müssen, ist unklar. Dafür spricht, dass die Benennung von Stimmrechtsvertretern eine Ermessensentscheidung der Gesellschaft ist, und es folglich auch im Ermessen der Gesellschaft liegen muss, organisatorische Maßnahmen zu treffen, um eine reibungslose Abwicklung dieser Bevollmächtigung und den Gebrauch dieser Vollmachten in der Hauptversammlung zu gewährleisten.[256] Das Muster sieht hier allerdings nur eine unverbindliche Bitte vor. Dies kann die Organisation vereinfachen, allerdings müssen dann auch später eingehende Vollmachten noch berücksichtigt werden.

539 Sofern die Satzung dies nicht ausschließt, kann ein Aktionär auch mehrere Bevollmächtigte bestellen (§ 134 Abs. 3 Satz 2 AktG). Allerdings muss von mehreren Bevollmächtigten grundsätzlich nur einer zur Hauptversammlung zugelassen werden. In der Praxis wird man bei der Ausübung des Zurückweisungsrechts Zurückhaltung üben, da auf berechtigte Belange des Aktionärs Rücksicht zu nehmen sein dürfte, etwa wenn die sachgerechte Vertretung die Teilnahme mehrer Bevollmächtigter (z. B. Rechtsanwalt und Wirtschaftsprüfer) erfordert.[257] [→ Rz. 479]

540 Die Vertretung durch den von der Gesellschaft benannten Stimmrechtsvertreter erfolgt, sofern in der Vollmachtserteilung nicht ausdrücklich Abweichendes bestimmt wurde (siehe Muster 5.3, Rz. 595), ohne Offenlegung des Namens des Vertretenen, also „im Namen dessen, den es angeht" (§ 134 Abs. 3 Satz 5 AktG i. V. m. § 135 Abs. 5 Satz 2 AktG).

541 Zu den Angaben über das Verfahren der Stimmabgabe durch Bevollmächtigte gehört auch der **Hinweis auf Formulare** für die Erteilung einer Stimmrechtsvollmacht und auf die Art und Weise, wie der Gesellschaft ein Nachweis über die Bestellung eines Bevollmächtigten elektronisch übermittelt werden kann (§ 121 Abs. 3 Satz 3 Nr. 2 lit. a AktG). Die gesetzliche Formulierung in § 121 Abs. 2 Satz 3 Nr. 2 lit. a AktG auf Formulare, die „zu verwenden [...] sind" ist irreführend. Die Verwendung von Vollmachtsformularen kann (außer bei der Bevollmächtigung der von der Gesellschaft benannten Stimmrechtsvertreter) nicht zwingend vorgeschrieben werden.[258] Vorschläge für Vollmachtsformulare mit weiterführenden Erläuterungen finden sich im Muster 5.3 Rz. 593 ff.

542 Zu beachten ist, dass börsennotierte Gesellschaften gem. kapitalmarkrechtlichen Bestimmungen (§ 30a Abs. 1 Nr. 5 WpHG) jeder stimmberechtigten Person zusammen mit der Einladung zur Hauptversammlung oder nach deren Anberaumung auf Verlangen in Textform ein Formular für die Vollmachtserteilung übermitteln müssen. Hierauf kann, ohne dies zu müssen, gesondert hingewiesen werden.[259] Vollmachtsformulare sind zudem auf der Internetseite der Gesellschaft zugänglich zu machen, soweit sie nicht den Aktionären direkt übermittelt werden (§ 124a Satz 1 Nr. 5 AktG – siehe hierzu auch Muster 5.4, Rz. 635).

---

256) DNotI Report 2006, 87.
257) *Hüffer*, AktG, § 134 Rz. 27.
258) Einhellige Meinung, vgl. *Noack/Zetzsche* in: Kölner Kommentar, § 121 Rz. 102; *Rieckers* in: Spindler/ Stilz, AktG, § 121, Rz. 40; *Ziemons* in: Schmidt/Lutter, AktG, § 121 Rz. 57.
259) *Noack/Zetzsche* in: Kölner Kommentar, § 121 Rz. 102.

cc) Verfahren für die Stimmabgabe durch Briefwahl oder im Wege elektronischer Kommunikation (§ 121 Abs. 3 Satz 3 Nr. 2 lit. b AktG)

Die Einberufung der Hauptversammlung einer börsennotierten AG muss gem. § 121 **543** Abs. 3 Satz 3 Nr. 2 lit. b auch Angaben über das **Verfahren einer Abstimmung durch Briefwahl** (§ 118 Abs. 2 AktG) enthalten. [→ Rz. 480 ff.]

Die Angaben sind allerdings nur erforderlich, wenn die Satzung derartige Stimm- **544** rechtsausübung vorsieht. Auch wenn die Satzung den Vorstand nur ermächtigt, seinerseits Briefwahl oder elektronische Kommunikation zuzulassen, entsteht die Pflicht zur Einberufung mit erweitertem Inhalt nur, wenn der Vorstand von der Ermächtigung Gebrauch macht.[260] Eine Satzungsregel zur Stimmabgabe durch Briefwahl findet sich in Muster 1, Rz. 117.

Ziff. 2.3.3 Satz 2 DCGK empfiehlt börsennotierten Gesellschaften, ihre Aktionäre auch **545** bei der Briefwahl zu unterstützen. Die Empfehlung greift – trotz ihres missverständlichen Wortlauts – jedoch nur, wenn die Satzung eine Ermächtigung zur Briefwahl enthält und der Vorstand sich entscheidet von dieser Ermächtigung Gebrauch zu machen. Die Gesellschaft ist also nicht verpflichtet, eine Briefwahl anzubieten und muss daher auch keine Abweichung i. S. d. § 161 AktG offenlegen, wenn sie sich gegen die Briefwahl entscheidet.[261]

Auch hier ist, wie bei den Teilnahmevoraussetzungen, die betreffende Satzungsregel bzw. **546** das in der Satzungsermächtigung angeordnete Verfahren wiederzugeben.[262] Außerdem müssen Angaben zu Beginn und Ende der Briefwahlperiode, der Legitimation bzw. Identifikation (insbesondere bei Internetdialog) und zu den Formularen gemacht werden. Grundsätzlich kann die Briefwahl frühestens mit der Einberufung der Hauptversammlung beginnen und muss mit der Abstimmung selbst spätestens enden.[263] Entsprechendes gilt für die Teilnahme an der Hauptversammlung im Wege der elektronischen Kommunikation, sofern sich diese Teilnahme auch auf die Ausübung von Stimmrechten in der Hauptversammlung erstreckt (§ 118 Abs. 1 Satz 2 AktG).

Briefwahlformulare (siehe hierzu auch Muster 5.3, Rz. 593 ff.) sind auf der Internetseite **547** der Gesellschaft zugänglich zu machen, soweit sie nicht den Aktionären direkt übermittelt werden (§ 124a Satz 1 Nr. 5 AktG – siehe hierzu auch Muster 5.4, Rz. 635 ff.). [→ Rz. 482]

dd) Rechte der Aktionäre (§ 121 Abs. 3 Satz 3 Nr. 3 AktG) [→ Rz. 483 ff.]

Gemäß § 121 Abs. 3 Satz 3 Nr. 3 AktG müssen börsennotierte Aktiengesellschaften in **548** der Einberufung weiter die Rechte der Aktionäre nach § 122 Abs. 2 AktG, (Minderheitsverlangen auf Ergänzung der Tagesordnung) sowie den §§ 126 Abs. 1, 127 (Gegenanträge/ Gegenwahlvorschläge) und § 131 Abs. 1 AktG (Auskunftsrecht in der Hauptversammlung) angeben. Nach der Gesetzesbegründung zum ARUG ist hier die Nennung und ggf. „allgemeinverständliche Darstellung des Regelungsgehalts der einschlägigen Rechtsvor-

---

260) *Noack/Zetzsche* in: Kölner Kommentar, § 121 Rz. 104; *Rieckers* in: Spindler/Stilz, AktG, § 121, Rz. 43; *Hüffer*, AktG, § 121 Rz. 10c; *Ziemons* in: Schmidt/Lutter, AktG, § 121 Rz. 62.

261) Mit guten Gründen gegen die Verpflichtung zur Abgabe einer Abweichungserklärung: *Linnerz*, AG 2010, R345 f; ebenso wohl: *Hecker/Peters*, BB 2010, 251, 2252.

262) *Rieckers* in: Spindler/Stilz, AktG, § 121, Rz. 43.

263) *Spindler* in: Schmidt/Lutter, AktG, § 130 Rz. 56.

schriften ergänzt um gesellschaftsspezifische Angaben, etwa Adressangaben"[264] erforderlich. Es muss letztlich ein Mittelweg zwischen einer ausreichenden aber nicht ausufernden Darstellung gefunden werden.

549 Es ist möglich, die Einberufung zu entlasten und die Angaben in der Einberufung auf die Fristangabe zu beschränken und für weitergehende Erläuterungen auf die **Internetseite** der Gesellschaft hinzuweisen. [→ Rz. 486]

> **Praxistipp:**
>
> Um eine Zersplitterung der Aktionärsinformationen, technische Probleme und mögliche Nachweisschwierigkeiten zu vermeiden (der Verstoß gegen § 121 Abs. 3 AktG wegen technischen Störungen des Internets ist gem. § 243 Abs. 3 AktG nicht von der Anfechtung ausgenommen), waren in der Saison 2010 anfänglich relativ umfangreiche Erläuterungen in der Einberufung selbst zu beobachten. Die seither überwiegende Praxis und so auch hier das Muster begnügt sich aber mit den gesetzlich zwingenden Angaben in der Einladung und stellt weiterführende Erläuterungen (ergänzt um Wortlaut der einschlägigen Gesetzesvorschriften) auf der Internetseite. zur Verfügung (siehe dazu Muster 5.5, Rz. 656 ff.). Diese Erläuterungen bedürfen nur geringfügiger Anpassungen und können ansonsten Jahr für Jahr wiederverwendet werden.

Die relevanten Fristen und Anschriften sind in jedem Fall konkret (datumsmäßig) anzugeben. Siehe hierzu und weiterführend zu den einzelnen Aktionärsrechten Muster 5.5. [→ Rz. 656]

550 Soweit die Gesellschaft von der Möglichkeit Gebrauch machen will, in der Einberufung lediglich die Fristen für die Rechte der Aktionäre anzugeben und die Erläuterungen ausschließlich auf der Internetseite einzustellen, wäre hier gleichwohl ein kurzer Hinweis darauf zu empfehlen, dass das Auskunftsrecht nur in der Hauptversammlung ausgeübt werden kann.[265] [→ Rz. 485]

ee) Internetseite über die die Informationen nach § 124a AktG zugänglich sind (§ 121 Abs. 3 Satz 3 Nr. 4 AktG) [→ Rz. 487]

551 Nach § 121 Abs. 3 Satz 2 Nr. 4 AktG muss die Einberufung die **Internetseite** der Gesellschaft angeben, **über die die Informationen nach § 124a AktG** (siehe Muster 5.4, Rz. 635 ff.) **zugänglich sind**. Die Angabe des vollständigen Pfads (im Sinne einer Internetadresse) vereinfacht das Auffinden der Informationen und ist daher empfehlenswert, aber nicht zwingend erforderlich, wenn durch die Gestaltung der Internetseite und eine entsprechende Beschreibung in der Einberufung sichergestellt ist, dass sich die Unterrubrik von der Startseite aus problemlos auffinden lässt.[266]

c) Übertragung der Hauptversammlung [→ Rz. 488]

552 Sofern die Satzung (oder die Geschäftsordnung der Hauptversammlung gem. § 129 Abs. 1 AktG) die Möglichkeit der Übertragung der Hauptversammlung in Ton und Bild vorsieht oder den Vorstand bzw. den Versammlungsleiter zu einer Anordnung einer Übertragung ermächtigt hat (§ 118 Abs. 4 AktG) und dieser von der Ermächtigung Gebrauch macht, sollte dies in der Einberufung der Hauptversammlung bekannt gemacht werden.[267] Eine Satzungsregel zur Übertragung der Hauptversammlung findet sich in Muster 1, Rz. 114.

---

264) Begr RegE ARUG BT-Drucks. 16/11642, S. 28.

265) *Drinhausen/Keinath*, BB 2009, 2322, 2323.

266) *Noack/Zetzsche* in: Kölner Kommentar, § 121 Rz. 111.

267) Begründung RegE TransPuG, BT-Drucks. 14/8769, S. 19.

d) Gesamtzahl der Aktien und Stimmrechte [→ Rz. 489]

Nach § 30b Abs. 1 Satz 1 Nr. 1 WpHG ist ein Emittent i. S. v. § 2 Abs. 6 WpHG, für den 553
die Bundesrepublik Deutschland Herkunftsstaat ist, verpflichtet, die Einberufung der
Hauptversammlung einschließlich der Tagesordnung, die **Gesamtzahl der Aktien und
Stimmrechte im Zeitpunkt der Einberufung** der Hauptversammlung sowie die Rechte
der Aktionäre bezüglich der Teilnahme an der Hauptversammlung im elektronischen
Bundesanzeiger zu veröffentlichen. Die Veröffentlichung von Tagesordnung und Teil-
nahmerechten im elektronischen Bundesanzeiger werden bereits durch die aktienrechtlichen Regelungen abgedeckt, insofern befreit § 30b Abs. 1 Satz 2 WpHG ausdrücklich von
einer Doppelveröffentlichung (siehe auch Rz. 498).

Da § 124a AktG die Veröffentlichung der Gesamtzahl der Aktien und der Stimmrechte 554
im Zeitpunkt der Einberufung (einschließlich getrennter Angaben zur Gesamtzahl für jede Aktiengattung) lediglich auf der Internetseite vorschreibt, behält § 30b WpHG insofern eine eigenständige Bedeutung für die Einberufung. Es ist daher die **Gesamtzahl der
Aktien und Stimmrechte** im Moment der Einberufung mit in die im elektronischen
Bundesanzeiger zu veröffentlichende Einberufung aufzunehmen. Mögliche Veränderungen in der Bearbeitungszeit zwischen Übermittlung an und Veröffentlichung durch den
elektronischen Bundesanzeiger bleiben dann allerdings außer Betracht. Die BaFin verlangt
hier allerdings nur, dass sich die Gesellschaft jeweils am Tag der Übermittlung des Veröf-
fentlichungstextes an den elektronischen Bundesanzeiger von ihrem beauftragten Institut
den aktuellen Stand der Ausgabe mitteilen lässt. Eine Nachveröffentlichung (d.h. im
Nachgang zur Einberufung eine weitere Veröffentlichung) der Gesamtanzahl der Aktien
und Stimmrechte zum Stichtag der Einberufung der Hauptversammlung entspreche nicht
den Anforderungen des § 30b Abs. 1 Nr. 1 WpHG.[268]

Bei der Berechnung der Gesamtzahl der Aktien und der Stimmrechte im Zeitpunkt der 555
Einberufung zählen eigene Aktien mit. Die zusätzliche Angabe, wie viele Aktien die Gesellschaft im Eigenbestand hält, ist aber zulässig.[269] Die Praxis ist uneinheitlich.

Bestehen mehrere Aktiengattungen, so müssen die betreffenden Angaben getrennt ge- 556
macht werden. Bei der Ausgabe von Bezugsaktien im Rahmen bedingter Kapitalerhöhungen kann die Gesellschaft aus Gründen der Praktikabilität bereits mit der Anweisung
durch das beauftragte Institut, die (Bezugs-) Aktien beim Berechtigten einzubuchen (und
nicht erst mit der tatsächlichen Einbuchung im Depot des Bezugsberechtigten), von der
Erhöhung des Grundkapitals ausgehen.[270]

4. Tagesordnung [→ Rz. 448 ff.]

Die Tagesordnung ist Bestandteil der Einberufung (§ 121 Abs. 3 Satz 2 AktG). Die im 557
Muster im Einzelnen vorgeschlagenen Punkte der Tagesordnung sind diejenigen einer ordentlichen Hauptversammlung nach § 175 AktG. Im Muster werden der Praxis und der
Reihenfolge der gesetzlichen Aufzählung entsprechend die Punkte der Tagesordnung
nach den Angaben gemäß § 121 Abs. 3 Satz 1 AktG und vor den sonstigen Teilnahme-
hinweisen nach § 121 Abs. 3 Satz 3 AktG wiedergegeben.

---

268) *BaFin*, Emittentenleitfaden, Stand v. 28.4.2009, S. 188; Begr RegE ARUG, BT-Drucks. 16/11642
S. 30; *Hüffer*, AktG, § 124a Rz. 2; a. A. *Ziemons* in: Schmidt/Lutter, AktG, § 124a Rz. 8; *Mülbert* in:
Assmann/Schneider, WpHG, § 30b Rz. 29.

269) *BaFin*, Emittentenleitfaden, Stand v. 28.4.2009, S. 187.

270) *BaFin*, Emittentenleitfaden, Stand v. 28.4.2009, S. 188.

a) TOP 1 – Vorlage der Unterlagen zur Rechnungslegung

558 **TOP 1** betrifft die **Vorlage der Unterlagen zur Rechnungslegung** der Gesellschaft. [→ Rz. 448]

559 Zu beachten ist zunächst, dass der Konzernabschluss und -lagebericht bereits durch das Transparenz- und Publizitätsgesetz (TransPuG) aufgewertet wurden und durch den Aufsichtsrat zu billigen sind, so dass der Hauptversammlung neben dem festgestellten Jahresabschluss nun auch der gebilligte Konzernabschluss vorzulegen ist.

560 Zusätzlich ist ein **erläuternder Bericht** des Vorstands zu den Angaben nach §§ 289 Abs. 4, 315 Abs. 4 HGB, also zu den **übernahmerechtlichen Angaben** in den Lageberichten, vorzulegen (§ 176 Abs. 1 Satz 1 AktG).

561 Unklar ist, ob der Vorstand darüber hinaus auch einen **erläuternden Bericht** zu der ebenfalls in den Lageberichten enthaltenen **Beschreibung wesentlicher Merkmale des internen Kontroll- und des Risikomanagementsystems** im Hinblick auf den Rechnungslegungsprozess gem. §§ 289 Abs. 5 HGB vorlegen muss. Diese Vorlagepflicht wurde durch das BilMoG in § 175 Abs. 2 AktG eingeführt. Bereits zwei Monate später ist diese Vorschrift jedoch durch das ARUG geändert worden. Die Änderungsanweisung führt nun zu einem sinnentstellten Wortlaut. Daraus lässt sich entweder schließen, dass die Verpflichtung zur Vorlage des erläuternden Berichts zu den Angaben nach § 289 Abs. 5 HGB entfällt oder aber, dass die betreffende Änderungsanweisung des ARUG nicht ausführbar ist und folglich die BilMoG-Fassung des § 175 Abs. 2 AktG mit der Verpflichtung zur Vorlage des erläuternden Berichts nach § 289 Abs. 5 HGB weiter gilt.[271] Richtigerweise besteht für börsennotierte Gesellschaften mangels gesetzlicher Grundlage derzeit keine Notwendigkeit, ihren erläuternden Bericht auf § 289 Abs. 5 HGB zu erstrecken. Die Praxis ist aber tendenziell vorsichtiger und legt den Bericht überwiegend vorsorglich vor. Der Gesetzgeber plant im Rahmen der Aktienrechtsnovelle 2011 eine Änderung in § 175 Abs. 2 Satz 1 AktG. Danach soll die Auslagepflicht für erläuternde Berichte insgesamt entfallen, so dass es dann nur noch bei der Vorlagepflicht gem. § 176 Abs. 1 Satz 1 AktG bleibt, die ausschließlich den erläuternden Bericht zu den **übernahmerechtlichen Angaben** nach §§ 289 Abs. 4, 315 Abs. 4 HGB betrifft.[272] [→ Rz. 448] Die Berichte sind in Muster 4.2, Rz. 415 enthalten.

562 Häufig erfolgt bereits an dieser Stelle ein Hinweis darauf, wo **die gem. TOP 1 vorzulegenden Unterlagen für die Aktionäre zugänglich** sind. Dies muss nicht mehr durch Auslage in den Geschäftsräumen und Erteilen von Abschriften auf Verlangen (§ 175 Abs. 2 Satz 1 bis 3 AktG) erfolgen. Ausreichend ist eine Veröffentlichung dieser Unterlagen auf der Internetseite der Gesellschaft, zu der börsennotierte Gesellschaften seit dem ARUG gem. § 124a Satz 1 Nr. 3 AktG ohnehin verpflichtet sind. Damit die Ausnahmeregelung in § 175 Abs. 2 Satz 4 AktG greift und die Verpflichtung zu Auslage und Abschrifterteilung entfällt ist es allerdings erforderlich, dass dies nicht erst „alsbald" nach der Einberufung erfolgt, was nach § 124a Satz 1 Nr. 3 AktG ausreichend wäre, sondern bereits „von der Einberufung an". Ebenfalls bereits nach § 121 Abs. 3 Satz 3 Nr. 4 AktG müssen börsennotierte Gesellschaften in der Einberufung die Internetseite angeben, auf der die Unterlagen zugänglich sind, so wie dies auch § 175 Abs. 2 Satz 4 AktG verlangt. Gleichwohl können Gesellschaften im Rahmen ihres Aktionärsservice weiterhin

---

271) *Hirte*, AG 2010, R 124; *Kiefner*, NZG 2010, 692.

272) Referentenentwurf für ein Gesetz zur Änderung des Aktiengesetzes (Aktienrechtsnovelle 2011) vom 2. November 2010.

die Unterlagen zusätzlich in den Geschäftsräumen auslegen und/oder Abschriften (evtl. auch nur elektronisch) versenden. Wenn dies in der Einberufung entsprechend angekündigt wird, ist die Gesellschaft hierzu auch verpflichtet. [→ Rz. 449]

§ 124a Satz 1 Nr. 2 AktG verlangt von börsennotierten Gesellschaften zudem eine **Erläu-** 563 **terung, sofern zu einem Gegenstand der Tagesordnung kein Beschluss gefasst werden soll.** Dies betrifft regelmäßig die Vorlage der Rechnungslegungsunterlagen als Tagesordnungspunkt einer ordentlichen Hauptversammlung (daneben dürften beschlusslose Tagesordnungspunkte bei börsennotierten Gesellschaften nur ganz ausnahmsweise vorliegen, etwa bei Anzeige des Eingangs eines Übernahmeangebots gem. § 16 Abs. 3 WpÜG oder des Verlusts in Höhe der Hälfte des Grundkapitals gem. § 92 AktG). Die Erläuterung ist auf der Internetseite zugänglich zu machen. In der Praxis wird die kurze Erläuterung aber in der Regel mit in die Einberufung, die ihrerseits gem. § 124a Satz 1 Nr. 1 AktG auf der Internetseite einzustellen ist, aufgenommen. [→ Rz. 450]

b) TOP 2 – Gewinnverwendung

Der Beschluss über die **Verwendung des Bilanzgewinns gem. TOP 2** des Musters setzt 564 zunächst voraus, dass der vorgelegte Jahresabschluss einen verteilungsfähigen Bilanzgewinn aufweist. Hierbei geht das Muster davon aus, dass die Feststellung des Jahresabschlusses durch den Aufsichtsrat erfolgt ist (§ 172 AktG). Haben Vorstand und Aufsichtsrat beschlossen, die Feststellung des Jahresabschlusses der Hauptversammlung zu überlassen oder hat der Aufsichtsrat den Jahresabschluss nicht gebilligt, fällt die Feststellungskompetenz an die Hauptversammlung (§ 173 Abs. 1 AktG). Für diesen Fall enthalten § 173 Abs. 2 und 3 und § 175 Abs. 3 AktG Sondervorschriften. Liegt kein Bilanzgewinn vor, muss die Hauptversammlung nicht beschließen. Der Verlust wird gem. § 266 Abs. 3 A IV, § 268 Abs. 1 HGB „automatisch" vorgetragen. [→ Rz. 451 ff.]

Einzelheiten über die Verwendung des Jahresüberschusses sind in § 58 AktG geregelt. Bei 565 Feststellung des Jahresabschlusses durch Vorstand und Aufsichtsrat bestimmt § 58 Abs. 2 AktG, dass die Hauptversammlung an die durch diese Organe vorgenommenen Einstellungen in die Gewinnrücklagen gebunden ist. Allerdings kann der Hauptversammlung vorgeschlagen werden, über die verbleibenden, als Bilanzgewinn ausgewiesenen Beträge nicht durch Verteilung an die Aktionäre, sondern durch weitere Einstellung in die Gewinnrücklagen oder als Gewinnvortrag zu entscheiden (§ 58 Abs. 3 AktG). Die Grenze des § 254 AktG bleibt zu beachten. Im Muster ist nebst einer Ausschüttung an die Aktionäre zur vollständigen Verwendung des ausgewiesenen Bilanzgewinns vorgeschlagen, eine verbleibende Spitze auf neue Rechnung vorzutragen. Für den Fall des Vorliegens von Vorzugsaktien richtet sich die Verteilung der ausgeschütteten oder der auszuschüttenden Dividende auf Stamm- und Vorzugsaktien nach den entsprechenden Satzungsregelungen über den Dividendenvorzug. Der Dividendenbetrag wird üblicherweise pro Aktie angegeben. Der Anspruch des Aktionärs auf Gewinnbeteiligung ist regelmäßig auf eine Geldleistung gerichtet. Durch das Transparenz- und Publizitätsgesetz (TransPuG) wurde aber die Möglichkeit eröffnet, in der Satzung die Zulässigkeit von Sachdividenden vorzusehen (siehe hierzu auch Muster 6.1, Rz. 908 ff.).[273]

Es ist möglich, aber gesetzlich nicht vorgeschrieben, in der Hauptversammlungseinladung 566 Angaben über die **steuerliche Behandlung** der ausgeschütteten Dividenden zu machen.

---

273) *Lutter/Leinekugel/Rödder*, ZGR 2002, 204.

Üblicherweise erfolgen solche Hinweise allerdings erst in der Dividendenbekanntmachung, siehe Muster 3.2, Rz. 314 ff.

567 Durch den Erwerb, die Veräußerung oder die Einziehung eigener Aktien kann sich die **Zahl der dividendenberechtigten Aktien** im Zeitraum zwischen Bekanntmachung der Einberufung zur Hauptversammlung und dem Tag der Hauptversammlung verändern (Veränderungen durch die Ausnutzung eines genehmigten Kapitals oder der Ausgabe neuer Aktien aus bedingtem Kapital sind hier regelmäßig nicht relevant, da diese neuen Aktien üblicherweise erst für das laufende Geschäftsjahr gewinnberechtigt sind). In dieser Situation ist es empfehlenswert, im Anschluss an den Beschlussvorschlag einen entsprechenden Hinweis aufzunehmen. [→ Rz. 455]

c)   TOP 3 und 4 – Entlastung von Vorstand und Aufsichtsrat

568 Mit den **Entlastungsbeschlüssen (TOP 3 und 4)** befasst sich § 120 AktG. Für die Entlastungsbeschlüsse schreibt § 120 Abs. 3 AktG die Verbindung mit der Verhandlung über den Bilanzgewinn vor. Die Nichtvorlage der nach §§ 175, 176 AktG für die ordentliche Hauptversammlung vorzulegenden Rechnungslegungsunterlagen machte einen Entlastungsbeschluss anfechtbar.[274] Anders als im GmbH-Recht bestimmt § 120 Abs. 2 Satz 2 AktG ausdrücklich, dass ein Entlastungsbeschluss keinen Verzicht auf Ersatzansprüche bedeutet. Gleichwohl wird dem Entlastungsbeschluss von den Betroffenen eine relativ hohe Bedeutung beigemessen. Außer der Möglichkeit, die Entlastung zu verweigern, kann die Verwaltung auch vorschlagen, die Entlastung auf eine kommende Hauptversammlung zu vertagen, wenn dies aufgrund der Umstände des Falls geboten ist. In diesem Falle ist bei dem nachgeholten Entlastungsbeschluss an eine erneute Vorlage der zugrunde liegenden Abschlüsse zu denken. Die Verweigerung der Entlastung bedeutet nicht notwendigerweise zugleich den Vertrauensentzug gem. § 84 Abs. 3 Satz 2 3. Fall AktG. Wenn dies gewollt ist, ist eine klare Beschlussformulierung erforderlich. [→ Rz. 456 ff.]

569 Über die Entlastung der Vorstandsmitglieder einerseits und der Aufsichtsratsmitglieder andererseits ist getrennt abzustimmen, und zwar üblicherweise für jedes Gremium insgesamt (en bloc). § 120 Abs. 1 Satz 2 AktG bestimmt, in welchen Fällen über die Entlastung der Mitglieder von Vorstand und Aufsichtsrat ausnahmsweise nicht en bloc, sondern im Wege der Einzelabstimmung zu entscheiden ist. Vorstand und Aufsichtsrat können jedoch auch selbst Einzelentlastungen vorschlagen. Darüber hinaus ist inzwischen höchstrichterlich entschieden, dass auch der Versammlungsleiter die Einzelentlastung von sich aus anordnen darf.[275]

d)   TOP 5 – Wahl des Abschlussprüfers

570 Die **Wahl des Abschlussprüfers (TOP 5)** muss nicht zwingend auf der ordentlichen Hauptversammlung gem. § 175 AktG erfolgen; es ist jedoch zweckmäßig und üblich, dieses miteinander zu verbinden. Der Abschlussprüfer wird Jahr für Jahr und zwar für das jeweils laufende Geschäftsjahr erneut gewählt (§ 318 Abs. 1 HGB). Die Wahl muss spätestens vor Ablauf des Geschäftsjahres erfolgen, andernfalls hat eine gerichtliche Bestellung zu erfolgen (§ 318 Abs. 1 Satz 3, i. V. m. Abs. 4 HGB). Wählbar sind nur Wirtschaftsprüfer und Wirtschaftsprüfungsgesellschaften (§ 319 Abs. 1 HGB, § 1 WPO).

---

274) Siehe nur *Hüffer*, AktG, § 120 Rz. 15.
275) BGH v. 7.12.2009, NZG 2010, 618.

Wird eine Wirtschaftsprüfungsgesellschaft zum Abschlussprüfer vorgeschlagen, so sind deren Firma und Sitz anzugeben, bei Einzelpersonen sind Vorname, Name, ausgeübter Beruf und Anschrift anzugeben.[276] Gerade bei der Wiederwahl desselben Abschlussprüfers muss bei der Einberufung auf die korrekte (und möglicherweise zwischenzeitlich geänderte) Bezeichnung der Firma des Wirtschaftsprüfers geachtet werden. [→ Rz. 460 ff.]

Der Beschlussvorschlag für die Wahl des Abschlussprüfers ist nur durch den Aufsichtsrat, nicht auch durch den Vorstand zu unterbreiten (§ 124 Abs. 3 Satz 1 AktG).[277] [→ Rz. 461] **571**

Wenn nichts anderes bestimmt ist, enthält die Wahl zum Abschlussprüfer auch die Wahl zum **Konzernabschlussprüfer** (§ 318 Abs. 2 HGB). Eine klarstellende Erwähnung des Konzernabschlusses ist gleichwohl möglich und in dem Muster vorgesehen. **572**

Kapitalmarktorientierte Unternehmen (§ 264d HGB) können gem. § 37w Abs. 5 WpHG ihren Halbjahresfinanzbericht einer prüferischen Durchsicht unterziehen lassen. Unternehmen im Prime Standard können zudem die Quartalsfinanzberichte prüferisch durchsehen lassen (§ 63 Abs. 3 BörsO, § 37x Abs. 3 Satz 3 WpHG). Allerdings umfasst die Wahl zum Abschlussprüfer jedoch nicht ohne Weiteres auch die Wahl zum Prüfer für eine **fakultative prüferische Durchsicht eines Halbjahresfinanzberichts**, da § 37w Abs. 5 Satz 2 WpHG nicht § 318 Abs. 2 HGB für entsprechend anwendbar erklärt. Aus diesem Grund muss ein etwaiger Prüfer für den Halbjahresfinanzbericht gesondert gewählt werden. Ein Abschlussprüfer für die Quartalsfinanzberichte muss demgegenüber nicht von der Hauptversammlung gewählt werden, weil § 37x Abs. 3 WpHG keine entsprechenden Verweise enthält. Wenn der Prüfer für eine solche prüferische Durchsicht gleichwohl durch die Hauptversammlung gewählt werden soll, muss darauf geachtet werden, dass noch die Quartalsabschlüsse für das zukünftige Geschäftsjahr, die vor der nächsten Hauptversammlung liegen, mit erfasst werden. [→ Rz. 460 f.] **573**

Bei kapitalmarktorientierten Gesellschaften (§ 264d HGB) ist der Vorschlag des Aufsichtsrats zur Wahl des Abschlussprüfers gem. § 124 Abs. 3 Satz 2 AktG auf die **Empfehlung des Prüfungsausschusses** zu stützen. Dies setzt voraus, dass die Gesellschaft einen Prüfungsausschuss eingerichtet hat (wozu sie nicht verpflichtet ist) und dass der Prüfungsausschuss dem Aufsichtsratsplenum einen Vorschlag unterbreitet hat (und nicht selbst an Stelle des Plenums tätig wurde, was gem. § 107 Abs. 3 Satz 3 AktG möglich ist).[278] Wenn ein entsprechender Vorschlag des Prüfungsausschusses vorliegt, kann es sich – wie in dem Muster vorgeschlagen – anbieten, bereits in der Einberufung hierauf Bezug zu nehmen, um entsprechenden Nachfragen in der Hauptversammlung vorzugreifen. Ist der Aufsichtsrat bei seinem Wahlvorschlag von einer Empfehlung des Prüfungsausschusses abgewichen, so ist er nach der Gesetzesbegründung des ARUG verpflichtet, dies zu begründen. Dafür genügt die Aufnahme der wesentlichen Gründe in die Sitzungsniederschrift.[279] [→ Rz. 462] **574**

Der Deutsche Corporate Governance Kodex empfiehlt in Ziff. 7.2.1 DCGK, dass der Aufsichtsrat oder der Prüfungsausschuss vor Unterbreitung des Wahlvorschlags eine Erklärung des vorgesehenen Prüfers einholen soll, ob und ggf. welche **geschäftlichen, fi-** **575**

---

276) *Schlitt/Becker* in: Semler/Volhard/Reichert, Arbeitshdb. HV, § 4 Rz. 217.
277) BGH v. 25.11.2002 – Hypo-Vereinsbank, ZIP 2003, 290, BB 2003, 462, dazu *Bayer/Fischer*, EWiR 2003, 199: es ist auch nicht ausreichend, dass bei einem Beschlussvorschlag von Aufsichtsrat und Vorstand der Vorstand vor Beginn der Abstimmung erklärt, der Wahlvorschlag werde nur vom Aufsichtsrat, nicht aber vom Vorstand unterbreitet, und dass der Versammlungsleiter anschließend nur über den Vorschlag des Aufsichtsrates abstimmen lässt.
278) *Hüffer*, AktG, § 124 Rz. 13b.
279) *Hüffer*, AktG, § 124 Rz. 13b.

nanziellen, persönlichen oder sonstigen Beziehungen zwischen dem Prüfer und seinen Organen und Prüfungsleitern einerseits und dem Unternehmen und seinen Organmitgliedern andererseits bestehen, die Zweifel an seiner Unabhängigkeit begründen können. Die Erklärung soll sich auch darauf erstrecken, in welchem Umfang im vorausgegangenen Geschäftsjahr andere Leistungen für das Unternehmen, insbesondere auf dem Beratungssektor, erbracht wurden bzw. für das folgende Jahr vertraglich vereinbart sind.

576 Die Wahl des Abschlussprüfers ist üblicherweise der letzte Tagesordnungspunkt einer Hauptversammlung, so dass weitere optionale Tagesordnungspunkte (siehe etwa Sonderbeschlüsse in Teil 6, Rz. 908 ff.) ggf. davor einzufügen wären.

577 Den Prüfungsauftrag erteilt der Aufsichtsrat, der insoweit die Gesellschaft vertritt (§ 111 Abs. 2 Satz 3 AktG).

Muster 5.2: Fristenkalender Hauptversammlung

I.   Mustertext [→ Rz. 579]

578 Fristenkalender Hauptversammlung [*Jahr*] der [...] AG

Datum	Frist	Betrifft
	spätestens einen Monat nach Zuleitung des Jahresabschlusses durch den Vorstand an den Aufsichtsrat	Sitzung des Aufsichtsrats mit Beschlussfassung über die Billigung des Jahresabschlusses, den Bericht des Aufsichtsrats und über Tagesordnung (Bilanzsitzung)
	Unverzüglich nach Entscheidung des Vorstands und Aufsichtsrats über die TO mit Beschlussvorschlägen zur Satzungsänderung	ggf. Mitteilung der beabsichtigten Satzungsänderung an BaFin und Börse (§ 30c WpHG) (siehe auch Muster 3.1, Rz. 305 ff.)
Letztmöglich X – 37 Kalendertage – 2 Arbeitstage, 14:00 Uhr	Als Termin gebundene Veröffentlichung, die elektronisch übermittelt wird; bis spätestens 14:00 Uhr einzureichen, damit die Veröffentlichung am übernächsten Erscheinungstag erfolgen kann (AGB des eBAnz) [→ Rz. 584]	Übersendung der Hauptversammlungseinladung zur Veröffentlichung an den eBAnz
letztmöglich: X – 37 Kalendertage	Mindestens 36 Tage vor der Hauptversammlung; Tage der Hauptversammlung und der Veröffentlichung der Einladung nicht mitgerechnet (§ 123 Abs. 1, 2 Satz 4 AktG; § [...] der Satzung) [→ Rz. 583 ff.]	Veröffentlichung Hauptversammlungseinladung im eBAnz (Einberufung) (siehe auch Muster 5.1, Rz. 493)
	Zum Zeitpunkt der Einberufung (§ 121 Abs. 4a AktG) [→ Rz. 583]	Zuleitung Hauptversammlungseinladung an Medien, die die Information europaweit verbreiten (über Zusatzfunktion des eBAnz möglich)

Datum	Frist	Betrifft
	Alsbald nach der Einberufung (§ 124a AktG) (empfehlenswert: zeitgleich mit Einberufung wg. § 175 Abs. 2 AktG) [→ Rz. 641]	Einstellung der Veröffentlichungen nach § 124a AktG auf der Internetseite (siehe auch Muster 5.4, Rz. 635 ff.)
Börsennotierte Gesellschaften: X – 31 (*nicht börsennotierte Gesellschaften:* 25) Kalendertage, 24:00 Uhr	Börsennotierten Gesellschaften: mindestens 30 (*nicht börsennotierte Gesellschaften:* 24) Tage vor der Hauptversammlung; Tage der Hauptversammlung und des Zugangs nicht mitgerechnet (§ 122 Abs. 2 Satz 3, § 121 Abs. 7 AktG) Bekanntmachung unverzüglich (§§ 121 Abs. 4, 4a, 124 Abs. 1, 124a Satz 2 AktG) [→ Rz. 585]	Letzter Tag für den Eingang von Minderheitsverlangen auf Ergänzung der Tagesordnung
letztmöglich: X – 22 Kalendertage	Mindestens 21 Tage vor der Hauptversammlung; Tage der Hauptversammlung und der Mitteilung nicht mitgerechnet (§ 125 Abs. 1 AktG) [→ Rz. 588]	Versand von Mitteilungen an die Aktionäre, Kreditinstitute und Aktionärsvereinigungen
Bei Inhaberaktien: X – 21 Kalendertage 00:00 Uhr	*Beginn des 21. Tages vor der Hauptversammlung, Tag der Hauptversammlung nicht mitgerechnet (§ 123 Abs. 3 Satz 3 AktG; § [...] Satzung)* [→ Rz. 586]	*Stichtag für den Nachweis des Anteilsbesitzes (Record Date)*
X – 15 Kalendertage	Mindestens 14 Tage vor der Hauptversammlung; Tage der Hauptversammlung und des Zugangs nicht mitgerechnet (§§ 126, 127 AktG) [→ Rz. 587]	Letzter Tag für den Eingang zugänglich zu machender Gegenanträge und Wahlvorschläge
Bei Namensaktien: X – 14 Kalendertag)	*14 Tage vor der Hauptversammlung (§ 125 Abs. 2 AktG); Tage der Hauptversammlung und des Versands nicht mitgerechnet.* [→ Rz. 592]	*Eintragungsstichtag für Mitteilungsversand an Namensaktionäre*
X – 7 Kalendertage, 24:00 Uhr	Mindestens 6 Tage vor der Hauptversammlung; Tage der Hauptversammlung und des Zugangs nicht mitgerechnet (§ 123 Abs. 2 und Abs. 3 Satz 3 AktG, § [...] Satzung) [→ Rz. 589 f.]	Letzter Tag für den Eingang der Anmeldung (*bei Inhaberaktien:* und *des Nachweises des Anteilsbesitzes zum Record Date*)

Datum	Frist	Betrifft
		Bei Namensaktien: ggf. Umschrei-bestopp [→ Rz. 391]
X		Hauptversammlung
X + ca. 1 Börsentag	Am ersten Börsentag nach der Hauptversammlung (§ 30b Abs. 1 Nr. 2 WpHG)	Veröffentlichung der Dividenden-bekanntmachung im eBAnz (siehe auch Muster 3.2, Rz. 314 ff.)
X + ca. 1 Börsentag	Unverzüglich nach der Hauptver-sammlung (§ 30b Abs. 1 Nr. 2 WpHG)	Einreichung der Mitteilung über etwaige Vereinbarung von Bezugs-/ Einziehungsrechten zur Veröffent-lichung im eBAnz (siehe auch Muster 3.4, Rz. 329 ff. und Muster 3.5 Rz. 333 ff.)
X + ca. 1 Börsentag	Unverzüglich nach der Hauptver-sammlung (§ 325 Abs. 1, 4 HGB)	Einreichung des Gewinnverwen-dungsbeschlusses zur Veröffent-lichung im eBAnz (siehe auch Muster 3.3, Rz. 326 ff.)
letztmöglich: X + max. 7 Kalender-tage	Innerhalb von 7 Tagen nach der Hauptversammlung (§ 130 Abs. 6 AktG)	Veröffentlichung der Abstim-mungsergebnisse auf der Internet-seite des Unternehmens (siehe auch Muster 3.6, Rz. 350 ff.)
X + erforderlich Zeit zur Fertigstellung	Unverzüglich nach der Hauptver-sammlung (§ 130 Abs. 6 AktG)	Einreichung der Niederschrift zum Handelsregister (siehe auch Muster 5.8, Rz. 907)

II. Erläuterungen [→ Rz. 578]

579   Das Muster basiert auf der Einberufung der Hauptversammlung einer börsennotierten Gesellschaft mit einer Satzungsregelung, die eine Anmelde- bzw. Nachweisfrist von sechs Tagen vorsieht.

580   Die Hauptversammlung muss gem. § 175 Abs. 1 Satz 1 AktG unverzüglich nach Eingang des Berichts des Aufsichtsrats (§ 171 Abs. 2 und 3 AktG) und jedenfalls **innerhalb der ersten acht Monate des kommenden Geschäftsjahres**, also soweit das Geschäftsjahr dem Kalenderjahr entspricht, bis Ende August des Folgejahres, stattfinden (§ 175 Abs. 1 Satz 2 AktG), siehe weiterführend Rz. 501.

581   Grundsätzlich ist bei der Ermittlung der Fristen ein sorgfältiger Abgleich mit der Satzung der Gesellschaft erforderlich.

582   Das ARUG hat das **Fristenregime** rund um die Hauptversammlung insgesamt neu ge-ordnet und vereinheitlicht, siehe weiterführend Rz. 502.

583   Die **Einberufungsfrist** beträgt nach § 123 Abs. 1 AktG 30 Tage vor dem Tag der Ver-sammlung. Die Frist ist von dem nicht mitzählenden Tag der Hauptversammlung zu-rückzurechnen (§ 123 Abs. 7 AktG). Ferner ist der Tag der Einberufung nicht mitzuzäh-

len (§ 123 Abs. 1 Satz 2 AktG). Die Satzung kann (in Grenzen) auch eine längere Einberufungsfrist vorsehen, dies ist jedoch unüblich. Die Einberufungsfrist verlängert sich um die **Anmeldefrist** (§ 123 Abs. 2 Satz 5 AktG). Am Tag der Einberufung sind auch die Zuleitungsverpflichtung zur europaweiten Verbreitung (siehe weiterführend Muster 5.1, Rz. 495 ff.) und die Veröffentlichungspflichten im Internet (siehe weiterführend Rz. 500) zu erfüllen.

Zu beachten sind die **Publikationszeiten des elektronischen Bundesanzeigers**, die sich   584
aus dessen Allgemeinen Geschäftsbedingungen für die entgeltliche Einreichung und Publikation im „elektronischen Bundesanzeiger" ergeben, die dieser auf seiner Internetseite eingestellt hat.[280] Bei Dokumenten, die länger als 25 DIN A4-Seiten sind verlängert sich die Einreichungsfrist. Entsprechendes gilt für den Fall, dass Papierdokumente eingereicht werden, siehe weiterführend, Rz. 508.

Die **Frist für das Minderheitsverlangen** auf Ergänzung der Tagesordnung berechnet sich   585
unterschiedlich für börsennotierte und nicht börsennotierte Gesellschaften. Bei börsennotierten Gesellschaften wird die vom Tag der nicht mitzählenden Hauptversammlung zu berechnende Frist von 24 auf mindestens 30 Tage verlängert. Dadurch wird sichergestellt, dass die Bekanntmachung noch vor dem Nachweisstichzeitpunkt für den Anteilsbesitz bei Inhaberaktien liegt. Es wird den Aktionären so ermöglicht, auf den Antrag zu reagieren und ihren Stimmanteil durch Hinzukauf oder Aktienleihe zu vergrößern, siehe weiterführend zum Minderheitsverlangen Rz. 680 ff.).

Für börsennotierte Gesellschaften gilt zwingend, dass jedenfalls eine in Textform erstellte   586
Bescheinigung des Anteilsbesitzes durch das depotführende Institut ausreichend ist. Der Bestandsnachweis muss sich auf den Beginn des 21. Tages vor der Hauptversammlung beziehen (sog. **Nachweisstichtag** oder Record Date), siehe weiterführend Rz. 519 ff.

Eindeutig ist nach dem ARUG nunmehr auch die Berechnung der Frist für den Eingang   587
veröffentlichpflichtiger **Gegenanträge oder Wahlvorschläge**, siehe weiterführend Rz. 684 ff.

Die Frist zum **Mitteilungsversand** gem. § 125 Abs. 1 Satz 1 AktG sollte in der Praxis   588
nicht ausgeschöpft werden, vielmehr sollte der Versand beginnen, sobald fest steht, dass kein Ergänzungsverlangen nach § 122 Abs. 2 AktG eingegangen ist, da dieses ggf. mit der Einladung zu versenden wäre.

Die **Anmeldefrist** beträgt gem. § 123 Abs. 2 Satz 2 und 3 AktG maximal sechs Tage. Der   589
Tag des Zugangs ist nicht mitzurechnen (§ 123 Abs. 2 Satz 4 AktG). Sofern ein Anmeldeerfordernis von maximal zulässigen sechs Tagen besteht, beträgt die Einberufungsfrist also insgesamt **36 Tage.** Vorsicht ist geboten, wenn die Satzung ausnahmsweise bestimmt, dass die Einberufung mindestens „30 Tage vor dem letzten Anmeldetag" erfolgen muss. Bei dieser Formulierung verlängert sich die Einberufungsfrist zusätzlich um den Anmeldetag, beträgt also **37 Tage**, siehe weiterführend Rz. 504 ff.

Entsprechendes gilt bei Gesellschaften mit Inhaberaktien für die Vorlage eines **Legitima-**   590
tionsnachweises (§ 123 Abs. 3 Satz 1 Halbs. 2 AktG). Da die Fristen für die Vorlage des Nachweises und Anmeldung aber in der Regel identisch sind, dürfte diese Regelung praktisch nur in Ausnahmefällen relevant sein.

---

280) http://www.ebundesanzeiger.de/download/D042 agb-ebanz.pdf (Stand 23.2.2010).

591 Gesellschaften mit Namensaktien können zudem einen **Umschreibestopp** festlegen, dessen Dauer maximal der Anmeldefrist entsprechen kann, siehe weiterführend Rz. 522.

592 Gesellschaften mit Namensaktionären müssen nach § 125 Abs. 2 Satz 1 AktG außerdem allen Aktionären, die spätestens am 14. Tag vor der Hauptversammlung im Aktienregister der Gesellschaft eingetragen sind, die Einberufung zusenden (sog. Schlussversand).

Muster 5.3: Vollmachts- und Briefwahlformular

I.   Mustertext [→ Rz. 628 ff.]

593 [...] AG, [*Ort*]

Ordentliche Hauptversammlung am [*Datum*]

Vollmachtsformular – Bitte l e s e r l i c h und in DRUCKBUCHSTABEN ausfüllen

Dieses Formular ersetzt nicht die ordnungsgemäße Anmeldung zur Versammlung.

Bitte beachten Sie auch die nachfolgenden Hinweise zur Teilnahme an der Hauptversammlung und zur Stimmrechtsvertretung.

Person des Erklärenden

_____   _____

Nachname bzw. Firma*   Eintrittskarte Nr.*

_____   _____

Vorname*   Anzahl Aktien*

_____   _____

PLZ/Ort*   E-Mail und Telefonnummer (tagsüber)
                                                               für Rückfragen

* Angaben entnehmen Sie bitte der Eintrittskarte zur Versammlung

1.   Vollmacht an einen Dritten

594 Ich/Wir bevollmächtige(n)

_____   _____

Nachname, Vorname   PLZ, Wohnort

mich/uns in der Hauptversammlung der [...] AG am [*Datum*] zu vertreten. Die Vollmacht bedeutet den Widerruf einer zuvor erteilten Vollmacht und umfasst die Ausübung sämtlicher versammlungsbezogener Rechte einschließlich der Erteilung einer Untervollmacht.

_____

Ort, Datum, Unterschrift(en) bzw. Abschluss der Erklärung i. S. v. § 126b BGB

2. Vollmacht/Weisungen an Stimmrechtsvertreter der Gesellschaft [→ Rz. 632]

Ich/Wir bevollmächtige(n) Herrn [...], [*Ort*], und Frau [...], [*Ort*], (Stimmrechtsvertre- 595
ter der Gesellschaft), jeweils einzeln und mit dem Recht zur Unterbevollmächtigung,
mich/uns in der Hauptversammlung der [...] AG am [*Datum*] unter Offenlegung mei-
nes/unseres Namens [*alternativ: ohne Offenlegung meines/unseres Namens, d.h. im Namen
dessen, den es angeht,*] zu vertreten und das Stimmrecht für mich/uns gem. mei-
nen/unseren nachstehenden Weisungen auszuüben. [→ Rz. 632]

☐ Ich/Wir erteile(n) Weisung in allen Punkten für die Vorschläge der Verwaltung zu
  stimmen, soweit nicht nachstehend zu einzelnen Beschlussvorschlägen gesondert
  Weisung erteilt wird.

☐ Ich/Wir erteilen Einzelweisungen wie nachstehend angegeben:

Beschlussvorschläge gem. elektronischem Bundesanzeiger	Ja	Nein
2. Beschlussfassung über die Verwendung des Bilanzgewinns	☐	☐
3. Beschlussfassung über die Entlastung der Mitglieder des Vorstands für das Geschäftsjahr [...]	☐	☐
4. Beschlussfassung über die Entlastung der Mitglieder des Aufsichtsrats für das Geschäftsjahr [...]	☐	☐
5. Wahl des Abschlussprüfers für das Geschäftsjahr [...]	☐	☐

Datum, Unterschrift(en) bzw. Abschluss der Erklärung i. S. v. § 126b

Alternativ bei Briefwahl:

3. Briefwahl [→ Rz. 634]

Ich/Wir komme(n) nicht selbst zur Hauptversammlung, stimme(n) aber per Briefwahl ab 596
wie nachstehend angegeben

☐ *Stimmabgabe in allen Punkten für die Vorschläge der Verwaltung, soweit nicht nachstehend zu einzelnen Beschlussvorschlägen gesondert abgestimmt wird.*

☐ *Stimmabgabe wie nachstehend angegeben:*

Beschlussvorschläge gem. elektronischem Bundesanzeiger	*Ja*	*Nein*
2. *Beschlussfassung über die Verwendung des Bilanzgewinns*	☐	☐
3. *Beschlussfassung über die Entlastung der Mitglieder des Vorstands für das Geschäftsjahr [...]*	☐	☐
4. *Beschlussfassung über die Entlastung der Mitglieder des Aufsichtsrats für das Geschäftsjahr [...]*	☐	☐
5. *Wahl des Abschlussprüfers für das Geschäftsjahr [...]*	☐	☐

Datum, Unterschrift(en) bzw. Abschluss der Erklärung i. S. v. § 126b BGB

Hinweise zur Teilnahme an der Hauptversammlung und zur Stimmrechtsvertretung [*alternativ: sowie zur Stimmabgabe durch Briefwahl*]

597 Das Recht an der Hauptversammlung teilzunehmen und das Stimmrecht auszuüben, kann wahrgenommen werden, indem Sie persönlich zur Hauptversammlung erscheinen, einen Dritten bevollmächtigen, der die Hauptversammlung besucht oder den von der Gesellschaft benannten Stimmrechtsvertretern Vollmacht und Weisungen erteilen. [*Alternativ: Sie können Ihr Stimmrecht auch im Wege der Briefwahl abgeben, ohne an der Hauptversammlung vor Ort teilnehmen zu müssen*]

598 In allen Fällen [*bei Namensaktien: müssen Sie im Aktienregister der Gesellschaft eingetragen sein und*] ist eine form- und fristgerechte Anmeldung] [*bei Inhaberaktien: und ein form- und fristgerechter Nachweis des Anteilsbesitzes*] nach den in der Einberufung genannten Bestimmungen erforderlich. Für die Anmeldung [*nur bei Inhaberaktien: und den Nachweis*] gilt die in der Einberufung genannte Frist [*Wochentag, Datum, Uhrzeit*]). [*Nur bei Inhaberaktien: Die Anmeldung und der Nachweis des Anteilsbesitzes erfolgen üblicherweise über die depotführenden Institute. Bitte kontaktieren Sie daher frühzeitig Ihr depotführendes Institut. Ihr depotführendes Institut wird dann die Ausstellung und Übersendung einer Eintrittskarte veranlassen.*] Der Eintrittskarte ist ebenfalls ein – dem vorliegenden Formular inhaltlich entsprechendes – Vollmachts[*alternativ: – und Briefwahl*]Formular beigefügt.

Hinweise zum Vollmachts[*alternativ: – und Briefwahl*]**formular**

599 Das Vollmachts[*alternativ: – und Briefwahl*]formular ersetzt <u>nicht</u> die ordnungsgemäße Anmeldung zur Hauptversammlung. Die erforderlichen Angaben zur Person des Erklärenden entnehmen Sie bitte Ihrer Eintrittskarte. Sofern eine eindeutige Zuordnung des Formulars zur Anmeldung aufgrund unvollständiger oder unleserlicher Angaben nicht möglich sein sollte, kann das Stimmrecht durch den Bevollmächtigten in der Hauptversammlung nicht ausgeübt werden [*alternativ: eine Stimmabgabe durch Briefwahl nicht erfolgen*]. Das Formular ist nicht zwingend. Sie können auch das auf der Eintrittskarte aufgedruckte Formular oder eine sonstige Erklärung in Textform verwenden. Hierbei gelten obige Ausführungen zur Zuordnung der Vollmacht [*Stimmabgabe durch Briefwahl*] zu einer Anmeldung. [→ Rz. 630]

1. Stimmrechtsvertretung durch einen bevollmächtigten Dritten

600 Wenn Sie einen Dritten bevollmächtigen möchten, bitten wir Sie, das vorstehende Formular „Vollmacht an einen Dritten" zu verwenden.

601 Vollmachten, die nicht an ein Kreditinstitut, eine Aktionärsvereinigung oder eine andere der gem. aktienrechtlichen Bestimmungen gleichgestellten Personen oder Institutionen erteilt werden, ihr Widerruf und der Nachweis der Bevollmächtigung gegenüber der Gesellschaft bedürfen der Textform. Die Erklärung der Erteilung der Vollmacht kann gegenüber dem Bevollmächtigten oder gegenüber der Gesellschaft erfolgen. Für die Erklärung einer Vollmachtserteilung gegenüber der Gesellschaft, den Widerruf einer bereits erteilten Vollmacht und die Übermittlung des Nachweises der Bevollmächtigung bietet die Gesellschaft folgende (auch elektronische) Adresse an::

[...] AG

[*Anschrift*]

Telefax: […]

E-Mail: […]

Der Nachweis einer gegenüber dem Bevollmächtigten erteilten Vollmacht kann gegen- 602
über der Gesellschaft dadurch geführt werden, dass dieser die Vollmacht am Tag der
Hauptversammlung an der Einlasskontrolle vorweist. Erfolgt die Erteilung der Vollmacht
durch Erklärung gegenüber der Gesellschaft, erübrigt sich ein gesonderter Nachweis über
die Erteilung der Vollmacht.

Wir bitten unsere Aktionäre, Vollmachten, Nachweise der Bevollmächtigung und den 603
Widerruf von Vollmachten, soweit diese postalisch oder per Telefax übermittelt werden,
bis

[Datum z. B. zwei Tage vor der Hauptversammlung], 24:00 Uhr (Eingang),

der Gesellschaft zu übermitteln.

Bevollmächtigt ein Aktionär mehr als eine Person, so kann die Gesellschaft eine oder 604
mehrere von diesen Bevollmächtigten zurückweisen.

Auch nach Erteilung von Vollmachten sind Sie zur persönlichen Teilnahme an der 605
Hauptversammlung berechtigt. Hierzu muss jedoch die im Vorfeld der Hauptversammlung erteilte Vollmacht in Textform widerrufen werden. Entsprechende Formulare stehen
am Tag der Hauptversammlung am Anmeldeschalter zur Verfügung. [→ Rz. 633]

Für die Bevollmächtigung von Kreditinstituten, Aktionärsvereinigungen oder anderen, 606
diesen gem. § 135 Abs. 8 und Abs. 10 i. V. m. § 125 Abs. 5 AktG gleichgestellten Personen oder Institutionen sowie für den Widerruf und den Nachweis einer solchen Bevollmächtigung können Besonderheiten gelten; die Aktionäre werden gebeten, sich in einem
solchen Fall rechtzeitig mit der zu bevollmächtigenden Person oder Institution über
Form und Verfahren der Vollmachtserteilung abzustimmen. [*Bei Namensaktien: Ist ein
Kreditinstitut im Aktienregister eingetragen, so kann dieses das Stimmrecht für Aktien, die
ihm nicht gehören, nur aufgrund einer Ermächtigung des Aktionärs ausüben.*]

2. Vollmacht/Weisungen an die von der Gesellschaft benannten Stimmrechtsvertreter

Wenn Sie nicht selbst an der Hauptversammlung teilnehmen und auch keinen Dritten be- 607
vollmächtigen, können Sie Vollmacht/Weisungen an Stimmrechtsvertreter der Gesellschaft erteilen.

Wenn Sie die Stimmrechtsvertreter der Gesellschaft bereits vor der Hauptversammlung 608
bevollmächtigen wollen, bitten wir Sie, das vorstehende Formular „Vollmacht/Weisungen
an Stimmrechtsvertreter der Gesellschaft" zu verwenden. Ein entsprechendes Formular
wird auch postalisch zusammen mit der Eintrittskarte zur Verfügung gestellt.

Erteilen Sie hierbei bitte zu allen Beschlussvorschlägen eine Weisung. Ihre Weisung be- 609
zieht sich jeweils auf den im elektronischen Bundesanzeiger zusammen mit der Einberufung der Hauptversammlung veröffentlichten Beschlussvorschlag. Kreuzen Sie bitte bei
Zustimmung das JA-Feld und bei Ablehnung das NEIN-Feld an. Wenn Sie keine Markierung vornehmen, werden die Stimmrechtsvertreter der Gesellschaft sich in der betreffenden
Abstimmung der Stimme enthalten. Doppelmarkierungen werden als ungültig gewertet.

Sollte zu einem bestimmten Beschlussgegenstand eine Einzelabstimmung erforderlich 610
werden, gilt die zu diesem Beschlussgegenstand erteilte Weisung entsprechend für jeden
abzustimmenden Unterpunkt.

611 Die Stimmabgabe zu Tagesordnungspunkt 2 gilt auch für den Fall, dass der Hauptversammlung auf Grund einer Veränderung der Anzahl der dividendenberechtigten Stückaktien ein entsprechend angepasster Gewinnverwendungsvorschlag unterbreitet wird.

612 Vollmacht/Weisungen an Stimmrechtsvertreter der Gesellschaft bitten wir bis spätestens [*Datum z. B. zwei Tage vor der Hauptversammlung*], 24:00 Uhr, (Eingang) postalisch, per Telefax oder per E-Mail an folgende Adresse zu übermitteln:

[...] AG

[*Straße*]

[*Ort*]

Telefax: [...]

E-Mail: [...]

613 Wenn wir Vollmacht/Weisungen auf mehreren Übermittlungswegen mit voneinander abweichenden Weisungen erhalten, werden wir die zuletzt erteilte Vollmacht/Weisung als vorrangig betrachten.

614 Auch nach Erteilung von Vollmacht/Weisungen an Stimmrechtsvertreter der Gesellschaft sind Sie zur persönlichen Teilnahme an der Hauptversammlung berechtigt. Hierzu muss jedoch die im Vorfeld der Hauptversammlung an die Stimmrechtsvertreter der Gesellschaft erteilte Vollmacht in Textform widerrufen werden. Entsprechende Formulare für den Widerruf der ursprünglich erteilen Vollmacht an die Stimmrechtsvertreter der Gesellschaft stehen am Tag der Hauptversammlung am Anmeldeschalter zur Verfügung. [→ Rz. 633]

615 Zugänglich zu machende Anträge bzw. Wahlvorschläge von Aktionären (Gegenanträge) können Sie im Internet einsehen unter: [*Internetseite der Gesellschaft mit Pfadangabe*]. Etwaigen Gegenanträgen, die ausschließlich auf Ablehnung des Vorschlags der Verwaltung zu einem Tagesordnungspunkt gerichtet sind, können Sie sich dadurch anschließen, dass Sie eine Abstimmungsweisung entgegen dem Verwaltungsvorschlag erteilen.

616 Vollmacht/Weisungen an Stimmrechtsvertreter der Gesellschaft umfassen mangels ausdrücklicher Weisungen keine Abstimmungen über weitergehende Anträge wie etwa inhaltlich über die bloße Ablehnung des Verwaltungsvorschlags hinausgehende Gegenanträge oder Verfahrensanträge. Die Stimmrechtsvertreter der Gesellschaft werden sich in diesen Fällen in der Abstimmung der Stimme enthalten.

617 Bitte beachten Sie, dass die Vollmacht/Weisungen an Stimmrechtsvertreter der Gesellschaft ausschließlich eine weisungsgebundene Stimmrechtsausübung beinhaltet. Hierüber hinaus gehende Aufträge wie etwa zum Stellen von Anträgen, Fragen oder zur Abgabe von Erklärungen können mittels Vollmacht/Weisungen an Stimmrechtsvertreter der Gesellschaft nicht erteilt werden. Sofern Sie die Ausübung Ihrer Aktionärsrechte über den beschriebenen Rahmen hinaus wünschen, können Sie Ihre Rechte selbst ausüben oder einen Dritten bevollmächtigen.

Alternativ bei Stimmabgabe durch Briefwahl:

3. Stimmabgabe durch Briefwahl

618 *Wenn Sie nicht selbst an der Hauptversammlung teilnehmen und auch keinen Dritten bevollmächtigen bzw. Vollmacht/Weisungen an Stimmrechtsvertreter der Gesellschaft erteilen, können Sie Ihr Stimmrecht in der Hauptversammlung auch durch Briefwahl ausüben.*

Zur Abgabe Ihrer Briefwahlstimme bitten wir Sie, das vorstehende Formular „Stimmabgabe   **619**
durch Briefwahl" zu verwenden. Ein entsprechendes Formular wird auch postalisch zusammen mit der Eintrittskarte zur Verfügung gestellt.

Stimmen Sie bitte zu allen Beschlussvorschlägen ab. Ihre Abstimmung bezieht sich jeweils auf   **620**
den im elektronischen Bundesanzeiger zusammen mit der Einberufung der Hauptversammlung veröffentlichten Beschlussvorschlag. Kreuzen Sie bitte bei Zustimmung das JA-Feld und bei Ablehnung das NEIN-Feld an. Wenn Sie keine Markierung vornehmen, enthalten Sie sich der Stimme. Doppelmarkierungen werden als ungültig gewertet.

Sollte zu einem bestimmten Beschlussgegenstand eine Einzelabstimmung erforderlich werden,   **621**
gilt die zu diesem Beschlussgegenstand erteilte Weisung entsprechend für jeden abzustimmenden Unterpunkt.

Die Stimmabgabe zu Tagesordnungspunkt 2 gilt auch für den Fall, dass der Hauptversamm-   **622**
lung auf Grund einer Veränderung der Anzahl der dividendenberechtigten Stückaktien ein entsprechend angepasster Gewinnverwendungsvorschlag unterbreitet wird.

Die Stimmabgabe durch Briefwahl muss der Gesellschaft spätestens am   **623**

[Wochentag, Datum], 24:00 Uhr

unter der folgenden Adresse zugegangen sein:

[...] AG
[Anschrift der Gesellschaft]
Telefax: [...]
E-Mail: [...]

Auch bevollmächtigte Kreditinstitute und sonstige nach § 135 Abs. 8 AktG gleichgestellte Ver-   **624**
einigungen und Personen können sich der Möglichkeit zur Briefwahl bedienen.

Wenn wir Stimmabgaben auf mehreren Übermittlungswegen mit voneinander abweichenden   **625**
Abstimmungen erhalten, werden wir die zuletzt abgegebene Stimme als vorrangig betrachten.

Auch nach Ihrer Stimmabgabe durch Briefwahl sind Sie zur persönlichen Teilnahme an der   **626**
Hauptversammlung berechtigt. Hierzu muss jedoch die im Vorfeld der Hauptversammlung erfolgte Stimmabgabe widerrufen werden. Entsprechende Formulare für den Widerruf der Stimmabgabe stehen am Tag der Hauptversammlung am Anmeldeschalter zur Verfügung.
[→ Rz. 633]

Zugänglich zu machende Anträge bzw. Wahlvorschläge von Aktionären (Gegenanträge) können   **627**
Sie im Internet einsehen unter: [Internetseite der Gesellschaft mit Pfadangabe]. Etwaigen Gegenanträgen, die ausschließlich auf Ablehnung des Vorschlags der Verwaltung zu einem Tagesordnungspunkt gerichtet sind, können Sie sich dadurch anschließen, dass Sie gegen den Verwaltungsvorschlag stimmen.

Bitte das Formular l e s e r l i c h und in DRUCKBUCHSTABEN ausfüllen.

II. Erläuterungen [→ Rz. 593 ff.]

Vollmachtsformulare muss die börsennotierte Aktiengesellschaft gem. § 124a AktG als-   **628**
bald nach der Einberufung auf ihrer **Internetseite** zugänglich machen, es sei denn sie werden den Aktionären direkt übermittelt, beispielsweise mit der Eintrittskarte.

629 Außerdem verpflichtet § 30a Abs. 1 Nr. 5 WpHG börsennotierte Gesellschaften Vollmachtsformulare entweder bereits mit der Einladung zur Hauptversammlung oder auf Verlangen zuzusenden. Ein Versand mit der Einladung ist bei Namensaktien problemlos möglich, bei Inhaberaktien ist zumindest zweifelhaft, ob die Übermittlungspflicht inländischer Kreditinstitute und diesen gleichgestellter Institute über Mitteilungen gem. § 125 AktG hinaus auch weitere Dokumente betrifft. Nicht erfasst sind jedenfalls ausländische Banken und Finanzdienstleister. Üblicherweise erfolgt der Versand mit der Eintrittskarte.

630 Es ist **nicht** zu empfehlen, die Verwendung des zur Verfügung gestellten Vollmachtformulars **zwingend** vorzuschreiben.[281)] Zwar scheint der Gesetzeswortlaut („die zu verwenden sind") in §§ 121 Abs. 3 Nr. 2 lit. a) und 124a Nr. 5 AktG für die Zulässigkeit der zwingenden Vorgabe von Vollmachtsformularen zu sprechen. Die Aktionärsrechtlinie, die durch diese Regelungen umgesetzt werden soll, enthält hierfür aber keine Grundlage. Das verbindliche Formular bedeutet faktisch eine Erschwerung der Vollmachtserteilung, die gem. § 134 Abs. 3 Satz 3 AktG für börsennotierte Gesellschaften stets und für nicht börsennotierte Gesellschaften nur aufgrund einer entsprechenden Satzungsbestimmung zulässig ist. [→ Rz. 599]

631 Hinsichtlich der Voraussetzungen der Vollmachtserteilung kann auf die Ausführungen in Muster 5.1, Rz. 471 ff. verwiesen werden.

632 Zu beachten ist, dass der von der Gesellschaft benannte **Stimmrechtsvertreter** nach der Neufassung von § 135 Abs. 5 AktG durch das ARUG, auf den § 134 Abs. 3 AktG verweist, grundsätzlich verdeckt, also im Namen dessen, den es angeht, erfolgt. Sofern aus organisatorischen Gründen eine Offenlegung des Namens des Vertretenen im Teilnehmerverzeichnis erfolgen soll, muss dies – wie in dem Muster vorgesehen – in der Vollmachtserteilung ausdrücklich bestimmt werden. [→ Rz. 595, 607 ff.]

633 Falls der Vollmachtgeber nach Erteilung der Vollmacht **persönlich auf der Hauptversammlung erscheint** kann allein dieses Verhalten wegen des Textformerfordernisses nicht als Widerruf der Vollmacht ausgelegt werden. Sofern die Satzung hierfür keine ausdrücklich Formerleichterung i. S. d. § 134 Abs. 3 Halbs. 2 AktG vorsieht, muss der Aktionär daher am Anmeldeschalter seine Vollmacht in der gebotenen Form widerrufen.[282)] [→ Rz. 605, 614, 626]

634 Bei einer Stimmabgabe durch **Briefwahl** stellt sich ebenfalls die Frage nach den Möglichkeiten und Voraussetzungen eines Widerrufs. Grundsätzlich ist von einer Widerrufsmöglichkeit der Stimmabgabe auszugehen, denn als empfangsbedürftige Willenserklärung wird sie gem. § 130 Abs. 1 Satz 1 BGB erst mit Zugang wirksam. Da es auf den Zugang beim Versammlungsleiter ankommt, kann der Widerruf auch noch nach Zugang der Stimmabgabe bei der Gesellschaft erfolgen, und zwar grundsätzlich bis zur Beschlussfassung in der Hauptversammlung. Allerdings sollte schon aus Gründen der Rechtssicherheit eine ausdrückliche Widerrufserklärung des Aktionärs erbeten werden und nicht bereits sein bloßes Erscheinen in der Hauptversammlung als konkludente Widerrufserklärung gewertet werden.[283)] [→ Rz. 596, 618 ff.]

---

281) *Götze*, NZG 2010, 93; *Ziemons* in: Schmidt/Lutter, AktG, § 134 Rz. 43.
282) *Götze*, NZG 2010, 93, 95.
283) Zum Diskussionsstand: *Horn*, ZIP 2008, 1558, 1565; Noack, *WM* 2009, 2289, 2292; *Spindler* in: Schmidt/Lutter, AktG, § 118 Rz. 56.

Muster 5.4: Veröffentlichungen auf der Internetseite der Gesellschaft

I.   Mustertext [→ Rz. 639 ff.]

Hauptversammlung [*Jahr*]   **635**

– Einladung zur Hauptversammlung mit Tagesordnung und [→ Rz. 644]

  • Erläuterungen, warum zu Punkt 1 der Tagesordnung kein Beschluss gefasst wird [→ Rz. 645]

  • Gesamtzahl der Aktien und Stimmrechte im Zeitpunkt der Einberufung [→ Rz. 645]

– Weitergehende Erläuterungen zu den Rechten der Aktionäre [→ Rz. 650]

– Vollmachtsformulare [→ Rz. 647]

– [*bei Briefwahl: Briefwahlformulare*] [→ Rz. 647]

– Satzung [→ Rz. 655]

– Ergänzungsverlangen von Aktionäre gem. § 122 Abs. 2 AktG [→ Rz. 648]

– Gegenanträge/Wahlvorschläge von Aktionären gem. §§ 125, 127 AktG [→ Rz. 651]

– Auskünfte im Vorfeld der Hauptversammlung gem. § 131 Abs. 3 Nr. 7 AktG

– Abstimmungsergebnisse [→ Rz. 654]

Unterlagen zu TOP 1 der Tagesordnung [→ Rz. 646]   **636**

– Geschäftsbericht für das Geschäftsjahr [...] mit

  • gebilligtem Konzernabschluss

  • zusammengefasstem Lage- und Konzernlagebericht

  • Bericht des Aufsichtsrats

  • erläuterndem Bericht des Vorstands zu den Angaben nach §§ 289 Abs. 4, 315 Abs. 4 HGB

– Jahresabschluss für das Geschäftsjahr [...] mit

  • Vorschlag des Vorstands für die Verwendung des Bilanzgewinns

Unterlagen zu TOP [...] der Tagesordnung [→ Rz. 646]   **637**

– [...]

Fakultativ: [→ Rz. 655]   **638**

– [*Anteilsbesitzliste*]

– [*Veröffentlichungen im elektronischen Bundesanzeiger*]

– [*Anfahrtsskizze*]

– [*Stimmrechtsmitteilungen*]

– [*aktueller Quartalsfinanzbericht*]

– [*bei Aufsichtratswahlen: Lebensläufe der Kandidaten*]

– [*bei Abstimmung über das Vergütungssystem: Auszug aus dem Geschäftsbericht mit Vergütungsbericht/Darstellung des Vergütungssystems*]

– [*Rede/Präsentation des Vorstandsvorsitzenden, nachdem dieser sie auf der Hauptversammlung gehalten hat*]

– [*Dividendenbekanntmachung*]

II. Erläuterungen [→ Rz. 635 ff.]

639 Die Internetseite der börsennotierten Aktiengesellschaft soll nach den Vorstellungen des Gesetzgebers zum **zentralen Medium des Informationsaustauschs** zwischen Gesellschaft und Aktionär ausgebaut werden.

640 § 124a AktG verpflichtet daher börsennotierte Gesellschaften, bestimmte Informationen und Unterlagen, die mit der Hauptversammlung im Zusammenhang stehen, alsbald nach der Einberufung auf ihrer Internetseite zugänglich zu machen. Daneben verlangt oder ermöglicht das Aktiengesetz aber auch noch an anderen Stellen das Einstellen von Informationen im Internet.

1. Zugänglichmachen von Informationen nach § 124a AktG

641 Die in § 124a AktG genannten Informationen und Unterlagen sind „alsbald" nach der Einberufung der Hauptversammlung auf der Internetseite zugänglich zu machen. Nach der Gesetzesbegründung soll eine gewisse zeitliche Verzögerung mit Blick auf betriebsinterne Abläufe und die erforderliche Technik zugestanden werden. Ein Einstellen auf der Internetseite zeitgleich mit der Einberufung, also mit der Veröffentlichung im elektronischen Bundesanzeiger, ist allerdings erforderlich, wenn die Gesellschaft von der Möglichkeit Gebrauch machen will, auf eine Auslage von Unterlagen in den Geschäftsräumen und den Versand auf Anforderung von Aktionären zugunsten einer Internetveröffentlichung zu verzichten. Sämtliche aktien- und umwandlungsrechtlichen Regelungen, die diese Möglichkeit eröffnen (§§ 52 Abs. 2, 175 Abs. 2 Satz 4, 179a Abs. 2, 293g Abs. 1, 319 Abs. 4, § 327d Satz 1 AktG, §§ 63, 230 Abs. 2 UmwG) verlangen nämlich, dass diese Unterlagen bereits „von der Einberufung an" auf der Internetseite verfügbar sind.

> **Praxistipp:**
>
> Die Veröffentlichung der Informationen und Unterlagen sollte so sorgfältig vorbereitet werden, dass die betreffende Internetseite unmittelbar mit Veröffentlichung der Einberufung im elektronischen Bundesanzeiger freigeschaltet werden kann. Ein Testlauf über eine gespiegelte Internetseite ist empfehlenswert.

642 Nach Art. 5 Abs. 4 der Aktionärsrechterichtlinie endet die Publizitätspflicht bezüglich der in § 124a AktG angesprochenen Unterlagen mit dem Tag der Hauptversammlung. § 124a AktG enthält hierzu keine Regelungen. Jedenfalls die Informationen nach § 124a AktG könnten also nach der Hauptversammlung wieder von der Internetseite entfernt werden. Für die anderen Informationen gilt dies jedoch nicht. Einige, wie etwa die Abstimmungsergebnisse, sind ohnedies erst nach der Hauptversammlung einzustellen. Üblicherweise halten die Gesellschaften die Informationen zur Hauptversammlung aber deutlich länger auf der Internetseite vor, teilweise in einem Hauptversammlungsarchiv sogar über mehrere Jahre.

643 Nach § 121 Abs. 3 Satz 2 Nr. 4 AktG muss die Einberufung die **Internetseite der Gesellschaft angeben**, über die die Informationen nach § 124a AktG zugänglich sind.

644 Zu den Informationen, die nach § 124a AktG auf der Internetseite zugänglich zu machen sind, gehört zunächst der **Inhalt der Einberufung** (§ 124a Satz 1 Nr. 1 AktG). Damit ist die gesamte Einladung (und nicht nur eine Kurzfassung) gemeint.

645 In dem hier vorgeschlagenen Muster 5.1, Rz. 450 ist die Erläuterung, wenn zu einem Tagesordnungspunkt kein Beschluss zu fassen ist (bei ordentlichen Hauptversammlungen ist dies regelmäßig TOP 1 betreffend die Vorlage von Rechnungsunterlagen), ebenso wie die Angabe der Gesamtzahl der Aktien und Stimmrechte bereits in der Einberufung ent-

halten, sodass sich die Einstellung eines separaten Dokuments auf der Internetseite erübrigt, sofern auch im Internet gem. § 124a Satz 1 Nr. 1 AktG die vollständige Einberufung mit eben diesen Informationen eingestellt wird (§ 124a Satz 1 Nr. 2 und 4 AktG).

Außerdem sind die der Hauptversammlung zugänglich zu machenden Unterlagen im Internet einzustellen (§ 124a Satz 1 Nr. 3 AktG). Dies betrifft bei ordentlichen Hauptversammlungen zunächst die Unterlagen gem. § 175 Abs. 2 AktG (Jahres- und Konzernabschluss jeweils mit Lagebericht und Bericht des Aufsichtsrats, Vorschlag des Vorstands für die Verwendung des Bilanzgewinns und bei börsennotierten Gesellschaften ein erläuternder Bericht zu den Angaben nach § 289 Abs. 4 und 5 sowie § 315 Abs. 4 HGB). Weitere Tagesordnungspunkte können das Einstellen weiterer Dokumente erforderlich machen (z. B. § 52 Abs. 2 AktG bei Nachgründungen, § 179a Abs. 2 AktG bei Vermögensübertragungen im Ganzen, § 293g Abs. 1 AktG bei Unternehmensverträgen, § 319 Abs. 4 AktG bei der Eingliederung und § 327d Satz 1 AktG beim Squeeze-out, § 63, 230 Abs. 2 UmwG bei Verschmelzungen). [→ Rz. 636] **646**

Weiter sind die Vollmachtsformulare und – für den Fall, dass die Gesellschaft die Briefwahl anbietet – auch die Briefwahlformulare auf der Internetseite einzustellen. Der Gesetzeswortlaut und die Begründung legen zwar nahe, dass diese Verpflichtung nur besteht, wenn die Verwendung der Formulare verbindlich ist. Aus Art. 5 Abs. 4 Abs. 1 lit. c der Aktionärsrechterichtlinie, dessen Umsetzung diese aktienrechtliche Regelung dient, lässt sich diese Einschränkung jedoch nicht entnehmen. Richtigerweise stellt daher die Praxis ganz überwiegend diese Formulare auch dann zur Verfügung, wenn diese nicht zwingend sind.[284] Auf ein Einstellen kann jedoch verzichtet werden, wenn gewährleistet ist, dass die Formulare allen Aktionären direkt übermittelt werden, beispielsweise mit der Eintrittskarte.[285] [→ Rz. 635] **647**

Schließlich sind gem. § 124a Satz 2 AktG Anträge auf Ergänzung der Tagesordnung, die nach Veröffentlichung der Einberufung zugegangen sind, auf der Internetseite einzustellen. Diese Verpflichtung besteht zusätzlich zu der Verpflichtung, den Ergänzungsantrag gem. § 124 Abs. 1 AktG in gleicher Weise wie die Einladung (also durch Veröffentlichung im elektronischen Bundesanzeiger sowie ggf. weiteren Gesellschaftsblättern sowie bei börsennotierten Gesellschaften durch Zuleitung an ein Medienbündel zur europaweiten Verbreitung) bekannt zu machen und den Aktionärsmitteilungen gem. § 125 AktG beizufügen. Voraussetzung ist allerdings, dass Ergänzungsanträge den Anforderungen des § 122 Abs. 2 AktG bezüglich Form und Inhalt genügen. [→ Rz. 635] **648**

Ein Verstoß gegen die Verpflichtung gem. § 124a AktG, sei es weil Informationen gar nicht oder aber falsch bzw. nicht vollständig zugänglich gemacht wurden, führt allerdings nicht zur Anfechtbarkeit der in der Hauptversammlung gefassten Beschlüsse. Er kann aber als Ordnungswidrigkeit verfolgt werden (§ 405 Abs. 3a Nr. 2 AktG). Unterbrechungen aufgrund technischer Störungen, die nicht von der Gesellschaft verschuldet sind oder kurzzeitige Unterbrechungen wegen einer Systemwartung begründen allerdings keine Ordnungswidrigkeit.[286] Der Anfechtungsausschluss gilt nur für den Katalog der Informationen und Unterlagen nach § 124a AktG, nicht aber für die Verpflichtung zur Zugänglichmachung nach anderen Vorschriften (z. B. von Gegenanträge und Wahlvorschläge von Aktionären gem. §§ 126 Abs. 1 Satz 3, 127 AktG, der Entsprechenserklärung gem. **649**

---

284) Vgl. auch *Ziemons* in: Schmidt/Lutter, AktG, § 124a Rz. 8.
285) *Rieckers* in: Spindler/Stilz, AktG, § 121 Rz. 40.
286) Begr. RegE ARUG BT-Drucks 16/11642, S. 30.

§ 161 Abs. 2 AktG, Abstimmungsergebnisse gem. § 130 Abs. 6 AktG). Der Ausschluss der Anfechtbarkeit greift auch nicht, wenn die Gesellschaft von der Möglichkeit Gebrauch macht, die Unterlagen nur im Internet zugänglich zu machen und nicht in den Geschäftsräumen auszulegen bzw. auf Anforderung an Aktionäre zu versenden. Auch aus diesem Grund empfiehlt es sich in der Praxis, die Unterlagen weiterhin vorsorglich auch in den Geschäftsräumen auszulegen und sie Aktionären auf Wunsch auch zuzusenden, und nicht auf der Internetveröffentlichung zu beharren, auch wenn nur auf diese in der Einberufung hingewiesen wurde.

2. Weitere zwingende Informationen im Zusammenhang mit der Hauptversammlung auf der Internetseite der Gesellschaft

650 **Erläuterungen zu den Aktionärsrechten** gem. §§ 122 Abs. 2, 126 Abs. 1, 127 und 131 AktG müssen auf der Internetseite eingestellt werden, sofern diese Informationen nicht bereits in der Einberufung enthalten sind (§ 121 Abs. 3 Satz 3 Nr. 3 AktG). In der Praxis machen die Gesellschaften überwiegend von dieser durch das Gesetz eröffneten Möglichkeit Gebrauch, in der Einberufung nur die Fristen anzugeben und die Erläuterungen ausschließlich auf der Internetseite zu veröffentlichen (siehe hierzu auch die Erläuterungen zu Muster 5.1, Rz. 549). [→ Rz. 635]

651 **Gegenanträge und Wahlvorschläge** von Aktionären müssen gem. §§ 126 Abs. 1 Satz 3, 127 Satz 1 AktG über die Internetseite zugänglich gemacht werden, sofern sie inhaltlich und formell die gesetzlichen Anforderungen erfüllen. Das Einstellen muss unverzüglich erfolgen. Dem Vorstand ist zwar eine angemessene Frist zur Prüfung des Gegenantrags bzw. Wahlvorschlags (insbesondere der Aktionärsstellung des Antragstellers) zuzubilligen. Nicht zulässig ist es aber, bis zum Ablauf der Gegenantragsfrist Anträge und Wahlvorschläge zu sammeln und diese erst nach Fristablauf unverzüglich zu veröffentlichen.[287] [→ Rz. 635]

652 Zu beachten ist weiter § 30a Abs. 1 Nr. 2 WpHG, der Emittenten verpflichtet, alle Informationen öffentlich zur Verfügung zu stellen (wofür das Einstellen auf der Internetseite ausreichend ist), die Aktionäre zur Ausübung ihrer Rechte benötigen. Dazu gehört jedenfalls die Veröffentlichung der Einberufung (mit Informationen zur Teilnahme und zur Stimmrechtsvertretung).

653 Teilweise wird auch gefordert, dass danach auch die Satzung im Internet eingestellt werden muss.[288] In der Praxis ist die Veröffentlichung der Satzung auf der Internetseite daher empfehlenswert und durchaus üblich, wenn sie nicht ohnehin dauerhaft auf der Internetseite bereitgestellt wird. [→ Rz. 635]

654 Nach der Hauptversammlung müssen börsennotierte Aktiengesellschaften binnen sieben Tagen die festgestellten Abstimmungsergebnisse einschließlich aller Angaben gem. § 130 Abs. 2 Satz 2 AktG auf der Internetseite veröffentlichen (§ 130 Abs. 6 AktG). [→ Rz. 635]

3. Fakultative Informationen auf der Internetseite [→ Rz. 638]

655 Hinsichtlich der in dem Muster exemplarisch genannten weiteren **fakultativen Informationen und Unterlagen** bleibt es der Gesellschaft überlassen, ob sie diese aus Überlegungen der Investor Relations auf die Internetseite zur Hauptversammlung aufnehmen will.

---

287) So auch *Ziemons* in: Schmidt/Lutter, AktG, § 126 Rz. 23.
288) *Mülbert* in: Assmann/Schneider, WpHG, § 30a Rz. 15.

Auf jeden Fall sollte durch eine entsprechende Gestaltung der Seite, z. B. durch entsprechende Verweise und Verlinkung, darauf geachtet werden, dass die Internetseite übersichtlich bleibt.

Muster 5.5: Weitere Erläuterungen zu den Rechten der Aktionäre

I.   Mustertext [→ Rz. 678 ff.]

Weitere Erläuterungen zu den Rechten der Aktionäre nach §§ 122 Abs. 2, 126 Abs. 1, 127, 131 Abs. 1 AktG   656

Ordentliche Hauptversammlung der [...] AG, [*Ort*], am [*Datum*]

In der Einberufung zur Hauptversammlung finden sich bereits im Abschnitt „Teilnahmebedingungen" Hinweise zu den Rechten der Aktionäre gem. §§ 122 Abs. 2, 126 Abs. 1, 127 und 131 Abs. 1 AktG. Die nachfolgenden Angaben dienen zur weiteren Erläuterung.   657

Anträge auf Ergänzung der Tagesordnung nach § 122 Abs. 2 AktG [→ Rz. 680 ff.]

Aktionäre, deren Anteile zusammen den zwanzigsten Teil des Grundkapitals oder den anteiligen Betrag von 500 000 € (das sind [...] Aktien) erreichen („Quorum"), können gem. § 122 Abs. 2 AktG verlangen, dass Gegenstände auf die Tagesordnung gesetzt und bekannt gemacht werden. Jedem neuen Gegenstand muss eine Begründung oder eine Beschlussvorlage beiliegen. Das Verlangen ist schriftlich (§ 126 BGB) an den Vorstand ([...] AG, Der Vorstand, [*Anschrift der Gesellschaft*]) zu richten und muss der Gesellschaft mindestens 30 Tage vor der Hauptversammlung (wobei der Tag der Hauptversammlung und der Tag des Zugangs nicht mitzurechnen sind), also spätestens bis   658

[*Wochentag, Datum*], 24:00 Uhr (Eingang),

zugehen.

Die Antragsteller haben gem. §§ 122 Abs. 2 Satz 1, Abs. 1 Satz 3 i. V. m. § 142 Abs. 2 Satz 2 AktG nachzuweisen, dass sie seit mindestens drei Monaten vor dem Tag der Hauptversammlung, das heißt, seit dem [*Datum*] Inhaber einer das Quorum erfüllenden Zahl von Aktien sind. Nach § 70 AktG bestehen hierbei bestimmte Anrechnungsmöglichkeiten. [→ Rz. 682 f.]   659

Bekannt zu machende Ergänzungen der Tagesordnung werden – soweit sie nicht bereits mit der Einberufung bekannt gemacht wurden – unverzüglich nach Zugang des Verlangens im elektronischen Bundesanzeiger bekannt gemacht und solchen Medien zur Veröffentlichung zugeleitet, bei denen davon ausgegangen werden kann, dass sie die Information in der gesamten Europäischen Union verbreiten. Sie werden außerdem unter der Internetadresse http://[*Internetseite der Gesellschaft*] zugänglich gemacht und den Aktionären mitgeteilt.   660

Die diesen Aktionärsrechten zugrunde liegenden Regelungen des Aktiengesetzes lauten wie folgt: 661

§ 122 Abs. 1 AktG:

„Die Hauptversammlung ist einzuberufen, wenn Aktionäre, deren Anteile zusammen den zwanzigsten Teil des Grundkapitals erreichen, die Einberufung schriftlich unter Angabe des Zwecks und der Gründe verlangen; das Verlangen ist an den Vorstand zu richten. Die Satzung kann das Recht, die Einberufung der Hauptversammlung zu verlangen, an eine   662 andere Form und an den Besitz eines geringeren Anteils am Grundkapital knüpfen. § 142 Abs. 2 Satz 2 gilt entsprechend."

§ 122 Abs. 2 AktG:

663 „In gleicher Weise können Aktionäre, deren Anteile zusammen den zwanzigsten Teil des Grundkapitals oder den anteiligen Betrag von 500 000 Euro erreichen, verlangen, dass Gegenstände auf die Tagesordnung gesetzt und bekanntgemacht werden. Jedem neuen Gegenstand muss eine Begründung oder eine Beschlussvorlage beiliegen. Das Verlangen im Sinne des Satzes 1 muss der Gesellschaft mindestens 24 Tage, bei börsennotierten Gesellschaften mindestens 30 Tage vor der Versammlung zugehen; der Tag des Zugangs ist nicht mitzurechnen."

§ 142 Abs. 2 Satz 2 AktG:

664 „Die Antragsteller haben nachzuweisen, dass sie seit mindestens drei Monaten vor dem Tag der Hauptversammlung Inhaber der Aktien sind und dass sie die Aktien bis zur Entscheidung über den Antrag halten."

§ 70 AktG:

665 „Ist die Ausübung von Rechten aus der Aktie davon abhängig, daß der Aktionär während eines bestimmten Zeitraums Inhaber der Aktie gewesen ist, so steht dem Eigentum ein Anspruch auf Übereignung gegen ein Kreditinstitut, Finanzdienstleistungsinstitut oder ein nach § 53 Abs. 1 Satz 1 oder § 53b Abs. 1 Satz 1 oder Abs. 7 des Gesetzes über das Kreditwesen tätiges Unternehmen gleich. Die Eigentumszeit eines Rechtsvorgängers wird dem Aktionär zugerechnet, wenn er die Aktie unentgeltlich, von seinem Treuhänder, als Gesamtrechtsnachfolger, bei Auseinandersetzung einer Gemeinschaft oder bei einer Bestandsübertragung nach § 14 des Versicherungsaufsichtsgesetzes oder § 14 des Gesetzes über Bausparkassen erworben hat."

Gegenanträge und Wahlvorschläge von Aktionären nach §§ 126 Abs. 1, 127 AktG
[→ Rz. 684 ff.]

666 Aktionäre können Gegenanträge gegen einen Vorschlag von Vorstand und Aufsichtsrat zu einem bestimmten Punkt der Tagesordnung zu stellen. Sie können auch Wahlvorschläge zur Wahl von Aufsichtsratsmitgliedern und/oder Abschlussprüfern machen.

667 Die Gesellschaft macht gem. § 126 Abs. 1 AktG Gegenanträge einschließlich des Namens des Aktionärs, der Begründung und einer etwaigen Stellungnahme der Verwaltung auf der Internetseite der Gesellschaft unter http://[*Internetseite der Gesellschaft*] zugänglich, wenn ihr die Gegenanträge mit einer Begründung mindestens 14 Tage vor der Hauptversammlung (wobei der Tag der Hauptversammlung und der Tag des Zugangs nicht mitzurechnen sind), also spätestens bis

[*Wochentag, Datum*], 24:00 Uhr (Eingang),

unter der folgenden Adresse zugegangen sind: [→ Rz. 686 ff.]

[...] *AG*

[*Anschrift der Gesellschaft*]

Telefax: [...]

E-Mail: [...]

668 Anderweitig adressierte Anträge werden nicht berücksichtigt.

Von einer Veröffentlichung eines Gegenantrags kann die Gesellschaft unter den in § 126 **669**
Abs. 2 AktG genannten Voraussetzungen absehen, etwa weil der Gegenantrag zu einem
gesetzes- oder satzungswidrigen Beschluss der Hauptversammlung führen würde. Die
Begründung eines Gegenantrags braucht nicht zugänglich gemacht zu werden, wenn sie
insgesamt mehr als 5 000 Zeichen umfasst.

Für Vorschläge von Aktionären zur Wahl von Aufsichtsratsmitgliedern oder Abschluss- **670**
prüfern gelten die vorstehenden Regelungen gem. § 127 AktG sinngemäß; Wahlvorschläge von Aktionären brauchen jedoch nicht begründet zu werden und eine Veröffentlichung kann außer in den in § 126 Abs. 2 AktG genannten Fällen auch dann unterbleiben, wenn der Vorschlag nicht den Namen, ausgeübten Beruf und Wohnort des
vorgeschlagenen Kandidaten enthält. Vorschläge zur Wahl von Aufsichtsratsmitgliedern müssen auch dann nicht veröffentlicht werden, wenn der Vorschlag keine Angaben zu deren Mitgliedschaft in anderen gesetzlich zu bildenden Aufsichtsräten enthält.
[→ Rz. 688]

Die diesen Aktionärsrechten zugrunde liegenden Regelungen des Aktiengesetzes lauten **671**
wie folgt:

§ 126 AktG:

„(1) Anträge von Aktionären einschließlich des Namens des Aktionärs, der Begründung
und einer etwaigen Stellungnahme der Verwaltung sind den in § 125 Abs. 1 bis 3 genannten Berechtigten unter den dortigen Voraussetzungen zugänglich zu machen,
wenn der Aktionär mindestens 14 Tage vor der Versammlung der Gesellschaft einen
Gegenantrag gegen einen Vorschlag von Vorstand und Aufsichtsrat zu einem bestimmten Punkt der Tagesordnung mit Begründung an die in der Einberufung hierfür
mitgeteilte Adresse übersandt hat. Der Tag des Zugangs ist nicht mitzurechnen. Bei
börsennotierten Gesellschaften hat das Zugänglichmachen über die Internetseite der
Gesellschaft zu erfolgen. § 125 Abs. 3 gilt entsprechend.

(2) Ein Gegenantrag und dessen Begründung brauchen nicht zugänglich gemacht zu werden,

1. soweit sich der Vorstand durch das Zugänglichmachen strafbar machen würde,

2. wenn der Gegenantrag zu einem gesetz- oder satzungswidrigen Beschluß der
Hauptversammlung führen würde,

3. wenn die Begründung in wesentlichen Punkten offensichtlich falsche oder irrefüh-
rende Angaben oder wenn sie Beleidigungen enthält,

4. wenn ein auf denselben Sachverhalt gestützter Gegenantrag des Aktionärs bereits
zu einer Hauptversammlung der Gesellschaft nach § 125 zugänglich gemacht
worden ist,

5. wenn derselbe Gegenantrag des Aktionärs mit wesentlich gleicher Begründung in
den letzten fünf Jahren bereits zu mindestens zwei Hauptversammlungen der Gesellschaft nach § 125 zugänglich gemacht worden ist und in der Hauptversammlung weniger als der zwanzigste Teil des vertretenen Grundkapitals für ihn ge-
stimmt hat,

6. wenn der Aktionär zu erkennen gibt, daß er an der Hauptversammlung nicht teilnehmen und sich nicht vertreten lassen wird, oder

7. wenn der Aktionär in den letzten zwei Jahren in zwei Hauptversammlungen einen von ihm mitgeteilten Gegenantrag nicht gestellt hat oder nicht hat stellen lassen.

Die Begründung braucht nicht zugänglich gemacht zu werden, wenn sie insgesamt mehr als 5 000 Zeichen beträgt.

(3) Stellen mehrere Aktionäre zu demselben Gegenstand der Beschlussfassung Gegenanträge, so kann der Vorstand die Gegenanträge und ihre Begründungen zusammenfassen."

§ 127 AktG:

672 „Für den Vorschlag eines Aktionärs zur Wahl von Aufsichtsratsmitgliedern oder von Abschlußprüfern gilt § 126 sinngemäß. Der Wahlvorschlag braucht nicht begründet zu werden. Der Vorstand braucht den Wahlvorschlag auch dann nicht zugänglich zu machen, wenn der Vorschlag nicht die Angaben nach § 124 Abs. 3 Satz 3* und § 125 Abs. 1 Satz 5 enthält."

Nach Auffassung der Gesellschaft liegt hier ein Redaktionsversehen des Gesetzgebers vor. Die Gesellschaft geht davon aus, dass sich der Verweis auf § 124 Abs. 3 Satz 4 AktG. bezieht.

§ 124 Abs. 3 Satz 4 AktG:

673 „Der Vorschlag zur Wahl von Aufsichtsratsmitgliedern oder Prüfern hat deren Namen, ausgeübten Beruf und Wohnort anzugeben."

§ 125 Abs. 1 Satz 5 AktG:

674 „Bei börsennotierten Gesellschaften sind einem Vorschlag zur Wahl von Aufsichtsratsmitgliedern Angaben zu deren Mitgliedschaft in anderen gesetzlich zu bildenden Aufsichtsräten beizufügen; Angaben zu ihrer Mitgliedschaft in vergleichbaren in- und ausländischen Kontrollgremien von Wirtschaftsunternehmen sollen beigefügt werden."

Auskunftsrecht nach § 131 Abs. 1 AktG [→ Rz. 689 ff.]

675 Jedem Aktionär ist gem. § 131 Abs. 1 AktG auf Verlangen in der Hauptversammlung vom Vorstand Auskunft über Angelegenheiten der Gesellschaft zu geben, soweit die Auskunft zur sachgemäßen Beurteilung des Gegenstands der Tagesordnung erforderlich ist. Die Auskunftspflicht erstreckt sich auch auf die rechtlichen und geschäftlichen Beziehungen der Gesellschaft zu einem verbundenen Unternehmen sowie auf die Lage des Konzerns und der in den Konzernabschluss einbezogenen Unternehmen, da der Hauptversammlung zu Punkt 1 der Tagesordnung auch der Konzernabschluss und der Konzernlagebericht vorgelegt werden. Auskunftsverlangen sind in der Hauptversammlung grundsätzlich mündlich im Rahmen der Aussprache zu stellen.

676 Von der Beantwortung einzelner Fragen kann der Vorstand aus den in § 131 Abs. 3 AktG genannten Gründen absehen, etwa weil die Erteilung der Auskunft nach vernünftiger kaufmännischer Beurteilung geeignet ist, der Gesellschaft oder einem verbundenen Unternehmen einen nicht unerheblichen Nachteil zuzufügen. Nach § [...] der Satzung ist der Vorsitzende der Hauptversammlung ermächtigt, das Frage- und Rederecht der Aktionäre zeitlich angemessen zu beschränken.

677 Die diesen Aktionärsrechten zugrunde liegenden Regelungen des Aktiengesetzes und der Satzung der Gesellschaft lauten wie folgt:

§ 131 AktG:

(1) „Jedem Aktionär ist auf Verlangen in der Hauptversammlung vom Vorstand Auskunft über Angelegenheiten der Gesellschaft zu geben, soweit sie zur sachgemäßen Beurteilung des Gegenstands der Tagesordnung erforderlich ist. Die Auskunftspflicht erstreckt sich auch auf die rechtlichen und geschäftlichen Beziehungen der Gesellschaft zu einem verbundenen Unternehmen. Macht eine Gesellschaft von den Erleichterungen nach § 266 Abs. 1 Satz 2, § 276 oder § 288 des Handelsgesetzbuchs Gebrauch, so kann jeder Aktionär verlangen, daß ihm in der Hauptversammlung über den Jahresabschluß der Jahresabschluß in der Form vorgelegt wird, die er ohne Anwendung dieser Vorschriften hätte. Die Auskunftspflicht des Vorstands eines Mutterunternehmens (§ 290 Abs. 1, 2 des Handelsgesetzbuchs) in der Hauptversammlung, der der Konzernabschluss und der Konzernlagebericht vorgelegt werden, erstreckt sich auch auf die Lage des Konzerns und der in den Konzernabschluss einbezogenen Unternehmen.

(2) Die Auskunft hat den Grundsätzen einer gewissenhaften und getreuen Rechenschaft zu entsprechen. Die Satzung oder die Geschäftsordnung gemäß § 129 kann den Versammlungsleiter ermächtigen, das Frage- und Rederecht des Aktionärs zeitlich angemessen zu beschränken, und Näheres dazu bestimmen.

(3) Der Vorstand darf die Auskunft verweigern,

1. soweit die Erteilung der Auskunft nach vernünftiger kaufmännischer Beurteilung geeignet ist, der Gesellschaft oder einem verbundenen Unternehmen einen nicht unerheblichen Nachteil zuzufügen;

2. soweit sie sich auf steuerliche Wertansätze oder die Höhe einzelner Steuern bezieht;

3. über den Unterschied zwischen dem Wert, mit dem Gegenstände in der Jahresbilanz angesetzt worden sind, und einem höheren Wert dieser Gegenstände, es sei denn, daß die Hauptversammlung den Jahresabschluß feststellt;

4. über die Bilanzierungs- und Bewertungsmethoden, soweit die Angabe dieser Methoden im Anhang ausreicht, um ein den tatsächlichen Verhältnissen entsprechendes Bild der Vermögens-, Finanz- und Ertragslage der Gesellschaft im Sinne des. § 264 Abs. 2 des Handelsgesetzbuchs zu vermitteln; dies gilt nicht, wenn die Hauptversammlung den Jahresabschluß feststellt;

5. soweit sich der Vorstand durch die Erteilung der Auskunft strafbar machen würde;

6. soweit bei einem Kreditinstitut oder Finanzdienstleistungsinstitut Angaben über angewandte Bilanzierungs- und Bewertungsmethoden sowie vorgenommene Verrechnungen im Jahresabschluß, Lagebericht, Konzernabschluß oder Konzernlagebericht nicht gemacht zu werden brauchen;

7. soweit die Auskunft auf der Internetseite der Gesellschaft über mindestens sieben Tage vor Beginn und in der Hauptversammlung durchgängig zugänglich ist.

Aus anderen Gründen darf die Auskunft nicht verweigert werden.

(4) Ist einem Aktionär wegen seiner Eigenschaft als Aktionär eine Auskunft außerhalb der Hauptversammlung gegeben worden, so ist sie jedem anderen Aktionär auf dessen Verlangen in der Hauptversammlung zu geben, auch wenn sie zur sachgemäßen Beurteilung des Gegenstands der Tagesordnung nicht erforderlich ist. Der Vorstand darf

die Auskunft nicht nach Absatz 3 Satz 1 Nr. 1 bis 4 verweigern. Sätze 1 und 2 gelten nicht, wenn ein Tochterunternehmen (§ 290 Abs. 1, 2 des Handelsgesetzbuchs), ein Gemeinschaftsunternehmen (§ 310 Abs. 1 des Handelsgesetzbuchs) oder ein assoziiertes Unternehmen (§ 311 Abs. 1 des Handelsgesetzbuchs) die Auskunft einem Mutterunternehmen (§ 290 Abs. 1, 2 des Handelsgesetzbuchs) zum Zwecke der Einbeziehung der Gesellschaft in den Konzernabschluß des Mutterunternehmens erteilt und die Auskunft für diesen Zweck benötigt wird.

(5) Wird einem Aktionär eine Auskunft verweigert, so kann er verlangen, daß seine Frage und der Grund, aus dem die Auskunft verweigert worden ist, in die Niederschrift über die Verhandlung aufgenommen werden."

§ [...] Abs. [...] der Satzung:

[*Wiedergabe Satzungsregelung.*]

[*Ort, Monat*]

Der Vorstand

II.　Erläuterungen [→ Rz. 656 ff.]

678　Gemäß § 121 Abs. 3 Satz 3 Nr. 3 AktG müssen börsennotierte Aktiengesellschaften in der Einberufung die Rechte der Aktionäre nach § 122 Abs. 2 AktG, (Minderheitsverlangen auf Ergänzung der Tagesordnung) sowie den §§ 126 Abs. 1, 127 (Gegenanträge/Gegenwahlvorschläge) und § 131 Abs. 1 AktG (Auskunftsrecht in der Hauptversammlung) angeben. In dem Muster der Einberufung sind, entsprechend der überwiegenden Praxis, eher knappe Angaben vorgesehen (siehe Muster 5.1, Rz. 486 ff.).

679　Auch bei weitergehenden Darstellungen in der Einladung ist es gleichwohl üblich, daneben auch ein separates Dokument mit weitergehenden oder identischen Erläuterungen auf der Internetseite zur Hauptversammlung einzustellen, wobei diese über die Erläuterungen in der Einladung zur Hauptversammlung dann regelmäßig nur insofern hinausgehen, als zusätzlich die entsprechenden gesetzlichen Vorschriften angegeben werden.

1.　Minderheitsverlangen auf Ergänzung der Tagesordnung [→ Rz. 658 ff.]

680　Teilweise problematisch sind die erforderlichen Hinweise im Zusammenhang mit einem **Verlangen auf Ergänzung der Tagesordnung (§ 122 Abs. 2 AktG)** [→ Rz. 658 ff.]

681　Durch ein solches Verlangen können Minderheitsaktionäre, deren Anteile zusammen 5 % des Grundkapitals oder den anteiligen Betrag von 500 000 € erreichen, eine Beschlussfassung zu weiteren Gegenständen auf einer bereits einberufenen Hauptversammlung herbeiführen. Das Verlangen muss schriftlich gestellt werden (§ 122 Abs. 1 Satz 1, Halbs. 1 AktG), wobei die elektronische Form genügt (§ 126 BGB). Dem Verlangen muss eine Begründung oder eine Beschlussvorlage beiliegen. Das Verlangen muss börsennotierten Gesellschaften mindestens 30 Tage (nicht börsennotierten Gesellschaften mindestens 24 Tage) vor der Versammlung zugehen, d.h. zwischen dem Tag des Zugangs und dem Tag der Hauptversammlung müssen bei börsennotierten Gesellschaften mindestens 30 volle Tage liegen. Dieses Datum ist schon in der Einladung konkret anzugeben. Mit der 30-Tagesfrist soll gewährleistet werden, dass die Bekanntmachung der ergänzten Tagesordnung noch vor dem Record Date liegt, faktisch bleiben den Aktionären damit ab dem Zeitpunkt der Einberufung im ungünstigsten Fall allerdings nur sechs Tage, um ein Ergänzungsverlangen zu stellen. Bekannt zu machende Ergänzungen der Tagesordnung müssen von der Gesellschaft unverzüglich nach Zugang des Verlangens im elektronischen Bundesanzeiger (sowie ggf. weiteren von der Satzung bestimmten Gesellschaftsblättern) bekannt gemacht und gem. § 121 Abs. 4a AktG solchen Medien zur Veröffentlichung zugeleitet werden, bei denen davon ausgegangen werden kann, dass sie die Information in der gesamten Europäischen Union verbreiten. Sie sind außerdem über die Internetseite der Gesellschaft zugänglich zu machen (§ 124a Satz 2 AktG).

Hinsichtlich der **Berechnung der dreimonatigen Mindestbesitzzeit**, die eine weitere **682** Voraussetzung für das Verlangen ist, ist der Anknüpfungspunkt für den Fristbeginn unklar. Der Verweis in § 122 Abs. 2 AktG auf §§ 122 Abs. 1, 142 Abs. 2 Satz 2 AktG ist nämlich nicht auf das Ergänzungsverlangen, sondern auf das Verlangen, eine Hauptversammlung einzuberufen, zugeschnitten. Denkbar und vertretbar wäre daher sowohl eine Anknüpfung an den Zeitpunkt des Eingangs des Ergänzungsverlangens bei der Gesellschaft (so die wohl h.M. in der Literatur unter Verweis auf die Parallele zu § 122 Abs. 1 AktG)[289] oder an den Zeitpunkt der Hauptversammlung (so die überwiegende Praxis der DAX30-Untenehmen in der Hauptversammlungssaison 2010). Für Letzteres spricht der Wortlaut des § 142 Abs. 2 Satz 2 AktG, zudem handelt es sich dabei um die für den Antragsteller günstigere Variante. Relevant wird das Problem der Berechnung der Mindestbesitzzeit im Rahmen der Einberufung, wenn es sich hierbei um eine Frist zur Rechtsausübung i. S. v. § 121 Abs. 3 Satz 3 Nr. 3 AktG handeln würde. Dann müsste die Frist in den Erläuterungen der Aktionärsrechte konkret (d.h. mit Datum, was allerdings nur bei einer Anknüpfung an den Zeitpunkt der Hauptversammlung möglich wäre) angegeben werden. Die h.M. steht hier allerdings auf dem Standpunkt, dass die Mindestbesitzzeit keine Rechtsausübungsfrist ist,[290] und auch die Praxis verzichtet häufig entweder bereits auf einen Hinweis auf die Mindestbesitzzeit im Rahmen der Erläuterungen oder aber jedenfalls auf eine Festlegung in dieser Streitfrage bzw. die Angabe eines konkreten Datums. [→ Rz. 659]

Solange diese Streitfragen nicht höchstrichterlich geklärt sind, verbleibt in jedem Fall ein **683** Restrisiko. Dieses hält sich allerdings insofern in Grenzen, als falsche Angaben im Rahmen der Erläuterungen der Aktionärsrechte keinen Nichtigkeitsgrund darstellen (§ 241 Nr. 1 AktG) und eine für die Anfechtbarkeit erforderliche Relevanz eines Fehlers bei den Erläuterungen zum Ergänzungsverlangen im Rahmen der Beschlussfassungen zu den von der Verwaltung in der Tagesordnung bereits bekannt gemachten Beschlussgegenständen praktisch kaum vorstellbar ist.[291] Im Muster erfolgt eine Festlegung auf den Tag der Hauptversammlung für die Rückrechnung der Mindestbesitzzeit. Alternativ kann, wie schon erläutert, auch eine Festlegung ganz vermieden werden oder die streitige Rechtslage mit dem Hinweis auf die ggfs. erforderliche Einholung rechtlichen Rats dargestellt werden. [→ Rz. 659]

---

289) Z. B. *Hüffer*, AktG, § 122 Rz. 3a, 9; *Kubis* in: MünchKomm AktG, § 122 Rz. 7, 29; *Grobecker*, NZG 2010, 165, 167; *Schroeder/Pussar*, BB 2010, 717, 719; *Florstedt*, ZIP 2010, 761, 765; a. A. *Kocher/Lönner*, BB 2010, 1675, 1679.

290) *Hüffer*, AktG, § 121 Rz. 10d; *Kocher/Lönner*, BB 2010, 1675, 1675.

291) *Wilm*, DB 2010, 1686, 1691; *Kocher/Lönner*, BB 2010, 1675, 1675 f.

2. Gegenanträge und -wahlvorschläge [→ Rz. 666 ff.]

684 **Gegenanträge und Wahlvorschläge von Aktionären** müssen den Aktionären unter den Voraussetzungen der §§ 126, 127 AktG „zugänglich gemacht" werden. [→ Rz. 666 ff.]

685 Dies geschieht (für börsennotierte Gesellschaften zwingend – § 126 Abs. 1 Satz 3 AktG) durch das Einstellen auf der Internetseite der Gesellschaft. Dort wäre auch eine Begründung oder eine etwaige Stellungnahme der Gesellschaft zu veröffentlichen. Publizitätspflichtige Gegenanträge können bis zwei Wochen vor der Hauptversammlung eingereicht werden. Der Tag des Zugangs ist dabei nicht mitzurechnen, d.h. zwischen dem Tag der Versammlung und dem Tag des Zugangs des Gegenantrags bzw. des Wahlvorschlags müssen volle 14 Kalendertage liegen. Der Antrag muss von einem Aktionär (oder einem bevollmächtigten Vertreter) gestellt werden, die Gesellschaft kann im Zweifelsfall einen entsprechenden Nachweis verlangen. Der Gegenantrag muss erkennen lassen, dass der Antragsteller zu einem angekündigten Beschlussgegenstand der Tagesordnung einen entgegengesetzten oder inhaltlich abweichenden Beschluss herbeiführen will, und muss (im Gegensatz zu einem Wahlvorschlag) begründet werden. Der Antrag kann schriftlich, als Fax o. Ä. oder auch durch eine elektronische Übermittlung per E-Mail erfolgen.[292]

686 Die Gesellschaft kann und sollte, wie in dem Muster vorgeschlagen, in der Einberufung eine Adresse (einschließlich Faxnummer und E-Mail-Adresse) mitteilen, unter der Gegenanträge und Wahlvorschläge von Aktionären eingehen müssen. Nur so kann sie den Zugang steuern. Anträge, die an eine andere als die angegebene Adresse übersendet werden, braucht die Gesellschaft dann nicht zu beachten. Teilweise wird die Angabe eines Postfachs als nicht ausreichend angesehen, weswegen hier eine Anschrift angegeben werden sollte, an die Schriftstücke per Post oder Boten zugestellt werden können.[293] [→ Rz. 667]

687 Ausnahmen von der Mitteilungspflicht enthält § 126 Abs. 2 Satz 1 AktG. Verstöße gegen die Verpflichtung zur Zugänglichmachung können die Anfechtbarkeit der betreffenden Beschlüsse bzw. Wahlen begründen.

688 Uneinheitlich ist die Praxis bei der Frage, ob das Recht von Aktionären, Wahlvorschläge zu machen, in der Einberufung auch dann erläutert werden soll, wenn nach der Tagesordnung keine Wahlen anstehen. Bei der ordentlichen Hauptversammlung steht grundsätzlich die Wahl des Abschlussprüfers an, sodass bei der vorgeschlagenen allgemeinen Formulierung die Erläuterungen auch dann passen, wenn zusätzlich keine Wahlen zum Aufsichtsrat anstehen. Im Rahmen einer außerordentlichen Hauptversammlung mag eine Anpassung hingegen angezeigt sein. Im Übrigen empfiehlt es sich aber entsprechend der Gestaltung im Muster, die Erläuterungen so zu gestalten, dass der Anpassungsaufwand möglichst gering gehalten werden kann. [→ Rz. 670]

3. Auskunftsrecht [→ Rz. 675 ff]

689 Im Rahmen der **Erläuterungen zum Auskunftsrecht nach § 131 AktG** ist zu beachten, dass dessen Ausübung keinen Fristen unterliegt. Soweit die Gesellschaft von der Möglichkeit Gebrauch machen will, in der Einberufung lediglich die Fristen für die Rechte der Aktionäre anzugeben und die Erläuterungen ausschließlich auf der Internetseite einzu-

---

292) *Hüffer*, AktG, § 126 Rz. 4.
293) *Ziemons* in: Schmidt/Lutter, AktG, § 126 Rn 11.

stellen, wäre in der Einladung gleichwohl ein kurzer Hinweis darauf zu empfehlen, dass dieses Recht nur in der Hauptversammlung ausgeübt werden kann (siehe Muster 5.1, Rz. 485).[294] [→ Rz. 675]

Die gesetzlichen Begrenzungen des Auskunftsrechts nach § 131 Abs. 3 AktG müssen nicht 690 im Einzelnen kommentiert werden. Zu erwähnen sind aber diejenigen, die sich zusätzlich aus der Satzung der Gesellschaft ergeben. Das ist regelmäßig eine Ermächtigung nach § 131 Abs. 2 Satz 2 AktG, wonach der Versammlungleiter das Rede- und Fragerecht der Aktionäre angemessen beschränken kann. Diese Bestimmung ist wörtlich wiederzugeben.

Muster 5.6: Geschäftsordnung für die Hauptversammlung

I. Mustertext [→ Rz. 712 ff.]

§ 1
Allgemeines

Für die Einberufung und Durchführung der Hauptversammlung gelten die Vorschriften 691 des Aktiengesetzes, der Satzung der Gesellschaft und die Geschäftsordnung. [→ Rz. 713 f.]

§ 2
Ort der Hauptversammlung

(1) Die Hauptversammlung findet am Sitz der Gesellschaft, einer Gemeinde im Umkreis 692 von 50 km oder einem deutschen Börsenplatz statt. Sie soll in der Regel am Sitz der Gesellschaft stattfinden. [→ Rz. 720]

(2) Eine Verlegung der Hauptversammlung von den in der Einberufung der Hauptver- 693 sammlung genannten Räumen nach Beginn der Hauptversammlung ist zulässig, wenn dies aus zwingenden Gründen erforderlich ist, die Hauptversammlungsteilnehmer hierüber zuverlässig unterrichtet werden und die neuen Räume von den Hauptversammlungsteilnehmern innerhalb kurzer Zeit zu erreichen sind. [→ Rz. 721]

§ 3
Leitung der Hauptversammlung

(1) Den Vorsitz in der Hauptversammlung führt der Vorsitzende des Aufsichtsrats oder 694 im Falle seiner Verhinderung ein von ihm bestellter Vertreter aus dem Kreise der Aufsichtsratsmitglieder. Wenn sowohl der Vorsitzende des Aufsichtsrats als auch der von ihm bestellte Stellvertreter den Vorsitz nicht übernehmen, wird der Versammlungsleiter unter Leitung eines Aufsichtsratmitglieds durch die Hauptversammlung gewählt. [→ Rz. 722]

(2) Dem Versammlungsleiter obliegt die Leitung der Hauptversammlung. Er hat die Auf- 695 gabe, die Hauptversammlung unter Behandlung aller Tagesordnungspunkte sachgerecht und zügig zu erledigen. Er ist hierbei an die Vorgaben des Gesetzes und der Satzung gebunden. [→ Rz. 722]

---

294) *Drinhausen/Keinath*, BB 2009, 2322, 2323.

696 (3) Der Versammlungsleiter eröffnet und schließt die Hauptversammlung. Er kann nach seinem pflichtgemäßen Ermessen die vorübergehende Unterbrechung der Hauptversammlung anordnen. Die Entscheidung über eine Vertagung der Hauptversammlung obliegt der Hauptversammlung. [→ Rz. 722]

§ 4
Übertragung/Aufzeichnung der Hauptversammlung

697 (1) Die Hauptversammlung kann vollständig oder teilweise in Ton und Bild übertragen werden, wenn der Vorstand dies im Einzelfall anordnet. Die Übertragung kann auch in einer Form erfolgen, zu der die Öffentlichkeit uneingeschränkten Zugang hat. Die Form der Übertragung ist mit der Einberufung bekannt zu machen. [→ Rz. 723]

Alternativ (wenn keine Möglichkeit zur Übertragung in der Satzung oder der Geschäftsordnung geschaffen wurde):

Den einzelnen Teilnehmern ist die Erstellung eigener Notizen und stenographischer Aufzeichnungen gestattet, jedoch ist die Benutzung von Tonband- oder Videogeräten gleich welcher Art zum Zwecke der Aufzeichnung in der Hauptversammlung untersagt. Sollte ein Teilnehmer bei einer vom Versammlungsleiter angeordneten Aufzeichnung verlangen, dass seine Beiträge nicht aufgezeichnet werden, ist dies zu berücksichtigen. [→ Rz. 723]

698 (2) Soweit von der Gesellschaft eine stenographische Aufzeichnung der Hauptversammlung erstellt wird, wird der Versammlungsleiter die Versammlung hierüber unterrichten. Jeder Teilnehmer ist berechtigt, die von ihm gestellten Fragen und sonstigen Beiträge sowie hierauf bezogene Antworten der Verwaltung auf besondere schriftliche Anforderung hin und gegen einen pauschalen Kostenbeitrag von 50 € zu erhalten. [→ Rz. 724]

§ 5
Ordnungsmaßnahmen

699 (1) Dem Versammlungsleiter obliegt zur Abwehr von Störungen die Ordnungsbefugnis in der Hauptversammlung. Ihm steht das Hausrecht zu. [→ Rz. 725]

700 (2) Im Rahmen seiner Ordnungsbefugnis obliegt es dem Versammlungsleiter unter Berücksichtigung des Grundsatzes der Verhältnismäßigkeit und der Gleichbehandlung der Aktionäre, die zur ordnungsgemäßen Durchführung der Hauptversammlung im Einzelfall geeigneten Ordnungsmaßnahmen zu ergreifen. [→ Rz. 725]

701 (3) Als generelle Maßnahmen kommen insoweit unter anderem in Betracht die Beschränkung der Redezeit, der Schluss der Rednerliste sowie der Schluss der Debatte. Der Versammlungsleiter kann das Frage- und Rederecht des Aktionärs zeitlich angemessen beschränken; er kann insbesondere einen zeitlichen Rahmen für den ganzen Hauptversammlungsverlauf, für einzelne Tagesordnungspunkte oder für den einzelnen Redner festsetzen. [→ Rz. 726]

702 (4) Im Rahmen von Ordnungsmaßnahmen gegen einzelne Hauptversammlungsteilnehmer stehen dem Versammlungsleiter unter anderem die Abmahnung und die Erteilung von Anordnungen, insbesondere die Beschränkung der Redezeit im Einzelfall, der Wortentzug sowie schließlich der Saalverweis zur Verfügung. [→ Rz. 726]

§ 6

Abhandlung der Tagesordnung

(1) Der Versammlungsleiter ist an die bekannt gemachte Tagesordnung gebunden. Eine Absetzung von Tagesordnungspunkten oder deren Vertagung bedürfen eines Beschlusses der Hauptversammlung. Der Versammlungsleiter kann jedoch die Reihenfolge der zu behandelnden Tagesordnungspunkte ändern. [→ Rz. 727]   703

(2) Über die Behandlung von Anträgen sowie die Reihenfolge ihrer Abstimmung bestimmt der Versammlungsleiter. Geschäftsordnungsanträge, die auf eine in die Zuständigkeit der Hauptversammlung fallende Beschlussfassung gerichtet sind, sind dabei – soweit erforderlich – vor Sachanträgen zu behandeln. [→ Rz. 728]   704

(3) Der Versammlungsleiter erteilt in der Hauptversammlung das Wort und bestimmt die Reihenfolge der Wortmeldungen. Er ist befugt, eine Generaldebatte anzuordnen. [→ Rz. 729]   705

(4) Der Versammlungsleiter legt die Art und Reihenfolge der Abstimmung fest. Eine Verlesung von in der Hauptversammlungseinladung bekannt gemachten Beschlussanträgen und damit im Zusammenhang stehender Urkunden ist nicht erforderlich. Der Hauptversammlungsleiter ist frei, einzelne Abstimmungsvorgänge zusammenzufassen. Es obliegt ausschließlich seiner Entscheidung, welches Abstimmungsverfahren angewendet wird und welche technischen Hilfsmittel hierbei herangezogen werden. Der Versammlungsleiter hat die Art und das Ergebnis der Abstimmung sowie die Feststellung über die Beschlussfassung zu verkünden. [→ Rz. 729]   706

§ 7

Teilnahme an der Hauptversammlung

(1) Das Recht der Aktionäre zur Teilnahme an der Hauptversammlung und zur Ausübung des Stimmrechts richtet sich ausschließlich nach dem Aktiengesetz und der Satzung. Über Streitigkeiten in diesem Zusammenhang entscheidet ausschließlich der Versammlungsleiter. [→ Rz. 730]   707

(2) Zur Teilnahme an der Hauptversammlung jederzeit berechtigt sind die Mitglieder des Vorstands und des Aufsichtsrats, der Abschlussprüfer der Gesellschaft sowie diejenigen Personen, welche die Verwaltung der Gesellschaft zur Abwicklung der Hauptversammlung benötigt oder in diesem Zusammenhang beauftragt hat (insbesondere der Notar und dessen Mitarbeiter, Stimmenzähler, Ordnungskräfte, eigene Mitarbeiter, von der Gesellschaft benannte externe Stimmrechtsvertreter sowie externe Berater). [→ Rz. 731]   708

(3) Darüber hinaus kann der Versammlungsleiter Gäste und Pressevertreter zur Teilnahme an der Hauptversammlung zulassen. [→ Rz. 731]   709

(4) Dem Versammlungsleiter obliegt die Anordnung der im Einzelfall erforderlichen Sicherheitskontrollen. [→ Rz. 731]   710

§ 8

Salvatorische Klausel

Sollten eine oder mehrere Bestimmungen dieser Geschäftsordnung ganz oder teilweise unwirksam sein oder werden, so bleibt die Gültigkeit der anderen Bestimmungen hiervon unberührt. [→ Rz. 732]   711

II. Erläuterungen [→ Rz. 691 ff.]

1. Vorbemerkung

712 Das KonTraG hat durch Einführung von § 129 Abs. 1 Satz 1 AktG bestimmt, dass die Hauptversammlung sich mit einer Dreiviertelmehrheit des bei der Beschlussfassung vertretenen Grundkapitals eine Geschäftsordnung geben kann, die sich mit der Vorbereitung und der Durchführung der Hauptversammlung befasst. Nach der Regierungsbegründung sollte die Geschäftsordnung dazu beitragen, die Hauptversammlung als „Forum für eine inhaltliche Auseinandersetzung über die Geschäftspolitik, die Arbeit der Verwaltung und die in der Verantwortung der Hauptversammlung liegenden unternehmensstrukturellen Maßnahmen" zu verfestigen. Die Geschäftsordnung sollte „zur Konzentration auf eine inhaltliche Sachdebatte und im Ergebnis auf eine Verbesserung der Kontrolle durch die Eigentümer in der Hauptversammlung hinwirken".[295]

713 Diese Ziele konnten rechtstechnisch mit der Befugnis der Hauptversammlung zum Erlass einer Geschäftsordnung nicht erreicht werden, da trotz nur sporadischer Regelung der Hauptversammlungsabwicklung im Gesetz alle entscheidenden Fragen letztlich entweder durch das Gesetz geregelt oder der Satzung der Gesellschaft vorbehalten sind. Die dem Hauptversammlungsleiter zustehenden Rechte und Pflichten betreffend die Abwicklung der Hauptversammlung stehen ihm kraft gesetzlich vorausgesetzten Amtes (§ 129 Abs. 4, § 130 Abs. 3 AktG) zu und sind daher ebenfalls durch die Geschäftsordnung zu respektieren.[296]

714 Angesichts dieser Rechtslage beschränkt sich der Nutzen einer Geschäftsordnung der Hauptversammlung auf die **Zusammenfassung und Beschreibung** einer ohnehin bestehenden Rechtslage. Von zweifelhaftem Wert ist es außerdem, dass durch Festlegung von Einzelheiten dem Hauptversammlungsleiter die zur Bewältigung der Situationen vor Ort notwendige **Flexibilität genommen** wird. Ein für jede Hauptversammlung aktualisierter Leitfaden (siehe Muster 5.7, Rz. 733 ff.) bietet hier letztlich für den Versammlungsleiter eine größere Sicherheit und ermöglicht die Anpassung, insbesondere an neue Rechtsprechung und Gesetze.[297] Soweit eine Geschäftsordnung der Information der Aktionäre über den Ablauf der Hauptversammlung dienen soll, bietet sich stattdessen auch ein entsprechendes **Merkblatt für die Aktionäre** an. Insgesamt verwundert es daher nicht, dass in der Literatur überwiegend von dem Erlass einer Geschäftsordnung für die Hauptversammlung abgeraten wird und in der Praxis hiervon, soweit ersichtlich, kaum Gebrauch gemacht worden ist.[298] Durch den Versuch des Gesetzgebers im Rahmen des UMAG, die Hauptversammlung zu straffen und zu konzentrieren, ist die Geschäftsordnung zwar erneut in das Blickfeld gerückt, sie hat aber jedenfalls bislang an praktischer Bedeutung nicht zugenommen.[299]

---

295) Begründung RegE KonTraG, BT-Drucks. 13/9712, S. 19 f., abgedruckt in: ZIP 1997, 2059, 2064, *Hennerkes/Kögel*, DB 1999, 81.

296) BGH v. 11.11.1965, BGHZ 44, 245; *Hüffer*, AktG, § 129 Rz. 1b, c; *Martens*, Leitfaden, S. 20 f.; *Schaaf*, ZIP 1999, 1339; a. A. *Bachmann*, AG 1999, 210 f.

297) *Fischer/Pickert* in: Semler/Volhard/Reichert, Arbeitshdb. HV, § 9 zu Fn. 196.

298) *Hüffer*, AktG, § 129 Rz. 1a; *Wicke* in Spindler/Stilz, AktG § 129 Rz. 1; *Schaaf*, ZIP 1999, 1339, 1341; *Martens*, Leitfaden, S. 21; *Kuhnt* in: FS Lieberknecht, S. 45; *Bezzenberger*, ZGR 1998, 352, 362 ff.

299) Bspw.: D. Logistics Aktiengesellschaft, Hauptversammlung 2004; OdeonFilm AG, Hauptversammlung 2005; Deutsche Balaton AG, Hauptversammlung 2004.

Obwohl die Geschäftsordnung der Hauptversammlung gerade keinen Satzungscharakter **715** hat, schreibt § 129 Abs. 1 Satz 1 AktG vor, dass zu ihrem Erlass die Beschlussfassung der Hauptversammlung einer Mehrheit, die **mindestens drei Viertel des vertretenen Grundkapitals** umfasst, bedarf. Gemäß § 130 Abs. 1 Satz 1 und 3 AktG bedarf die Beschlussfassung notarieller Beurkundung. Diese Voraussetzungen gelten auch für jede Änderung der Geschäftsordnung. Für die Aufhebung reicht die einfache Mehrheit aus. Für die Ankündigung einer entsprechenden Beschlussfassung gilt § 124 Abs. 2 Satz 2 AktG entsprechend mit der Folge, dass mindestens der wesentliche Inhalt der Geschäftsordnung bekannt zu machen ist.[300]

Eine **Durchbrechung der Geschäftsordnung** im Einzelfall bedarf ebenfalls einer qualifi- **716** zierten Mehrheit. Hierbei ist allerdings in jedem Einzelfall zu prüfen, ob die fragliche Regelung nicht auf höherrangigem Recht, nämlich Gesetz oder Satzung beruht. Auch die Durchbrechung von Satzungsbestimmungen mit nur punktueller Wirkung soll nach weit verbreiteter Literaturmeinung ganz oder wenigstens teilweise den Vorschriften von § 179 AktG unterliegen.[301] Für ad hoc beschlossene Durchbrechungen bleibt daher wenig Raum. Im Übrigen wird die Verletzung von Geschäftsordnungsregeln durch die Hauptversammlung zur Anfechtung entsprechend gefasster Beschlüsse führen. Dies ist ohnedies dort der Fall, wo die Geschäftsordnung der Hauptversammlung nur Bestimmungen des Aktiengesetzes und der Satzung reflektiert. Dort, wo der verbleibende (geringe) eigenständige Regelungsgehalt der Geschäftsordnung liegt, wäre es aber mit dem vom Gesetz verfolgten Zweck nicht vereinbar, wenn eine Verletzung nicht sanktioniert würde.[302]

Durch das Gesetz ist eine **Publizität** der Geschäftsordnung der Hauptversammlung, ab- **717** gesehen von der Veröffentlichung bei ihrer Beschlussfassung, nicht vorgesehen, insbesondere keine Satzungspublizität. Es wird sich aber anbieten, um die gewünschten Zwecke zu erreichen, die Geschäftsordnung zu drucken und für die Aktionäre vorrätig zu halten (eventuell auch über das Internet).

2. Inhalt

Dem Charakter der Geschäftsordnung für die Hauptversammlung entsprechend ist in **718** dem hier vorgeschlagenen Muster darauf verzichtet worden, Komplexe deskriptiv wiederzugeben, die in die ausschließliche Zuständigkeit des Aktiengesetzes fallen. Dies betrifft Fragen des Rede-, Auskunfts-, und Fragerechts der Aktionäre, der Niederschrift und des Teilnehmerverzeichnisses, des Teilnahme-, Stimm- und Antragsrechts der Aktionäre sowie der Fristenlage bei der Einberufung der Hauptversammlung.[303] Das Muster versucht sich demgegenüber entsprechend dem Gesetzeswortlaut auf Fragen der Vorbereitung (nicht Einladung) und Durchführung der Hauptversammlung zu beschränken.[304]

---

300) *Hüffer*, AktG, § 129 Rz. 1d, e; *Bachmann*, AG 1999, 210, 212.

301) *Hüffer*, AktG, § 179 Rz. 8 m. w. N.

302) Vgl. *Kubis* in: MünchKomm AktG, § 129 Rz. 14; einschränkend auch *Wicke* in: Spindler/Stilz, AktG, § 129 Rz. 15; a. A. *Hüffer*, AktG, § 129 Rz. 1g, der in diesen Fällen eine Anfechtbarkeit nur bei gleichzeitiger Verletzung von § 53a AktG anerkennen will; gegen eine Anfechtung generell *Bachmann*, AG 1999, 210, 214.

303) So aber in einem von *Schaaf*, ZIP 1999, 1339, 1342 ff. veröffentlichten Muster für die Geschäftsordnung der Hauptversammlung. Für eine Lockerung von § 23 Abs. 5 AktG für ergänzende oder ausführende Bestimmungen: *Bachmann*, AG 1999, 210, 212.

304) Weiter zum möglichen und zulässigen Inhalt einer Geschäftsordnung siehe *Wicke* in: Spindler/Stilz, AktG, § 129 Rz. 10.

719 Wegen des Inhalts der Geschäftsordnung kann auf der Grundlage der vorstehenden Ausführungen im Wesentlichen auf die Erläuterungen zu den entsprechenden Satzungsbestimmungen (Muster 1, Rz. 44 ff.) verwiesen werden. Im Einzelnen sind noch folgende kurze Hinweise zu geben.

3. Ort der Hauptversammlung [→ Rz. 692 f.]

720 In § 2 Abs. 1 Satz 1 des Musters kann nur die Satzungsbestimmung über den Ort der Hauptversammlung wiedergegeben werden (siehe hierzu auch Muster 1, Rz. 195). § 121 Abs. 5 AktG enthält einen mit § 23 Abs. 5 AktG zwingenden Satzungsvorbehalt. § 2 Abs. 1 Satz 2 des Musters ist der Vorschlag einer eigenständigen Regelung der Geschäftsordnung, die aber nur Appellcharakter haben kann. Die Einberufung der Hauptversammlung erfolgt nämlich, ohne dass die Hauptversammlung hierauf Einfluss nehmen könnte, durch den Vorstand (§ 121 Abs. 2 AktG) oder durch das Gericht entsprechend § 122 Abs. 1 i. V. m. Abs. 3 AktG oder durch den Aufsichtsrat gem. § 111 Abs. 3 AktG. Allein diesen Einberufungsberechtigten obliegt die Wahl des Hauptversammlungsorts im Rahmen der satzungsmäßigen oder gesetzlichen Bestimmungen. [→ Rz. 692]

721 Dagegen ist eine mögliche Verlegung des Hauptversammlungsraums nach Einberufung der Hauptversammlung eine Frage, die in die Kompetenz des Hauptversammlungsleiters fällt, wenn die Hauptversammlung schon begonnen hat. Sollte es sich um eine Verlegung des Hauptversammlungsraums vor Beginn der Hauptversammlung handeln, handelt es sich um eine Maßnahme, die in die Kompetenz des jeweiligen Einberufungsorgans fällt. Eine Änderung des Hauptversammlungsorts, der nach § 121 Abs. 3 AktG bindend festzulegen ist, darf damit in keinem Falle verbunden sein. [→ Rz. 693]

4. Leitung der Hauptversammlung [→ Rz. 694 ff.]

722 Die in § 3 des Musters enthaltenen Vorschläge zur Leitungsbefugnis des Versammlungsleiters sind deklaratorischer Natur (siehe hierzu auch Muster 1, Rz. 208 ff.). Wegen weiterer Einzelheiten des Leitungsrechts darf auf die Kommentierung zu dem Hauptversammlungsleitfaden (Muster 5.7, Rz. 812 ff.) verwiesen werden. Ebenso wenig wie durch Satzungsbestimmungen ist es angezeigt, durch die Geschäftsordnung nähere Vorgaben dazu zu machen, wie das Ziel der Leitungsbefugnis, nämlich die sachgerechte und zügige Erledigung der Tagesordnungspunkte, in Diskussion und Abstimmungsverfahren umgesetzt wird. Allerdings hat der BGH in seiner Entscheidung vom 8.2.2010 („Redezeitbeschränkung") anhand einer ausführlichen Satzungsbestimmung zahlreiche konkrete Zeitvorgaben zum Ablauf der Hauptversammlung für zulässig erklärt und damit die Rechte des Versammlungsleiters im Einzelnen ausgeleuchtet.[305] Sachgerecht bleibt es aber, dem Versammlungsleiter hierzu keine Vorgaben zu machen, um die notwendige Flexibilität zur Anpassung an verschiedene Situationen zu bewahren.

5. Übertragung/Aufzeichnung der Hauptversammlung [→ Rz. 697 f.]

723 Gemäß § 118 Abs. 4 AktG, der durch das Transparenz- und Publizitätsgesetz (TransPuG) neu eingeführt wurde, kann in der Satzung oder – wie hier – in der Geschäftsordnung der Hauptversammlung die Möglichkeit der Übertragung der Haupt-

---

305) BGH NZG 2010, 423 „Redezeitbeschränkung", dazu *Kersting* in: NZG 2010, 446

versammlung in Wort und Bild vorgesehen werden (siehe hierzu auch Muster 1, Rz. 114 ff.). Wenn Satzung oder Geschäftsordnung eine solche Übertragung vorsehen, können einzelne Aktionäre einer Übertragung ihres Beitrags nicht mehr widersprechen.[306)] Die Geschäftsordnung kann die Entscheidung, ob und wie übertragen wird, der Verwaltung überlassen. Für eine Entscheidung durch den Vorstand spricht, dass bereits im Vorfeld der Hauptversammlung die notwendigen organisatorischen Voraussetzungen getroffen werden müssen und in der Einberufung der Hauptversammlung die Form der Übertragung bekannt gegeben wird.[307)] In der Praxis finden sich auch Gestaltungen, nach denen die Entscheidung dem Versammlungsleiter übertragen wird. Nach § 118 Abs. 4 AktG in der Fassung des ARUG ist ausdrücklich beides möglich.[308)] Sofern die Geschäftsordnung der Hauptversammlung gem. § 129 Abs. 1 AktG die Möglichkeit der Übertragung der Hauptversammlung in Ton und Bild vorsieht oder den Vorstand bzw. den Versammlungsleiter zu einer Anordnung einer Übertragung ermächtigt hat (§ 118 Abs. 4 AktG) und dieser von der Ermächtigung Gebrauch macht, sollte dies in der Einberufung der Hauptversammlung bekannt gemacht werden.[309)]

In § 4 des Musters ist über die gesetzliche und satzungsmäßige Sachlage hinaus vorgesehen, dass der Versammlungsleiter die Hauptversammlung stets darüber unterrichtet, ob von der Gesellschaft eine Aufzeichnung gefertigt wird. Dies wäre von Gesetzes wegen bei einer lediglich stenografischen Aufzeichnung nicht erforderlich. Ob die Geschäftsordnung für die Hauptversammlung einen Kostenbeitrag für die auszugsweise Aushändigung solcher Aufzeichnungen an Aktionäre (wie vom Bundesgerichtshof bei Erstellung eines Tonbandprotokolls verlangt wird)[310)] festsetzen kann, ist noch ungeklärt. Da andernfalls ein erhebliches Streitpotential über die sachgerechte Zuordnung von Kosten besteht, ist dies aber wenigstens als ein Versuch zu werten, eine klare Abwicklungsgrundlage zu finden. Angesichts des Aufwands, der mit dem Recht des Aktionärs auf auszugsweise Abschriften verbunden ist, sind solche Protokolle oder Aufzeichnungen in der Praxis seltener geworden.[311)] [→ Rz. 698] **724**

6. Ordnungsmaßnahmen [→ Rz. 699 ff.]

Hinsichtlich der in § 5 des Musters angesprochenen Ordnungsmaßnahmen gilt grundsätzlich dasselbe, wie zu den einzelnen Leitungsmaßnahmen (siehe oben Rz. 722), nämlich dass es sich nicht empfiehlt, durch allzu genaue Beschreibungen die ansonsten gegebene Flexibilität einzugrenzen. Die Ordnungsbefugnis des Versammlungsleiters ergibt sich gegenüber den Aktionären aufgrund des Mitgliedschaftsverhältnisses und gegenüber sonstigen Gästen aufgrund des Hausrechts des Versammlungsleiters. [→ Rz. 699 f.] **725**

Die in § 5 Abs. 3 und 4 des Musters beschriebenen Ordnungsmaßnahmen sind denn auch ausdrücklich nur als Beispiele gekennzeichnet. Dem Grundsatz der Verhältnismäßigkeit würde es entsprechen, wenn die dort aufgeführten Maßnahmen in der Reihenfolge ihrer Nennung stufenweise angewandt werden. § 5 Abs. 3 Satz 1 des Musters setzt die durch **726**

---

306) *Hüffer*, § 118 Rz. 17; Begründung RegE TransPuG, BT-Drucks. 14/8769, S. 19 f.

307) *Kubis* in: MünchKomm AktG, § 118 Rz. 96.

308) *Von Nussbaum*, GWR 2009, 215, 216 hält die Bestimmung durch den Versammlungsleiter für die bessere Variante (größere Flexibilität); dazu auch *Hoffmann* in: Spindler/Stilz, AktG, § 118 Rz. 47.

309) Begründung RegE TransPuG, BT-Drucks. 14/8769, S. 19.

310) BGH v. 19.9.1994, BGHZ 127, 107, ZIP 1994, 1597, NJW 1994, 3094, dazu *Hirte*, EWiR 1995, 13; *Semler* in: Münchener Handbuch, § 36 Rz. 50.

311) *Volhard* in: Semler/Volhard/Reichert, Arbeitshdb. HV, § 13 Rz. 95 ff.

das UMAG aufgrund einer entsprechenden Ergänzung des § 131 Abs. 2 AktG geschaffene Möglichkeit um, im Rahmen der Satzung oder der Geschäftsordnung den Versammlungsleiter zu einer angemessenen Begrenzung nicht nur der Rede-, sondern auch der Fragezeit zu ermächtigen. [→ Rz. 701 f.]

7. Abhandlung der Tagesordnung [→ Rz. 703 ff.]

727 Die in § 6 des Musters behandelten Themen gehören zur Leitungsbefugnis des Versammlungsleiters (siehe hierzu auch Muster 1, Rz. 208 ff.). § 6 Abs. 1 des Musters ist deklaratorischer Natur und dient der Abgrenzung von gesetzlich der Hauptversammlung zustehenden bzw. in der Leitungsmacht des Versammlungsleiters stehenden Maßnahmen.[312] [→ Rz. 703]

728 Auch hinsichtlich der sog. Geschäftsordnungsanträge steht dem Versammlungsleiter eine weitgehende autonome Entscheidungsfreiheit zu. Nur wenige Maßnahmen zur Geschäftsordnung fallen in die Zuständigkeit der Hauptversammlung und können nicht vom Versammlungleiter im Rahmen seiner eigenen Kompetenz allein entschieden werden. Dazu gehören die Entscheidung über die Absetzung der Hauptversammlung, über die Absetzung oder Vertagung einzelner Tagesordnungspunkte und die Abwahl des Versammlungsleiters. Gesetzlich geregelt sind ferner die Einzelentlastung und der Vorrang von Aktionärsanträgen in den Fällen des § 137 AktG. In diesen Fällen muss eine Abstimmung hierüber vor dem jeweils betroffenen Sachantrag erfolgen, nicht notwendigerweise jedoch gleich zu Beginn der Hauptversammlung. Die Einzelheiten hängen vom Gegenstand des Geschäftsordnungsantrags und taktischen Gegebenheiten ab.[313] [→ Rz. 704]

729 § 6 Abs. 2 und 3 des Musters betreffen Kompetenzen, die dem Versammlungsleiter von Gesetzes wegen zustehen. Eine Beschränkung durch die Hauptversammlungsgeschäftsordnung wäre nicht möglich. Dies gilt auch für die Kompetenzen im Hinblick auf die Art und Form der Abstimmung, wobei hier zur Klarstellung einige Leitungskompetenzen besonders angesprochen sind. Die Verpflichtung zur Feststellung und Verkündung des Ergebnisses ergibt sich indirekt aus § 130 Abs. 2 AktG. [→ Rz. 704 ff.]

8. Teilnahme an der Hauptversammlung [→ Rz. 707 ff.]

730 Die Geschäftsordnung der Hauptversammlung kann keine materiellen Bestimmungen über das Recht zur Teilnahme an der Hauptversammlung enthalten. Auch die Bestimmung in § 7 Abs. 1 des Musters, dass der Versammlungsleiter über Streitigkeiten in diesem Zusammenhang entscheidet, ist lediglich klarstellender Natur. [→ Rz. 707]

731 Das Gleiche gilt für die Bestimmungen des § 7 Abs. 2–4 des Musters. Die unter Absatz 2 genannten Personenkreise bedürften an sich einer förmlichen Zulassung zur Hauptversammlung durch den Versammlungsleiter, was in der Praxis jedoch konkludent geschieht. Insofern sind diese Bestimmungen informativer und klarstellender Natur. [→ Rz. 708 ff.]

9. Salvatorische Klausel [→ Rz. 711]

732 Die salvatorische Klausel kann nur den Fall der Teilunwirksamkeit (§ 139 BGB) regeln. Die sonst üblichen Bestimmungen über ersatzweise greifende Regelungen, die dem Sinn und Zweck der unwirksamen oder fehlenden Bestimmungen entsprechen, werden auf-

---

312) Zur Abgrenzung der Kompetenzen insoweit siehe *Semler* in: Münchener Handbuch, § 36 Abs. 46 f.
313) Siehe dazu *Hüffer*, AktG, § 129 Rz. 19; *Butzke*, HV, D Rz 78 ff., 82 ff.

grund des bei der Beschlussfassung über eine solche Geschäftsordnung geltenden Bestimmtheitsgrundsatzes, der durch die analog anzuwendende Bestimmung von § 124 Abs. 2 Satz 2 AktG gilt, nicht möglich sein.[314)]

Muster 5.7: Leitfaden für den Leiter der Hauptversammlung

I.   Mustertext [→ Rz. 765 ff.]

Leitfaden des Aufsichtsratsvorsitzenden

für die ordentliche Hauptversammlung der

[...] AG

am [*Datum, Uhrzeit*]

im [*Versammlungsort*]

(1) Begrüßung [→ Rz. 765 f.]	Sehr geehrte Aktionäre und Aktionärsvertreter,	733
	meine sehr verehrten Damen und Herren,	
	mein Name ist [...]. Als Vorsitzender des Aufsichtsrats eröffne ich die ordentliche Hauptversammlung der [...] AG. Ich begrüße – auch im Namen des Vorstands und meiner Aufsichtsratskollegen – alle Aktionäre und Aktionärsvertreter unserer Gesellschaft, die Gäste und Vertreter der Presse und darf Ihnen für Ihr Erscheinen danken.	
§ 176 Abs. 2 AktG [→ Rz. 772]	Ich begrüße auch Herrn [...] von der [*Wirtschaftsprüfungsgesellschaft*] aus [...], die gem. dem letztjährigen Hauptversammlungsbeschluss für das Geschäftsjahr [...] als Abschlussprüfer tätig war.	
	Des Weiteren ist Herr Notar [*Name*] aus [*Ort*] anwesend, der die Niederschrift über die heutige Hauptversammlung aufnehmen wird.	
[→ Rz. 771]	Seit der letzten Hauptversammlung haben sich weder im Aufsichtsrat noch im Vorstand personelle Änderungen ergeben.	
	Die Mitglieder des Aufsichtsrats, das sind neben mir [*nur bei mitbestimmten Gesellschaften:* als Vertreter der Anteilseigner]	
	Herr [...] und	
	Frau [...]	
	...	
	[*nur bei mitbestimmten Gesellschaften:* sowie als Vertreter der Arbeitnehmer	
	Herr [...] und	
	Frau [...]	
	...]	
	sind heute allesamt anwesend.	

---

314) Anders der Mustervorschlag von *Schaaf*, ZIP 1999, 1339, 1344.

Die Mitglieder des Vorstands sind ebenfalls vollständig anwesend. Ich darf Sie Ihnen kurz vorstellen:

Herr [...] – er ist Vorstandsvorsitzender und verantwortlich für [...],

Frau [...] – verantwortlich für [...]

...

Vor Eintritt in die Tagesordnung möchte ich die notwendigen Formalitäten erledigen und einige Hinweise zum Ablauf der Versammlung geben:

734 (2) Festlegung des Präsenzbereichs

[→ Rz. 773 ff.]

Ich darf zunächst darauf hinweisen, dass der Präsenzbereich nicht nur dieser Versammlungssaal, sondern auch das Foyer bis zur Ein- und Ausgangskontrolle ist. Die Beschallung erstreckt sich auf den Saal sowie das Foyer mit seinen Nebenräumen. Die Stimmabgabe zu der ich jeweils ausdrücklich aufrufen werde, ist aber nur hier im Saal möglich.

735 (3) Feststellung der form- und fristgerechten Einberufung

[→ Rz. 776]

§ 121 Abs. 3 AktG, § 30b Abs. 1 Satz 1 WpHG

Die Einladung zur heutigen Hauptversammlung ist am [*Datum*] im elektronischen Bundesanzeiger veröffentlicht worden und wurde am selben Tag auch Medien zur europaweiten Verbreitung zugeleitet. Ein Belegexemplar der Veröffentlichung im elektronischen Bundesanzeiger liegt dem anwesenden Notar vor und kann am Wortmeldetisch eingesehen werden.

§ 125 AktG [→ Rz. 777]

Der Vorstand hat außerdem den Kreditinstituten, Finanzdienstleistungsinstituten und Aktionärsvereinigungen, die in der letzten Hauptversammlung Stimmrechte für Aktionäre ausgeübt oder die die Mitteilung verlangt haben, ebenso wie Aktionären, die die Mitteilung verlangt haben [*bei Namensaktien: oder zu Beginn des 14. Tages vor dem Tag der Hauptversammlung in unserem Aktienregister eingetragen waren*], die Einberufung der Hauptversammlung ordnungsgemäß mitgeteilt.

§§ 175 Abs. 2, 176 AktG

Seit Bekanntgabe der Einladung waren die Einladung mit der Tagesordnung und die weiteren Unterlagen zu der heutigen Tagesordnung auf der Internetseite der Gesellschaft zugänglich.

Die Unterlagen liegen auch heute zur Einsicht im Foyer und am Wortmeldetisch aus.

§§ 126, 127 AktG

[→ Rz. 778]

Innerhalb der Frist des § 126 AktG sind der Gesellschaft keine mitteilungspflichtigen Gegenanträge von Aktionären zugegangen. Wahlvorschläge oder Anträge zur Erweiterung der Tagesordnung sind ebenfalls nicht eingegangen. Es bleibt damit bei den angegebenen Tagesordnungspunkten.

Den genauen Wortlaut der Tagesordnung entnehmen Sie bitte dem Ihnen zugesandten bzw. im Foyer verfügbaren Material.

Ich stelle damit fest, dass die heutige Hauptversammlung form- und fristgerecht einberufen ist.

(4) Präsenz

§ 129 Abs. 1, 4 AktG

[→ Rz. 779 ff.]

Das Teilnehmerverzeichnis der anwesenden Aktionäre und Aktionärsvertreter wird zurzeit fertiggestellt; sobald die Präsenz feststeht, werde ich sie Ihnen vor der ersten Abstimmung bekannt geben und eine Kopie des Teilnehmerverzeichnisses am Wortmeldetisch zur Einsichtnahme zugänglich machen.   **736**

(5) Änderung der Präsenz

[→ Rz. 785 ff.]

Präsenzänderungen werden bis zum Ende der Hauptversammlung in Nachträgen festgehalten, die ebenfalls zur Einsichtnahme zugänglich gemacht werden.   **737**

Aktionäre und Aktionärsvertreter, die die Hauptversammlung **vorzeitig verlassen** wollen, bitte ich um Folgendes:

Wenn Sie die Hauptversammlung **vorübergehend** bis zum Beginn der Abstimmung verlassen wollen, geben Sie bitte ihre Stimmabschnittsbogen am Abmeldeschalter in der Eingangshalle ab und behalten Sie den anhängenden Präsenzkontrollabschnitt. Dieser legitimiert nach Rückkehr zum erneuten Empfang des Stimmabschnittsbogens und zum Wiedereintritt in die Hauptversammlung sowie zur Teilnahme an den Abstimmungen.

§ 134 Abs. 3, 4 AktG

[→ Rz. 787 ff.]

Aktionäre und Aktionärsvertreter, die die Hauptversammlung **endgültig** verlassen wollen oder aus sonstigen Gründen ihr Stimmrecht bei den Abstimmungen nicht selbst ausüben wollen, können einen anderen Hauptversammlungsteilnehmer oder die von der Gesellschaft benannten Stimmrechtsvertreter mit der Wahrnehmung ihrer Stimmrechte bevollmächtigen.

Wenn Sie einen anderen **Hauptversammlungsteilnehmer** bevollmächtigen möchten, müssen Sie die Vollmacht in Textform den Mitarbeitern am Abmeldeschalter vorlegen. Sie können zur Vollmachterteilung das Formular auf Ihrem Stimmabschnittsbogen verwenden. Den Restbogen mit den Stimmabschnitten händigen Sie bitte dem Bevollmächtigten aus.

Alternativ können Sie Ihre Stimmen auch durch einen von der Gesellschaft benannten, weisungsgebundenen **Stimmrechtsvertreter** wahrnehmen lassen. Die Gesellschaft hat in diesem Jahr Frau [...] und Herrn [...], als Stimmrechtsvertreter benannt. Auch diese Vollmacht muss in Textform erteilt werden und Sie können hierfür ebenfalls das Formular auf Ihrem Stimmabschnittsbogen verwenden. Sie müssen dem von der Gesellschaft benannten Stimmrechtsvertreter dabei unbedingt zusätzlich Weisungen erteilen, wie er für sie abstimmen soll. Vollmacht und Weisungen legen Sie bitte den Mitarbeitern am Abmeldeschalter vor und geben dort auch den Restbogen mit den Stimmabschnitten ab.

§§ 129 Abs. 4, 134 Abs. 3
AktG

Sollten Sie **keinen Bevollmächtigten** bestimmen wollen, so teilen Sie dies bitte den Mitarbeitern am Abmeldeschalter mit und geben Sie dort den Stimmabschnittsbogen ab, damit Ihre Präsenz ausgetragen und das Teilnehmerverzeichnis berichtigt werden kann.

Wenn Sie hinsichtlich der Vollmachterteilung weitere Informationen benötigen, können Sie sich gerne an unsere Mitarbeiter am Abmeldeschalter wenden.

Bitte beachten Sie, dass während eines Abstimmungsvorganges die Eingangs- und Ausgangskontrolle geschlossen wird, damit die Präsenz während der Abstimmung unverändert bleibt. Wenn Sie während dieser Zeit dennoch die Hauptversammlung verlassen müssen, bitten wir Sie, einem anderen Versammlungsteilnehmer oder dem von der Gesellschaft benannten Stimmrechtsvertreter Vollmacht zur Wahrnehmung Ihrer Stimmrechte zu erteilen.

738 (6) **Bekanntgabe der Abstimmungsart**

§ [...] Satzung

[→ Rz. 788 ff.]

[→ Rz. 789 f.]

Nach der Satzung unserer Gesellschaft habe ich die Art und Form der Stimmabgabe festzulegen. Ich bitte Sie, hierzu folgende **Hinweise** zu beachten.

Die Abstimmungen erfolgen – soweit ich nichts anderes ankündige – durch Einsammeln der Ihnen ausgegebenen Stimmabschnitte.

Aktionäre, die mehrere Eintrittskarten erhalten haben, bitte ich zu prüfen, ob Sie alle Eintrittskarten gegen Stimmabschnittsbögen getauscht haben, damit alle von Ihnen vertretenen Aktien für die Präsenz erfasst werden und an der Abstimmung teilnehmen können. Falls das noch nicht geschehen ist, bitte ich Sie, dies alsbald nachzuholen, damit Ihre Stimmen vollständig in der Abstimmung berücksichtigt werden können.

[→ Rz. 791 ff.]

Zur Vereinfachung und Beschleunigung der Abstimmung und der Auszählung werden wir einen konzentrierten Abstimmungsvorgang im Anschluss an die Debatte durchführen. Die Stimmabschnitte werden dann also in einem einzigen Sammelgang eingesammelt werden.

Die Stimmabschnitte werden nur hier im Saal eingesammelt. Bitte kommen Sie also rechtzeitig vor Beginn der Abstimmung wieder in diesen Raum zurück, falls Sie einen Stimmabschnitt abgeben wollen.

[→ Rz. 795 ff.]

Das Abstimmungsergebnis wird nach dem Subtraktionsverfahren ermittelt, d. h. die Nein-Stimmen und die Stimmenthaltungen werden eingesammelt und ausgezählt und die Ja-Stimmen dann durch Subtraktion von der Präsenz errechnet.

Alternativ bei Additionsverfahren: **739**

Das Abstimmungsergebnis wird nach dem Additionsverfahren ermittelt. Das bedeutet, dass sowohl die Ja-Stimmen als auch die Nein-Stimmen eingesammelt und ausgezählt werden.

[→ Rz. 798]   *Alternativ bei Briefwahl:*   **740**

Zu den so ermittelten Ja- und Nein-Stimmen der Teilnehmer werden dann jeweils die Ja- und Nein-Stimmen der Briefwähler hinzugerechnet.

[→ Rz. 799]   Die Einzelheiten werde ich vor der ersten Abstimmung erläutern. Ich behalte mir ausdrücklich vor, ggf. auf ein anderes Abstimmungsverfahren umzustellen.

(7) Generaldebatte
§ […] Satzung
[→ Rz. 800]

Es obliegt mir nach der Satzung der Gesellschaft ebenfalls, **741** die Reihenfolge, in der die Gegenstände der Tagesordnung verhandelt werden, zu bestimmen.

Im gemeinsamen Interesse einer zügigen Abwicklung unserer Hauptversammlung wird die Diskussion über **alle Punkte der Tagesordnung** im Anschluss an den Bericht des Vorstands zu **Punkt 1** der Tagesordnung im Rahmen einer Generaldebatte stattfinden.

Wenn alle Fragen beantwortet sind und keine weiteren Wortmeldungen mit Zusatzfragen mehr vorliegen, wird die Debatte geschlossen und im Anschluss daran erfolgt ohne weitere Aussprache die Abstimmung.

(8) Wortmeldungen
[→ Rz. 801]

Soweit dies noch nicht geschehen ist, bitte ich Aktionäre **742** bzw. Aktionärsvertreter, die sich zu einzelnen oder allen Punkten der Tagesordnung zu Wort melden wollen, schriftliche Wortmeldungen hier vor dem Podium am Wortmeldetisch einzureichen. Geben Sie bitte dazu ein Wortmeldeformular ausgefüllt und unterzeichnet ab. Wortmeldeformulare liegen für Sie am Wortmeldetisch bereit.

Ich rufe die Aktionäre und Aktionärsvertreter, die ihre Redebeiträge angemeldet haben, in der zeitlichen Reihenfolge ihrer Wortmeldungen auf, es sei denn, dass sachliche Gründe eine andere Reihenfolge notwendig oder zweckmäßig machen.

Ich bitte die Redner nach Aufruf an das Rednerpult zu kommen und von dort aus zu sprechen, damit Sie überall verstanden werden können.

(9) Bild- und Tonaufzeichnungen
[→ Rz. 802 ff.]

Ich darf schließlich darauf hinweisen, dass der Ablauf der **743** Hauptversammlung nicht auf Tonband oder Video aufgezeichnet wird. Es findet lediglich eine Tonübertragung der Versammlung in die gesamte Präsenzzone sowie eine Bild- und Tonübertragung auf die Leinwand hinter mir und in das Back Office statt, wo die von Ihnen im Verlauf der Generaldebatte gestellten Fragen erfasst werden, um eine reibungslose Beantwortung Ihrer Fragen sicherzustellen. Ich bitte um Ihr Verständnis, dass auch für Sie, die Teilnehmer an der Hauptversammlung, Bild- und Tonbandaufzeichnungen nicht gestattet sind. Ferner weise ich darauf hin, dass ein stenografisches Protokoll ebenfalls nicht angefertigt wird.

744 § 118 Abs. 4 AktG

[→ Rz. 806]

Alternativ bei entsprechender Satzungsgrundlage zur Übertragung der Hauptversammlung:

Die gesamte Hauptversammlung wird [alternativ: Die Eröffnung der Hauptversammlung sowie die Rede des Vorstandsvorsitzenden werden] gem. § [...] der Satzung unserer Gesellschaft für alle Aktionäre [fakultativ: und die interessierte Öffentlichkeit] in voller Länge im Internet übertragen. Die Eröffnung der Hauptversammlung durch mich als den Versammlungsleiter sowie die Rede des Vorstandsvorsitzenden stehen auch nach der Hauptversammlung als Aufzeichnung zur Verfügung.

Ggf.: Ich bitte die Kamerateams bzw. Fotografen der Presse, ihre Aufnahmen jetzt zu beenden.

Bei dieser Gelegenheit darf ich noch die Anwesenden, die ein Mobiltelefon bei sich tragen, bitten, dieses während des Aufenthaltes hier im Versammlungssaal auszuschalten.

Ggf.: Im Anschluss an die Hauptversammlung dürfen wir Sie zu einem kleinen Imbiss einladen.

745 **(10) Eintritt in die Tagesordnung**

[→ Rz. 807 ff.]

Meine Damen und Herren,

nach Erledigung der Formalien kommen wir nun zur Tagesordnung.

746 **TOP 1**

§ 120 Abs. 3 Satz 2, §§ 176, 124 Abs. 3 Satz 1, §§ 170, 171 AktG

Ich beginne mit **Punkt 1 der Tagesordnung:**

Tagesordnung

Vorlage des festgestellten Jahresabschlusses und des gebilligten Konzernabschlusses sowie des zusammengefassten Lagebericht der Gesellschaft und des Konzerns [*alternativ: des Lageberichts der Gesellschaft und des Konzernlageberichts*] für das Geschäftsjahr [...], des Berichts des Aufsichtsrats sowie des erläuternden Berichts des Vorstands zu den Angaben nach §§ 289 Abs. 4 und 5, 315 Abs. 4 HGB.

Der Jahresabschluss unserer Gesellschaft und der Konzernabschluss sind unter Einbeziehung der Buchführung und des zusammengefassten Lageberichts der Gesellschaft und des Konzerns [*alternativ: des Lageberichts der Gesellschaft und des Konzernlageberichts*] von der als Abschlussprüfer bestellten [*Wirtschaftsprüfungsgesellschaft*], [*Ort*], geprüft und mit dem uneingeschränkten Bestätigungsvermerk versehen worden. Der Wortlaut des zusammengefassten Bestätigungsvermerks ist Bestandteil des Geschäftsberichts und dort auf Seite [...] abgedruckt.

Der erläuternde Bericht des Vorstands zu den Angaben nach § 315 Abs. 4 HGB befindet sich auf den Seiten [...] bis [...] und zu den Angaben nach § 315 Abs. 5 HGB auf den Seiten [...] bis [...].

§§ 171, 176 Abs. 1 Satz 2 AktG

[→ Rz. 808]

Den schriftlichen Bericht des Aufsichtsrats, den ich Ihnen nun erläutern möchte, finden Sie auf den Seiten [...] bis [...] des Ihnen vorliegenden Geschäftsberichts vollständig abgedruckt.

Der Aufsichtsrat hat den Jahresabschluss, den Konzernabschluss sowie den zusammengefassten Lagebericht der Gesellschaft und des Konzerns [*alternativ: den Lagebericht der Gesellschaft und den Konzernlagebericht*] sowie den Vorschlag des Vorstands über die Verwendung des Bilanzgewinns geprüft. Der Aufsichtsrat hat den Prüfungsbericht der Abschlussprüfer erörtert und zustimmend zur Kenntnis genommen. Über das Ergebnis der Prüfung hat der Aufsichtsrat der Hauptversammlung schriftlich berichtet.

§ 172 AktG

Der Aufsichtsrat hat den Jahresabschluss und den Konzernabschluss in seiner Sitzung vom [*Datum*], an der auch die Abschlussprüfer teilgenommen und über ihre Prüfung berichtet haben, gebilligt.

Der Jahresabschluss der [...] AG ist damit festgestellt.

Ggf. bei Gewinnverwendungsbeschluss:

Der Aufsichtsrat hat sich dem Gewinnverwendungsvorschlag des Vorstands angeschlossen.

Ggf. bei Abhängigkeitsbericht:

Der Aufsichtsrat hat außerdem den vom Vorstand erstellten Abhängigkeitsbericht einer eigenen Prüfung unterzogen. Er hat dem Ergebnis der Prüfung des Abhängigkeitsberichts durch den Abschlussprüfer zugestimmt und keine Einwendungen gegen die Erklärung des Vorstands am Schluss des Abhängigkeitsberichts erhoben, der auf Seite [...] des Geschäftsberichts abgedruckt ist.

Ggf. weitere Erläuterungen zum Bericht des Aufsichtsrats.

Ziffer 4.2.3 DCGK

[→ Rz. 809]

Entsprechend Ziffer 4.2.3 des Deutschen Corporate Governance Kodex darf ich Sie an dieser Stelle auch über die Grundzüge des Vergütungssystems des Vorstands und deren Veränderungen informieren:

[*Anmerkung: Es folgt eine entsprechende Darstellung der Grundzüge des Vergütungssystems.*]

Im Übrigen verweise ich an dieser Stelle auf die Seiten [...] bis [...] im Geschäftsbericht. Dort finden Sie ausführliche Erläuterungen über das Vergütungssystem des Vorstands für das Geschäftsjahr [...].

747 TOP 2–5

§ 176 Abs. 1 Satz 2 AktG

[→ Rz. 810]

Zur Erläuterung der Ergebnisse und Ereignisse des vergangenen Geschäftsjahres, der Ihnen vorliegenden Vorlagen und Beschlussvorschläge und des Ausblicks zum laufenden Geschäftsjahr darf ich nunmehr zunächst dem Vorstandsvorsitzenden der Gesellschaft, Herrn [*Name*], das Wort erteilen und rufe insoweit auch die übrigen Tagesordnungspunkte 2 bis 5 auf.

[*Anmerkung: Es folgen die Ausführungen des Vorstands, ggf. durch mehrere Mitglieder des Vorstands.*]

Herr […], ich danke Ihnen für Ihre Ausführungen.

Meine Damen und Herren,

ich erlaube mir auch in Ihrem Namen dem Vorstand und allen Mitarbeitern der Gesellschaft für die besonderen Anstrengungen *und den Erfolg* im abgelaufenen Geschäftsjahr zu danken. [*Fakultativ: In den Dank möchte ich auch ausdrücklich den Betriebsrat einbeziehen.*] Ich bitte den Vorstand, den Dank an die Mitarbeiterinnen und Mitarbeiter weiterzugeben.

§ 129 Abs. 4 AktG

[→ Rz. 784 ff.]

Inzwischen liegt mir auch das Teilnehmerverzeichnis der erschienenen und vertretenen Aktionäre vor.

[*Anmerkung: Text wird zum Verlesen vorgelegt.*]

Das Teilnehmerverzeichnis habe ich bereits an den Notar gegeben. Eine Kopie ist zur Einsicht für alle Aktionäre am Wortmeldetisch zugänglich gemacht. Das Original nimmt die Gesellschaft in Verwahrung.

Ebenso werde ich mit eventuellen Nachträgen zur Präsenz verfahren.

748 (11) Generaldebatte

§ 131 AktG

[→ Rz. 811 ff.]

Ich eröffne jetzt – wie angekündigt – zu allen Tagesordnungspunkten die Aussprache. Ich darf noch einmal darauf hinweisen, dass alle Punkte der Tagesordnung und alle Anträge in dieser Aussprache behandelt werden sollen.

Ich bitte die Diskussionsredner, nach Aufruf an das Rednerpult zu kommen und von dort aus zu sprechen, damit sie im gesamten Präsenzbereich zu hören sind. Die Redezeit ist grundsätzlich nicht begrenzt. Damit alle Aktionäre, die das Wort wünschen, auch tatsächlich zu Wort kommen und die Hauptversammlung in einem angemessenen Zeitrahmen stattfinden kann, appelliere ich an Sie alle, sich möglichst kurz zu fassen und Ihre Ausführungen im Rahmen der Tagesordnung zu halten.

749 [→ Rz. 814 ff.]

Ggf. bei Vorliegen entsprechender Indikatoren und bei entsprechender Satzungsgrundlage zur Beschränkung des Rede- und Fragerecht:

Ich behalte mir gem. § […] der Satzung unserer Gesellschaft vor, ggf. das Frage- und Rederecht zu beschränken, insbesondere einen zeitlich angemessenen Rahmen für den Hauptversammlungsverlauf, für den einzelnen Tagesordnungspunkt und für den einzelnen Redner zu setzen, um die Erledigung der Tagesordnung in einer zumutbaren Versammlungsdauer sicherzustellen.

Es haben sich bis jetzt [*Anzahl*] Redner zu Wort gemeldet. Ich bitte, soweit darüber hinaus das Wort gewünscht wird, um Ihre schriftliche Wortmeldung, falls das noch nicht geschehen ist.

Um etwaige Wiederholungen zu vermeiden, werden wir die gestellten Fragen zunächst sammeln und dann ggf. blockweise beantworten.

Ich erteile Herrn/Frau [...] das Wort.

[*Anmerkung:* *Es folgt der Redebeitrag.*]

Ich danke für Ihren Diskussionsbeitrag.

Nunmehr erteile ich Herrn/Frau [...] das Wort.

[*Anmerkung:* *Es folgt der Redebeitrag.*]

Ich danke für Ihren Diskussionsbeitrag.

...

Werden weitere Wortmeldungen gewünscht?

...

Ggf. bei sehr vielen Wortmeldungen und Fragen:

Meine Damen und Herren,

ich unterbreche an dieser Stelle die Debatte, um dem Vorstand und Aufsichtsrat Gelegenheit zu geben, zu den bisherigen Aktionärsbeiträgen und Fragen Stellung zu nehmen.

[*Anmerkung:* *Es folgen die Ausführungen der einzelnen Vorstandsmitglieder.*]

Ich danke Ihnen für Ihre Ausführungen und setzte nunmehr die Debatte fort. Als nächstes darf ich Herrn/Frau [...] aufrufen.

...

Vielen Dank für Ihre Ausführungen.

Ich bitte nun den Vorstand, die Fragen zu beantworten.

[→ Rz. 818]   *Falls Fragen vom Aufsichtsratsvorsitzenden beantwortet werden:*   **750**

Ich frage den Vorstand, ob er sich meine Antworten als Aufsichtsratsvorsitzender zu eigen macht und bitte den Notar, die Antwort zu Protokoll zu nehmen.

Falls bei schwierigen bzw. vielen Fragen in Abstimmung mit dem Vorstandsvorsitzenden eine Pause von ca. 15 Minuten eingelegt werden soll:

Meine Damen und Herren,

eine beträchtliche Anzahl von Fragen sind gestellt worden. Um dem Vorstand einige Minuten Zeit zur Vorbereitung seiner Stellungnahme einzuräumen, schlage ich eine kurze Pause vor. Ich unterbreche daher die Versammlung für ca. 15 Minuten, in denen Sie Gelegenheit haben, sich im Foyer bei den angebotenen Erfrischungen zu bedienen. Zur Fortsetzung der Versammlung werde ich Sie sodann per Lautsprecher wieder in den Saal bitten.

[Anmerkung: nach der Pause fortfahren]

Meine Damen und Herren,

zur Fortsetzung der Versammlung darf ich Sie wieder in den Saal bitten. Der Vorstand wird nun zu den gestellten Fragen Stellung nehmen. Ich übergebe das Wort dem Vorstand.

751 [→ Rz. 815 f.]

Falls einzelne Aktionäre nicht nur Fragen, sondern auch beschlussförmige Anträge stellen:

[Anmerkung: Es sollte mit dem Vorstand Rücksprache gehalten werden, wie zu verfahren ist und ob ggf. Gegenanträge der Verwaltung gestellt werden. Anträge von Aktionären sollen schriftlich eingereicht werden.]

Außerdem bitte ich den Vorstand, zu den gestellten Sachanträgen die Vorschläge der Verwaltung bekannt zu geben und zu begründen.

Bei Überschreitung zumutbarer Redezeiten, Störaktionen, Geschäftsordnungsfragen etc.: siehe SONDERAGENDEN.

[Anmerkung: Nachdem alle Wortmeldungen erledigt sind und der Vorstand alle Fragen beantwortet hat:]

Meine Damen und Herren,

der Vorstand [ggf.: *und der Aufsichtsrat*] hat [ggf.: *haben*] zu Ihren Fragen [ggf.: *und Anträgen*] Stellung genommen. Sind noch Fragen offen? Werden hierzu noch Wortmeldungen gewünscht?

[Anmerkung: Blick in den Saal]

752 Schluss der General-
debatte

[→ Rz. 819]

Wenn keine Fragen oder Wortmeldungen mehr vorliegen:

Da dies nicht der Fall ist, gehe ich davon aus, dass **Tagesordnungspunkt 1 ausreichend erläutert** und alle von Aktionären und Aktionärsvertretern zu sämtlichen Tagesordnungspunkten gestellten Fragen hinreichend beantwortet sind und auch keine weiteren Fragen und Wortmeldungen mehr bestehen.

Ich schließe nunmehr die Generaldebatte zu allen Tagesordnungspunkten.

§ 173 AktG	Zugleich stelle ich fest, dass Punkt 1 der Tagesordnung damit erledigt ist.
(12) Abstimmung	Meine Damen und Herren, 753
§ 173 AktG	wir kommen nunmehr zur Abstimmung über die **Tagesordnungspunkte 2 bis 5**. Zu Tagesordnungspunkt 1 ist bekanntlich kein Beschluss zu fassen.
[→ Rz. 784]	*Bei veränderter Präsenz:*
	Ich darf Ihnen noch einmal die aktuelle Präsenz bekannt geben:
	[Anmerkung: Verlesen der Präsenz.]
	Der Nachtrag liegt ebenfalls als Kopie beim Wortmeldetisch zur Einsichtnahme aus.
	Meine Damen und Herren,
	ich möchte Ihnen nun zunächst, wie angekündigt, das Abstimmungsverfahren erläutern.
Abstimmungsverfahren	Abstimmungsberechtigt sind alle Aktionäre und Aktionärs- 754
[→ Rz. 820 ff.]	vertreter. Ich darf daran erinnern, dass die Abgabe der Stimmabschnitte nur hier im Saal möglich ist. Wie ich Ihnen bereits zu Beginn der Versammlung mitgeteilt habe, werde ich über die einzelnen Tagesordnungspunkte unter Verwendung der Ihnen vorliegenden Stimmabschnitte abstimmen lassen. Die Auswertung erfolgt durch Barcodeleser unter Aufsicht des Notars. Bitte beachten Sie, dass die Abgabe von Stimmabschnitten nur hier im Saal möglich ist.

Das Abstimmungsergebnis wird wie angekündigt nach dem Subtraktionsverfahren ermittelt, d. h. die Nein-Stimmen und die Stimmenthaltungen werden eingesammelt und ausgezählt und die Ja-Stimmen dann durch Subtraktion von der Präsenz errechnet.

Wer gegen einen Antrag oder einen Vorschlag der Verwaltung stimmen oder sich der Stimme enthalten will, muss von dem Stimmabschnittsbogen den Stimmabschnitt mit der Nummer abtrennen, die dem jeweiligen Tagesordnungspunkt entspricht und auf die ich auch jeweils noch einmal hinweisen werde. Wer mit „Nein" stimmen will, gibt seinen Stimmabschnitt in den so gekennzeichneten – roten – Stimmkasten, wer mit „Enthaltung" stimmen will, benutzt den entsprechend gekennzeichneten – grünen – Stimmkastens.

Wer einem Antrag zustimmen möchte, braucht keinen Stimmabschnitt abzugeben. Sein Verhalten wird als „Ja"-Stimme gewertet.

Alternativ (bei Additionsverfahren):

Wie bereits erwähnt, werden wir nach dem Additionsverfahren abstimmen. Es werden also sowohl die Ja- als auch die Nein-Stimmen festgestellt und gezählt.

Wer mit „Ja" oder „Nein" an der Abstimmung teilnehmen will, muss von dem Stimmabschnittsbogen den Stimmabschnitt mit der Nummer, die dem jeweiligen Tagesordnungspunkt entspricht und die ich auch jeweils noch einmal ansagen werde, abtrennen.

Wer mit „Ja" stimmen will, gibt seinen Stimmabschnitt in den so gekennzeichneten – schwarzen – Stimmkasten, wer mit „Nein" stimmen will, bedient sich des entsprechend gekennzeichneten – roten – Stimmkastens.

Wer keinen Stimmabschnitt abgibt, nimmt an der Abstimmung nicht teil. Enthaltungen haben keinen Einfluss auf das Abstimmungsergebnis.

755 Konzentrierter Abstimmungsgang

[→ Rz. 791]

Wie angekündigt, werden wir zur Vereinfachung und Beschleunigung der Abstimmung zu den Punkten 2 bis 5 der Tagesordnung einen konzentrierten Abstimmungsvorgang vornehmen. Das bedeutet, dass ich die Tagesordnungspunkte zunächst einzeln aufrufen und Sie, meine Damen und Herren, jeweils bitten werde, sich den entsprechenden Stimmabschnitt zurechtzulegen.

Die Stimmabschnitte zu allen Tagesordnungspunkten werden dann in einem Arbeitsgang gleichzeitig eingesammelt und unter notarieller Aufsicht ausgezählt. Die Stimmabschnitte sind so präpariert, dass durch den Barcodeleser der jeweilige Stimmabschnitt zuverlässig dem jeweiligen Tagesordnungspunkt zugeordnet wird.

Ich komme damit zur Abstimmung über die einzelnen Tagesordnungspunkte.

Ich bitte alle Aktionäre und Aktionärsvertreter, die mit „Nein" oder „Enthaltung" stimmen wollen, sich jetzt hier in den Saal zu begeben. Wer keinen Stimmabschnitt abgibt, stimmt mit „Ja".

Alternativ bei Additionsverfahren:

Ich bitte alle Aktionäre und Aktionärsvertreter, die mit „Ja" oder „Nein" stimmen wollen, sich jetzt hier in den Saal zu begeben. Wer keinen Stimmabschnitt abgibt, nimmt an der Abstimmung nicht teil.

Ich bitte Sie, während des Abstimmungsvorgangs die Hauptversammlung nicht zu verlassen, damit die Präsenz unverändert bleibt. Sie können aber weiterhin einen anderen Hauptversammlungsteilnehmer oder die von der Gesellschaft benannten Stimmrechtsvertreter bevollmächtigen.

TOP 2	Ich darf jetzt Punkt 2 der Tagesordnung:	**756**

„Beschlussfassung über die Verwendung des Bilanzgewinns"

aufrufen.

Vorstand und Aufsichtsrat schlagen vor, den Bilanzgewinn für das Geschäftsjahr [...] in Höhe von [...] € wie in der Ihnen vorliegenden Tagesordnung angegeben zu verwenden.

Wir kommen zur Abstimmung.

Ich bitte alle diejenigen Aktionäre und Aktionärsvertreter, die gegen den Vorschlag der Verwaltung stimmen oder sich der Stimme enthalten wollen, für diese Abstimmung den Stimmabschnitt Nr. 2 bereitzuhalten.

Alternativ bei Additionsverfahren:

Ich bitte alle diejenigen Aktionäre und Aktionärsvertreter, die für oder gegen den Vorschlag der Verwaltung stimmen wollen, für diese Abstimmung den Stimmabschnitt Nr. 2 bereitzuhalten.

TOP 3 [→ Rz. 824 ff.]	Ich darf Punkt 3 der Tagesordnung	**757**

„Beschlussfassung über die Entlastung der Mitglieder des Vorstands für das Geschäftsjahr [...]"

aufrufen.

Vorstand und Aufsichtsrat schlagen vor, dem Vorstand für den vorgenannten Zeitraum Entlastung zu erteilen.

§ 136 AktG
[→ Rz. 825]

Vor der Beschlussfassung weise ich auf das **Stimmrechtsverbot des § 136 AktG** hin. Mitglieder des Vorstands, die Aktien der Gesellschaft besitzen, dürfen demnach das Stimmrecht weder aus eigenen noch aus fremden Aktien ausüben, soweit es um ihre eigene Entlastung geht. Ebenso wenig dürfen Dritte das Stimmrecht aus Aktien ausüben, die den zu entlastenden Mitgliedern des Vorstands gehören. Soweit Mitgliedern des Vorstands Aktien der Gesellschaft gehören, ist dies bereits im Vorfeld der Hauptversammlung berücksichtigt worden.

[→ Rz. 826 f.]

Ich werde über die Entlastung en bloc abstimmen lassen, so dass jeder, der nur einem Vorstand die Entlastung verweigern möchte, insgesamt mit „Nein" stimmen muss.

[Anmerkung: Falls verlangt war, über die Entlastung eines einzelnen Vorstands gesondert abzustimmen (§ 120 Abs. 1 AktG): siehe SONDERAGENDEN.]

§ 120 AktG

Ich bitte alle diejenigen Aktionäre und Aktionärsvertreter, die gegen den Vorschlag der Verwaltung stimmen, also die Entlastung des Vorstands verweigern oder sich der Stimme enthalten wollen, für diese Abstimmung den Stimmabschnitt Nr. 3 bereitzuhalten.

Alternativ bei Additionsverfahren:

Ich bitte alle diejenigen Aktionäre und Aktionärsvertreter, die für oder gegen den Vorschlag der Verwaltung, den Vorstand zu entlasten stimmen wollen, für diese Abstimmung den Stimmabschnitt Nr. 3 bereitzuhalten.

758 TOP 4

[→ Rz. 824 ff.]

Wir kommen jetzt zu **Tagesordnungspunkt 4**

„Beschlussfassung über die Entlastung des Aufsichtsrats für das Geschäftsjahr [...]."

Vorstand und Aufsichtsrat schlagen vor, dem Aufsichtsrat für das Geschäftsjahr [...] Entlastung zu erteilen.

[→ Rz. 825]

Bevor ich den Antrag der Verwaltung zur Abstimmung stelle, weise ich auch hier auf das **Stimmrechtsverbot des § 136 AktG** der Aufsichtsratsmitglieder hin. Es gilt hierfür das von mir soeben zum Stimmrechtsverbot der Vorstandsmitglieder Ausgeführte entsprechend.

[→ Rz. 826 f.]

Die Abstimmung wird auch hier im En-bloc-Verfahren erfolgen, so dass jeder, der nur einem Aufsichtsratsmitglied die Entlastung verweigern möchte, insgesamt mit Nein stimmen muss.

[*Anmerkung: Falls verlangt war, über die Entlastung eines einzelnen Aufsichtsratsmitglieds gesondert abzustimmen (§ 120 Abs. 1 AktG): siehe SONDERAGENDEN.*]

Ich bitte alle diejenigen Aktionäre und Aktionärsvertreter, die gegen den Vorschlag der Verwaltung stimmen, also die Entlastung des Aufsichtsrats verweigern oder sich der Stimme enthalten wollen, für diese Abstimmung den Stimmabschnitt Nr. 4 bereitzuhalten.

Alternativ bei Additionsverfahren:

Ich bitte alle diejenigen Aktionäre und Aktionärsvertreter, die für oder gegen den Vorschlag der Verwaltung, den Aufsichtsrat zu entlasten, stimmen wollen, für diese Abstimmung den Stimmabschnitt Nr. 4 bereitzuhalten.

759 TOP 5

Wir kommen nunmehr mit Punkt 5 als letztem Punkt der Tagesordnung zur

„Wahl des Abschlussprüfers und Konzernabschlussprüfers für das Geschäftsjahr [...]"

Der Aufsichtsrat schlägt vor, die [*Wirtschaftsprüfungsgesellschaft*] in [*Ort*] zum Abschlussprüfer für das Geschäftsjahr [...] zu wählen.

Ich bitte alle diejenigen Aktionäre und Aktionärsvertreter, die gegen den Vorschlag der Verwaltung stimmen, oder sich der Stimme enthalten wollen, für diese Abstimmung den Stimmabschnitt Nr. 5 bereitzuhalten.

Alternativ bei Additionsverfahren:

Ich bitte alle diejenigen Aktionäre und Aktionärsvertreter, die für oder gegen den Vorschlag der Verwaltung, stimmen wollen, für diese Abstimmung den Stimmabschnitt Nr. 5 bereitzuhalten.

Einsammeln Stimmabschnitte

Ich gehe davon aus, dass Sie nunmehr Ihre Stimmabschnitte 760 mit den Nummer 2 bis 5 bereitgelegt haben und bitte jetzt die Stimmeinsammler, in Aktion zu treten. Bitte benutzen Sie für die Abgabe von Nein-Stimmen den roten Kasten und für die Abgabe von Enthaltungen den grünen Stimmkasten.

Nur bei Substraktionsverfahren: Wenn Sie für die Vorschläge der Verwaltung, also mit „Ja" stimmen wollen, brauchen Sie keine Stimmabschnitte abgeben.

Ich bitte die Stimmeinsammler, jetzt in Aktion zu treten.

[Anmerkung: Sammelvorgang – bitte genügend Zeit lassen zum Einsammeln der Stimmabschnitte. Manche Aktionäre fangen erst jetzt an, die Stimmabschnitte von dem Bogen abzureißen.]

Hatte jeder Gelegenheit, seine Nein- oder Enthaltungsstimme abzugeben?

[Anmerkung: Kurze Pause, Blick in den Saal]

Ich sehe, das ist der Fall, und schließe die Abstimmung zu 761 **den Tagesordnungspunkten 2 bis 5.**

Alternativ bei Additionsverfahren:

Ich gehe davon aus, dass Sie nunmehr Ihre Stimmabschnitte mit den Nummern 2 bis 5 bereitgelegt haben und bitte jetzt die Stimmeinsammler, in Aktion zu treten. Bitte benutzen Sie für die Abgabe von Ja-Stimmen den schwarzen Kasten und für die Abgabe von Nein-Stimmen den roten Kasten. Wenn Sie sich der Stimme enthalten wollen, geben Sie keinen Stimmabschnitt ab.

Ich bitte die Stimmeinsammler, jetzt in Aktion zu treten.

[Anmerkung: Sammelvorgang – bitte genügend Zeit lassen zum Einsammeln der Stimmabschnitte. Manche Aktionäre fangen erst jetzt an, die Stimmabschnitte von dem Bogen abzureißen.]

Hatte jeder Gelegenheit, seine Nein- oder Enthaltungsstimme abzugeben?

[Anmerkung: Kurze Pause, Blick in den Saal]

Ich sehe, das ist der Fall, und schließe die Abstimmung zu den Tagesordnungspunkten 2 bis 5.

Ich bitte nunmehr noch um ein wenig Geduld während die eingesammelten Stimmabschnitte ausgezählt werden.

[Anmerkung: Pause]

Falls die Hauptversammlung für die Auszählung unterbrochen wird:

Meine Damen und Herren, ich unterbreche die Hauptversammlung für [10] Minuten. Wir werden um voraussichtlich [Uhrzeit] mit der Hauptversammlung und der Ergebnisverkündung fortfahren.

[Anmerkung: Fortsetzung]

Meine Damen und Herren, ich darf Sie bitten, in den Versammlungsraum zurückzukehren. Wir setzen die Hauptversammlung fort.

762 Bekanntgabe Abstimmungsergebnisse

[→ Rz. 828 ff.]

Meine Damen und Herren,

die Ergebnisse der Abstimmung zu den Tagesordnungspunkten 2 bis 5 gem. der Ihnen vorliegenden Hauptversammlungseinladung liegen nunmehr vor, ich darf Sie Ihnen wie folgt bekannt geben:

[Anmerkung: Gesonderte Ergebnisblätter werden vorgelegt und sind zu verlesen, inklusive der zur Abstimmung gültigen Präsenz.]

[→ Rz. 831 f.]

Alternativ bei verkürzter Beschlussfeststellung:

Meine Damen und Herren,

die Ergebnisse der Abstimmung zu den Tagesordnungspunkten 2 bis 5 gem. der Ihnen vorliegenden Hauptversammlungseinladung liegen nunmehr vor. Sie finden die Ergebnisse detailliert auf der Leinwand hinter mir eingeblendet. Sie werden außerdem am Wortmeldetisch ausgelegt und nach der Hauptversammlung auf der Internetseite der Gesellschaft veröffentlicht werden. Ich möchte mich daher im Folgenden bei der Feststellung über die Beschlussfassungen darauf beschränken Ihnen mitzuteilen, ob die erforderlichen Mehrheiten jeweils erreicht wurden. Darf ich davon ausgehen, dass Sie hiermit einverstanden sind oder gibt es jemanden, der die auf der Leinwand ersichtliche umfassende Feststellung durch mich verlangt?

[Anmerkung: Blick in den Saal]

Ich sehe, Sie sind mit dem Vorgehen einverstanden und bitte den Notar, zu Protokoll zu nehmen, dass insoweit kein Widerspruch erfolgt ist.

[Anmerkung: Gesonderte Ergebnisblätter mit verkürzter Beschlussfeststellung werden vorgelegt und sind zu verlesen, inklusive der zur Abstimmung gültigen Präsenz.]

763

Ich stelle noch einmal zusammenfassend fest und verkünde, dass die Beschlussvorschläge zu allen Tagesordnungspunkten gemäß der Ihnen vorliegenden Hauptversammlungseinladung mit der jeweils erforderlichen einfachen Mehrheit der abgegebenen Stimmen angenommen worden sind.

(13) Schlussbemerkung [→ Rz. 834 f.]	Meine Damen und Herren,	**764**

wir sind damit am Ende der Tagesordnung der ordentlichen Hauptversammlung für das Geschäftsjahr [...] angelangt.

Hiermit schließe ich die Hauptversammlung.

Ich darf Ihnen allen für Ihre Aufmerksamkeit, Ihre Fragen und Ihre Beteiligung danken. Mein Dank gilt auch den Mitarbeiterinnen und Mitarbeitern hinter den Kulissen, die zum reibungslosen Ablauf dieser Hauptversammlung beigetragen haben.

Die ordentliche Hauptversammlung für das Geschäftsjahr [...] wird voraussichtlich im [*Monat, Jahr*] stattfinden. Das genaue Datum steht bislang noch nicht fest.

Ggf.: Abschließend darf ich Sie im Namen der Gesellschaft zu einem kleinen Imbiss in das Foyer einladen.

Wir wünschen Ihnen allen einen guten Nachhauseweg!

II. Erläuterungen [→ Rz. 733 ff.]

1. Vorbemerkung

Das Aktiengesetz setzt voraus, dass die Hauptversammlung einen **Versammlungsleiter** hat (§§ 122 Abs. 3 Satz 2, 130 Abs. 2, 131 Abs. 2 Satz 2 AktG), ohne jedoch ausdrücklich Regelungen zu dessen Person zu treffen. Üblicherweise bestimmt die Satzung, dass der Vorsitzende des Aufsichtsrats Versammlungsleiter ist (eine entsprechende Satzungsregelung mit Vertretungsregeln findet sich in Muster 1, Rz. 111).[315] [→ Rz. 733 ff.] **765**

In Anbetracht der vielen vom Versammlungsleiter einer Hauptversammlung zu beachtenden Formalien ist es üblich, ihm als Sprechzettel hierfür einen sog. **Leitfaden** an die Hand zu geben. Dieser enthält einen wörtlich zu verlesenden Ablauf der gesamten Hauptversammlung bezogen auf die jeweils zur Beschlussfassung anstehende Tagesordnung. Die Gesellschaften oder ihre Berater halten diesen Text vor und passen ihn von Jahr zu Jahr einerseits der Tagesordnung, andererseits den Erfahrungen der Vorjahre sowie geänderten rechtlichen Rahmenbedingungen an. **766**

Das vorliegende Muster enthält den Leitfaden für die ordentliche Hauptversammlung einer börsennotierten, jedoch kleineren Aktiengesellschaft. Dabei sind zahlreiche Gestaltungen nur als Vorschlag zu verstehen und bedürfen einer sorgfältigen Anpassung an die für die konkrete Hauptversammlung festgelegten Verfahren, Örtlichkeiten, die Tagesordnung und etwaige Aktionärsanträge im Vorfeld. **767**

Zum Leitfaden gehören regelmäßig außerdem eine ganze Anzahl von **Sonderagenden**, die sich mit speziellen Situationen befassen. Auf den Abdruck solcher Sonderagenden wird hier aus Platzgründen verzichtet. Auch wenn dergleichen Sonderagenden hoffentlich nur selten benötigt werden, ist es ratsam, sie zur Hand zu haben, da in der Belastung der Hauptversammlungssituation auch erfahrene Versammlungsleiter für das damit vermittel- **768**

---

315) Ein Mitglied des Vorstands oder der die Hauptversammlung protokollierende Notar dürfen nicht Versammlungsleiter sein, siehe *Hüffer*, AktG, § 129 Rz. 18; *Kubis* in: MünchKomm AktG, § 119 Rz. 101; der Notar auch nicht, wenn es um die provisorische Versammlungsleitung zur Wahl eines Versammlungsleiters geht, KG Berlin v. 15.12.2010, Beck RS 2011.

te Korsett der rechtlichen Rahmenbedingungen dankbar sein werden. Hauptversammlungen werden gelegentlich von Aktionären besucht, denen es nicht um Informationen und eine sachliche Debatte geht, sondern die es darauf anlegen, zu stören und zu provozieren, sei es als Selbstzweck, sei es zur Schaffung von Gründen für eine spätere Anfechtungsklage. Gerechnet werden muss etwa mit Wortmeldungen zur Geschäftsordnung, die für allgemeine Redebeiträge missbraucht werden, mit wiederkehrenden lautstarken Beschwerden aus dem Saal oder vom Rednerpult über angebliche Organisationsmängel (Eingangskontrolle, Beschallung der Toiletten usw.), mit unsinnigen Geschäftsordnungsanträgen (Vertagung oder Unterbrechung der Hauptversammlung, Abwahl des Versammlungsleiters), aggressiven Redebeiträgen, ausufernden Fragenkatalogen oder dem Verlangen nach Vorlage oder Verlesung umfangreicher Schriftstücke.

769   Solche Situationen stellen hohe Anforderungen an die Geduld und das Geschick des Versammlungsleiters, der Gelassenheit wahren und gleichbleibend sachlich angemessen reagieren sollte. Wesentliches Ziel muss es sein, dem Aktionär keinen Grund für eine spätere Anfechtungsklage zu liefern. Das gilt auch für Hauptversammlungen, in denen nur Standardbeschlüsse zu fassen sind, erst recht aber für die Hauptversammlungen, in denen Maßnahmen von Bedeutung für die Gesellschaft beschlossen werden sollen. Dies sind beispielsweise Kapitalmaßnahmen, Beherrschungs- und Gewinnabführungsverträge mit einem Mehrheitsaktionär, Verschmelzungen, Spaltungen oder sog. Squeeze-out-Beschlüsse.

770   Zu beachten ist freilich, dass die Leitfäden nur die Formalien zu Beginn der Versammlung und das Abstimmungsverfahren strukturieren können, nicht jedoch den eigentlichen Hauptteil der Versammlung, nämlich die Fragen und Beiträge der Aktionäre und den weiteren Verlauf der Debatte. Insofern muss der Versammlungsleiter gesondert geschult werden und die hierfür geltenden allgemeinen Grundsätze verinnerlicht haben.

2. Vorstellung der Organmitglieder, des Notars und des Abschlussprüfers
[→ Rz. 733]

771   Die Vorstellung der **Mitglieder des Aufsichtsrats oder des Vorstands im Einzelnen** in der Eröffnung der Versammlung sollte sich danach richten, ob es insoweit seit der letzten Hauptversammlung personelle Veränderungen gegeben hat. Auch bei der ersten Hauptversammlung nach einem Börsengang sollten alle Organmitglieder vorgestellt werden. Bei den Aufsichtsräten kann im Einzelfall im Hinblick auf § 125 Abs. 1 Satz 3 AktG auch ein Hinweis auf die Mitgliedschaft in anderen gesetzlich zu bildenden Aufsichtsräten oder vergleichbaren Gremien angezeigt sein. Soweit einzelne Aufsichtsrats- oder (weniger ratsam) Vorstandsmitglieder fehlen, steht dies der Wirksamkeit der zu fassenden Beschlüsse nicht entgegen (§ 118 Abs. 3 AktG ist nur eine Sollvorschrift). Das Fehlen sollte kurz entschuldigt werden. Der Vorstand sollte aber nicht unterbesetzt sein, d. h. mit weniger Personen vertreten sein, als die Satzung mindestens vorgibt, da auf der Hauptversammlung ein Handeln als Kollegialorgan verlangt ist und somit dann Handlungsunfähigkeit und Anfechtung drohen, falls Vorschläge vom Vorstand erforderlich sind.[316] [→ Rz. 733]

772   Ferner entspricht es gängiger Praxis, den vom Vorstand **bestellten Notar** sowie den anwesenden **Vertreter des Abschlussprüfers** namentlich vorzustellen (zur Mitwirkung eines Notars siehe § 130 Abs. 1 AktG sowie Muster 5.8, Rz. 891 ff.). Die Anwesenheit des Abschlussprüfers ist nach § 176 Abs. 2 AktG nur zwingend, wenn die Hauptver-

---

316) Siehe *Hüffer*, AktG, § 76 Rz. 23, § 124 Rz. 12.

sammlung den Jahresabschluss feststellt. Der Abschlussprüfer ist weder berechtigt noch verpflichtet, den Aktionären Auskünfte zu erteilen (176 Abs. 2 Satz 3 AktG). Anders verhält es sich, wenn der Vorstand bzw. der Aufsichtsratsvorsitzende in seinem Kompetenzbereich sich Aktionärsfragen zu eigen macht, was auch dadurch geschehen kann, dass er eine Frage an den Abschlussprüfer weitergibt.[317] Soweit die Anwesenheit des Abschlussprüfers nicht gesetzlich vorgeschrieben ist, steht ihm von Gesetzes wegen kein Teilnahmerecht zu. Es ist jedoch sinnvoll und üblich, ihn als Gast zuzulassen.[318] Sonstige Mitarbeiter und Berater der Gesellschaft, die an der Hauptversammlung mitwirken (und oft auch auf dem Podium vertreten sind), werden in der Regel nicht namentlich vorgestellt. [→ Rz. 733]

3. Festlegung des Präsenzbereichs [→ Rz. 734]

Die Festlegung des Präsenzbereichs ist in mehrfacher Hinsicht von rechtlicher Bedeutung. Mit dem Präsenzbereich wird der Raum oder Kreis der Räumlichkeiten bezeichnet, der durch eine Zu- und Ausgangskontrolle abgegrenzt ist. Die Kontrolle des Ein- und Ausgangs ermöglicht das gesetzlich vorgeschriebene Teilnehmerverzeichnis (§ 129 Abs. 1 Satz 2 AktG). [→ Rz. 734]   **773**

> **Praxistipp:**
>
> Um das Teilnehmerverzeichnis von häufigen Zu- und Abgängen möglichst zu entlasten, empfiehlt es sich, den Präsenzbereich auf die den eigentlichen Saal umgebenden Nebenräume (etwa Foyer, Bewirtungsbereich, Ausstellungsräume, Toiletten) auszudehnen, so dass es zu Präsenzveränderungen erst bei endgültigem oder vorläufigem Verlassen dieses weiter gefassten Präsenzbereichs kommt.

Das Teilnahmerecht des Aktionärs setzt voraus, dass dieser in der Lage sein muss, dem Verlauf der Hauptversammlung im gesamten Bereich zu folgen, den der Versammlungsleiter zum Präsenzbereich erklärt hat. Wenn Räume außerhalb des eigentlichen Versammlungssaales zum Präsenzbereich erklärt werden, muss seitens der Gesellschaft sichergestellt sein, dass die Aktionäre der Hauptversammlung folgen können. Dazu gehört zumindest eine Lautsprecherübertragung in sämtliche Räume des Präsenzbereichs. Nur dann ist nämlich gewährleistet, dass der Aktionär von seinen weiteren Rechten, die ihm währen der Hauptversammlung zustehen, insbesondere dem Rede- und Fragerecht sowie dem Recht auf Stimmabgabe, ordnungsgemäß Gebrauch machen kann.[319]   **774**

Insbesondere ist die Festlegung des Präsenzbereichs auch mit der korrekten Feststellung der Präsenz verbunden. Diese ist bei der Anwendung des sog. Subtraktionsverfahrens (siehe näher hierzu unten Rz. 796) für die Ermittlung des Abstimmungsergebnisses wesentliche Grundlage. Fehler der Präsenzerfassung wirken sich bei Anwendung des Subtraktionsverfahrens unmittelbar auf das Beschlussergebnis aus und sind daher ein Anfechtungsrisiko.[320] Da beim Subtraktionsverfahren diejenigen, die an den Abstimmungen nicht durch Abgabe einer Nein- oder Enthaltungsstimme teilnehmen, eine Ja-Stimme abgeben, ist es erst recht erforderlich, auf den Beginn einer Abstimmung auch in den Nebenräumen hinzuweisen. Demgegenüber reicht es jedoch aus, wenn die Möglichkeit zur Abgabe von Stimmabschnitten nur im Hauptsaal der Hauptversammlung eingeräumt   **775**

---

317) *Kropff* in: MünchKomm AktG § 178 Rz. 40f.
318) *Hüffer*, AktG, § 176 Rz. 8; Butzke, HV, C Rz. 27.
319) LG München I v. 1.4.2010, BB 2010, 970.
320) OLG Hamm v. 27.5.2003, AG 2004, 38; LG München I v. 1.4.2010, BB 2010, 970.

wird, wenn dies die Menge der Teilnehmer und die Gestaltung der Räumlichkeiten zulässt.

Praxistipp:

Da die Erstellung des Teilnehmerverzeichnisses bei größeren Hauptversammlungen längere Zeit in Anspruch nimmt, ist der für die Grundlagen dieses Verzeichnisses wichtige Hinweis auf die Festlegung des Versammlungsraums gleich am Anfang der Versammlung dringend angezeigt.

4. Vorbereitung der Hauptversammlung [→ Rz. 735 f.]

776 Üblich, aber gesetzlich nicht vorgeschrieben, ist der **Hinweis auf die Veröffentlichung der Einladung** mit der Tagesordnung im elektronischen Bundesanzeiger als Beleg für die ordnungsgemäße und rechtzeitige der Einberufung der Hauptversammlung. Die Beifügung des Einberufungsbelegs zum Hauptversammlungsprotokoll ist in § 130 Abs. 3 Satz 1 AktG vorgeschrieben. [→ Rz. 735]

777 Es ist an dieser Stelle sodann üblich, auf den ordnungsgemäßen **Mitteilungsversand** gem. § 125 AktG sowie auf die **Unterlagen** hinzuweisen, die börsennotierte Gesellschaften im Vorfeld der Hauptversammlung zugänglich machen müssen. Auch auf eine Veröffentlichung der Unterlagen und der Tagesordnung auf der Internetseite der Gesellschaft (§ 124a AktG) kann in diesem Zusammenhang hingewiesen werden. Eine Verlesung der ausliegenden Unterlagen ist gesetzlich nicht vorgeschrieben, würde die Versammlungsteilnehmer ermüden und ist deswegen regelmäßig nicht angezeigt. Eine dahin gerichtete rhetorisch angebrachte Frage des Versammlungsleiters ist zunehmend unüblich und sollte unterbleiben. [→ Rz. 735 f.]

778 Ein Hinweis auf innerhalb (dann mit Veröffentlichungspflicht) der Frist des § 126 AktG eingegangene **Gegenanträge** oder nach dieser Frist eingegangene Wahlvorschläge oder Anträge zur Erweiterung der Tagesordnung von Aktionären ist ebenfalls angebracht. [→ Rz. 735]

5. Teilnehmerverzeichnis und Vollmachtserteilung [→ Rz. 736 f.]

779 In der Hauptversammlung ist ein **Verzeichnis der erschienenen oder vertretenen Aktionäre** und ihrer Vertreter aufzunehmen, und zwar jeweils unter Angabe ihres Namens und Wohnorts (§ 129 Abs. 1 Satz 2 AktG). Außerdem ist der Umfang (bei Nennbetragsaktien also der Betrag und bei Stückaktien die Anzahl) der gehaltenen oder vertretenen Aktien und die Gattung anzugeben. Die Erfassung des Legitimationsaktionärs ist in § 129 Abs. 3 AktG geregelt. Das Teilnehmerverzeichnis ist auch aufzustellen, wenn alle Aktionäre erschienen oder vertreten sind (Vollversammlung).[321] [→ Rz. 736]

780 Besondere Bedeutung kommt dem Teilnehmerverzeichnis beim Subtraktionsverfahren zu, da die darin dokumentierte Präsenz als Berechnungsgrundlage für die Ermittlung der Ja-Stimmen dient, weswegen das Teilnehmerverzeichnis dann auch oftmals als Präsenzliste bezeichnet wird.

781 Im Teilnehmerverzeichnis sind auch Aktionäre bzw. Aktionärsvertreter aufzuführen, die gem. § 118 Abs. 1 Satz 2 AktG ohne Anwesenheit teilnehmen und ihre Rechte im Wege elektronischer Kommunikation ausüben. Im Teilnehmerverzeichnis sollte aus Gründen

---

321) *Hüffer*, AktG, § 129 Rz. 5.

der Transparenz angegeben werden, ob der Aktionär bzw. Aktionärsvertreter präsent war oder online teilgenommen hat, auch wenn eine gesetzliche Verpflichtung hierzu nicht besteht. [322]

Nicht als „erschienen" zu notieren sind **Briefwähler** (§ 118 Abs. 2 AktG), da sie an der Hauptversammlung nicht teilnehmen.[323] Bei Anwendung des Subtraktionsverfahrens müssen diese Stimmen zusätzlich berücksichtigt werden, das Teilnehmerverzeichnis ist in diesem Fall keine ausreichende Grundlage zur Ermittlung des Abstimmungsergebnisses. **782**

Nach der Neufassung von § 129 Abs. 4 Satz 1 AktG durch das Namensaktiengesetz sind das Teilnehmerverzeichnis und seine Nachträge den Aktionären nicht mehr zur Einsicht auszulegen, sondern lediglich zugänglich zu machen, so dass während der Hauptversammlung auf eine Papierform verzichtet und stattdessen ein elektronisches Teilnehmerverzeichnis geführt werden kann, das auf einem oder mehreren Bildschirmen eingesehen werden kann. **783**

> **Praxistipp:**
> Auch bei der Papierform muss es sich bei stark besuchten Hauptversammlungen um mehrere Ausfertigungen des Verzeichnisses handeln, um eine angemessene Einsichtnahme zu ermöglichen.

Das Teilnehmerverzeichnis muss spätestens vor der ersten Abstimmung aufgestellt und zugänglich gemacht worden sein (§ 129 Abs. 4 Satz 1 AktG). Normalerweise erfolgen Abstimmungen erst im Anschluss an die Generaldebatte. Da aber auch vorher mit Verfahrensanträgen gerechnet werden muss, sollte das Teilnehmerverzeichnis möglichst frühzeitig erstellt und fortlaufend aktualisiert werden. Die Präsenz wird üblicherweise verkündet und bekannt gegeben. [→ Rz. 736, 747] **784**

Verlassen Aktionäre oder Aktionärsvertreter die Hauptversammlung vorzeitig oder erscheinen sie erst später, so ist das Teilnehmerverzeichnis zu aktualisieren, und zwar bis zum Ende der Hauptversammlung. [→ Rz. 737] **785**

Es ist nach der Neufassung durch das Namensaktiengesetz nicht mehr erforderlich, dass das Teilnehmerverzeichnis vom Leiter der Hauptversammlung unterzeichnet wird. Die Publizität des Teilnehmerverzeichnisses nach der Hauptversammlung wird nicht mehr über das Handelsregister, sondern durch ein Einsichtsrecht der Aktionäre bis zu zwei Jahren nach der Hauptversammlung erreicht (§ 129 Abs. 4 Satz 2 AktG). [→ Rz. 736] **786**

Kommt es zur **Vollmachtserteilung**, findet keine Präsenzänderung, sondern lediglich ein Wechsel der Berechtigung statt. Vollmachten müssen schriftlich vorgelegt werden, wenn die Satzung keine Erleichterung bestimmt. Erschwernisse sind unzulässig (§ 134 Abs. 3 Satz 2 AktG). Es ist, wie hier vorgeschlagen, vielfach üblich und wird gem. Ziffer 2.3.3 DCGK empfohlen, für abgehende Hauptversammlungsteilnehmer an der Ausgangskontrolle einen Mitarbeiter der Gesellschaft oder einen von der Gesellschaft beauftragten Externen bereitzustellen, der den Aktionären als Stimmrechtsvertreter zur Verfügung steht (sog. *Proxy Voting*). Hierzu enthält § 134 Abs. 3 Satz 3 AktG weitere Bestimmungen.[324] Wie in dem Muster vorgesehen, ist insbesondere darauf zu achten, dass dem von der Gesellschaft benannten Stimmrechtsvertreter ausdrücklich Weisungen erteilt werden, da an- **787**

---

322) *Noack/Zetzsche* in: Kölner Kommentar, § 129 Rz. 47; *Wicke* in: Spindler/Stilz, AktG, § 129, Rz. 31.

323) *Noack/Zetzsche* in: Kölner Kommentar, § 129 Rz. 49; *Wicke* in: Spindler/Stilz, AktG, § 129, Rz. 31, *Ziemons* in: Schmidt/Lutter, AktG, § 129 Rz. 24.

324) *Hüffer*, AktG, § 134 Rz. 26 ff.; zu den durch das NaStraG geänderten Bedingungen für Stimmrechtsvollmachten siehe *Noack*, ZIP 2001, 57, 61 ff.; *Hüther*, AG 2001, 68, 70 ff.; *Bunke*, AG 2002, 57.

dernfalls die Stimmrechte nicht vertreten werden können.[325)] Weiterführend zur Stimm-rechtsvertretung siehe Muster 5.1., Rz. 524 [→ Rz. 737]

6. Bekanntgabe der Abstimmungsart [→ Rz. 738]

788 Soweit dem Versammlungsleiter durch die Satzung die Befugnis erteilt wird, **Art und Reihenfolge der Abstimmung** festzulegen, wird unter Bezugnahme hierauf durch den Versammlungsleiter das Abstimmungsverfahren bestimmt. [→ Rz. 738]

789 Wie bei kleineren und mittleren Aktiengesellschaften üblich, ist hier das Verfahren unter Anwendung eines **Stimmabschnittsbogens** (mit Stimmabschnitten) für jeden einzelnen Tagesordnungspunkt und eine Reihe von Blanko-Coupons für etwaige zusätzliche Ab-stimmungen zugrunde gelegt.[326)] Dieses Verfahren ist auch bei größeren Teilnehmerzah-len zuverlässig. Auch der technische Aufwand ist überschaubar, allerdings kann es etwas zeitaufwendig sein. [→ Rz. 738, 754]

790 Andere Abstimmungsarten sind beispielsweise die Abstimmung durch Handaufheben, die allerdings für größere Versammlungen ungeeignet und fehleranfällig ist, durch Stimmkar-ten und Erfassungsgerät mit dem Vorteil einer schnellen Ergebnisermittlung aber einer u.U. zeitaufwendigen Erfassung oder die innovativere Funkabstimmung per Televoter oder iPod, die aber mit einem erhöhten Erklärungsbedarf und Kostenaufwand verbunden ist. Diese Einzelheiten sind bereits weit im Vorfeld der Hauptversammlung durch den Vorstand ggf. unter Zuhilfenahme externer Dienstleister abgestimmt und vorbereitet. Der Versammlungsleiter kann jedoch kraft seines Amtes auch eine andere Abstimmungsart ad hoc vorschreiben.

791 Das Muster geht davon aus, dass die entsprechenden Stimmabschnitte nicht im Anschluss an den entsprechenden Tagesordnungspunkt eingesammelt werden, sondern in einem „konzentrierten Sammelvorgang", in dem alle Stimmabschnitte zu allen Beschlussge-genständen auf einmal eingesammelt werden. Der Versammlungsleiter sagt dann an, wel-cher Beschlussgegenstand für die Abstimmung welcher Stimmabschnittsnummer zuge-ordnet ist. Bei einer größeren Zahl von Abstimmungen sollten die Zuordnungsansagen wiederholt oder die Zuordnung sollte als Übersicht auf eine Leinwand projiziert werden. [→ Rz. 738, 755]

> **Praxistipp:**
>
> Bei größeren Hauptversammlungen hat sich die Anordnung einer „konzentrierten Abstim-mung" bewährt, da in diesen Fällen mit dem Einsammeln der Stimmabschnitte zugleich für alle Abstimmungsvorgänge erhebliche Zeit gespart werden kann. Allerdings ist dabei auf eine besonders sorgfältige Erfassung der Stimmabschnitte zu achten und entsprechende Ka-pazitäten sind bereitzustellen.
>
> Bei einem Einsatz von Televoter oder Stimmkarten mit Erfassungsgerät bietet sich hingegen eine fortlaufende Abstimmung nach jedem Tagesordnungspunkt an.

792 Im Rahmen der Abstimmungen zu den einzelnen Tagesordnungspunkten werden in den Alternativen entsprechende Formulierungen vorgeschlagen.

793 Im Gegensatz zur Abstimmung mit einem konzentrierten Sammelgang werden bei der **Blockabstimmung** mehrere Abstimmungsvorgänge zu einer Abstimmung unter einem

---

325) *Hüffer*, AktG, § 134 Rz. 26b; *Bunke*, AG 2002, 57, 60; a. A. *Bachmann*, AG 2001, 635, 638 f.

326) Zu weiteren Einzelheiten und sonstigen Abstimmungsverfahren vgl. *Fischer/Pickert* in: *Semler/Volhard/Reichert*, Arbeitshdb. HV, § 9 Rz. 266.

Stimmabschnitt zusammengefasst. Dies ist jedoch nur zulässig, wenn zwischen den betroffenen Beschlussgegenständen ein enger Sachzusammenhang besteht.[327] Ein solcher enger Sachzusammenhang kann beispielsweise vorliegen, wenn mehrere inhaltlich zusammengehörende Satzungsänderungen beschlossen werden, oder bei einer bedingten Kapitalerhöhung verbunden mit der Ermächtigung zur Ausgabe von Optionsanleihen oder Wandelinstrumenten i. S. v. § 221 AktG.

In den übrigen Fällen ist eine Blockabstimmung unzulässig, weil befürchtet wird, dass **794** dieses Verfahren für die Aktionäre zu unübersichtlich ist. Zudem wird verlangt, dass der Versammlungsleiter in diesen Fällen ausdrücklich auf das gewählte Beschlussverfahren hinweist und insbesondere darauf, dass jeder Aktionär, der gegen nur einen Teil der zum einheitlichen Beschluss anstehenden Beschlussgegenstände stimmen möchte, insgesamt mit „Nein" stimmen muss. Nach einer Entscheidung des Bundesgerichtshofs ist es ferner erforderlich, dass kein anwesender Aktionär Einwände gegen diese Verfahrensweise erhebt.[328] Das grundsätzlich erhöhte Anfechtungsrisiko, nämlich das Risiko des Ausstrahlens des Fehlers eines Teilbeschlusses auf die restlichen Beschlussgegenstände, wird dadurch eingegrenzt, dass in diesen Fällen eine Teilanfechtung und damit Teilnichtigerklärung durch das Prozessgericht für zulässig gehalten wird.[329]

Zu den Befugnissen des Versammlungsleiters gehört auch die Festlegung des Verfahrens, **795** nach welchem das Stimmergebnis ermittelt wird.

Das Muster geht von der Anwendung des **Subtraktionsverfahrens**[330] aus, bei dem ledig- **796** lich die Nein-Stimmen und die Enthaltungen gezählt werden. Ausgangsgröße für die rechnerische Ermittlung der Ja-Stimmen des Abstimmungsergebnisses ist die Präsenz gem. dem Teilnehmerverzeichnis. Von ihr werden zunächst die Enthaltungen, sodann die Nein-Stimmen abgezogen, woraus sich die Zahl der Ja-Stimmen ergibt. Wer mit „Ja" stimmt, braucht also nichts zu unternehmen und braucht insbesondere keinen Stimmabschnitt abzugeben. Auf die hiermit verbundene Fiktion muss von dem Hauptversammlungsleiter ausdrücklich und mehrfach hingewiesen werden. [→ Rz. 738, 754]

Der Vorteil des Subtraktionsverfahrens liegt in dem geringen Zeitaufwand, da die Ja- **797** Stimmen, die in der Regel die größere Anzahl stellen, nicht eingesammelt und ausgezählt werden müssen. Nachteile bestehen zum einen angesichts der erhöhten Sorgfalt, die für eine zuverlässige Präsenzfeststellung erforderlich ist. Zum anderen wird teilweise eine Beeinflussung der Meinungsbildung vermutet, da nur derjenige, der abweicht, sich nach außen bekennen muss. Schließlich ist bei Anträgen von Aktionären (z. B. Abwahl des Versammlungsleiters) eine Umkehrung in dem Sinne erforderlich, dass nur die Ja-Stimmen und die Enthaltungen eingesammelt und die Nein-Stimmen errechnet werden.

---

327) *Heckschen* in: Notarhandbuch, D III, Rz. 60.

328) BGH v. 21.7.2003, ZIP 2003, 1788, DB 2003, 2115, dazu *Radlmayr*, EWiR 2003, 1113, betreffend die Zustimmung zu mehreren Unternehmensverträgen.

329) Vgl. dazu *Zöllner* in: Kölner Kommentar, § 148 Rz. 38 ff.; *Schmidt* in: Großkomm. z. AktG, § 243 Rz. 68, 69 m. w. N.; *Hüffer*, AktG, § 241 Rz. 36.

330) Zur Zulässigkeit des Subtraktionsverfahrens: *Wicke* in: Spindler/Stilz, AktG, § 133, Rz. 26, *Spindler* in: Schmidt/Lutter, AktG, § 133 Rz. 24; *Semler* in: Münchener Handbuch, § 39 Rz. 35; *Hüffer*, AktG, § 133 Rz. 24; zu den Voraussetzungen des Subtraktionsverfahrens OLG Hamm v. 27.5.2003, AG 2004, 38.

Praxistipp:

Sollten aufgrund der konkreten Hauptversammlungsräumlichkeit Zweifel an einer ordnungsgemäßen, ständigen Präsenzfeststellung bestehen, ist es empfehlenswert, das als Alternative vorgesehene Additionsverfahren anzuwenden, wonach die zu einem Beschlussantrag
abgegebenen Ja- und Nein-Stimmen jeweils getrennt gezählt werden. Enthaltungen brauchen bei diesem Verfahren nicht mitgezählt werden, da sie als nicht abgegeben gelten und
auch bei der Ermittlung des vertretenen Grundkapitals außer Betracht bleiben.

798   Hat die Gesellschaft die Möglichkeit einer **Briefwahl** eröffnet, so muss bei Anwendung
des Subtraktionsverfahrens zunächst das Abstimmungsergebnis der in der Versammlung
teilnehmenden Aktionäre ermittelt werden, um die Anzahl der Ja- und Nein-Stimmen zu
ermitteln. In einem zweiten Schritt werden dann zu den Ja- und Nein-Stimmen der Teilnehmer die Ja- und Nein-Stimmen der Briefwähler hinzugerechnet. Bei Anwendung des
Additionsverfahrens werden die Stimmen der teilnehmenden Aktionäre und der Briefwähler jeweils addiert. Die Summe aller Ja- und Nein-Stimmen ergibt die Gesamtzahl der
abgegebenen Stimmen und das Verhältnis aller Ja-Stimmen zur Gesamtzahl der abgegebenen Stimmen ergibt die Zustimmungsquote. Die Gesellschaft ist nicht verpflichtet, Aktionären die Briefwahlergebnisse vorab mitzuteilen. Unbedenklich ist, dass dem Vorstand
bereits im Vorfeld die Ergebnisse der Briefwahl bekannt sind. Dieser Wissensvorsprung
wurde vom Gesetzgeber hingenommen. [→ Rz. 740]

799   Im Muster wird vorgeschlagen, die Erläuterung der Einzelheiten des Abstimmungsverfahrens erst unmittelbar vor der ersten Abstimmung vorzunehmen. [→ Rz. 740]

7.   Generaldebatte [→ Rz. 741 f.]

800   Es steht unzweifelhaft im ausschließlichen Entscheidungsermessen des Versammlungsleiters, die **Art und Weise der Aussprache** der Aktionäre zu bestimmen. Im Formular ist
die weithin übliche **Generaldebatte** vorgesehen, die die gesamte Aussprache zu allen Tagesordnungspunkten zusammenfasst. Dies ist schon deswegen zweckmäßig, weil insbesondere die professionellen Aktionärsvertreter ihre vorbereiteten Redebeiträge zu allen
Tagesordnungspunkten halten wollen und sie bei einer an das Ende einer längeren Hauptversammlung verlegten Debatte über einen Tagesordnungspunkt möglicherweise der
Hauptversammlung nicht mehr beiwohnen könnten. Auch bei anderen Rednern hat es
sich in den Fällen einer Aufspaltung der Debatte als schwierig erwiesen, die entsprechende Disziplin durchzusetzen. Mit der Generaldebatte ist zudem für den Versammlungsleiter ein klarer Debattenschluss verbunden, bei dem er verbindlich feststellen lassen kann,
ob noch Fragen der Aktionäre bestehen und ob alle bisher gestellten Fragen vollständig
beantwortet worden sind. [→ Rz. 741]

801   Es ist üblich, Aktionäre, die sich zu Wort melden wollen, um schriftliche Wortmeldungen
zu bitten. Dies ermöglicht dem Versammlungsleiter die korrekte Vorstellung und An-
sprache der einzelnen Aktionärsredner. Von der Einhaltung der Reihenfolge der Anmeldungen sollte der Versammlungsleiter nicht ohne Grund abweichen.[331] [→ Rz. 742]

8.   Bild- und Tonaufzeichnung bzw. -übertragung [→ Rz. 743 f.]

802   Ein Hinweis des Versammlungsleiters auf etwa von der Verwaltung verwendete automati-
sierte Ton- oder Bildaufnahmen ist wegen der strafrechtlich geschützten Vertraulichkeit
des nicht öffentlich gesprochenen Wortes verbindlich. In diesem Falle haben einzelne

---

331) Siehe *Butzke*, HV, D Rz. 34 ff.

Hauptversammlungsteilnehmer das unentziehbare Recht, für ihre Ausführungen auf einer Abschaltung solcher Aufzeichnungen zu bestehen. Der Versammlungsleiter ist dagegen rechtlich nicht verpflichtet, eine etwa von der Verwaltung veranlasste stenografische Aufzeichnung des Hauptversammlungsverlaufs bekannt zu geben. Gleichwohl sollte, soweit eine solche Aufzeichnung nicht erfolgt, ein entsprechender klarstellender Hinweis gegeben werden.[332]

Ein solcher klarstellender Hinweis empfiehlt sich auch deswegen, weil nach einer Ent- 803
scheidung des Bundesgerichtshofs die Aktionäre bei Aufzeichnungen der Aktiengesellschaft (auch stenografischen Aufzeichnungen) einen Anspruch auf Wiedergabe ihrer Redebeiträge und der hierauf bezogenen Antworten der Verwaltung haben.[333]

Dies gilt nicht für eine von der Verwaltung oftmals vorgenommene Tonübertragung der 804
Aktionärsbeiträge in das sog. Back-Office und ggf. deren stenographische Aufzeichnung, die nur der Vorbereitung der Antworten und nicht der Aufzeichnung der Hauptversammlung dient.

Von der Bild- und Tonaufzeichnung zu unterscheiden ist die weiterhin an dieser Stelle im 805
Formular angesprochene Bild- und Tonübertragung der Hauptversammlung in Nebenräume. Diese ist dann zulässig, wenn die Hauptversammlung in mehreren Räumen stattfindet. Der Aktionär kann die Unterbrechung dieser Übertragung nicht verlangen.[334]

Hinsichtlich der Bild- und Tonübertragung nach außen eröffnet der durch das Transpa- 806
renz- und Publizitätsgesetz (TransPuG) angefügte § 118 Abs. 4 AktG einen Regelungsspielraum für die Satzung oder die Geschäftsordnung (vgl. Formulierungsvorschlag in Muster 1, Rz. 114). Soweit diese eine Übertragung zulassen, besteht kein Widerspruchsrecht des einzelnen Aktionärs.[335] [→ Rz. 744]

9. Eintritt in die Tagesordnung und die Diskussion [→ Rz. 745 ff.]

Die weiteren einleitenden Bemerkungen des Aufsichtsratsvorsitzenden als Versamm- 807
lungsleiter folgen den gesetzlichen Vorschriften der §§ 172–176 AktG.

Gemäß § 176 Abs. 1 Satz 2 AktG hat der Vorsitzende des Aufsichtsrats zu Beginn der 808
Hauptversammlung den **Bericht des Aufsichtsrats** zu erläutern. Angesichts der zunehmend ausführlichen Fassung der schriftlichen, in der Hauptversammlung auszulegenden Aufsichtsratsberichte ist für eine weitergehende mündliche Erläuterung wenig Raum, sodass der Aufsichtsratsvorsitzende sich auf eine schwerpunktmäßige Zusammenfassung beschränken kann. [→ Rz. 746]

An dieser Stelle besteht auch die Möglichkeit auf die Lage und Entwicklung der Gesell- 809
schaft aus Sicht des Aufsichtsrats sowie ggf. den Inhalt einzelner Tagespunkte einzugehen. Außerdem bietet sich hier auch der mündliche Bericht über die Grundzüge des Vergütungssystems gem. der Empfehlung zu Ziffer 4.2.3. DCGK an. [→ Rz. 746]

Die **Rede des Vorstands** dient einerseits ebenfalls den Verpflichtungen des § 176 Abs. 1 810
Satz 2 AktG zur Erläuterung der Abschlussvorlagen und andererseits, wenn wie hier vor-

---

332) § 201 Abs. 1 Nr. 1 StGB; siehe dazu *Martens*, Leitfaden, S. 52 ff., zum stenografischen Protokoll S. 46 ff.; *Hüffer*, AktG, § 130 Rz. 33.
333) BGH v. 19.9.1994, BGHZ 127, 107, ZIP 1994, 1597, 1598, dazu *Hirte*, EWiR 1995, 13.
334) *Martens*, Leitfaden, S. 52 f.
335) Zur Verfassungsmäßigkeit von § 118 Abs. 4 AktG: LG Frankfurt/M. v. 7.1.2004, NZG 2005, 520.

geschlagen, die Debatte zusammengefasst alle Tagesordnungspunkte behandelt, einer Vorstellung etwa weiterer Vorschläge der Verwaltung. [→ Rz. 747]

811 Bei den folgenden Formulierungsvorschlägen des Musters betreffend den Ablauf der Aussprache besteht sehr weitgehende Leitungsbefugnis des Versammlungsleiters. In welcher Reihenfolge der Versammlungsleiter Redner aufruft, wann er für Fragenbeantwortung unterbricht und in welcher Weise durch den Vorstand Fragen zusammenfassend beantwortet werden, kann nicht allgemein verbindlich vorgegeben werden. Zur Sicherung einer sachorientierten und zeitgerechten Abhandlung der Hauptversammlung kann es je nach Verlauf der Hauptversammlung in dieser Phase notwendig sein, dass der Versammlungsleiter von seinen Ordnungsbefugnissen Gebrauch macht. Hierauf weisen die an dieser Stelle angesprochenen Sonderagenden hin. [→ Rz. 748]

812 Auch bei Hauptversammlungen, welche erwartungsgemäß in einem Zeitraum von wenigen Stunden beendet werden, ist es angezeigt und üblich, die Redner zu bitten, ihr Rederecht in zeitlich angemessener Weise auszuüben.[336)] Dem Versammlungsleiter stehen kraft seiner Leitungsbefugnis die Mittel der individuellen und konkreten **Redezeitbeschränkung** zur Verfügung, welche hier im Formular angedeutet werden. Bei einer entsprechenden Ermächtigung in Satzung oder Geschäftsordnung gem. dem durch das UMAG ergänzten § 131 Abs. 2 AktG kommt darüber hinaus eine Beschränkung der Fragezeit in Betracht. Es wird nicht empfohlen, von vornherein die Rede- oder ggf. Fragezeit auf eine bestimmte Zeit festzusetzen und dies gar durch Stoppuhren oder Lichtanlagen zu kontrollieren, sofern nicht besondere Umstände vorliegen (beispielsweise aufgrund der Vielzahl der eingegangenen Wortmeldungen), die bereits zu Beginn der Aussprache eine Überschreitung der Hauptversammlungszeit für den Vorsitzenden absehbar machen.[337)] [→ Rz. 748]

813 Grundsätzlich gilt, dass der Versammlungsleiter seine Leitungs- und Ordnungsbefugnisse nach den Grundsätzen der Verhältnismäßigkeit und der Gleichbehandlung der Aktionäre auszuüben hat. Die Leitungsbefugnis umfasst die **generelle und individuelle Rede- und ggf. auch Fragezeitbeschränkung**, die Unterbindung der missbräuchlichen Ausübung des Fragerechts, die Anordnung des Schlusses der Rednerliste und der Debatte. Die Befugnis zur Abwehr von Störungen (Ordnungsbefugnis) umfasst das Recht der Ermahnung, des Wortentzugs und des Saalverweises in ein noch zur Präsenzzone gehörendes Foyer bis hin zu einem Hausverbot als ultima ratio.[338)]

814 Die Satzung kann eine Ermächtigung des Versammlungsleiters vorsehen, einen (angemessenen) zeitlichen Rahmen für den ganzen Hauptversammlungsverlauf, für einzelne Tagesordnungspunkte oder für einzelne Redner oder Fragesteller festzusetzen (zu einer entsprechenden Satzungsregelung siehe Muster 1, Rz. 113). Genaue Vorgaben dazu, wann eine Beschränkung zeitlich angemessen ist oder nicht, macht das Gesetz nicht. Allerdings hat der BGH eine Satzungsbestimmung gebilligt, die einen sehr detaillierten Katalog von Ermächtigungen enthielt und damit insgesamt die bisherige Praxis bestätigt.[339)] In weitem

---

336) OLG Stuttgart v. 3.12.2008, BeckRS 2009, 09637.

337) BGH v. 8.2.2010, NZG 2010, 423; OLG Frankfurt/M. v. 8.6.2009, NZG 2009, 1066; LG München I v. 11.12.2008, AG 2009, 382; LG Köln v. 6.7.2005 – Felten & Guilleaume, DB 2005, 2067 m. w. N.

338) Zum Saalverweis als Ultima Ratio: LG Köln v. 6.7.2005 – Felten & Guilleaume, DB 2005, 2067. Wegen der Einzelheiten der Leitungs- und Ordnungsbefugnisse des Versammlungsleiters vgl. *Martens*, Leitfaden, S. 56 ff.; *Semler* in: Münchener Handbuch, § 36 Rz. 39 ff.; *Fischer/Pickert* in: *Semler/Volhard/Reichert*, Arbeitshdb. HV, § 9 Rz. 187 ff.; *Hüffer*, AktG, § 129 Rz. 19 ff., insbes. § 23 zum Saalverweis.

339) BGH v. 8.2.2010, NZG 2010, 423.

Umfang ergeben sich Befugnisse auch aus der allgemeinen Kompetenz des Versammlungsleiters. Entscheidend sollte die Wahrung der Verhältnismäßigkeit der jeweiligen Beschränkung sein, die sich konkret an der jeweils vorliegenden Zahl der Wortmeldungen oder dem Zeitablauf orientieren muss. Außerdem ist der Grundsatz der Gleichbehandlung aller Aktionäre zu beachten. Verhältnismäßigkeitsgrundsatz und Gleichbehandlungsgebote gebieten beispielsweise, vor Schluss der Debatte die Redezeit generell zu beschränken, so dass noch mehrere Redner gleich lang zu Wort kommen.[340] [→ Rz. 749]

Eine Besonderheit ergibt sich bei **Anträgen zur Geschäftsordnung**. Es ist nicht richtig, **815** dass Wortmeldungen hierzu in jedem Falle vorrangig wären. Zutreffend ist aber, dass Geschäftsordnungsanträge, die die Kompetenz der Hauptversammlung (also nicht etwa die ausschließliche Kompetenz des Versammlungsleiters) betreffen, zeitlich vor Sachanträgen beschieden werden müssen, da andernfalls die Verfahrensentscheidung obsolet sein könnte. [→ Rz. 751]

Verfahrensanträge, die in die Kompetenz der Hauptversammlung fallen, sind etwa die **816** Abberufung des Versammlungsleiters aus wichtigem Grund,[341] Anträge auf Vertagung sowie die Unterbrechung einer eröffneten und Fortsetzung einer bereits geschlossenen Hauptversammlung sowie die Absetzung oder Vertagung einzelner Tagesordnungspunkte. Ferner ist ein echter Geschäftsordnungsantrag der Antrag auf Einzelentlastung der Aufsichtsrats- oder Vorstandsmitglieder. Im Übrigen hängt es von den Regelungen der Satzung der betreffenden Gesellschaft ab, ob weitere Verfahrensfragen der Hauptversammlung oder dem Versammlungsleiter zur ausschließlichen Entscheidung zugewiesen sind.[342]

Praxistipp:

Auch wenn Wortmeldungen zur Geschäftsordnung in der Regel (Ausnahme: Antrag auf Abwahl des Versammlungsleiters) keinen rechtlichen Anspruch auf Einräumung zeitlichen Vorrangs vor anderen Wortmeldungen haben können, kann es sich doch um eilige Verfahrensanträge handeln. Wenn dies geltend gemacht wird, sollte eine Worterteilung erfolgen. Es muss dann allerdings in besonderer Weise darauf geachtet werden, dass sich der Beitrag des Aktionärs auf die bloße Geschäftsordnungsthematik beschränkt.

Nach dem hier unter Muster 1 vorgeschlagenen Satzungsmuster (Rz. 112) ist die Befugnis **817** zu einer vorübergehenden **Unterbrechung der Hauptversammlung** ebenfalls dem Versammlungsleiter zugewiesen, um eine ansonsten bestehende Streitfrage auszuschließen.[343] [→ Rz. 750]

Im Rahmen der Aussprache ist von dem Versammlungsleiter schließlich zu beachten, dass **818** einige Fragen kraft Kompetenz des Aufsichtsrats vom Aufsichtsratsvorsitzenden zu beantworten sind. Dies betrifft einerseits Fragen der Aufsichtsratsarbeit, zum anderen Fragen zu den Vertragsverhältnissen der Vorstandsmitglieder (§§ 84, 112 AktG). [Die Beantwortung erfolgt daher üblicherweise durch den Aufsichtsratsvorsitzenden und (in der Regel) Versammlungsleiter, obgleich rechtlich die Fragenbeantwortung nach § 131 Abs. 1 ausschließlich eine Sache des Vorstands ist. Dieser muss sich die von Dritten gegebenen Antworten erkennbar zu eigen machen. [→ Rz. 750]

---

340) LG München v. 14.10.1999, DB 2000, 267.
341) LG Frankfurt/M. v. 11.1.2005, ZIP 2005, 1176, BB 2005, 1071; LG Köln v. 6.7.2005 – Felten & Guilleaume, DB 2005, 2067.
342) Vgl. zu Geschäftsordnungsanträgen *Fischer/Pickert* in: Semler/Volhard/Reichert, Arbeitshdb. HV, § 9 Rz. 106 ff.; *Martens*, Leitfaden, S. 76; *Butzke*, HV, D Rz. 78 ff.
343) *Zöllner* in: Kölner Kommentar, § 119 Rz. 68; *Fischer/Pickert,* in: Semler/Volhard/Reichert, Arbeitshdb. HV, § 9 Rz. 70; weitergehend für abschließende Kompetenz des Versammlungsleiters *Semler* in: Münchener Handbuch, § 36 Rz. 47; *Hüffer*, AktG, § 129 Rz. 19.

819 Von erheblicher rechtlicher Bedeutung ist sodann die Feststellung durch den Versammlungsleiter, dass alle von den Aktionären gestellten Fragen beantwortet sind und dass weitere Fragen und Wortmeldungen der Aktionäre nicht vorliegen und somit die Generaldebatte geschlossen werden kann. Diese Feststellung schließt, selbst wenn später noch Widerspruch zu Protokoll gegeben werden sollte, eine Anfechtungsklage, gestützt auf die angebliche Verletzung des Fragerechts, aus, wenn sie ohne Widerspruch aus dem Kreise der Versammlungsteilnehmer bleibt.[344] [→ Rz. 752 f.]

10. Abstimmungen [→ Rz. 753 ff.]

820 Gemäß § 129 Abs. 4 AktG muss das Teilnehmerverzeichnis spätestens vor der ersten Abstimmung erstellt und zur Einsicht für alle Teilnehmer ausgelegt werden.

821 Vor Eintritt in die anschließenden Abstimmungen ist sodann noch einmal in Einzelheiten das anzuwendende Abstimmungsverfahren zu erläutern. Das Formular geht vom Subtraktions- und als Alternative vom Additionsverfahren aus (siehe oben Rz. 788 f.). Im Übrigen ist eine Anpassung des Leitfadens an die von der Gesellschaft verwendeten Abstimmungshilfsmittel nötig, wobei es sehr unterschiedlicher Erläuterungen bedarf, je nachdem, ob manuelle, schriftliche oder elektronische Verfahren eingesetzt werden.[345] Wenn Vorzugsaktien ohne Stimmrecht ausgegeben sind und das Stimmrecht nicht gem. § 140 Abs. 2 AktG aufgelebt ist, ist hier der Hinweis auf die Stimmberechtigung nur der Stammaktionäre angebracht.

822 Die Verlesung und Verkündung der Beschlussergebnisse ist als förmlicher Akt zu verstehen, der gem. § 130 Abs. 2 AktG auch ausdrücklich in das Notarprotokoll (Muster 5.8, Rz. 836 ff.) aufzunehmen ist (siehe hierzu ausführlich Rz. 828).

823 Die Ergebnisse werden dem Versammlungsleiter üblicherweise auf einem bereits vorbereiteten Ergebnisblatt überreicht, in welches das Auszählteam nur die Auszählergebnisse eingetragen hat. Diese Ergebnisblätter müssen jedoch so eindeutig formuliert werden, dass unzweifelhaft ist, zu welchem Tagesordnungspunkt und mit welchem Beschlussergebnis abgestimmt wurde.

11. Entlastungsbeschlüsse [→ Rz. 757 f.]

824 Bei den Entlastungsbeschlüssen von Vorstand und Aufsichtsrat ergeben sich mehrere Besonderheiten, auf die der Versammlungsleiter hinzuweisen verpflichtet ist.

825 Das sind zum einen die sich aus § 136 Abs. 1 AktG ergebenden Stimmrechtsverbote, die zweckmäßigerweise bereits im Vorfeld geklärt und erfasst worden sind. Wenn vom Stimmrechtsverbot betroffene Aktien an der Abstimmung teilnehmen, müssen diese für den entsprechenden Entlastungsbeschluss bei Anwendung des Subtraktionsverfahrens von der Präsenz abgesetzt werden, um dadurch zuverlässig zu verhindern, dass sie an der Abstimmung teilnehmen. Bei Anwendung beider Verfahren, also Subtraktions- oder Additionsverfahren, kann außerdem durch ausdrückliche Enthaltung dem Stimmrechtsverbot Rechnung getragen werden. [→ Rz. 757]

---

344) LG Mainz v. 13.7.1987, AG 1988, 169; LG Braunschweig v. 6.4.1990, AG 1991, 36, 37, dazu *Günther*, EWiR 1990, 949; LG Heidelberg v. 24.9.1997, ZIP 1997, 1787, AG 1998, 47, 50, dazu *Kort*, EWiR 1997, 1059; *Volhard* in: Semler/Volhard/Reichert, Arbeitshdb. HV, § 41 Rz. 9; a. A. OLG Köln v. 28.7.2011 – 18 U 213/10.

345) Wegen der Einzelheiten siehe *Fischer/Pickert* in: Semler/Volhard/Reichert, Arbeitshdb. HV, § 9 Rz. 266 ff.

Praxistipp:

Der Notar sollte mit der Verwaltung bereits vor der Hauptversammlung klären und dem Anmeldeverzeichnis entnehmen können, welche Stimmen betroffen sein könnten. Üblich ist außerdem, dass die Gesellschaften bei ihren Organmitgliedern zeitig vor der Hauptversammlung anfragen, ob sie beabsichtigen, eigene Aktien auf der kommenden Hauptversammlung zu vertreten und in diesem Zusammenhang auf das Stimmrechtsverbot hinweisen.

Weitere Besonderheit bei den Entlastungsbeschlüssen ist, dass in der Regel sog. En-bloc-Beschlüsse gefasst werden, d. h., es wird einheitlich über die Entlastung sämtlicher Organmitglieder abgestimmt. Eine solche zusammengefasste Abstimmung ist wegen gegebenen Sachzusammenhangs grundsätzlich zulässig, hat aber zur Folge, dass jeder, der nur gegen die Entlastung eines Organmitglieds stimmen will, insgesamt mit „Nein" stimmen muss. Dies sollte der Versammlungsleiter ausdrücklich ankündigen. [→ Rz. 757] **826**

Wenn ein oder mehrere Hauptversammlungsteilnehmer unter Berufung auf § 120 Abs. 1 AktG Einzelentlastung beantragen, muss ermittelt werden, ob dieser Antrag auf der Grundlage eines behaupteten Minderheitenquorums entsprechend § 120 Abs. 1 Satz 2 AktG beruht, was dann nachzuweisen ist, oder ob es sich um einen Antrag auf einen Geschäftsordnungsbeschluss handelt, die Hauptversammlung möge im Wege einer Mehrheitsentscheidung über die Einzelentlastung entscheiden. Inzwischen ist höchstrichterlich entschieden, dass die Einzelentlastung auch vom Versammlungsleiter angeordnet werden kann.[346] [→ Rz. 757] **827**

12. Feststellung über die Beschlussfassung [→ Rz. 762 f.]

Der Vorsitzende der Hauptversammlung muss für jeden Beschlussgegenstand, über den abgestimmt wurde, feststellen, ob der dem Beschluss zugrunde liegende Antrag angenommen oder abgelehnt wurde, ob also der Beschluss mit dem bezeichneten Inhalt zustande gekommen ist. Diese Feststellung und Verlautbarung ist Voraussetzung für das wirksame Zustandekommen des Beschlusses. Zur Beschlussverkündung werden dem Versammlungsleiter entsprechende vorbereitete Ergebnisblätter gereicht, die dieser zu verlesen hat. **828**

Die zahlenmäßige Feststellung der Ja- und Nein-Stimmen ist jedenfalls nach Inkrafttreten des ARUG kein Erfordernis der Beschlusswirksamkeit mehr.[347] Allerdings ist diese Ansicht nicht unumstritten,[348] so dass in der Praxis derzeit überwiegend wohl noch eine Angabe der Anzahl der Ja- und Nein-Stimmen erfolgt, die für börsennotierte Gesellschaften im Rahmen der zusätzlichen Feststellungen gem. § 130 Abs. 2 Satz 2 AktG ohnedies grundsätzlich erforderlich ist. **829**

Bei börsennotierten Gesellschaften umfasst die Feststellung über die Beschlussfassung danach für jeden Beschlussgegenstand auch (i) die Zahl der Aktien, für die gültige Stimmen (Enthaltungen sind keine Stimmen und bleiben hier folglich außen vor) abgegeben wurden, (ii) den Anteil des durch die gültigen Stimmen vertretenen Grundkapitals sowie (iii) die Zahl der für einen Beschluss abgegebenen Stimmen, Gegenstimmen und ggf. (insbesondere beim Subtraktionsverfahren) die Anzahl der Enthaltungen. Hinsichtlich **830**

---

346) BGH v. 7.12.2009, NZG 2010, 618.

347) *Noack/Zetzsche* in: Kölner Kommentar, § 130 Rz. 184; bereits vor ARUG: DNotI Report 2010, 61, 62.

348) Zum Streitstand *Noack/Zetzsche* in: Kölner Kommentar, § 130 Rz. 170; für eine zahlenmäßige und rechtliche Beschlussfeststellung: *Ziemons* in: Schmidt/Lutter, AktG, § 130 Rz. 12; *Spindler* in: Schmidt/Lutter, AktG, § 130 Rz. 38; *Wicke* in: Spindler/Stilz, AktG, § 130, Rz. 52; *Hüffer*, AktG, § 130 Rz. 19.

der Angabe des Anteils der durch die gültigen Stimmen vertretenen Grundkapitals wurde die Frage aufgeworfen,[349] ob Bezugsgröße das satzungsmäßige oder das zum Zeitpunkt der Beschlussfassung vertretene (gem. Teilnehmerverzeichnis anwesende) Grundkapital ist. Teilweise haben Gesellschaften aus Gründen der Vorsorge beides angegeben. Richtigerweise ist allein der Anteil bezogen auf das satzungsmäßige Grundkapital mitzuteilen.[350]

831 Um das Verlesen längerer Zahlenkolonnen zu vermeiden, eröffnet § 130 Abs. 2 Satz 3 AktG börsennotierten Gesellschaften die Möglichkeit die Feststellung über die Beschlussfassung für jeden Beschluss darauf zu beschränken, dass die erforderliche Mehrheit erreicht wurde, falls kein Aktionär eine umfassende Feststellung verlangt. Der späteste Zeitpunkt für dieses Aktionärsverlangen ist nach umstrittener Ansicht entweder der Beginn oder das Ende der Beschlussfeststellung. [→ Rz. 762]

Praxistipp:
Auch bei einer verkürzten Beschlussfeststellung sollten Ausdrucke mit den umfassenden zahlenmäßigen Angaben, wie sie auch später auf der Internetseite der Gesellschaft einzustellen sind (§ 130 Abs. 6 AktG, siehe hierzu Muster 3.6, Rz. 350), auf eine Leinwand präsentiert und am Wortmeldetisch ausgelegt werden. Auch für Aktionäre (insbesondere Bankenvertreter) die Zahlenangaben benötigen, ist damit eine Erleichterung verbunden, da sie Abstimmungsergebnisse nicht mehr mitschreiben müssen.

832 Zu den Auswirkungen der verkürzten Feststellung auf das notarielle Protokoll siehe Muster 5.8, Rz. 899 f.

833 Hat die Gesellschaft die Möglichkeit einer Briefwahl eröffnet, besteht die Möglichkeit im Rahmen der Abstimmungsergebnisse auch auf die Briefwahlstimmen gesondert hinzuweisen. Zwingend ist eine solche gesonderte Erwähnung allerdings nicht, da die Briefwahlstimmen zu den im Rahmen der Ermittlung des Abstimmungsergebnisses maßgeblichen „abgegebenen Stimmen" zählen.

13. Schluss der Versammlung [→ Rz. 864]

834 Nach der Erledigung der Tagesordnung, d. h. nach der Beschlussfassung der Verkündung des Ergebnisses der Beschlussfassung zu allen angekündigten Tagesordnungspunkten sowie der Entgegennahme etwaiger Protokollwidersprüche und anderer protokollierungspflichtiger Erklärungen von Aktionären und Aktionärsvertretern, kann und muss der Hauptversammlungsleiter die Hauptversammlung schließen. Nach Schluss der Hauptversammlung können keine Erklärungen zu Protokoll des Notars, insbesondere keine Widersprüche zur Beschlussfassung mehr abgegeben werden (vgl. § 245 Nr. 1 AktG). Der die Hauptversammlung beurkundende Notar vermerkt die Schließung der Hauptversammlung und die Uhrzeit. Es ist umstritten, ob die Hauptversammlung aus eigener Machtvollkommenheit die Fortsetzung der Hauptversammlung nach der Schließung durch den Versammlungsleiter beschließen kann.[351]

835 Die Schließung der Hauptversammlung sollte vor Ende des Tages erfolgen, zu dem die Hauptversammlung eingeladen worden ist, andernfalls droht wegen Verletzung von § 121 Abs. 3 AktG Anfechtungsgefahr. Dies berechtigt den Versammlungsteilnehmer unter Be-

---

349) *Deilmann/Otte*, BB 2010, 723.

350) *Noack/Zetzsche* in: Kölner Kommentar, § 130 Rz. 201 ff.; *Ziemons* in: Schmidt/Lutter, AktG, § 130 Rz. 17; *Wicke* in: Spindler/Stilz, AktG, § 130, Rz. 52.

351) Vgl. *Martens*, Leitfaden, S. 96 f. m. w. N.; *Zöllner* in: Kölner Kommentar, § 119 Rz. 69; *Fischer/Pickert* in: Semler/Volhard/Reichert, Arbeitshdb. HV, § 9 Rz. 384 ff.

rücksichtigung der für das Abstimmungsprozedere benötigten Zeit gegen 21:00 Uhr eines Hauptversammlungstags die Rednerliste zu schließen und nach Erledigung der anstehenden schon angemeldeten Redebeiträge und etwa noch bestehender Fragen das Abstimmungsverfahren einzuleiten. Bei mutmaßlich sehr langwierigen Hauptversammlungen hat es sich als möglich, aber im Hinblick auf die dann bestehenden Schwierigkeiten, auf eine straffe Hauptversammlung hinzuwirken, nicht als empfehlenswert erwiesen, eine Hauptversammlung vorsorglich auf zwei hintereinander folgende Kalendertage einzuladen.[352]

Muster 5.8: Notarielles Protokoll der Hauptversammlung

I.   Mustertext [→ Rz. 891 ff.]

Urkundenrolle Nr. [...] / [*Jahr*]   836

Notarielle Niederschrift über die ordentliche Hauptversammlung der [...] Aktiengesellschaft, [*Ort*]

Der unterzeichnende Notar [*Vorname, Name*] mit dem Amtssitz in [*Ort*], begab sich   837 heute um [...] Uhr auf Ersuchen des Vorstands der [...] Aktiengesellschaft, [*Ort*], in die [*Angabe der genauen Räumlichkeiten der Hauptversammlung mit Anschrift*], um die Niederschrift über die dorthin einberufene ordentliche Hauptversammlung der eingangs bezeichneten Aktiengesellschaft (nachfolgend auch die „Gesellschaft" genannt) aufzunehmen. [→ Rz. 894]

Eine Vorbefassung des Notars i. S. v. § 3 Abs. 1 Nr. 7 BeurkG liegt nach Kenntnis des un-   838 terzeichnenden Notars nicht vor.

Der Notar traf am Versammlungsort an: [→ Rz. 903]   839

1. Vom Aufsichtsrat der Gesellschaft, dem

    a) [...]

    b) [...]

    c) [...]

    ...

    angehören: die zu Buchst. a) bis [...]) Genannten. [*Alternativ: Die abwesenden Ausichtsratsmitglieder hatten sich entschuldigt.*]

2. Vom Vorstand der Gesellschaft, dem

    a) [...]

    b) [...]

    c) [...]

    ...

    angehören: die zu Buchst. a) bis [...]) Genannten.

---

352) *Hüffer*, AktG, § 121 Rz. 17; *Rieckers* in: Spindler/Stilz, AktG, § 130, Rz. 80; *Ziemons* in: Schmidt/Lutter, AktG, § 121 Rz. 28; *Zöllner* in: Kölner Kommentar, § 119 Rz. 70; *Semler* in: Münchener Handbuch, § 36 Rz. 47; zur Verpflichtung einer Einberufung auf zwei Tage bei schwerwiegenden, existenziellen Entscheidungen: LG Mainz v. 14.4.2005, AG 2005, 894 (überholt).

3. Von den Aktionären der Gesellschaft: die gem. dem in der Versammlung ausliegenden Teilnehmerverzeichnis (samt Nachträgen 1 bis [...]) aufgeführten Aktionäre und Aktionärsvertreter.

840 Der Vorsitzende des Aufsichtsrats, Herr [...] (nachfolgend der „Vorsitzende" genannt), übernahm den Vorsitz der Versammlung und eröffnete um [...] Uhr die ordentliche Hauptversammlung der Gesellschaft. [→ Rz. 894]

841 Nach Begrüßung der Teilnehmer, Informationen über die Änderungen im Aufsichtsrat und Vorstand und nach Vorstellung der Mitglieder des Aufsichtsrats und des Vorstands gab der Vorsitzende bekannt, dass der Präsenzbereich der Versammlungssaal und das Foyer ist und die Beschallung sich auf den Saal sowie auf das Foyer mit seinen Nebenräumen erstreckt. Die Abgabe von Stimmabschnitten, zu der jeweils ausdrücklich aufgerufen werde, sei nur im Saal möglich.

842 Der Vorsitzende stellte fest, dass die Einladung zur heutigen Hauptversammlung mit der Tagesordnung durch Bekanntgabe im elektronischen Bundesanzeiger vom [*Datum*] ordnungsgemäß und rechtzeitig erfolgte und am selben Tag auch Medien zur europaweiten Verbreitung zugeleitet worden war. Ein Ausdruck der Bekanntgabe im Bundesanzeiger lag dem anwesenden Notar vor und konnte eingesehen werden. Darin ist, wie der beurkundende Notar hiermit bescheinigt, die Einladung zur heutigen Hauptversammlung mit dem als **Anlage 1** zu dieser Niederschrift ersichtlichen Inhalt veröffentlicht worden. [→ Rz. 894]

843 Der Vorsitzende wies darauf hin, dass der Vorstand den Kreditinstituten, Finanzdienstleistungsinstituten und Aktionärsvereinigungen, die in der letzten Hauptversammlung Stimmrechte für Aktionäre ausgeübt oder die die Mitteilung verlangt haben, ebenso wie Aktionären, die die Mitteilung verlangt haben [*bei Namensaktien: oder zu Beginn des 14. Tages vor dem Tag der Hauptversammlung in unserem Aktienregister eingetragen waren*], die Einberufung der Hauptversammlung ordnungsgemäß mitgeteilt hat. Seit Bekanntgabe der Einladung seien die Einladung mit der Tagesordnung und die weiteren Unterlagen zu der heutigen Tagesordnung auf der Internetseite der Gesellschaft zugänglich gewesen. Die Unterlagen lägen auch heute zur Einsicht im Foyer und am Wortmeldetisch aus.

844 Der Vorsitzende stellte fest, dass der Gesellschaft innerhalb der Frist des § 126 AktG keine Gegenanträge von Aktionären zugegangen sind. Es seien auch keine Wahlvorschläge oder Anträge auf Erweiterung der Tagesordnung eingegangen.

845 Der Vorsitzende stellte sodann fest, dass die Hauptversammlung damit form- und fristgerecht einberufen worden ist.

846 Der Vorsitzende stellte weiter fest, dass das Teilnehmerverzeichnis der anwesenden Aktionäre noch fertiggestellt werde, dass er die Präsenz jedoch vor der ersten Abstimmung bekannt geben und zur Einsichtnahme zugänglich machen werde. Präsenzänderungen würden bis zum Ende der Hauptversammlung in Nachträgen festgehalten, die ebenfalls zur Einsichtnahme zugänglich gemacht werden.

847 Er bat die Aktionäre und die Aktionärsvertreter, die die Hauptversammlung vorübergehend bis zum Beginn der Abstimmung verlassen wollen, ihren Stimmabschnittsbogen am Abmeldeschalter abzugeben und den anhängenden Präsenzkontrollabschnitt zu behalten, da er nach Rückkehr zum erneuten Empfang des Stimmabschnittsbogens und zum Wiedereintritt in die Hauptversammlung sowie zur Teilnahme an den Abstimmungen legitimiere. Er wies Aktionäre und Aktionärsvertreter, die die Hauptversammlung endgültig

verlassen wollen oder aus sonstigen Gründen ihr Stimmrecht bei den Abstimmungen nicht selbst ausüben wollen, auf die Möglichkeit hin, einen anderen Hauptversammlungsteilnehmer oder die von der Gesellschaft benannten Stimmrechtsvertreter mit der Wahrnehmung ihrer Stimmrechte zu bevollmächtigen und erläuterte das Verfahren hierfür. Für den Fall, dass keine Bevollmächtigten bestimmt würden, bat der Versammlungsleiter darum, dies den Mitarbeitern am Abmeldeschalter mitzuteilen und dort den Stimmabschnittsbogen abzugeben, damit das Teilnehmerverzeichnis berichtigt werden kann. Der Versammlungsleiter wies darauf hin, dass während eines Abstimmungsvorganges die Eingangs- und Ausgangskontrolle geschlossen wird, damit die Präsenz während der Abstimmung unverändert bleibt und darum gebeten werde, einem anderen Versammlungsteilnehmer oder dem Stimmrechtsvertreter Vollmacht zur Wahrnehmung der Stimmrechte zu erteilen, falls ein Verlassen der Hauptversammlung während dieser Zeit erforderlich sei.

Unter Hinweis darauf, dass nach der Satzung die Art und Form der Abstimmung in der Hauptversammlung vom Vorsitzenden zu bestimmen ist, legte der Vorsitzende fest, dass die Abstimmung durch Einsammeln der ausgegebenen Stimmabschnitte im Saal erfolgt. Das Abstimmungsergebnis werde nach dem Subtraktionsverfahren ermittelt, d. h. die Nein-Stimmen und die Stimmenthaltungen würden eingesammelt und ausgezählt und die Ja-Stimmen dann durch Subtraktion von der Präsenz errechnet. [*Alternativ bei Additionsverfahren: Das Abstimmungsergebnis werde nach dem Additionsverfahren ermittelt, d.h. sowohl die Ja-Stimmen als auch die Nein-Stimmen würden eingesammelt und ausgezählt werden.*] [*Alternativ bei Briefwahl: Zu den so ermittelten Ja- und Nein-Stimmen der Teilnehmer würden dann jeweils die Ja- und Nein-Stimmen der Briefwähler hinzugerechnet.*] Zur Vereinfachung und Beschleunigung der Abstimmung und der Auszählung werde ein konzentrierter Abstimmungsvorgang im Anschluss an die Debatte durchgeführt. Einwände hiergegen wurden nicht erhoben. [→ Rz. 895] **848**

Ferner legte der Vorsitzende fest, dass die Diskussion im Anschluss an den Bericht des Vorstands zu Punkt 1 der Tagesordnung in Form einer Generaldebatte auch auf die weiteren Tagesordnungspunkte 2–5 erstreckt und im Anschluss daran über die einzelnen Tagesordnungspunkte getrennt und nacheinander abgestimmt werde. **849**

Der Vorsitzende wies darauf hin, dass der Ablauf der Hauptversammlung nicht auf Tonband aufgenommen wird und keine Videoaufnahme erfolgt. Teilnehmern an der Hauptversammlung wurden Bild- und Tonbandaufzeichnungen nicht gestattet. Ein stenographisches Protokoll werde nicht angefertigt. **850**

Alternativ bei entsprechender Satzungsgrundlage zur Übertragung der Hauptversammlung: **851**
Der Vorsitzende wies darauf hin, dass die gesamte Hauptversammlung [alternativ: die Eröffnung der Hauptversammlung sowie die Rede des Vorstandsvorsitzenden] gem. § [...] der Satzung unserer Gesellschaft für alle Aktionäre [alternativ: und die interessierte Öffentlichkeit] in voller Länge im Internet übertragen werde. Die Eröffnung der Hauptversammlung durch den Vorsitzenden als den Versammlungsleiter sowie die Rede des Vorstandsvorsitzenden würden auch nach der Hauptversammlung als Aufzeichnung zur Verfügung stehen.

Die Tagesordnung wurde wie folgt erledigt:

Punkt 1 der Tagesordnung:

Vorlage des festgestellten Jahresabschlusses und des gebilligten Konzernabschlusses der [...] AG sowie des zusammengefassten Lageberichts der [...] AG und des Konzerns [*alternativ: des Lageberichts der [...] AG und des Konzernlageberichts*] für das Geschäftsjahr **852**

[...], des Berichts des Aufsichtsrats sowie des erläuternden Berichts des Vorstands zu den Angaben nach §§ 289 Abs. 4 und 5, 315 Abs. 4 HGB.

853   Der Vorsitzende gab bekannt, dass der festgestellte Jahresabschluss und der Konzernabschluss zum [...], mit dem zusammengefassten Lagebericht der Gesellschaft und des Konzerns [*alternativ: des Lageberichts und des Konzernlageberichts*] von der als Abschlussprüfer bestellten [*Wirtschaftsprüfungsgesellschaft*], [*Ort*], geprüft und mit dem uneingeschränkten Bestätigungsvermerk versehen worden sind.

854   Der Vorsitzende gab weiter bekannt, dass die Unterlagen den uneingeschränkten Bestätigungsvermerk des Abschlussprüfers enthalten.

855   Der Vorsitzende erläuterte sodann den schriftlichen Bericht des Aufsichtsrats. Der Aufsichtsrat habe den Jahresabschluss, den Konzernabschluss sowie den zusammengefassten Lagebericht der Gesellschaft und des Konzerns [alternativ *bei Gewinnverwendungsvorschlag: sowie den Vorschlag des Vorstands über die Verwendung des Bilanzgewinns*] geprüft. Der Aufsichtsrat habe den Prüfungsbericht der Abschlussprüfer erörtert und zustimmend zur Kenntnis genommen. Über das Ergebnis der Prüfung hat der Aufsichtsrat der Hauptversammlung schriftlich berichtet. Der Aufsichtsrat habe schließlich den Jahresabschluss und den Konzernabschluss gebilligt. Der Jahresabschluss der Gesellschaft sei damit festgestellt. [*Bei Gewinnverwendungsbeschluss: Der Aufsichtsrat habe sich dem Gewinnverwendungsvorschlag des Vorstands angeschlossen.*] [*Bei Abhängigkeitsbericht: Der Aufsichtsrat habe außerdem den vom Vorstand erstellten Abhängigkeitsbericht einer eigenen Prüfung unterzogen. Er habe dem Ergebnis der Prüfung des Abhängigkeitsberichts durch den Abschlussprüfer zugestimmt und keine Einwendungen gegen die Erklärung des Vorstands am Schluss des Abhängigkeitsberichts erhoben.*]

856   Der Vorsitzende informierte sodann über die Grundzüge des Vergütungssystems des Vorstands und deren Veränderungen.

857   Sodann erteilte der Vorsitzende das Wort an den Vorsitzenden des Vorstands der Gesellschaft, Herrn/Frau [...], der/die einen ausführlichen Bericht unter anderem zum abgelaufenen Geschäftsjahr, zur Lage des Unternehmens einschließlich eines Ausblicks auf die zukünftige Entwicklung erstattete sowie die ausliegenden Vorlagen und die Beschlussvorschläge der Verwaltung erläuterte.

Aussprache

858   Der Vorsitzende eröffnete sodann die Aussprache zu allen Tagesordnungspunkten. Mehrere Aktionäre meldeten sich zu Wort. Die Mitglieder des Vorstands beantworteten die von den Aktionären gestellten Fragen und Auskunftsersuchen. [*Der Aufsichtsratsvorsitzende beantwortete die den Aufsichtsrat betreffenden Fragen sowie Nachfragen zu den Vorstands-vergütungen. Seine Antworten machte sich der Vorstand sämtlich ausdrücklich zu eigen.*]

859   Der Vorsitzende vergewisserte sich durch Frage an die Teilnehmer, dass keine Wortmeldungen oder Fragen mehr vorliegen und alle gestellten Fragen beantwortet sind. Gegen diese Feststellung erhob sich in der Versammlung kein Widerspruch. Er schloss daraufhin um [...] Uhr die Generaldebatte zu allen Tagesordnungspunkten und stellte fest, dass Punkt 1 der Tagesordnung damit ausreichend behandelt und erledigt sei.

Abstimmung

860   Der Vorsitzende ging sodann zur Abstimmung über die Beschlussvorschläge zu den Tagesordnungspunkten 2 bis 5 über und gab um [...] Uhr die zwischenzeitlich ermittelte

Präsenz der Hauptversammlung wie folgt bekannt: Vom Grundkapital der Gesellschaft in Höhe von […] €, eingeteilt in […] auf den Inhaber lautenden Stückaktien, sind vertreten […] Stückaktien mit ebenso vielen Stimmen. Dies entspreche […] % des Grundkapitals der Gesellschaft.

Das Teilnehmerverzeichnis wurde vor der ersten Abstimmung zur Einsicht am Wortmel-   861
detisch ausgelegt und blieb während der weiteren Dauer der Hauptversammlung dort
ausgelegt.

Der Vorsitzende erläuterte sodann noch einmal das Abstimmungsverfahren und wies dar-   862
auf hin, dass die Abstimmung unter Verwendung von Stimmabschnitten erfolge, die unter
Aufsicht des Notars durch Barcodeleser ausgewertet würden. [→ Rz. 896]

Das Abstimmungsergebnis werde nach dem Subtraktionsverfahren ermittelt. Er wies dar-   863
auf hin, dass infolge des angewandten Subtraktionsverfahrens diejenigen Aktionäre und
Aktionärsvertreter, die mit „Ja" stimmen wollten, keinen Stimmabschnitt abzugeben hätten. Die Nein-Stimmen und die Enthaltungsstimmen würden durch das Einsammeln von
Stimmabschnitten ermittelt, die in die von den Stimmzählern durchgereichten Stimm-
kästen, die mit „Nein" und „Enthaltung" deutlich gekennzeichnet waren, einzuwerfen
sind. Die Stimmabgabe sei nur im Saal selbst möglich. Der Vorsitzende bat alle Aktionäre
und Aktionärsvertreter, die mit „Nein" oder „Enthaltung" stimmen und an der Abstimmung teilnehmen wollten, ausdrücklich, sich aus dem Foyer in den Saal zu begeben und
den Saal während der jetzt folgenden Abstimmungsvorgänge nicht zu verlassen.

Alternativ bei Additionsverfahren: Das Abstimmungsergebnis werde nach dem Additions-   864
verfahren ermittelt. Die Ja-Stimmen und die Nein-Stimmen würden durch das Einsammeln
von Stimmabschnitten ermittelt, die in die von den Stimmzählern durchgereichten Stimm-
kästen, die mit „Ja" und „Nein" deutlich gekennzeichnet waren, einzuwerfen sind. Wer kei-
nen Stimmabschnitt abgebe, nehme an der Abstimmung nicht teil. Die Stimmabgabe sei nur
im Saal selbst möglich. Der Vorsitzende bat alle Aktionäre und Aktionärsvertreter, die mit
„Ja" oder „Nein" stimmen und an der Abstimmung teilnehmen wollten, ausdrücklich, sich
aus dem Foyer in den Saal zu begeben und den Saal während der jetzt folgenden Abstim-
mungsvorgänge nicht zu verlassen.

Punkt 2 der Tagesordnung:

Beschlussfassung über die Verwendung des Bilanzgewinns

Der Vorsitzende stellte den Vorschlag von Vorstand und Aufsichtsrat, den Bilanzgewinn   865
für das Geschäftsjahr […] von […] € gem. dem in der Einladung bekannt gemachten Beschlussvorschlag zu verwenden, zur Abstimmung.

Der Vorsitzende bat darum, für diese Abstimmung den Stimmabschnitt Nr. 2 bereitzu-   866
halten.

Punkt 3 der Tagesordnung:

Beschlussfassung über die Entlastung des Vorstands für das Geschäftsjahr […].   867

Der Vorsitzende wies auf § 136 AktG für die Beschlussfassung hin und erläuterte den   868
Hintergrund. Die betroffenen Stimmen waren dem Notar gemeldet und wurden von der
Zahl der anwesenden Stimmen für diese Abstimmung abgezogen. Der Vorsitzende erläu-
terte das Verfahren der En-bloc-Abstimmung. Gegen das Verfahren wurden kein Wider-
spruch erhoben. Der Vorsitzende bat darum, für diese Abstimmung den Stimmabschnitt
Nr. 3 bereitzuhalten.

Punkt 4 der Tagesordnung:

869 Beschlussfassung über die Entlastung des Aufsichtsrats für das Geschäftsjahr [...].

870 Der Vorsitzende wies auch hier auf das Stimmrechtsverbot des § 136 AktG und das En-bloc-Abstimmungsverfahren hin. Gegen das Verfahren wurde kein Widerspruch erhoben. Vom Stimmrechtsverbot betroffene Stimmen waren dem Notar gemeldet. Sie nahmen an der Abstimmung über die Entlastung nicht teil, indem diese Stimmen von den stimmberechtigten Stimmen insgesamt abgezogen wurden.

871 Der Vorsitzende bat darum, für diese Abstimmung den Stimmabschnitt Nr. 4 bereitzuhalten.

Punkt 5 der Tagesordnung:

872 Wahl des Abschlussprüfers für das Geschäftsjahr [...].

873 Der Vorsitzende stellte den Vorschlag des Aufsichtsrats, als Abschlussprüfer für das Geschäftsjahr [...] die [...] Wirtschaftsprüfungsgesellschaft mit dem Sitz in [...] zu wählen, zur Abstimmung.

874 Der Vorsitzende bat darum, für diese Abstimmung den Stimmabschnitt Nr. 5 bereitzuhalten.

875 Die Stimmabschnitte wurden eingesammelt. Der Vorsitzende fragte nach angemessener Zeit, ob alle Aktionäre und Aktionärsvertreter die Gelegenheit hatten, ihre Stimmabschnitte zu den Tagesordnungspunkten abzugeben. Nach einer kurzen Pause stellte er fest, dass dies der Fall sei und schloss die Abstimmung. Der Herr Vorsitzender bat die Teilnehmer um einige Minuten Geduld und unterbrach die Hauptversammlung. *[Ich, Notar […], verließ zwecks Überwachung des Auszählungsvorgangs, der mittels Barcodeleser erfolgte, den Saal.]* [→ Rz. 899]

876 Die Hauptversammlung wurde sodann nach einer kurzen Pause fortgesetzt und der Herr Vorsitzender bat die Teilnehmer, in den Versammlungsraum zurückzukehren.

877 *Alternativ bei verkürzter Beschlussfeststellung: Der Vorsitzende wies darauf hin, dass er sich bei der Feststellung über die Beschlussfassungen auf die Mitteilung beschränken wolle, ob die erforderliche Mehrheit jeweils erreicht wurde, und die detaillierten Ergebnisse auf der Leinwand eingeblendet, am Wortmeldetisch ausgelegt und nach der Hauptversammlung auf der Internetseite der Gesellschaft veröffentlicht würden. Auf Nachfrage erhob sich gegen diese Vorgehensweise kein Widerspruch.* [→ Rz. 895 ff.]

878 *Der Vorsitzende verkündete nun, dass ihm die Ergebnisse der Abstimmungen zu den Tagesordnungspunkten 2 bis 5 gem. der vorliegenden Hauptversammlungseinladung vorliegen. Er übergab mir, Notar […], die nachfolgend wiedergegebenen Abstimmungsergebnisse in schriftlicher Form.*

879 Der Vorsitzende stellte fest und verkündete, dass die Versammlung den im elektronischen Bundesanzeiger vom [...] bekannt gemachten Vorschlag der Verwaltung gem. Punkt 2 der Tagesordnung über die Verwendung des Bilanzgewinns mit der erforderlichen Mehrheit angenommen hat.

880 Die Abstimmung zu diesem Beschlussgegenstand (TOP 2) ergab bei einer stimmberechtigten Präsenz von [...] Stimmen und bei [...] Aktien, für die gültige Stimmen abgegeben wurden, das entspricht [...] % des gesamten Grundkapitals [...] Ja-Stimmen gegen [...] Nein-Stimmen und [...] Enthaltungen.

Der Vorsitzende stellte fest und verkündete, dass die Versammlung den im elektroni- **881** schen Bundesanzeiger vom […] bekannt gemachten Vorschlag der Verwaltung gem. Punkt 3 der Tagesordnung über die Entlastung des Vorstands mit der erforderlichen Mehrheit angenommen hat.

Die Abstimmung zu diesem Beschlussgegenstand (TOP 3) ergab bei einer stimmberech- **882** tigten Präsenz von […] Stimmen und bei […] Aktien, für die gültige Stimmen abgegeben wurden, das entspricht […] % des gesamten Grundkapitals […] Ja-Stimmen gegen […] Nein-Stimmen und […] Enthaltungen.

Der Vorsitzende stellte fest und verkündete, dass die Versammlung den im elektroni- **883** schen Bundesanzeiger vom […] bekannt gemachten Vorschlag der Verwaltung gem. Punkt 4 der Tagesordnung über die Entlastung des Aufsichtsrats mit der erforderlichen Mehrheit angenommen hat.

Die Abstimmung zu diesem Beschlussgegenstand (TOP 4) ergab bei einer stimmberech- **884** tigten Präsenz von […] Stimmen und bei […] Aktien, für die gültige Stimmen abgegeben wurden, das entspricht […] % des gesamten Grundkapitals […] Ja-Stimmen gegen […] Nein-Stimmen und […] Enthaltungen.

Der Vorsitzende stellte fest und verkündete, dass die Versammlung den im elektroni- **885** schen Bundesanzeiger vom […] bekannt gemachten Vorschlag des Aufsichtsrats gem. Punkt 5 der Tagesordnung über Wahl des Abschlussprüfers und Konzernabschlussprüfers für das Geschäftsjahr […] mit der erforderlichen Mehrheit angenommen hat.

Die Abstimmung zu diesem Beschlussgegenstand (TOP 5) ergab bei einer stimmberech- **886** tigten Präsenz von […] Stimmen und bei […] Aktien, für die gültige Stimmen abgegeben wurden, das entspricht […] % des gesamten Grundkapitals […] Ja-Stimmen gegen […] Nein-Stimmen und […] Enthaltungen.

Abschließend stellte der Vorsitzende nochmals fest, dass alle Beschlüsse zu den einzelnen **887** Tagesordnungspunkten gem. der den Teilnehmern vorliegenden Hauptversammlungsein- ladung mit den jeweils erforderlichen gesetzlichen und satzungsmäßigen Mehrheiten ge- fasst worden sind.

Nachdem keine weiteren Wortmeldungen mehr vorlagen, war damit die Tagesordnung er- **888** ledigt, und der Vorsitzende schloss die Versammlung um […] Uhr.

Über den Verlauf der Versammlung wird von mir, dem protokollierenden Notar, aus- **889** drücklich festgestellt:

(1) Die Tagesordnung und die sonstigen vom Vorsitzenden genannten Unterlagen lagen während der gesamten Dauer der Hauptversammlung aus.

(2) Das Teilnehmerverzeichnis mit Nachtrag/Nachträgen ist vor der ersten Abstimmung ausgelegt worden und lag während der verbleibenden Dauer der Hauptversammlung aus.

(3) Alle Abstimmungen erfolgten in der festgelegten Abstimmungsform durch Abgabe von Stimmabschnitten, die mit einem Barcode präpariert waren, und unter Anwen- dung des Subtraktionsverfahrens [*alternativ: Additionsverfahrens*] und mit den fest- gestellten Abstimmungsergebnissen. Die Auszählung erfolgte mittels Barcodeleser, die Auswertung erfolgte mit Hilfe eines EDV-Systems. *[Ich, der protokollierenden Notar, habe mich vor Beginn der Versammlung von der ordnungsgemäßen Funktion der eingesetzten EDV überzeugt.]*

(4) Die Ergebnisse der Abstimmung und der Beschlussfassungen wurden von dem Vorsitzenden festgestellt und verkündet [*bei verkürzter Feststellung: und die Abstimmungsergebnisse vom Vorsitzenden dem unterzeichnenden Notar übergeben*].

(5) Um die Aufnahme von weiteren Fragen als denjenigen, die in der Niederschrift protokolliert sind, wurde nicht ersucht.

(6) Widersprüche zur Niederschrift ergaben sich nicht.

890 Hierüber Niederschrift mit den Anlagen: [→ Rz. 905]

– Ausdruck aus dem elektronischen Bundesanzeiger vom [...] (Anlage 1),

– festgestellter Jahresabschluss und gebilligter Konzernabschluss zum [...], mit dem zusammengefassten Lagebericht der Gesellschaft und des Konzerns sowie der Bericht des Aufsichtsrats für das Geschäftsjahr [...] (Anlage 2a, 2b, 2c).

[*Ort*], [*Datum*]

Notar [...] [→ Rz. 906]

[*Unterschrift des Notars*]

II. Erläuterungen [→ Rz. 836 ff.]

891 Gemäß § 130 Abs. 1 Satz 1 AktG ist über die Hauptversammlung eine **Niederschrift** aufzunehmen, die bei börsennotierten Gesellschaften stets durch einen **Notar** zu erstellen ist. Eine **vom Vorsitzenden des Aufsichtsrats** erstellte Niederschrift reicht nur aus, solange bei einer nicht börsennotierten Gesellschaft keine Beschlüsse gefasst werden, für die das Gesetz eine Mehrheit von drei Vierteln des vertretenen Grundkapitals (satzungsmäßige Abweichungen bleiben ohne Auswirkungen) vorschreibt (§ 130 Abs. 1 Satz 3 AktG).

892 Wenn ein Notar tätig wird, handelt es sich um eine Tatsachenbeurkundung nach § 36 ff. BeurkG, wobei allerdings die aktiengesetzlichen Bestimmungen als Spezialnormen vorrangig zu beachten sind.[353] Ansonsten gelten für die Beurkundungstätigkeit des Notars die einschlägigen Vorschriften des Standesrechts, nämlich zur örtlichen Zuständigkeit die §§ 10, 11 BNotO und zum Ausschluss der Beurkundungstätigkeit § 3 BeurkG.[354] Insbesondere ist die Beurkundung durch einen Notar ausgeschlossen, der selbst oder dessen Sozien Vorstandsmitglieder der Gesellschaft sind (§ 3 Abs. 1 Nr. 6 BeurkG).[355] [→ Rz. 838]

893 Die Niederschrift über die Hauptversammlung ist kein Wortprotokoll, sondern ein **Beschlussprotokoll**. Das Protokoll muss geschrieben werden; Tonbandaufzeichnung ist unzulässig. Eine **formularmäßige Vorbereitung** anhand der Einberufungsunterlagen und des Leitfadens für den Versammlungsleiter ist hingegen möglich und zweckmäßig.[356]

---

353) Vgl. *Wicke* in: Spindler/Stilz, AktG, § 130 Rz. 16; *Hüffer*, AktG, § 130 Rz. 11; OLG Düsseldorf v. 28.3.2003, ZIP 2003, 1147, NZG 2003, 816, dazu *Sustmann*, EWiR 2003, 737.

354) Vgl. hierzu ausführlich *Volhard* in: Semler/Volhard/Reichert, Arbeitshdb. HV, § 13 Rz. 13 ff.

355) *Noack/Zetzsche* in: Kölner Kommentar, § 130 Rz. 60, die sich auch für eine entsprechende Anwendung für Aufsichtsratsmitglieder aussprechen. Insgesamt zum Mitwirkungsverbot des Notars in der Hauptversammlung: *Faßbender*, RNotZ 2009, 425, 432 ff. und *Wicke* in: Spindler/Stilz, AktG § 130 Rz. 19–21.

356) *Faßbender*, RNotZ 2009, 425, 440.

Es muss gem. § 130 Abs. 2 AktG zwingend **Ort und Tag der Hauptversammlung** ange- 894
geben werden. Ob die postalische Anschrift des Versammlungslokals angegeben werden
muss, oder die Angabe der politischen Gemeinde ausreichend ist, ist streitig;[357] das Muster schlägt vorsorglich die vollständige Angabe der Anschrift vor. Der Tag ist als Datum
kalendermäßig anzugeben. Ob der Zeitpunkt des Beginns und des Endes der Hauptversammlung angegeben werden muss ist streitig;[358] die Angabe ist aber jedenfalls üblich
und zweckmäßig. Bei mehrtägigen Hauptversammlungen sind die Tage anzugeben, an
denen die Versammlung stattgefunden hat.[359] Weiter muss das Protokoll zwingend den
Namen des Notars enthalten.[360] [→ Rz. 837, 840]

§ 130 Abs. 2 AktG verlangt ferner zwingend Angaben zu Art und Ergebnis der Abstim- 895
mung sowie die Feststellung des Vorsitzenden über die Beschlussfassung. Bei den Angaben zu der **Art der Abstimmung** ist anzugeben, welche Stimmen (Ja/Nein/Enthaltung)
in welchem Verfahren (Additionsverfahren/Subtraktionsverfahren) abgegeben wurden,
wie (Einsammeln von Stimmabschnitten/Einlesen von Stimmkarten/Handaufheben/
Zuruf/Televoter etc.) und wo (in der Regel nur im Versammlungssaal) sie abgegeben
wurden und wie die Auszählung erfolgte (elektronisch, händisch durch den Vorsitzenden
bzw. Stimmenzähler). Falls unterschiedliche Aktiengattungen oder Stimmkraft bestanden
oder Stimmverbote vorlagen, ist dies gesondert anzugeben. Dies gilt auch, wenn für die
Stimmabgabe durch von der Gesellschaft benannte Stimmrechtsvertreter abweichende
Regeln gelten sollten (z. B. direkte digitale Eingabe in das Abstimmungssystem ohne Ein-
lesen von Stimmabschnitten). Sofern die von der Gesellschaft benannt Stimmrechtsvertreter ihre Stimmen abweichend (beispielsweise vorab direkt in ein Computersystem) abgeben, muss dies im Protokoll festgehalten werden.[361] [→ Rz. 875 ff.]

Weitere Angaben hinsichtlich des Prozedere der Abstimmung können im Einzelfall in das 896
Protokoll aufgenommen werden, wenn hierfür ein besonderer Anlass besteht, insbesondere bei Unstimmigkeiten zwischen den Aktionären, Vorstand und Aufsichtsrat bzw.
dem Versammlungsgleiter über ein möglicherweise mangelhaftes Verfahren. [→ Rz. 862]

Hinsichtlich des **Ergebnisses der Abstimmungen** (Wirksamkeitserfordernis gem. § 241 897
Nr. 2 AktG) muss die Zahl der Nein- und der Ja-Stimmen, im Falle des Subtraktionsverfahrens auch die der Enthaltungen angegeben werden. Die Ja-Stimmen brauchen in diesem Falle nicht gesondert angegeben zu werden (also das Ergebnis der rechnerischen Ermittlung), jedoch ist dies vielfach üblich und wird von einer etwa eingesetzten EDV so
ausgewiesen. Außerdem ist die aus dem Abstimmungsergebnis gezogene rechtliche Folgerung (Annahme/Ablehnung des Beschlussantrags) in die Niederschrift aufzunehmen.
Diese ergibt sich aus der ebenfalls in das Protokoll aufzunehmenden Feststellung des
Vorsitzenden über die Beschlussfassung.

Für börsennotierte Gesellschaften ergeben sich aus § 130 Abs. 2 Satz 2 AktG zusätzliche 898
Angaben zur Beschlussfeststellung. Gemäß § 130 Abs. 2 Satz 2 Nr. 1 AktG muss bei der

---

357) *Noack/Zetzsche* in: Kölner Kommentar, § 130 Rz. 93; *Wicke* in: Spindler/Stilz, AktG, § 130 Rz. 43;
Hüffer, AktG § 130, Rz. 15; a. A. (Pflichtangabe) *Ziemons* in: Schmidt/Lutter, AktG, § 130 Rz. 8; *Kubis*
in: MünchKomm AktG, § 130 Rz. 41; *Faßbender*, RNotZ 2009, 425, 432 ff.
358) *Noack/Zetzsche* in: Kölner Kommentar, § 130 Rz. 99; *Ziemons* in: Schmidt/Lutter, AktG, § 130 Rz. 8;
a. A. (Pflichtangabe) *Kubis* in: MünchKomm AktG, § 130 Rz. 42.
359) *Noack/Zetzsche* in: Kölner Kommentar, § 130 Rz. 100, auch m. w. N. zur umstrittenen Frage, ob eine
tageweise Zuordnung der Beschlussfassungen erforderlich ist.
360) *Faßbender*, RNotZ 2009, 425, 440.
361) *Faßbender*, RNotZ 2009, 425, 442 m. w. N.

Beschlussfeststellung die **Zahl der Aktien, für die gültige Stimmen abgegeben wurden**, angegeben werden. Da Enthaltungen keine gültigen Stimmen sind, sind nur die Aktien, für die Ja- bzw. Nein-Stimmen abgegeben wurden, mitzuteilen. § 130 Abs. 2 Satz 2 Nr. 2 AktG verlangt weiter die **Angabe des Anteils des durch die gültigen Stimmen vertretenen Grundkapitals.** Bezugsgröße ist richtigerweise das satzungsmäßige, nicht das zum Zeitpunkt der Beschlussfassung (nach dem Teilnehmerverzeichnis) vertretene Grundkapital.[362] Nach § 130 Abs. 2 Satz 2 Nr. 3 AktG ist schließlich die Zahl der für einen Beschluss abgegebenen Stimmen (Ja-Stimmen), Gegenstimmen (Nein-Stimmen) und ggf. (bei Subtraktionsverfahren) die Zahl der Enthaltungen anzugeben. Siehe hierzu auch Muster 5.7, Rz. 828 ff.

899 Gem. § 130 Abs. 2 Satz 3 AktG kann der Versammlungsleiter die Feststellung über die Beschlussfassung für jeden Beschluss darauf beschränken, dass die erforderliche Mehrheit erreicht wurde, falls kein Aktionär eine umfassende Feststellung verlangt. Siehe hierzu auch Muster 5.7, Rz. 831. [→ Rz. 877 ff.]

900 Fraglich ist, ob der Notar in einem solchen Fall die Protokollierung des „Ergebnisses der Abstimmung" i. S. d. § 130 Abs. 2 Satz 1 AktG abweichend von der bisher geltenden allgemein anerkannten Praxis ohne Angabe des konkreten Ergebnisses der Stimmenauszählung auf die Angabe der rechtlichen Folgerung aus dem nicht verkündeten Abstimmungsergebnis beschränken darf und – falls das konkrete Ergebnis der Stimmauszählung Bestandteil des notwendigen Protokollinhalts ist – welche Erkenntnismöglichkeiten hierüber für den protokollierenden Notar bestehen. In der Praxis ist es angesichts der Unklarheiten über den Geltungsanspruch von § 130 Abs. 2 Satz 3 AktG empfehlenswert, das „Ergebnis der Abstimmung" i. S. v. § 130 Abs. 2 Satz 1 AktG wie bisher in das Protokoll aufzunehmen. Das Ergebnis der Abstimmung muss hierzu aber nicht notwendig vom Versammlungsleiter im Plenum der Hauptversammlung verkündet werden. Ausreichend ist es, wenn die ermittelte Anzahl der Ja- und Nein-Stimmen mit (ggf. stillschweigender) Billigung des Versammlungsleiters zur Kenntnis des protokollierenden Notars gelangt.[363]

901 Aufgabe des Notars ist es dabei nur, das von ihm als Feststellung des Versammlungsleiters wahrgenommene Abstimmungsergebnis zu protokollieren.[364] Entsprechend der gesetzlich vorgesehenen Funktionstrennung hat der Versammlungsleiter und nicht der Notar die Aufgabe, das Abstimmungsergebnis zu ermitteln. [→ Rz. 875] Es ist demnach nicht mehr erforderlich, dass der Notar die Auszählung überwacht und zu diesem Zweck den Versammlungsraum verlässt oder etwa Feststellungen darüber trifft, ob die EDV-Anlage zuverlässig arbeitet. Solche Feststellungen sind aber noch weithin üblich, weshalb sie im Muster „*kursiv*" enthalten sind.

902 Ferner gibt es **zwingende Protokollinhalte** und eine Reihe von Spezialvorschriften. Hier sind zunächst die in § 130 Abs. 1 Satz 2 AktG genannten **Minderheitsverlangen** zu erwähnen, also das wirksame Verlangen nach Einzelabstimmung, Wahlvorschläge von Aktionären bzw. die Geltendmachung von Ersatzansprüchen wegen Pflichtverletzung. Ferner enthalten § 131 Abs. 5 AktG (**Verweigerung der Auskunft** und Grund der Ver-

---

362) *Noack/Zetzsche* in: Kölner Kommentar, § 130 Rz. 203; *Ziemons* in: Schmidt/Lutter, AktG, § 130 Rz. 17; a. A. *Deilmann/Otte*, BB 2010, 723.

363) DNotI-Report 2010, 16.

364) BGH NJW 2009, 2207, 2209; OLG Düsseldorf v. 28.3.2003, ZIP 2003, 1147, NZG 2003, 816; *Wicke* in: Spindler/Stilz, AktG, § 130, Rz. 51; *Meyer-Landrut* in: Teichmann, Aktuelle Entwicklungen im Gesellschaftsrecht 2009, S. 92; *Volhard* in: Semler/Volhard/Reichert, Arbeitshdb. HV, § 13 Rz. 48 ff.; *Fassbender*, RNotZ 2009, 425, 439; OLG Düsseldorf v. 28.3.2003, ZIP 2003, 1147, NZG 2003, 816.

weigerung) und § 245 AktG (Widerspruch zu Protokoll als Anfechtungsvoraussetzung) Protokollierungsverpflichtungen. Für zwingend wird man ferner die Protokollierung von sämtlichen **geschäftsordnungsleitenden Anordnungen, die Rechte der Aktionäre einschränken** (z. B. **Begrenzungen der Redezeit, Wortentzug, Saalverweis**) des Versammlungsleiters halten müssen.

Weitere hier enthaltene **Protokollinhalte** wie eine Aufzählung der anwesenden Mitglieder des Vorstands und des Aufsichtsrats, Beginn und Ende der Hauptversammlungen sowie Unterbrechungen, Erläuterungen zum Ablauf, Angaben zum Teilnehmerverzeichnis und zum Ablauf der Aussprache sind nicht gesetzlich vorgeschrieben, jedoch üblich und zweckmäßig. Sie erhöhen die Anschaulichkeit des Protokolls und des damit festgehaltenen Lebenssachverhalts und können in Einzelfällen für spätere Anfechtungsklagen von klarstellender Bedeutung sein. [→ Rz. 839 f.]   903

Inwieweit den Notar über die aktienrechtlichen Wirksamkeitsvoraussetzungen für das notarielle Protokoll hinaus **Prüfungs-, Überwachungs- und Betreuungspflichten**, beispielsweise in Bezug auf die Präsenzerfassung, die Erstellung des Teilnehmerverzeichnisses, des Abstimmungsverfahrens und der Ermittlung des Abstimmungsergebnisses, treffen, ist im Einzelnen umstritten; grundsätzlich ist er verpflichtet, auf Verstöße gegen Gesetz oder Satzung hinzuweisen.[365]   904

§ 130 Abs. 3 AktG beschreibt, welche **Anlagen** dem notariellen Protokoll beigefügt, d. h. fest mit ihm verbunden werden müssen. Es handelt sich hierbei um die **Belege der Einberufung** (§ 121 Abs. 3 AktG), wenn diese nicht im vollständigen Wortlaut in der Niederschrift aufgenommen sind (Papierausdruck der Internetseite des elektronischen Bundesanzeigers sowie ggf. weitere satzungsmäßige Publikationen). In einer Vielzahl von gesetzlich beschriebenen Fällen sind überdies von der Hauptversammlung beschlossene Verträge als Anlage der Niederschrift beizufügen (§§ 52 Abs. 2 Satz 7, 179a Abs. 2 Satz 6, § 293g Abs. 2 Satz 2 AktG, §§ 13 Abs. 3 Satz 2, 125 Satz 1, 176 Abs. 1 UmwG). Als Anlage wird üblicherweise auch der Jahresabschluss nebst Lagebericht und Bericht des Aufsichtsrats jeweils im Original mit Unterschriften von Vorstand, Aufsichtsrat und Abschlussprüfer sowie andere beschlussvorbereitende bzw. auf der Hauptversammlung verfügbaren Unterlagen vorgesehen. Das Teilnehmerverzeichnis muss nicht mehr als Anlage beigefügt werden, da es auch elektronisch geführt werden kann. [→ Rz. 842, 890]   905

Schließlich bedarf die Niederschrift nach § 130 Abs. 4 Satz 1 AktG der eigenhändigen **Unterschrift** des Notars. Das in dieser Weise unterzeichnete Originalprotokoll bleibt gem. § 25 Abs. 1 BNotO in der Verwahrung des Notars. Der Gesellschaft und sonstigen Dritten werden Ausfertigungen bzw. beglaubigte Abschriften erteilt. Bis zur Erteilung von beglaubigten Abschriften oder Ausfertigungen sind **Protokollberichtigungen** ohne Einschränkungen zulässig, da beurkundungsrechtlich der Abschluss einer Hauptversammlungsniederschrift erst dann eingetreten ist, wenn die Urkunde mit dem Willen des Notars, insbesondere durch Erteilung von Ausfertigungen, in den Rechtsverkehr gelangt.[366] Er kann darüber hinaus am Ort der Hauptversammlung eine Urkunde errichten   906

---

365) Vgl. *Wicke* in: Spindler/Stilz, AktG, § 130 Rz. 28 ff.; *Ziemons* in: Schmidt/Lutter, AktG, § 130 Rz. 45 ff.; § 130 Rz. 28 ff.; *Hüffer*, AktG, § 130 Rz. 12; *Volhard in:* Semler/Volhard/Reichert, Arbeitshdb. HV, § 13 Rz. 26 ff.; *Fassbender*, RNotZ, 425, 430; OLG Düsseldorf v. 28.3.2003, ZIP 2003, 1147, NZG 2003, 816, 819 m. w. N.

366) BGH v. 16.2.2009, BGHZ 180,9, 13 ff.; *Noack/Zetzsche*, Kölner Kommentar, § 130 Rz. 318 m. w. N.; näher dazu noch *Wicke* in: Spindler/Stilz, AktG, § 130 Rz. 18; *Meyer-Landrut* in Teichmann, Aktuelle Entwicklungen im Gesellschaftsrecht, S. 97.

und später in seiner Geschäftsstelle über den identischen von ihm beobachteten Sachverhalt eine weitere Urkunde errichten, so dass auch diese wirksam ist.[367] Anschließend sind Berichtigungen noch gem. § 44a Abs. 2 BeurkG zulässig, soweit es sich um Schreib-, Rechnungsfehler oder sonstige offensichtliche Unrichtigkeiten handelt. Durch einen entsprechenden Nachtragsvermerk müssen all diejenigen, die bereits Ausfertigungen oder Abschriften erhalten haben, benachrichtigt werden (§ 44 Abs. 2 Satz 1 BeurkG). [→ Rz. 890]

907 Der Vorstand ist gem. § 120 Abs. 5 AktG verpflichtet, unverzüglich nach der Hauptversammlung eine öffentlich beglaubigte Abschrift der Niederschrift und ihrer Anlagen zum **Handelsregister** einzureichen. Die Niederschrift ist elektronisch einzureichen (§ 12 Abs. 2 HGB), häufig erfolgt die Einreichung direkt durch den Notar, der dann insoweit als Gehilfe des Vorstands tätig wird. Die Anmeldung eintragungsbedürftiger Beschlüsse wird durch die Einreichung der Niederschrift nicht ersetzt.

---

367) LG Frankfurt/M. v. 21.12.2005, ZIP 2006, 335 m. w. N.

Teil 6: Beschlussvorschläge an die Hauptversammlung in Sonderfällen

Muster 6.1: Sachdividende

I.   Mustertext [→ Rz. 911 ff.]

TOP [...]: Beschlussfassung über die Verwendung des Bilanzgewinns 2010

„Vorstand und Aufsichtsrat schlagen vor, den im Geschäftsjahr 2010 erzielten Bilanzge- 908
winn in Höhe von [...] € wie folgt zu verwenden:

a) Ausschüttung an die Aktionäre in Höhe von [...] €, entsprechend einer Dividende
    von [...] € je dividendenberechtigter Stückaktie,

b) Gewinnvortrag auf neue Rechnung in Höhe von [...] €. [→ Rz. 915]

Gemäß § [...] der Satzung der Gesellschaft wird die Dividende als Sachdividende gezahlt 909
wie folgt:

a) Für den Durchschnitt der Schlusskurse der Aktien der Gesellschaft im XETRA-
    Handelssystem (oder einem vergleichbaren Nachfolgesystem) an der Frankfurter
    Wertpapierbörse während der fünf Börsenhandelstage vor dem Tag der Ausschüttung
    erhalten die Aktionäre eine eigene Inhaberstückaktie der Gesellschaft (WKN
    [...]/ISIN [...]).

b) Soweit aufgrund des Dividendenanspruchs und dessen Verhältnisses zu dem Ausga-
    bepreis der eigenen Aktien der Gesellschaft sich ergebenden Verhältnisse keine Akti-
    en an einen berechtigten Aktionär ausgegeben werden können, werden die dadurch
    entstehenden Spitzen in bar ausgeglichen.

Die Sachdividende wird am [...] geleistet.“ 910

II.   Erläuterungen [→ Rz. 908 ff.]

1.   Einführung

Eine Sachausschüttung kann die Hauptversammlung nur beschließen, sofern dies in der 911
Satzung vorgesehen ist. Das folgt aus § 58 Abs. 5 AktG und ist durch das Transparenz-
und Publizitätsgesetz vom 19. Juli 2002[368] eingeführt worden. In der Praxis der börsennotierten Gesellschaften ist die Anwendung dieser Möglichkeit sehr vereinzelt geblie-
ben.[369] Eine hohe Zahl mit relativ kleinen Dividendenbeträgen berechtigter Aktionäre
verlangt aus rechtlichen und praktischen Gründen, dass zur Ausschüttung nur Sachgegenstände kommen, die einen klar ermittelbaren Wert haben und weitgehend stückelbar
sind. Hierfür stehen daher eigentlich nur eigene Aktien der Gesellschaft, börsennotierte
Aktien von Tochtergesellschaften oder sonstige börsennotierte Wertpapiere der Gesellschaft, sofern sie sich im Eigentum der Gesellschaft befinden, zur Verfügung. In § 17
Abs. 1 des Musters 1 ist daher eine entsprechende Beschränkung aufgenommen. In rechtlicher Hinsicht sind folgende Aspekte zu berücksichtigen:

Da das Ziel der Sachausschüttung in der Regel die Ersparnis entsprechender Barausschüt- 912
tungen sein wird (neben der ansonsten theoretischen Möglichkeit der auf diesem Wege

---

368) BGBl. I, S. 2681.
369) Zur Statistik siehe *Bayer/Hoffmann*, AG 2011, R 215.

möglichen Aufspaltungen von Gesellschaften)[370], gilt es bei der Gestaltung der Sachdividendenausschüttung die Entstehung durch die Sachausschüttung nicht abdeckbarer Dividendenspitzen möglichst zu vermeiden. Weitere Beschränkungen können sich daraus ergeben, dass die für die Sachausschüttung zur Verfügung stehenden Gegenstände oder hier Wertpapiere nicht in ausreichendem Umfang zur Verfügung stehen. Dies wirft Fragen nach der Einhaltung des Gleichbehandlungsgrundsatzes auf. Das liegt zum einen daran, dass je nach Zuteilungsverhältnis relative hohe Spitzenbeträge auftreten können, wodurch solche Aktionäre, die größere Pakete halten, gegenüber Kleinaktionären materiell bevorzugt sein könnten und zum anderen darin, dass bei größeren Aktienpaketen der Anspruch auf Bezug eines so großen Anteils von als Sachdividende ausgeschütteten Aktien entsteht, dass damit ein über den Markwert hinausgehenden Paketwert verbunden ist.[371] In solchen Konstellationen kann es sich empfehlen, zunächst eine Bardividende zur Ausschüttung zu beschließen, den Aktionären jedoch im Anschluss daran den Tausch des Dividendenanspruchs gegen beispielsweise eigene Aktien der Gesellschaft anzubieten. Diese Vorgehensweise hat den Vorteil der Freiwilligkeit auf Seiten der an dem Tausch teilnehmenden Aktionäre und ermöglicht Repartierung, falls mehr Aktionäre das Tauschangebot annehmen als die zur Sachausschüttung vorgesehenen Wertpapiere zur Verfügung stehen.[372]

913   Sie löst auch das Problem der Kapitalertragsteuer, die ansonsten nicht von der Gesellschaft einbehalten werden kann, sondern gem. § 44 Abs. 1 Satz 7 und 8 EStG vom Aktionär zu erheben ist. Soweit dies bei Inhaberaktien nicht praktikabel ist, entsteht nach § 44 Abs. 5 EStG eine Haftung der Gesellschaft, was weitere ungeklärte Fragen gesellschaftsrechtlicher Art aufwirft.[373]

914   Da gem. § 174 Abs. 2 Nr. 2 Fall 2 AktG der Wert der auszuschüttenden Sachgegenstände als Geldbetrag anzugeben ist (anderenfalls ist eine Verknüpfung zum Bilanzgewinn nicht möglich), bedarf die auszuschüttende Sachdividende der Bewertung. Der Gesetzeswortlaut gibt keine Anhaltspunkte darüber, wie die Bewertung durchzuführen ist. In der Praxis stellt sich insbesondere die Frage, ob die zur Ausschüttung gelangenden Sachgegenstände zum Buchwert oder zum aktuellen Zeit- bzw. Verkehrswert bewertet werden müssen. Wegen der zwingenden Regelung des § 57 Abs. 3 AktG, wonach den Aktionären lediglich der vorhandene Bilanzgewinn ausgeschüttet werden darf und keine darüber hinausgehenden stillen Reserven, spricht alles für eine Bewertung zu Verkehrswerten.[374] Dies führt bei börsennotierten Wertpapieren als Gegenstand der Sachausschüttung zu der weiteren Schwierigkeit, dass sich der Börsenpreis zwischen dem Tag der Veröffentlichung der Hauptversammlungseinladung und dem Tag der Dividendenausschüttung erheblich ändern kann. Auch dem wird durch die Vorgehensweise eines späteren Tauschangebots der Boden entzogen. Da der innere Wert der auszuschüttenden Wertpapiere nicht notwendigerweise mit dem aktuellen Börsenkurs übereinstimmen muss, wird überwiegend auch eine Ausschüttung von Wertpapieren mit einem Abschlag unter dem durchschnittlichen Bör-

---

370) Siehe hierzu *Körner*, IStR 2009, 1, 14 ff.

371) Siehe hierzu *Henze/Notz* in: Großkomm. z. AktG, § 58 Abs. 5 Rz. 178 f.

372) So die Praxis der Alstria Office REIT-AG mit ihrem Tauschangebot vom Juni 2009, im elektronischen Bundesanzeiger vom 4.6.2009.

373) *Siehe dazu Drygala* in: Kölner Kommentar, § 58 Rz. 169 m. w. N.

374) *Fleischer* in: Schmidt/Lutter, AktG, § 58 Rz. 60; *Henze/Notz*, GK-AktG, § 58 Abs. 5 Rz. 197 f; *Hüffer*, AktG, § 58 Rz. 33 jeweils m. w. N.; *Drinhausen* in: Heidel, Aktien- und Kapitalmarktrecht, § 58 AktG Rz. 58.

senkurs der letzten Börsenhandelstage vor Ausschüttung für zulässig gehalten, da dies von dem im Rahmen des § 57 Abs. 3 AktG gegebenen Ermessensspielräumen noch gedeckt ist.[375)]

2. Beschlussfassung [→ Rz. 909]

Der Beschlussvorschlag folgt zunächst dem Aufbau eines üblichen Gewinnverwendungs- 915
beschlusses (vgl. § 174 Abs. 2 Nr. 2 AktG). Sodann muss der Beschluss die Art der Sachausschüttung konkret festlegen. Etwaige Vorgaben zur Ermächtigung in der Satzung sind zu berücksichtigen. Der Beschluss ergeht gem. § 133 Abs. 1 AktG mit einfacher Mehrheit der abgegebenen Stimmen.

Der Beschluss unterliegt einer Inhaltskontrolle, die sich auf das Gleichbehandlungsgebot 916
nach § 53a AktG und die Vermeidung von Sondervorteilen nach § 243 Abs. 2 AktG konzentriert. Ferner bleibt auch § 254 Abs. 1 AktG zu berücksichtigen.

Ob und wie später erkannte Rechts- oder Sachmängel eines als Dividende ausgeschütte- 917
ten Sachgegenstands oder Wertpapiers zu behandeln sind, ist im Wesentlichen ungeklärt.[376)]

In steuerlicher Hinsicht stellen sich auch wegen der oben angesprochenen Bewertungs- 918
fragen ebenfalls noch nicht völlig gelöste Probleme. Soweit hierbei stille Reserven realisiert werden, müssen diese steuerlich erfasst werden, wobei Detailfragen, insbesondere zum maßgeblichen Zeitpunkt noch umstritten sind.[377)]

Muster 6.2: Votum Vorstandsvergütung

I. Mustertext [→ Rz. 921 ff.]

TOP [...]: Beschlussfassung über die Billigung des Systems zur Vergütung für Vorstandsmitglieder der Gesellschaft

Nach § 120 Abs. 4 in der Fassung des Gesetzes zur Angemessenheit der Vorstandsver- 919
gütung vom 31.7.2009 kann die Hauptversammlung einer börsennotierten Gesellschaft über die Billigung des Systems zur Vergütung der Vorstandsmitglieder beschließen. Der Beschluss begründet weder Rechte noch Pflichten. Insbesondere entbindet er den Aufsichtsrat nicht von seiner Verpflichtung, die Vergütung der Vorstandsmitglieder eigenverantwortlich festzusetzen. Das System zur Vergütung der Vorstandsmitglieder der [...] AG ist im Vergütungsbericht dargestellt, der als Teil des Corporate-Governance-Berichts der Gesellschaft auf Seiten [...] des Geschäftsberichts abgedruckt ist. Dieses System ist Gegenstand des nachfolgenden Beschlussvorschlags.

„Vorstand und Aufsichtsrat [→ Rz. 924] schlagen vor, das System zur Vergütung der 920
Vorstandsmitglieder der Gesellschaft [→ Rz. 925] zu billigen."

---

375) *Hüffer*, AktG, § 58 Rz. 33; *Henze/Notz* in: Großkomm. z. AktG, § 58 Abs. 5 Rz. 204; in Fn. 4 erwähnten Fall der Alstria Office REIT-AG ist ein Abschlag von mindestens 20 % auf den Durchschnittskurs der Schlusskurse der letzten drei Börsenhandelstage vor einem während des Laufs der Angebotsfrist gesetzten Stichtag gewährt worden. Die von der Envio AG in 2010 ausgeschütteten Aktien (e-Bundesanzeiger vom 22.10.2010) waren nicht börsennotiert.

376) Siehe näher *Henze/Notz* in: Großkomm. z. AktG, § 58 Abs. 5 Rz. 215 ff., 218 und *Drygala* in: Kölner Kommentar § 58 Rz. 186.

377) Siehe Bareis/*Siegel*, BB 2008, 479 ff.

II. Erläuterungen [→ Rz. 919 f.]

1. Einführung

921 Das Votum der Hauptversammlung über das Vergütungssystem der Vorstandsmitglieder wurde als § 120 Abs. 4 AktG durch das Gesetz zur Angemessenheit der Vorstandsvergütung (VorstAG) vom 31.7.2009 eingeführt.[378] Dies beruht auf einer entsprechenden Empfehlung der EU-Kommission[379] und sollte mit dazu beitragen, exzessive Vorstandsvergütungen einzudämmen, die als Mitursache der Finanzmarktkrise ausgemacht wurden.[380]

922 Der hiernach zu fassende Beschluss ist im besten Sinne des Wortes *"Soft Law"*. Es besteht zunächst keine Verpflichtung der Verwaltung, einen solchen Billigungsbeschluss überhaupt oder gar regelmäßig wiederkehrend einzuholen. Dies ergibt sich aus dem Gesetzeswortlaut „kann" und wird in dem Bericht des Rechtsausschusses ausdrücklich hervorgehoben.[381] Allerdings besteht die Möglichkeit, dass ein Minderheitsverlangen nach § 122 Abs. 2 AktG der Gesellschaft zugeht. Nachdem sich die Aktionärsschutzvereinigungen und auch die institutionellen Investoren in der Hauptversammlungssaison 2010 sehr intensiv für die Aufnahme entsprechender Tagesordnungspunkte eingesetzt haben, und demzufolge die meisten der DAX30-Gesellschaften bereits im Jahre 2010 entsprechende Beschlüsse absolviert haben, zeichnet sich eine hohe praktische Relevanz ab.[382]

923 Der Charakter als *"Soft Law"* ergibt sich aber auch daraus, dass der Beschluss ausweislich des Gesetzeswortlauts die Verpflichtungen des Aufsichtsrats zur Festsetzung angemessener Vorstandsvergütung unberührt lässt und nicht anfechtbar ist. Damit soll der Beschluss im Ergebnis keinerlei rechtliche Wirkungen erzeugen, sondern seine Wirkungen sich auf Öffentlichkeitsdruck beschränken.[383] Eine auf Nichtigkeit gerichtete Feststellungsklage bleibt gleichwohl möglich.[384] Damit steht das Vergütungsvotum nach § 120 Abs. 4 AktG der ebenfalls keine Rechtswirkungen entfaltenden Entlastung nahe.[385] Unbenommen bleibt auch die Anfechtung des Entlastungsbeschlusses für den Aufsichtsrat, falls seitens der Hauptversammlung Vergütungsentscheidungen für unzureichend gehalten werden.

2. Beschlussfassung [→ Rz. 920]

924 Der Beschlussvorschlag geht mangels anderweitiger gesetzlicher Regelungen auf einen Vorschlag von Vorstand und Aufsichtsrat (§ 124 Abs. 3 Satz 1 AktG) zurück. Eine bekanntmachungsfreie Beschlussfassung über ein Vergütungsvotum nach § 120 Abs. 4 AktG wurde diskutiert, ist aber zu verwerfen.[386] Nach inzwischen herrschender Meinung

---

378) BGBl. I 2009, 2509.

379) Zuletzt Empfehlung der Kommission vom 30.4.2009 zur Ergänzung der Empfehlungen 2004/913/EG und 2005/162/EG zur Regelung der Vergütung von Mitgliedern der Unternehmensleitung börsennotierter Gesellschaften, ABl. EU v. 15.5.2009.

380) Vgl. zum gesetzgeberischen und rechtsvergleichenden Hintergrund *Fleischer/Bedkowski*, AG 2009, 677 ff. und *Thüsing*, AG 2009, 517, 524.

381) BT-Drs. 16/13433, S. 12 linke Spalte; *Hoffmann* in: Spindler/Stilz, AktG, § 120 Rz. 54.

382) Vgl. näher *Schick*, ZIP 2011, 593, 600; *v. Falkenhausen/Kocher*, AG 2010, 623 ff.

383) So ausdrücklich Bericht des Rechtsausschusse BT-Drs. 16/1344, S. 12.

384) *Spindler* in: Schmidt/Lutter, AktG, § 120 Rz. 65; *v. Falkenhausen/Kocher*, AG 2010, 623, 628.

385) *Schick*, ZIP 2011, 593, 594; *Fleischer/Bedkowski*, AG 2009, 677, 681 f.

386) Zum Meinungsstand vgl. *Schick*, ZIP 2011, 593, 599.

bedarf es einer Bekanntmachung eines entsprechenden Tagesordnungspunkts in der Hauptversammlungseinladung und das Vergütungsvotum kann nicht als Bestandteil des Entlastungsbeschlusses ad hoc zur Beschlussfassung aufgerufen werden.[387]

Gegenstand des Vergütungsvotums ist lediglich das System der Vorstandsvergütung, nicht etwa die konkrete Vergütungshöhe, und zwar weder in Gestalt der Gesamtvergütung noch einer individualisierten Vergütung.[388] Soweit der Gesetzeswortlaut als Gegenstand des Hauptversammlungsbeschlusses das „System zur Vergütung der Vorstandsmitglieder" anspricht, bleibt sowohl offen, worin dies im Einzelnen besteht als auch auf welchen Zeitraum sich der Vergütungsbeschluss beziehen muss.[389] In der Praxis bereitet dies jedoch keine Schwierigkeit, da auf den Vergütungsbericht des der Hauptversammlung vorgelegten und veröffentlichten Geschäftsberichts verwiesen wird. Dies folgt entsprechenden Berichtpflichten aus Ziffer 4.2.5 DCGK bzw. den gesetzlich vorgeschriebenen Berichten als Bestandteil des Lageberichts im Einzelabschluss wie des Konzernabschlusses (§§ 289 Abs. 2 Nr. 5 AktG, 315 Abs. 2 Nr. HGB).[390] Die danach vorgeschriebenen Inhalte des Berichts über das System der Vorstandsvergütung werden mithin zum Gegenstand der Billigung der Hauptversammlung und sind dementsprechend den Aktionären im Vergütungsbericht – auf den der Beschlussvorschlag Bezug nimmt – darzulegen. In der Praxis heißt das, dass insbesondere die verschiedenen Vergütungsbestandteile, das Verhältnis von fixen zu variablen Vergütungsbestandteilen und die Bemessungsmaßstäbe für die variable Vergütung in allgemeiner Form, zu beschreiben sind. Klar ist damit auch, dass sich die Billigung auf das aktuelle Vergütungssystem bezieht. Wenn es sich dabei nicht um das im vergangenen Geschäftsjahr geltende (alte) System handelt, ist dies unschädlich.[391] Dann bedarf es aber – über den Vergütungsbericht des letzten Geschäftsjahrs hinaus – zusätzlicher Informationen an die Hauptversammlung. Eine mündliche Erläuterung des zur Beschlussfassung vorgelegten Vergütungssystems durch den Aufsichtsratsvorsitzenden in Ergänzung zu den ohnehin nach Ziffer 4.2.3 Abs 6 DCGK erforderlichen Erläuterungen zu den Grundzügen des Vergütungssystems hat sich als hilfreich erwiesen.

Streitig ist, ob eine teilweise Billigung des Vorstandssystems möglich ist.[392]

Soweit Vergütungsvoten in der bisherigen Praxis auf maßgeblichen Widerstand gestoßen sind, lag dies nicht etwa an überhöhten Vergütungen, sondern im Wesentlichen an der Intransparenz des Vergütungssystems oder unzureichender Darstellung desselben in den Vergütungsberichten.[393]

925

926

927

---

387) So *Fleischer/Bedkowski*, AG 2009, 677, 681; *Vetter*, ZIP 2009, 2136, 2138, *Hoffmann-Becking/Krieger*, Beilage zu NZG 26/2009 Rz. 86; *Hüffer*, AktG, § 120 Rz. 21; *Spindler* in: Schmidt/Lutter, AktG, § 120 Rz. 58.

388) *Schick*, ZIP 2011, 593, 595 m. w. N.

389) *Thüsing*, AG 2009, 517, 525; *Schick*, ZIP 2011, 593, 595 f.

390) Siehe dazu Muster 4.1; zur Hauptversammlungspraxis siehe *v. Falkenhauser/Kocher*, AG 2010, 623, 626; *Deilmann/Otte*, DB 2010, 545, 547; *Schick*, ZIP 2011, 593, 598.

391) Vgl. *Schick*, ZIP 2011, 293, 296; *Deilmann/Otte*, DB 2010, 545, 545.

392) Dagegen: *Spindler* in: Schmidt/Lutter, AktG, § 120 Rz. 62; *Fleischer/Bedkowski*, AG 2009, 677, 683; v. *Falkenhausen/Kocher*, AG 2011, 623, 627; a. A. Vetter, ZIP 2009, 2136, 2139, *Thüsing*, AG 2009, 517, 525, *Döll*, WM 2010, 103, 105 ff., 109.

393) V. *Falkenhausen/Kocher*, AG 2010, 623 ff.; in 2010 kritisch: Deutsche Börse, Deutsche Bank, Gerresheimer, TUI, Wirecard, HeidelbergerCement.

Muster 6.3: Verzicht auf individualisierte Offenlegung der Vorstandsvergütung

I. Mustertext [→ Rz. 931 ff.]

TOP [...]: Beschlussfassung über den Verzicht auf eine individualisierte Offenlegung der Vorstandsbezüge

928 Nach § 285 Nr. 9 lit. a) Satz 5 bis 8 HGB und § 314 Abs. 1 Nr. 6 lit. a) Satz 5 bis 8 HGB sind die Vorstandsbezüge nach näherer Maßgabe dieser Bestimmungen im Anhang des Jahresabschlusses der Gesellschaft bzw. des Konzernabschlusses individualisiert offenzulegen. Die Hauptversammlung kann gem. §§ 286 Abs. 5, 314 Abs. 2 Satz 2 HGB für die Dauer von längstens fünf Jahren beschließen, dass diese Angaben unterbleiben.

929 *Alternativ: Die Hauptversammlung der Gesellschaft hat am [...] 2006 einen solchen Beschluss gefasst, der dieses Jahr ausläuft. Er soll für die Dauer von weiteren fünf Jahren verlängert werden.*

930 Vorstand und Aufsichtsrat schlagen vor, zu beschließen:

Die in § 285 Satz 1 Nr. 9 lit. a) Satz 5 bis 8 und § 314 Abs. 1 Nr. 6 lit. a) Satz 5 bis 8 des Handelsgesetzbuches (bzw. entsprechenden Nachfolgeregelungen) verlangten Angaben unterbleiben in den Jahresabschlüssen und Konzernabschlüssen der Gesellschaft für die Geschäftsjahre [...] [*2012 bis 2016*] einschließlich, längstens aber bis zum [...].

II. Erläuterungen [→ Rz. 928 f.]

1. Einführung

931 Seit dem 1.7.2005 sind börsennotierte Aktiengesellschaften nach § 285 Nr. 9 a) Sätze 5–8, § 314 Abs. 1 Nr. 6 Sätze 5–8 HGB erstmals für das nach dem 31.12.2005 beginnende Geschäftsjahr (Art. 59 EGHGB) verpflichtet, im **Anhang** des Jahresabschlusses bzw. des Konzernabschlusses die Vorstandsbezüge nicht nur pauschal bezogen auf die Gesamtbezüge, sondern **individualisiert auszuweisen,** und zwar jeweils aufgeschlüsselt nach erfolgsunabhängigen Komponenten (Festgehalt), erfolgsbezogenen Komponenten (Tantiemen) und Komponenten mit langfristiger Anreizwirkung (Aktienoptionen, Phantom Stocks etc.).[394] Außerdem ist nach näherer Maßgabe der Bestimmungen anzugeben, welche Leistungen dem Vorstandsmitglied für den Fall der Beendigung seiner Tätigkeit zugesagt worden sind und welche Leistungen dem einzelnen Vorstandsmitglied von einem Dritten im Hinblick auf seine Tätigkeit als Vorstandsmitglied zugesagt oder im Geschäftsjahr gewährt worden sind. Enthält der Jahresabschluss weitergehende Angaben zu bestimmten Bezügen, so sind auch diese anzugeben.[395]

932 Anders als der zwischenzeitlich durch das BilMoG eingeführte § 264d HGB knüpft § 285 Nr. 9 Satz 5 HGB nicht an eine besondere Definition der Börsennotierung innerhalb des HGB an, sondern folgt ausweislich der Gesetzesbegründung derjenigen des § 3 Abs. 2 AktG.[396]

933 Die Regelung basiert auf einer zunächst als Anregung, dann als Empfehlung gefassten Bestimmung in Ziffer 4.2.4. des Deutschen Corporate Governance Kodex, der aber nur ver-

---

394) Vorstandsvergütungsoffenlegungsgesetz (VorstOG) vom 3.8.2005, BGBl. I, S. 2267.

395) Weitere Einzelheiten zu den Angabepflichten bei DRS 17 vom 27.1.2011; *Hüffer*, AktG, § 87 Rz. 15, *Fleischer*, NZG 2009, 801, 806; *Hohenstatt/Wegner*, ZIP 2008, 945.

396) *Leuering/Simon*, NZG 2005, 945, 946.

gleichsweise wenige Unternehmen gefolgt sind. Diese wiederum folgte einer Empfehlung der Europäischen Kommission vom 14.12.2004.[397)] Eine Erweiterung der Offenlegungspflichten für den Fall der Beendigung der Vorstandstätigkeit erfolgte durch das Gesetz zur Angemessenheit der Vorstandsvergütung vom 31.7.2009.[398)]

Über die individuellen Vergütungsangaben hinaus sind gem. § 289 Abs. 2 Nr. 5, § 315 Abs. 2 Nr. 4 HGB bei börsennotierten Gesellschaften die **Grundzüge des Vergütungssystems** im Lagebericht und im Konzernlagebericht darzulegen. Soweit dabei auch die erforderlichen Angaben zu den individuellen Vorstandsbezügen gemacht werden, können diese Angaben im Anhang unterbleiben. Ziffer 4.2.3 DCGK enthält darüber hinaus noch die Empfehlung, über die Grundzüge des Vergütungssystems auch auf der Hauptversammlung zu informieren. Ferner sollen die individualisierten Angaben sowie eine Erläuterung des Vergütungssystems auch in dem nach Ziffer 4.2.5 DCGK vorgesehenen Vergütungsbericht erfolgen (s. dazu Muster 4.1, Rz. 364, 384).   **934**

2. Beschlussfassung [→ Rz. 930]   **935**

§ 286 Abs. 5 HGB sieht vor, dass die Hauptversammlung börsennotierter Gesellschaften beschließen kann, dass die individuellen Angaben zur Vergütung jedes einzelnen Vorstandsmitglieds unterbleiben. Hiervon wurde und wird nur von wenigen Gesellschaften Gebrauch gemacht.[399)] Lediglich bei zweiköpfigen Vorständen oder unter sonstigen besonderen Umständen ist mit geringerem Widerstand der Aktionärsschutzvereinigungen zu rechnen. Sollten im Einzelfall mit der Offenlegung konkrete Nachteile für die Gesellschaft verbunden sein, können Aufsichtsrat und Vorstand verpflichtet sein, einen entsprechenden Beschluss der Hauptversammlung vorzuschlagen.[400)]   **936**

Möglich sind auch Beschlussfassungen, die eine individualisierte Offenlegung nicht vollständig ablehnen, im Einzelnen aber hinter den gesetzlichen Vorgaben zurückbleiben. Ein Kompromiss könnte bei größeren Vorständen beispielsweise darin bestehen, nur die Bezüge des am höchsten bezahlten Vorstandsmitglieds bzw. des Vorstandsvorsitzenden individualisiert auszuweisen.[401)] Der Beschlussvorschlag im Muster möchte mit der Erstreckung auf mögliche Nachfolgeregelungen Unklarheiten, wie sie sich 2009 bei der Verschiebung der Satznummerierung des § 285 Nr. 9 HGB durch das VorstAG ergaben, vermeiden.   **937**

Der Beschluss kann sich **höchstens auf fünf Jahre** ab dem Beschluss der Hauptversammlung beziehen. Es empfiehlt sich angesichts nicht vorhersehbarer Ereignisse im Zusammenhang mit dem Jahresabschluss (z. B. Änderungen des Geschäftsjahres), zusätzlich zu dem Abschlusszeitraum, wie bei anderen zeitlich befristeten Hauptversammlungsbeschlüssen, ein konkretes Datum (fünf Jahre nach dem Datum der betreffenden Hauptversammlung) anzugeben, bis zu dem der Beschluss Bestand hat. Der Beschluss bedarf einer **Mehrheit von mindestens drei Vierteln** des bei der Beschlussfassung vertretenen Grundkapitals. Bei der Beschlussfassung sind die Vorstandsmitglieder, soweit sie gleichzeitig Aktionäre sind, vom Stimmrecht gem. § 136 AktG ausgeschlossen (§ 286 Abs. 5   **938**

---

397) ABl. EU 2004, Nr. L 385, 55, siehe auch *Fleischer*, DB 2005, 1611f.

398) BGBl. I, S. 2509, dazu ausführlich *Fleischer*, NZG 2009, 801, 806.

399) Siehe nur *Hüffer*, AktG, § 87 Rz. 16.

400) Siehe nur *Hüffer*, AktG, § 87 Rz. 16.

401) *Baums*, ZHR 169 (2005), 299.

Satz 3 HGB). Wie stets beim **Stimmrechtsverbot** ist auch hier zu beachten, dass eine Zurechnung stattfinden kann, wenn die Aktien einer Drittgesellschaft gehören und das betroffene Vorstandsmitglied auf diese als Organmitglied oder als Gesellschafter maßgeblichen Einfluss ausüben kann.[402]

Muster 6.4: Aufsichtsratswahl

I.   Mustertext [→ Rz. 949 ff.]

TOP [...]: Wahlen zum Aufsichtsrat

939   Mit Ablauf der ordentlichen Hauptversammlung am [*Datum*] enden turnusgemäß die Amtszeiten sämtlicher Mitglieder des Aufsichtsrats. [→ Rz. 364]

940   Der Aufsichtsrat schlägt vor, folgende Personen für eine Amtszeit bis zur Beendigung der Hauptversammlung, die über die Entlastung für das am [*Datum*] endende Geschäftsjahr beschließt, in den Aufsichtsrat zu wählen: [→ Rz. 950]

Alternativ bei Ergänzungswahlen:

941   *Die Aufsichtsratsmitglieder [Vorname, Name] und [Vorname, Name] haben ihr Aufsichtsratsmandat mit Wirkung zum [...] niedergelegt. Ferner ist das Mitglied des Aufsichtsrats [Vorname, Name] am [...] verstorben und damit aus dem Aufsichtsrat ausgeschieden.* [→ Rz. 964]

Der Aufsichtsrat schlägt der Hauptversammlung vor, für die restliche Amtszeit der ausgeschiedenen Aufsichtratsmitglieder, d. h. für eine Amtszeit bis zur Beendigung der Hauptversammlung, die über die Entlastung für das am [Datum] endende Geschäftsjahr beschließt, die nachstehenden Personen zu wählen:

942   a) Herrn/Frau [*Vorname, Name, Wohnort, Beruf*]; [→ Rz. 965]

Herr/Frau [...] übt folgende Mandate in gesetzlich zu bildenden Aufsichtsräten anderer inländischer Unternehmen aus: [...]. [→ Rz. 966 f.]

Darüber hinaus übt Herr [...] vergleichbare Mandate in folgenden in- und ausländischen Wirtschaftsunternehmen aus: [...].

b) Herrn/Frau [*Vorname, Name, Wohnort, Beruf*];

Herr/Frau [...] übt keine Mandate in gesetzlich zu bildenden Aufsichtsräten anderer inländischer Unternehmen aus.

Herr/Frau [...] übt jedoch vergleichbare Mandate in folgenden in- und ausländischen Wirtschaftsunternehmen aus: [...].

c) Herrn/Frau [*Vorname, Name, Wohnort, Beruf*];

Herr/Frau [...] übt keine Mandate in gesetzlich zu bildenden Aufsichtsräten oder vergleichbaren Kontrollgremien anderer in- und ausländischer Wirtschaftsunternehmen aus.

943   Von den vorgeschlagenen Kandidaten für den Aufsichtsrat qualifiziert sich unter anderem Herr/Frau [...] aufgrund seines/ihres beruflichen Hintergrunds als unabhängiger Finanzexperte i. S. d. § 100 Abs. 5 AktG. [→ Rz. 955 f.]

944   Die Wahlvorschläge stützen sich auf die Empfehlung des Nominierungsausschusses. [→ Rz. 951]

---

402) Näher zur Zurechnungsproblematik *Hüffer*, AktG, § 136 Rz. 8 ff.

Es ist beabsichtigt, die Wahlen zum Aufsichtsrat im Wege der Einzelwahl durchzuführen. 945
[→ Rz. 969]

Der Aufsichtsrat der Gesellschaft setzt sich nach den Vorschriften der §§ 95 ff. AktG 946
i. V. m. § 7 Abs. 1 Nr. 1 MitbestG zusammen und besteht gem. § [...] der Satzung aus
[...] Mitgliedern, die von der Hauptversammlung gewählt werden, und [...] Arbeitnehmervertretern. [→ Rz. 962]

Die Hauptversammlung ist [*nur bei mitbestimmten Gesellschaften: bei der Wahl der An-* 947
teilseignervertreter] an Wahlvorschläge nicht gebunden. [→ Rz. 963]

Herr/Frau [...] soll im Fall seiner/ihrer Wahl in den Aufsichtsrat als Kandidat für den 948
Aufsichtsratsvorsitz vorgeschlagen werden. [→ Rz. 968]

II. Erläuterungen [→ Rz. 939 ff.]

1. Vorbemerkung

Das Muster versteht sich als Ergänzung einer aus weiteren Tagesordnungspunkten beste- 949
henden Hauptversammlungseinladung. Aufsichtsratswahlen können dabei sowohl in außerordentlichen als auch ordentlichen Hauptversammlungen vorgenommen werden.
Wahlen zum Aufsichtsrat erfolgen entweder turnusmäßig bei Ablauf der Amtszeit oder
(wie in der Alternative vorgesehen) als Ergänzungswahl für den Fall des vorzeitigen Aus-
scheidens einzelner Aufsichtsratsmitglieder. Die Angabe des Anlasses der Wahl ist nicht
zwingend, zur Information der Aktionäre aber empfehlenswert.

2. Wahlvorschlag des Aufsichtsrats [→ Rz. 940 ff.]

Gemäß § 124 Abs. 3 Satz 1 AktG ist zur Wahl von Aufsichtsräten lediglich ein **Vorschlag** 950
des Aufsichtsrats und nicht auch des Vorstands zu unterbreiten. Der Aufsichtsrat entscheidet über den Wahlvorschlag (in der Regel zusammen mit den sonstigen Beschlussvorschlägen für eine Hauptversammlung) durch ordentlichen Aufsichtsratsbeschluss. Es
ist zulässig, diese Beschlussfassung einem Aufsichtsratsausschuss zu überlassen (vgl.
§ 107 Abs. 3 Satz 2 AktG). [→ Rz. 940 ff.]

Gem. Ziff. 5.3.3 DCGK soll der Aufsichtsrat einen **Nominierungsausschuss** bilden, der 951
ausschließlich mit Vertretern der Anteilseigner besetzt ist und dem Aufsichtsrat für dessen Wahlvorschläge an die Hauptversammlung geeignete Kandidaten vorschlägt. Soweit
börsennotierte Gesellschaften einen Nominierungsausschuss eingerichtet haben und dieser Empfehlung des DCGK folgen, ist ein entsprechender Hinweis im Rahmen des Tagesordnungspunkts sinnvoll und üblich. [→ Rz. 944]

Bei Vorschlägen zur Wahl sind sowohl die (wenigen) gesetzlichen Vorgaben gem. § 100 952
Abs. 1 und 2 Nr. 1 bis 4, § 105 AktG als auch die zahlreicheren Empfehlungen bezüglich
der **Zusammensetzung des Aufsichtsrats** in Ziffer 5.4 DCGK zu beachten.

Aus § 105 AktG ergibt sich die Unvereinbarkeit von Aufsichtsratsamt und einer Tätigkeit 953
als Vorstand bzw. bestimmten anderen leitenden Positionen in der Gesellschaft.

Gem. § 100 Abs. 2 AktG kann Mitglied des Aufsichtsrats nicht sein, wer bereits die zuläs- 954
sige Höchstzahl an Aufsichtsratsmandaten innehat (§ 100 Abs. 2 Nr. 1 AktG), gesetzlicher Vertreter eines abhängigen Unternehmens ist (§ 100 Abs. 2 Nr. 2 AktG) oder mit
seiner Bestellung eine unzulässige Überkreuzverflechtung herbeiführen würde (§ 100
Abs. 2 Nr. 3 AktG). Bei der Regelung zu den Mehrfachmandaten ist streitig, inwieweit

Mandate bei ausländischen Gesellschaften und insbesondere SE zu berücksichtigen sind,[403] was bei der zunehmenden Internationalisierung der Aufsichtsräte zu einem immer drängenderen praktischen Problem wird. Vom Sinn und Zweck der Höchstzahlregelung her spricht alles für eine Einbeziehung der ausländischen Mandate, was allerdings Probleme bei der Vergleichbarkeit aufwirft.[404] Außerdem dürfen Vorstandsmitglieder gem. dem durch das VorstAG vom 31.7.2009 neu eingeführten § 100 Abs. Nr. 4 AktG vor Ablauf von zwei Jahren nach dem Ende ihrer Bestellung in den Aufsichtsrat derselben börsennotierten Gesellschaft wechseln (**Karenzzeit**), es sei denn ihre Wahl erfolgt auf Vorschlag von Aktionären, die mehr als 25 % der Stimmrechte an der Gesellschaft halten.

955 Zu den gesetzlichen Vorgaben gehört für kapitalmarktorientierte (§ 264d HGB) Aktiengesellschaften gem. dem durch das BilMoG neu eingeführten § 100 Abs. 5 AktG weiter, dass mindestens ein unabhängiges Mitglied des Aufsichtsrats über Sachverstand auf dem Gebiet der Rechnungslegung oder der Abschlussprüfung verfügen muss (**unabhängiger Finanzexperte**).[405] Nach der Gesetzesbegründung soll zur Bestimmung der Unabhängigkeit eine Empfehlung der Kommission vom 15.2.2005 zu den Aufgaben von nicht geschäftsführenden Direktoren/Aufsichtsratsmitgliedern börsennotierter Gesellschaften sowie zu den Ausschüssen des Verwaltungs-/Aufsichtsrats herangezogen werden.[406] Nach Ziff. 13.1 der EU-Empfehlung gilt ein Mitglied der Unternehmensleitung als unabhängig, wenn es in keiner geschäftlichen, familiären oder sonstigen Beziehung zu der Gesellschaft, ihrem Mehrheitsaktionär oder deren Geschäftsführung steht, die einen sein Urteilsvermögen beeinflussenden Interessenkonflikt begründet. Zusätzlich enthält die EU-Empfehlung in einem Anhang II weitere Kriterien zur Bestimmung der Unabhängigkeit. Problematisch ist dabei insbesondere die Vertretung des Mehrheitsaktionärs bei Konzernsachverhalten.[407] Es gilt aber hier, wie auch generell, dass letztlich der Aufsichtsrat eigenverantwortlich entscheidet, ob ein Mitglied als unabhängig einzustufen ist. [408]

956 Der unabhängige Finanzexperte muss allerdings nicht zwingend in dem Beschlussvorschlag identifiziert werden,[409] gleichwohl mag ein entsprechender Hinweis empfehlenswert sein zum einen unter dem Gesichtspunkt der Information der Aktionäre, zum anderen aber auch, um im Falle von Zweifeln an der hinreichenden Besetzung des Aufsichtsrats mit einem unabhängigen Finanzexperten das Anfechtungsrisiko auf die Wahl lediglich des einen als Finanzexperten identifizierten Kandidaten zu reduzieren. [→ Rz. 943]

957 Die Rechtsfolgen einer Aufsichtsratswahl, die zu einer unzureichenden Besetzung des Aufsichtsrats gem. § 100 Abs. 5 AktG führt, ist im Übrigen umstritten.[410] Eine Nichtig-

403) Dafür *Spindler* in: *Spindler*/Stilz, AktG, § 100 Rz. 15; *Drygala* in: K. Schmidt/Lutter, AktG, § 100 Rz. 6; *Habersack* in: Münch.Komm z. AktG § 100 Rz. 16; a. A. die wohl noch h.M.: *Hüffer*, AktG, § 100 Rz. 3; *Simons* in: Hölters, AktG, § 100 Rz. 20 jeweils m. w. N.

404) Dazu *Fleischer*, NZG 2009, 801, 806, *Hüffer* , AktG, § 100 Rz. 7a f.

405) Dazu näher OLG München v. 28.4.2010, BB 2010, 1783; LG München v. 5.11.2009, NZG 2010, 464 und v. 26.2.2010, BeckRS 2010, 0655; *Drygala* in: Schmidt/Lutter, AktG, § 100 Rz. 54 ff ff.; *Spindler* in: Spindler/Stilz, AktG, § 100 Rz. 43; LG München v. 5.11.2009, NZG 2010, 464 und v. 26.2.2010, BeckRS 2010, 06551; OLG München v. 28.4.2010, BB 2010, 1783; *Scheffler*, AG 2010, R368; *Nowak*, BB 2010, 2423; Falkenhausen/Kocher, ZIP 2009, 1601; *Hüffer*, AktG, § 100 Rz. 11 f.

406) Begr RegE BT-Drucks 16/10067, S 101 f.; ABl. EG 2005 Nr. L 52, 51.

407) *Vetter*, BB 2005, 1689, 1691; *Wind/Klie*, NZG 2010, 1413; *Bürgers/Schilha*, AG 2010, 221; *Drygala* in: Schmidt/Lutter, AktG, § 100 Rz. 50; *Spindler* in: Spindler/Stilz, AktG, § 100 Rz. 44.

408) Nr. 13 der EU-Empfehlung; *Spindler* in: Spindler/Stilz, AktG, § 100 Rz 44; *Drygala* in: Schmidt/Lutter, AktG, § 100 Rz. 48.

409) *Mutter/Quinke*, AG 2010, R102.

410) *Wardenbach*, GWR 2010, 207; *Hüffer*, AktG, § 100 Rz. 15.

keit wird überwiegend abgelehnt, eine Anfechtbarkeit des Wahlbeschlusses wird teilweise bejaht, jedenfalls dann, wenn es sich nicht um eine mitbestimmte Gesellschaft handelt, also sämtliche Mitglieder des Aufsichtsrats von der Hauptversammlung gewählt werden.

Der **Deutsche Corporate Governance Kodex** empfiehlt in Ziffer 5.4.4 Satz 2 DCGK **958** darüber hinausgehend, dass für den Fall, dass ein ehemaliges Vorstandsmitglied in den Aufsichtsrat der Gesellschaft wechselt, die **Übernahme des Aufsichtsratsvorsitzes** eine der Hauptversammlung zu begründende Ausnahme sein soll. Zudem sollen gem. Ziff. 5.4.2 Satz 3 DCGK dem Aufsichtsrat **nicht mehr als zwei ehemalige Mitglieder des Vorstands** angehören.

Aufsichtsratsmitglieder sollen **keine Organfunktion oder Beratungsaufgaben bei we- 959 sentlichen Wettbewerbern des Unternehmens** ausüben (Ziff. 5.4.2 Satz 4 DCGK). Dem Aufsichtsrat soll im Übrigen gem. Ziff. 5.4.2. Satz 1 DCGK eine nach seiner Einschätzung **ausreichende Anzahl unabhängiger Mitglieder** angehören. Gemäß Ziff. 5.4.2. Satz 2 DCGK ist ein Aufsichtsratsmitglied unabhängig, wenn es in keiner geschäftlichen oder persönlichen Beziehung zu der Gesellschaft oder deren Vorstand steht, die einen Interessenkonflikt begründet. Eine weitere Konkretisierung ergibt sich aus einer Empfehlung der Kommission vom 15.2.2005 zu den Aufgaben von nicht geschäftsführenden Direktoren/Aufsichtsratsmitgliedern börsennotierter Gesellschaften sowie zu den Ausschüssen des Verwaltungs-/Aufsichtsrats.[411]

Eine weitere zentrale Empfehlung für die Zusammensetzung des Aufsichtsrats enthält **960** Ziff. 5.4.1 DCGK. Danach soll der Aufsichtsrat für seine Zusammensetzung **konkrete Ziele benennen**, die unter Beachtung der unternehmensspezifischen Situation die internationale Tätigkeit des Unternehmens, potentielle Interessenskonflikte, eine festzulegende Altersgrenze für Aufsichtsratsmitglieder und Vielfalt (Diversity) berücksichtigen sollen. Diese Ziele, die ebenso wie der Stand ihrer Umsetzung im Corporate Governance Bericht veröffentlicht werden sollen, sollen dann bei Wahlvorschlägen berücksichtigt werden. Richtigerweise muss der Aufsichtsrat bei Vorliegen guter Gründe auch unter Berücksichtigung seiner Zielfestlegungen Wahlvorschläge unterbreiten können, die ihn einer Erreichung der Ziele nicht näherbringen, ohne dass dies eine Abweichung von einer Kodexempfehlung darstellt, die zu einer Änderung der Entsprechenserklärung zwingt.[412] Die Frage ist allerdings derzeit noch offen, sodass Unternehmen zu empfehlen ist, den eigenen Zielvorgaben zu entsprechen und andernfalls vorsichtshalber eine Abweichung zu erklären.[413]

Grundsätzlich gilt, dass Abweichungen von den Empfehlungen des Deutschen Corporate **961** Governance Kodex zur Zusammensetzung des Aufsichtsrats möglich sind. Sie müssen dann aber gem. § 161 AktG in der jährlichen, bei einer unterjährigen Änderung der Unternehmenspraxis zu aktualisierenden, Entsprechenserklärung offengelegt werden.

Praxistipp:

Auch die professionellen Stimmrechtsberater (IVOX, ISS, Glass Lewis u. a.) legen in ihren Abstimmungsrichtlinien Leitlinien für die Wahl von Aufsichtsratsmitgliedern fest, die ggf. berücksichtigt werden sollten.

---

411) ABl. EG 2005 Nr. L 52, 51.

412) *Kiefner*, NZG 2011, 201, 207 f.

413) Siehe hierzu *Mense/Rosenhänger*, GWR 2010, 311; für eine offenzulegende Abweichung: *Deilmann* AG 201, 727, 731 f.

3. Inhalt des Wahlvorschlags [→ Rz. 939 ff.]

962 Gesetzlicher Inhalt des Wahlvorschlags ist zunächst die **Angabe der Vorschriften, nach denen sich der Aufsichtsrat zusammensetzt** (§ 124 Abs. 2 Satz 1 AktG). Im Rahmen der **Zusammensetzung** anzugeben ist der Status quo der geltenden Mitbestimmungsregelung, wie sich aus § 96 Abs. 2 AktG ergibt. Sollte zum Zeitpunkt der Hauptversammlungseinladung ein Statusverfahren nach § 97 Abs. 1 oder §§ 98, 99 AktG eingeleitet, zum Zeitpunkt der Hauptversammlung jedoch abgeschlossen sein und zu einer anderen Zusammensetzung des Aufsichtsrats geführt haben, ist diese Zusammensetzung bei der Wahl der Aufsichtsratsmitglieder maßgeblich.[414] Dies ist der Hauptversammlung in der Versammlung dann anzugeben. Im Übrigen bedarf es in der Hauptversammlungsbekanntmachung nur der Angabe der gesetzlichen Vorschriften, nach welchen sich der Aufsichtsrat zusammensetzt, nicht auch der Wiedergabe des Inhalts dieser gesetzlichen Vorschriften oder der Angabe eventuell einschlägiger Satzungsbestimmungen. [→ Rz. 946]

963 Weiter ist – jedenfalls derzeit noch[415] – anzugeben, **ob die Hauptversammlung an Wahlvorschläge gebunden ist** (§ 124 Abs. 2 Satz 1 AktG). **Bindende Wahlvorschläge** gibt es nur gem. §§ 6, 8 MontanmitbestG.[416] In allen anderen Fällen ist eine ausdrückliche Fehlanzeige erforderlich, wie hier im Formular vorgesehen. Entsendungsrechte, durch welche die Zusammensetzung des Aufsichtsrats beeinflusst werden kann, brauchen in der Einladung nicht erwähnt zu werden.[417] [→ Rz. 947]

964 Der Anlass, aus dem die Wahl erfolgt, muss in der Tagesordnung nicht zwingend angegeben werden, ist jedoch üblich und empfiehlt sich zur Information der Aktionäre. [→ Rz. 939, 941]

4. Angaben zu den vorgeschlagenen Kandidaten [→ Rz. 942 ff.]

965 Zum weiteren zwingenden Inhalt des Wahlvorschlags bestimmt § 124 Abs. 3 Satz 3 AktG lediglich, dass außer den **Namen** der vorgeschlagenen Kandidaten auch der **ausgeübte Beruf** und **Wohnort** (nicht vollständige Adresse, aber politische Gemeinde, nicht Dienstsitz) anzugeben sind. Als Beruf ist die konkrete berufliche Haupttätigkeit anzugeben. Diese Angabe soll der Hauptversammlung ermöglichen, sich ein Urteil über die Geeignetheit des Kandidaten, insbesondere mögliche Interessenkonflikte, zu bilden. Eine möglichst präzise Angabe, ggf. auch des Arbeitgebers, ist auch im Hinblick auf die Bestimmungen in Ziffer 5.4 DCGK anzustreben, nicht zuletzt um möglichen Anfechtungsklagen keine Ansatzpunkte zu bieten. Sehr allgemeine Berufsangaben, wie „Rechtsanwalt" oder „Dipl.-Ing.", können demnach unzureichend sein.[418] [→ Rz. 942]

966 Darüber hinaus ist es vielfach üblich geworden, die **Angaben gem. § 125 Abs. 1 Satz 5 und 6 AktG**, die an sich erst für die Mitteilungen gem. § 125 AktG vorgeschrieben sind, bereits in der Tagesordnung zu veröffentlichen. Danach ist bei börsennotierten Gesellschaften auch eine Angabe über die Mitgliedschaft in anderen gesetzlich zu bildenden

---

414) *Kubis* in: MünchKomm AktG, § 124 Rz. 26; *Hüffer*, AktG, § 124 Rz. 8; *Werner* in: Großkomm. z. AktG, § 124 Rz. 29 (Fn. 32).

415) Durch die geplante Aktienrechtsnovelle 2011 soll hier eine Änderung dahingehend erfolgen, dass die Angabe, ob die Hauptversammlung an Wahlvorschläge gebunden ist, nur noch erfolgen soll, wenn dies ausnahmsweise der Fall sein sollte (§ 124 Abs. 2 Satz 1 RefE AktG).

416) Siehe nur *Hüffer*, AktG, § 124 Rz. 14.

417) *Hüffer*, AktG, § 124 Rz. 8 m. w. N.

418) siehe näher *Rieckers* in: Spindler/Stilz, AktG, § 124 Rz. 38 m. w. N.

Aufsichtsräten zu machen. Als Sollvorschrift sind auch Angaben zur Mitgliedschaft in vergleichbaren in- und ausländischen Kontrollgremien von Wirtschaftsunternehmen vorgeschrieben. Bei solchen Mandaten kann es sich insbesondere um Verwaltungs- und Beiräte zu Unternehmen handeln, die nicht karitativ oder wissenschaftlich tätig sind. [→ Rz. 942]

Da diese Angaben nicht nur dazu dienen, bestehende personelle Verflechtungen offenzu- **967**
legen, sondern auch dazu, der Hauptversammlung eine Überprüfung der Höchstzahlregelung nach § 100 Abs. 2 Nr. 1 AktG zu ermöglichen, ist es zur Vermeidung von Nachfragen angezeigt, Konzernmandate und Vorsitze gesondert anzugeben (vgl. insoweit § 100 Abs. 2 Satz 2, 3 AktG). Mit Blick auf Ziff. 5.4.5 DCGK, wonach außerdem Vorstände in börsennotierten Unternehmen neben diesem Amt nicht mehr als drei konzernexterne Aufsichtsratsmandate oder Mandate in vergleichbaren Aufsichtsgremien wahrnehmen sollen, kann in diesem Fall auch ein Hinweis auf die Mitgliedschaft in „Aufsichtsratsgremien von Gesellschaften mit vergleichbaren Anforderungen" erforderlich sein.[419]

Praxistipp:

Vereinzelt verlangen professionelle Stimmrechtsberater in ihren Abstimmungsrichtlinien eine über die aktienrechtlichen Pflichtangaben hinausgehende umfassende Darlegung der Qualifikation der Kandidaten in der Tagesordnung durch einen aussagekräftigen Lebenslauf.[420] Um die Tagesordnung nicht zu überfrachten, kann es sich empfehlen, auf der Internetseite zusammen mit den sonstigen Unterlagen zur Hauptversammlung entsprechende Informationen (z. B. Kurzlebensläufe) einzustellen.

Ziffer 5.4.3 Satz 3 DCGK empfiehlt, dass **Kandidatenvorschläge für den Aufsichtsrats-** **968**
vorsitz den Aktionären bekannt gegeben werden sollen. Eine solche Mitteilung ist nicht unproblematisch, da über den Aufsichtsratsvorsitz erst der neue Aufsichtsrat entscheidet. In der Praxis wird der alte Aufsichtsrat bei seiner Beschlussfassung über die Kandidatenvorschläge zugleich eine Empfehlung an die Mitglieder des neuen Aufsichtsrats bezüglich des Aufsichtsratsvorsitzes abgeben und dies dann im Rahmen der Tagesordnung, spätestens aber in der Hauptversammlung, bekannt machen. Zu beachten ist in diesem Zusammenhang Ziff. 5.4.4 DCGK, wonach bei einem ausnahmsweise zulässigen Wechsel eines Vorstandsmitglieds in den Aufsichtsrat der Wechsel in den Aufsichtsratsvorsitz eine der Hauptversammlung zu begründende Ausnahme sein soll. [→ Rz. 948]

5. Beschlussfassung

Bezüglich der Wahl der Aufsichtsratsmitglieder empfiehlt Ziffer 5.4.3 DCGK seit dem **969**
2.6.2005 die **Einzelwahl**. Davor war bei Aufsichtsratswahlen in der Praxis die sog. Listenoder Blockwahl üblich, bei der über alle Kandidaten en bloc abgestimmt wurde, der Versammlungsleiter also zunächst unter Hinweis darauf, dass die Annahme des Listenwahlvorschlags zugleich die Ablehnung des Antrags auf Einzelwahl bedeute, den Listenwahlvorschlag zur Abstimmung stellen konnte. Diese Vorgehensweise hat sich seitdem jedoch erledigt. Hinzu kommt, dass auch die professionellen Stimmrechtsberater in der Regel eine Abstimmung im Wege der Einzelwahl verlangen. Es empfiehlt sich, auf die beabsichtigte Einzelwahl bereits unter dem Tagesordnungspunkt hinzuweisen. [→ Rz. 945]

Zur Wahl genügt die **einfache Mehrheit** der abgegebenen Stimmen, sofern die Satzung **970**
nichts Abweichendes bestimmt.

---

419) *Butzke*, HV, S. 382.
420) Z. B. BVI/IVOX Analyse-Leitlinien HV Saison 2011.

971 Die Reihenfolge der Abstimmungen über mehrere Wahlvorschläge bestimmt grundsätzlich der Versammlungsleiter. Über den Vorschlag eines Aktionärs ist allerdings gem. § 137 AktG zwingend vor dem Vorschlag des Aufsichtsrats abzustimmen, wenn der Aktionär seinen Wahlvorschlag rechtzeitig und ordnungsgemäß gem. § 127 AktG eingereicht hat, einen entsprechenden Antrag in der Hauptversammlung stellt und Aktionäre, deren Anteile mindestens 10 % des in der Versammlung vertretenen Grundkapitals erreichen, dies in der Hauptversammlung verlangen.

972 Bei jedem Wechsel im Aufsichtsrat muss der Vorstand gem. § 106 AktG eine **Liste zum Handelsregister** einreichen (Muster 3.7, Rz. 353 ff.). Außerdem muss der Vorstand gem. § 107 Abs. 1 Satz 2 AktG **den vom Aufsichtsrat gewählten Vorsitzenden und dessen Stellvertreter** unter Angabe von Namen und Adresse zum Handelsregister anmelden (Muster 3.8, Rz. 358 ff.).

Muster 6.5: Satzungsänderung

I.   **Mustertext** [→ Rz. 974 ff.]

TOP [...]: Beschlussfassung über die Umstellung des Geschäftsjahres und Satzungsänderung

973 Vorstand und Aufsichtsrat schlagen vor, zu beschließen: [→ Rz. 979]

a) Das Geschäftsjahr der Gesellschaft wird umgestellt. Es wird von dem bisherigen Zeitraum gem. § [...] der Satzung der Gesellschaft, d. h. vom 1.4. bis 31.3., auf den 1.1. zum 31.12. eines jeden Jahres verschoben. [→ Rz. 979 ff.]

b) Durch die Umstellung des Geschäftsjahres entsteht vom 1. 4. [...] bis zum 31.12. [...] ein Rumpfgeschäftsjahr. [→ Rz. 980]

c) § [...] der Satzung wird geändert und wie folgt neu gefasst:

„Das Geschäftsjahr der Gesellschaft ist das Kalenderjahr." [→ Rz. 981]

II.   **Erläuterungen** [→ Rz. 973]

1.   **Grundlagen**

974 Die Satzungsänderung ist in §§ 179 bis 181 AktG generell geregelt. Darüber hinaus befassen sich zahlreiche Sondervorschriften mit speziellen Satzungsänderungen, insbesondere den Kapitalmaßnahmen nach §§ 182 ff., 222 ff. AktG, die die §§ 179 ff. AktG verdrängen. Für Unternehmensverträge bestimmen §§ 291 ff., 293 Abs. 1 Satz 4 AktG, dass die Bestimmungen des Gesetzes über Satzungsänderungen nicht anzuwenden sind. Stellvertretend für alle Fälle einer Satzungsänderung ist nachstehend die Änderung des Geschäftsjahres behandelt, dessen Angabe notwendiger und materieller Satzungsinhalt ist.

975 Eine **Satzungsänderung** i. S. d. §§ 179 ff. AktG ist jede Änderung, auch die bloße Korrektur, von Satzungsbestimmungen, die ihrem Gehalt nach sog. **materielle Satzungsbestandteile** sind.[421] Dies sind zum einen die gem. § 23 Abs. 3 und 4 AktG zwingend in die Satzung aufzunehmenden Bestimmungen sowie sämtliche Angaben und Regelungen zu den Kapitalverhältnissen der Gesellschaft und ihren Beziehungen zu den Gründern oder Aktionären (§ 23 Abs. 2 AktG). Ferner sind solche Regelungen notwendiger und mate-

---

421) Vgl. nur *Hüffer*, AktG, § 179 Rz. 4 f. m. w. N.

rieller Bestandteil, die gem. § 23 Abs. 5 AktG nach den Bestimmungen des Aktiengesetzes ausdrücklich als vom Gesetz abweichende Satzungsbestimmungen zugelassen sind. Als materieller Satzungsbestandteil gilt nach herrschender Meinung auch die Bestimmung des Geschäftsjahres.[422] Weitere typische Satzungsänderungen, die eines Beschlusses der Hauptversammlung bedürfen sind die Änderung der Firma, des Sitzes, des Unternehmensgegenstands oder der Zusammensetzung des Aufsichtsrats.

Nicht den Regelungen über die Satzungsänderung unterfällt die Aufhebung oder Änderung von lediglich **formellen Satzungsbestimmungen**, d. h. solchen Bestimmungen, die zwar in der Satzung aufgenommen sind, jedoch nicht zu den die Grundlagen der Gesellschaft und die Beziehungen zu ihren Aktionären betreffenden Bestimmungen gehören, mithin regelmäßig nur schuldrechtlicher Natur sind.   976

Praxistipp:

Die Abgrenzung zwischen formellen und materiellen Satzungsbestandteilen kann im Einzelfall unklar und problematisch sein. Es empfiehlt sich im Zweifelsfall, die Regelungen über Satzungsänderungen gem. §§ 179 ff. AktG einzuhalten. Als weitere Empfehlung folgt hieraus, die Satzung möglichst von Bestimmungen freizuhalten, die nicht notwendigerweise Satzungsbestandteil sein müssen, sondern etwa Gegenstand einer Aktionärsvereinbarung sein können.

Die Hauptversammlung kann schließlich gem. § 179 Abs. 1 Satz 2 AktG den Aufsichtsrat ermächtigen, Satzungsänderungen vorzunehmen, die nur die **Fassung**, d. h. die sprachliche Form und nicht den Inhalt, betreffen. Eine solche Ermächtigung ist in der Praxis sinnvoll und in Muster 1, Rz. 94 vorgesehen.   977

Börsennotierte Gesellschaften müssen beabsichtigte Änderungen der Satzung der **Bundesanstalt für Finanzdienstleistungsaufsicht (BaFin) und den Zulassungsstellen** derjenigen inländischen und ausländischen organisierten Märkte i. S. d. § 2 Abs. 5 WpHG, an denen Aktien des Emittenten zugelassen sind, mitteilen (Muster 3.1, Rz. 305 ff.).   978

2. Beschlussinhalt [→ Rz. 973 ff.]

Der im Muster vorgestellte Beschluss besteht aus drei Bestandteilen, nämlich zu lit. a) und b) aus der Geschäftsjahresumstellung und zu lit. c) aus der entsprechenden Satzungsänderung, d. h. der Neufassung der einschlägigen Satzungsbestimmung.   979

Konstitutive Bedeutung hat dabei lediglich der Beschluss unter lit. c), der die eigentliche Satzungsänderung enthält. Trotzdem empfiehlt es sich hier der Klarheit und des besseren Verständnisses halber, die Umstellung des Geschäftsjahres und die Einführung des entsprechenden Rumpfgeschäftsjahres ausdrücklich zu beschließen. In anderen Fällen von Satzungsänderungen kann es sich empfehlen, dem eigentlichen Beschluss über die Neufassung von Satzungsbestimmungen eine kurze Begründung und Erläuterung voranzustellen.   980

Gemäß § 124 Abs. 2 Satz 2 AktG ist der **Wortlaut der vorgeschlagenen Satzungsänderung** in der Einladungsbekanntmachung zur Hauptversammlung wiederzugeben. Dem wird das Muster durch den Beschlussvorschlag zu lit. c) gerecht. Eine Wiedergabe der zu ändernden Satzungsregelung ist hingegen nicht notwendig. Eine Erläuterung der   981

---

422) Allg. Meinung, vgl. *Hüffer*, AktG, § 23 Rz. 3 m. w. N.; a. A. *Hüffer* in: Großkomm. z. HGB, § 240 Rz. 44 m. w. N.

Gründe für die vorgeschlagene Änderung mag im Einzelfall sinnvoll sein, ist aber nicht erforderlich.

982 Der Beschluss der Hauptversammlung bedarf gem. §§ 179 Abs. 2 Satz 1, 133 Abs. 1 AktG einer **Mehrheit von mindestens drei Vierteln** des bei der Hauptversammlung anwesenden Grundkapitals. Die Satzung darf jedoch dieses Erfordernis absenken (soweit nicht die Änderung des Unternehmensgegenstands ansteht). Der Beschluss bedarf außerdem der Mehrheit der abgegebenen Stimmen (Grundsatz der einfachen Stimmenmehrheit nach § 133 Abs. 1 AktG). Ein Unterschied zwischen Kapitalmehrheit und Stimmenmehrheit tritt in der Praxis kaum mehr auf. Die unterschiedlichen Bezugsgrößen wurden relevant bei Höchststimmrechten gem. § 134 Abs. 1 Satz 2 AktG (die nach dem KonTraG nur noch bei nicht börsennotierten Gesellschaften zulässig sind, § 5 Abs. 7 EGAktG) sowie Mehrstimmrechten (die aufgrund von § 5 Abs. 1 EGAktG spätestens am 1. Juni 2003 erloschen sind).

983 In den Fällen von § 97 Abs. 2 Satz 4, § 98 Abs. 4 Satz 2 AktG (Zusammensetzung des Aufsichtsrats), § 113 Abs. 1 Satz 4 (Herabsetzung der Vergütung von Aufsichtsratsmitgliedern), § 237 Abs. 4 Satz 2 (Kapitalherabsetzung durch Einziehung), § 4 Abs. 1 Satz 1 EGAktG (Umstellung auf Euro) und § 5 Abs. 2 Satz 2 EGAktG (Abschaffung oder Einschränkung von Mehrstimmrechten) stellt das Gesetz **besondere Mehrheitserfordernisse** auf, die zu beachten sind.

984 Kommt es durch eine Satzungsänderung zu einer **Veränderung zum Nachteil einer Aktiengattung**, bedarf der Beschluss der Hauptversammlung zu seiner Wirksamkeit der Zustimmung der benachteiligten Aktionäre im Wege eines Sonderbeschlusses, der ebenfalls mit den eben geschilderten Mehrheiten gefasst werden kann (§ 179 Abs. 3 AktG). In den praktisch relevanten Fällen ist das Erfordernis eines Sonderbeschlusses bereits spezialgesetzlich festgelegt, etwa bei Kapitalerhöhungen (§ 182 Abs. 2 AktG), Kapitalherabsetzungen (§ 222 Abs. 2 AktG) oder bei der Ausgabe neuer Vorzugsaktien (§ 141 Abs. 2 AktG). Für die Einführung oder Erweiterung von Nebenverpflichtungen oder die nachträgliche Einführung der Vinkulierung bleibt § 180 AktG unberührt. In diesen Fällen muss jeder betroffene Aktionär individuell seine Zustimmung erteilen, so dass eine derartige Maßnahme bei börsennotierten Publikumsgesellschaften praktisch nicht in Betracht kommt.

985 Die **Wirksamkeit** der Satzungsänderung tritt gem. § 181 Abs. 3 AktG erst ein, wenn sie im **Handelsregister** der Gesellschaft eingetragen ist. Die Hauptversammlung ist darüber hinaus frei, eine Satzungsänderung befristet zu beschließen oder den Beschluss über die Satzungsänderung unter eine Bedingung zu stellen. Letzteres kann technisch auch dadurch erreicht werden, dass die Hauptversammlung den Vorstand anweist, den Änderungsbeschluss nur unter bestimmten Voraussetzungen anzumelden.[423] Solche Bedingungen dürfen dem Vorstand aber keinen eigenen Entscheidungsspielraum geben. Die Bedingung eines Hauptversammlungsbeschlusses muss mindestens so gefasst sein, dass

---

423) Beispielhaft sei auf die Vorratsbeschlüsse in der HV-Saison 2005 zur Anpassung der Satzungen an das UMAG bzw. in der HV-Saison 2009 zur Anpassung an das ARUG hingewiesen. Der Vorstand wurde hier regelmäßig angewiesen, die entsprechenden Satzungsänderungen erst dann zum Handelsregister anzumelden, wenn das Gesetz mit dem in der Tagesordnung näher beschriebenen Inhalt in Kraft getreten ist.

bei Eintragung der beschlossenen Satzungsänderung kein ungewisses Ereignis mehr Voraussetzung für die Wirksamkeit der Satzungsbestimmung ist.[424]

Praxistipp:

Um die Diskussion eines vor Handelsregisteranmeldung erfolgten Bedingungseintritts nicht mit dem Registerrichter führen zu müssen, empfiehlt es sich, den Weg der unechten Bedingung über eine Anweisung an den Vorstand zu wählen, mit der Einschränkung, dass hier kein eigener Ermessensspielraum für den Vorstand eingeräumt werden darf.

Bei dem hier gegebenen Fall der Änderung des Geschäftsjahres ist außerdem das Problem **986** der **Rückwirkung** zu beachten. Eine rückwirkende Satzungsänderung ist generell insoweit unzulässig, als Aktionäre, die Allgemeinheit oder bestimmte Dritte auf den bisher bestehenden Rechtszustand vertraut haben. Da die mit dem Geschäftsjahr zwingend verbundene abschnittsweise Bilanzierung im allgemeinen Drittinteresse ist, wird eine rückwirkende Änderung für unzulässig gehalten.[425] Hieraus folgt zutreffenderweise, dass die Änderung der Satzung mit der Umstellung des Geschäftsjahres vor Ende des durch die Umstellung des Geschäftsjahres eintretenden Rumpfgeschäftsjahres im Handelsregister erfolgt sein muss. Sollte aufgrund des Hauptversammlungstermins absehbar sein, dass diese Frist nicht gewahrt werden kann, kann es sich empfehlen, die Wirksamkeit der Geschäftsjahresumstellung für einen späteren Zeitpunkt zu beschließen und den Vorstand anzuweisen, die Satzungsänderung erst nach Beendigung des laufenden Geschäftsjahres anzumelden.

Muster 6.6: Befreiung von Mitteilungspflichten gem. § 27a WpHG

I.   Mustertext [→ Rz. 989 ff.]

TOP [...]: Beschlussfassung über eine Satzungsänderung zur Befreiung von Mitteilungspflichten für Inhaber wesentlicher Beteiligungen nach § 27a WpHG in Anpassung an das Risikobegrenzungsgesetz

Nach § 27a Absatz 1 des Gesetzes über den Wertpapierhandel (WpHG) sind Melde- **987** pflichtige i. S. d. §§ 21 und 22 WpHG, die die Schwelle von 10 % der Stimmrechte aus Aktien oder eine höhere Schwelle erreichen oder überschreiten, verpflichtet, die mit dem Erwerb der Stimmrechte verfolgten Ziele, deren Änderung und die Herkunft der für den Erwerb verwendeten Mittel mitzuteilen. Die Satzung eines Emittenten mit Sitz im Inland kann vorsehen, dass die in § 27a Absatz 1 WpHG vorgesehenen Mitteilungspflichten keine Anwendung finden. Von dieser Möglichkeit einer Befreiung soll Gebrauch gemacht werden.

Vorstand und Aufsichtsrat schlagen vor, zu beschließen: **988**

§ [...] der Satzung wird um einen zusätzlich Satz [...] mit folgendem Inhalt erweitert:

„§ 27a Absatz 1 des Gesetzes über den Wertpapierhandel (WpHG) findet keine Anwendung."

---

424) Siehe *Hüffer*, AktG, § 179 Rz. 25 f. m. w. N.; *Schröer* in: Semler/Volhard/Reichert, Arbeitshdb. HV, § 19 Rz. 4.
425) *Hüffer*, AktG, § 179 Rz. 28; OLG Schleswig v. 17.5.2000, NJW-RR 2000, 1425.

II. Erläuterungen [→ Rz. 987 f.]

989 Das Gesetz zur Begrenzung der mit Finanzinvestitionen verbundenen Risiken (Risikobegrenzungsgesetz) vom 12.8.2008 hat u. a. Änderungen der Mitteilungspflichten für Inhaber wesentlicher Beteiligungen eingeführt. § 27a WpHG verpflichtet Meldepflichtige, deren Beteiligung nach §§ 21, 22 WpHG die Schwelle von 10 % der Stimmrechte oder eine höhere Schwelle (15 %, 20 %, 25 %, 30 %, 50 %, 75 %) erreicht oder überschreitet, dem Emittenten mitzuteilen, welche Ziele er mit dem Erwerb der Stimmrechte verfolgt und woher die für den Erwerb verwendeten Mittel stammen. Dadurch soll den Emittenten und der Öffentlichkeit eine breitere Informationsgrundlage über den Aufbau und die weitere Entwicklung wesentlicher Beteiligungen verschafft werden. Die Mitteilung muss sodann von der Gesellschaft veröffentlicht werden.

990 Anders als bei den regulären Stimmrechtsmitteilungen nach §§ 21 ff. WpHG kann die Gesellschaft jedoch durch entsprechende Satzungsregelung auf die Offenlegung der Informationen nach § 27a WpHG verzichten (§ 27a Abs. 3 WpHG), und zwar mit unbefristeter Dauer.[426] Eine entsprechende Satzungsregelung schlägt das Muster vor.

Praxistipp:

Die Satzungsbestimmung zum Opt-out nach § 27a Abs. 3 WpHG lässt sich in der Satzung am sinnvollsten im Rahmen der Regelungen zu den Bekanntmachungen und Mitteilungen verorten.

991 Die Ausnahme kann nur für die Gesamtheit der Angaben vorgesehen werden. Ein teilweiser oder differenzierender Opt-out ist nicht möglich.[427] Zum Zeitpunkt des Inkrafttretens der neuen Regelungen haben eine Reihe von Gesellschaften vorsorglich entsprechende Satzungsänderungen beschlossen.

992 Die Entscheidung, ob der Hauptversammlung ein entsprechender Beschlussvorschlag unterbreitet werden soll, hängt letztlich auch davon ab, ob sich die Verwaltung von der Mitteilung für die Aktionäre und die Gesellschaft einen Vorteil in Form eines Informationsmehrwerts verspricht, oder ob darin letztlich nur ein mit Veröffentlichungskosten verbundener Mehraufwand der Gesellschaft gesehen wird.[428] Tatsächlich dürften die weitestgehend standardisierten Investorenmitteilungen nur eingeschränkt zu einer größeren Transparenz beitragen und beim Beteiligungserwerb ab einer bestimmten Beteiligungshöhe die vermuteten Absichten des Anlegers ohnehin auf der Hand liegen.

993 Als Satzungsänderung bedarf der Beschluss der Hauptversammlung gem. § 179 Abs. 2 Satz 1, 133 Abs. 1 AktG einer **Mehrheit** von mindestens drei Vierteln des bei der Hauptversammlung anwesenden Grundkapitals. Die Satzung darf jedoch dieses Erfordernis absenken. Der Beschluss bedarf außerdem der Mehrheit der abgegebenen Stimmen (Grundsatz der einfachen Stimmenmehrheit nach § 133 Abs. 1 AktG).

994 Beispiele für eine Investorenmitteilung nach § 27a WpHG finden sich in Muster 2.5, Rz. 278 ff.

---

426) *Greven/Fahrenholz*, BB 2009, 1487, 1490; *Pluskat*, NZG 2009, 206, 210 f.

427) Bericht des Finanzausschusses, BT-Drucks. 16/9821, S. 17.

428) Vgl. z. B. Q-Soft Verwaltungs AG – HV 17.3.2010; siehe auch *Greven/Fahrenholz*, BB 2009, 1487, 1490; *Pluskat*, NZG 2009, 206, 210.

Muster 6.7: Kapitalerhöhung mit Bezugsrecht

I.   Mustertext [→ Rz. 996 ff.]

TOP [...]: Beschlussfassung über eine Kapitalerhöhung gegen Bareinlagen und Satzungsänderung

Vorstand und Aufsichtsrat schlagen vor, zu beschließen: **995**

a) Das Grundkapital der Gesellschaft wird gegen Bareinlagen von 10 000 000 € um 5 000 000 € auf 15 000 000 € durch Ausgabe von bis zu 5 000 000 neuen, auf den Inhaber lautenden Stückaktien erhöht. Die neuen Aktien werden zu einem Ausgabebetrag von 1 € je neuer Aktie ausgegeben. [→ Rz. 1002 ff.] Die neuen Aktien sind ab dem 1.1.2010 gewinnberechtigt. [→ Rz. 1010]

Die neuen Aktien werden den Aktionären im Wege des mittelbaren Bezugsrechts angeboten. [→ Rz. 997 f.] Die neuen Aktien werden von einem Bankenkonsortium unter der Führung der [...]-Bank gezeichnet und mit der Verpflichtung gezeichnet und übernommen, sie den Aktionären im Verhältnis 2 : 1 zu einem noch festzulegenden Bezugspreis zum Bezug anzubieten. [→ Rz. 1005] Die Frist für die Annahme des Bezugsrechtsangebots wird zwei Wochen nach Bekanntmachung des Bezugsrechtsangebots betragen. [→ Rz. 1006]

b) Der Vorstand ist ermächtigt, mit Zustimmung des Aufsichtsrats weitere Einzelheiten der Kapitalerhöhung und ihrer Durchführung festzusetzen, insbesondere den Bezugspreis, zu welchem die Aktionäre die neuen Aktien von dem Bankenkonsortium erwerben können. Der Bezugspreis wird vor Ablauf des Bezugsangebots festgesetzt werden. Der Vorstand wird weiter ermächtigt, mit Zustimmung des Aufsichtsrats die näheren Bedingungen festzulegen, zu denen diejenigen neuen Aktien, für die Aktionäre ihr Bezugsrecht nicht ausüben, durch das Bankenkonsortium anderen Aktionären über ihr Bezugsrecht hinaus oder Dritten angeboten werden können. [→ Rz. 1012]

c) Der Aufsichtsrat wird ermächtigt, die Fassung von § [...] der Satzungen entsprechend der Durchführung der Kapitalerhöhung anzupassen. [→ Rz. 1013]

II.   Erläuterungen [→ Rz. 995]

1.   Vorbemerkung

Die Beschlussfassung über die Erhöhung des Grundkapitals durch Ausgabe neuer Aktien **996** ist eine Satzungsänderung. Sie kann auf verschiedenem Wege erfolgen:

(1) Unmittelbar durch Hauptversammlungsbeschluss (Muster 6.7 und 6.8), [→ Rz. 1015 ff.]

(2) durch Schaffung sog. genehmigten Kapitals, durch das die Hauptversammlung Vorstand und Aufsichtsrat ermächtigt, in einem bestimmten Rahmen eine Kapitalerhöhung vorzunehmen (Muster 6.9, Rz. 1026 ff.), oder

(3) durch Schaffung sog. bedingten Kapitals, wodurch die Hauptversammlung das Kapital bedingt für die Zwecke der Bedienung von Umtausch- oder Bezugsrechten auf Aktien erhöht (Muster 6.10, Rz. 1082 ff.).

2. Einschaltung einer Bank: Gründe und Kosten [→ Rz. 995]

997 Das Muster enthält die Beschlussbestimmungen für den bei börsennotierten Gesellschaften als Regelfall der Kapitalerhöhung anzusehenden Sachverhalt, der dadurch gekennzeichnet ist, dass die Aktionäre ein mittelbares Bezugsrecht durch Zwischenschaltung einer Bank mit garantiertem Kapitalerhöhungsbetrag erhalten. Bei börsennotierten Gesellschaften ist die Abwicklung der Bezugsrechte ohne Zwischenschaltung eines Kreditinstituts abwicklungstechnisch nicht denkbar. Die Entscheidung darüber, ob und in welchem Umfang den Aktionären ein **mittelbares Bezugsrecht** angeboten wird, muss zwingend von der Hauptversammlung getroffen werden. Es ist nicht möglich, die Entscheidung hierüber an Vorstand und Aufsichtsrat zu delegieren.[429] Bei der Kapitalerhöhung unter Zwischenschaltung eines Bankinstituts oder -konsortiums verfolgt die Gesellschaft normalerweise das **Ziel, dass sämtliche neue Aktien gezeichnet werden** und die Bank das Risiko der Weiterplatzierung bei den Aktionären übernimmt. Dieses ist für die Gesellschaft mit einem erheblich **höheren Kostenaufwand** verbunden. Während die notwendige Mitwirkung der Bank bei einem unmittelbaren Bezugsrecht sich darauf beschränkt, die wertpapiermäßige Abwicklung zu begleiten, ist für die Übernahme des Platzierungsrisikos eine Provision zu veranschlagen, deren Höhe vom Platzierungsrisiko und sonstigen Umständen des Einzelfalls abhängig ist. So mag die Provision niedriger ausfallen, wenn das Bankenkonsortium eine Platzierungsgarantie durch einen Großaktionär oder sonstigen Dritten erhält, die nach Ablauf der für alle Aktionäre geltenden Bezugsfrist greift.[430]

998 Die Abwicklung der Kapitalerhöhung durch Einschaltung eines Bankenkonsortiums unter gleichzeitiger Wahrung des Bezugsrechts der Aktionäre ist in § 186 Abs. 5 AktG geregelt. Solange die neuen Aktien von einem Kreditinstitut oder sonstigen Unternehmen i. S. v. § 186 Abs. 5 Satz 1 AktG mit der Verpflichtung gezeichnet und übernommen werden, sie den Aktionären zum Bezug anzubieten, gilt dies nicht als Ausschluss des Bezugsrechts. Es bedarf daher für diese Variante weder eines ausdrücklichen Ausschlusses des Bezugsrechts noch eines Vorstandsberichts nach § 186 Abs. 4 AktG. Folgt die Abwicklung nicht unter Einschaltung eines im Kreditwesengesetz näher definierten Instituts, das zum Emissionsgeschäft berechtigt ist, sondern durch einen sonstigen Dritten, insbesondere etwa auch einen Großaktionär, sind diese Voraussetzungen hingegen einzuhalten.[431] Allerdings kann dann die Begründung des Vorstandsberichts relativ knapp ausfallen, wenn sich der Großaktionär entsprechend den Bedingungen des § 186 Abs. 5 AktG zur Wahrung des Bezugsrechts an die Aktionäre verpflichtet und die Gewähr für eine ordnungsgemäße Abwicklung bietet. Auch über diese Konstruktion kann in Einzelfällen die kostenträchtige Einschaltung eines Kreditinstituts vermieden werden. Denkbar ist auch, einem Großaktionär ein unmittelbares Bezugsrecht einzuräumen (bzw. den Bezug durch eine Festbezugserklärung sicherzustellen) und das mittelbare Bezugsrecht unter Einschaltung eines Kreditinstituts nur für die Bedienung außenstehender Aktionäre vorzusehen, was wegen der damit verbundenen Volumenverminderung ebenfalls eine erhebliche Kostenersparnis bedeuten kann.

---

429) OLG Hamburg v. 29.10.1999, DB 2000, 762, dazu *Rottnauer*, EWiR 2000, 893; *Wiedemann* in: Großkomm. z. AktG, § 186 Rz. 198; *Hüffer*, AktG, § 186 Rz. 45.

430) Zu den Gründen der Bezugsrechtsemission mit mittelbarer Platzierung über eine Bank siehe *Herfs* in: Habersack/Mülbert/Schlitt, Unternehmensfinanzierung, § 4 Rz. 9.

431) OLG Düsseldorf v. 24.3.2000 – Nordhäuser Tabakfabriken AG, ZIP 2000, 2025, AG 2001, 51 f; *Schlitt/Seiler*, WM 2003, 2175.

3. „Bis-zu"-Kapitalerhöhung

Anstelle eines fixierten Betrags, um den das Kapital erhöht wird, kann die Hauptver- **999** sammlung (auch bei Einschaltung einer Bank) eine sog. „Bis-zu"-Kapitalerhöhung beschließen. Damit ist es grundsätzlich möglich, die Kapitalerhöhung zur Durchführung in dem Umfang anzumelden, in dem neue Aktien von den Aktionären innerhalb der Bezugsfrist oder von außenstehenden Dritten nach Ablauf der für die Altaktionäre geltenden Bezugsfrist gezeichnet worden sind. Es ist jedoch nicht erforderlich, einen Mindestbetrag zu benennen, z. B. wenn feststeht, dass ein Großaktionär die auf ihn fallenden Bezugsaktien zeichnen wird. Demgegenüber ist es erforderlich, **Durchführungsfristen** zu benennen.[432] Andernfalls müsste der Vorstand die Kapitalerhöhung unverzüglich in Angriff nehmen und binnen angemessener Frist durchführen ohne eigenes Ermessen hierbei zu haben. Über die Angemessenheitsgrenze gibt es jedoch keine gesetzliche Bestimmung; es werden in der Praxis unterschiedliche Fristen genannt, die zwischen zwei und sechs Monaten schwanken. Um die Grenze zum genehmigten Kapital nicht zu verwischen, darf dies jedenfalls nicht länger als sechs Monate sein.[433]

Durch die Kombination von Festbezugserklärungen von Großaktionären und einer „Bis- **1000** zu"-Kapitalerhöhung im Übrigen, die der einzuschaltenden Bank das Platzierungsrisiko nimmt, kann der Kostenaufwand der Kapitalerhöhung weiter reduziert werden.

4. Art und Zahl bzw. Nennbetrag der auszugebenden Aktien

Obligatorischer Inhalt des Hauptversammlungsbeschlusses ist die **Art** (Inhaber- oder **1001** Namensaktien) sowie Zahl bzw. Nennbetrag der neu auszugebenden Aktien. Dies folgt aus § 23 Abs. 3 Nr. 4 und 5 AktG. Bei **Stückaktien** ist die **Zahl** der neu auszugebenden Aktien anzugeben. Ihre Stückelung ist identisch mit der Stückelung der bestehenden Aktien, d. h. der rechnerische Anteil der neuen und alten Aktien an dem neuen Grundkapital ist gleich. Gemäß § 182 Abs. 1 Satz 5 AktG muss sich die Zahl der Stückaktien in demselben Verhältnis wie das Grundkapital erhöhen. Werden **Nennwertaktien** ausgegeben, so ist der **Nennbetrag** der neu auszugebenden Aktien anzugeben. Werden unterschiedliche oder andere Gattungen von Aktien ausgegeben, so ist dies ebenfalls zahlenmäßig festzulegen. Auf die ggf. unterschiedlich bestehenden Bezugsrechte und die Frage, ob das Verhältnis von Gattungen untereinander verschoben ist, ist hierbei zu achten (§ 179 Abs. 3 AktG, bei Vorzügen § 141 AktG). Bei gleichzeitiger Ausgabe von Stamm- und Vorzugsaktien besteht ein Bezugsrecht der Aktionäre jeder Gattung. Soll das Verhältnis von Stämmen und Vorzügen gleich bleiben, kann durch einen gekreuzten Bezugsrechtsausschluss das Bezugsrecht auf die jeweilige Gattung beschränkt bleiben.[434]

5. Ausgabebetrag und Bezugsrecht

Die Angabe des Betrags, zu dem die neuen Aktien an die Aktionäre ausgegeben werden **1002** sollen, ist erforderlich, wenn die Aktien über dem gesetzlichen Mindestwert ausgegeben werden sollen (§ 182 Abs. 3 AktG). Das Gesetz schreibt in § 9 Abs. 1 AktG lediglich vor,

---

432) OLG München v. 22.9.2009, BB 2010, 80, 81.

433) *Servatius* in: Spindler/Stilz, AktG, § 182 Rz. 43–45; *Peifer* in: MünchKomm AktG, § 182 Rz. 37; für eine Frist von bis zu zehn Monaten: *Bücker*, NZG 2009, 1339, 1341; sechs bis neun Monate: *Seibt/Voigt*, AG 2009, 133, 135; *Wiedemann* in: Großkomm. z. AktG, § 182 Rz. 82; *Hüffer*, AktG, § 182 Rz. 14.

434) Siehe dazu *Herfs* in: Habersack/Mülbert/Schlitt, Unternehmensfinanzierung, § 4 Rz. 50 f.

dass die neuen Aktien **nicht für einen geringeren als den Nennbetrag** oder den auf die einzelne Stückaktie entfallenden anteiligen Betrag des Grundkapitals ausgegeben werden dürfen (geringster Ausgabebetrag). Gemäß § 9 Abs. 2 AktG kann die Ausgabe jedoch ohne Weiteres **zu einem höheren Betrag** erfolgen. Trifft die Hauptversammlung hierzu keinerlei Bestimmungen, ist alles streitig: Vertreten wird die Verpflichtung zur Ausgabe zu pari, bis zur bestmöglichen Ausgabe über pari, teilweise differenziert danach, ob ein Bezugsrechtsausschluss vorliegt oder nicht.[435]

1003　Da die Gesellschaft in der Regel ein Interesse daran haben wird, einen möglichst hohen Ausgabepreis für die neuen Aktien zu erzielen bzw. bei volatilen Märkten auf eine große Flexibilität angewiesen ist, um die jungen Aktien platzieren zu können, ist eine Beschränkung auf die Angabe eines fixen Ausgabebetrags selten sinnvoll. Vielmehr kann die Hauptversammlung einen Mindest- oder Höchstbetrag angeben, die nähere Bestimmung der Höhe des Ausgabebetrags aber entweder dem Vorstand allein oder dem Vorstand und Aufsichtsrat gemeinsam überlassen. Eine Ausgabe unter dem gesetzlichen geringsten Ausgabebetrag (§ 9 Abs. 1 AktG) sollte ausdrücklich ausgeschlossen werden. Angesichts der zunehmend großen Kursschwankungen am Aktienmarkt und unter Berücksichtigung der Tatsache, dass die Einladung zur Hauptversammlung im Durchschnitt sechs Wochen vor dem Hauptversammlungstag und damit lange vor der Durchführung der Kapitalerhöhung liegt, kann ein kapitalmarktnaher Bezugspreis nur erzielt werden, wenn, wie im Muster vorgeschlagen, dem Vorstand (mit Zustimmung des Aufsichtsrats) eine umfassende Ermächtigung zur Festsetzung des Bezugspreises eingeräumt wird. In diesen Fällen muss der Vorstand dann mit der Bezugsbekanntmachung bzw. gem. § 186 Abs. 2 Satz 2 und Abs. 5 Satz 2 AktG spätestens drei Tage vor Ablauf der Bezugsfrist den konkreten Ausgabebetrag festsetzen und bekannt machen. Ist das Bezugsrecht der Aktionäre ausgeschlossen, steht § 255 Abs. 2 AktG einer Ausgabe unter dem angemessenen inneren Wert der neuen Aktien unter Beachtung der Börsenlage entgegen.[436]

1004　Hinzuweisen ist in diesem Zusammenhang weiter auf die Problematik des **faktischen Bezugsrechtsausschlusses**, der z. B. bei einer überhöhten Festsetzung des Ausgabebetrags angenommen wird. Maßstab soll dabei der innere Wert der Aktie sein, der unabhängig vom aktuellen Börsenkurs ist, d. h. unter Umständen auch über diesem liegen kann.[437] In solchen Fällen der tatsächlichen Erschwernis des Bezugsrechts sind die besonderen Voraussetzungen des Bezugsrechtsausschlusses gem. § 186 Abs. 3 und 4 AktG einzuhalten.

1005　In der hier vorgestellten Variante ist das Bezugsrecht der Aktionäre in vollem Umfange gewahrt. Es wird der Klarheit halber üblicherweise als zahlenmäßiges Verhältnis ausgedrückt, welches sich aus der Relation des Kapitalerhöhungsbetrags zum bestehenden Kapital ergibt.

1006　Die Angabe der **Bezugsfrist** ist nicht gesetzlich vorgeschrieben, sie kann auch in dem Bezugsangebot veröffentlicht werden. Die hier genannte Frist von zwei Wochen ist die gesetzliche Mindestfrist nach § 186 Abs. 1 Satz 2 AktG.

---

435) Siehe nur *Hüffer*, AktG, § 182 Rz. 25 m. w. N.

436) BGH v. 27.9.1956, BGHZ 21, 354, 357, NJW 1956, 1753; BGH v. 13.3.1978, BGHZ 71, 40, 51, NJW 1978, 1316; *Peifer* in: MünchKomm AktG, § 182 Rz. 47; *Lutter* in: Kölner Kommentar, § 182 Rz. 23; *Hüffer*, AktG, § 182 Rz. 23; *Krieger* in: Münchener Handbuch, § 56 Rz. 25.

437) Vgl. hierzu im Einzelnen *Servatius* in: Spindler/Stilz, AktG, § 186 Rz. 75 ff.; *Seibt/Voigt*, AG 2009, 133, 138 ff.; *Hüffer*, AktG, § 186 Rz. 43; *Gross*, AG 1993, 449, 454 ff. m. w. N.

Die nach § 186 Abs. 5 AktG der Bank aufzuerlegende Verpflichtung zur Wei- **1007**
terplatzierung der Aktien an die Altaktionäre unter Wahrung ihres Bezugsrechts wird im
Übernahmevertrag zwischen der Gesellschaft und dem Bankenkonsortium oder dem
einzelnen Kreditinstitut verankert. Diese Pflicht muss als Vertrag zugunsten der Aktionäre
so ausgestaltet sein, dass die Aktionäre einen direkten Anspruch gegen das Kreditinstitut
haben (Vertrag zugunsten Dritter).[438]

Der Übernahmevertrag mit der Bank muss ferner abschließend den **Bezugspreis** festle- **1008**
gen, den die bezugsberechtigten Aktionäre an das Kreditinstitut zu zahlen haben. Diese
Festlegung kann nicht dem Kreditinstitut überlassen werden. Einzusetzen ist entweder
der Betrag, den die Hauptversammlung bereits abschließend festgelegt hat, oder der von
Vorstand und Aufsichtsrat im Rahmen einer entsprechend erteilten Ermächtigung (und
sicherlich nach Beratung mit dem Kreditinstitut) festgelegte Betrag.[439] Dabei ist es zulässig, wie hier vorgeschlagen, die neuen Aktien durch das Kreditinstitut lediglich pari (d. h.
zum gesetzlichen Mindestwert) zeichnen zu lassen, den von den Aktionäre geforderten
Bezugspreis jedoch höher, im Zweifel entsprechend den aktuell geltenden Kapitalmarktbedingungen, festzusetzen.[440]

Da sich hierbei das Kreditinstitut verpflichten muss, den über eine eigene angemessene **1009**
Vergütung hinausgehenden Mehrerlös, d. h. die Differenz zwischen dem Nennbetrag
bzw. dem anteiligen Betrag des Grundkapitals einerseits und dem festgesetzten Kaufpreis
andererseits an die Gesellschaft abzuführen, fließt der Gesellschaft wie bei einem von
vornherein festgesetzten und von dem Kreditinstitut einzuzahlenden Ausgabebetrag (Anteil des Betrags am Grundkapital bzw. Nennwert zuzüglich Agio) der volle wirtschaftliche Gegenwert der Kapitalerhöhung zu. Auch dieser Erlös ist bilanziell als Kapitalrücklage nach § 272 Abs. 2 Nr. 1 HGB auszuweisen.[441] Der Vorteil für das zwischenge-
schaltete Kreditinstitut liegt darin, dass eigene Mittel kurzfristig und nur in Höhe von
einem Viertel des anteiligen Grundkapitalbetrags bzw. des Nennwerts gebunden werden.
Soweit die neuen Aktien von den bezugsberechtigten Aktionären nicht bezogen werden,
bleibt das Kreditinstitut verpflichtet, diese Aktien nach Weisung der Gesellschaft und
weiterhin bestens sowie unter Berücksichtigung des Gleichbehandlungsgrundsatzes der
Aktionäre zu verwerten. Insbesondere ein Selbsteintritt des Kreditinstituts ist nur unter
Berücksichtigung dieser Gesichtspunkte möglich.[442]

438) BGH v. 22.4.1991, BGHZ 114, 203, 208, ZIP 1991, 719, NJW 1991, 2765, dazu *Krieger*, EWiR 1991,
745; BGH v. 13.4.1992, BGHZ 118, 83, 96, ZIP 1992, 995, NJW 1992, 2222; BGH v. 5.4.1993, BGHZ
122, 180, 186, ZIP 1993, 667, NJW 1993, 1983, dazu *Lutter*, EWiR 1993, 1045; OLG Düsseldorf v.
24.3.2000 – Nordhäuser Tabakfabriken AG, ZIP 2000, 2025, AG 2001, 51 f; *Hüffer*, AktG, § 186
Rz. 47; *Herfs* in: Habersack/Mülbert/Schlitt, Unternehmensfinanzierung, § 4 Rz. 104.

439) *Hüffer*, AktG, § 186 Rz. 48; *Lutter* in: Kölner Kommentar, § 186 Rz. 111; *Krieger* in: Münchener
Handbuch, § 56 Rz. 90.

440) H. M., siehe *Wiedemann* in: Großkomm. z. AktG, § 186 Rz. 202; *Lutter* in: Kölner Kommentar, § 186
Rz. 107; *Hüffer*, AktG, § 186 Rz. 48; *Kraft/Krieger* in: Münchener Handbuch, § 56 Rz. 90; *Haag* in:
Habersack/Mülbert/Schlitt, Unternehmensfinanzierung, § 23 Rz. 15; *Peifer* in: MünchKomm AktG,
§ 186 Rz. 109; a. A. *Immenga* in: Festschrift Beusch, S. 413, 419 ff.; *Schippel* in: Festschrift Steindorff,
S. 249, 254; *Schlitt/Seiler*, WM 2003, 2175, 2182.

441) *Schumacher* in: Habersack/Mülbert/Schlitt, Unternehmensfinanzierung, § 8 Rz. 2; *Hüffer*, AktG,
§ 186 Rz. 48.

442) *Wiedemann* in: Großkomm. z. AktG, § 186 Rz. 209; *Krieger* in: Münchener Handbuch, § 56 Rz. 91;
Lutter in: Kölner Kommentar, § 186 Rz. 113.

6. Dividendenberechtigung

1010 Die Angabe des Zeitpunkts, ab welchem die neuen Aktien dividendenberechtigt sind, ist ebenfalls fakultativ, aber üblich und angezeigt. Würde der Hauptversammlungsbeschluss diesen Zeitpunkt nicht bestimmen, wären die Aktien von dem Zeitpunkt an gewinnberechtigt, an dem die Durchführung der Kapitalmaßnahme im Handelsregister eingetragen bzw. die volle Einzahlung erfolgt ist (§ 60 Abs. 2 Satz 3 AktG). Die Hauptversammlung kann jedoch den Beginn der Dividendenberechtigung auf einen späteren oder früheren Zeitpunkt verlegen. Neben der Erhöhung des Zeichnungsanreizes ist eine Dividendenberechtigung unter Berücksichtigung des gesamten laufenden Geschäftsjahres oder auch für ein zurückliegendes Geschäftsjahr, für das noch keine Dividende ausgeschüttet wurde, deswegen sinnvoll, weil anderenfalls die Gefahr besteht, dass bis zur nächsten Dividendenausschüttung Aktien mit unterschiedlicher Gewinnberechtigung zugelassen sind, die mit separater ISIN/WKN gekennzeichnet werden müssen. § 60 Abs. 3 AktG steht einer solchen Verlegung der Dividendenberechtigung nicht entgegen, da der Beschluss über die Kapitalerhöhung selbst Satzungsänderung ist. Darüber hinaus finden sich jedoch in vielen Satzungen entsprechende klarstellende Bestimmungen (siehe auch § 4 Abs. 4 des Satzungsmusters 1, Rz. 60). Durch eine derartige Satzungsbestimmung ist insbesondere im Falle des Bezugsrechtsausschlusses (wo zweifelhaft ist, ob die Altaktionäre der rückwirkenden Dividendenberechtigung der neuen Aktien nicht gesondert zustimmen müssen) sichergestellt, dass die neuen Aktien am gesamten Betrag des laufenden Geschäftsjahres teilnehmen können.[443]

7. Weiterer Beschlussinhalt

1011 Grundsätzlich ist vor Eintragung der Durchführung der Kapitalerhöhung lediglich ein Viertel des Nennbetrags bzw. anteiligen Betrags des Grundkapitals sowie das gesamte Agio einzuzahlen (§ 188 Abs. 2 Satz 1, § 36 Abs. 2, §§ 36a, 37 Abs. 1 AktG). Die Hauptversammlung könnte durch Beschluss festlegen, wann der Rest **einzuzahlen** ist. Bestimmt der Hauptversammlungsbeschluss nichts, haben die Aktionäre nach ausdrücklicher Aufforderung durch den Vorstand den verbleibenden Betrag einzuzahlen (§ 63 Abs. 1 AktG). Da im Muster ohnehin zum geringsten gesetzlichen Ausgabebetrag ausgegeben wird, erübrigen sich Festlegungen dazu (siehe oben 5.).

1012 Im hier vorgeschlagenen Muster ist weiterhin die Frage des **Nachbezugs** ausdrücklich angesprochen. Es handelt sich hierbei um die Regelung der **Verwertung** derjenigen **Bezugsrechte**, die nicht innerhalb der festgesetzten Bezugsfrist von den Altaktionären im Rahmen ihres Bezugsrechts gezeichnet worden sind. Dem Vorstand soll hier ausdrücklich die Ermächtigung gegeben sein, die Aktien innerhalb einer von ihm selbst festzusetzenden Nachfrist Aktionären über ihr gesetzliches Bezugsrecht hinaus oder Dritten anzubieten.[444] Die Hauptversammlung kann im Beschluss die Nachfrist für die Zeichnung solcher Aktien bestimmen. Im Übrigen ist der Vorstand gehalten, bei der Verwertung dieser Aktien das Gleichbehandlungsgebot und die Interessen der Gesellschaft zu beachten. Wenigstens ist der gleiche Ausgabebetrag zu verlangen. Unter Umständen ist eine Nach-

443) Vgl. hierzu *Hüffer*, AktG, § 60 Rz. 9; *Cahn* in: Spindler/Stilz, AktG, § 60 Rz. 20 ff.; *Hoffmann-Becking* in: Münchener Handbuch, § 46 Rz. 21 m. w. N.

444) *Kraft/Krieger* in: Münchener Handbuch, § 56 Rz. 73; *Servatius* in: Spindler/Stilz, AktG, § 186 Rz. 21; *Seibt/Voigt*, AG 2009, 133, 137; *Hüffer*, AktG, § 186 Rz. 16; wegen weiterer Einzelheiten zur Bezugsrechtsemission siehe *Schlitt/Seiler*, WM 2003, 2175.

bezugsfrist für alle Aktionäre einzuräumen, wenn Anhaltspunkte für ein entsprechendes Zeichnungsinteresse bestehen.

Da bei der Kapitalerhöhung und der Inanspruchnahme des mittelbaren Bezugsrechts in der hier vorgeschlagenen „bis zu" – Variante die Durchführung der Kapitalerhöhung in dem von der Hauptversammlung beschlossenen Umfang noch nicht feststeht, muß die notwendige Neufassung der Kapitalziffer in der Satzung an den Aufsichtsrat delegiert werden. Dem wird der Beschlussvorschlag unter lit. c) gerecht.   **1013**

8. Mehrheiten

Der Beschluss der Hauptversammlung bedarf gem. § 182 Abs. 1 Satz 1 AktG außer der Stimmenmehrheit nach § 133 Abs. 1 AktG einer Mehrheit, die mindestens **drei Viertel des bei der Hauptversammlung vertretenen Grundkapitals** umfasst. Für die Ausgabe von Vorzugsaktien bzw. bei der Ausschließung des Bezugsrechts kann die Satzung hiervon nicht abweichen (§ 182 Abs. 1 Satz 2, § 186 Abs. 3 Satz 2 AktG). Ansonsten kann die Satzung die erforderliche Kapitalmehrheit abweichend auf mindestens die Hälfte, höchstens Einstimmigkeit, festsetzen. Hat die Satzung allerdings nur pauschal bestimmt, dass anstelle der gesetzlichen Mehrheitserfordernisse bei der Kapitalmehrheit andere Mehrheiten gelten sollen, soll dies nach der Rechtsprechung und herrschenden Meinung nicht für spezielle Fälle wie die Kapitalerhöhung gelten.[445] Sind mehrere Aktiengattungen vorhanden, bedarf es eines Sonderbeschlusses der jeweiligen Aktionäre (§ 182 Abs. 2 AktG). Allerdings ist dieses nur auf mehrere Gattungen stimmberechtigter Aktien bezogen, so dass das Vorhandensein von stimmrechtslosen Vorzugsaktien keinen Sonderbeschluss erfordert.   **1014**

Muster 6.8: Kapitalerhöhung mit Ausschluss des Bezugsrechts

I. Mustertext [→ Rz. 1016 ff.]

TOP [...]: Beschlussfassung über die Erhöhung des Grundkapitals gegen Bar- und Sacheinlagen unter Ausschluss des gesetzlichen Bezugsrechts der Aktionäre sowie Satzungsänderung

Vorstand und Aufsichtsrat schlagen vor, zu beschließen: **1015**

1. Das Grundkapital der Gesellschaft wird von 10 000 000 € um 10 000 000 € auf 20 000 000 € erhöht durch Ausgabe von 10 000 000 neuen, auf den Inhaber lautenden Stückaktien. Die neuen Aktien sind ab dem [*Datum*] gewinnberechtigt. Sie werden gegen Bareinlagen und gegen Sacheinlagen ausgegeben. [→ Rz. 1016]

   a) Von den neuen Aktien wird die X-GmbH, [*Ort*], unter Ausschluss des Bezugsrechts der Aktionäre entsprechend ihrem Bestand von 6 000 000 Aktien am derzeitigen Kapital der Gesellschaft 6 000 000 Aktien, d. h. Aktien im Verhältnis 1 : 1, zeichnen und übernehmen. Die X-GmbH überträgt dafür als Sacheinlage mit einem Einbringungswert von [...] € die voll eingezahlten Geschäftsanteile in einem Nennbetrag von [...] € und [...] € an der Y-GmbH mit dem Sitz in [...], eingetragen in Handelsregister des Amtsgerichts [...] unter HRB [...], mit Wirkung zum [...] und Gewinnbezugsrecht ab dem [...] auf die Gesellschaft. [→ Rz. 1018 f.]

---

445) Siehe nur *Hüffer*, AktG, § 182 Rz. 8 und § 179 Rz. 18.

b) Weitere 4 000 000 neue Aktien werden gegen Bareinlage im Verhältnis 1 : 1 ausgegeben. Die X-GmbH ist hinsichtlich ihres Bestands von 6 000 000 Aktien am bisherigen Kapital vom Bezugsrecht ausgeschlossen. Den übrigen Aktionären werden die Aktien im Wege des mittelbaren Bezugsrechts angeboten. Die Aktien werden von einem Bankenkonsortium unter Führung der [Bank] mit der Verpflichtung übernommen, sie den übrigen Aktionären im Verhältnis 1 : 1 zum Bezug anzubieten. Die Frist zur Annahme des Bezugsrechtsangebots wird zwei Wochen betragen. [→ Rz. 1006 ff.]

2. a) Der Vorstand wird ermächtigt, mit Zustimmung des Aufsichtsrats die weiteren Einzelheiten der Kapitalerhöhung und ihrer Durchführung und die Bedingungen für die Ausgabe der Aktien festzusetzen. Der Vorstand wird angewiesen, den Ausgabebetrag der neuen Aktien unter Berücksichtigung der aktuellen Marktsituation bestmöglich, nicht jedoch unter dem geringsten Ausgabebetrag festzusetzen.

   b) Wird durch Entscheidung des Vorstands über den Ausgabekurs der neuen Aktien der Gesamtausgabebetrag der für die Sacheinlage herzugebenden neuen Aktien und damit der Einbringungswert der Sacheinlage überschritten, ist die X-GmbH, [Ort], verpflichtet, den über den Wert der Sacheinlage von [...] € hinausgehenden Betrag der hierfür bezogenen Aktien in bar an die Gesellschaft nachzuentrichten. Liegt der Gesamtausgabebetrag der hiernach gegen Sacheinlagen auszugebenden Aktien unter dem Einbringungswert, so wird in Höhe der Differenz für die X-GmbH eine Forderung gegen die Gesellschaft begründet. [→ Rz. 1024 f.]

3. § [...] der Satzung wird wie folgt neu gefasst:

   „Das Grundkapital der Gesellschaft beträgt 20 000 000 € und ist eingeteilt in 20 000 000 Stückaktien."

II. Erläuterungen [→ Rz. 1015]

1. Einführung

1016 Dieses Muster einer Kapitalerhöhung betrifft zunächst den Fall der reinen Sacheinlage, d. h. der Kapitalerhöhung mit einem denknotwendigen Bezugsrechtsausschluss. Dabei wird hier der Fall der Sacheinlage durch eine bereits als Großaktionärin an der Gesellschaft beteiligte GmbH (Kapitalanteil 60 %), hier X-GmbH genannt, behandelt, die Geschäftsanteile an einer weiteren, hier Y-GmbH genannten Gesellschaft einlegt. Um den in diesem Falle besonders kritischen Verwässerungseffekt zulasten der außenstehenden Aktionäre abzufedern, wird vorgeschlagen, parallel eine Barkapitalerhöhung durchzuführen, die nur den außenstehenden Aktionären offensteht und die hinsichtlich der Bedingungen (insbesondere des Ausgabebetrags) dem wirtschaftlichen Wert der Sacheinlage gleichsteht (sog. gemischte Bar-/Sachkapitalerhöhung).[446]

1017 Reine Barkapitalerhöhungen mit Bezugsrechtsausschluss sind gegenüber Sachkapitalerhöhungen selten, weil die dafür erforderliche sachliche Rechtfertigung sehr schwer darzu-

---

446) *Gross*, AG 1993, 449, 453 ff.; *Lappe*, BB 2000, 313, 316; *Schröer* in: Semler/Volhard/Reichert, Arbeitshdb. HV, § 23 Rz. 15 m. w. N., ist sogar der Ansicht, dass es in diesem Fall sowohl eines förmlichen Bezugsrechtsausschlusses als auch eines Vorstandsberichts nicht bedarf. Aus Gründen der Sicherheit wird hier jedoch empfohlen, diese Formalien einzuhalten, so auch *Servatius* in: Spindler/Stilz, AktG, § 186 Rz. 63 (aber weniger strenge Anforderungen).

legen ist. In der Praxis bleibt bei einer Barkapitalerhöhung, die unter Ausschluss des Bezugsrechts durchgeführt werden soll, nur der sog. erleichterte Bezugsrechtsausschluss nach § 186 Abs. 3 Satz 4 AktG (dazu Muster 6.9, Rz. 1031 und Rz. 1068 ff.).

2. Festsetzung der Sacheinlage

In Nummer 1 lit. a) des Musters sind zunächst die nach § 183 AktG vorgeschriebenen **1018** Inhalte einer **Erhöhung gegen Sacheinlage** aufzunehmen. Es müssen der Gegenstand der Sacheinlage, der Sacheinleger und die Anzahl der auf die Sacheinlage zu gewährenden Aktien (bei nennbetragslosen Stückaktien, ansonsten der Nennbetrag der zu gewährenden Aktien) in dem Beschluss festgesetzt werden. Diese Festsetzungen sind zusammen mit dem Beschlusstext gem. § 124 Abs. 1 AktG bekannt zu machen. Im hier vorgeschlagenen Beschlusstext ist außerdem, was gesetzlich nicht vorgeschrieben ist, der Gesamteinbringungswert der Sacheinlage beziffert. Im Zusammenhang mit dem Beschlussvorschlag unter Nummer 2 des Musters soll so erreicht werden, dass der Sacheinleger eine volle Haftung für diesen Sacheinbringungswert übernimmt, obwohl sich die gesetzliche Differenzhaftung nur auf den Wert der Sacheinlage bis zum geringsten Ausgabebetrag erstreckt.

Es ist in der Literatur streitig, ob die von der Rechtsprechung für die Sachgründung ent- **1019** wickelte Differenzhaftung[447] auch ein über den geringsten Ausgabewert (§ 9 Abs. 1 AktG) hinausgehendes Agio (Aufgeld) erfasst.[448] Aus diesem Grunde ist es dringend empfohlen, bei einer ausdrücklich gewünschten Differenzhaftung unter Einschluss des Agios für eine entsprechende eindeutige, zumindest rechtsgeschäftliche Haftung durch Festsetzungen im Einbringungsvertrag, im Zeichnungsschein und schließlich auch bereits im Hauptversammlungsbeschluss als Grundlage der vorgenannten Dokumente zu sorgen. Dabei dienen diese Festsetzungen bereits im Hauptversammlungsbeschluss auch der Erleichterung der Argumentation in der Hauptversammlung, da den Aktionären im Regelfall weder der Einbringungsvertrag noch die Zeichnungsscheine vorgelegt werden oder weil sie zum Zeitpunkt der Beschlussfassung noch nicht vorliegen.

3. Bezugsrechtsausschluss

Der Bezugsrechtsausschluss bei Einlegung einer Sacheinlage muss **ausdrücklich festge-** **1020** **setzt** werden (§ 186 Abs. 4 Satz 1 AktG). Der Beschluss über den Ausschluss des Bezugsrechts bedarf neben den für die Kapitalerhöhung aufgestellten Erfordernissen einer Mehrheit von mindestens drei Vierteln des bei der Beschlussfassung vertretenen Grundkapitals. Der Bezugsrechtsausschuss bedarf einer **sachlichen Rechtfertigung**, die Gegenstand des **Vorstandsberichts** nach § 186 Abs. 4 Satz 2 AktG sein muss. Darin ist anhand vernünftiger kaufmännischer Erwägungen darzulegen, dass seitens der Gesellschaft ein konkretes Interesse am Erwerb des fraglichen Sacheinlagegegenstands besteht.[449] Abstrakte oder theoretische Darlegungen reichen nicht. Es ist darzulegen, dass andere

---

447) BGH v. 27.2.1975, BGHZ 64, 52, 62; BGH v. 14.3.1977, BGHZ 68, 191, 195.

448) Bejahend: *Veil* in: Schmidt/Lutter, AktG, § 183 Rz. 8; *Servatius* in: Spindler/Stilz, AktG, § 183 Rz. 73; *Krieger* in: Münchener Handbuch, § 56 Rz. 47, 49; verneinend: *Hüffer*, AktG, § 183 Rz. 21; *Lutter* in: Kölner Kommentar, § 183 Rz. 66; *Peifer* in: MünchKomm AktG, § 183 Rz. 72; streitig auch zu § 27 AktG und zu § 9 GmbHG.

449) So die grundlegende Entscheidung BGH v. 13.3.1978 – Kali & Salz, BGHZ 71, 40, 45 ff., NJW 1978, 1316 ff.

Möglichkeiten zum Erwerb des Sacheinlagegegenstands nicht gegeben sind.[450) Dies bedeutet, dass ein Erwerb einer Unternehmensbeteiligung, bei dem Aktien an der Käuferin als Gegenleistung verlangt werden, in der Regel den Bezugsrechtsausschluss rechtfertigt.

1021 Demgegenüber ist beispielsweise die Umwandlung von Forderungen gegen die Gesellschaft in Kapital in der Regel dann nicht zu rechtfertigen, wenn die notwendigen Mittel auch auf andere Weise, insbesondere durch eine Kapitalerhöhung gegen Bareinlagen, beschafft werden könnte. Hier kann ein Sanierungsfall jedoch zu abweichenden Beurteilungen führen. Schließlich bedarf der vorgeschlagene Ausgabebetrag, der wegen des Anfechtungsrechts nach § 255 Abs. 2 AktG besondere Bedeutung hat, der Begründung (§ 186 Abs. 4 Satz 4, Halbs. 2 AktG).

1022 Die Vielzahl der gegen unmittelbare Kapitalerhöhungen mit Sacheinlage geführten Anfechtungsklagen und die schwer zu präjudizierende Tiefe der gerichtlichen Kontrolle haben Kapitalerhöhungen gegen Sacheinlage im Wege eines Hauptversammlungsbeschlusses selten werden lassen. Sie werden in der Regel über genehmigtes Kapital abgewickelt, nachdem der Bundesgerichtshof die Anforderungen an die Darlegung der Notwendigkeit des Erwerbs einer Unternehmensbeteiligung bei einem reinen Vorratsbeschluss stark erleichtert hat.[451) Das Muster eines solchen Vorstandsberichts ist in nachfolgendem Muster 6.9 abgedruckt (Rz. 1039 ff.).

1023 Im hier vorgeschlagenen Muster ist die unmittelbare Kapitalerhöhung gegen eine vom Großaktionär erworbene Sacheinlage insbesondere deswegen ein vertretbarer Weg, weil den außenstehenden Aktionären zur Wahrung ihrer Beteiligungsquote eine **parallele Barkapitalerhöhung** angeboten wird. Nur damit dürfte eine Sachkapitalerhöhung in diesem Fall als sachlich gerechtfertigt beurteilt werden können.[452) Diesem Zweck der Aufrechterhaltung der wechselseitigen Beteiligungsquoten dient der wechselseitige Bezugsrechtsausschluss der Bar- und der Sacheinleger. Während unter Nummer 1 lit. a) des Musters dem einlegenden Großaktionär entsprechend einer angenommenen Beteiligungsquote von 60 % am Kapital ein Bezugsrecht für die von ihm eingebrachte Sacheinlage eingeräumt wird, wird dementsprechend für die verbleibenden 40 % Kapitalerhöhung gegen Bareinlage das Bezugsrecht des Großaktionärs ausgeschlossen. Das Bezugsverhältnis beträgt bei beiden Aktionärsgruppen im hier wiedergegebenen Muster 1 : 1. Das Bezugsrecht der außenstehenden Aktionäre gegen Bareinlage wird durch Einräumung eines mittelbaren Bezugsrechts unter Einschaltung eines Bankenkonsortiums gewahrt. Insoweit kann auf die Erläuterung zum vorstehenden Muster 6.7 (Rz. 1006) verwiesen werden. In anderen Konstellationen einer Sacheinlage (Erwerb von einem Dritten) ist diese Vorgehensweise nicht zwingend, aber gleichwohl eine Möglichkeit, einen Bezugsrechtsausschluss deutlich zu erleichtern.[453)

---

450) *Kraft/Krieger* in: Münchener Handbuch, § 56 Rz. 76 ff., 85; *Lutter* in: Kölner Kommentar, § 186 Rz. 78 ff.; *Hüffer*, AktG, § 186 Rz. 34 ff.; *Veil* in: Schmidt/Lutter, AktG, § 186 Rz. 35; *Peifer* in: MünchKomm, AktG, § 203 Rz. 234.

451) BGH v. 23.6.1997 – Siemens/Nold, BGHZ 136, 133, ZIP 1997, 1499, NJW 1997, 2815, dazu *Hirte*, EWiR 1997, 1013 und nachstehend Muster 6.9.

452) *Lutter* in: Kölner Kommentar, § 186 Rz. 64; *Schockenhoff*, Gesellschaftsinteresse S. 65 ff.; *Hüffer*, AktG, § 186 Rz. 34; *Gross*, AG 1993, 449; *Bayer* in: MünchKomm AktG, § 203 Rz. 134; *Kraft/Krieger* in: Münchener Handbuch, § 56 Rz. 85; *Maier-Raimer* in: Festschrift Bezzenberger, S. 253 f; *Servatius* in: Spindler/Stilz, AktG, § 186 Rz. 63.

453) Siehe weiter zum gekreuzten Bezugsrechtsausschluss OLG Jena, ZIP 2006, 1989; *Peifer* in: MünchKomm, AktG, § 186 Rz. 90.

4. Einbringungswert

Der **Festlegung des Einbringungswerts der Sacheinlage** kommt in der vorliegenden 1024
Konstellation besondere Bedeutung zu. Ein Verwässerungseffekt zulasten der außenstehenden Aktionäre wird nur dann vermieden, wenn das von ihnen über dem geringsten Ausgabewert der neuen Aktien hinaus zu zahlende Aufgeld dem Aufgeld, das der sacheinlegende Großaktionär erbringt, wertmäßig entspricht. Ein unter dem Platzierungspreis für den Barteil liegender Gesamteinbringungswert des Sachteils, jeweils bezogen auf die einzelne neue Aktie, kann zu einer Anfechtung nach § 255 Abs. 2 AktG führen. Für die Verwaltung der Aktiengesellschaft empfiehlt es sich daher, den Wert der Sacheinlage durch einen Wirtschaftsprüfer ermitteln zu lassen und der Hauptversammlung gegenüber offenzulegen. Die Bewertung kann dabei durch die Börsenkurse der beteiligten Unternehmen oder die als Ergebnis der Verhandlungen gefundene Tauschrelation mitbestimmt werden.[454] Das Muster geht davon aus, dass zum Zeitpunkt der Beschlussfassung der Hauptversammlung der endgültige Ausgabebetrag für die Bartranche noch nicht feststeht, sondern aufgrund der Marktgegebenheiten erst kurzfristig festgelegt werden soll. Deshalb ist unter Nummer 2 des Musters eine Regelung zur Anpassung des Bareinbringungswerts an den Sacheinbringungswert enthalten. Danach soll sich der Sacheinleger verpflichten, bei der Festlegung eines höheren Platzierungspreises je Aktie gegen Bareinlage im Vergleich zum Einbringungswert je Aktie für die Sacheinlage den Fehlbetrag in bar nachzuschießen.

Im umgekehrten Fall, dass nämlich die Festlegung des Platzierungspreises für die 1025
Bartranche zu einem verhältnismäßig geringeren Wert als dem Sacheinbringungswert führt, soll dem Sacheinleger eine Darlehensforderung für den Differenzbetrag zuwachsen. Seine Einlage wird in diesem Fall zu einer „gemischten Sacheinlage", wo auf die vom Inferenten erbrachten Einlagen teils neue Aktien der Gesellschaft, teils Barmittel, hier in der Gestalt einer Darlehensforderung gegen die Gesellschaft, entfallen. Weitere Einzelheiten dazu muss der Einbringungsvertrag bestimmen. Die gemischte Sacheinlage wird als ein einheitliches Geschäft verstanden und bedarf voller Satzungs- und sonstiger Publizität, sofern die Sacheinlage ein unteilbarer Vermögensgegenstand ist.[455] Alternativ wäre auch denkbar, dass sich der sacheinlegende Großaktionär verpflichtet, das eventuell höhere Aufgeld (Agio) seiner Einlage gleichwohl den Rücklagen der Gesellschaft zuzuführen.

Muster 6.9: Genehmigtes Kapital mit verschiedenen Möglichkeiten zum Bezugsrechtsausschluss

I. Mustertext [→ Rz. 1049 ff.]

TOP [...]: Beschlussfassung über die Aufhebung des bestehenden und die Schaffung eines neuen genehmigten Kapitals mit der Möglichkeit zum Ausschluss des Bezugsrechts sowie die entsprechende Satzungsänderung

Die von der Hauptversammlung am [*Datum*] zu Punkt [...] der damaligen Tagesordnung 1026
beschlossene Ermächtigung, das Grundkapital um bis zu insgesamt [...] € zu erhöhen

---

454) Vgl. nur *Hüffer*, AktG, § 255 Rz. 12 ff.; *Stilz* in: Spindler/Stilz, AktG, § 255 Rz. 18 ff., 21 ff.; *Schwab*, in: Schmidt/Lutter, AktG, § 255 Rz. 2. In Verschmelzungsfällen kann nach OLG Frankfurt/M. vom 3.9.2010, NZG 2010, 1141 (bestätigt durch BVerfG v. 26.4.2011, BB 2011, 1518) auch ausschließlich auf die Börsenkurse abgestellt werden, um das Umtauschverhältnis zu bestimmen.

455) BGHZ 170, 47 Tz. 17; BGHZ 173, 145 Tz. 15 – „Lurgi"; BGHZ 175, 265 Tz. 14 – „Rheinmöve"; *Hüffer*, AktG, § 27 Rz. 8.

(Genehmigtes Kapital [*alt*], § [...] der Satzung) wurde im Umfang von [...] € ausgenutzt. Das Genehmigte Kapital [*alt*] beträgt damit derzeit noch [...] €. Die bestehende Ermächtigung wird am [*Datum*] auslaufen. Die Ermächtigung soll, soweit sie noch nicht ausgenutzt worden ist, aufgehoben und durch ein neues Genehmigtes Kapital [*neu*] im Umfang von [...] € ersetzt werden.

Vorstand und Aufsichtsrat schlagen vor, zu beschließen:

1027   a)   Aufhebung des bestehenden genehmigten Kapitals

Die von der Hauptversammlung am [*Datum*] zu Punkt [...] der damaligen Tagesordnung beschlossene Ermächtigung des Vorstands, mit Zustimmung des Aufsichtsrats das Grundkapital der Gesellschaft bis zum [*Datum*] um bis zu [...] € zu erhöhen, wird mit Wirkung auf den Zeitpunkt des Wirksamwerdens des nachfolgend bestimmten neuen genehmigten Kapitals aufgehoben, soweit zum Zeitpunkt des Wirksamwerdens dieser Aufhebung von der Ermächtigung noch kein Gebrauch gemacht worden ist. [→ Rz. 1051]

1028   b)   Schaffung eines neuen genehmigten Kapitals

Der Vorstand wird ermächtigt, mit Zustimmung des Aufsichtsrats das Grundkapital bis zum [*Datum, max. fünf Jahre*] durch einmalige oder mehrmalige Ausgabe neuer, auf den Inhaber [*alternativ bei Namensaktien: auf den Namen*] lautender Stückaktien gegen Bar- und/oder Sacheinlage um bis zu insgesamt [...] € zu erhöhen (Genehmigtes Kapital [*neu*]). Dabei muss sich die Zahl der Aktien in demselben Verhältnis erhöhen wie das Grundkapital. [→ Rz. 1055 f.]

Den Aktionären ist dabei grundsätzlich ein Bezugsrecht einzuräumen. Die neuen Aktien können auch von einem oder mehreren durch den Vorstand bestimmten Kreditinstituten oder Unternehmen i. S. v. § 186 Abs. 5 Satz 1 AktG mit der Verpflichtung übernommen werden, sie den Aktionären zum Bezug anzubieten (mittelbares Bezugsrecht). Der Vorstand wird jedoch ermächtigt, mit Zustimmung des Aufsichtsrats das Bezugsrecht der Aktionäre auszuschließen, [→ Rz. 1060 ff.]

1029   (1)   um Spitzenbeträge auszugleichen; [→ Rz. 1063]

1030   (2)   wenn die Kapitalerhöhung gegen Sacheinlage, insbesondere zum Zwecke des Erwerbs von Unternehmen, Unternehmensteilen, Beteiligungen an Unternehmen oder von sonstigen mit einem Akquisitionsvorhaben in Zusammenhang stehenden Vermögensgegenständen oder im Rahmen von Unternehmenszusammenschlüssen erfolgt; [→ Rz. 1064 ff.]

1031   (3)   wenn die neuen Aktien gegen Bareinlage ausgegeben werden und der Ausgabepreis je neue Aktie den Börsenpreis der im Wesentlichen gleich ausgestatteten bereits börsennotierten Aktien zum Zeitpunkt der endgültigen Festlegung des Ausgabepreises nicht wesentlich unterschreitet. Die Anzahl der in dieser Weise unter Ausschluss des Bezugsrechts ausgegebenen Aktien darf 10 % des Grundkapitals nicht überschreiten, und zwar weder im Zeitpunkt des Wirksamwerdens noch im Zeitpunkt der Ausübung dieser Ermächtigung. Auf diese Höchstgrenze sind andere Aktien anzurechnen, die während der Laufzeit dieser Ermächtigung unter Bezugsrechtsausschluss in direkter oder entsprechender Anwendung des § 186 Abs. 3 Satz 4 AktG ausgegeben oder veräußert werden. Ebenfalls anzurechnen sind Aktien, die zur Bedienung von Options- und/oder Wandlungsrechten bzw. Wandlungspflichten aus Options- und/oder Wandelschuldverschreibungen, oder

Aktienoptionen auszugeben sind, sofern diese Schuldverschreibungen oder Aktienoptionen während der Laufzeit dieser Ermächtigung unter Ausschluss des Bezugsrechts in entsprechender Anwendung des § 186 Abs. 3 Satz 4 AktG ausgegeben wurden; [→ Rz. 1068 ff.]

(4) wenn die neuen Aktien Personen, die in einem Arbeitsverhältnis zur Gesellschaft 1032 oder einem mit ihr verbundenen Unternehmen i. S. v. § 15 AktG stehen, zum Erwerb angeboten oder auf sie übertragen werden. Die neuen Aktien können auch von einem oder mehreren durch den Vorstand bestimmten Kreditinstituten oder Unternehmen i. S. v. § 186 Abs. 5 Satz 1 AktG mit der Verpflichtung übernommen werden, sie ausschließlich an die hiernach begünstigten Personen weiterzugeben. [*Alternativ: Die Anzahl der so unter Ausschluss des Bezugsrechts ausgegebenen Aktien darf 2 % des Grundkapitals nicht überschreiten, und zwar weder im Zeitpunkt des Wirksamwerdens noch im Zeitpunkt der Ausübung dieser Ermächtigung.*] [→ Rz. 1073 ff.]

[*Alternativ: Der anteilige Betrag am Grundkapital, der auf Aktien entfällt, die während der Laufzeit dieser Ermächtigung unter Ausschluss des Bezugsrechts der Aktionäre gegen Bar und/oder Sacheinlage ausgegeben werden, darf insgesamt 20 % des Grundkapitals nicht überschreiten, und zwar weder im Zeitpunkt des Wirksamwerdens noch im Zeitpunkt der Ausübung dieser Ermächtigung.*] [→ Rz. 1061 f.]

Der Vorstand wird mit Zustimmung des Aufsichtsrats ermächtigt, den Inhalt der Aktienrechte, die Einzelheiten der Kapitalerhöhung sowie die Bedingungen der Aktienausgabe, insbesondere den Ausgabebetrag, festzulegen. [→ Rz. 1058]

Der Aufsichtsrat wird ermächtigt, die Fassung der Satzung entsprechend der Ausnutzung des genehmigten Kapitals oder nach Ablauf der Ermächtigungsfrist anzupassen.

c) Satzungsänderung in Anpassung an die Schaffung eines neuen genehmigten Kapitals 1033

§ […] Abs. […] der Satzung wird aufgehoben und wie folgt neu gefasst: [→ Rz. 1057]

„Der Vorstand ist durch Beschluss der Hauptversammlung vom [*Datum*] ermächtigt worden, bis zum [*Datum*] das Grundkapital mit Zustimmung des Aufsichtsrats durch einmalige oder mehrmalige Ausgabe von bis zu […] neuen, auf den Namen lautender Stückaktien gegen Bar- und/oder Sacheinlage um bis zu insgesamt […] € zu erhöhen (Genehmigtes Kapital [*neu*]). Der Vorstand ist jedoch ermächtigt, mit Zustimmung des Aufsichtsrats das Bezugsrecht der Aktionäre auszuschließen,

(1) um Spitzenbeträge auszugleichen; 1034

(2) wenn die Kapitalerhöhung gegen Sacheinlage, insbesondere zum Zwecke des Er- 1035 werbs von Unternehmen, Unternehmensteilen, Beteiligungen an Unternehmen oder von sonstigen mit einem Akquisitionsvorhaben in Zusammenhang stehenden Vermögensgegenständen oder im Rahmen von Unternehmenszusammenschlüssen erfolgt;

(3) wenn die neuen Aktien gegen Bareinlage ausgegeben werden und der Ausgabe- 1036 preis je neue Aktie den Börsenpreis der im Wesentlichen gleich ausgestatteten bereits börsennotierten Aktien zum Zeitpunkt der endgültigen Festlegung des Ausgabepreises nicht wesentlich unterschreitet. Die Anzahl der in dieser Weise unter Ausschluss des Bezugsrechts ausgegebenen Aktien darf 10 % des Grundkapitals nicht überschreiten, und zwar weder im Zeitpunkt des Wirksamwerdens noch im Zeitpunkt der Ausübung dieser Ermächtigung. Auf diese Höchstgrenze sind an-

dere Aktien anzurechnen, die während der Laufzeit dieser Ermächtigung unter Bezugsrechtsausschluss in direkter oder entsprechender Anwendung des § 186 Abs. 3 Satz 4 AktG ausgegeben oder veräußert werden. Ebenfalls anzurechnen sind Aktien, die zur Bedienung von Options- und/oder Wandlungsrechten bzw. Wandlungspflichten aus Options- und/oder Wandelschuldverschreibungen, oder Aktienoptionen auszugeben sind, sofern diese Schuldverschreibungen oder Aktienoptionen während der Laufzeit dieser Ermächtigung unter Ausschluss des Bezugsrechts in entsprechender Anwendung des § 186 Abs. 3 Satz 4 AktG ausgegeben wurden;

1037 (4) wenn die neuen Aktien Personen, die in einem Arbeitsverhältnis zur Gesellschaft oder einem mit ihr verbundenen Unternehmen i. S. v. § 15 AktG stehen, zum Erwerb angeboten oder auf sie übertragen werden. Die Aktien können auch Mitgliedern des Vorstands der Gesellschaft oder Mitgliedern der Geschäftsführung eines mit der Gesellschaft verbundenen Unternehmens i. S. v. § 15 AktG zum Erwerb angeboten oder auf sie übertragen werden. Soweit Mitglieder des Vorstands der Gesellschaft begünstigt sind, obliegt die Auswahl der Begünstigten und die Bestimmung des Umfangs der ihnen jeweils zu gewährenden Aktien dem Aufsichtsrat. *[Alternativ: Die Anzahl der so unter Ausschluss des Bezugsrechts ausgegebenen Aktien darf 2 % des Grundkapitals nicht überschreiten, und zwar weder im Zeitpunkt des Wirksamwerdens noch im Zeitpunkt der Ausübung dieser Ermächtigung.]*

[Alternativ: Der anteilige Betrag am Grundkapital, der auf Aktien entfällt, die während der Laufzeit dieser Ermächtigung unter Ausschluss des Bezugsrechts der Aktionäre gegen Bar und/oder Sacheinlage ausgegeben werden, darf insgesamt 20 % des Grundkapitals nicht überschreiten, und zwar weder im Zeitpunkt des Wirksamwerdens noch im Zeitpunkt der Ausübung dieser Ermächtigung.]

Der Vorstand ist mit Zustimmung des Aufsichtsrats ermächtigt, den Inhalt der Aktienrechte, die Einzelheiten der Kapitalerhöhung sowie die Bedingungen der Aktienausgabe, insbesondere den Ausgabebetrag, festzulegen.

Der Aufsichtsrat ist ermächtigt, die Fassung der Satzung entsprechend der Ausnutzung des genehmigten Kapitals oder nach Ablauf der Ermächtigungsfrist anzupassen."

1038 Der schriftliche Bericht des Vorstands gem. §§ 203 Abs. 2 Satz 2, 186 Abs. 4 Satz 2 AktG über die Gründe für die Ermächtigung des Vorstands, das Bezugsrecht der Aktionäre bei der Ausnutzung des genehmigten Kapitals auszuschließen, ist im Anschluss an diesen Tagesordnungspunkt abgedruckt. Der Bericht wird von der Einberufung an auf der Internetseite der Gesellschaft unter http://*[Internetseite der Gesellschaft mit Pfadangabe]* und in der ordentlichen Hauptversammlung der Gesellschaft zugänglich gemacht.

1039 **Schriftlicher Bericht des Vorstands zu Punkt [...] der Tagesordnung gem. §§ 203 Abs. 2 Satz 2, 186 Abs. 4 Satz 2 AktG über die Gründe für die Ermächtigung des Vorstands, das Bezugsrecht der Aktionäre bei der Ausnutzung des genehmigten Kapitals auszuschließen**

1040 Vorstand und Aufsichtsrat schlagen der Hauptversammlung zu Punkt [...] der Tagesordnung vor, den Vorstand zu ermächtigen, mit Zustimmung des Aufsichtsrats das Grundkapital der Gesellschaft durch einmalige oder mehrmalige Ausgabe von neuen, auf den Namen lautenden Stückaktien gegen Bar- und/oder Sacheinlagen um bis zu [...] € zu erhöhen (Genehmigtes Kapital [*neu*]). Die Ermächtigung ist bis zum [*Datum*] befristet. Die Bestimmung der weiteren Einzelheiten obliegt dem Vorstand.

Das genehmigte Kapital soll es der Gesellschaft ermöglichen, sich bei Bedarf zügig und **1041** flexibel Eigenkapital zu günstigen Konditionen zu beschaffen.

Im Fall der Ausnutzung des genehmigten Kapitals ist den Aktionären grundsätzlich ein **1042** Bezugsrecht zu gewähren. Das Bezugsrecht kann jedoch vom Vorstand mit Zustimmung des Aufsichtsrats bei der Ausnutzung des genehmigten Kapitals in bestimmten Fällen ausgeschlossen werden:

Tagesordnungspunkt [...] b) (1) erlaubt den Ausschluss des Bezugsrechts zum Ausgleich **1043** von Spitzenbeträgen. Dies ist eine Maßnahme, die aus technischen Gründen zur Durchführung einer Kapitalerhöhung, insbesondere zur Herstellung eines praktikablen Bezugsverhältnisses, erforderlich und angemessen ist. Der Ausschluss des Bezugsrechts für Spitzenbeträge erleichtert die Abwicklung der Zuteilung von Bezugsrechten und deren Ausübung. Die als freie Spitzen vom Bezugsrecht der Aktionäre ausgeschlossenen neuen Aktien werden entweder durch den Verkauf über die Börse oder in sonstiger Weise bestmöglich durch die Gesellschaft verwertet. Der mögliche Verwässerungseffekt ist wegen der Beschränkung auf Spitzenbeträge gering. [→ Rz. 1063]

Tagesordnungspunkt [...] b) (2) ermächtigt den Vorstand, das Bezugsrecht mit Zustim- **1044** mung des Aufsichtsrats auszuschließen, sofern die Kapitalerhöhung gegen Sacheinlagen, insbesondere zum Zwecke des Erwerbs von Unternehmen, Unternehmensteilen, Unternehmensbeteiligungen oder sonstigen mit einem Akquisitionsvorhaben in Zusammenhang stehenden Vermögensgegenständen oder im Rahmen von Unternehmenszusammenschlüssen erfolgt. Hierdurch wird der Gesellschaft der notwendige Handlungsspielraum eingeräumt, um sich bietende Erwerbsgelegenheiten schnell, flexibel und liquiditätsschonend zur Verbesserung ihrer Wettbewerbsposition und der Stärkung ihrer Ertragskraft ausnutzen zu können. Häufig verlangen die Verkäufer attraktiver Akquisitionsobjekte als Gegenleistung Aktien des Käufers. Damit die Gesellschaft auch solche Erwerbschancen nutzen kann, muss es ihr möglich sein, Aktien als Gegenleistung anzubieten. Da ein solcher Erwerb zumeist kurzfristig erfolgt, kann er im Regelfall nicht von der grundsätzlich nur einmal jährlich stattfindenden Hauptversammlung beschlossen werden. Dies erfordert die Schaffung eines genehmigten Kapitals, auf das der Vorstand – mit Zustimmung des Aufsichtsrats – schnell zugreifen kann. Der Vorstand wird jeweils im Einzelfall sorgfältig prüfen, ob er von der Ermächtigung zur Ausnutzung des genehmigten Kapitals unter Ausschluss des Bezugsrechts der Aktionäre Gebrauch machen soll, sobald sich die Möglichkeiten zur Akquisition konkretisieren. Er wird das Bezugsrecht der Aktionäre nur dann ausschließen, wenn der Erwerb gegen Ausgabe von Aktien der Gesellschaft im wohlverstandenen Interesse der Gesellschaft und der Aktionäre liegt. Der Ausgabebetrag für die neuen Aktien würde dabei vom Vorstand mit Zustimmung des Aufsichtsrats unter Berücksichtigung der Interessen der Gesellschaft festgelegt werden. Konkrete Erwerbsvorhaben, zu deren Durchführung das Grundkapital unter Bezugsrechtsausschluss erhöht werden soll, bestehen zurzeit nicht. [→ Rz. 1065]

Tagesordnungspunkt [...] b) (3) ermächtigt den Vorstand, mit Zustimmung des Auf- **1045** sichtsrats bei Ausgabe der neuen Aktien gegen Bareinlage einen Bezugsrechtsausschluss nach § 186 Abs. 3 Satz 4 AktG vorzunehmen. Diese Ermächtigung bezieht sich nicht auf den gesamten Betrag des genehmigten Kapitals, sondern auf maximal 10 % des Grundkapitals. Die 10 %-Grenze des § 186 Abs. 3 Satz 4 AktG darf insgesamt nur einmal ausgenutzt werden. Das heißt, wenn und soweit die Gesellschaft während der Laufzeit dieser Ermächtigung von gleichzeitig bestehenden Ermächtigungen zum Bezugsrechtsausschluss in direkter oder entsprechender Anwendung von § 186 Abs. 3 Satz 4 AktG, beispielsweise im Zusammenhang mit der Wiederveräußerung eigener Aktien oder der Ausgabe von Options- und/oder Wandelschuldverschreibungen Gebrauch macht, reduziert sich die Anzahl der Aktien, die bei einer Kapitalerhöhung aus dem Genehmigtem Kapital [*neu*] unter Bezugsrechtsausschluss nach § 186 Abs. 3 Satz 4 AktG ausgegeben werden können, entsprechend. Das Gesetz erlaubt zudem einen Bezugsrechtsausschluss nach § 186 Abs. 3 Satz 4 AktG nur dann, wenn der Ausgabepreis den Börsenpreis der bereits börsennotierten Aktien mit im Wesentlichen gleicher Ausstattung nicht wesentlich unterschreitet. Der Abschlag soll in jedem Fall so gering wie möglich gehalten werden und wird 5 % nicht überschreiten. Vorstand und Aufsichtsrat halten die Ermächtigung zum Bezugsrechtsausschluss nach § 186 Abs. 3 Satz 4 AktG für notwendig, um die sich in der Zukunft bietenden Möglichkeiten des Kapitalmarktes schnell und flexibel ausnutzen zu können, ohne die für eine Kapitalerhöhung mit Bezugsrecht erforderlichen formalen Schritte und gesetzlichen Fristen einhalten zu müssen. Durch die Ausgabe der Aktien in enger Anlehnung an den Börsenpreis werden auch die Belange der Aktionäre gewahrt. Denn diese müssen keine nennenswerten Kursverluste befürchten und können ggf. zur Erhaltung ihrer Beteiligungsquote erforderliche Aktienzukäufe zu vergleichbaren Preisen über die Börse vornehmen. Durch die Möglichkeit des Bezugsrechtsausschlusses nach § 186 Abs. 3 Satz 4 AktG wird die Verwaltung in die Lage versetzt, kurzfristig günstige Börsensituationen wahrzunehmen. Zusätzlich können durch Vermeidung eines Bezugsrechtsabschlags die Eigenmittel in einem größeren Umfang gestärkt werden als bei einer Kapitalerhöhung mit Bezugsrecht. [→ Rz. 1072]

1046 Tagesordnungspunkt [...] c) (4) ermächtigt zum Ausschluss des Bezugsrechts bei der Ausgabe von Aktien, wenn diese Aktien Personen, die in einem Arbeitsverhältnis zur Gesellschaft oder einem mit ihr verbundenen Unternehmen i. S. v. § 15 AktG stehen, zum Erwerb angeboten oder auf sie übertragen werden. Hierdurch können Aktien als Vergütungsbestandteil eingesetzt werden. [*Alternativ: Der vorgeschlagene Umfang des genehmigten Kapitals zur Ausgabe von Belegschaftsaktien von maximal 2 % des Grundkapitals im Zeitpunkt des Wirksamwerdens und im Zeitpunkt der Ausübung der Ermächtigung steht nach Auffassung des Vorstands in einem angemessenen Verhältnis zu der Anzahl der Mitarbeiter und der Geschäftstätigkeit des Unternehmens und rechtfertigt sich durch die Vorteile einer noch engeren Bindung der Mitarbeiter an das Unternehmen.*] Durch die Beteiligung der Begünstigten am Aktienkapital der Gesellschaft wird die Identifikation der Begünstigten im Interesse der Gesellschaft und ihrer Aktionäre gestärkt werden. Die Ausgabe von Belegschaftsaktien ist hierzu ein geeignetes und vom Gesetz an verschiedenen Stellen gefördertes Mittel. Das genehmigte Kapital ermöglicht es der Gesellschaft, Belegschaftsaktien ohne Rückgriff auf den aktuellen Bestand eigener Aktien, unabhängig von vorherigen Rückerwerben und damit liquiditätsschonend auszugeben. Hierzu ist es erforderlich, das Bezugsrecht der Aktionäre auszuschließen. Vor Ausnutzung der Ermächtigung wird der Vorstand jeweils sorgfältig prüfen, ob die Ausnutzung im konkreten Einzelfall im wohlverstandenen Interesse der Gesellschaft und der Aktionäre liegt. Zur Vereinfachung des Ausgabeverfahrens soll es neben einer unmittelbaren Ausgabe der jungen Aktien an die Berechtigten auch möglich sein, dass die neuen Aktien von einem Kreditinstitut oder einem nach § 186 Abs. 5 Satz 1 AktG gleichgestellten Unternehmen mit der Verpflichtung übernommen werden, sie ausschließlich zur Gewährung von Aktien an den genannten Personenkreis zu verwenden. [→ Rz. 1075]

Alternativ: Für alle Ermächtigungen zum Ausschluss des Bezugsrechts unter Tagesordnungs- **1047**
punkt [...] b) gilt zusätzlich, dass der anteilige Betrag am Grundkapital, der auf Aktien ent-
fällt, die auf der Grundlage dieser Ermächtigung unter Ausschluss des Bezugsrechts der Aktio-
näre gegen Bar- oder Sacheinlagen ausgegeben werden, insgesamt 20 % des im Zeitpunkt des
Wirksamwerdens der Ermächtigung bestehenden Grundkapitals nicht übersteigen darf.

Über die Einzelheiten der Ausnutzung der Ermächtigung wird der Vorstand in der or- **1048**
dentlichen Hauptversammlung berichten, die auf eine etwaige Ausgabe von Aktien der
Gesellschaft aus genehmigtem Kapital unter Bezugsrechtsausschluss folgt. [→ Rz. 1067]

II. Erläuterungen [→ Rz. 1026 ff.]

1. Einführung

Das Muster enthält einen Beschluss zur Schaffung genehmigten Kapitals und geht davon **1049**
aus, dass bei der Beschlussfassung bereits ein (nur teilweise ausgenutztes) genehmigtes
Kapital bestand, das aufgehoben wird.

Nach § 202 Abs. 1 AktG kann durch Satzungsbestimmung der Vorstand für eine Dauer **1050**
von höchstens fünf Jahren ermächtigt werden, das Grundkapital bis höchstens zur Hälfte
des zum Zeitpunkt der Ermächtigung vorhandenen Grundkapitals zu erhöhen. Dieses ist
ein Vorratsbeschluss auf Kapitalerhöhungen, der dem Vorstand die Möglichkeit an die
Hand gibt, ohne die langwierige Einberufung und Durchführung einer Hauptversammlung und ohne die damit noch (auch nach Eröffnung des Freigabeverfahrens auf Kapitalmaßnahmen nach § 246a AktG i. d. F. des ARUG) verbundenen Anfechtungsrisiken ad
hoc Kapitalerhöhungen gerade auch unter Bezugsrechtsauschluss zu beschließen und
durchzuführen. Die Rechte der Aktionäre sind durch die Rechtsprechung praktisch auf eine
nachträgliche Kontrolle beschränkt worden. Die Zustimmung des Aufsichtsrats gem.
§ 204 Abs. 1 AktG für die Festlegung der Bedingungen der Aktienausgabe und den Inhalt
der Aktienrechte sowie einen Ausschluss des Bezugsrechts durch den Vorstand bleibt allerdings zwingend erforderlich. Dies und auch die Tatsache, dass das genehmigte Kapital
nicht auf einmal, sondern in mehreren Tranchen ausgeübt werden kann, machen das genehmigte Kapital zu einem ungemein flexiblen Instrument, das bei Kapitalerhöhungen in
volatilen Kapitalmärkten unverzichtbar ist. Die Verwaltung, wie in dem Muster vorgesehen, sorgt daher regelmäßig dafür, dass ein genehmigtes Kapital im Rahmen der gesetzlichen Höchstgrenzen ständig zur Verfügung steht. In jüngerer Zeit ist allerdings die damit in der Regel verbundene Ermächtigung zum Bezugsrechtsausschluss verstärkt in den
Fokus der institutionellen Anleger, Aktionärsverbände und der professionellen Stimmrechtsberater gerückt, die Bezugsrechtsausschlüsse nur noch in engen Grenzen mittragen.
Die veröffentlichten Empfehlungen in der Saison 2011 hierzu schwankten zwischen 5, 20
und 25 %.[456)]

2. Beschlussinhalt [→ Rz. 1027 ff.]

Unter lit. a) des Musters ist die **Aufhebung des bestehenden genehmigten Kapitals** ent- **1051**
halten. Damit lässt sich erreichen, dass ein genehmigtes Kapital in voller Höhe des rechtlich zulässigen Höchstbetrages von 50 % des bei der Eintragung bestehenden Grundkapitals (§ 202 Abs. 3 AktG) unter einheitlichen und ggfs. (nach Gesetzesänderungen) aktua-

---

456) Zur Praxis der Stimmrechtsberater, ihren Empfehlungen und zur Rechtslage siehe *Vaupel*, AG 2011,
63 ff. und *Strüwing*, HV Magazin, Heft 2 2011, S. 8 ff.

lisierten Bedingungen und für die maximale Laufzeit von fünf Jahren (§ 202 Abs. 2 AktG) geschaffen wird. Grund hierfür kann auch sein, dass zu diesem Zeitpunkt eine höhere Bemessungsgrenze für den hälftigen Grundkapitalbetrag zur Verfügung steht, was insbesondere auch auf die 10 % Grenze nach § 186 Abs. 3 Satz 4 AktG durchschlägt. Demgegenüber wäre es auch möglich, mehrere genehmigte Kapitalia parallel vorzuhalten. Dies wurde und wird teilweise für unterschiedliche Zwecke und mit entsprechend unterschiedlichen Ermächtigungen immer noch so gehandhabt,[457] hat aber den Nachteil immer wieder notwendiger Ergänzungen und Erneuerungen. Im Muster ist für diesen Fall vorgesehen, dass neue genehmigte Kapital zu nummerieren (oder mit der Jahreszahl des Hauptversammlungsbeschlusses zu kennzeichnen), um so eine bessere Übersicht zu bewahren.

1052 Bei der Aufhebung des bisherigen genehmigten Kapitals, die für sich genommen als einfache Satzungsänderung nur die Mehrheit der an der Beschlussfassung teilnehmenden Stimmen bedarf, ist darauf zu achten, dass, wie hier vorgeschlagen, die Aufhebung erst zum Zeitpunkt der Eintragung des neuen genehmigten Kapitals erfolgt. Dies ist zwar hinsichtlich der weiteren Ausnutzung bis zur Eintragung der Satzungsänderung wegen der Rechtswirkungen des § 181 Abs. 3 AktG nur deklaratorisch, soll aber darüber hinaus sicherstellen, dass die Gesellschaft die alte Ermächtigung bis zum Ende ihrer Laufzeit auch dann weiter nutzen kann, falls die neue Ermächtigung wider Erwarten nicht eingetragen wird. [→ Rz. 1027]

1053 Unter lit. b) des Musters ist die eigentliche Schaffung des (neuen) genehmigten Kapitals enthalten. In der Praxis ist diese, wie in dem Muster vorgeschlagen, in der Regel in einen gesonderten Ermächtigungsbeschluss und einen Satzungsänderungsbeschluss (hier unter lit.c)) aufgeteilt, auch wenn dies nicht zwingend erforderlich ist. [→ Rz. 1028 ff.]

1054 Im Anschluss an den eigentlichen Beschlussvorschlag folgt dann der Abdruck des **Vorstandsberichts zum Bezugsrechtsausschluss** nach §§ 203 Abs. 2, 186 Abs. 4 Satz 2 AktG. [→ Rz. 1039 ff.] Dieser Bericht ist schriftlich zu erstatten und der Hauptversammlung zugänglich zu machen. Dies würde eigentlich eine Zugänglichmachung (wobei eine zur Verfügungstellung auch in nur elektronischer Form ausreichend wäre) nur in der Hauptversammlung bedeuten. Allerdings wird nach ständiger Rechtsprechung des BGH und nach der h. M. § 124 Abs. 2 Satz 2 AktG entsprechend angewandt und verlangt, dass mit der Einladungsbekanntmachung eine Bekanntmachung des Berichts in seinem wesentlichen Inhalt erfolgen müsse.[458] Den damit verbundenen Abgrenzungsfragen entzieht sich die Praxis regelmäßig dadurch, dass der Bericht in seinem vollen Wortlaut bereits mit der Einladungsbekanntmachung veröffentlicht wird. Nach h. M. muss der Bericht weiterhin entsprechend § 175 Abs. 2 AktG ab Einladung der Hauptversammlung ausgelegt, den Aktionären auf Verlangen übersandt oder über die Internetseite der Gesellschaft zugänglich gemacht werden.[459] Zum Inhalt des Vorstandsberichts wird auf die nachfolgenden Erläuterungen zu den einzelnen Gründen des Bezugsrechtsausschlusses verwiesen. [→ Rz. 1062 ff.]

1055 Der Beschlussvorschlag für das genehmigte Kapital hat zunächst die **Dauer der Ermächtigung anzugeben**. Dabei ist die gesetzliche Höchstgrenze von fünf Jahren (§ 202 Abs. 1 AktG) zu berücksichtigen. Fristbeginn ist die Eintragung der Satzungsänderung. Der Beschluss muss die Dauer der Ermächtigung, wie in dem Muster vorgesehen, entweder

---

457) Siehe dazu *Veil* in: Schmidt/Lutter, AktG, § 202 Rz. 12.
458) BGH NJW 1993, 400, 403; *Servatius* in: Spindler/Stilz, AktG, § 186 Rz. 32; *Veil* in: Schmidt/Lutter, AktG, § 186 Rz. 20.
459) *Hüffer*, AktG, § 186, Rz. 23; *Peifer* in: MünchKomm, AktG, § 203 Rz. 55.

durch ein konkretes Datum oder durch Angabe der Berechnungsgrundlage („von der Eintragung an für fünf Jahre") festlegen. [→ Rz. 1028]

Die Ermächtigung muss außerdem einen **bestimmten Nennbetrag** enthalten, bis zu dem **1056** das Grundkapital erhöht werden kann. Der Nennbetrag darf (inklusive früher beschlossener und noch nicht abgelaufener, jedoch ohne spätestens mit Wirkung zur Eintragung des neuen genehmigten Kapitals aufgehobener genehmigter Kapitalia) gem. § 202 Abs. 3 AktG maximal die Hälfte des zum Zeitpunkt der Ermächtigung vorhandenen Grundkapitals betragen. Das für die **50 %-Grenze** maßgebliche Grundkapital ist das im Handelsregister bestehende Grundkapital. Dieses ist das eingetragene Grundkapital, aber auch das durch die Ausgabe von Bezugsaktien aus bedingtem Kapital erhöhte, aber noch nicht eingetragene Kapital (§ 200 AktG). Maßgebender Zeitpunkt für die Bestimmung des Nennbetrags ist das Wirksamwerden der Ermächtigung gem. § 181 Abs. 3 AktG, also die Eintragung der Satzungsänderung mit dem genehmigten Kapital in das Handelsregister. Das bedeutet, dass mit dem genehmigten Kapital beschlossene Kapitalveränderungen zu berücksichtigen sind, wenn sie zeitgleich oder vorher im Handelsregister zur Eintragung gelangen.[460] [→ Rz. 1028]

Genehmigtes Kapital ist gem. § 202 Abs. 1 Satz 1 AktG notwendigerweise Bestandteil der **1057** Satzung. Es kann bereits bei der Gründung oder später durch **Satzungsänderung** geschaffen werden. Die hier dem Vorstand gegebene Ermächtigung bedeutet noch kein Grundkapital; neues Grundkapital entsteht erst durch Durchführungsbeschluss des Vorstands und Eintragung der Durchführung der Kapitalerhöhung im Handelsregister (§ 203 Abs. 1 Satz 1 i. V. m. §§ 188, 189 AktG). Technisch handelt es sich um eine Satzungsänderung, die durch die Hauptversammlung mit den in § 202 Abs. 2 Satz 2 AktG genannten Mehrheiten beschlossen werden muss. Da es sich um eine Satzungsänderung handelt, ist eine vollständige Mitteilung des Satzungstextes in der Hauptversammlungseinladung erforderlich (§ 124 Abs. 2 Satz 2 AktG). [→ Rz. 1033 ff.]

Die Ermächtigung umfasst in der Regel auch die Ermächtigung des Vorstands, über den **1058** **Inhalt der Aktienrechte und die Bedingungen der Aktienausgabe** zu entscheiden. [→ Rz. 1032]

Allerdings kann die Hauptversammlung hierzu eigene Bestimmungen treffen (§ 204 **1059** Abs. 1 Satz 1 AktG). Der üblicherweise mit der Schaffung genehmigten Kapitals verfolgten größeren Flexibilität und der Vielzahl der möglicherweise zu gestaltenden Fälle entspricht es jedoch, hiervon keinen Gebrauch zu machen. Allerdings muss der Vorstand ausdrücklich ermächtigt werden, das Bezugsrecht der Aktionäre auszuschließen (§ 203 Abs. 2 AktG) oder die Kapitalerhöhung gegen Sacheinlage vorzunehmen (§ 205 Abs. 1 AktG). Im letzteren Fall muss der Ermächtigungsbeschluss anders als nach § 183 Abs. 1 AktG im Falle der unmittelbaren Kapitalerhöhung jedoch nicht den Gegenstand der Sacheinlage und die Person des Sacheinlegers sowie die auf die Sacheinlage entfallende Zahl der Aktien festlegen. Diese Festlegungen können ebenfalls dem Vorstand überlassen werden. Sämtliche dieser Ermächtigungen an den Vorstand bestehen unter dem Vorbehalt der Mitwirkung des Aufsichtsrats (§ 204 Abs. 1 AktG). Der Aufsichtsrat sollte außerdem ausdrücklich i. S. v. § 179 Abs. 1 Satz 2 AktG ermächtigt werden, die Fassung der Satzung an die Ausnutzung des genehmigten Kapitals anzupassen.

---

460) *Hüffer*, AktG, § 202 Rz. 14; *Veil* in: Schmidt/Lutter, AktG, § 202 Rz. 18.

3. Bezugsrechtsausschluss [→ Rz. 1029 ff.]

1060 Auch im Rahmen genehmigten Kapitals kann es zu einem Bezugsrechtsausschluss kommen. § 203 Abs. 2 AktG gestattet eine solche Ermächtigung an den Vorstand ausdrücklich. Aus dem Verweis auf § 186 Abs. 3 AktG in § 203 Abs. 1 AktG ergibt sich, dass die Hauptversammlung (oder die Gründer) das Bezugsrecht auch definitiv ausschließen können, so dass der Vorstand hieraus bei der Ausübung gebunden ist. Festsetzungs-, Mehrheits- und Begründungserfordernisse bestehen grundsätzlich wie bei einem Kapitalerhöhungsbeschluss durch die Hauptversammlung (siehe Muster 6.8, Rz. 1015); insbesondere hat der Vorstand der Hauptversammlung einen schriftlichen Bericht vorzulegen über die Gründe für die Ermächtigung des Vorstands, das Bezugsrecht der Aktionäre bei der Kapitalerhöhung aus dem genehmigten Kapital auszuschließen.

1061 Die institutionellen Stimmrechtsvertreter stehen einem Bezugsrechtsausschluss im Rahmen des genehmigten Kapitals zunehmend kritisch gegenüber. Die Grenzen, ab denen ein genehmigtes Kapital mit Bezugsrechtsausschluss als problematisch angesehen wird, liegen allerdings unterschiedlich (derzeit zwischen 5 %, 20 % und 25 % des zum Zeitpunkt der Beschlussfassung der Hauptversammlung oder, wenn dieser Betrag niedriger ist, des zum Zeitpunkt der Ausnutzung der jeweiligen Ermächtigung bestehenden Grundkapitals), dazu oben Rz. 1050.

> **Praxistipp:**
> Unter Berücksichtigung der jeweiligen Aktionärsstruktur empfiehlt sich ggf. eine frühzeitige Abstimmung mit den Anteilseignern und den institutionellen Stimmrechtsvertretern und erforderlichenfalls die Aufnahme einer entsprechenden Selbstbeschränkung (wie in dem Muster vorgeschlagen) in den Beschlussvorschlag, um die Beschlussfassung durch die Hauptversammlung nicht zu gefährden.

Das Muster unter b) am Ende [→ Rz. 1032] sieht entsprechende Begrenzung vor, auf die dann auch Vorstandsbericht eingegangen werden sollte. [→ Rz. 1047]

1062 Das hier vorgeschlagene Muster sieht eine Reihe von Möglichkeiten zum Bezugsrechtsausschluss vor, die im Einzelnen zu erörtern sind. Im Einzelnen:

a) Spitzenbeträge [→ Rz. 1029]

1063 Beim genehmigten Kapital kann es sich ergeben, dass aufgrund von transaktionsbedingten Vorgaben ein schwer handhabbares Bezugsverhältnis entsteht, in dem z. B. ein gebrochener Anteil der alten Aktien Bezugsrechte auf neue Aktien verkörpert oder ein glattes Verhältnis nur mit einem dementsprechend sehr großen Zähler ausgedrückt werden kann (Beispiel: 31 : 10). In diesen Fällen ist es zulässig, das Bezugsrecht in der Spitze auszuschließen, um ein handhabbares Bezugsverhältnis herzustellen, z. B. in dem oben genannten Beispiel 31 : 10 auf 3 : 1 oder in einem weiteren Beispiel von 4,66 : 1 auf 9 : 2. Der mit einer solchen Glättung des Bezugsverhältnisses verbundene Ausschluss des Bezugsrechts in einer Spitze ist regelmäßig gerechtfertigt, soweit nicht unnötige Spitzen bei der Festlegung des Erhöhungsbetrags gebildet wurden.[461] Gleichwohl muss eine Ermächtigung zum Bezugsrechtsausschluss ausdrücklich erteilt werden und im Vorstandsbericht nach § 203 Abs. 2 Satz 2 i. V. m. § 186 Abs. 4 Satz 2 AktG eine kurze Begründung finden.

---

461) BGH v. 19.4.1982, BGHZ 83, 319, 323, ZIP 1982, 689, 691, NJW 1982, 2444; OLG Frankfurt/M. v. 15.4.1986, ZIP 1986, 1244, WM 1986, 615, 617, dazu *Finken*, EWiR 1986, 957; *Hüffer*, AktG, § 186 Rz. 29; *Lutter* in: Kölner Kommentar, § 186 Rz. 66; *Wiedemann* in: Großkomm. z. AktG, § 186 Rz. 155.

b) Sacheinlagen [→ Rz. 1030]

Ferner ist im Muster der Bezugsrechtsausschluss für den Fall vorgesehen, dass die neuen **1064** Aktien gegen Sacheinlagen im Rahmen von Unternehmenszusammenschlüssen oder beim Erwerb von Unternehmen, Unternehmensteilen oder sonstigen Vermögensgegenständen ausgegeben werden sollen. Nach alter Rechtsprechung und Praxis bedurfte die Einwerbung von Sacheinlagen auch im Rahmen der Schaffung genehmigten Kapitals einer konkreten Interessenabwägung, d. h., der Hauptversammlung musste ein sich tatsächlich abzeichnendes Vorhaben der Gesellschaft beschrieben und anhand dessen die Rechtfertigung des Bezugsrechtsausschlusses abgeleitet werden.[462] An diesem Darlegungserfordernis scheiterte praktisch die Schaffung genehmigten Kapitals mit der Ermächtigung, Sacheinlagen unter Ausschluss des Bezugsrechts vorzusehen.

Nach der Siemens/Nold-Entscheidung des Bundesgerichtshofs[463] ist diese Rechtsprechung **1065** aufgegeben und der Bezugsrechtsausschluss gegen Sacheinlage auch dann für zulässig gehalten worden, wenn konkrete Anhaltspunkte für eine Sachkapitalerhöhung zum Zeitpunkt des Hauptversammlungsbeschlusses tatsächlich noch nicht bestehen oder Anhaltspunkte zwar bestehen, diese aber noch geheimhaltungsbedürftig sind.[464] Diese Änderung der Rechtsprechung lässt eine abstrakte Umschreibung des Vorhabens des Vorstands und der Begründung für die Ermächtigung zum Bezugsrechtsausschluss bei Sacheinlagen zum Zwecke des Erwerbs von Unternehmen oder Unternehmensteilen oder im Rahmen von Unternehmenszusammenschlüssen zu. Die Beschränkung der Sacheinlage auf diese Zwecke hängt damit zusammen, dass in der Regel ein Erwerb des Sacheinlagegegenstandes gegen Barmittel, für welchen auch eine Barkapitalerhöhung denkbar wäre, regelmäßig ausscheidet, weil die Vertragsgegenseite eine Vergütung in Aktien wünscht oder dieses, wie bei der Verschmelzung, gesetzlich vorgeschrieben ist. Die Rechtsprechung der Oberlandesgerichte nach Siemens/Nold zeigt, dass „formulararrtige Hinweise" und eine bloße „Werbung" des Vorstands im Rahmen des Vorstandsberichts als Begründung nicht ausreichend sind, soweit der Bericht nicht in einer *„floskelhaften Aneinanderreihung von Allgemeinplätzen bei dunklem Hinweis auf eine Neuausrichtung"* besteht.[465]

Es darf jedoch nicht übersehen werden, dass auch unter Berücksichtigung der jüngeren **1066** Rechtsprechung die materiellen Voraussetzungen für den Bezugsrechtsausschluss durch den Vorstand weiterhin in vollem Umfange geprüft werden müssen. Das Hauptgewicht dieser Prüfung ist durch die Rechtsprechung des Bundesgerichtshofs lediglich von der anfechtungsgefährdeten Hauptversammlung auf den Vorstand verlagert worden, der in dem sich ihm konkret bietenden Fall weiterhin prüfen muss, ob der Bezugsrechtsausschluss

---

462) BGH v. 19.4.1982, ZIP 1982, 689 f; OLG München v. 24.3.1993, ZIP 1993, 676, AG 1993, 283 f, dazu *Lutter*, EWiR 1993, 527; weitere Darstellung bei *Hüffer*, AktG, § 203 Rz. 27.

463) BGH v. 23.6.1997 – Siemens/Nold, BGHZ 136, 133, ZIP 1997, 1499, 1500 f.

464) Hierzu *Hüffer*, AktG, § 203 Rz. 29; *Schröer* in: Semler/Volhard/Reichert, Arbeitshdb. HV, § 22 Rz. 26; *Krieger* in: Münchener Handbuch, § 58 Rz. 18 ff.

465) OLG München v. 15.5.2002„ NZG 2002, 1113; dagegen OLG Celle v. 29.6.2001, AG 2002, 292, dazu *Sinewe*, EWiR 2002, 133; zum Meinungsstand: *Bayer*, ZHR 168 (2004), 132, 149; für ein erweitertes Verständnis von Siemens/Nold: *Henze*, ZHR 2003, 1, 4; *Bungert*, NJW 1998, 488, 490; *Volhard*, AG 1998, 397, 403; *Kindler*, ZGR 1998, 35, 64; für die Praxis zurückhaltend *Krieger* in: Münchener Handbuch, § 58 Rz. 18 a.E.; ferner *Cahn*, ZHR 163 (1999), 554; *Wamser* in: Spindler/Stilz AktG, § 203 Rz. 82vgl. OLG Celle v. 29.6.2001, AG 2002, 292, dazu *Sinewe*, EWiR 2002, 133; ausführlich auch *Peifer* in: MünchKomm, AktG, § 203 Rz. 110 ff., zum Berichtsinhalt Rz. 147 ff.

einem Zweck dient, der im Interesse der Aktiengesellschaft liegt, hierfür geeignet sowie erforderlich und verhältnismäßig ist.[466]

1067 In der rechtswissenschaftlichen Literatur war angesichts der nicht ganz klaren Formulierung des Bundesgerichtshofs in der Siemens/Nold-Entscheidung umstritten, ob der Vorstand schon vor Ausübung der ihm erteilten Ermächtigung zum Bezugsrechtsausschluss analog § 186 Abs. 4 Satz 2 AktG einen schriftlichen Bericht über die Gründe für den nunmehr konkret beabsichtigten Bezugsrechtsausschluss erstatten muss.[467] Inzwischen liegt mit dem Mangusta/Commerzbank I-Urteil des Bundesgerichtshofs eine höchstrichterliche Entscheidung vor, die eine Berichtpflicht des Vorstands vor Ausnutzung des genehmigten Kapitals ablehnt.[468] Gemäß § 160 Abs. 1 Nr. 3 AktG muss der Vorstand aber nachträglich im Anhang zum Jahresabschluss über die Ausübung des genehmigten Kapitals berichten. Nach der Rechtsprechung trifft ihn anstelle einer Vorabberichterstattung zusätzlich auch eine darüber hinausgehende mündliche Berichtpflicht in der nächsten Hauptversammlung.[469]

c) Erleichterter Bezugsrechtsausschluss bei Barkapitalerhöhung [→ Rz. 1031]

1068 Schließlich ermöglicht es der Verweis des § 203 Abs. 1 Satz 1 AktG auch, bei Barkapitalerhöhungen von dem erleichterten Bezugsrechtsausschluss gem. § 186 Abs. 3 Satz 4 AktG Gebrauch zu machen. Diese Vorschrift ist durch das Gesetz für kleine Aktiengesellschaften und zur Deregulierung des Aktienrechts mit Wirkung vom 2.8.1994 eingeführt worden und gestattet zunächst bei einer von der Hauptversammlung selbst beschlossenen Kapitalerhöhung das Bezugsrecht für bis zu 10 % des bestehenden Kapitals dann auszuschließen, wenn die neuen Aktien zu einem börsenpreisnahen Ausgabebetrag ausgegeben werden. Durch diese gesetzgeberische Neuerung sollte die Unternehmensfinanzierung durch Eigenkapitalaufnahme gegen Bareinlage erleichtert werden.[470] Das mit dieser Vorschrift angestrebte Ziel, nämlich die Erleichterung und schnelle Kapitalaufnahme, kann praktischerweise nur im Rahmen der Schaffung genehmigten Kapitals erreicht werden. Diesbezügliche Ermächtigungen finden sich auch nur in diesem Zusammenhang. Von der Ermächtigung kann nur Gebrauch gemacht werden gegen Bareinlagen und wenn die Aktien der Gesellschaft einen Börsenpreis haben, d. h. entweder im regulierten Markt oder zum Freiverkehr zugelassen sind.[471]

1069 Schwierigkeiten macht die Bezugnahme des Ausgabepreises auf den Börsenpreis. Im Rahmen eines genehmigten Kapitals erscheint es allerdings zulässig, auf den jeweils aktuellen Börsenpreis zum Zeitpunkt der Inanspruchnahme der Ermächtigung durch den Vor-

---

466) Dazu ausführlich *Cahn*, ZHR 163 (1999), 554; *Strauß*, AG 2010, 192, 197 ff.

467) Vgl. *Hüffer*, AktG, § 203 Rz. 36 f, sowie (gegen eine Berichterstattungspflicht) *Krieger* in: Münchener Handbuch, § 58 Rz. 44; *Bosse*, ZIP 2001, 104, 106 f; *Henze*, BB 2001, 53, 54 f.

468) BGH v. 10.10.2005 – Mangusta/Commerzbank I, ZIP 2005, 2205, DB 2005, 2738; siehe auch OLG Frankfurt/M. v. 5.7.2011 – Deutsche Bank, ZIP 2011, 1613 (n. rkr.) m. Anm. Bröcker, GWR 2011, 361; OLG Frankfurt/M. v. 1.4.2003, ZIP 2003, 902, AG 2003, 438, DB 2003, 2003; LG Frankfurt/M. v. 25.9.2000, ZIP 2001, 117, AG 2001, 430, DB 2000, 2159; *Waclawik*, ZIP 2006, 397.

469) BGH v. 23.6.1997 – Siemens/Nold, BGHZ 136, 133, 134, ZIP 1997, 1499, 1500; BGH, v. 10.10.2005 – Mangusta/Commerzbank, ZIP 2005, 2205; *Peifer* in: Münch.Komm, Akt, § 203 Rz. 153; *Hüffer*, AktG, § 203 Rz 36, 37.

470) Kritisch hierzu *Hüffer*, AktG, § 186 Rz. 39a, b m. w. N.; ausführlich *Schlitt/Schäfer*, AG 2005, 67.

471) Allerdings ist streitig, ob auch eine ausländische Notierung ausreicht, *Hüffer*, AktG, § 186 Rz. 39c.

stand abzustellen.[472] Wollte man sich der Gegenansicht anschließen, müsste vorgesehen werden, dass der Ermächtigungsbeschluss einen zum Zeitpunkt des Ermächtigungsbeschlusses börsenkursnahen Preis als Untergrenze festlegt. In der Praxis wird dies, soweit ersichtlich, nicht getan. Der Ermächtigungsbeschluss im Rahmen des genehmigten Kapitals braucht die weiteren Einzelheiten der Bestimmung des zutreffenden Börsenkurses nicht zu enthalten. Dieses bleibt dann der Ausübungsentscheidung des Vorstands vorbehalten, der entscheiden muss, welches der zum Vergleich heranzuziehende Referenzkurs ist (abstellend auf den Durchschnittspreis einige Tage vor Festsetzung des Ausgabebetrags). Als zulässiger Abschlag vom Börsenkurs wird eine Spanne von 3 % bis maximal 5 % möglich sein.[473]

Die gesetzliche Orientierung des Ausgabepreises an dem Börsenkurs, die sicherstellen **1070** soll, dass den vom Bezugsrechtsausschluss betroffenen Aktionären kein Einfluss- und Wertverlust trifft, kann bei sehr marktengen Werten und damit volatiler Kursstellung zu ungerechtfertigten Ergebnissen führen. Teilweise wird deswegen vertreten, dass in solchen Fällen die Inanspruchnahme des erleichterten Bezugsrechtsausschlusses ausscheide.[474]

Hinsichtlich des Zeitpunkts, zu dem die 10 %-Grenze zu berechnen ist, kommt es zu- **1071** nächst auf das Grundkapital zum Zeitpunkt der Beschlussfassung der Hauptversammlung an. Eine Stufenermächtigung, bei der die Hauptversammlung zu einem Bezugsrechtsausschluss für mehr als 10 % des Grundkapitals ermächtigt, sofern bei Ausnutzung des genehmigten Kapitals die 10 %-Grenze nicht überschritten wird, ist nicht zulässig.[475] Zusätzlich muss der Vorstand bei Ausnutzung der Ermächtigung prüfen, ob die Voraussetzungen des § 186 Abs. 3 Satz 4 AktG vorliegen. Das Muster sieht vor, dass auf die 10 %-Grenze Aktien anzurechnen sind, die zur Bedienung von Options- und/oder Wandelschuldverschreibungen bzw. Genussrechten ihrerseits unter vereinfachtem Ausschluss des Bezugsrechts ausgegeben wurden oder werden. Außerdem vorgesehen ist die Anrechnung einer unter vereinfachtem Ausschluss des Bezugsrechts erfolgende Veräußerung eigener Aktien gem. § 71 Abs. 1 Satz 1 Nr. 8 AktG.[476]

Auch bei Inanspruchnahme des vereinfachten Bezugsrechtsausschlusses im Wege des ge- **1072** nehmigten Kapitals ist der **Bericht des Vorstands** nach § 186 Abs. 4 Satz 3 AktG erforderlich. Allerdings ist die Berichtspflicht inhaltlich verdünnt. Es reicht eine abstrakte Begründung, zu welchem Zweck der Vorstand den Bezugsrechtsausschluss in Anspruch nehmen möchte. Außerdem müssen Angaben zum beabsichtigten maximalen Abschlag

---

472) Dagegen *Claussen*, WM 1996, 609, 612; wie hier *Schröer* in: Semler/Volhard/Reichert, Arbeitshdb. HV, § 22 Rz. 33; *Schlitt/Schäfer*, AG 2005, 67, 71 m. w. N.; Veil in: *Schmidt/Lutter*, AktG, § 186 Rz. 42.

473) *Hüffer*, AktG, § 186 Rz. 39d; *Peifer* in: MünchKomm AktG § 186 Rz. 87; *Krieger* in: Münchener Handbuch, § 56 Rz. 77; *Schröer* in: Semler/Volhard/Reichert, Arbeitshdb. HV, § 20 Rz. 66; *Wiedemann* in: Großkomm. z. AktG, § 186 Rz. 52; *Marsch-Barner*, AG 1994, 532, 537.

474) *Hüffer*, AktG, § 186 Rz. 39g; *Wamser* in: Spindler/Stilz, AktG, § 203 Rz. 93; *Kiem in:* Seibert/Kiem, Handbuch, Rz. 225; *Hoffmann-Becking* in: Festschrift Lieberknecht, S. 25, 29; *Krieger* in: Münchener Handbuch, § 56 Rz. 77 a.E.; .zu weiteren Einschränkungen *Peifer* in: MünchKomm, AktG, § 203 Rz. 76 ff.

475) OLG München v. 24.7.1996, AG 1996, 518; zustimmend *Hüffer*, AktG, § 203 Rz. 10a; *Hoffmann-Becking* in: Festschrift Lieberknecht, S. 25 f; a. A. *Claussen*, WM 1996, 609, 615; *Marsch-Barner*, AG 1994, 532, 534; *Krieger* in: Münchener Handbuch, § 58 Rz. 19; *Schröer* in: Semler/Volhard/Reichert, Arbeitshdb. HV, § 22 Rz. 30 und *Schlitt/Schäfer*, AG 2005, 67, 69, jedoch unter Hinweis auf das angesichts entgegenstehender Rechtsprechung hohe Anfechtungsrisiko.

476) *Schröer* in: Semler/Volhard/Reichert, Arbeitshdb. HV, § 22 Rz. 32 m. w. N.

vom Börsenkurs gemacht werden, wobei auf die bereits genannten 3 % bis maximal 5 % hingewiesen werden sollte. Eine weitere Berichterstattung wird nur für Problemfälle erforderlich, etwa in solchen Fällen, in denen an der Aussagefähigkeit des Börsenkurses Zweifel bestehen.[477]

d) Belegschaftsaktien [→ Rz. 1032]

1073 Das Aktiengesetz sieht an mehreren Stellen Erleichterungen vor, mit denen die Ausgabe von Arbeitnehmeraktien gefördert werden soll. Insbesondere kann im Rahmen des genehmigten Kapitals die Satzung vorsehen, dass die neuen Aktien an Arbeitnehmer der Gesellschaft ausgegeben werden (§§ 202 Abs. 4 und 203 Abs. 4 AktG), dies allerdings nicht im Sinne einer generellen Ermächtigung, sondern einer entsprechenden speziellen Ermächtigung des Vorstands.[478] Die neuen Aktien dürfen an Mitarbeiter auch dann ausgegeben werden, wenn die Einlagen noch ausstehen (§ 203 Abs. 4 AktG). Außerdem müssen die Arbeitnehmer für Belegschaftsaktien keine Einlage aus ihrem eigenen Vermögen leisten, sondern es kann stattdessen ein entsprechender Teil der Rücklagen verwendet werden (§ 204 Abs. 3 AktG).

1074 Die Ausgabe von Arbeitnehmeraktien ist auch an die Arbeitnehmer und die Geschäftsführung verbundener Unternehmen möglich, nicht aber an den Vorstand der Gesellschaft selbst.

1075 Die Ausgabe von Belegschaftsaktien rechtfertigt grundsätzlich einen Bezugsrechtsausschluss, die formellen Voraussetzungen des Bezugsrechtsausschlusses (insbesondere der Vorstandsbericht) sind jedoch zu beachten (§ 203 Abs. 1 Satz 1 AktG i. V. m. § 186 AktG). Gegebenenfalls können im Rahmen des Vorstandsberichts auch bereits die Grundzüge eines geplanten Belegschaftsaktienprogramms vorgestellt werden.

1076 Eine Begrenzung der maximal zulässigen Anzahl der unter Ausschluss des Bezugsrechts ausgegebenen Aktien, wie in der Alternative vorgeschlagen, kann mit Blick auf den Verwässerungsschutz angezeigt sein, um die erforderliche Beschlussmehrheit zu sichern. [→ Rz. 1032, 1061]

1077 Entsprechend der insoweit üblichen Praxis sieht das Muster zudem ausdrücklich vor, dass die Aktien auch mittelbar an die Arbeitnehmer ausgegeben werden können. Die Aktien werden dann nach normaler Barkapitalerhöhung von einem Kreditinstitut zum Marktpreis erworben. Die Gesellschaft erwirbt sie bei Bedarf zum gleichen Preis zurück und gibt sie zu einem günstigeren Preis an die Arbeitnehmer weiter.[479]

4. Beschlussfassung

1078 Der Beschluss bedarf einer Mehrheit von drei Vierteln des bei der Beschlussfassung vertretenen (Ja- und Nein-Stimmen) Grundkapitals (§ 202 Abs. 2 Satz 2 und 3 AktG) sowie zusätzlich der einfachen Stimmenmehrheit (§ 133 Abs. 1 AktG). Die Satzung kann eine

---

477) Vgl. zum Inhalt des Vorstandberichts: *Hüffer*, AktG, § 186 Rz. 39 f. m. w. N.; *Krieger* in: Münchener Handbuch, § 58 Rz. 19, § 56 Rz. 83; *Peifer* in: MünchKomm, AktG, § 203 Rz. 81.

478) *Wamser* in: Spindler/Stilz, AktG, § 202 Rz. 105 f. m. w. N.; *Hüffer*, AktG, § 202 Rz. 26.

479) *Wamser* in: Spindler/Stilz, AktG, § 202 Rz. 111; *Veil* in: Schmidt/Lutter, AktG, § 202 Rz. 31; *Schröer* in: Semler/Volhard/Reichert, Arbeitshdb. HV, § 25 Rz. 3; *Richter/Gittermann*, AG 2004, 277; krit. zu dieser Vorgehensweise: *Tollkühn*, NZG 2004, 594, 595 ff.

größere, nicht aber eine geringere Kapitalmehrheit bestimmen und deutlich erkennen lassen, dass auch der Beschluss über genehmigtes Kapital gemeint ist. [480]

5. Informations- und Publizitätspflichten/Insiderrecht

Die mit dem genehmigten Kapital verbundene beabsichtigte Satzungsänderung muss nach § 30c WpHG von Emittenten von Aktien, für die die Bundesrepublik Deutschland Herkunftsstaat ist, der BaFin und den Zulassungsstellen mitgeteilt werden (siehe Muster 3.1, Rz. 305 ff.). Soweit in dem Beschluss über genehmigtes Kapital die Möglichkeit eines Bezugsrechtsausschlusses vorgesehen ist, stellt dies eine **Vereinbarung über das Bezugsrecht** dar und ist daher nach § 30b Abs. 1 Nr. 2 WpHG **im elektronischen Bundesanzeiger** zu veröffentlichen (siehe Muster 3.5, Rz. 329 ff.). Macht der Vorstand später von der Ermächtigung zum Bezugsrechtsausschluss Gebrauch, so ist auch dies nach § 30b Abs. 1 Nr. 2 als **Ausübung** zu veröffentlichen.

1079

6. Ausnutzung des genehmigten Kapitals

Die Ausnutzung des genehmigten Kapitals erfolgt durch Vorstandsbeschluss, der – i. S. d. in § 203 Abs. 1 AktG vorgeschriebenen Anwendung der §§ 185–191 AktG – an die Stelle des Hauptversammlungsbeschlusses über die Erhöhung des Kapitals tritt. Für die Zwecke der Handelsregisteranmeldung muss der entsprechende Vorstandsbeschluss schriftlich ausgestellt und eingereicht werden. Ebenso ist in der Praxis vieler Registergerichte die Mitwirkung des Aufsichtsrats nicht nur durch die Unterzeichnung des Aufsichtsratsvorsitzenden auf der Handelsregisteranmeldung (§ 181 Abs. 1 AktG), sondern auch durch Vorlage eines entsprechenden Aufsichtsratsbeschlusses nachzuweisen.

1080

Für die Gesellschaft besteht bei Ausnutzung des genehmigten Kapitals regelmäßig eine Verpflichtung zur Ad-hoc-Bekanntmachung nach § 15 Abs. 1 WpHG. Hingegen besteht keine besondere (Vorab-)Berichtspflicht des Vorstands an die Aktionäre. [481] Einstweiliger Rechtsschutz seitens der Aktionäre ist daher – obwohl grundsätzlich zulässig – der Sache nach nicht zu befürchten. Der BGH hat aber in der Mangusta/Commerzbank Entscheidung eine allgemeine Feststellungsklage auf Feststellung der pflichtwidrigen Ausnutzung der Ermächtigung zugelassen, die die Basis für evt. Ersatzansprüche oder Sekundäransprüche begründen kann. [482]

1081

Muster 6.10: Bedingtes Kapital [→ Rz. 1106 ff.]

I. Mustertext

TOP [...]: Beschlussfassung über die Aufhebung der bestehenden Ermächtigung und Schaffung einer neuen Ermächtigung zur Ausgabe von Options- und/oder Wandelschuldverschreibungen, Genussrechten und/oder Gewinnschuldverschreibungen mit der Möglichkeit zum Ausschluss des Bezugsrechts sowie die Aufhebung des bestehenden Bedingten Kapitals [alt] und die Schaffung eines neuen Bedingten Kapitals [neu] und die entsprechende Satzungsänderung.

---

480) *Hüffer*, AktG, § 202, Rz. 9.
481) BGH v. 10.10.2005 – Mangusta/Commerzbank, ZIP 2005, 2205.
482) Siehe dazu im Einzelnen *Wamser* in: Spindler/Stilz, AktG, § 203 Rz. 110 ff.; *Peifer* in: MünchKomm, AktG, § 203 Rz. 170 ff und oben Rz. 1067.

Vorstand und Aufsichtsrat schlagen vor, zu beschließen:

1082 a) Aufhebung der bestehenden Ermächtigung Ermächtigung zur Ausgabe von Options-
und/oder Wandelschuldverschreibungen, Genussrechte und/oder Gewinnschuldverschreibungen und des bestehenden Bedingten Kapitals [alt].

Die von der ordentlichen Hauptversammlung der Gesellschaft am [Datum] unter den
Punkt [...] der damaligen Tagesordnung beschlossene Ermächtigung zur Ausgabe von
Options- und/oder Wandelschuldverschreibungen, Genussrechten und/oder Gewinnschuldverschreibungen (bzw. Kombinationen dieser Instrumente) und das in § [...]
der Satzung geregelte Bedingte Kapital [alt] werden aufgehoben. [→ Rz. 1110]

1083 b) Neue Ermächtigung zur Ausgabe zur Ausgabe von Options- und/oder Wandelschuldverschreibungen, Genussrechten und/oder Gewinnschuldverschreibungen.

Der Vorstand wird bis zum [Datum, max. fünf Jahre] ermächtigt, [→ Rz. 1111] mit
Zustimmung des Aufsichtsrats einmalig oder mehrmals auf den Inhaber und/oder auf
den Namen lautende Options- und/oder Wandelschuldverschreibungen Genussrechte
und/oder Gewinnschuldverschreibungen (bzw. Kombinationen dieser Instrumente)
(zusammen „Schuldverschreibungen") im Gesamtnennbetrag von bis zu [...] €
[→ Rz. 1112] mit oder ohne Laufzeitbegrenzung zu begeben und den Inhabern bzw.
Gläubigern von Schuldverschreibungen Options- bzw. Wandlungsrechte (auch mit
Wandlungspflicht) auf den Inhaber lautende neue Stückaktien der Gesellschaft mit
einem anteiligen Betrag am Grundkapital von insgesamt bis zu [...] € nach näherer
Maßgabe der Anleihebedingungen der Schuldverschreibungen zu gewähren.

Die Schuldverschreibungen können in Euro oder – unter Begrenzung auf den entsprechenden Gegenwert – in einer ausländischen gesetzlichen Währung, beispielsweise
eines OECD-Landes, begeben werden. Sie können auch durch in- oder ausländische
Mehrheitsbeteiligungsgesellschaften begeben werden. In diesem Falle wird der Vorstand ermächtigt, mit der Zustimmung des Aufsichtsrats für die Gesellschaft die Garantie für die Schuldverschreibungen zu übernehmen und den Inhabern solcher
Schuldverschreibungen Options- oder Wandlungsrechte (auch mit Wandlungspflicht)
für auf den Inhaber lautende Stückaktien der Gesellschaft zu gewähren.

Die Schuldverschreibungen können mit einer festen oder einer variablen Verzinsung
ausgestattet werden. Die Verzinsung kann auch wie bei einer Gewinnschuldverschreibung ganz oder teilweise von der Höhe der Dividenden der Gesellschaft abhängig
sein.

Die Schuldverschreibungen können in Teilschuldverschreibungen eingeteilt werden.

1084 (1) Options- bzw. Wandlungsrecht/Wandlungspflicht

Im Falle der Ausgabe von Optionsschuldverschreibungen werden jeder Teilschuldverschreibung ein oder mehrere Optionsscheine beigefügt, die den Inhaber berechtigen,
nach Maßgabe der vom Vorstand festzulegenden Optionsbedingungen auf den Inhaber lautende Stückaktien der Gesellschaft zu beziehen. Im Übrigen kann vorgesehen
werden, dass Spitzen zusammengelegt und ggf. gegen Zuzahlung zum Bezug ganzer
Aktien aufaddiert und/oder in Geld ausgeglichen werden. Die Optionsbedingungen
können auch vorsehen, dass der Optionspreis auch durch Übertragung von Teilschuldverschreibungen und ggf. bare Zuzahlung erfüllt werden kann. Entsprechendes
gilt, wenn Optionsscheine einem Genussrecht oder einer Gewinnschuldverschreibung
beigefügt werden. [→ Rz. 1112]

Im Falle der Ausgabe von Wandelschuldverschreibungen erhalten die Inhaber das Recht, ihre Teilschuldverschreibungen nach näherer Maßgabe der vom Vorstand festzulegenden Wandelanleihebedingungen in auf den Inhaber lautende Stückaktien der Gesellschaft umzutauschen. Das Wandlungsverhältnis kann sich aus der Division des Nennbetrags oder des unter dem Nennbetrag liegenden Ausgabebetrags einer Teilschuldverschreibung durch den festgesetzten Wandlungspreis für eine auf den Inhaber lautende Stückaktie der Gesellschaft ergeben und kann auf eine volle Zahl auf- oder abgerundet werden; ggf. kann eine in bar zu leistende Zuzahlung festgesetzt werden. Es kann auch vorgesehen werden, dass Spitzen zusammengelegt und/oder in Geld ausgeglichen werden. Entsprechendes gilt, wenn sich das Wandlungsrecht bzw. die Wandlungspflicht auf ein Genussrecht oder eine Gewinnschuldverschreibung bezieht.

Die Wandelanleihebedingungen können eine Wandlungspflicht zum Ende der Laufzeit oder zu einem anderen Zeitpunkt vorsehen.

Der anteilige Betrag am Grundkapital der je Teilschuldverschreibung auszugebenden Stückaktien der Gesellschaft darf den Nennbetrag der Teilschuldverschreibung nicht übersteigen. § 9 Abs. 1 AktG und § 199 AktG bleiben unberührt.

(2) Ersetzungsbefugnis   1085

Die Options- bzw. Wandlungsanleihebedingungen können das Recht der Gesellschaft vorsehen, den Gläubigern der Schuldverschreibung ganz oder teilweise anstelle der Zahlung eines fälligen Geldbetrags neue Aktien oder eigene Aktien der Gesellschaft zu gewähren. Die Aktien werden jeweils mit einem Wert angerechnet, der nach näherer Maßgabe der Anleihebedingungen dem auf volle Cents aufgerundeten Durchschnitt der Schlusskurse der Aktien der Gesellschaft im Xetra-Handelssystem (oder einem vergleichbaren Nachfolgesystem) an der Frankfurter Wertpapierbörse während der letzten zehn Börsenhandelstage vor der Erklärung der Optionsausübung bzw. Wandlung entspricht.

Die Options- bzw. Wandlungsanleihebedingungen können ferner jeweils festlegen, dass im Falle der Optionsausübung bzw. Wandlung auch neue Aktien oder eigene Aktien der Gesellschaft gewährt werden können. Ferner kann vorgesehen werden, dass die Gesellschaft den Options- bzw. Wandlungsberechtigten nicht Aktien der Gesellschaft gewährt, sondern den Gegenwert der anderenfalls zu liefernden Aktien in Geld zahlt. Der Gegenwert je Aktie entspricht nach näherer Maßgabe der Anleihebedingungen dem auf volle Cents aufgerundeten Durchschnitt der Schlusskurse der Aktien der Gesellschaft im Xetra-Handelssystem (oder einem vergleichbaren Nachfolgesystem) an der Frankfurter Wertpapierbörse während der letzten zehn Börsenhandelstage vor der Erklärung der Optionsausübung bzw. Wandlung.

(3) Options- bzw. Wandlungspreis [→ Rz. 1114]   1086

Im Fall der Begebung von Schuldverschreibungen, die Options- und/oder Wandlungsrechte vorsehen, muss der jeweils festzusetzende Options- bzw. Wandlungspreis mindestens 80 % des Durchschnitts der Schlusskurse der Aktien der Gesellschaft im Xetra-Handelssystem (oder einem vergleichbaren Nachfolgesystem) an der Frankfurter Wertpapierbörse während der letzten zehn Börsenhandelstage vor dem Tag der Beschlussfassung über die Ausgabe von Options- und/oder Wandelschuldverschreibungen durch den Vorstand oder – für den Fall der Einräumung eines Bezugsrechts – mindestens 80 % des Durchschnitts der Schlusskurse der Aktien der Gesellschaft im

Xetra-Handelssystem (oder einem vergleichbaren Nachfolgesystem) an der Frankfurter Wertpapierbörse im Zeitraum vom Beginn der Bezugsfrist bis zum dritten Tag vor der Bekanntmachung der endgültigen Konditionen gem. § 186 Abs. 2 Satz 2 AktG (einschließlich) betragen. Dies gilt auch bei einem variablen Umtauschverhältnis oder Wandlungspreis und bei Anwendung der nachfolgenden Regelungen zum Verwässerungsschutz.

Im Fall der Begebung von Schuldverschreibungen, die eine Wandlungspflicht vorsehen, kann der Wandlungspreis für eine Aktie auch mindestens 80 % des Durchschnitts der Schlusskurse der Aktien der Gesellschaft im Xetra-Handelssystem (oder einem vergleichbaren Nachfolgesystem) an der Frankfurter Wertpapierbörse während der zehn Börsenhandelstage vor oder nach dem Tag der Endfälligkeit entsprechen. § 9 Abs. 1 AktG und § 199 AktG bleiben unberührt.

1087   (4) Verwässerungsschutz

Erhöht die Gesellschaft während der Options- oder Wandlungsfrist ihr Grundkapital unter Einräumung eines Bezugsrechts an ihre Aktionäre oder begibt weitere Options- oder Wandelschuldverschreibungen bzw. gewährt oder garantiert Options- oder Wandlungsrechte und räumt den Inhabern schon bestehender Options- oder Wandlungsrechte hierfür kein Bezugsrecht ein, wie es ihnen nach Ausübung des Options- oder Wandlungsrechts bzw. der Erfüllung ihrer Wandlungspflichten als Aktionär zustehen würde, oder wird durch eine Kapitalerhöhung aus Gesellschaftsmitteln das Grundkapital erhöht, kann über die Options- bzw. Wandlungsanleihebedingungen sichergestellt werden, dass der wirtschaftliche Wert der bestehenden Options- bzw. Wandlungsrechte unberührt bleibt, indem die Options- oder Wandlungsrechte wertwahrend angepasst werden, soweit die Anpassung nicht bereits durch Gesetz zwingend geregelt ist. Dies gilt entsprechend für den Fall der Kapitalherabsetzung oder anderer Kapitalmaßnahmen, von Umstrukturierungen, einer Kontrollerlangung durch Dritte, einer außerordentlichen Dividende oder anderer vergleichbarer Maßnahmen, die zu einer Verwässerung des Werts der Aktien führen können. § 9 Abs. 1 AktG und § 199 AktG bleiben unberührt. [→ Rz. 1119]

1088   (5) Bezugsrecht und Bezugsrechtsausschluss [→ Rz. 1115 ff.]

Den Aktionären steht grundsätzlich ein Bezugsrecht zu, d.h. die Schuldverschreibungen sind grundsätzlich den Aktionären der Gesellschaft zum Bezug anzubieten. Die Schuldverschreibungen können [*alternativ: Schuldverschreibungen sollen*] auch von einem oder mehreren durch den Vorstand bestimmten Kreditinstituten oder Unternehmen i. S. v. § 186 Abs. 5 Satz 1 AktG mit der Verpflichtung übernommen werden, sie den Aktionären der Gesellschaft zum Bezug anzubieten (mittelbares Bezugsrecht). Werden Schuldverschreibungen von in- oder ausländischen Mehrheitsbeteiligungsgesellschaften der Gesellschaft ausgegeben, stellt die Gesellschaft die entsprechende Gewährung des Bezugsrechts für die Aktionäre der Gesellschaft sicher. [→ Rz. 1098]

Der Vorstand wird jedoch ermächtigt, mit Zustimmung des Aufsichtsrats das Bezugsrecht der Aktionäre auf Schuldverschreibungen auszuschließen, [→ Rz. 1116]

– für Spitzenbeträge, die sich aufgrund des Bezugsverhältnisses ergeben;

– sofern der Vorstand nach pflichtgemäßer Prüfung zu der Auffassung gelangt, dass der Ausgabepreis den nach anerkannten finanzmathematischen Methoden ermittelten theoretischen Marktwert der Schuldverschreibungen nicht wesentlich unterschreitet. Diese Ermächtigung zum Ausschluss des Bezugsrechts gilt jedoch nur für Schuldverschreibungen mit einem Options- oder Wandlungsrecht (auch mit einer Wandlungspflicht) auf Aktien, auf die insgesamt ein anteiliger Betrag von höchstens 10 % des zum Zeitpunkt des Wirksamwerdens oder – falls dieser Wert geringer ist – des zum Zeitpunkt der Ausübung dieser Ermächtigung bestehenden Grundkapitals entfällt. In diese Höchstgrenze von 10 % des Grundkapitals ist der anteilige Betrag des Grundkapitals einzuberechnen, der auf Aktien entfällt, die während der Laufzeit dieser Ermächtigung im Rahmen einer Kapitalerhöhung unter Ausschluss des Bezugsrechts gem. § 186 Abs. 3 Satz 4 AktG ausgegeben worden sind oder die als erworbene eigene Aktien während der Laufzeit dieser Ermächtigung in anderer Weise als über die Börse oder durch ein Angebot an alle Aktionäre in entsprechender Anwendung des § 186 Abs. 3 Satz 4 AktG veräußert worden sind; [→ Rz. 1116 ff.]

– soweit es erforderlich ist, um den Inhabern bzw. Gläubigern von Options- und Wandelschuldverschreibungen mit Options- und/oder Wandlungsrechten bzw. Wandlungspflichten, die von der Gesellschaft oder deren unmittelbaren oder mittelbaren Mehrheitsbeteiligungsgesellschaften ausgegebenen wurden oder noch werden, ein Bezugsrecht auf Schuldverschreibungen in dem Umfang zu gewähren, wie es ihnen nach Ausübung der Options- bzw. Wandlungsrechte bzw. nach Erfüllung von Wandlungspflichten als Aktionär zustehen würde. [→ Rz. 1119, 1102]

Soweit Gewinnschuldverschreibungen und/oder Genussrechte ohne Options- oder Wandlungsrechte bzw. -pflichten ausgegeben werden, wird der Vorstand ermächtigt, mit Zustimmung des Aufsichtsrats das Bezugsrecht der Aktionäre auf Schuldverschreibungen insgesamt auszuschließen, wenn diese Gewinnschuldverschreibungen und/oder Genussrechte obligationsähnlich ausgestattet sind, d.h. wenn sie keine Mitgliedschaftsrechte in der Gesellschaft begründen, keine Beteiligung am Liquidationserlös gewähren und wenn die Höhe der Verzinsung nicht auf der Grundlage der Höhe des Jahresüberschusses, des Bilanzgewinns oder der Dividende berechnet wird. Die Verzinsung und der Ausgabebetrag der Gewinnschuldverschreibungen und/oder Genussrechte müssen zudem den zum Zeitpunkt der Begebung aktuellen Marktkonditionen entsprechen. [→ Rz. 1105]

(6) Weitere Gestaltungsmöglichkeiten [→ Rz. 1113]   1089

Der Vorstand wird ermächtigt, mit Zustimmung des Aufsichtsrats die weiteren Einzelheiten der Ausgabe und Ausstattung der Schuldverschreibungen, insbesondere Zinssatz und Art der Verzinsung, Ausgabekurs, Laufzeit und Stückelung, Verwässerungsschutzbestimmungen, Options- bzw. Wandlungszeitraum sowie den Options- und Wandlungspreis festzusetzen bzw. im Einvernehmen mit den Organen der die Schuldverschreibungen begebenden in- oder ausländischen Mehrheitsbeteiligungsgesellschaften der Gesellschaft festzulegen.

c) Schaffung eines neuen Bedingten Kapitals [*neu*] [→ Rz. 1120 f.]   1090

Das Grundkapital der Gesellschaft wird um bis zu […] € durch Ausgabe von bis zu […] neuen auf den Inhaber lautenden Stückaktien bedingt erhöht (bedingtes Kapital). Die bedingte Kapitalerhöhung dient der Gewährung von Aktien an die Inhaber bzw. Gläubiger von Options- und/oder Wandelschuldverschreibungen, Gewinnschuldverschreibungen und/oder Genussrechten mit Options- und/oder Wandlungsrechten bzw. -pflichten, die gem. vorstehender Ermächtigung zu lit. b) begeben werden. Die bedingte Kapitalerhöhung ist nur insoweit durchzuführen, wie von Options- bzw. Wandlungsrechten Gebrauch gemacht wird oder Wandlungspflichten aus solchen Schuldverschreibungen erfüllt werden und das Bedingte Kapital [*neu*] nach Maßgabe der Anleihebedingungen benötigt wird. Die Ausgabe der neuen Aktien erfolgt zu dem nach Maßgabe der vorstehenden Ermächtigung zu lit. b) jeweils zu bestimmenden Options- bzw. Wandlungspreis. Die neuen Aktien nehmen vom Beginn des Geschäftsjahres an, in dem sie aufgrund der Ausübung von Options- bzw. Wandlungsrechten oder der Erfüllung von Wandlungspflichten ausgegeben werden, am Gewinn teil. Der Vorstand wird ermächtigt, mit Zustimmung des Aufsichtsrats die weiteren Einzelheiten der Durchführung der bedingten Kapitalerhöhung festzusetzen.

1091   d) Satzungsänderung in Anpassung an die Schaffung eines neuen Bedingten Kapitals [*neu*] [→ Rz. 1120]

§ [...] der Satzung wird aufgehoben und wie folgt neu gefasst:

„(...) Das Grundkapital ist um bis zu [...] € durch Ausgabe von bis zu [...] neuen, auf den Inhaber lautenden Stückaktien bedingt erhöht (Bedingtes Kapital [*neu*]). Die bedingte Kapitalerhöhung wird nur so weit durchgeführt, wie die Inhaber bzw. Gläubiger von Options- und/oder Wandlungsschuldverschreibungen, Gewinnschuldverschreibungen und/oder Genussrechten mit Options- und/oder Wandlungsrechten bzw. -pflichten, die die Gesellschaft oder ihre in- oder ausländischen Mehrheitsbeteiligungsgesellschaften aufgrund des Ermächtigungsbeschlusses der Hauptversammlung vom [*Datum*] bis zum [*Datum*] ausgegeben hat, von ihren Options- bzw. Wandlungsrechten aus diesen Schuldverschreibungen Gebrauch machen oder ihre Pflicht zur Wandlung erfüllen, und zwar in allen Fällen jeweils soweit das Bedingte Kapital [*neu*] nach Maßgabe der Options- bzw. Wandlungsanleihebedingungen benötigt wird. Die Ausgabe der neuen Aktien erfolgt zu dem nach Maßgabe des vorstehend bezeichneten Ermächtigungsbeschlusses jeweils zu bestimmenden Options- bzw. Wandlungspreis. Die neuen Aktien nehmen vom Beginn des Geschäftsjahres an, für das zum Zeitpunkt ihrer Ausgabe noch kein Beschluss über die Verwendung des Bilanzgewinns gefasst worden ist, am Gewinn teil. Der Vorstand ist ermächtigt, mit Zustimmung des Aufsichtsrats die weiteren Einzelheiten der Ausgabe und Ausstattung der Options- und Wandelschuldverschreibungen festzulegen."

1092   Der schriftliche Bericht des Vorstands gem. §§ 221 Abs. 4 Satz 2, 186 Abs. 4 Satz 2 AktG über die Gründe für die Ermächtigung des Vorstands, das Bezugsrecht der Aktionäre bei der Ausgabe von Options- und/oder Wandelschuldverschreibungen, Gewinnschuldverschreibungen und/oder Genussrechten (bzw. Kombinationen dieser Instrumente) auszuschließen, ist im Anschluss an diesen Tagesordnungspunkt abgedruckt. Der Bericht wird von der Einberufung an auf der Internetseite der Gesellschaft unter http:// [*Internetseite der Gesellschaft mit Pfadangabe*] und in der ordentlichen Hauptversammlung der Gesellschaft zugänglich gemacht. [→ Rz. 1134]

1093   **Schriftlicher Bericht des Vorstands gem. §§ 221 Abs. 4 Satz 2, 186 Abs. 4 Satz 2 AktG zu Punkt [...] der Tagesordnung über die Gründe für die Ermächtigung des Vorstands, das Bezugsrecht der Aktionäre bei der Ausgabe von Options- und/oder Wandelschuldverschreibungen, Gewinnschuldverschreibungen und/oder Genussrechten (bzw. Kombinationen dieser Instrumente) auszuschließen.**

1094   Durch den Beschluss der ordentlichen Hauptversammlung der Gesellschaft [*Datum*] wurde der Vorstand ermächtigt, bis zum [*Datum*] einmalig oder mehrfach auf den Inhaber lautende Options- und/oder Wandelschuldverschreibungen oder eine Kombination dieser Instrumente zu begeben. Zu ihrer Bedienung wurde das in § [...] der Satzung geregelte bedingte Kapital [*alt*] in Höhe von bis zu [...] € geschaffen. Die Ermächtigung soll durch eine neue Ermächtigung ersetzt werden. Zugleich soll das Bedingte Kapital [*alt*] aufgehoben werden, weil unter der bestehenden Ermächtigung keine Options- und/oder Wandelschuldverschreibungen ausgegeben wurden und dieses Kapital daher nicht benötigt wird. An ihre Stelle soll das neu zu beschließende Bedingte Kapital [*neu*] treten.

Die Begebung von Schuldverschreibungen kann zusätzlich zu den klassischen Möglichkeiten der Fremd- und Eigenkapitalaufnahme der Gesellschaft die Möglichkeit bieten, je nach Marktlage attraktive Finanzierungsalternativen am Kapitalmarkt zu nutzen. Der Gesellschaft fließt zumeist zinsgünstig Fremdkapital zu, das ihr später unter Umständen als Eigenkapital erhalten bleibt. Um der Gesellschaft diese Möglichkeit einer zinsgünstigen Fremdfinanzierung zu erhalten und zugleich größere wirtschaftliche Spielräume als unter den bestehenden Ermächtigungen einzuräumen, sollen die bestehenden Ermächtigungen aufgehoben und durch eine neue Ermächtigung ersetzt werden. [→ Rz. 1082] **1095**

Die vorgeschlagene Ermächtigung zur Ausgabe von Options- und/oder Wandelschuldverschreibungen, Gewinnschuldverschreibungen und/oder Genussrechten (zusammen auch „Schuldverschreibungen") im Gesamtnennbetrag von bis zu [...] € sowie zur Schaffung des entsprechenden bedingten Kapitals von bis zu [...] € soll dem Vorstand mit Zustimmung des Aufsichtsrats insbesondere bei Eintritt günstiger Kapitalmarktbedingungen den Weg zu einer im Interesse der Gesellschaft liegenden flexiblen und zeitnahen Finanzierung eröffnen. [→ Rz. 1083] **1096**

Die ferner vorgesehene Möglichkeit, neben der Einräumung von Options- und/oder Wandlungsrechten auch Wandlungspflichten zu begründen, erweitert den Spielraum für die Ausgestaltung dieses Finanzierungsinstruments. Die Ermächtigung gibt der Gesellschaft die erforderliche Flexibilität, die Schuldverschreibungen selbst oder über in- oder ausländische Mehrheitsbeteiligungsgesellschaften zu platzieren. Schuldverschreibungen können außer in Euro auch in ausländischen gesetzlichen Währungen, wie beispielsweise eines OECD-Landes, mit und ohne Laufzeitbegrenzung ausgegeben werden. [→ Rz. 1083 f.] **1097**

Den Aktionären ist grundsätzlich ein Bezugsrecht zu gewähren. Bei einer Platzierung über in- oder ausländische Mehrheitsbeteiligungsgesellschaften muss die Gesellschaft ebenfalls sicherstellen, dass den Aktionären der Gesellschaft das gesetzliche Bezugsrecht gewährt wird. Um die Abwicklung zu erleichtern, ist die Möglichkeit vorgesehen, die Schuldverschreibungen an ein oder mehrere Kreditinstitute oder Unternehmen i. S. v. § 186 Abs. 5 AktG mit der Verpflichtung auszugeben, den Aktionären die Schuldverschreibungen entsprechend ihrem Bezugsrecht zum Bezug anzubieten (sog. mittelbares Bezugsrecht). Der Vorstand soll jedoch auch ermächtigt werden, mit Zustimmung des Aufsichtsrats Spitzenbeträge vom Bezugsrecht auszunehmen. Solche Spitzenbeträge können sich aus dem Betrag des jeweiligen Emissionsvolumens und der Darstellung eines praktikablen Bezugsverhältnisses ergeben. Ein Ausschluss des Bezugsrechts für Spitzenbeträge erleichtert in diesen Fällen die Abwicklung der Kapitalmaßnahme. Die vom Bezugsrecht der Aktionäre ausgeschlossenen freien Spitzen werden entweder durch Verkauf über die Börse oder in sonstiger Weise bestmöglich für die Gesellschaft verwertet. Durch die Beschränkung auf Spitzenbeträge erleiden die Aktionäre keine nennenswerte Verwässerung; sie ist nach Ansicht des Vorstands sachlich gerechtfertigt und angemessen. [→ Rz. 1088, 1115] **1098**

1099 Der Vorstand soll ferner ermächtigt werden, mit Zustimmung des Aufsichtsrats das Bezugsrecht der Aktionäre insoweit auszuschließen, als sich die Ausgabe von Aktien aufgrund von Options- bzw. Wandlungsrechten oder Wandlungspflichten auf bis zu 10 % des Grundkapitals der Gesellschaft beschränkt. Durch diese Möglichkeit des Ausschlusses des Bezugsrechts erhält die Gesellschaft die Flexibilität, günstige Kapitalmarktsituationen kurzfristig wahrzunehmen und durch eine marktnahe Festsetzung der Konditionen bessere Bedingungen bei der Festlegung von Zinssatz und Ausgabepreis der Schuldverschreibung zu erreichen. [→ Rz. 1116 f.]

1100 Maßgeblich hierfür ist, dass im Gegensatz zu einer Emission von Schuldverschreibungen mit Bezugsrecht der Ausgabepreis erst unmittelbar vor der Platzierung festgesetzt werden kann, wodurch ein erhöhtes Kursänderungsrisiko für den Zeitraum einer Bezugsfrist vermieden werden kann. Bei Gewährung eines Bezugsrechts müsste dagegen der Bezugspreis bis zum drittletzten Tag der Bezugsfrist veröffentlicht werden. Angesichts der häufig zu beobachtenden Volatilität an den Aktienmärkten besteht damit ein Marktrisiko über mehrere Tage, welches zu Sicherheitsabschlägen bei der Festlegung der Anleihekonditionen führt. Die Bezugsfrist erschwert es auch, kurzfristig auf günstige Marktverhältnisse zu reagieren. Insbesondere bei Schuldverschreibungen kommt hinzu, dass bei Gewährung eines Bezugsrechts wegen der Ungewissheit über seine Ausübung die erfolgreiche Platzierung bei Dritten gefährdet bzw. mit zusätzlichen Aufwendungen verbunden ist. Indem der Ausgabepreis der Schuldverschreibungen in diesen Fällen nicht wesentlich unter ihrem nach anerkannten finanzmathematischen Methoden ermittelten rechnerischen Marktwert festgelegt wird, soll dem Schutzbedürfnis der Aktionäre hinsichtlich einer wirtschaftlichen Verwässerung ihres Anteilsbesitzes Rechnung getragen werden. Bei einem Ausgabepreis zum Marktwert sinkt der Wert des Bezugsrechts praktisch auf Null. Den Aktionären entsteht damit kein wesentlicher wirtschaftlicher Nachteil durch einen Bezugsrechtsausschluss. Der Vorstand wird bestrebt sein, einen möglichst hohen Ausgabepreis zu erzielen und den wirtschaftlichen Abstand zu dem Preis, zu dem die bisherigen Aktionäre Aktien über den Markt zukaufen können, möglichst niedrig zu bemessen. Aktionäre, die ihren Anteil am Grundkapital der Gesellschaft aufrechterhalten möchten, können dies durch einen Zukauf über den Markt zu annähernd gleichen Konditionen erreichen. Auch eine relevante Einbuße der Beteiligungsquote scheidet aus Sicht der Aktionäre aus.

1101 Die Ermächtigung ist auf die Ausgabe von Options- bzw. Wandlungsrechten (auch mit Wandlungspflichten) beschränkt, auf die bis zu 10 % des Grundkapitals der Gesellschaft entfallen. Auf diese 10 %-Grenze des Grundkapitals ist eine anderweitige Ausgabe von Aktien oder Veräußerung von eigenen Aktien einzurechnen, soweit diese unter Ausschluss des Bezugsrechts entsprechend § 186 Abs. 3 Satz 4 AktG während der Laufzeit der vorgeschlagenen Ermächtigung erfolgt. Durch diese Einbeziehung wird sichergestellt, dass keine Options- und/oder Wandelschuldverschreibungen ausgegeben werden, wenn dies dazu führen würde, dass insgesamt für mehr als 10 % des Grundkapitals das Bezugsrecht der Aktionäre in unmittelbarer oder mittelbarer Anwendung von § 186 Abs. 3 Satz 4 AktG ausgeschlossen wird. Diese weitergehende Beschränkung liegt im Interesse der Aktionäre, die bei entsprechenden Kapitalmaßnahmen ihre Beteiligungsquote möglichst aufrechterhalten wollen; ihr zusätzliches Investment kann sich in diesen Fällen auf maximal 10 % ihres Aktienbesitzes beschränken.

1102 Das Bezugsrecht soll auch ausgeschlossen werden können, soweit es erforderlich ist, um den Inhabern oder Gläubigern von Schuldverschreibungen mit Options- und/oder Wandlungsrechten bzw. Wandlungspflichten, die bei Ausnutzung der Ermächtigung von der Gesellschaft oder in- oder ausländischen Mehrheitsbeteiligungsgesellschaften ausgegeben worden sind, ein Bezugsrecht auf Schuldverschreibungen zu geben, wie es ihnen nach Ausübung des Options- bzw. Wandlungsrechts bzw. nach Erfüllung einer Wandlungspflicht als Aktionär zustehen würde. [→ Rz. 1088] Zur leichteren Platzierbarkeit von Schuldverschreibungen am Kapitalmarkt enthalten die entsprechenden Anleihebedingungen in der Regel einen Verwässerungsschutz. [→ Rz. 1087] Eine Möglichkeit des Verwässerungsschutzes besteht darin, dass den Inhabern oder Gläubigern der Schuldverschreibungen bei nachfolgenden Emissionen ein Bezugsrecht auf Schuldverschreibungen eingeräumt wird, wie es Aktionären zusteht. Sie werden damit so gestellt, als seien sie bereits Aktionäre. Um die Schuldverschreibungen mit einem solchen Verwässerungsschutz ausstatten zu können, muss das Bezugsrecht der Aktionäre auf die Schuldverschreibungen ausgeschlossen werden. Dies dient der erleichterten Platzierung der Schuldverschreibungen und damit den Interessen der Aktionäre an einer optimalen Finanzstruktur der Gesellschaft. [→ Rz. 1119]

Alternativ könnte zum Zweck des Verwässerungsschutzes lediglich der Options- oder Wandlungspreis herabgesetzt werden, soweit die Anleihebedingungen dies zulassen. Dies wäre in der Abwicklung für die Gesellschaft jedoch komplizierter und kostenintensiver. **1103**

Zudem würde es den Kapitalzufluss aus der Ausübung von Options- und Wandlungsrechten mindern. Denkbar wäre es auch, Schuldverschreibungen ohne Verwässerungsschutz auszugeben. Diese wären jedoch für den Markt wesentlich unattraktiver. **1104**

Soweit schließlich Genussrechte oder Gewinnschuldverschreibungen ohne Options- oder Wandlungsrechte oder Wandlungspflichten ausgegeben werden sollen, ist der Vorstand ermächtigt, mit Zustimmung des Aufsichtsrats das Bezugsrecht der Aktionäre insgesamt auszuschließen, wenn diese Genussrechte oder Gewinnschuldverschreibungen obligationsähnlich ausgestattet sind, d. h. wenn sie keine Mitgliedschaftsrechte in der Gesellschaft begründen, keine Beteiligung am Liquidationserlös gewähren und wenn die Höhe der Verzinsung nicht auf Grundlage der Höhe des Jahresüberschusses, des Bilanzgewinns oder der Dividende berechnet wird. Außerdem muss die Verzinsung und der Ausgabebetrag der Genussrechte oder Gewinnschuldverschreibungen den zum Zeitpunkt der Begebung aktuellen Marktkonditionen entsprechen. Wenn diese Voraussetzungen erfüllt sind, folgen aus dem Ausschluss des Bezugsrechts keine Nachteile für die Aktionäre, weil die Genussrechte bzw. Gewinnschuldverschreibungen keine Mitgliedschaftsrechte begründen und auch keinen Anteil am Liquidationserlös oder am Gewinn der Gesellschaft gewähren. **1105**

II. Erläuterungen [→ Rz. 1082 ff.]

1. Einführung

Das Muster enthält einen ausführlichen Beschlussvorschlag einer bedingten Kapitalerhöhung **Ausgabe von Options- und/oder Wandelschuldverschreibungen,** Genussrechten und/oder Gewinnschuldverschreibungen. Bedingtes Kapital darf nur zu den in § 192 Abs. 2 AktG abschließend genannten Zwecken beschlossen werden. Das bedingte Kapital dient im Rahmen dieser zwingenden **Zweckbestimmung** der bedarfsgesteuerten Bedienung von Bezugsrechten unter Ausschluss des gesetzlichen Bezugsrechts der Aktionäre. Die Interessen der Aktionäre werden durch die Zweckbindung nach § 192 Abs. 2 AktG, durch die Beschlussinhalte nach § 193 Abs. 2 AktG, durch die Kapitalbegrenzung nach § 192 Abs. 3 AktG sowie schließlich im Falle der Ausgabe von Wandelschuldverschrei- **1106** bungen und Genussrechten i. S. d. § 221 AktG durch das dort in Abs. 4 Satz 1 bestimmte Bezugsrecht der Aktionäre geschützt.

1107 Von den diversen in § 192 Abs. 2 AktG genannten Zwecken kommt die dort unter Nummer 2 genannte Möglichkeit der Bereitstellung von Aktien für einen **geplanten Unternehmenszusammenschluss** in der Praxis selten vor. Dies liegt daran, dass in dem Beschluss über die bedingte Kapitalerhöhung gem. § 193 Abs. 2 Nr. 2 AktG das Zusammenschlussvorhaben unter Bezugnahme auf ein bestimmtes Unternehmen, insbesondere auf die Bezugsberechtigten gem. § 193 Abs. 2 Nr. 2 AktG, konkretisiert werden muss. Wenn außerdem Sacheinlagen in Rede stehen, müssen im Beschluss die in § 194 Abs. 1 AktG genannten Angaben gemacht werden. Dies ist für eine längere Zeit im Voraus entweder nicht möglich oder nicht tunlich. Als Alternative kommt daher im Wesentlichen nur die Ausnutzung des genehmigten Kapitals in Betracht. Theoretisch kommen für die Verwendung bedingten Kapitals jedoch Verschmelzungen, der Abschluss von Beherrschungs- oder Gewinnabführungsverträgen, die Mehrheitseingliederung nach § 320a AktG oder der Erwerb fremder Anteile gegen eigene Aktien in Betracht. Da der Gesetzestext rechtsformneutral von „Unternehmen" spricht, kommen hierfür nicht nur andere Aktiengesellschaften, sondern sämtliche Kapitalgesellschaften, Personengesellschaften sowie auch einzelkaufmännische Unternehmen in Frage.[483]

1108 Das hier vorgestellte Muster greift den in § 192 Abs. 2 Nr. 1 AktG genannten Zweck auf, nämlich das bedingte Kapital zur **Gewährung von Umtausch- und Bezugsrechten** der Gläubiger bzw. Inhaber von Options- und oder Wandelschuldverschreibungen. Diese Finanzierungsinstrumente sind nach Inkrafttreten des ARUG im Sommer 2009 wieder von hoher praktischer Relevanz, nachdem in der jüngeren Vergangenheit eine einschränkende Auslegung des § 193 Abs. 2 Nr. 3 AktG (Festlegung des Ausgabebetrags) durch mehrere Instanzgerichte die Angabe nur eines Mindestbetrages für gesetzeswidrig erachtete.[484] Diese Anforderung schloss jedoch eine marktgerechte Festsetzung der Options- bzw. Wandlungspreise im Wege des sog. Bookbuilding-Verfahrens aus. Der Gesetzgeber des ARUG ist dem durch die Klarstellung in § 193 Abs. 2 Nr. 3, Halbs. 2 AktG entgegengetreten, nachdem bereits der BGH durch Urteil vom 18.5.2009 die Festsetzung eines Mindestausgabebetrages für genügend erklärt hatte.[485]

1109 Ein weiterer praktisch bedeutsamer Anwendungsfall des bedingten Kapitals ist die in § 192 Abs. 2 Nr. 3 AktG genannte **Gewährung von Bezugsrechten an Arbeitnehmer oder Mitglieder der Geschäftsführung** der Gesellschaft oder verbundener Unternehmen. („Stock Options") Die Unterlegung eines Aktienoptionsplans mit genehmigtem Kapital wäre zwar theoretisch denkbar, angesichts der nur fünfjährigen Ermächtigungsfrist und des Umstands, dass die Aktien erst durch Eintragung im Handelsregister entstehen, allerdings unpraktikabel.[486] Ein Einsatz eigener Aktien kommt jedoch (alternativ oder kumulativ) zum bedingten Kapital grundsätzlich in Betracht. Weil Aktienoptionspläne von der Aktionärsöffentlichkeit und dem Gesetzgeber[487] zunehmend kritisch gesehen werden, wird in der aktuellen Praxis eher über den Einsatz eigener oder aus genehmigtem Kapital

483) Vgl. *Hüffer*, AktG, § 192 Rz. 14.
484) OLG Hamm, ZIP 2008, 923 f.; OLG Celle, AG 2008, 85; KG, ZIP 2008, 648; siehe dazu nur *Veil* in: Schmidt/Lutter, AktG, § 193 Rz. 9.
485) BGH v. 15.5.2009 – Mindestausgabebetrag, BGHZ 181, 144, 153.
486) *Schröer* in: Semler/Volhard/Reichert, Arbeitshdb. HV, § 24 Rz. 9 f.
487) Zur aktuellen Diskussion siehe nur *Ringleb*, Deutscher Corporate Governance Kodex, Rz. 751 und die Ziffer 4.2.3 Satz 6 und 7 DCGK; *Fuchs* in: MünchKomm, AktG, § 192 Rz. 68 ff., 74 ff.

neu geschaffener Aktien zur direkten Ausgabe an die Belegschaft [488] oder Varianten des Aktienoptionsplans, wonach die Aktien bei Erreichung bestimmter Performance-Ziele zum geringsten Ausgabebetrag an die Begünstigten abgegeben werden,[489] nachgedacht. Dazu tragen auch ungünstige bilanzrechtliche und steuerliche Regeln für Aktienoptionen und die jüngst immer volatileren Märkte neben einem hohen Aufwand ihrer laufenden Verwaltung bei.[490] Vom Abdruck eines Musters mit einem herkömmlichen Aktienoptionsplans ist daher hier abgesehen worden. Einige Anmerkungen zu der aktuellen Gesetzeslage sind nachstehend unter Rz. 1123 ff. (Ziffer 6.) enthalten.

2. Beschlussinhalte der Ermächtigung nach § 221 AktG [→ Rz. 1082 ff.]

Unter lit. a) werden zunächst die bestehende Ermächtigung und ein bereits bestehendes bedingtes Kapital aufgehoben. Dies kann nur insoweit erfolgen, als dieses bedingte Kapital nicht oder nicht mehr zur Bedienung von aufgrund einer Ermächtigung der Hauptversammlung ausgegebenen Instrumenten i. S. d. § 221 AktG benötigt wird. Dies kann bis zum Ablauf der jeweiligen Instrumente möglich sein, also lange über den fünfjährigen Ermächtigungszeitraum zu ihrer Ausgabe hinaus. Üblicherweise erfolgt dies schon durch den Aufsichtsrat im Rahmen der jährlichen Anmeldung der Bezugsaktien durch den Vorstand nach § 201 AktG, indem zugleich dazu die erhöhte Kapitalziffer der Satzung und die Absenkung des verbleibenden bedingten Kapitals infolge der Aktienausgabe nach § 179 Abs. 1 Satz 2 AktG angemeldet wird.[491] Obwohl die Satzungsänderung erst nach letzter Ausübung zwingend ist, ist es aus Gründen der Übersichtlichkeit und für die Berechnung der 10 %igen Kapitalhöchstgrenze empfehlenswert, diese Anpassungen jährlich vorzunehmen. **1110**

Der Beschlussvorschlag zu lit. b) enthält dann die nach § 221 Abs. 1 AktG erforderliche Ermächtigung des Vorstands zur Ausgabe von Schuldverschreibungen, die Umtausch- oder Bezugsrechte auf Aktien einräumen. Das Muster orientiert sich dabei an dem Ziel, eine möglichst weitgehende Gestaltungsfreiheit für den Vorstand zu schaffen. Hierfür gilt die **maximale Ermächtigungsdauer von fünf Jahren** gem. § 221 Abs. 2 Satz 1 AktG. Für die Höhe des Nennbetrags des genehmigten Kapitals bestimmt § 192 Abs. 3 AktG, dass dieser die Hälfte des Grundkapitals nicht übersteigen darf. Die **50 %-Grenze** bezieht sich auf das eingetragene Grundkapital der Gesellschaft zum Zeitpunkt der Beschlussfassung und erlaubt damit nicht, wie beim genehmigten Kapital, die Berücksichtigung gleichzeitig beschlossener und gleichzeitig wirksam werdender Kapitalveränderungen. [→ Rz. 1083 ff.] **1111**

---

488) Vgl. die Gestaltungen zum genehmigten Kapital mit anschliessendem Rückkauf und *verbilligter* Abgabe an die Mitarbeiter, siehe *Veil* in: Schmidt/Lutter, AktG, § 202 Rz. 31; ggf. auch im Rahmen sog. Share Matching Pläne, wonach die Mitarbeiter aus eigenen Mitteln Aktien kaufen und nach Ablauf einer Wartefrist weitere Aktien unentgeltlich hinzu erhalten, dazu *Wagner*, BB 2010, 1739.

489) Sog. Performance Shares, die anstelle einer langfristigen variablen Vergütung zum geringsten Ausgabebetrag, also mithin fast unentgeltlich, aus bedingtem Kapital erworben werden können, wenn die in den Optionen festgelegten Ziele erreicht wurden. Hierdurch wird der Verwässerungseffekt für die Aktionäre deutlich reduziert und die Begünstigten stehen nicht unter einem sofortigen Verkaufsdruck. Solche Programme haben etwa die LINDE AG (2007), Deutsche Wohnen AG (2008) und Manz Automation AG (2008) aufgelegt.

490) Siehe nur *Harrer*, Mitarbeiterbeteiligung, S. 62 ff., 92 ff. (Rechtsstand März 2004); *Rieckers* in: Spindler/Stilz, AktG, § 192 Rz. 65, 69 ff.; *Fuchs* in: MünchKomm, AktG, § 192 Rz. 118 ff. und 130 ff.

491) *Rieckers* in: Spindler/Stilz, AktG, § 201 Rz. 9.

1112 Weiterer Beschlussinhalt zu lit. b) ist der **Gesamtnennbetrag** der auszugebenden Options- bzw. Wandelschuldverschreibungen, was zwar nicht ausdrücklich gesetzlich vorgeschrieben ist, sich jedoch aus dem Schutzzweck der Norm ergibt und nach allgemeiner Meinung daher anzugeben ist.[492] Zwingender Beschlussinhalt ist ferner die Angabe der **Art der auszugebenden Schuldverschreibungen**, wobei es in dem vorgeschlagenen Muster dem Vorstand freigestellt wird, Options- oder Wandelschuldverschreibungen, Genussrechte und/oder Gewinnschuldverschreibungen (bzw. Kombinationen dieser Instrumente) auszugeben. Wandelschuldverschreibungen sind verzinsliche Schuldverschreibungen, die ein Umtauschrecht in Aktien gewähren. Als Optionsschuldverschreibungen werden demgegenüber solche Schuldverschreibungen beschrieben, die neben dem Recht auf Rückzahlung des Nennbetrags nach Ablauf der Laufzeit und der Verzinsung das zusätzliche Recht zum Erwerb von Aktien gegen ein festgelegtes Entgelt einräumen. Dieses Bezugsrecht kann von einem bestimmten, festzusetzenden Zeitpunkt an von der Anleihe getrennt und als selbständiges Wertpapier gehandelt werden. Optionsschein und Optionsanleihe nehmen dann getrennte Wege. Eine mögliche Wandlungspflicht muss bereits im Hauptversammlungsbeschluss festgelegt werden. [→ Rz. 1084]

1113 Fakultativ, aber üblich, ist die Festlegung weiterer, wesentlicher **Einzelheiten der Anleihebedingungen**, deren Ausgestaltung entweder ganz dem Vorstand oder – wie hier im Muster – der Hauptversammlung überlassen werden kann.[493] Vorgesehen ist hier unter anderem zunächst die Ermächtigung zur Begebung der Options- oder Wandelschuldverschreibungen durch eine Tochtergesellschaft mit **Garantie der Obergesellschaft**.[494] Nach herrschender Meinung wird für solche Anleihen § 221 AktG analog angewandt. Eine **maximale Laufzeit** der Schuldverschreibungen kann in den Beschlussvorschlag aufgenommen werden. Auf dem Kapitalmarkt haben sich aber inzwischen auch Schuldverschreibungen ohne Laufzeitbegrenzung etabliert. Weitere Einzelheiten, die der Hauptversammlungsbeschluss behandeln kann, betreffen die Bedingungen der Wandlung bzw. Wahlrechte der Gesellschaft als Anleiheschuldner, das Umtausch- oder Wandelverhältnis, die Abwicklung des Umtauschs oder sonstige Fälligkeits- oder Kündigungsbestimmungen. Die Wahl der insoweit gegebenen Möglichkeiten hängt von den Zielen und den Verhältnissen der emittierenden Gesellschaft ab. [→ Rz. 1083 ff.] Im Übrigen sieht das Muster unter lit. b) Ziffer (6) eine abschließende Ermächtigung des Vorstands vor, mit Zustimmung des Aufsichtsrats alle verbleibenden Details der Anleihebedingungen festzusetzen. [→ Rz. 1089]

1114 Nach § 193 Abs. 2 Nr. AktG müssen allerdings ein Mindestausgabebetrag der jungen Aktien oder die Grundlagen für seine Berechnung (Options- oder Wandlungspreis für die Inhaber der Schuldverschreibungen) zwingend angegeben werden. Aus Gründen der Flexibilität bei der Ausgabe und der Bepreisung der Schuldverschreibungen wird in der Praxis regelmäßig von dieser Ermächtigung Gebrauch gemacht und auf eine größere Fixierung des Ausgabepreises verzichtet (siehe oben Rz. 1108). Dabei wird, wie hier unter lit. b) Ziffer (3) des Musters (Rz. 1086), üblicherweise eine Formulierung gewählt, die als Mindestbetrag auf einen bestimmten Prozentsatz kleiner 100 des durchschnittlichen Bör-

---

492) Siehe nur *Hüffer*, AktG, § 221 Rz. 10; *Habersack* in: MünchKomm AktG, § 221 Rz. 135 (zumindest Höchstbetrag); *Schröer* in: Semler/Volhard/Reichert, Arbeitshdb. HV, § 23 Rz. 28.

493) Zu üblichen Inhalten der Anleihebedingungen siehe etwa *Schlitt/Hemeling* in: Habersack, Unternehmensfinanzierung, § 10 Rz. 49 ff.

494) Vgl. hierzu *Schröer* in: Semler/Volhard/Reichert, Arbeitshdb. HV, § 23 Rz. 31; *Hüffer*, AktG, § 221 Rz. 70 ff.

senkurses innerhalb eines bestimmten Zeitraums abstellt. Damit sollen auch größere Kursschwankungen aufgefangen werden können.

3. Bezugsrecht [→ Rz. 1088]

Das gesetzlich vorgeschriebene **Bezugsrecht der Aktionäre** gem. § 221 Abs. 4 AktG ist (alternativ) in Form eines mittelbaren Bezugsrechts entsprechend § 186 Abs. 5 AktG ausgestaltet. Der vorgesehene Ausschluss des Bezugsrechts für Spitzenbeträge bei Ausnutzung der erbetenen Ermächtigung durch runde Beträge erleichtert die Abwicklung der Kapitalmaßnahme. [→ Rz. 1098]   **1115**

Für den **Bezugsrechtsausschluss** bei Ausgabe von Options- und/oder Wandelschuldverschreibungen gegen einen börsenkursnahen Ausgabepreis gilt nach § 221 Abs. 4 Satz 2 AktG die Bestimmung des § 186 Abs. 3 Satz 4 AktG sinngemäß. Entsprechend hat der Vorstand über die Gründe für seine Ermächtigung, das Bezugsrecht der Aktionäre auszuschließen, schriftlich zu berichten. [→ Rz. 1088]   **1116**

Wird von dieser Möglichkeit zum **vereinfachten Bezugsrechtsausschluss** Gebrauch gemacht, darf die dort geregelte Grenze für Bezugsrechtsausschlüsse von zehn Prozent des Grundkapitals nicht überschritten werden. Entsprechend sieht das Muster eine ausdrückliche Beschränkung der Ermächtigung auch zusammen mit etwaigen Ausnutzungen genehmigten Kapitals oder Veräußerungen eigener Aktien vor. Aus § 186 Abs. 3 Satz 4 AktG ergibt sich weiterhin, dass der Ausgabepreis den Börsenkurs nicht wesentlich unterschreiten darf.   **1117**

Schwierigkeiten bereitet insoweit die Ermittlung des börsenkursnahen Preises, da der Options- oder Wandlungspreis nebst Zinssatz und Ausgabekurs der Anleihe sowie Dauer der Optionsfrist preisbestimmende Elemente sind, die einen unmittelbaren Vergleich mit dem Börsenkurs für die Aktien selbst erschweren, wobei aber der Wert finanzmathematisch im Ergebnis durchaus ermittelbar ist. Hierdurch wird sichergestellt, dass eine nennenswerte wirtschaftliche Verwässerung des Werts der Aktien nicht eintritt. Bei einem börsenkursnahen Wert sinkt der rechnerische Marktwert eines Bezugsrechts auf beinahe null, so dass den Aktionären durch den Bezugsrechtsausschluss kein nennenswerter wirtschaftlicher Nachteil entstehen kann. Sie haben zudem die Möglichkeit, ihren Anteil am Grundkapital der Gesellschaft zu annähernd gleichen Bedingungen im Wege eines Erwerbs der erforderlichen Aktien über die Börse aufrechtzuerhalten. Der erleichterte Bezugsrechtsausschluss ist daher aber auch bei Schuldverschreibungen grundsätzlich als zulässig anerkannt und üblich.[495] [→ Rz. 1099 ff.]   **1118**

Schließlich ist im Muster unter lit. b) Ziffer (5) dritter Spiegelstrich ein Bezugsrechtsausschluss für die Fälle vorgesehen, in denen die Inhaber der Schuldverschreibungen nach Wandlung als Aktionäre ein Bezugsrecht haben würden. [→ Rz. 1088] Damit sollen ausweislich des Vorstandsberichts Ansprüche der Inhaber aus Verwässerungsschutzklauseln der Anleihebedingungen bedient werden können (siehe Rz. 1102).   **1119**

---

495) OLG München v. 1.6.2006, NZG 2006, 784; OLG Braunschweig v. 29.7.1998, WM 1998, 1929; *Schröer* in: Semler/Volhard/Reichert, Arbeitshdb. HV, § 23 Rz. 52 ff.; *Schlitt/Seiler/Singhof*, AG 2003, 254, 259 ff.; *Habersack* in: MünchKomm AktG, § 221 Rz. 190 f; *Hüffer*, AktG, § 221 Rz. 43a; *Schlitt/Hemeling in:* Habersack, Unternehmensfinazierung, § 10 Rz. 45.

4. Bedingtes Kapital [→ Rz. 1010]

1120 Der Beschluss zu lit. c) dient der **Schaffung des eigentlichen bedingten Kapitals**. Der Beschluss ist nicht notwendigerweise Satzungsänderung, muss jedoch als solcher gem. § 195 AktG zum Handelsregister angemeldet und dort eingetragen und bekannt gemacht werden (§ 196 AktG). Die Beschlussinhalte ergeben sich aus § 193 Abs. 2 und § 194 Abs. 1 AktG. Sie nehmen in dem vorgeschlagenen Muster konkret auf die erteilten Ermächtigungen zu lit. b) des vorgeschlagenen Beschlusses Bezug. Darüber hinaus ist vorgeschrieben, die Zahl der maximal auszugebenden neuen Stückaktien (bei Nennbetragsaktien den maximalen Gesamtnennbetrag) und die Art und Gattung der Aktien anzugeben, sofern sie nicht schon aus der Satzung folgen. Ferner müssen die Bezugsberechtigten ausdrücklich benannt werden.[496)]

1121 Fakultativ, aber sinnvoll ist die Bestimmung des Zeitpunktes, an dem die neuen Aktien **dividendenberechtigt** sind. Die Entstehung der neuen Aktienrechte richtet sich, ohne dass dies hier näher im Beschluss über das bedingte Kapital angeführt werden muss, nach § 198 AktG in Verbindung mit den Anleihebedingungen sowie nach §§ 199, 200, 201 AktG. Da infolge dieser Bestimmungen nicht absehbar ist, wann die neuen Aktien durch die Ausübung von Wandlungsrechten entstehen und damit dividendenberechtigt werden, ist dafür Sorge zu tragen, dass bei börsennotierten Aktien keine unterschiedliche Gewinnberechtigung im Vergleich zu den schon existierenden Aktien entsteht. Diese würde unterschiedliche Gattungen (§ 11 AktG) begründen und börsenrechtlich zumindest bis zur Wiederherstellung des Gleichlaufs in der Dividendenberechtigung eine gesonderte Notierung nach sich ziehen, was je nach betroffenem Volumen der Bezugsaktien Einschränkungen in der Handelbarkeit bedeuten kann. Im Muster ist vorgesehen, dass die Bezugsaktien für das zum Zeitpunkt ihrer Entstehung laufende Jahr dividendenberechtigt sind. Bei Wandlung vor dem Tag der Ausschüttung für das vergangene Geschäftsjahr besteht damit eine unterschiedliche Berechtigung. Soll auch dies vermieden werden, muss für diese Fälle eine Gewinnberechtigung auch für das vergangene Geschäftsjahr eingeräumt werden. Dabei wird teilweise ein Eingriff in die Rechte der Altaktionäre propagiert, der insbesondere in Fällen des Bezugsrechtsausschlusses unzulässig sei.[497)] Alternativ bleibt nur, die Ausübungszeiträume entsprechend zu beschränken.

5. Satzungsänderung [→ Rz. 1011]

1122 Unter lit. d) des Beschlussmusters ist – wie in der Praxis üblich, jedoch gesetzlich nicht vorgeschrieben – die Aufnahme des bedingten Kapitals als Satzungsbestandteil vorgesehen. Dies soll der größeren Transparenz gegenüber den Aktionären dienen, die ansonsten für die Existenz von bedingtem Kapital auf Einsichtnahme in das Handelsregister angewiesen wären. Wird hiervon Gebrauch gemacht, ist das Verfahren der Satzungsänderung nach § 179 AktG i. V. m. § 124 Abs. 2 Satz 2 AktG in vollem Umfange einzuhalten (siehe Muster 6.5, Rz. 973 ff.). In dem vorgeschlagenen Muster ist die besondere Ermächtigung des Aufsichtsrats, die Satzung entsprechend der Ausübung des genehmigten Kapitals anzupassen (§ 179 Abs. 1 Satz 2 AktG), nicht besonders vorgesehen. Es wird davon ausge-

---

496) Vgl. zu all dem nur *Hüffer*, AktG, § 193 Rz. 4 und *Fuchs* in: MünchKomm, AktG, § 192 Rz. 23 f.

497) *Veil in:* Schmidt/Lutter, AktG, § 182 Rz. 25 (zur Kapitalerhöhung); *Hüffer*, AktG, § 204 Rz. 4 (genehmigtes Kapital) und allg. § 60 Rz. 9 f.; anders *Busch* in: Handbuch börsennotierte AG, § 43 Rz. 31 und § 44 Rz. 21.

gangen, dass eine entsprechende allgemeine Ermächtigung des Aufsichtsrats in der Satzung bereits enthalten ist.

6. Ausgabe von Aktienoptionen

Diese Möglichkeit ist durch das KonTraG neu eingeführt worden. Für den Inhalt dieses Beschlusses enthält § 193 Abs. 2 Nr. 4 AktG besondere Vorschriften, aus denen sich ergibt, dass derartige Bezugsrechte als erfolgsorientierte Vergütungsform für Arbeitnehmer und Vorstandsmitglieder eingesetzt werden können. Die Hauptversammlung muss insoweit der Schaffung bedingten Kapitals und der Auflegung eines entsprechenden Optionsprogramms nicht nur zustimmen, sondern kann auch einen Ermächtigungsbeschluss fassen. Gemäß § 193 Abs. 2 Nr. 4 AktG sind insbesondere die Eckpunkte des Optionsprogramms anzugeben. Durch das VorstAG vom 31.7.2009 ist im Interesse der Nachhaltigkeit variabler Vergütungen die Wartefrist von zwei auf vier Jahre verlängert worden.   **1123**

Die in § 193 Abs. 2 Nr. 4 AktG festgelegten Mindeststandards für die Ausgestaltung von Aktienoptionsprogrammen galten jedoch zunächst nicht, wenn Optionsrechte vergütungshalber nicht nackt gewährt wurden, sondern mit einer Optionsanleihe oder Wandelschuldverschreibung oder einem ähnlichen Vehikel verknüpft worden sind. Diese Lücke hat der Gesetzgeber im Rahmen des UMAG durch die Einfügung einer Verweisung in § 221 Abs. 4 AktG auf § 193 Abs. 2 Nr. 4 AktG geschlossen und damit gleichzeitig klargestellt, dass Aufsichtsräte auch nicht Bezugsberechtigte eines Aktienoptionsprogramms in Verbindung mit Optionsanleihen oder Wandelschuldverschreibungen sein können, da sich die sinngemäße Anwendung auch auf den Kreis der möglichen Bezugsberechtigten bezieht.[498] Ob hieraus bei einem bedingten Kapital zugunsten dritter Wandelschuldverschreibungsinhaber die Konsequenz zu ziehen ist, dass im Beschluss darauf hinzuweisen ist, dass eine Ausgabe an die in § 193 Abs. 2 Nr. 4 AktG genannten Personen (ebenso an Aufsichtsräte, die über den Verweis ja ausgeschlossen werden sollen) nicht möglich ist, muss für die Zukunft beobachtet werden. Für einen Hinweis spricht, dass andernfalls der Verweis auf § 193 Abs. 2 Nr. 4 AktG leicht umgangen werden könnte.[499]   **1124**

In einem Hauptversammlungsbeschluss ist bei der Schaffung eines bedingten Kapitals zur Gewährung von Aktienoptionen zunächst die Begrenzung auf **10 % des Grundkapitals** zu beachten (§ 192 Abs. 2 Satz 1 AktG), die neben der Grenze des hälftigen Grundkapitals gilt. Ob auf die spezielle 10 %-Grenze andere Instrumente der Mitarbeiterbeteiligung (insbesondere ein Aktienoptionsplan mit eigenen Aktien) anzurechnen sind, ist umstritten.[500]   **1125**

---

498) Begründung RegE UMAG, BT-Drucks. 15/5092, S. 25; *Holzborn/Bunnemann*, BKR 2005, 57. Zur Unzulässigkeit von Aktienoptionen für den Aufsichtsrat bei einer Bedienung der Aktienoptionen aus zurückgekauften eigenen Aktien: BGH v. 16.2.2004 – Mobilcom AG, ZIP 2004, 613 (m. Bespr. *Meyer/ Ludwig*, S. 940), BB 2004, 621, dazu *Lenenbach*, EWiR 2004, 413; *Rieckers* in: Spindler/Stilz, AktG, § 192 Rz. 62..

499) Weiterführend zu Stock Option-Programmen: *Schröer* in: Semler/Volhard/Reichert, Arbeitshdb. HV, § 24; *Baums* in: Festschrift Claussen, S. 3; *Fuchs* in: MünchKomm, AktG, Rz. 61 ff.; ferner die zusammenfassenden Werke von *Harrer*, Mitarbeiterbeteiligung, S. 43 ff.; *Achleitner/Wollmert*, Stock Options, S. 69 ff., 85 ff.

500) Vgl. *Fuchs* in: *MünchKomm*, AktG, § 192 Rz. 149, 150; *Hüffer*, AktG, § 192 Rz. 24.

1126 Anzugeben ist außerdem zwingend der **Kreis der Bezugsberechtigten.** Hierzu können neben den Arbeitnehmern der Gesellschaft, auch deren Vorstand, nicht jedoch Mitglieder des Aufsichtrats gehören. Möglich ist auch die Einbeziehung verbundener Unternehmen.

1127 Weiter sind – soweit einschlägig – Angaben zur **Aufteilung** der Bezugsrechte auf Mitglieder der Geschäftsführungen und Arbeitnehmer entweder als anteiliger Gesamtnennbetrag, prozentuale Aufteilung oder Anzahl der Aktien erforderlich sowie der **Ausgabebetrag** (bzw. seine Berechnungsgrundlage) und die Benennung der **Erfolgsziele.**

1128 Ferner müssen die **Erwerbszeiträume**, also der Beginn und das Ende der Möglichkeit, Bezugsrechte zu zeichnen, angegeben werden. Die Hauptversammlung kann auch lediglich die Dauer festlegen, und den Vorstand ermächtigen, Beginn und Ende zu bestimmen.[501]

1129 Die Festlegung von **Ausübungszeiträumen** stellt sicher, dass Bezugsrechte unter Ausnutzung von Insiderkenntnissen ausgeübt werden.[502] Gemäß § 193 Abs. 2 Nr. 4 AktG beträgt die **Wartezeit** für die erstmalige Ausübung der Bezugsrechte mindestens vier Jahre. Die Wartezeit wurde durch das VorstAG im Jahre 2009 von vormals zwei Jahren auf vier Jahre verlängert, um im Lichte der Finanzkrise zukünftig Fehlanreize zu vermeiden. Fehlen Pflichtangaben gem. § 193 Abs. 2 Nr. 4 AktG, so ist der Beschluss anfechtbar aber (im Gegensatz zu einem Fehlen von Angaben gem. § 193 Abs. 2 Nr. 1 bis 3 AktG) nicht nichtig.[503]

1130 **Weitere Festlegungen** können beispielsweise hinsichtlich der einer Mindesthaltefrist, einer Frist, während derer Optionen aufgrund des Aktienoptionsplans gewährt werden dürfen, oder der Übertragbarkeit und dem Verfall von Bezugsrechten getroffen werden.

1131 Ein **Bericht des Vorstands** ist bei der Schaffung eines bedingten Kapitals zur Ausgabe von Aktienoptionen nicht erforderlich, da ein Bezugsrechtsausschluss nicht erfolgt, in der Praxis aber üblich.

7. Beschlussfassung

1132 Der Beschluss der Hauptversammlung über die Ermächtigung zur Ausgabe von Schuldverschreibungen bedarf einer Mehrheit von drei Vierteln des bei der Beschlussfassung vertretenen Kapitals sowie der einfachen Stimmenmehrheit (§§ 221 Abs. 1 Satz 2, 133 Abs. 1 AktG). Die Satzung kann eine größere oder auch geringere Kapitalmehrheit bestimmen, die allerdings nicht greift, wenn gleichzeitig das bedingte Kapital beschlossen wird. Einer weitergehenden sachlichen Rechtfertigung bedarf es nicht.[504]

1133 Fehlen Pflichtangaben gem. § 193 Abs. 2 Nr. 4 AktG, so ist der Beschluss anfechtbar.[505] Der Beschluss ist nichtig, wenn die Festsetzungen nach § 193 Abs. 2 Nr. 1–3 AktG fehlen (§ 241 Nr. 3 AktG). Das Freigabeverfahren nach § 246a AktG hilft mangels Eintragungsfähigkeit der wesentlichen Beschlussteile bei Anfechtbarkeit nur bedingt.

---

501) *Schröer* in: Semler/Volhard/Reichert, Arbeitshdb. HV, § 24 Rz. 22.

502) *Schröer* in: Semler/Volhard/Reichert, Arbeitshdb. HV, § 24 Rz. 23.

503) *Hüffer*, AktG, § 193 Rz. 10; *Schröer* in: Semler/Volhard/Reichert, Arbeitshdb. HV, § 24 Rz. 23.

504) *Fuchs* in: MünchKomm, AktG, § 192 Rz. 31 ff.

505) *Hüffer*, AktG, § 193 Rz. 10; *Schröer* in: Semler/Volhard/Reichert, Arbeitshdb. HV, § 24 Rz. 23.

8. Vorstandsbericht

Das Erfordernis eines Vorstandsberichts ergibt sich dem Gesetzeswortlaut nach nicht für **1134** die Schaffung eines genehmigten Kapitals als solchem, das von Gesetzes wegen einen Bezugsrechtsausschluss beinhaltet. Allerdings bedingt der Verweis des § 221 Abs. 4 AktG auf § 186 AktG, dass ein Vorstandsbericht über den Ausschluss des Bezugsrechts auf die Schuldverschreibungen erforderlich ist, wenn ein solcher Bestandteil des Beschlussvorschlags ist.

Ein Bericht des Vorstands ist bei der Schaffung eines bedingten Kapitals zur Ausgabe von **1135** Aktienoptionen nicht erforderlich, da hier ein vorgeschalteter Beschluss nach § 221 AktG zur Ausgabe der „nackten Optionen" nach h. M. nicht erforderlich ist.[506] Die Praxis verfährt jedoch vorsichtiger und erstattet üblicherweise freiwillige Berichte.

Muster 6.11: Kapitalherabsetzung zum Zwecke der Rückzahlung an die Aktionäre

I.   Mustertext [→ Rz. 1145 ff.]

TOP [...]: Beschlussfassung über eine Kapitalerhöhung aus Gesellschaftsmitteln ohne Ausgabe neuer Aktien sowie eine anschließende ordentliche Kapitalherabsetzung zum Zwecke einer Auszahlung an die Aktionäre und eine Herabsetzung des bedingten Kapitals und die entsprechenden Satzungsänderungen

Die Gesellschaft verfügt ausweislich ihres Jahresabschlusses zum [*Datum*] über eine Ka- **1136** pitalrücklage in Höhe von [...] €. Diese Kapitalrücklage soll in Höhe eines Teilbetrags von [...] € aufgelöst und zur Ausschüttung an die Aktionäre verwendet werden. Dieser Maßnahme liegt die gemeinsame Einschätzung von Vorstand und Aufsichtsrat zugrunde, dass die Gesellschaft für ihre operativen Tätigkeiten und deren Weiterentwicklung die Kapitalrücklage nicht in voller Höhe benötigt. Auf der Basis der zum [*Datum*] vorhandenen Finanzmittel und des Cashflows aus dem operativen Geschäft werden der Gesellschaft liquide Mittel in einem Umfang verbleiben, welcher nach Auffassung der Verwaltung ausreichend ist, um zukünftiges Wachstum der Gesellschaft zu finanzieren. Zudem könnte sich die Gesellschaft im Falle eines etwa künftig größeren Finanzierungsbedarfs erneut anderweitige Finanzierungsmöglichkeiten erschließen.

Durch die hier vorgeschlagene Maßnahme soll den Aktionären auf jede Aktie ein Betrag **1137** von voraussichtlich ca. [...] € ausgezahlt werden. Der abschließende Auszahlungsbetrag je Aktie hängt davon ab, in welchem Umfang derzeit von der Gesellschaft gehaltene eigene Aktien ausschüttungsberechtigt sein werden. [→ Rz. 1160]

Die beabsichtigte Auszahlung an die Aktionäre erfordert zunächst eine Kapitalerhöhung **1138** aus Gesellschaftsmitteln. Denn eine unmittelbare Ausschüttung aus der Kapitalrücklage an die Aktionäre ist gesetzlich nicht zulässig. Durch die Kapitalerhöhung aus Gesellschaftsmitteln wird der aufzulösende Teil der Kapitalrücklage in Grundkapital umgewandelt. Dies erfolgt ohne Ausgabe neuer Aktien. Sodann werden das Grundkapital der Gesellschaft im Wege einer ordentlichen Kapitalherabsetzung und das gem. § 218 AktG erhöhte bedingte Kapital gem. § [...] der Satzung wieder auf den ursprünglichen Betrag herabgesetzt. Der aus der Herabsetzung gewonnene Betrag kann sodann zur Auszahlung an die Aktionäre verwendet werden. Die Auszahlung der durch die Kapitalherabsetzung

---

506) Streitig, siehe *Fuchs* in: MünchKomm, AktG, § 192 Rz. 28; *Rieckers* in: Spindler/Stilz, AktG, § 192 Rz. 49, 50.

frei werdenden Mittel kann aufgrund aktienrechtlicher Bestimmungen erst nach Ablauf einer Frist von sechs Monaten nach Bekanntmachung der Eintragung des Kapitalherabsetzungsbeschlusses im Handelsregister und einer möglicherweise erforderlichen Besicherung oder Befriedigung von Gläubigern erfolgen. [→ Rz. 1167 f.]

Dies vorausgeschickt, schlagen Vorstand und Aufsichtsrat vor, zu beschließen:

1139 **[…].1 Kapitalerhöhung aus Gesellschaftsmitteln, Satzungsänderung** [→ Rz. 1151 ff.]

a) Das Grundkapital der Gesellschaft in Höhe von […] €, eingeteilt in […] auf den Namen lautende Stückaktien, wird mittels einer Kapitalerhöhung aus Gesellschaftsmitteln gem. §§ 207 ff. AktG um […] € auf […] € durch Umwandlung eines Teilbetrags in Höhe von […] € der in der Jahresbilanz der Gesellschaft zum [*Datum*] ausgewiesenen Kapitalrücklage, d. h. im Verhältnis […] : […], erhöht. Die Kapitalerhöhung erfolgt ohne Ausgabe neuer Aktien. Der auf jede Stückaktie entfallende rechnerische Anteil am Grundkapital erhöht sich im gleichen Verhältnis wie das Grundkapital. [→ Rz. 1165]

Diesem Beschluss wird die vom Vorstand aufgestellte und vom Aufsichtsrat festgestellte Jahresbilanz der Gesellschaft zum [*Datum*] zugrunde gelegt, die mit einem uneingeschränkten Bestätigungsvermerk der [*… Wirtschaftsprüfungsgesellschaft*], [*Ort*], versehen ist. In dieser Jahresbilanz ist die Kapitalrücklage mit […] € ausgewiesen. [→ Rz. 1154]

b) § […] Abs. […] der Satzung wird geändert und wie folgt neu gefasst:

„(1) Das Grundkapital der Gesellschaft beträgt […] € und ist eingeteilt in […] nennwertlose Stückaktien."

1140 **[…].2 Ordentliche Kapitalherabsetzung, Satzungsänderung** [→ Rz. 1158 ff.]

a) Das nach dem Wirksamwerden der Kapitalerhöhung aus Gesellschaftsmitteln gem. Tagesordnungspunkt […].1 vorhandene Grundkapital der Gesellschaft von […] €, eingeteilt in […] auf den Namen lautende Stückaktien mit einem rechnerischen Anteil am Grundkapital von rd. […] € je Stückaktie wird zum Zwecke der Rückzahlung eines Teils des Grundkapitals an die Aktionäre der Gesellschaft um […] € auf […] € herabgesetzt. Eine Zusammenlegung oder Einziehung von Aktien erfolgt nicht. Die Herabsetzung erfolgt nach den Vorschriften über die ordentliche Kapitalherabsetzung (§§ 222 ff. AktG) durch Verringerung des auf jede Stückaktie entfallenden rechnerischen Anteils am Grundkapital. Mit der Durchführung der Kapitalherabsetzung verringert sich der auf die einzelne Aktie entfallende anteilige Betrag des Grundkapitals von rd. […] € um […] € auf rd. […] €.

b) Der Vorstand wird ermächtigt, nach Ablauf von sechs Monaten nach Bekanntmachung der Eintragung des Kapitalherabsetzungsbeschlusses im Handelsregister und nach Befriedigung oder Besicherung von Gläubigern der Gesellschaft, die sich rechtzeitig gemeldet haben (§ 225 Abs. 2 Satz 1 AktG), den Herabsetzungsbetrag an die Aktionäre auszuzahlen. [→ Rz.1167 f.]

c) § […] Abs. […] der Satzung wird aufgehoben und wie folgt neu gefasst:

„(1) Das Grundkapital der Gesellschaft beträgt […] € und ist eingeteilt in […] nennwertlose Stückaktien."

[…].3 Festlegung weiterer Einzelheiten, Anmeldung und Eintragung der Beschlüsse 1141
zu […].1 und […].2

Der Vorstand wird ermächtigt, mit Zustimmung des Aufsichtsrats die weiteren Einzelheiten 1142
der Kapitalerhöhung und der Kapitalherabsetzung gem. den vorstehenden Beschlüssen zu
[…].1 und […].3 festzusetzen.

Der Aufsichtsrat wird ermächtigt, die Fassung von § […] der Satzung [*Alternativ: und* 1143
insbesondere von § […] Abs. […] der Satzung zum bedingten Kapital] entsprechend dem
Wirksamwerden der vorstehenden Beschlüsse weiter anzupassen.

Der Vorstand und, soweit dieser jeweils an der Anmeldung mitzuwirken hat, der Vorsit- 1144
zende des Aufsichtsrats werden angewiesen, die zu Tagesordnungspunkt […].1 und
[…].2 gefassten Beschlüsse nur zusammen und in der hier beschlossenen Reihenfolge zur
Eintragung in das Handelsregister anzumelden. [→ Rz. 1166]

II.   Erläuterungen [→ Rz. 1136 ff.]

1.   Einführung

Das Muster befasst sich mit der in der Praxis gar nicht so seltenen, in der Literatur jedoch 1145
kaum behandelten[507] Situation, dass eine Gesellschaft infolge einer früheren Kapitalerhöhung (oft noch aus dem Börsengang) über hohe Kapitalrücklagen verfügt, die mit Blick
auf mögliche Investitionen vorgenommen wurden. Realisieren sich diese Investitionsvor-
haben nicht, kann es sinnvoll sein, die Kapitalrücklagen jedenfalls teilweise abzubauen
und die freiwerdenden Mittel wieder an die Aktionäre auszuschütten. Die Rendite kon-
servativ angelegter Barmittel liegt oft unter der Eigenkapitalverzinsung des operativen
Geschäfts, so dass solche Maßnahmen auch von den Aktionärsvereinigungen und Stimmrechtsberatern unterstützt, wenn nicht sogar gefordert werden.

Aus Gründen der Kapitalerhaltung dürfen **gebundene Rücklagen** (anders als Gewinn- 1146
rücklagen nach § 272 Abs. 3 HGB oder freie Kapitalrücklagen aus Zuzahlungen nach
§ 272 Abs. 2 Nr. 4 HGB) allerdings nicht unmittelbar an die Aktionäre ausgeschüttet
werden (§ 150 AktG).[508] Gebundene Rücklagen sind zum einen Kapitalrücklagen gem.
§ 272 Abs. 2 Nr. 1 bis 3 HGB, insbesondere Beträge, die bei der Ausgabe von Aktien über
den Nennbetrag bzw. über den rechnerischen Wert der Aktie erzielt wurden (§ 272
Abs. 2 Nr. 1 HGB) sowie gesetzliche Rücklagen (als Unterform der Gewinnrücklagen
gem. § 266 Abs. 3 A.III. Nr. 1 HGB).

Möglich und zulässig ist es aber, in einem zweistufigen Verfahren Teile der Kapitalrückla- 1147
ge zunächst durch eine **Kapitalerhöhung aus Gesellschaftsmitteln gem. §§ 207 ff. AktG**
in gesetzlich gebundenes Grundkapital umzuwandeln. Dieses kann dann durch eine **nachfolgende ordentliche Kapitalherabsetzung gem. §§ 222 ff. AktG** unter den Voraussetzungen einer Kapitalherabsetzung, insbesondere unter Beachtung des Gläubigerschutzes
gem. § 225 AktG, ausgeschüttet werden.[509] Statt einer Ausschüttung des gesamten Her-
absetzungsbetrags an die Aktionäre besteht auch die Möglichkeit, den Herabsetzungsbetrag zum Zwecke der Schaffung von ausschüttungsfähigen Rücklagen zunächst in die freie

---

507) *Bayer/Hoffmann*, AG 2010, R99 mit Hinweisen auf zahlreiche Praxisbeispiele; *Weiss*, BB 2005, 2697 ff.
508) *Weiss*, BB 2005, 2697 ff.; *Falkenhausen*, NZG 2009, 1096 ff.
509) LG Köln v. 01.10.2004, BeckRS 2004, 11454; *Arnold* in: MünchKomm AktG 2011, § 207 Rz. 41 ff.;
Weiss, BB 2005, 2697 ff.; *v. Falkenhausen*, NZG 2009, 1096, 1098; *Kropff* in: MünchKomm AktG,
§ 150 Rz. 24; *Oechsler* in: MünchKomm AktG, § 222. Rz. 37.

Kapitalrücklage gem. §§ 240 AktG, § 272 Abs. 2 Nr. 4 HGB einzustellen, um über den Betrag für mögliche zukünftige Dividendenzahlungen an die Aktionäre verfügen zu können.[510)]

1148 Aus dem besonderen Zweck der Kapitalherabsetzung, nämlich der Ausschüttung befreiter Rücklagen, folgt, dass die Regelungen zur verbotenen Einlagenrückgewähr gem. § 57 AktG keine Anwendung finden, weil § 222 Abs. 3 AktG insofern eine speziell geregelte Ausnahme bildet und der mit dem Verbot verfolgte Gläubigerschutz im Rahmen der Kapitalherabsetzung durch § 225 AktG sichergestellt wird.[511)]

1149 Börsennotierte Gesellschaften müssen beachten, dass eine geplante Kapitalherabsetzung zu Ausschüttungszwecken in höchstem Maße **ad-hoc-relevant** ist.[512)] Eine entsprechende Bekanntmachung muss noch im Vorfeld der Veröffentlichung der Hauptversammlungseinladung erfolgen, sobald Vorstand und Aufsichtsrat die Entscheidung zu einer Sonderausschüttung getroffen haben.

1150 Auch wenn es einer besonderen **sachlichen Rechtfertigung** der Kapitalerhöhung aus Gesellschaftsmitteln mit nachfolgender Kapitalherabsetzung zu Ausschüttungszwecken nicht bedarf,[513)] ist es sinnvoll, wie in dem Muster vorgesehen, im Rahmen des Tagesordnungspunkts neben der nach § 222 Abs. 3 AktG gebotenen Festsetzung des Zwecks der Kapitalherabsetzung die Gründe für diesen Beschlussvorschlag darzulegen und beispielsweise darauf hinzuweisen, dass die hohe Kapitalrücklage für den Geschäftsbetrieb und das geplante Wachstum der Gesellschaft nicht in voller Höhe erforderlich ist und auch nach Durchführung der Kapitalherabsetzung ausreichend liquide Mittel zur Finanzierung zukünftigen weiteren Wachstums verbleiben. [→ Rz. 1136]

2. Beschlussinhalte – Kapitalerhöhung aus Gesellschaftsmitteln [→ Rz. 1139]

1151 Im ersten Schritt muss das Kapital aus Gesellschaftsmitteln durch einen entsprechenden Hauptversammlungsbeschluss erhöht werden (§§ 207 Abs. 2, 182 Abs. 1 AktG).

1152 Dazu muss zunächst der exakte Betrag angegeben werden, um den das Grundkapital erhöht werden soll. [→ Rz. 1139] Üblich – wenn auch nur fakultativ – ist es, zusätzlich das Erhöhungsverhältnis zu angeben.

1153 Bei der **Festlegung des Erhöhungsbetrags** (der nach der dem Muster zugrundeliegenden Gestaltung im zweiten Schritt an die Aktionäre ausgeschüttet werden soll) ist zu beachten, dass die gesetzlichen Rücklagen und die Kapitalrücklagen nur insoweit zu einer Kapitalerhöhung aus Gesellschaftsmitteln verwendet werden dürfen, als sie zusammen 10 % des Grundkapitals übersteigen (§ 150 Abs. 4 AktG).[514)] Maßgeblich ist das bisherige, nicht das erhöhte Grundkapital. Im Übrigen ist eine Umwandlung von Kapitalrücklagen insoweit nicht möglich, wie die zugrunde gelegte Bilanz einen Verlust einschließlich eines Verlustvortrags ausweist. Die jeweils in Anspruch genommenen Rücklagen (einschließlich Unterpositionen) und die hieraus entnommenen Beträge sind genau zu bezeichnen.

---

510) *Weiss*, BB 2005, 2697, 2702; siehe beispielsweise CompuGroup Holding AG, HV 14.5.2009.

511) Siehe nur *Hüffer*, AktG, § 222 Rz. 20; *Oechsler* in: MünchKomm AktG, § 222 Rz. 37.

512) *Sethe*, ZIP 2010, 1825.

513) *Marsch-Barner* in: *Spindler/Stilz*, AktG, § 222 Rz. 26 ff. m. w. N.

514) *v. Falkenhausen*, NZG 2009, 1096 ff.

Dem Kapitalerhöhungsbeschluss muss eine Bilanz zugrunde gelegt werden, deren Stich-   **1154**
tag höchstens acht Monate vor dem Tag der Anmeldung des Kapitalerhöhungsbeschlusses
zur Eintragung in das Handelsregister liegt (§ 209 Abs. 1, Abs. 2 Satz 2 AktG). Dies kann
die letzte Jahresbilanz sein, die geprüft und uneingeschränkt testiert und durch den Aufsichtsrat festgestellt sein muss. [→ Rz. 1139]

Sofern die Gesellschaft **Stückaktien** ausgegeben hat, erfolgt die Kapitalerhöhung aus Ge-   **1155**
sellschaftsmitteln angesichts der folgenden Kapitalherabsetzung sinnvollerweise ohne
Ausgabe neuer Aktien. Durch die Erhöhung des Grundkapitals erhöht sich entsprechend
der auf jede Stückaktie entfallende rechnerische Anteil am Grundkapital. Soll ganz oder
teilweise keine anschließende Kapitalherabsetzung beschlossen werden, könnte der Beschluss auch die Ausgabe neuer Aktien (sog. Gratisaktien) vorsehen. Im Umfang ihrer
Ausgabe reduziert sich zunächst der Aktienkurs. Dem steht ein möglicherweise erhöhtes
Handelsvolumen gegenüber. Der Kapitalerhöhungsbeschluss muss die Art der Erhöhung
angeben (§ 207 Abs. 2 Satz 2 AktG).

Wenn neue Aktien ausgegeben werden, muss sich der Beschluss auch zu dem Beginn der   **1156**
Gewinnberechtigung äußern, wozu § 217 Abs. 2 AktG eine Spezialvorschrift bereit hält.
Danach könnte die Hauptversammlung vor dem Hintergrund des gesetzlichen und nicht
ausschließbaren Bezugsrechts unter den dort bestimmten Voraussetzungen auch eine
Gewinnberechtigung für das letzte vor der Beschlussfassung abgeschlossene Geschäfts-
jahr beschließen.

Ein etwa bestehendes **bedingtes Kapital** (nicht aber ein genehmigtes Kapital)[515] erhöht   **1157**
sich ohne besondere Beschlussfassung im gleichen Verhältnis wie das Grundkapital (§ 218
AktG). Aufgrund der Erhöhung des bedingten Kapitals muss die unrichtig gewordene
Satzung der Gesellschaft angepasst werden. Dies kann der Aufsichtsrat beantragen (§ 179
Abs. 1 Satz 2 AktG) sowie klarstellend die in dem Muster unter Ziffer 3. vorgesehene
ausdrückliche Ermächtigung. [→ Rz. 1143]

3.   Beschlussinhalte – Kapitalherabsetzung [→ Rz. 1140]

In einem zweiten Schritt wird das erhöhte Grundkapital sodann um den Betrag der Kapi-   **1158**
talerhöhung auf das ursprüngliche Grundkapital herabgesetzt.

Der Hauptversammlungsbeschluss muss zunächst den Betrag benennen, um den das   **1159**
Grundkapital herabgesetzt wird (hier der vorherige Erhöhungsbetrag). Ein Betrag je Aktie muss nicht genannt werden, ebenso wenig das Herabsetzungsverhältnis.[516]

Der **Zweck** der Kapitalherabsetzung – hier die Rückzahlung eines Teils des Grundkapitals   **1160**
an die Aktionäre – ist anzugeben.[517] Der im Muster informationshalber genannte Betrag
der Rückzahlung pro Aktie kann unter Umständen noch nicht abschließend beziffert
werden. Dies liegt an der sechsmonatigen Wartefrist für die Durchführung der Rückzahlung (§ 225 Abs. 2 AktG), innerhalb derer es aus verschiedenen Gründen zu einer Veränderung des Grundkapitals und der Anzahl der berechtigten Aktien kommen kann. Im
Muster ist dazu nur der Fall eigener Aktien der Gesellschaft genannt, die bis zum Aus-
zahlungszeitpunkt veräußert und damit wieder (vgl. § 71b AktG) berechtigt sein könnten, an der Rückzahlung teilzunehmen. Ein anderer Grund für die Beeinflussung dieses

---

515) *Fock/Wüsthoff* in: Spindler/Stilz, AktG, § 218 Rz. 8 m. w. N.
516) *Hüffer*, AktG, § 222 Rz. 13; *Oechsler* in: MünchKomm, AktG, § 222 Rz. 19.
517) *Marsch-Barner* in: Spindler/Stilz, AktG, § 222 Rz. 22 ff.; *Hüffer*, AktG, § 222, Rz. 12 f.

Betrages können spätere Kapitalerhöhungen durch Ausgabe neuer Aktien sein. Dabei gilt als Grundsatz, dass alle Aktien, die bis zur Eintragung des Kapitalherabsetzungsbeschlusses im Handelsregister entstanden sind, berechtigt sind. Später entstehende Aktien sind indes nicht mehr berechtigt. Dies kann dazu führen, dass zum Beispiel während der Wartefrist neu entstehende Bezugsaktien aus bedingtem Kapital mit gesonderter ISIN/WKN gehandelt werden müssen. [→ Rz. 1167 f.]

1161 An die von der Hauptversammlung zu bestimmenden **Art der Herabsetzung** ist der Vorstand gebunden.[518] Die Herabsetzung erfolgt bei Stückaktien – wie im Muster – durch Herabsetzung der Grundkapitalziffer und damit durch Verringerung des auf jede Stückaktie entfallenden rechnerischen Anteils am Grundkapital. Bei Nennbetragsaktien wird die Kapitalherabsetzung durch Anpassung der Grundkapitalziffer und des Nennbetrags der einzelnen Nennbetragsaktien durchgeführt. [→ Rz. 1140]

1162 Ein durch die Kapitalerhöhung aus Gesellschaftsmitteln gemäß § 218 AktG von Gesetzes wegen erhöhtes **bedingtes Kapital** muss durch einen entsprechenden Beschluss der Hauptversammlung herabgesetzt werden, da bei der Kapitalherabsetzung im Gegensatz zur Kapitalerhöhung keine automatische Anpassung kraft Gesetzes erfolgt.

1163 Im Zusammenhang mit den kombinierten Kapitalmaßnahmen müssen schließlich auch die **Auswirkungen auf möglicherweise bestehende Wandelschuldverschreibungs- und Optionsprogramme** geprüft werden. Die automatische Erhöhung des bedingten Kapitals gem. § 216 Abs. 3 Satz 1 AktG bewirkt, dass sich auch die Anzahl der Aktien, die ein Berechtigter durch Ausübung seines Wandlungsrechts erwerben kann, bzw. der von der von den Aktien repräsentierte anteilige Betrag am Grundkapital im gleichen Verhältnis wie das Grundkapital erhöht.[519] Umgekehrt hat die ordentliche Kapitalherabsetzung keine automatische Auswirkung auf bestehende Wandelschuldverschreibungen. In der Regel sehen die Anleihebedingungen, sofern sich durch die Herabsetzung die Gesamtzahl der Aktien verändert, eine Anpassung durch eine entsprechende Verringerung der Anzahl von Aktien, die der Wandelschuldverschreibungsinhaber beziehen kann, vor. Andernfalls ist diese Anpassung im Wege der ergänzenden Vertragsauslegung vorzunehmen.[520] Soll der aus der Kapitalherabsetzung gewonnene Betrag an die Aktionäre ausgeschüttet werden, ist weiter zu berücksichtigen, dass der Gesellschaft durch die Ausschüttung Vermögenssubstanz entzogen wird. Die einzelne Aktie, die der Wandelschuldverschreibungsinhaber beziehen kann, ist also unter Umständen weniger wert, als sie es ohne die Ausschüttung wäre, was durch eine Anpassung des Wandlungspreises oder des Wandlungsverhältnisses ausgeglichen werden kann. Für die Frage, ob und in welchem Umfang dies durch eine Anpassung des Wandlungspreises oder des Wandlungsverhältnisses ausgeglichen werden muss, sind zunächst die Anleihebedingungen einschlägig. Fehlt es an einer ausdrücklichen Regelung, so ist im Wege der ergänzenden Vertragsauslegung zu ermitteln bzw. zur Vermeidung von Unsicherheiten mit dem einzelnen Wandelschuldverschreibungsinhaber zu vereinbaren, ob und ggf. wie eine Anpassung erfolgen soll. Dem Grundsatz nach besteht allerdings kein Recht der Anleihegläubiger, an den Gewinnen oder der Auflösung (u.U.

---

518) *Oechsler* in: MünchKomm, AktG, § 222 Rz. 22.

519) *Seiler* in: Spindler/Stilz, AktG, § 221 Rz. 156; *Habersack* in: MünchKomm AktG, § 221 Rz. 303; *Hüffer*, AktG, § 216 Rz. 14.

520) *Habersack* in: MünchKomm, AktG, § 221 Rz. 303.

bereits bei Anleihebegebung bestehender Rücklagen bzw. stiller Reserven) zu partizipieren.[521]

4. Beschlussmehrheiten und -verknüpfung

Der **Kapitalerhöhungsbeschluss** muss mit einer Mehrheit von drei Vierteln des bei der Beschlussfassung vertretenen Kapitals gefasst werden, falls nicht – wie in der Praxis häufig üblich – eine andere, meist geringere, Kapitalmehrheit in der Satzung festgelegt ist (§§ 207 Abs. 2, 182 Abs. 1 AktG). Die Kapitalherabsetzung bedarf eines Hauptversammlungsbeschlusses mit einer **Mehrheit** von mindestens drei Vierteln des bei der Beschlussfassung vertretenen Grundkapitals (§ 222 Abs. 1 Satz 1 AktG). Dieses Mehrheitserfordernis kann durch die Satzung nicht abgesenkt werden. **1164**

Der Kapitalerhöhungsbeschluss wird durch den Vorstand und den Vorsitzenden des Aufsichtsrats nach der Beschlussfassung der Hauptversammlung zur **Eintragung in das Handelsregister** angemeldet (§§ 207 Abs. 2 Satz 1, 184 Abs. 1 Satz 1 AktG). Mit der Eintragung des Beschlusses in das Handelsregister ist das Grundkapital entsprechend erhöht (§ 211 AktG). Der Kapitalherabsetzungsbeschluss und seine Durchführung sind von Vorstand und Vorsitzendem des Aufsichtsrats nach der Beschlussfassung zur Eintragung in das Handelsregister anzumelden (§§ 223, 227 Abs. 2 AktG). Mit der Eintragung des Herabsetzungsbeschlusses wird die Kapitalherabsetzung wirksam (§ 224 AktG). **1165**

Ziffer 3. des Musters sichert die Eintragung in der erforderlichen Reihenfolge ab. Dies geschieht in Form einer zulässigen, unechten Bedingung; wonach Vorstand und Aufsichtsrat angewiesen werden, die Anmeldungen zum Handelsregister unter bestimmten Bedingungen vorzunehmen, die ihnen kein eigenes Ermessen dabei belassen.[522] [→ Rz. 1144] **1166**

5. Durchführung

Mit Wirksamwerden der Kapitalherabsetzung erwerben die Aktionäre einen bedingten und befristeten Anspruch auf (anteilige) Rückzahlung des Kapitalherabsetzungsbetrags. Der Anspruch ist bedingt und befristet durch die Gläubigerschutzvorschriften des § 225 AktG. Danach können Gläubiger während einer Frist von sechs Monaten ab Bekanntmachung der Eintragung der Kapitalherabsetzung durch das Registergericht (§ 10 HGB) unter bestimmten Voraussetzungen Sicherheitsleistung binnen sechs Monaten nach der Bekanntmachung verlangen (§ 225 Abs. 1 AktG). Zahlungen an die Aktionäre dürfen erst geleistet werden, nachdem die Sperrfrist von sechs Monaten seit der Bekanntmachung der Eintragung verstrichen ist und Gläubigern, die sich rechtzeitig gemeldet haben, Befriedigung oder Sicherheit geleistet worden ist (§ 225 Abs. 2 AktG). **1167**

Nach Ablauf der sechsmonatigen Sperrfrist (und ggf. Befriedigung bzw. Sicherheitsleistung) kann die Auszahlung erfolgen. Grundsätzlich kommen alle Aktionäre, die am letzten Handelstag vor dem Tag der Auszahlung Aktien der Gesellschaft im Depot halten, in den Genuss der Auszahlung. Sofern in der Zeit zwischen der Eintragung der Kapitalherabsetzung und der Ausschüttung aber neue Aktien entstehen, nehmen diese nicht an der Auszahlung teil. Um dies sicherzustellen müssen solche Aktien daher ggf. vorüber- **1168**

---

521) *Habersack* in: MünchKomm AktG, § 221 Rz. 286.
522) vgl. nur *Arnold* in: MünchKomm AktG, § 207 Rz. 25, 26.

gehend durch eine separate WKN/ISIN gekennzeichnet werden (siehe oben Rz. 1160). Etwaige im Bestand befindliche eigene Aktien der Gesellschaft nehmen an der Erhöhung des Grundkapitals (§ 215 AktG) und dessen Herabsetzung teil, nicht aber an der Auszahlung.

Muster 6.12: Erwerb und Verwendung eigener Aktien

I.   Mustertext [→ Rz. 1201 ff.]

TOP [...]: Beschlussfassung über die Ermächtigung zum Erwerb und zur Verwendung eigener Aktien gem. § 71 Abs. 1 Nr. 8 AktG und zum Ausschluss des Andienungsrechts beim Erwerb und des Bezugsrechts bei der Verwendung

1169 Der von der ordentlichen Hauptversammlung vom [*Datum*] unter Tagesordnungspunkt [...] gefasste Beschluss über die Ermächtigung der Gesellschaft zum Erwerb eigener Aktien nach § 71 Abs. 1 Nr. 8 AktG ist auf [*18 Monate*], also bis zum [*Datum*] befristet. Um auch in Zukunft Aktien zurückkaufen zu können [*und über einen längeren Handlungsspielraum zu verfügen*], soll die bestehende Ermächtigung aufgehoben und durch eine neue, auf [*max. fünf Jahre*] befristete Ermächtigung ersetzt werden. [→ Rz. 1208]

Vorstand und Aufsichtsrat schlagen vor, zu beschließen:

1170 a) Ermächtigung zum Erwerb eigener Aktien

Der Vorstand wird mit Zustimmung des Aufsichtsrats [→ Rz. 1209] bis zum [*Datum*] ermächtigt, eigene Aktien der Gesellschaft bis zu insgesamt 10 % des bei der Beschlussfassung bestehenden Grundkapitals der Gesellschaft in Höhe von [...] € zu erwerben. [→ Rz. 1205 f.] [*Ggf.: Die Ermächtigung der Hauptversammlung vom* [*Datum*] *zum Erwerb eigener Aktien wird für die Zeit ab dem Wirksamwerden der neuen Ermächtigung aufgehoben, soweit sie noch nicht ausgenutzt worden ist.*] Auf die erworbenen Aktien dürfen zusammen mit anderen eigenen Aktien, die sich im Besitz der Gesellschaft befinden oder ihr nach den §§ 71a ff. AktG zuzurechnen sind, zu keinem Zeitpunkt mehr als 10 % des Grundkapitals entfallen. Die Ermächtigung darf nicht zum Zwecke des Handels in eigenen Aktien ausgeübt werden.

1171 b) Arten des Erwerbs

Der Erwerb kann nach Wahl des Vorstands (1) über die Börse oder (2) mittels eines an alle Aktionäre gerichteten öffentlichen Kaufangebots bzw. einer an alle Aktionäre gerichteten öffentlichen Aufforderung zur Abgabe von Verkaufsangeboten erfolgen. [→ Rz. 1214 ff., 1186 ff.]

Alternativ:

Der Erwerb darf nach Wahl des Vorstands (3) auch unter Ausschluss des Andienungsrechts der Aktionäre in anderer Weise als über die Börse oder durch ein an alle Aktionäre gerichtetes öffentliches Kaufangebot bzw. mittels einer an alle Aktionäre gerichteten öffentlichen Aufforderung zur Abgabe von Verkaufsangeboten erfolgen, und zwar, wenn

– es sich um einen Paketerwerb von mindestens 1 % des derzeitigen Grundkapitals handelt und ein solcher Erwerb einem Zweck dient, der im vorrangigen Interesse der Gesellschaft liegt und geeignet und erforderlich ist, diesen Zweck zu erreichen. Das ist insbesondere dann der Fall, wenn der Erwerb über die Börse oder durch ein an alle Aktionäre gerichtetes öffentliches Kaufangebot bzw. mittels einer öffentlichen Auffor-

derung zur Abgabe eines solchen Angebots zur Erreichung dieses Zwecks zu aufwendig, zu langwierig oder sonst – auch unter Berücksichtigung der Aktionärsinteressen – unverhältnismäßig wäre. [→ Rz. 1218, 1188 f.]

(1) Erfolgt der Erwerb der Aktien über die Börse, darf der von der Gesellschaft gezahlte Kaufpreis je Aktie (ohne Erwerbsnebenkosten) den am Börsenhandelstag durch die Eröffnungsauktion ermittelten Börsenkurs der Aktien der Gesellschaft im Xetra-Handelssystem (oder einem vergleichbaren Nachfolgesystem) an der Frankfurter Wertpapierbörse um nicht mehr als 10 % über- oder unterschreiten. [→ Rz. 1207]   **1172**

(2) Erfolgt der Erwerb aufgrund eines an alle Aktionäre gerichteten öffentlichen Kaufangebots oder einer an alle Aktionäre gerichteten öffentlichen Aufforderung zur Abgabe von Verkaufsangeboten, so dürfen   **1173**

– im Falle eines an alle Aktionäre gerichteten öffentlichen Kaufangebots der gebotene Kaufpreis bzw.

– im Falle einer an alle Aktionäre gerichteten öffentlichen Aufforderung zur Abgabe von Verkaufsangeboten die Grenzwerte der von der Gesellschaft festgelegten Kaufpreisspanne je Aktie (jeweils ohne Erwerbsnebenkosten)

den Durchschnitt der Schlusskurse der Aktien der Gesellschaft im Xetra-Handelssystem (oder einem vergleichbaren Nachfolgesystem) an der Frankfurter Wertpapierbörse während der letzten fünf Börsenhandelstage vor dem Tag der öffentlichen Ankündigung des öffentlichen Kaufangebots bzw. der öffentlichen Aufforderung zur Abgabe von Verkaufsangeboten um nicht mehr als 10 % über- oder unterschreiten.

Ergeben sich nach Veröffentlichung eines öffentlichen Angebots bzw. einer öffentlichen Aufforderung zur Abgabe von Verkaufsangeboten erhebliche Abweichungen des maßgeblichen Kurses, so kann das Kaufangebot bzw. die Aufforderung zur Abgabe von Verkaufsangeboten angepasst werden. In diesem Fall wird auf den Durchschnitt der Schlusskurse der Aktien der Gesellschaft im Xetra-Handelssystem (oder einem vergleichbaren Nachfolgesystem) an der Frankfurter Wertpapierbörse während der letzten fünf Börsenhandelstage vor der öffentlichen Ankündigung der Anpassung abgestellt.

Das Volumen des an alle Aktionäre gerichteten Kaufangebots bzw. der an alle Aktionäre gerichteten Aufforderung zur Abgabe von Verkaufsangeboten kann begrenzt werden. Sofern bei einem öffentlichen Kaufangebot oder einer öffentlichen Aufforderung zur Abgabe von Verkaufsangeboten das Volumen der angedienten Aktien das vorgesehene Rückkaufvolumen überschreitet, kann der Erwerb im Verhältnis der jeweils gezeichneten bzw. angebotenen Aktien erfolgen; das Recht der Aktionäre, ihre Aktien im Verhältnis ihrer Beteiligungsquoten anzudienen, ist insoweit ausgeschlossen. Eine bevorrechtigte Annahme geringer Stückzahlen bis zu 100 Stück angedienter Aktien je Aktionär sowie eine kaufmännische Rundung zur Vermeidung rechnerischer Bruchteile von Aktien können vorgesehen werden. Ein etwaiges weitergehendes Andienungsrecht der Aktionäre ist insoweit ausgeschlossen. [→ Rz. 1217, 1187]

Das an alle Aktionäre gerichtete öffentliche Kaufangebot bzw. die an alle Aktionäre gerichtete öffentliche Aufforderung zur Abgabe eines Verkaufsangebots kann weitere Bedingungen vorsehen.

Alternativ: [→ Rz. 1218 f.]

1174   *(3) Erfolgt der Erwerb der Aktien in anderer Weise als über die Börse oder durch ein an alle Aktionäre gerichtetes öffentliches Kaufangebot bzw. mittels einer an alle Aktionäre gerichteten öffentlichen Aufforderung zur Abgabe von Verkaufsangeboten, darf der von der Gesellschaft gezahlte Kaufpreis je Aktie (ohne Erwerbsnebenkosten) den Durchschnitt der Schlusskurse der Aktien der Gesellschaft im Xetra-Handelssystem (oder einem vergleichbaren Nachfolgesystem) an der Frankfurter Wertpapierbörse während der letzten zehn Börsentage vor dem Erwerb der Aktien nicht überschreiten. Jedoch dürfen die Aktien in diesem Fall auch für einen niedrigeren als den danach maßgeblichen Betrag durch die Gesellschaft erworben werden.* [→ Rz. 1190]

1175   c)   Verwendung eigener Aktien [→ Rz. 1222 ff., 1192 ff.]

Der Vorstand wird ermächtigt, mit Zustimmung des Aufsichtsrats die aufgrund dieser oder einer früheren Ermächtigung erworbenen eigenen Aktien zu allen gesetzlichen Zwecken, insbesondere auch zu den folgenden Zwecken zu verwenden:

1176   (1) Die eigenen Aktien können eingezogen werden, ohne dass die Einziehung oder ihre Durchführung eines weiteren Hauptversammlungsbeschlusses bedarf. Sie können auch im vereinfachten Verfahren ohne Kapitalherabsetzung durch Anpassung des anteiligen rechnerischen Betrags der übrigen Stückaktien am Grundkapital der Gesellschaft eingezogen werden. Erfolgt die Einziehung im vereinfachten Verfahren, ist der Vorstand zur Anpassung der Zahl der Stückaktien in der Satzung ermächtigt. [→ Rz. 1226, 1198]

1177   (2) Die eigenen Aktien können gegen Barleistung auch in anderer Weise als über die Börse oder aufgrund eines Angebots an alle Aktionäre veräußert werden, wenn der zu zahlende Kaufpreis den Börsenpreis der im Wesentlichen gleich ausgestatteten und bereits börsennotierten Aktien nicht wesentlich unterschreitet. Die Anzahl der in dieser Weise veräußerten Aktien darf 10 % des Grundkapitals nicht überschreiten, und zwar weder im Zeitpunkt des Wirksamwerdens noch im Zeitpunkt der Ausübung dieser Ermächtigung. Auf diese Höchstgrenze sind andere Aktien anzurechnen, die während der Laufzeit dieser Ermächtigung unter Bezugsrechtsausschluss in direkter oder entsprechender Anwendung des § 186 Abs. 3 Satz 4 AktG ausgegeben oder veräußert werden. Ebenfalls anzurechnen sind Aktien, die durch Ausübung von Options- und/oder Wandlungsrechten oder Erfüllung von Wandlungspflichten aus Options- und/oder Wandelschuldverschreibungen oder Aktienoptionen entstehen können, sofern diese Schuldverschreibungen oder Aktienoptionen während der Laufzeit dieser Ermächtigung unter Bezugsrechtsausschluss in entsprechender Anwendung des § 186 Abs. 3 Satz 4 AktG ausgegeben wurden. [→ Rz. 1124, 1193]

1178   (3) Die eigenen Aktien können gegen Sachleistung zum Zwecke des Erwerbs von Unternehmen, Teilen von Unternehmen, Unternehmensbeteiligungen oder sonstigen mit einem Akquisitionsvorhaben in Zusammenhang stehenden Vermögensgegenständen oder im Rahmen von Zusammenschlüssen von Unternehmen veräußert werden. [→ Rz. 1194]

1179   (4) Die eigenen Aktien können zur Bedienung von Bezugsrechten auf Aktien der Gesellschaft verwendet werden, die Mitgliedern des Vorstands der Gesellschaft, Geschäftsführern von Konzerngesellschaften, Führungskräften und sonstigen Mitarbeitern der Gesellschaft und des Konzerns im Rahmen des Aktienoptionsplans

[...], zu dessen Auflage die Hauptversammlung vom [*Datum*] durch Beschluss zu Punkt [...] der Tagesordnung ermächtigt hat, eingeräumt wurden oder werden. Soweit hiernach Mitglieder des Vorstands der Gesellschaft begünstigt sind, entscheidet der Aufsichtsrat über die Verwendung eigener Aktien zur Bedienung von Bezugsrechten. [➔ Rz. 1195, 1224]

(5) Die eigenen Aktien können zur Bedienung von Bezugs- und Umtauschrechten aufgrund der Ausübung von Options- und/oder Wandlungsrechten bzw. Wandlungspflichten auf Aktien der Gesellschaft verwendet werden. Soweit eigene Aktien Mitgliedern des Vorstands der Gesellschaft übertragen werden sollen, gilt diese Ermächtigung für den Aufsichtsrat. [➔ Rz. 1196, 1224]   **1180**

(6) Die eigenen Aktien können Personen, die in einem Arbeitsverhältnis zur Gesellschaft oder Konzerngesellschaften stehen, zum Erwerb angeboten oder auf sie übertragen werden. Sie können auch Mitgliedern des Vorstands der Gesellschaft oder Geschäftsführern von Konzerngesellschaften zum Erwerb angeboten oder auf sie übertragen werden. Soweit Mitglieder des Vorstands der Gesellschaft begünstigt sind, obliegt die Auswahl der Begünstigten und die Bestimmung des Umfangs der ihnen jeweils zu gewährenden Aktien dem Aufsichtsrat. [➔ Rz. 1197]   **1181**

Das Bezugsrecht der Aktionäre auf die eigenen Aktien der Gesellschaft wird ausgeschlossen, soweit diese Aktien gem. den Ermächtigungen (2) bis (6) verwendet werden. [➔ Rz. 1222 ff.]

d) Sämtliche vorbezeichneten Ermächtigungen können ganz oder in Teilbeträgen, einmal oder mehrmals, in Verfolgung eines oder mehrerer Zwecke durch die Gesellschaft ausgeübt werden. Die Ermächtigungen – mit Ausnahme der Ermächtigung zur Einziehung der eigenen Aktien – können auch durch abhängige oder im Mehrheitsbesitz der Gesellschaften stehende Unternehmen oder für ihre oder deren Rechnung durch Dritte ausgeübt werden.   **1182**

Der schriftliche Bericht des Vorstands gem. § 71 Abs. 1 Nr. 8 Satz 5 AktG i. V. m. § 186 Abs. 4 Satz 2 AktG über die Gründe für die Ermächtigung des Vorstands, das Andienungsrecht der Aktionäre beim Erwerb und das Bezugsrecht der Aktionäre bei der Verwendung eigener Aktien auszuschließen, ist im Anschluss an diesen Tagesordnungspunkt abgedruckt. Der Bericht wird von der Einberufung an im Internet unter http://[*Internetseite der Gesellschaft mit Pfadangabe*] veröffentlicht und in der ordentlichen Hauptversammlung der Gesellschaft zugänglich gemacht.   **1183**

Schriftlicher Bericht des Vorstands gem. §§ 71 Abs. 1 Nr. 8 Satz 5, 186 Abs. 4 Satz 2 AktG zu Tagesordnungspunkt [...] über die Gründe für die Ermächtigung des Vorstands, das Andienungsrecht der Aktionäre beim Erwerb und das Bezugsrecht der Aktionäre bei der Verwendung eigener Aktien auszuschließen [➔ Rz. 1225]   **1184**

Die bis zum [*Datum*] befristete Ermächtigung der Gesellschaft zum Erwerb eigener Aktien soll erneuert werden, um der Gesellschaft die Möglichkeit zu erhalten, über diesen Zeitpunkt hinaus eigene Aktien erwerben zu können. [*Ggf.: Die neue Ermächtigung soll für die seit Inkrafttreten des Gesetzes zur Umsetzung der Aktionärsrechterichtlinie (ARUG) gesetzlich zulässige neue Höchstdauer von fünf Jahren erteilt werden.*] Die bestehende Ermächtigung soll ab dem Wirksamwerden der neuen Ermächtigung aufgehoben werden, soweit sie noch nicht ausgenutzt worden ist.   **1185**

(1) Erwerb unter Ausschluss des Andienungsrechts [→ Rz. 1222 ff.]

1186 Durch die Ermächtigung zum Erwerb eigener Aktien soll der Vorstand in die Lage versetzt werden, das Finanzinstrument des Aktienrückkaufs im Interesse der Gesellschaft und ihrer Aktionäre einzusetzen. Der Erwerb kann nach Wahl des Vorstands über die Börse oder mittels eines an alle Aktionäre gerichteten öffentlichen Kaufangebots bzw. mittels einer an alle Aktionäre gerichteten öffentlichen Aufforderung zur Abgabe von Verkaufsangeboten erfolgen.

1187 Erfolgt der Erwerb mittels eines öffentlichen Kaufangebots bzw. einer öffentlichen Aufforderung zur Abgabe von Verkaufsangeboten, kann das Volumen des Angebots bzw. der Aufforderung zur Abgabe von Verkaufsangeboten begrenzt werden. Dabei kann es dazu kommen, dass die von den Aktionären angebotene Menge an Aktien der Gesellschaft die von der Gesellschaft nachgefragte Menge an Aktien übersteigt. In diesem Fall muss eine Zuteilung nach Quoten erfolgen. Hierbei soll es möglich sein, eine Repartierung nach dem Verhältnis der jeweils gezeichneten bzw. angebotenen Aktien (Andienungsquoten) statt nach Beteiligungsquoten vorzunehmen, weil sich das Erwerbsverfahren so in einem wirtschaftlich vernünftigen Rahmen technisch besser abwickeln lässt. Außerdem soll es möglich sein, eine bevorrechtigte Annahme geringer Stückzahlen bis zu 100 Stück angedienter Aktien je Aktionär vorzusehen. Diese Möglichkeit dient dazu, gebrochene Beträge bei der Festlegung der zu erwerbenden Quoten und kleine Restbestände zu vermeiden und damit die technische Abwicklung des Aktienrückkaufs zu erleichtern. Auch eine faktische Beeinträchtigung von Kleinaktionären kann so vermieden werden. Schließlich soll eine Rundung nach kaufmännischen Grundsätzen zur Vermeidung rechnerischer Bruchteile von Aktien vorgesehen werden können. Insoweit können die Erwerbsquote und die Anzahl der von einzelnen andienenden Aktionären zu erwerbenden Aktien so gerundet werden, wie es erforderlich ist, um den Erwerb ganzer Aktien abwicklungstechnisch darzustellen. Vorstand und Aufsichtsrat halten den hierin liegenden Ausschluss eines etwaigen weitergehenden Andienungsrechts der Aktionäre für sachlich gerechtfertigt. [→ Rz. 1172 f.]

1188 *Fakultativ: Gemäß der vorgeschlagenen Ermächtigung zu Punkt [...] b) der Tagesordnung soll der Vorstand aber auch ermächtigt werden, eigene Aktien unter Ausschluss des Andienungsrechts der Aktionäre in anderer Weise als über die Börse oder mittels eines an alle Aktionäre gerichtetes öffentliches Kaufangebot bzw. einer an alle Aktionäre gerichteten öffentlichen Aufforderung zur Abgabe von Verkaufsangeboten zu erwerben („freihändiger Erwerb"), wenn der Erwerb im Rahmen des Erwerbs von oder des Zusammenschlusses mit Unternehmen oder des Erwerbs von Beteiligungen an Unternehmen erfolgt oder wenn es sich um einen Paketerwerb von mindestens 1 % des Grundkapitals handelt und ein solcher Erwerb einem Zweck dient, der im vorrangigen Interesse der Gesellschaft liegt und geeignet und erforderlich ist, diesen Zweck zu erreichen. Das ist insbesondere dann der Fall, wenn der Erwerb über die Börse oder durch ein an alle Aktionäre gerichtetes öffentliches Kaufangebot bzw. mittels einer öffentlichen Aufforderung zur Abgabe eines solchen Angebots zur Erreichung dieses Zwecks zu aufwendig, zu langwierig oder sonst – auch unter Berücksichtigung der Aktionärsinteressen – unverhältnismäßig wäre. [→ Rz. 1218 f.]*

1189 *Der freihändige Erwerb gestattet es der Gesellschaft, eigene Aktien auch unter Ausschluss des Andienungsrechts der Aktionäre von einem oder mehreren Aktionären zu erwerben, wenn der Erwerb im Rahmen des Erwerbs von oder des Zusammenschlusses mit Unternehmen oder des Erwerbs von Beteiligungen an Unternehmen erfolgt. Die Gesellschaft wird hierdurch in die Lage versetzt, ihre Akquisitionsfinanzierung flexibel zu gestalten und beispielsweise als Sach-*

gegenleistung ausgegebene Aktien der Gesellschaft im Rahmen von Kaufpreisanpassungen zurückzuerwerben.

Der freihändige Erwerb erweitert darüber hinaus in beträchtlichem Maße den Spielraum der Gesellschaft, am Markt angebotene Aktienpakete von mindestens 1 % des Grundkapitals schnell und flexibel zu erwerben. Angesichts der insgesamt vergleichsweise geringen Marktkapitalisierung der Gesellschaft können der Erwerb oder die Veräußerung von Aktienpaketen zu Kursbeeinflussungen führen, die durch die Ermächtigung im Interesse der Gesellschaft und ihrer Aktionäre vermieden werden können. Im Vergleich zu einem die formale Gleichbehandlung wahrenden Erwerb besteht ferner ein erhebliches Potenzial, die üblichen zusätzlichen Kosten einzusparen. Der Kaufpreis (ohne Erwerbsnebenkosten) richtet sich dabei nach dem Durchschnitt der Schlusskurse der Aktien der Gesellschaft im Xetra-Handelssystem (oder einem vergleichbaren Nachfolgesystem) an der Frankfurter Wertpapierbörse während der letzten zehn Börsentage vor dem Erwerb der Aktien und darf diesen durchschnittlichen Börsenkurs nicht überschreiten. Jedoch dürfen die Aktien auch für einen niedrigeren als den danach maßgeblichen Betrag (bis zu 0 Euro) durch die Gesellschaft erworben werden. Eine faire Preisfindung ist so im Interesse der Gesellschaft und zum Schutz der Aktionäre gewährleistet. [→ Rz. 1174] **1190**

Für die Aktionäre ergeben sich bei dem freihändigen Erwerb keine Nachteile, wenn er im Interesse der Gesellschaft liegt und – auch unter Berücksichtigung der Aktionärsinteressen – als verhältnismäßig erscheint. Dem trägt der Beschlussvorschlag unter Tagesordnungspunkt [...] b) Rechnung. **1191**

(2) Verwendung unter Ausschluss des Bezugsrechts [→ Rz. 1222 ff., 1175 ff.]

Die Möglichkeit der Veräußerung eigener Aktien dient der vereinfachten Mittelbeschaffung. Gemäß § 71 Abs. 1 Nr. 8 Satz 5 AktG kann die Hauptversammlung die Gesellschaft auch zu einer anderen Form der Veräußerung als über die Börse oder durch ein Angebot an alle Aktionäre ermächtigen. **1192**

Tagesordnungspunkt [...] c) Ziffer (2) ermächtigt zur Veräußerung eigener Aktien gegen Barleistung außerhalb der Börse oder eines Angebots an alle Aktionäre. Damit wird von der Möglichkeit zum erleichterten Bezugsrechtsausschluss entsprechend § 186 Abs. 3 Satz 4 AktG Gebrauch gemacht. Diese Möglichkeit der Veräußerung eigener Aktien unter Bezugsrechtsausschluss liegt angesichts des starken Wettbewerbs an den Kapitalmärkten im Interesse der Gesellschaft. Für die Gesellschaft eröffnet sich damit die Chance, nationalen und internationalen Investoren eigene Aktien schnell und flexibel anzubieten, den Aktionärskreis zu erweitern und den Wert der Aktie zu stabilisieren. Mit der Begrenzung des Anteils der unter Bezugsrechtsausschluss so veräußerbaren eigenen Aktien auf insgesamt maximal 10 % des Grundkapitals und der Veräußerung zu einem den Börsenpreis nicht wesentlich unterschreitenden Kaufpreis werden die Vermögensinteressen der Aktionäre angemessen gewahrt. Die endgültige Festlegung des Veräußerungspreises für die eigenen Aktien geschieht zeitnah vor der Veräußerung. Der Vorstand wird – mit Zustimmung des Aufsichtsrats – den Abschlag auf den Börsenpreis so niedrig bemessen, wie dies nach den zum Zeitpunkt der Platzierung vorherrschenden Marktbedingungen möglich ist. Er wird keinesfalls mehr als 5 % des Börsenpreises betragen. Da die eigenen Aktien nahe am Börsenpreis platziert werden, kann grundsätzlich jeder Aktionär zur Aufrechterhaltung seiner Beteiligungsquote Aktien zu annähernd gleichen Bedingungen am Markt erwerben. Die Höchstgrenze von 10 % des Grundkapitals dient ebenfalls dem Verwässerungsschutz. Auf sie sind alle Aktien anzurechnen, die während der Laufzeit dieser Ermächti- **1193** gung unter Bezugsrechtsausschluss in direkter oder entsprechender Anwendung von § 186 Abs. 3 Satz 4 AktG veräußert oder ausgegeben worden sind, z. B. aus genehmigtem Kapital. Ebenfalls anzurechnen sind Aktien, die zur Bedienung von Options- und/oder Wandlungsrechten bzw. Wandlungspflichten aus Wandel- oder Optionsschuldverschreibungen oder Aktienoptionen entstehen, sofern diese Schuldverschreibungen während der Laufzeit dieser Ermächtigung unter Bezugsrechtsausschluss in entsprechender Anwendung des § 186 Abs. 3 Satz 4 AktG ausgegeben worden sind. [→ Rz. 1224]

1194 Nach dem zu Tagesordnungspunkt [...] c) Ziffer (3) vorgeschlagenen Beschluss hat die Gesellschaft die Möglichkeit, eigene Aktien beim Erwerb von Unternehmen, Unternehmensteilen, Beteiligungen an Unternehmen, anderen Vermögensgegenständen in Zusammenhang mit solchen Akquisitionsvorhaben oder im Rahmen von Unternehmenszusammenschlüssen als Gegenleistung anbieten zu können. Diese Gegenleistung wird zunehmend verlangt. Die hier vorgeschlagene Ermächtigung soll der Gesellschaft den notwendigen Handlungsspielraum geben, um sich bietende Gelegenheiten zu solchen Erwerben bzw. Zusammenschlüssen schnell und flexibel ausnutzen zu können. Bei der Festlegung der Bewertungsrelationen werden Vorstand und Aufsichtsrat darauf achten, dass die Interessen der Aktionäre angemessen gewahrt werden. Sie werden sich insbesondere bei der Bemessung des Werts der als Gegenleistung gewährten eigenen Aktien am Börsenpreis der Aktien der Gesellschaft orientieren. [→ Rz. 1178, 1222 ff.]

1195 Tagesordnungspunkt [...] c) (4) ermächtigt die Gesellschaft, eigene Aktien zur Bedienung von Bezugsrechten aufgrund der Ausübung von Optionsrechten im Rahmen des Aktienoptionsplans [...] der Gesellschaft zu nutzen. Der Aktienoptionsplan wurde auf der Grundlage der von den Hauptversammlungen der Gesellschaft am [Datum] zu Punkt [...] der Tagesordnung beschlossenen Ermächtigungen zur Ausgabe von Aktienoptionen aufgelegt. Die Eckpunkte der entsprechenden Optionsbedingungen ergeben sich aus dem Beschlussvorschlag an die Hauptversammlung. Soweit die Gesellschaft von der Möglichkeit, eigene Aktien zur Bedienung von Bezugsrechten aus Aktienoptionen zu verwenden, Gebrauch macht, muss das jeweils zu ihrer Bedienung geschaffene bedingte Kapital nicht in Anspruch genommen werden. Es entstehen also keine über die mit einem Bezugsrechtsausschluss bei der Ausgabe von Aktienoptionen verbundenen Verwässerungseffekte hinausgehenden Belastungen für die Aktionäre. Vielmehr wird lediglich die Flexibilität des Vorstands bzw. – soweit der Vorstand begünstigt ist – des Aufsichtsrats erhöht, indem er die Aktienoptionen nicht zwingend aus bedingtem Kapital bedienen muss, sondern auch eigene Aktien dazu verwenden kann, wenn ihm das in der konkreten Situation im Interesse der Gesellschaft und ihrer Aktionäre günstiger erscheint. [→ Rz. 1179]

1196 Tagesordnungspunkt [...] c) Ziffer (5) ermöglicht es der Gesellschaft, eigene Aktien zur Bedienung von Options- und/oder Wandlungsrechten bzw. Wandlungspflichten auf Aktien der Gesellschaft zu verwenden. Durch die vorgeschlagene Beschlussfassung wird keine neue Ermächtigung zur Einräumung weiterer Options- oder Wandlungsrechte geschaffen. Sie dient lediglich dem Zweck, der Verwaltung die Möglichkeit einzuräumen, Options- oder Wandlungsrechte, die aufgrund anderweitiger Ermächtigungen ausgegeben wurden oder werden, mit eigenen Aktien anstelle der Inanspruchnahme bedingten Kapitals zu bedienen, wenn dies im Einzelfall im Interesse der Gesellschaft liegt. Soweit Mitglieder des Vorstands der Gesellschaft begünstigt sind, gilt die Ermächtigung für den Aufsichtsrat. [→ Rz. 1180]

1197 Tagesordnungspunkt [...] c) (6) ermöglicht es der Gesellschaft, eigene Aktien Arbeitnehmern und/oder Mitgliedern des Vorstands der Gesellschaft oder Arbeitnehmern und/oder Mitgliedern der Geschäftsführung eines mit der Gesellschaft verbundenen Unternehmens zum Erwerb anzubieten. Hierdurch können Aktien als Vergütungsbestandteil für Arbeitnehmer und/oder Mitglieder des Vorstands der Gesellschaft oder Arbeitnehmer und/oder Mitglieder der Geschäftsführung eines mit der Gesellschaft verbundenen Unternehmens eingesetzt werden, die Beteiligung dieser Begünstigten am Aktienkapital der Gesellschaft gefördert und damit die Identifikation der Begünstigten im Interesse der Gesellschaft und ihrer Aktionäre gestärkt werden. Soweit Mitglieder des Vorstands der Gesellschaft begünstigt sind, obliegt die Auswahl der Begünstigten und die Bestimmung des Umfangs der ihnen jeweils zu gewährenden Aktien dem Aufsichtsrat. [→ Rz. 1181]

1198 Schließlich können die aufgrund dieses Ermächtigungsbeschlusses erworbenen eigenen Aktien nach dem zu Tagesordnungspunkt […] c) Ziffer (1) vorgeschlagenen Beschluss von der Gesellschaft eingezogen werden, ohne dass hierfür eine erneute Beschlussfassung der Hauptversammlung erforderlich ist. Gem. § 237 Abs. 3 Nr. 3 AktG kann die Hauptversammlung einer Gesellschaft die Einziehung ihrer voll eingezahlten Stückaktien beschließen, ohne dass hierdurch eine Herabsetzung des Grundkapitals der Gesellschaft erforderlich wird. Die hier vorgeschlagene Ermächtigung sieht neben der Einziehung mit Kapitalherabsetzung diese Alternative ausdrücklich vor. Durch die Einziehung eigener Aktien ohne Kapitalherabsetzung erhöht sich automatisch der rechnerische Anteil der übrigen Stückaktien am Grundkapital der Gesellschaft. Der Vorstand soll daher auch ermächtigt werden, die erforderlich werdende Änderung der Satzung hinsichtlich der sich durch eine Einziehung verändernden Anzahl der Stückaktien vorzunehmen. [→ Rz. 1176]

1199 Die Entscheidung über den Erwerb und die Verwendung der eigenen Aktien bedarf in jedem Falle der Zustimmung des Aufsichtsrats. Vorstand und Aufsichtsrat werden sich allein vom wohlverstandenen Interesse der Aktionäre und der Gesellschaft leiten lassen.

1200 Der Vorstand wird die nächste Hauptversammlung über eine Ausnutzung der vorstehenden Ermächtigungen unterrichten.

II. Erläuterungen [→ Rz. 1169 ff.]

1. Einführung

1201 Die Zeichnung eigener Aktien, also deren originärer Erwerb, ist der Aktiengesellschaft nach § 56 Abs. 1 AktG grundsätzlich verboten. Das Verbot dient der Sicherung der realen Kapitalaufbringung. Der derivative Erwerb eigener Aktien ist im Hinblick auf die Kapitalerhaltung nur in den in § 71 Abs. 1 AktG genannten Ausnahmefällen zulässig. Mit den Rechtsfolgen des unzulässigen Erwerbs von Aktien befassen sich § 71 Abs. 4 und § 71c AktG, mit der Umgehung des unzulässigen Erwerbs eigener Aktien §§ 71a, 71d und 71e AktG.

1202 Durch das KonTraG vom 27.4.1998 ist mit § 71 Abs. 1 Nr. 8 AktG ein neuer Erwerbstatbestand eingeführt worden. Hiernach wurde der Hauptversammlung die Möglichkeit eingeräumt, den Vorstand für eine Dauer von 18 Monaten zum Erwerb eigener Aktien zu börsennahen Kursen und zur auf die gleiche Weise erfolgenden Veräußerung zu ermächtigen. Von dieser Ermächtigung ist vielfach Gebrauch gemacht worden, da sie dem Vorstand, ähnlich wie das genehmigte Kapital, einen relativ großen, von weiteren Hauptversammlungsbeschlüssen unabhängigen Handlungsspielraum gibt. Dies gilt insbesondere in Verbindung mit den zugleich durch das KonTraG eingeführten Möglichkeiten, bei der

Veräußerung von Aktien gem. § 186 Abs. 3 Satz 4 AktG das Bezugsrecht der Aktionäre auszuschließen. Damit konnten eigene Aktien gezielt als Akquisitionswährung von der Gesellschaft angekauft und vorrätig gehalten werden. Zu beachten ist allerdings, dass sich durch das Anlegerschutzverbesserungsgesetz (AnSVG) in Verbindung mit der EU-Verordnung Nr. 2273/2003[523] die kapitalmarktrechtlichen Rahmenbedingungen des Erwerbs und der Verwendung eigener Aktien verschärft haben, und zwar zum einen im Hinblick auf das Insiderrecht und die Ad-hoc-Publizität, zum anderen im Hinblick auf einen möglichen Vorwurf der Marktmanipulation (§ 20a WpHG).[524] (Siehe dazu (unten 5)) [→ Rz. 1231 f.]

1203 Eine Liberalisierung des Aktienrückkaufs brachte demgegenüber das ARUG vom 30.7.2009, das in Umsetzung von Art. 25 Abs. 2 Satz 3 der EU-Kapitalrichtlinie[525] die zulässige Geltungsdauer der Ermächtigung von bis dahin 18 Monaten auf fünf Jahre verlängert hat. Die bislang gem. § 71 Abs. 3 Satz 3 AktG geltende Pflicht zur Unterrichtung der BaFin über Ermächtigungen nach Nr. 8 des § 71 Abs. 1 AktG ist ersatzlos entfallen. Die Volumengrenze beim Rückerwerb eigener Aktien in Höhe von 10 % des gezeichneten Kapitals wurde allerdings beibehalten. Flankierend hat das BilMoG vom 25.5.2009 die bilanzielle Behandlung des Erwerbs und der Wiederausgabe eigener Aktien neu geregelt.

2. Inhalt des Ermächtigungsbeschlusses [→ Rz. 1170]

1204 Lit. a) des vorgeschlagenen Beschlusses enthält den gem. § 71 Abs. 1 Nr. 8 Satz 1 AktG zwingenden Beschlussinhalt. In dem Beschlusstext wird sinnvollerweise auf § 71 Abs. 1 Nr. 8 AktG als gesetzliche Ermächtigungsgrundlage Bezug genommen.

1205 Der maximale **Zeitraum** der Ermächtigung von fünf Jahren muss nicht ausgeschöpft werden. Wenn nichts anderes bestimmt wird, beginnt die Frist mit dem Tag der Beschlussfassung. Der Klarheit halber schlägt das Muster die Angabe der Befristung durch Angabe des Enddatums vor. Ob die Ausschöpfung des Höchstrahmens sinnvoll ist, bedarf der Überlegung. Zwar entlastet das die Hauptversammlung von den bisher alljährlich wiederkehrenden Beschlüssen zum Aktienrückkauf, auf der anderen Seite ist die Erwerbsgrenze von 10 % des Grundkapitals an den Zeitpunkt der Beschlussfassung geknüpft und passt sich späteren Änderungen der Grundkapitalziffer nicht an.[526] Damit kann während einer fünfjährigen Laufzeit der Ermächtigung schon aus diesen Gründen das Bedürfnis nach einer früheren Anpassung bestehen.

1206 Weiter ist in dem Beschluss die **10 %-Grenze** zu beziffern, die beim Erwerb eigener Aktien nicht überschritten werden darf. Dies kann entweder durch Benennung der genauen maximalen Stückzahl der Aktien oder durch die Angabe der Prozentgrenze bezogen auf das zum Zeitpunkt der Beschlussfassung bestehende Grundkapital erfolgen. Aus Gründen der Transparenz ist Ersteres zu bevorzugen. Die Erwerbsgrenze ist nicht mit der Bestandsgrenze nach § 71 Abs. 2 AktG zu verwechseln, die variabel ist. Mehrfache oder auf-

---

523) Verordnung (EG) Nr. 2273/2003 der Kommission vom 22.12.2003 zur Durchführung der Richtlinie 2003/6/EG des Europäischen Parlaments und des Rates – Ausnahmeregelungen für Rückkaufprogramme und Kursstabilisierungsmaßnahmen, ABl L 336/33.

524) Ausführlich *Singhof/Weber*, AG 2005, 549, 563; Cahn in: Spindler/Stilz, AktG, § 71 Rz. 160 ff. -184.

525) Richtlinie 2006/68/EG des Europäischen Parlaments und des Rates vom 6.9.2006 zur Änderung der Richtlinie 77/91/EWG des Rates in Bezug auf die Gründung von Aktiengesellschaften und die Erhaltung und Änderung ihres Kapitals, ABl. EU Nr. L 264 v. 25.9.2006, S. 32 ff.

526) *Cahn* in: Spindler/Stilz, AktG, § 71 Rz. 103, 104.

einanderfolgende, überlappende Ermächtigungen haben demgegenüber die fixe Erwerbsgrenze zu beachten.[527]Bei der Existenz mehrerer **Aktiengattungen** kann die Rückkaufermächtigung auf eine einzelne Gattung beschränkt werden, wobei die Erwerbsgrenze sich weiterhin auf das Gesamtkapital bezieht.[528]

Vorgeschrieben ist schließlich eine **Festlegung des Preises**, den die Gesellschaft für den Erwerb der eigenen Aktien aufwenden darf. Das Gesetz verlangt insoweit lediglich die Festlegung einer Unter- und Obergrenze. Diese muss nicht betragsmäßig, sondern kann relativ in Bezugnahme auf einen Durchschnittsbörsenkurs festgelegt werden.[529]   **1207**

Soweit noch eine ältere Ermächtigung zum Erwerb eigener Aktien bestehen sollte, ist diese (nicht aber die Ermächtigung zur Verwendung der auf Grund der älteren Ermächtigung bereits erworbenen Aktien) aufzuheben, um den Ermächtigungsrahmen im neuen Beschluss voll ausschöpfen zu können. Einer jüngeren Praxis folgend wird hinsichtlich der besonderen Verwendungsermächtigungen mit Ausschluss des Bezugsrechts im hier vorgestellten Muster zusätzlich ausdrücklich bestimmt, dass diese auch für die aufgrund früherer Ermächtigungen erworbenen Aktien gelten [→ Rz. 1170].   **1208**

Über die Ausnutzung der Ermächtigung entscheidet grundsätzlich (sofern nicht ein Zustimmungserfordernis des Aufsichtsrats gem. § 111 Abs. 4 AktG besteht) der Vorstand, es sei denn der Ermächtigungsbeschluss sieht, wie in dem Muster vorgeschlagen, eine **Zustimmung des Aufsichtsrats** ausdrücklich vor. Dies wird von den Aktionärsvereinigungen und professionellen Stimmrechtsberatern gefordert, ist aber rechtlich umstritten, weil damit die Hauptversammlung ohne gesetzliche Grundlage in die Kompetenzverteilung der Organe eingriffe.[530]   **1209**

Es ist nicht erforderlich, die **Zwecke** für den Erwerb der Aktien im Hauptversammlungsbeschluss zu nennen und damit festzulegen.[531] Das Gesetz schreibt lediglich vor, dass der Erwerb zum Zwecke des Eigenhandels unzulässig ist (§ 71 Abs. 1 Nr. 8 Satz 2 AktG). Im Übrigen steht es der Hauptversammlung frei, Zwecke festzusetzen und den Vorstand damit zu binden oder dem Vorstand diese Entscheidung zu überlassen. Mögliche zulässige Zwecke sind zunächst die unter § 71 Abs. 1 Nr. 1–7 AktG (mit Einschränkungen bei den unter Nr. 4 und Nr. 7) genannten. Darüber hinaus kommt der Erwerb zum Zwecke einer Verminderung des dividendenpflichtigen Eigenkapitals (zulasten freier Rücklagen), die Bedienung von Aktienoptionen oder die Vorbereitung einer Einziehung von Aktien nach § 237 Abs. 1 Satz 2 Fall 2 AktG in Betracht.[532] In all diesen Fällen bedeutet der Einsatz eigener, gem. § 71 Abs. 1 Nr. 8 AktG erworbener Aktien eine gewisse Erleichterung, da weitere Hauptversammlungsbeschlüsse nicht erforderlich sind. Außerdem kann die   **1210**

---

527) *Lutter/Drygala* in: Kölner Kommentar, § 71 Rz. 135; *Oechsler* in: MünchKomm AktG, § 71 Rz. 205; abweichend nur für hintereinander geschaltete Ermächtigungen: *Cahn* in: Spindler/Stilz, AktG, § 71 Rz. 101, der der überdies die Erwerbsgrenze neben der Bestandsgrenze für europarechtlich unzulässig hält (a. a. O. Rz. 100).

528) *Hüffer*, AktG, 3 71 Rz. 19e; *Cahn* in: Spindleer/Stilz, AktG, § 71 Rz. 105; *Lutter/Drygala* in: Kölner Kommentar, § 71 Rz. 136; Zur Problematik von Vorzugsaktien *Hildebrandt/Schremper*, BB 2001, 533.

529) So eindeutig Begründung RegE KonTraG, BT-Drucks. 13/9712, S. 13 f; *Hüffer*, AktG § 71 Rz. 19 e; *Cahn* in: Spindler/Stilz, AktG, § 71 Rz. 109.

530) So *Cahn* in: Spindler/Stilz, AktG, § 71 Rz. 98;, *Kiem*, ZIP 2005, 209, 211; a. A. die wohl h.M. siehe nur *Hüffer* AktG, § 71 Rz. 19 f; *Bezzenberger* in: Schmidt/Lutter, AktG, § 71 Rz. 23; *Lutter/Drygala* in: Kölner Kommentar, § 71 Rz. 139 m. w. N.

531) LG Berlin v. 15.11.1999, NZG 2000, 944; *Hüffer*, AktG, § 71 Rz. 19 f; *Bezzenberger* in: Schmidt/Lutter, AktG, § 71 Rz. 18; *Cahn* in:: Spindler/Stilz, AktG, § 71 Rz. 93.

532) Vgl. hierzu *Hüffer*, AktG, § 71 Rz. 19g.

Ermächtigung des Vorstands zur Einziehung ausdrücklich gem. § 71 Abs. 1 Nr. 8 Satz 6 AktG durch die Hauptversammlung beschlossen werden. Eines vorherigen Beschlusses über die Herabsetzung des Grundkapitals, wie bei § 71 Abs. 1 Nr. 6 AktG, bedarf es in diesem Falle nicht. [→ Rz. 1176]

1211 Im Falle von Aktienoptionen können eigene Aktien über den in § 192 Abs. 2 Nr. 3 AktG genannten Personenkreis hinaus eingesetzt werden. Allerdings ist dann den Beschränkungen nach § 193 Abs. 2 Nr. 4 AktG Rechnung zu tragen, wie in § 71 Abs. 1 Nr. 8 Satz 5 Halbs. 2 AktG ausdrücklich festgeschrieben ist. Schließlich können hiernach erworbene eigene Aktien auch dazu verwendet werden, in Umwandlungsfällen Abfindungsverpflichtungen nachzukommen, soweit dies in § 71 Abs. 1 Nr. 3 AktG wegen der relativ engen Gesetzesfassung nicht möglich ist.[533] Unzulässig ist der Einsatz eigener Aktien zur Bedienung von Aktienoptionen für Aufsichtsratsmitglieder.[534]

1212 Viele der vorgenannten möglichen Zwecke des Aktienrückkaufs bedürfen wegen des damit verbundenen Ausschlusses des Bezugs- oder Andienungsrechts jedoch ungeachtet der Zweckfreiheit der Rückkaufsermächtigung näherer Darstellung im Beschluss (dazu sogleich unter Rz. 1222 ff.).

1213 **Weitere gesetzliche Beschränkungen** muss der Beschlusswortlaut nicht aufnehmen. Es handelt sich dabei um die Voraussetzungen, dass von der Ermächtigung zum Erwerb eigener Aktien nur so lange Gebrauch gemacht werden kann, wie die Gesellschaft im Zeitpunkt des Erwerbs eine Rücklage in Höhe der Aufwendungen für den Erwerb bilden könnte, ohne das Grundkapital oder eine nach Gesetz oder Satzung zu bildende Rücklage zu mindern, die nicht zur Zahlung an die Aktionäre verwandt werden darf (§ 71 Abs. 2 Satz 2 AktG)[535] und dass die zu erwerbenden Aktien voll eingezahlt sein müssen (§ 71 Abs. 2 Satz 3 AktG).

3. Erwerbsarten und Ausschluss des Andienungsrechts

1214 Hinsichtlich der **Erwerbsarten** kommt grundsätzlich ein Erwerb **über die Börse**, ein an alle Aktionäre gerichtetes **öffentliches Kaufangebot** bzw. eine öffentliche Aufforderung zur Abgabe eines solchen Angebots in Betracht. Ein Erwerb über die Börse ist kostenmäßig günstiger, bietet der Gesellschaft aber wenig Möglichkeit, auf den Rückkaufpreis, etwa durch das Angebot einer Prämie, Einfluss zu nehmen.[536] Nachdem die BaFin mit Merkblatt vom 9.8.2006[537] von ihrer bisherigen Auffassung – öffentliche Angebote zum Erwerb eigener Aktien seien Erwerbsangebote i. S. d. WpÜG (mit allen Folgen für die Gestaltung der Angebote und ihrer Gestattung durch die BaFin) – abgerückt ist, empfiehlt sich für die Praxis, beide Erwerbsarten in den Ermächtigungsbeschluss mit aufzunehmen und damit von einer größtmöglichen Flexibilität zu profitieren. Dies ist im vorliegenden Muster unter lit. b) im Sinne eines Wahlrechts für die Verwaltung so aufgenommen.

---

533) Siehe dazu *Hüffer*, AktG, § 71 Rz. 15.

534) BGH. v. 16.2.2004, – Mobilcom – AG 2004, 265; *Bezzenberger* in: Schmidt/Lutter, AktG, § 71 Rz. 87; Hüffer, AktG, § 71 Rz. 19h.

535) Zu den damit verbundenen Rechtsfragen nach BilMoG siehe *Oechsler*, AG 2010, 105 ff.

536) Zu den praktischen Möglichkeiten dieser Erwerbsarten siehe *Lutter/Drygala* in: Kölner kommentar, § 71 Rz. 159 ff. und *Cahn* in: Spindler/Stilz, AktG, § 17 Rz. 122 ff.

537) Zu finden über die Internetseite der BaFin unter http://www.bafin.de; dazu *Lutter/Drygala* in: Kölner Kommentar, 3 71 Rz. 266 ff.

Dabei ist gem. der ausdrücklichen Regelung in § 71 Abs. 1 Nr. 8 Satz 3 AktG das **Gleich-** **1215** **behandlungsgebot** (§ 53a AktG) zu beachten, das bei einem Erwerb über die Börse stets gewahrt ist. Aus dem Gleichbehandlungsgebot und Äußerungen der Regierungsbegründung zum KonTraG wird von Teilen der Literatur ein allgemeines Andienungsrecht der Aktionäre abgeleitet, wonach ihnen ein Anspruch auf Teilhabe an den wirtschaftlichen Vorteilen eines Aktienrückkaufs, insbesondere in Gestalt von möglichen Erwerbsprämien, zukommt.[538]

Relevant wird diese Frage bereits bei der Ausgestaltung und Abwicklung von öffentlichen **1216** Rückkaufangeboten. Hier kann es aus praktischen Gründen geboten sein, Annahmen oder Angebote zu begrenzen.

So sieht das Muster unter lit. b) (2) am Ende eine **bevorrechtigte Annahme geringerer** **1217** **Stückzahlen** bis zu maximal 100 Stück angedienter Aktien je Aktionär vor. Diese Möglichkeit dient dazu, gebrochene Beträge bei der Festlegung der zu erwerbenden Quoten und kleine Restbestände zu vermeiden und damit die technische Abwicklung zu erleichtern, sofern im Rahmen des Erwerbs durch öffentliches Angebot das öffentliche Angebot überzeichnet sein sollte bzw. im Fall einer Aufforderung zur Abgabe eines solchen Angebots von mehreren gleichwertigen Angeboten nicht sämtliche angenommen werden sollten. [→ Rz. 1173]

Erst recht in der im Muster vorgestellten Alternative zum Rückkauf mittels eines Paket- **1218** kaufs außerhalb der Börse stellt sich die Frage nach einer Verletzung des Andienungsrechts oder des Gleichbehandlungsgebots. Im Muster ist ein Paketerwerb (*Negotiated Repurchase*) von mindestens 1 % des derzeitigen Grundkapitals (sog. **freihändiger Erwerb**) vorgesehen. [→ Rz. 1171, 1174]

Hierdurch wird die Gesellschaft in die Lage versetzt, ihre Akquisitionsfinanzierung flexi- **1219** bel zu gestalten und beispielsweise als Sachgegenleistung ausgegebene Aktien der Gesellschaft im Rahmen von Kaufpreisanpassungen zurückzuerwerben oder am Markt angebotene Aktienpakete aufzunehmen. Dies gilt umso mehr, wenn angesichts der geringen Menge der über die Börse gehandelten Aktien der Erwerb oder die Veräußerung von Aktienpaketen zu erheblichen Kursbeeinflussungen führen würde. Im Vergleich zu einem die formale Gleichbehandlung wahrenden Erwerb besteht ferner ein erhebliches Potential, die üblichen zusätzlichen Kosten einzusparen. Eine faire Preisfindung wird durch die in der Alternative vorgeschlagene Regelung im Interesse der Gesellschaft und zum Schutz der Aktionäre gewährleistet. In der Praxis findet sich jedenfalls eine Reihe von Gesellschaften, die entsprechende Ermächtigungen beschlossen haben,[539] auch wenn dies nicht einer allgemeinen Praxis entspricht.

Der freihändige Erwerb eigener Aktien ist aufgrund des damit verbundenen Ausschlusses **1220** des Andienungsrechts der übrigen Aktionäre in der Literatur allerdings umstritten.[540] Bezweifelt wird insbesondere, ob hierbei der Gleichbehandlungsgrundsatz gem. § 53a

---

538) Streitig, vgl. ausführlich m. N. *Cahn* in: Spindler/Stilz, AktG, 3 71 Rz. 120 f.; *Lutter/Drygala* in: Kölner Kommentar, 3 71 Rz. 171 f.

539) Plenum AG, Wiesbaden, Takkt AG, Stuttgart, Axel Springer AG, Berlin (allerdings mit einer Ermächtigung betreffend eine konkrete Erwerbsmöglichkeit), Deutsche Beteiligungs AG, Frankfurt am Main, und zuletzt 3 U Telekom AG, Marburg.

540) Ausführlich zum Meinungsstand *Lutter/Drygala in:* Kölner Kommentar, § 71 Rz. 168 ff.; dafür u. a. *Oechsler* in: MünchKomm AktG, § 71 Rz. 242 ff. m. w. N.; *Cahn* in: Spindler/Stilz, AktG § 71 Rz. 127; einschränkend *Bezzenberger* in: Schmidt/Lutter, AktG, § 71 Rz. 70; dagegen u. a. *Hüffer*, AktG, § 71 Rz. 19k m. w. N.; *Solveen* in: Hölters, AktG, § 71 Rz. 25.

AktG gewahrt wird. Eine formale Ungleichbehandlung lässt sich in diesen Fällen nicht von der Hand weisen, ist aber – nach hier vertretener Auffassung – zulässig, wenn der Erwerb einem Zweck dient, der im vorrangigen Interesse der Gesellschaft liegt und der Erwerb geeignet und erforderlich ist, diesen Zweck zu erreichen, also eine sachliche Rechtfertigung gegeben ist.

1221 Aus Gründen der rechtlichen Vorsorge ist hier empfohlen, den Ausschluss des Andienungsrechts in formaler Hinsicht analog zum Ausschluss des Bezugsrechts zu behandeln. Er ist damit im Beschluss ausdrücklich festzusetzen und seine Rechtfertigung in einem Vorstandsbericht entsprechend § 186 Abs. 4 Satz 2 darzulegen.

4. Verwendung der eigenen Aktien und Bezugsrechtsausschluss [→ Rz. 1175 ff.]

1222 Lit. c) des Beschlussvorschlags befasst sich mit der Verwendung, insbesondere der Veräußerung der aufgrund der Ermächtigung erworbenen Aktien. Dem im Gesetz (überflüssigerweise) ausdrücklich angesprochenen Gleichbehandlungsgrundsatz wird zusammen mit dem Verweis des Gesetzes auf §§ 186 Abs. 3 und 4, 193 Abs. 2 Nr. 4 AktG (§ 71 Abs. 1 Nr. (Satz 5 AktG) ein allgemeines (Vor)Erwerbsrecht der Altaktionäre entnommen, das die Hauptversammlung nach den für das Bezugsrecht geltenden Regeln ausschließen kann.[541)]

1223 Danach muss eine gesetzeskonforme Veräußerung über die Börse im Beschluss nicht ausdrücklich festgesetzt werden, auch dann nicht, wenn ein außerbörsliches Angebot an alle Aktionäre unterbreitet wird,[542)] weil hierbei das Erwerbsrecht vollinhaltlich beachtet wird. In allen anderen Fällen bedarf es einer ausdrücklichen Festsetzung des Ausschlusses des Erwerbsrechts und einer sachlichen Rechtfertigung, die im schriftlichen Vorstandsbericht darzulegen ist.

1224 Im Beschlusstext des Musters ist hiervon in weitest möglicher Weise Gebrauch gemacht worden. Die verschiedenen Ermächtigungen müssen auf die Bedürfnisse der jeweiligen Gesellschaft abgestimmt werden. Für die sachliche Rechtfertigung gelten im Grundsatz die gleichen Überlegungen wie zu entsprechendem Bezugsrechtsausschluss bei einer Kapitalerhöhung. Hervorzuheben ist die Ermächtigung zu einer börsenkursnahen Veräußerung unter Ausschluss des Bezugsrechts der Aktionäre – entsprechend § 186 Abs. 3 Satz 4 AktG. Einen solchen Beschluss lässt § 71 Abs. 1 Nr. 8 Satz 5 AktG ausdrücklich zu. Wie beim unmittelbaren Ausschluss des Bezugsrechts ist in diesen Fällen ein Vorstandsbericht nach § 186 Abs. 4 Satz 1 AktG erforderlich, der jedoch, da die grundsätzliche Zulässigkeit des Bezugsrechtsausschlusses gesetzlich feststeht, kurz ausfallen kann. Der weitergehende Bezugsrechtsausschluss zu Akquisitionszwecken ist im Vorstandsbericht ausführlicher zu begründen. Bei gleichzeitig bestehender Ermächtigung zum erleichterten Bezugsrechtsausschluss für die Bedienung von Aktienprogrammen für Mitarbeiter und Vorstände nach verschiedenen gesetzlichen Grundlagen (§ 221 Abs. 4, § 203 Abs. 1 AktG) darf die Gesamtzahl der neuen Aktien, die danach unter Bezugsrechtsausschluss gegeben werden kann, insgesamt 10 % des Grundkapitals nicht übersteigen.[543)] [→ Rz. 1177]

---

541) Siehe nur Hüffer, AktG, § 71 Rz. 19m.
542) *Solveen* in: Hölters, AktG, § 71 Rz. 28; *Cahn* in: Spindler/Stilz, AktG, § 71 Rz. 133.
543) Dazu ausführlich *Lutter/Drygala* in: Kölner Kommentar, § 71 Rz. 191.

Zu den Inhalten des **Vorstandsberichts** kann auf Muster 6.9, Rz. 1039 ff. und 1064 ff. **1225** verwiesen werden. Im Übrigen ist hier ein Bericht mit den typischen Inhalten bei einer Ermächtigung zum Aktienrückkauf unter Rz. 1184 ff. abgedruckt, der auch die Erläuterung zum Ausschluss des Andienungsrechts enthält (dazu siehe oben Rz. 1184 ff.).

Schließlich enthält das Muster in lit. b) (1) die in § 71 Abs. 1 Nr. 8 Satz 6 AktG einge- **1226** räumte ausdrückliche Ermächtigung, die eigenen Aktien ohne weiteren Hauptversammlungsbeschluss einzuziehen. Ein solcher wäre andernfalls nach § 222 i. V. m. § 237 Abs. 2 Satz 1 AktG oder § 237 Abs. 4 Satz 1 AktG erforderlich gewesen. [→ Rz. 1176]

5. Beschlussfassung

Der Beschluss bedarf, abgesehen vom Sonderfall mehrerer Gattungen, mangels anderwei- **1227** tiger gesetzlicher Bestimmung lediglich der einfachen Mehrheit der abgegebenen Stimmen. Wird für die Veräußerung das Erwerbsrecht der Aktionäre ausgeschlossen, ist nach § 186 Abs. 3 Satz 2 AktG außerdem eine Dreiviertelmehrheit des bei der Beschlussfassung vertretenen Grundkapitals erforderlich, welche die Satzung lediglich verschärfen, nicht jedoch erleichtern kann. Im Falle mehrerer Gattungen stimmberechtigter Aktien sollte entsprechend § 222 Abs. 2 AktG ein Sonderbeschluss vorgesehen werden, wenn eine Ermächtigung zur Einziehung von Aktien beabsichtigt ist.[544]

6. Informations- und Publizitätspflichten/Insiderrecht

Der von der Hauptversammlung zum Erwerb eigener Aktien gefasste Beschluss muss **1228** **nicht zum Handelsregister** angemeldet und eingetragen werden. Beschlüsse nach § 71 Abs. 1 Nr. 8 AktG zum Erwerb eigener Aktien (mit Ermächtigung des Vorstands zur Einziehung der Aktien) sind nach § 30b Abs. 1 Nr. 2 WpHG als Vereinbarung eines Einziehungsrechts zu veröffentlichen. Macht der Vorstand sodann von der Ermächtigung zur Einziehung Gebrauch, ist dies ebenfalls nach § 30b Abs. 1 Nr. 2 WpHG als Ausübung des Einziehungsrechts veröffentlichungspflichtig (siehe Muster 3.4 und 3.5, Rz. 329 ff., 333 ff.).

Über die Gründe und den Zweck des Erwerbs sowie über die Zahl der erworbenen Ak- **1229** tien, den Anteil am Grundkapital und den Gegenwert muss aufgrund der ausdrücklichen Bestimmung des § 71 Abs. 3 Satz 1 AktG in der nächsten **Hauptversammlung unterrichtet** werden; es genügt die mündliche Unterrichtung. Die schriftliche Berichterstattung erfolgt über die vorgeschriebenen Angaben im Bilanzanhang (§ 160 Abs. 1 Nr. 2 AktG).

Es besteht außerdem eine **Mitteilungspflicht gem. § 26 Abs. 1 Satz 1 Nr. 1 WpHG** bei **1230** Erreichen, Über- oder Unterschreiten der entsprechenden Schwellenwerte (Muster 2.7, Rz. 297 ff.).[545]

Im Anwendungsbereich des **Wertpapierhandelsgesetzes** sind beim Erwerb eigener Ak- **1231** tien außerdem das Verbot von **Insidergeschäften des § 14 WpHG und der Marktmanipulation nach § 20a WpHG** sowie die Pflicht zur **Ad-hoc-Publizität gem. § 15 WpHG** zu beachten.[546]

---

544) Zumindest empfehlenswert: *Hüffer*, AktG, § 71 Rz. 19n; *Lutter/Dryglla in:* Kölner Kommentar, § 71 Rz. 197; a. A. *Hildebrandt/Schremper*, BB 2001, 533, 536.

545) Siehe dazu auch *BaFin*, Emittentenleitfaden, i. d. F. v. 28.4.2009, S. 170, 175 f.

546) *BaFin*, Emittentenleitfaden, i. d. F. v. 28.4.2009, S. 39 f.

1232 Die Beschlüsse des Vorstands und des Aufsichtsrats des Emittenten, der Hauptversammlung eine Ermächtigung zum Rückkauf eigener Aktien vorzuschlagen sowie der Ermächtigungsbeschluss der Hauptversammlung selbst, stellen aufgrund fehlender Konkretisierung noch keine Insiderinformationen dar, die ad-hoc-pflichtig sind. Erst der Beschluss des Vorstands, von einer entsprechenden Rückkaufermächtigung Gebrauch zu machen, kann bei einem entsprechenden Preisbeeinflussungspotenzial eine Insiderinformation sein.

1233 In diesen Fällen gelten daher die allgemeinen Regeln des Insiderrechts und es ist im Einzelfall zu prüfen, ob sie möglicherweise verbotenen Insiderhandel oder Marktmanipulation darstellen. Dies ist zunächst nicht automatisch der Fall.[547] Für die nähere Beurteilung geben aber weder der europäische noch der deutsche Gesetz- und Verordnungsgeber weitere Hilfestellung. In der Praxis der Unternehmen und der BaFin erweist sich die Rechtslage gleichwohl handhabbar. Die konkrete Umsetzung des Aktienrückkaufbeschlusses bereitet dabei keine Probleme.

1234 Entscheidend ist, dass der Emittent keine anderweitige Insiderinformationen, die geeignet sind, den Kurs erheblich zu beeinflussen, bei der Umsetzung seines Aktienrückkaufprogramms – d. h. sowohl beim Erwerb als auch bei der Veräußerung – verwendet. Dies könnte der Fall sein, wenn diese Informationen nicht entsprechend § 15 WpHG im Wege der Ad-hoc-Veröffentlichung publiziert worden sind. Dabei stellt sich unter Berücksichtigung von Erwägungsgrund 30 der Marktmissbrauchsrichtlinie[548] die Tatsache des Kaufs für das Unternehmen selbst nicht als Verwenden von Insiderinformationen dar.

1235 Um die damit verbundenen Risiken zu vermeiden, bleibt die **Durchführung des Rückkaufprogramms unter Führung einer Bank**, die ihre Entscheidungen über den Zeitpunkt des Erwerbs oder der Veräußerung von Aktien unabhängig und unbeeinflusst vom Emittenten trifft (Art. 6 Abs. 3 lit. b) der Verordnung (EG) Nr. 2273/2003), wobei der mit der Durchführung des Rückkaufprogramms beauftragten Bank die bindende rechtliche Verpflichtung zum Erwerb einer bestimmten Stückzahl von Aktien bereits im Voraus erteilt wird. Dann ist es unschädlich, wenn der Emittent während der Durchführung des Programms Kenntnis von einer neuen Insiderinformation erhält.[549]

Muster 6.13: Geschäftsführungsmaßnahmen (Holzmüller/Gelatine)

I.   Mustertext [→ Rz. 1240 ff.]

TOP […]: Beschlussfassung über die Zustimmung zu der Veräußerung sämtlicher Geschäftsanteile an der [...] GmbH

1236 Durch Vertrag vom [*Datum*] hat die Gesellschaft sämtliche von ihr gehaltenen Geschäftsanteile an der im Handelsregister des Amtsgerichts [...] unter HRB [...] eingetragenen [...] GmbH mit Sitz in [...] im Gesamtnennbetrag von [...] € zu einem Kaufpreis von [...] € an die Y-AG mit Sitz in [...] veräußert. [→ Rz. 1247 ff.]

[*weitere wesentliche Bestimmungen des Vertrags*] [→ Rz. 1248]

---

547) Erwägungsgrund 2 der Durchführungsverordnung vom 22.12.2003; *Lutter/Drygala* in: Kölner Kommentar, § 71 Rz. 265; Vogel in: Assman/Schneider, WpHG, § 20a Rt. 252.

548) Richtlinie 2003/6/EG des Europäischen Parlaments und des Rates vom 28.1.2003 über Insider-Geschäfte und Marktmanipulation (Marktmissbrauch), ABl L 96/16.

549) *BaFin*, Emittentenleitfaden, i. d. F. v. 28.4.2009, S. 39, 40.

Der Vorstand ist der Ansicht, diese Veräußerung, die im Verhältnis zum gesamten Ge- **1237** schäftsumfang der Gesellschaft von erheblicher Bedeutung ist, nicht ohne Mitwirkung der Aktionäre vornehmen zu können. Er hat den Kaufvertrag daher unter der aufschiebenden Bedingung der Zustimmung der Hauptversammlung geschlossen und legt diesen hiermit unter Berücksichtigung der Rechtsprechung des Bundesgerichtshofs der Hauptversammlung zur Zustimmung vor.

Die Veräußerung der [...] GmbH dient der Konzentration der Aktivitäten der Gesell- **1238** schaft auf den Bereich [...] . Diesem wird aufgrund der Profitabilität und Marktattraktivität gegenüber dem mit den verkauften Geschäftsanteilen aufgegebenen Bereich des [...] Priorität eingeräumt. Über das mit der Veräußerung der [...] GmbH zugrunde liegende Konzept, die Einzelheiten des Veräußerungsvertrags und die Auswirkung auf die Gesellschaft und den Konzern ist ein ausführlicher Bericht des Vorstands erstellt. Dieser Bericht ist im Anschluss an diesen Tagesordnungspunkt abgedruckt und wird vom Tage der Einberufung der Hauptversammlung an auf der Internetseite der Gesellschaft unter http://[*Internetseite der Gesellschaft mit Pfadangabe*] und in der Hauptversammlung zugänglich gemacht. [→ Rz. 1249 f.]

Dies vorausgeschickt, schlagen Vorstand und Aufsichtsrat vor, wie folgt zu beschließen: **1239**

Dem Vertrag über die Veräußerung sämtlicher Geschäftsanteile an der [...] GmbH in [*Ort*] vom [*Datum*] durch die Gesellschaft wird zugestimmt.

Schriftlicher Bericht des Vorstands zu Punkt [...] der Tagesordnung über die Gründe für die vorgeschlagene Zustimmung zu der Veräußerung sämtlicher Geschäftsanteile an der ...GmbH.

[...]

II. Erläuterungen [→ Rz. 1236 ff.]

1. Einführung

Gegenstand des Musters ist eine Beschlussfassung der Hauptversammlung unter Berück- **1240** sichtigung der **Holzmüller-Entscheidung** des Bundesgerichtshofs,[550] die dieser in den sog. Gelatine-Urteilen bestätigt und inhaltlich präzisiert hat.[551] Kernaussage dieser Entscheidungen ist, dass gesetzlich nicht geregelte Strukturmaßnahmen von herausragender Bedeutung vom Vorstand nicht in eigener Verantwortung durchgeführt werden können, sondern der Mitwirkung der Hauptversammlung bedürfen.

Die Holzmüller-Entscheidung war ursprünglich auf § 119 Abs. 2 AktG gestützt mit der **1241** Begründung, das dort vorausgesetzte Ermessen des Vorstands schlage dann in eine Pflicht zur Vorlage von Geschäftsführungsmaßnahmen an die Hauptversammlung um, wenn der Vorstand vernünftigerweise nicht annehmen dürfe, die fraglichen Maßnahmen ohne die Hauptversammlung vorzunehmen. In seinen Gelatine-Urteilen stützt der Bundesgerichtshof seine Entscheidung nunmehr auf eine **offene Rechtsfortbildung**.

In dem Holzmüller-Urteil ging es um die Übertragung eines Teilbetriebes, der den wert- **1242** vollsten Teil des Gesellschaftsvermögens ausmachte (etwa 80 % des Betriebsvermögens) auf eine zu diesem Zwecke errichtete Tochtergesellschaft, so dass die Aktionäre ihre

---

550) BGH v. 25.2.1982 – *Holzmüller*, BGHZ 83, 122, ZIP 1982, 568.

551) BGH v. 26.4.2004 – Gelatine, BGHZ 159, 30, ZIP 2004, 993 (m. Anm. *Altmeppen*), dazu *Just*, EWiR 2004, 573 und BGH v. 26.4.2004, ZIP 2004, 1001.

Rechte hinsichtlich der ausgelagerten Unternehmenstätigkeiten nur noch mittelbar ausüben konnten. Dieser in der Literatur kontrovers diskutierten Entscheidung des Bundesgerichtshofs sind die Instanzgerichte gefolgt.[552]

1243 In der Praxis bestand nach der Holzmüller-Entscheidung jedoch ganz erhebliche Unsicherheit im Umgang mit dieser Rechtsprechung, da die aufgestellten Tatbestandsmerkmale wenig griffig waren. Ungeklärt war insbesondere, wo die Wesentlichkeitsgrenze zu ziehen war, d. h. ab welchen Wertgrenzen eine Vorlagepflicht bestand. Teilweise wurde vertreten, dass bereits bei einer Verlagerung von 10–50 % des Gesellschaftsvermögens, der Bilanzsumme, teilweise auch des Eigenkapitals oder anderer Bezugsgrößen, die Zustimmung der Hauptversammlung einzuholen sei.

1244 22 Jahre nach dem Holzmüller-Urteil hat der Bundesgerichtshof in den sog. Gelatine-Entscheidungen klargestellt, dass eine Zustimmung der Hauptversammlung zu Geschäftsführungsmaßnahmen des Vorstands **nur in besonderen Ausnahmefällen** erforderlich ist.[553] Der Bundesgerichtshof bekräftigt, dass nach dem Organisationsrecht der Aktiengesellschaft die Rechte und Pflichten zur Geschäftsführung beim Vorstand liegen, der von dem von der Hauptversammlung gewählten Aufsichtsrat überwacht wird. Eine Vorlagepflicht nach Holzmüller-Grundsätzen bestehe erst, wenn der **Eingriff von wesentlicher Bedeutung** sei, insbesondere Veränderungen nach sich ziehe, die denjenigen **einer Satzungsänderung nahe**kämen. Hinsichtlich der **quantitativen Kriterien** sind nach Ansicht des Bundesgerichtshofs die in der instanzgerichtlichen Rechtsprechung und Literatur vertretenen Wertgrenzen von 10 bis 50 % nicht ausreichend, vielmehr muss die Maßnahme in etwa die Ausmaße des vom Senat entschiedenen Holzmüller-Falls (also rund 80 % der Aktiva) erreichen. Nur wenn die quantitativen Kriterien vorliegen, kommt es weiter darauf an, ob auch **qualitativ** der Kernbereich der unternehmerischen Tätigkeit der Gesellschaft betroffen ist bzw. die Unternehmensstruktur von Grund auf geändert wird.

1245 Die Instanzgerichte haben sich die vom Bundesgerichtshof in den Gelatine-Entscheidungen festgelegten Kriterien bereits zu eigen gemacht und in zwei aktuellen Fällen eine Vorlagepflicht nach Holzmüller-Grundsätzen verneint.[554]

1246 Allerdings sind auch nach den Gelatine-Urteilen noch Fragen ungeklärt. Insbesondere hinsichtlich der Typen von Geschäftsführungsmaßnahmen, die unter die Vorlagepflicht fallen können, hat sich der Bundesgerichtshof auch in diesen Entscheidungen nicht festgelegt. Fest steht, dass die **Ausgliederung** und die **Umstrukturierung einer Tochter- in eine Enkelgesellschaft** jedenfalls dazu gehören. Offen bleibt weiterhin die Vorlagepflicht

---

552) Vgl. vor allem OLG Stuttgart v. 14.5.2003, ZIP 2003, 1981; OLG Karlsruhe v. 12.3.2002, DB 2002, 1094 m. Anm. *Wasmann*; OLG München v. 26.4.1996, WM 1996, 1462, dazu *Saenger*, EWiR 1997, 1109; OLG Köln v. 24.11.1992, ZIP 1993, 110, 114; dazu *Geuting*, EWiR 1993, 5; LG Frankfurt/M. v. 29.7.1997, ZIP 1997, 1698, dazu *Drygala*, EWiR 1997, 919; zusammenfassende Darstellung der Literaturmeinungen: *Volhard* in: Semler/Volhard/Reichert, Arbeitshdb. HV, § 38 Rz. 32 f.; *Lorenz/Pospiech*, DB 2010, 1925; *Bohnet*, DB 1999, 2617, 2618 f.

553) BGH v. 26.4.2004 – Gelatine, BGHZ 159, 30, ZIP 2004, 993 (m. Anm. *Altmeppen*), dazu *Just*, EWiR 2004, 573 und BGH v. 26.4.2004, ZIP 2004, 1001.

554) OLG Stuttgart v. 13.7.2005, ZIP 2005, 1415; OLG Frankfurt/M. v. 15.2.2005, ZIP 2005, 1419. In der Praxis hat die TUI AG kurz nach Veröffentlichung der Gelatine-Urteile eine Holzmüller-Beschlussvorlage von der Tagesordnung genommen, weil vom Zustimmungserfordernis nicht mehr ausgegangen wurde: Handelsblatt vom 19.5.2004, S. 15.

etwa bei dem **Erwerb und der Veräußerung von Beteiligungen,**[555] dem **Börsengang von Tochtergesellschaften** und anderen **außergesetzlichen Strukturmaßnahmen.**[556] Kein Hauptversammlungsbeschluss soll mangels Mediatisierungseffekt bei der Veräußerung von Anteilen an einer Enkelgesellschaft erforderlich sein.[557] Zur Illustration soll hier darauf hingewiesen werden, dass etwa im Übernahmefall „Mannesmann/Vodafone" einige außenstehende Aktionäre unter Hinweis auf die Holzmüller-Grundsätze einen Beschluss der Hauptversammlung über die vom Mannesmann-Vorstand ergriffenen Abwehrmaßnahmen verlangten.[558] Das Delisting (siehe Muster 6.15, Rz. 1273 f.) gehört nicht zu den Holzmüller-Fällen.

Praxistipp:

In der Praxis folgt aus dieser Rechtslage, dass die Grenzen, ab denen zu einer Mitwirkung der Hauptversammlung geraten werden muss, sich nach den Gelatine-Urteilen des Bundesgerichtshofs jedenfalls deutlich erhöht haben. Es bleiben aber noch immer Fragen offen, bei denen sich im Zweifel eine Vorlage an die Hauptversammlung empfiehlt, wenn die Gesellschaft nicht das Risiko einer Aktionärsintervention und speziell der Vorstand nicht ein persönliches Haftungsrisiko in Kauf zu nehmen bereit sind.[559]

2. Beschlussinhalt [→ Rz. 1236 ff.]

Die Mitwirkung der Hauptversammlung kann in vielgestaltiger Form eingeholt werden. Denkbar sind Zustimmungs- und auf zukünftige Maßnahmen gerichtete Ermächtigungsbeschlüsse. In einigen Fällen sind nicht Einzelmaßnahmen, sondern gesamte Pläne oder ein näher beschriebenes Maßnahmenpaket der Hauptversammlung zur Zustimmung vor der Umsetzung vorgelegt worden.[560] Gegenstand des Musters ist der einfache Fall einer Hauptversammlungszustimmung zu einem bereits unter Vorbehalt geschlossenen Vertrag.

1247

Das Muster enthält vor dem eigentlichen (hier sehr kurzen) Beschlussvorschlag (eine einleitende Kurzerläuterung, die einerseits der Darstellung der rechtlichen Grundlage des erbetenen Beschlusses und andererseits den Erfordernissen des § 124 Abs. 2 Satz 2 AktG, nämlich der **Darstellung des wesentlichen Inhalts des zur Beschlussfassung vorliegen-**

1248

---

555) BGH v. 20.11.2006, DStR 207, 586: Eine Beteiligungsveräußerung ist, solange die Grenze des § 179a AktG nicht überschritten ist, kein Fall, in dem die Hauptversammlung zur Mitwirkung berufen ist. Überblick zum Meinungsstand: *Kiefner*, ZIP 2011, 545; *Lorenz/Pospiech*, DB 2010, 1925; *Feldhaus*, BB 2009, 562. Gegen eine Vorlagepflicht: OLG Frankfurt/M. v. 7.12.2010, NZG 2011, 62; OLG Stuttgart v. 13.7.2005, ZIP 2005, 1415; OLG Frankfurt/M v. 21.6.2007, AG 2008, 862 , *864;* OLG Köln v. 15.1.2009, BeckRS 2009, 04001; OLG Schleswig v. 3.5.2010, Az. 5 U 29/10; BeckRS 2010, 28247; LG Heidelberg v. 1.12.1998 – 1 KfH O 95/98, AG 1999 S. 135; für eine Vorlagepflicht: LG Stuttgart v. 8.11.1991, DB 1991, 2533; LG Duisburg v. 27.6.2002, DB 2003, 441.

556) *Liebscher*, ZGR 2005, 1.

557) OLG Hamm v. 19.11.2007, BeckRS 2008, 01315.

558) Das LG Düsseldorf v. 14.12.1999, WM 2000, 2528, dazu *Kiem*, EWiR 2000, 413 ist dem im Eilverfahren allerdings entgegengetreten; hierzu auch *Kirchner*, WM 2000, 1821, 1825 f.

559) Zu theoretischen Schadensersatzansprüchen *Bohnet*, DB 1999, 2617, 2621; zur möglichen Aktionärsklage *Semler* in: Münchener Handbuch, § 34 Rz. 44.

560) Hauptversammlung der Daimler-Benz AG am 18.9.1998, BAnz Nr. 146 vom 8.8.1998, und der Höchst AG am 15.7.1999, BAnz Nr. 101 vom 5.6.1999; zu den weiteren in der Praxis verfolgten Fallgestaltungen und sonstigen empirischen Daten im Zusammenhang mit Holzmüllerbeschlüssen vgl. *Bernhardt*, DB 2000, 1873; einen Fall des (unzulässigen) Ermächtigungsbeschlusses betraf LG Frankfurt/M. v. 12.12.2000 – AGIV, DB 2001, 751.

den Vertrages, dient.[561] Handelt es sich nicht um einen Vertrag, sondern um eine sonstige Maßnahme, ist diese im Einzelnen darzustellen.[562] [→ Rz. 1236]

1249 Auch nach den Gelatine-Urteilen umstritten bleibt demgegenüber, ob das Erfordernis eines schriftlichen **Vorstandsberichts** in Analogie zu § 186 Abs. 4 Satz 1 AktG bzw. den Vorschriften über Unternehmensverträge (§ 293a AktG) oder dem Umwandlungsgesetz (§ 127 UmwG) besteht.[563] [→ Rz. 1238]

> **Praxistipp:**
>
> Aus Sicherheitsgründen und angesichts der vom Bundesgerichtshof in den Gelatine-Urteilen betonten Nähe zu den gesetzlich geregelten Strukturmaßnahmen empfiehlt es sich, einen Bericht des Vorstands zu erstellen und zugänglich zu machen.[564]

1250 An den Meinungsstreit bezüglich des Vorstandsberichts schließt sich der Streit um die **Vorlage von Verträgen** an. Auch hier empfiehlt es sich – insbesondere im Lichte der Gelatine-Urteile – soweit es bei der Maßnahme um einen Vertragsabschluss geht, die Verträge vorzulegen, und zwar bei fremdsprachigen Verträgen (auch) in deutscher Übersetzung.[565] [→ Rz. 1238]

3. Beschlussfassung und Durchführung

1251 Die Frage, mit welcher Hauptversammlungsmehrheit der Zustimmungsbeschluss gefasst werden muss, war nach der Holzmüller-Entscheidung unklar. Der Bundesgerichtshof hat in seinen Gelatine-Urteilen nunmehr klargestellt, dass eine **qualifizierte Beschlussmehrheit** von 75 % des vertretenen Grundkapitals erforderlich ist.[566] Die Frage, ob es darüber hinaus ein Erfordernis der sachlichen Rechtfertigung gibt, das im Wege der Anfechtungsklage gerichtlicher Überprüfung unterzogen werden kann, ist weiterhin heillos umstritten, und zwar im Zusammenhang mit der grundsätzlichen Frage, ob Strukturmaßnahmen überhaupt, d. h. auch solche, die der gesetzlichen Regelung unterliegen, als ungeschriebene Tatbestandsvoraussetzung sachlich gerechtfertigt sein müssen.[567] Der Bundesgerichtshof lehnt hier das Erfordernis einer sachlichen Rechtfertigung ab.[568] Da bereits entsprechend den allgemeinen Grundsätzen die zur Rede stehenden Maßnahmen zu vertretbaren Bedingungen und Gegenleistungen durchgeführt werden müssen, liegt ein Eingriff in materielle Aktionärsrechte regelmäßig nicht vor. Das hier bejahte Erfordernis

---

561) BGH v. 15.1.2001 – Altana/Milupa, BGZ 146, 288, ZIP 2001, 416, AG 2001, 261; LG Frankfurt/M. v. 11.1.2004 – 3-5 O 106/04, ZIP 2005, 579, 580 f.

562) *Kubis* in: MünchKomm AktG, § 124 Rz. 40, § 119 Rz. 50.

563) Vgl. zum Meinungsstand *Butzke*, HV, L Rz. 81; *Kubis* in: MünchKomm AktG, § 124 Rz. 40, § 119 Rz. 51; *Volhard* in: Semler/Volhard/Reichert, Arbeitshdb. HV, § 38 Rz. 36 f; *Krieger* in: Münchener Handbuch, § 69 Rz. 11; kritisch: *Groß*, AG 1996, 111, 116 ff.; *Hüffer*, AktG, § 119 Rz. 19 m. w. N.

564) *Butzke*, HV, L Rz. 81; *Volhard* in: Semler/Volhard/Reichert, Arbeitshdb. HV, § 38 Rz. 36 f.

565) BGH v. 15.1.2001 – Altana/Milupa, BGHZ 146, 288, ZIP 2001, 416, AG 2001, 261, für eine Vorlagepflicht, wenn die Wirksamkeit des Vertrages von der Zustimmung der Hauptversammlung abhängt; OLG Frankfurt/M. v. 23.3.1999, ZIP 1999, 842, 843, BB 1999, 1128, 1129, dazu *Schüppen*, EWiR 1999, 535; OLG München v. 26.4.1996, WM 1996, 1462, 1464, dazu *Saenger*, EWiR 1997, 1109; OLG Schleswig v. 8.12.2005, ZIP 2006, 421; LG München I v. 3.5.2001, BB 2001, 1648 für die Vorlage einer deutschen Übersetzung; LG Frankfurt/M. v. 29.7.1997, ZIP 1997, 1698, 1702; LG Hannover v. 30.5.2000, AG 2001, 150; zum Streitstand: *Volhard* in: Semler/Volhard/Reichert, Arbeitshdb. HV, § 38 Rz. 35 f. m. w. N.; *Groß*, AG 1996, 111, 116 ff.; *Kort*, AG 2006, 272; kritisch: *Hüffer*, AktG, § 119 Rz. 19.

566) *Volhard* in: Semler/Volhard/Reichert, Arbeitshdb. HV, § 38 Rz. 39.

567) Die insoweit ausufernde Diskussion kann hier nicht nachgezeichnet werden, vgl. zum Meinungsstand *Krieger* in: Münchener Handbuch, § 69 Rz. 10.

568) BGH v. 9.2.1998 – Sachsenmilch, BGHZ 138, 71, ZIP 1998, 692, 693 f.

der sorgfältigen schriftlichen Berichterstattung zwingt zur Darlegung aller Umstände und damit auch solcher, die auf einen etwaigen anfechtungsbegründenden Missbrauch hindeuten. Informationsfehler würden ebenso die Anfechtbarkeit begründen. In der Hauptversammlung hat der Vorstand die Maßnahmen zu erläutern.

Die erfolgte Beschlussfassung der Hauptversammlung ist im **Handelsregister** der Gesell- **1252** schaft weder einzutragen noch anzumelden.[569)] Der Vorstand ist frei, die Zustimmung der Hauptversammlung zur Bedingung von zu schließenden oder geschlossenen Verträgen zu machen. Seine Außenvertretungsmacht wird durch eine fehlende Zustimmung der Hauptversammlung nicht beeinträchtigt.[570)] Dies ist bei Vermögensübertragung i. S. d. § 171a AktG indes der Fall.

Muster 6.14: Unternehmensvertrag

I. Mustertext [→ Rz. 1256 ff.]

TOP [...]: Beschlussfassung über die Zustimmung zum Abschluss eines Gewinnabführungs- und Beherrschungsvertrags mit der [...] GmbH

Vorstand und Aufsichtsrat schlagen vor, dem am [...] abgeschlossenen Gewinnab- **1253** führungs- und Beherrschungsvertrag (*alternativ: dem Entwurf eines Gewinnabführungs- und Beherrschungsvertrags*) zwischen der [...] AG (nachfolgend als „Obergesellschaft" bezeichnet) und der [...] GmbH, [...] [*Ort*] (nachfolgend als „Untergesellschaft" bezeichnet) zuzustimmen. Die Untergesellschaft ist eine 100 %ige Tochtergesellschaft der Obergesellschaft. Außenstehende Gesellschafter der Untergesellschaft existieren nicht.

Der Gewinnabführungs- und Beherrschungsvertrag hat im Wesentlichen folgenden In- **1254** halt:

– Die Untergesellschaft unterstellt sich der Leitung der Obergesellschaft. Diese ist berechtigt, den Geschäftsführungsorganen der Untergesellschaft Weisungen für die Leitung der Gesellschaft zu erteilen. Die Untergesellschaft verpflichtet sich, den Weisungen zu folgen. [→ Rz. 1262]

– Die Untergesellschaft verpflichtet sich, unter Beachtung des § 301 AktG in seiner jeweils gültigen Fassung ihren ganzen Gewinn an die Obergesellschaft abzuführen. Abzuführen ist – vorbehaltlich der Bildung oder Auflösung von Rücklagen – der ohne Gewinnabführung entstehende Jahresüberschuss, vermindert um einen etwaigen Verlustvortrag sowie eines aus handelsrechtlichen Gründen ausschüttungsgesperrten Betrag. Die Abführung von Beträgen aus der Auflösung anderer Gewinnrücklagen, die vor Beginn des Vortrags gebildet wurde, ist ausgeschlossen. [→ Rz. 1264]

– Die Untergesellschaft kann nur mit Zustimmung der Obergesellschaft Teile des Jahresüberschusses in die Gewinnrücklagen nach § 272 Abs. 3 HGB einstellen, wenn dies bei vernünftiger kaufmännischer Beurteilung wirtschaftlich begründet ist. Während der Dauer dieses Vertrags gebildete andere Gewinnrücklagen sind aufzulösen und zum Ausgleich eines Verlustes zu verwenden oder als Gewinn abzuführen, wenn die Obergesellschaft dies verlangt.

---

569) *Volhard* in: Semler/Volhard/Reichert, Arbeitshdb. HV, § 38 Rz. 40.

570) BGH v. 25.2.1982 – Holzmüller, BGHZ 83, 122, 130, 132, ZIP 1982, 568, 571; *Koppensteiner* in: Kölner Kommentar, § 291 Rz. 22; *Hüffer*, AktG, § 119 Rz. 16.

– Die Obergesellschaft ist verpflichtet, jeden während der Vertragsdauer sonst entstehenden Jahresfehlbetrag auszugleichen; hierfür ist § 302 AktG in seiner jeweils gültigen Fassung entsprechend anwendbar.

– Dieser Vertrag wird mit seiner Eintragung im Handelsregister der Untergesellschaft wirksam. Der Gewinnabführungs- und Beherrschungsvertrag hat eine feste Vertragsdauer bis zum [Datum, mindestens fünf Jahre], er verlängert sich sodann um jeweils ein Jahr, wenn er nicht ein halbes Jahr vor seinem Beendigungstermin gekündigt wird. [→ Rz. 1271] Das Recht zur Kündigung des Vertrags aus wichtigem Grund ohne Einhaltung einer Kündigungsfrist bleibt unberührt.

1255 Der vorgenannte Vertrag, der gemeinsame Bericht des Vorstands der [...] AG und der Geschäftsführung [...] GmbH und die Jahresabschlüsse und Lageberichte der [...] AG und der [...] GmbH für die letzten drei Geschäftsjahre sind im Internet von der Einberufung der Hauptversammlung an zugänglich und werden auch in der Hauptversammlung der [...] AG zugänglich gemacht. [→ Rz. 1265 f.]

II.   Erläuterungen [→ Rz. 1253 ff.]

1.   Einführung

1256 Charakteristisch für das Konzernrecht, also für das Recht der verbundenen Unternehmen, ist die Zweiteilung in den Vertragskonzern und den faktischen Konzern (§ 311 ff. AktG). Während beim faktischen Konzern die Leitungsmacht des herrschenden Unternehmens allein auf der Mehrheitsbeteiligung beruht, besteht beim Vertragskonzern zwischen dem abhängigen und dem herrschenden Unternehmen ein Unternehmensvertrag. Wichtigster Unternehmensvertrag dürfte der Organschaftsvertrag sein, d.h. ein Gewinnabführungsvertrag kombiniert mit einem möglichen Beherrschungselement. Durch den Beherrschungsvertrag wird die Leitungsmacht auf das herrschende Unternehmen übertragen, das damit Weisungen an den Vorstand der abhängigen Gesellschaft erteilen kann, die – wenn sie im Konzerninteresse liegen – auch nachteilig für die abhängige Gesellschaft sein können (§ 308 Abs. 1 AktG). Die strenge Kapitalbindung wird aufgehoben (§ 291 Abs. 3 AktG), das herrschende Unternehmen aber im Gegenzug verpflichtet, den Verlust des abhängigen Unternehmens auszugleichen (§ 302 AktG). Durch den Gewinnabführungsvertrag übernimmt das herrschende Unternehmen Gewinn oder Verlust der abhängigen Gesellschaft.

1257 Das hier vorgestellte Muster behandelt einen häufigen Fall, nämlich den Abschluss eines Gewinnabführungs- und Beherrschungsvertrags mit einer bereits als 100 %igen Tochter der Aktiengesellschaft in der Rechtsform der GmbH. Nach § 293 Abs. 2 AktG ist hierzu die Zustimmung der Hauptversammlung erforderlich.

1258 Mit dem Gewinnabführungs- und Beherrschungsvertrag lassen sich unternehmenspolitische und organisatorische Ziele im Rahmen der Konzernbildung verfolgen. Vor allem aber sprechen, wie auch in der im Muster vorgestellten Konstellation, steuerliche Gründe für die Begründung einer Organschaft. Der Abschluss eines Gewinnabführungs- und Beherrschungsvertrags ist regelmäßig durch die Herbeiführung der sog. **steuerlichen Organschaft** motiviert. Deren Ziel ist es, die Verrechnung von Gewinnen und Verlusten einzelner Konzernunternehmen für körperschafts- und gewerbesteuerliche Zwecke herbeizuführen. Für die körperschaftsteuerliche Organschaft gelten §§ 14–19 KStG. Danach muss die Untergesellschaft, die sog. Organgesellschaft, finanziell in die Obergesellschaft

(Organträger) eingegliedert sein und ein Ergebnisabführungsvertrag auf die Dauer von mindestens fünf Jahren abgeschlossen und durchgeführt werden.[571]

Eine **finanzielle Eingliederung** liegt nach der Neufassung des § 14 Nr. 1 KStG durch das **1259** Steuersenkungsgesetz (StSenkG) vom 23.10.2000 vor, wenn der Organträger an der Organgesellschaft vom Beginn des Geschäftsjahres der Organgesellschaft an ununterbrochen und unmittelbar in einem solchen Maße beteiligt ist, dass ihm die Mehrheit der Stimmrechte aus den Anteilen an der Organgesellschaft zusteht. Vor Neufassung des § 14 Nr. 1 KStG bedurfte es zudem einer **organisatorischen und wirtschaftlichen** Eingliederung der Untergesellschaft in die Obergesellschaft; eine solche wurde gem. § 14 Nr. 2 Satz 2, § 17 KStG a. F. durch den Abschluss eines Beherrschungsvertrags vermutet. Aufgrund der Neufassung des § 14 Nr. 1 KStG erübrigt sich der Abschluss eines Beherrschungsvertrags, da eine organisatorische Eingliederung in die Obergesellschaft für die körperschaft- und (seit 25.12.2001) die gewerbesteuerliche Organschaft (§ 2 Abs. 2 Satz 1 GewStG) nicht mehr erforderlich ist.[572] Anderes gilt für die umsatzsteuerliche Organschaft nach § 2 Abs. 2 Nr. 2 UStG, für die das Beherrschungselement maßgeblich ist.[573] Es können aber weiterhin andere Gründe für den Abschluss eines Beherrschungsvertrags sprechen, insbesondere die Schaffung klarer Leitungsbefugnisse und die Möglichkeit von (für das beherrschte Unternehmen nachteiligen) Weisungen unmittelbar an die Geschäftsführer des beherrschten Unternehmens. Dabei ist allerdings zu beachten, dass im Rahmen der Zurechnungsvorschriften bei Ermittlung der für die Anwendung des Drittelbeteiligungsgesetzes maßgeblichen Arbeitnehmerzahlen nur das Bestehen eines Beherrschungsvertrags zur Zurechnung der Mitarbeiter der Untergesellschaft bei der Obergesellschaft führt, nicht aber das Bestehen eines bloßen Gewinnabführungsvertrags, § 2 Abs. 2 DrittelbG.

Grundsätzlich ist für die Wirksamkeit eines Unternehmensvertrags die Zustimmung der **1260** Gesellschafterversammlungen bei den beteiligten Gesellschaften erforderlich. Der Bundesgerichtshof hat in zwei maßgeblichen Entscheidungen klargestellt, dass für den Abschluss eines Gewinnabführungs- und Beherrschungsvertrags in dieser Situation auch die Gesellschafter der Obergesellschaft gem. § 293 Abs. 2 AktG wegen des mit diesem Vertrag verbundenen Verlustausgleichsrisikos (§ 302 AktG) zustimmen müssen.[574] Ist bei einem Gewinnabführungs- und Beherrschungsvertrag die herrschende Gesellschaft eine Aktiengesellschaft oder eine Kommanditgesellschaft auf Aktien gilt § 293 Abs. 2 AktG. Dies bedeutet, dass selbst der Abschluss eines Gewinnabführungs- und Beherrschungsvertrags mit einer 100 %igen Konzerngesellschaft das volle aktienrechtliche Prozedere des Abschlusses eines Organschaftsvertrags nach §§ 293 ff. AktG durchlaufen muss.

2. Beschlussvorbereitung und -inhalt [→ Rz. 1253 ff.]

Für die Beschlussvorbereitung ist zunächst zu beachten, dass es sich um die Zustimmung **1261** zu einem Vertrag entsprechend § 124 Abs. 2 Satz 2 AktG handelt, so dass zumindest der

---

571) Zu den steuerlichen Voraussetzungen vgl. *Stahl/Fuhrmann*, NZG 2003, 250; *Hüffer*, AktG, § 291 Rz. 38 ff.

572) *Habersack* in: Emmerich/Habersack, Konzernrecht, Einl. Rz. 48; *Schön*, ZHR 168 (2004), 629, 631.

573) Siehe nur BFH v. 3.4.2008, BStBl. II 2008, 905, ZIP 2009, 1009 und BFH v. 1.12.2010, AG 2010, 380 ff.

574) BGH v. 24.10.1988 – Supermarkt, BGHZ 105, 324, 335 ff., ZIP 1989, 29; dazu *Schulze-Osterloh*, EWiR 1989, 59; BGH v. 30.1.1992 – Siemens, ZIP 1992, 395, NJW 1992, 1452; dazu *Kort*, EWiR 1992, 423; *Hüffer*, AktG, § 293 Rz. 17; *Vetter*, AG 1993, 168.

wesentliche Inhalt des Unternehmensvertrags in der Einladungsbekanntmachung zu veröffentlichen ist. Wegen des einfachen Inhalts dieses Vertrags wird im Beschlussmuster eine verkürzte Wiedergabe des Vertragstextes vorgeschlagen. Zur Vermeidung von Unsicherheiten kann stattdessen auch der vollständige Wortlaut, der nur unwesentlich länger sein wird, in der Einladung veröffentlicht werden. Die Vertragsinhalte sind durch steuerliche Überlegungen in starkem Maße standardisiert (siehe zu den steuerlichen Erwägungen oben Rz. 1258 f.). [→ Rz. 1254]

1262 Der erste Spiegelstrich verschafft der Organträgerin die **Beherrschungsbefugnis** entsprechend § 308 AktG. Die Elemente des Gewinnabführungsvertrags sind in den nächsten drei Spiegelstrichen erfasst, insbesondere aber auch die zwingend vorgeschriebene **Verlustausgleichspflicht** gem. § 302 AktG. Die **Laufzeit des Vertrags** auf **mindestens fünf Jahre** ergibt sich aus § 14 Abs. 1 Nr. 3 Satz 1 KStG. Maßgeblich ist der Zeitraum ab Eintragung des Gewinnabführungsvertrags im Handelsregister der Organgesellschaft, die gem. § 294 Abs. 2 AktG konstitutive Wirkung für das Wirksamwerden des Vertrags hat.

1263 Die handelsrechtliche Wirksamkeit der Ergebnisabführung hat **Rückwirkung** für das laufende Wirtschaftsjahr, § 14 Abs. 1 Satz 2 KStG. Für die **handelsrechtliche Wirksamkeit** des Beherrschungselementes gilt hingegen, dass diese erst mit der Eintragung des entsprechenden Vertrages im Handelsregister wirksam wird (§ 294 Abs. 2 AktG).

1264 Als Vertrag mit einer 100 %igen Konzerngesellschaft enthält der Gewinnabführungs- und Beherrschungsvertrag keine Bestimmungen über eine **Abfindung** oder einen **laufenden Ausgleich** (§§ 304 f AktG) zugunsten außenstehender Gesellschafter.

1265 Weiterer Bestandteil der Hauptversammlungsvorbereitung ist der nach § 293a AktG zwingend vorgeschriebene **Bericht über den Unternehmensvertrag.** Auf diesen Bericht kann bei einer Organträgerin, die eine Aktiengesellschaft mit außenstehenden Gesellschaftern ist, regelmäßig nicht verzichtet werden, weil das Gesetz in § 293a Abs. 3 AktG für den Verzicht eine öffentlich beglaubigte Erklärung aller Anteilsinhaber vorschreibt. In den Fällen, in denen entsprechend dem hier behandelten Muster lediglich die steuerliche Organschaft zwischen der als Organträgerin fungierenden Aktiengesellschaft und einer 100 %igen Tochter dieser Gesellschaft herbeigeführt werden soll, ist die Pflicht zur Berichterstattung inhaltlich beschränkt. [→ Rz. 1255]

1266 Wesentlicher Inhalt des Berichts über den Unternehmensvertrag ist grundsätzlich die rechtliche und wirtschaftliche **Erläuterung der Höhe der Abfindung oder des laufenden Ausgleichs** (§§ 304 f. AktG) zugunsten außenstehender Gesellschafter (§ 293a Abs. 1 Satz 1 AktG), die aber bei der im Muster vorgestellten Konstellation eines Vertrags mit einer 100 %igen Konzerngesellschaft entfallen. Der Berichtsinhalt wird sich deswegen darauf beschränken, zum einen noch einmal etwas ausführlicher den Vertragsinhalt wiederzugeben, und zum anderen die Vorteile der steuerlichen Organschaft gegenüber dem Risiko des Verlustausgleichs abzuwägen. Aufgrund ausdrücklicher Gestattung in § 293a Abs. 1 Satz 1 Halbs. 2 AktG kann der Bericht von beiden betroffenen Unternehmen **gemeinsam erstattet** werden. Er ist zusammen mit den übrigen in § 293f Abs. 1 AktG bestimmten Unterlagen von dem Tag der Veröffentlichung der Hauptversammlungseinladung an die Aktionäre auf der Internet-Seite der Gesellschaft zugänglich zu machen (§ 293f Abs. 3 AktG in der Fassung des ARUG), wenn man nicht die mit Handhabungsrisiken verbundene Auslage in den Geschäftsräumen der Gesellschaft und den Versand nach § 293f Abs. 1 und 2 AktG beibehalten will. Diese Unterlagen sind am Schluss des Musters wiedergegeben. [→ Rz. 1255]

Einer **Prüfung des Unternehmensvertrags durch einen außenstehenden Vertragsprü-** **fer** bedarf es gem. § 293b Abs. 1 Satz 1 AktG in dem Musterfall nicht, da sich alle Anteile der abhängigen GmbH (Organgesellschaft) in der Hand der herrschenden Aktiengesellschaft (Organträger) befinden.[575]   1267

3. Beschlussfassung

In der Hauptversammlung sind die **Unterlagen** gem. § 293f AktG nunmehr ebenfalls nur   1268 zugänglich zu machen (§ 293g Abs. 1 AktG i. d. F. des ARUG). Das kann weiterhin mittels Auslage, aber ggf. auch mittels Monitoren elektronisch erfolgen (§ 293g Abs. 1 AktG i. d. F. des ARUG). Der Vorstand hat den Vertrag zu Beginn der Verhandlung **mündlich zu erläutern** (§ 293g Abs. 2 AktG) und jedem Aktionär auf Verlangen **Auskunft** auch über alle für den Vertragsschluss wesentlichen Angelegenheiten des anderen Vertragsteils zu geben (§ 293g Abs. 3 AktG).

Der Beschluss der Hauptversammlung bedarf keiner weitergehenden **sachlichen Recht-**   1269 **fertigung**. Die detaillierte gesetzliche Regelung über die Zulassung von Unternehmensverträgen und die Schutzmaßnahmen, die bei deren Abschluss einzuhalten sind, lassen es nicht zu, dass die Mehrheitsentscheidung nochmals am Gesellschaftsinteresse zu prüfen ist und der Verwaltung der Aktiengesellschaft eine entsprechende Rechtfertigungspflicht auferlegt wird. Allerdings kann ein Zustimmungsbeschluss im Einzelfall wegen Verstoßes gegen die Gleichbehandlung, die mitgliedschaftliche Treuebindung oder wegen Verfolgung von Sondervorteilen (§§ 53a, 243 Abs. 2 AktG) anfechtbar sein.[576]

Der Zustimmungsbeschluss muss mit einer **Dreiviertelmehrheit** des bei der Beschluss-   1270 fassung vertretenen Kapitals gefasst werden (§ 293 Abs. 1 Satz 1 und 2 AktG). Die Beschlussmehrheiten können durch die Satzung lediglich verschärft, nicht jedoch erleichtert werden. Gemäß § 293 Abs. 1 Satz 4 AktG sind auf den Zustimmungsbeschluss die Bestimmungen des Aktiengesetzes über Satzungsänderungen nicht anzuwenden. Für die Wirksamkeit des Unternehmensvertrags gelten vielmehr die Spezialvorschriften der §§ 294 ff. AktG.

4. Folgefragen

Der von der Hauptversammlung gefasste Beschluss ist sodann bei der Untergesellschaft   1271 gem. § 294 Abs. 1 AktG zur **Eintragung im Handelsregister** anzumelden. Dabei ist auch die Zustimmung der Hauptversammlung bzw. Gesellschafterversammlung der anderen Vertragspartei nachzuweisen. Bei der herrschenden Aktiengesellschaft bedarf es keiner Handelsregisteranmeldung. Allerdings muss das Hauptversammlungsprotokoll mit dem Zustimmungsbeschluss nach § 130 Abs. 5 AktG gleichwohl zum Handelsregister eingereicht werden. [→ Rz. 1254]

---

575) Zu dem Fall einer notwendigen Unternehmensprüfung und den Kriterien, nach denen bei außenstehenden Gesellschaftern der Untergesellschaft ein Abfindungsangebot und eine Garantiedividende anzubieten und zu überprüfen sind, vgl. *Liebscher* in: Semler/Volhard/Reichert, Arbeitshdb. HV, § 33 Rz. 10 ff.

576) Vgl. zu dieser Diskussion *Hüffer*, AktG, § 293 Rz. 6.

1272 Die Zustimmung der Hauptversammlung sowie die Eintragung im Handelsregister sind auch bei einer **Änderung des Unternehmensvertrags** erforderlich (§ 295 AktG). **Aufhebung und Kündigung** ohne wichtigen Grund durch die Organgesellschaft, welche außenstehende Gesellschafter hat, sind nur mit Zustimmung im Wege eines Sonderbeschlusses möglich (§ 296 Abs. 2, § 297 Abs. 2 AktG). Ansonsten bedürfen Aufhebung und die ordentliche Kündigung wegen der geringen Auswirkungen auf die Rechte der Aktionäre keiner Mitwirkung der Hauptversammlung einer am Vertrag beteiligten Aktiengesellschaft (§§ 296 Abs. 2, 297, Abs. 2 AktG). Nach überwiegender Meinung bedarf auch der Abschluss eines „Entherrschungsvertrags", der der Vermutung der Abhängigkeit eines Unternehmens gegenüber einem anderen Unternehmen entgegenstehen soll, der Zustimmung der Hauptversammlung unter analoger Anwendung der Vorschriften der §§ 293 ff. AktG, jedoch ohne Handelsregisteranmeldung.[577)]

Muster 6.15: Delisting [→ Rz. 1280 ff.]

I.   Mustertext

TOP [...]: Beschlussfassung über die Ermächtigung des Vorstands, den Widerruf der Börsenzulassung der Aktien der Gesellschaft zu beantragen

1273 Die Aktien der Gesellschaft sind zurzeit im regulierten Markt (General Standard) an der Frankfurter Wertpapierbörse zugelassen. Nunmehr soll die Börsenzulassung der Aktien der Gesellschaft beendet werden. Der Vorstand wird zu den Gründen in der Hauptversammlung im Einzelnen vortragen. [→ Rz. 1296]

1274 Vorstand und Aufsichtsrat schlagen vor, folgenden Beschluss zu fassen: [→ Rz. 1294 ff.]

> Der Vorstand wird ermächtigt, den Widerruf der Zulassung der Aktien der Gesellschaft zum regulierten Markt (General Standard) an der Frankfurter Wertpapierbörse gem. § 39 Abs. 2 BörsG, § 61 BörsO FWB zu beantragen. Der Vorstand wird ermächtigt, alle weiteren für die Beendigung der Börsenzulassung erforderlichen Maßnahmen zu ergreifen. [→ Rz. 1295]

1275 Im Rahmen des Antrags auf Widerruf der Börsenzulassung der Aktien unterbreitet der Mehrheitsaktionär der Gesellschaft, die [...] AG mit Sitz in [*Ort*], den übrigen Aktionären das Angebot, ihre Aktien zu einem Preis von [...] € je Aktie zu erwerben („Kaufangebot"). Das Kaufangebot steht unter den aufschiebenden Bedingungen, dass (1) die ordentliche Hauptversammlung der Gesellschaft am [*Datum der Hauptversammlung*] den Vorstand ermächtigt, einen Antrag auf Widerruf der Zulassung der Aktien der Gesellschaft zum regulierten Markt (General Standard) an der Frankfurter Wertpapierbörse zu stellen, (2) die Frankfurter Wertpapierbörse diesem Antrag auf Widerruf der Zulassung der Aktien stattgibt und (3) der Widerruf der Zulassung veröffentlicht wird. [→ Rz. 1297]

1276 Das Kaufangebot liegt in den Geschäftsräumen der Gesellschaft von der Einberufung der Hauptversammlung an zur Einsicht der Aktionäre aus und wird auf der Internetseite der Gesellschaft unter [*http://www. ...*] veröffentlicht. Auf Wunsch wird jedem Aktionär eine Abschrift des Kaufangebots kostenfrei übersandt. Das Kaufangebot wird den Aktionären auch auf der Hauptversammlung zur Einsicht zur Verfügung stehen.

1277

---

577) Siehe hierzu *Liebscher* in: Semler/Volhard/Reichert § 33 Rz. 36 ff.; *Krieger* in: Münchener Handbuch, § 68 Rz. 58 ff.

*Alternativ: Beschlussfassung über den Wechsel vom regulierten Markt (General Standard)
in den Entry Standard als einem Teilbereich des Open Market (Freiverkehr) an der
Frankfurter Wertpapierbörse.* [→ Rz. 1299]

Die Aktien der [...] AG werden unter der ISIN [...] im regulierten Markt (General Stan- **1278**
*dard) der Frankfurter Wertpapierbörse gehandelt. Aufgrund der Zulassung zum regulierten
Markt hat die Gesellschaft eine Vielzahl von Zulassungsfolgepflichten zu erfüllen, deren Kosten
nicht mehr im Verhältnis zu dem Nutzen, der mit einer Notierung im regulierten Markt verbunden ist, stehen. Vielmehr sind Vorstand und Aufsichtsrat der Ansicht, dass eine Notierung
im Entry Standard als einem Teilbereich des Open Market (Freiverkehr) das für die Gesellschaft passende Marktsegment darstellt. Im Entry Standard als ein Teilbereich des Open Market (Freiverkehr) ist ein effizienter Handel bei geringen formalen Pflichten und Kosten möglich. Um den Wechsel vom regulierten Markt in den Entry Standard als einen Teilbereich des
Open Market (Freiverkehr) durchführen zu können, ist es zunächst erforderlich, die bestehenden Zulassungen zum regulierten Markt zu widerrufen und sodann die Einbeziehung des
gesamten Grundkapitals in den Entry Standard als einen Teilbereich des Open Market
(Freiverkehr) zu beantragen.*

Aufsichtsrat und Vorstand schlagen vor, wie folgt zu beschließen: **1279**

a) *Der Vorstand wird ermächtigt, bei den jeweils zuständigen Stellen der Frankfurter Wertpapierbörse folgende Anträge zu stellen:*

   – *Widerruf der Zulassung der Aktien der Gesellschaft zum regulierten Markt (General
     Standard) an der Frankfurter Wertpapierbörse gem. § 39 Abs. 2 Börsengesetz
     („BörsG") und § 61 BörsO FWB;*

   – *Einbeziehung des gesamten Grundkapitals der Gesellschaft in den Entry Standard als
     einem Teilbereich des Open Market (Freiverkehr) der Frankfurter Wertpapierbörse.*

b) *Der Vorstand wird ferner ermächtigt, mit Zustimmung des Aufsichtsrats weitere Einzelheiten des Widerrufs der Zulassungen der Aktien der Gesellschaft zum regulierten Markt
   und deren Durchführungen an der Frankfurter Wertpapierbörse sowie alle damit und mit
   der Einbeziehung in den Entry Standard als einem Teilbereich des Open Market (Freiverkehr) an der Frankfurter Wertpapierbörse in Zusammenhang stehenden Maßnahmen
   für die Gesellschaft vorzunehmen.*

II. Erläuterungen [→ Rz. 1273 ff.]

1. Einleitung

Nach dem Börsenboom, der im Jahre 2000 seinen Höhepunkt fand, ließ sich in den fol- **1280**
genden Jahren eine verstärkte Tendenz zum Rückzug von der Börse beobachten, wobei
sich inzwischen aber wieder eine Trendwende abzeichnet.

Die **Gründe für einen Rückzug von der Börse** können vielfältig sein. Der Rückzug kann **1281**
entweder der letzte Schritt einer Übernahme der Kontrolle durch einen Investor sein oder
das Ergebnis einer kritischen Kosten-Nutzen-Analyse der Gesellschaft. Gerade kleine
Unternehmen außerhalb der Indizes können zu der Erkenntnis gelangen, dass sich die
Vorteile, die man sich aus einer Börsenzulassung versprochen hat, nicht realisieren lassen.
So kann insbesondere die Kapitalbeschaffung über die Börse bei Folgeemissionen aufgrund einer Unterbewertung der Unternehmen oder angesichts einer anhaltenden Baisse
am Aktienmarkt nicht mehr sinnvoll sein. Hinzu kommt, dass viele Unternehmen außerhalb der Indizes nur geringe Umsätze in ihren Aktien haben und damit nicht über eine

angemessene Liquidität verfügen. Diese Unternehmen sind bei Analysten und Anlegern weitgehend unbekannt und der Imagegewinn einer Börsenzulassung insgesamt gering.[578] Der mit der Zulassung verbundene Aufwand aufgrund von Transparenz- und Publizitätspflichten, die gerade in den vergangenen Jahren eher zugenommen haben, mag dann nicht mehr gerechtfertigt erscheinen.

1282   Für den vollständigen Rückzug von der Börse kommen **verschiedene rechtliche Wege** in Betracht. In dem Muster wird ein börsenrechtliches, sog. **reguläres Delisting** auf Antrag des Emittenten gem. § 39 Abs. 2 BörsG in Verbindung mit den betreffenden Regelungen der einschlägigen Börsenordnung (im Musterfall § 61 BörsO FWB) vorgestellt. Die börsenrechtliche Möglichkeit eines Delistings wurde durch das am 1.4.1998 in Kraft getretene Dritte Finanzmarktförderungsgesetz geschaffen. Hinsichtlich der weiteren Voraussetzungen eines Widerrufs der Zulassung verlangt § 39 Abs. 2 BörsG lediglich, dass der Widerruf „nicht dem Schutz der Anleger widersprechen" darf. Bei der Umsetzung der gesetzlichen Regelung verzichtet die Frankfurter Wertpapierbörse seit der Neufassung der Börsenordnung im März 2002 bewusst auf ein Barabfindungsangebot als Delistingvoraussetzung; einerseits wegen der damit verbundenen Angemessenheitsprüfung, andererseits um die Attraktivität des Handelsplatzes Frankfurt zu erhöhen.[579] Man hielt in Frankfurt eine Fristenlösung für den Schutz der Anleger für ausreichend. Danach haben die Anleger vor der Wirksamkeit des Widerrufs sechs Monate Zeit, ihre Aktien am Markt zu veräußern (§ 61 Abs. 2 BörsO FWB). Entsprechende Regelungen gelten an den Börsen München (§ 51 BörsO für die Börse München) und Stuttgart (§ 79 BörsO der Baden-Württembergischen Wertpapierbörse). Andere Börsenordnungen sehen hingegen vor, dass ein angemessenes Kaufangebot unterbreitet werden muss. [580]

1283   Der Bundesgerichtshof verlangt jedoch seit seiner einschlägigen und in der Literatur teilweise kritisch aufgenommenen[581] Macrotron-Entscheidung vom 25.11.2002 für das reguläre Delisting einen **Hauptversammlungsbeschluss** sowie ein **Pflichtangebot** an die außenstehenden Aktionäre.[582] Dadurch ist das reguläre Delisting teurer, komplexer und langwieriger geworden. Andererseits brachte die Entscheidung aber auch einen Gewinn an Rechtssicherheit. Auch nach der Macrotron-Entscheidung hat eine Reihe von Gesellschaften das reguläre Delisting für den Börsenrückzug gewählt; nicht zuletzt ist es die einzige Form des Delistings, für die ein einfacher Mehrheitsbeschluss der Hauptversammlung ausreichend ist.

1284   Neben dem regulären Delisting gibt es die Möglichkeit einer indirekten vollständigen Beendigung der Börsenzulassung von Amts wegen, wenn aufgrund gesellschaftsrechtlicher Maßnahmen die Voraussetzungen für einen Börsenhandel entfallen sind (sog. **kaltes Delisting**).

1285   Seit der Schaffung der entsprechenden gesetzlichen Grundlagen in §§ 327a ff. AktG zum 1. Januar 2002 gehört hierzu vor allem der **Squeeze-out**, von dem relativ häufig Gebrauch gemacht wurde und für den ein Beschlussvorschlag in Muster 6.17, Rz. 1370 ff. vorgestellt

---

578) *Schanz/Schalast*, Prime Standard, S. 5.

579) Ausführlich hierzu *Holzborn/Schlößer*, BKR 2002, 486.

580) § 82 Abs. 2 BörsO Börse Berlin; § 42 Abs. 2 lit. b) BörsO Hanseatische Wertpapierbörse Hamburg; § 50 Abs. 2 lit. b) BörsO Niedersächsische Börse zu Hannover und § 56 Abs. 4 BörsO Rheinisch-Westfälische Börse Düsseldorf.

581) *Krämer/Theiß*, AG 2003, 225; *Schlitt*, ZIP 2004, 533; zum Streitstand: *Hoffmann* in: Spindler/Stilz, AktG, § 119, Rz. 39 f. m. w. N.

582) BGH v. 25.11.2002 – Macrotron, ZIP 2003, 387, 388 f.

wird. Im Rahmen eines Squeeze-out kann ein Hauptaktionär, der mindestens 95 % des Grundkapitals an einer Aktiengesellschaft oder einer KGaA hält, die Minderheitsaktionäre gegen Barabfindung aus der Gesellschaft ausschließen, mit der Folge, dass eine etwaige Börsennotierung automatisch endet. Gleiches gilt bei dem sog. übernahmerechtlichen und dem sog. umwandlungsrechtlichen Squeeze-out (siehe dazu Muster 6.17, Rz. 1317).

Ebenfalls einen Aktienbesitz von mindestens 95 % setzt ein kaltes Delisting im Wege der **Eingliederung** gem. §§ 319 ff. AktG voraus. 1286

Die **Verschmelzung** einer börsennotierten auf eine nicht börsennotierte Gesellschaft 1287
stellt eine weitere in der Praxis häufig genutzte Möglichkeit des kalten Delistings dar, wenn die 95 %-Schwelle für einen Squeeze-out nicht erreicht wird. Erforderlich sind ein Hauptversammlungsbeschluss mit einer Dreiviertelmehrheit der abgegebenen Stimmen und das Angebot einer angemessen Barabfindung.

Dieselben Voraussetzungen gelten für einen **Formwechsel** in eine nicht notierungsfähige 1288
Gesellschaftsform. Die **Aufspaltung** einer börsennotierten in zwei nicht börsennotierte Aktiengesellschaften stellt einen weiteren umwandlungsrechtlichen Weg des Delistings dar.[583)]

Zu einer Beendigung der Börsenzulassung führt schließlich die **übertragende Auflösung**, 1289
bei der die Gesellschaft ihr gesamtes Vermögen durch einen Asset Deal auf eine nicht börsennotierte Gesellschaft überträgt. Hierfür ist ein Hauptversammlungsbeschluss mit Dreiviertelmehrheit erforderlich (§§ 179a, 262 Abs. 1 Nr. 2 AktG). Auch dürfte im Lichte der Macrotron-Entscheidung ein Abfindungsanspruch bestehen, der ggf. im Rahmen eines Spruchverfahrens überprüft werden kann.

Der mit einer Börsennotierung verbundene Aufwand insbesondere mit Blick auf die 1290
Transparenz- und Publizitätspflichten lässt sich auch durch einen **Wechsel des Börsensegements bzw. Teilbereichs** realisieren. Die Zulassungsfolgepflichten unterscheiden sich in den verschiedenen Segmenten bzw. Teilbereichen erheblich.[584)]

Der **Wechsel vom Prime Standard** als Teilbereich des regulierten Markts mit weiteren 1291
Zulassungsfolgepflichten **in den General Standard** ist dabei unproblematisch und erfolgt auf Antrag des Emittenten (§ 70 Abs. 1 BörsO FWB). Ein Beschluss der Hauptversammlung ist ebenso wenig erforderlich, wie ein Abfindungsangebot.[585)] Der Widerruf wird von der Geschäftsführung der Börse im Internet veröffentlicht und wird nach drei Monate wirksam. Die Zulassung zum regulierten Markt (General Standard) bleibt von dem Widerruf unberührt.

Während der **Wechsel vom regulierten Markt in den Freiverkehr der Börse** als reguläres 1292
Delisting den oben aufgezeigten Voraussetzungen unterliegt,[586)] ist ein Wechsel **in einen Teilbereich des Freiverkehrs mit qualifizierten Transparenz- und Verhaltensanforderungen** (M:access der Börse München bzw. Entry Standard der Frankfurter Wertpapier-

583) OLG Düsseldorf v. 7.3.2005, AG 2005, 480, speziell zur Frage der Voraussetzungen der Berechtigung zur Einleitung des Spruchverfahrens.
584) Eine vergleichende Übersicht hierzu findet sich bei *Seibt/Wollenschläger*, AG 2009, 807, 812.
585) *Seibt/Wollenschläger*, AG 2009, 807, 813 m. w. N.
586) LG Köln v. 24.7.2009, AG 2009, 835.

börse) **(Downlisting)**[587] ohne Abfindungsangebot möglich.[588] Nicht abschließend geklärt ist, ob ein Hauptversammlungsbeschluss erforderlich ist, der den Vorstand zu einem solchen Downlisting ermächtigt.[589] Aus Gründen der rechtlichen Vorsorge mag dies angezeigt sein. (siehe hierzu Rz. 1299) Ob der Vorstand für die Entscheidung des Wechsels die Zustimmung des Aufsichtsrats benötigt, hängt ggf. von einem Zustimmungsvorbehalt gem. § 111 Abs. 4 Satz 2 AktG ab.[590]

1293 Das Downlisting vollzieht sich in zwei Schritten. Zunächst muss die Zulassungsstelle auf Antrag des Vorstands die Zulassung der Wertpapiere zum Börsenhandel am regulierten Markt widerrufen (§ 39 Abs. 2 BörsG, § 61 BörsO FWB, § 51 BörsO München). Danach ist ein Antrag auf Einbeziehung der Wertpapiere in den Entry Standard bzw. den M:access zu stellen (vgl. § 39 Abs. 2 BörsG i. V. m. § 61 BörsO FWB bzw. § 51 BörsO München).

2. Beschlussinhalt und -fassung [→ Rz. 1274 ff.]

1294 Nach der Macrotron-Entscheidung des Bundesgerichtshofs ist eine Beschlussfassung der Hauptversammlung über den Börsenrückzug der Gesellschaft erforderlich.[591] Der Bundesgerichtshof begründet dies damit, dass das Delisting zwar keine Veränderung der Struktur der Gesellschaft darstellt, so dass die Holzmüller-Grundsätze hierfür nicht gelten. Durch die Beendigung der Börsenzulassung verlieren die Aktionäre aber die Möglichkeit, ihre Aktien jederzeit zu veräußern. Diese Beeinträchtigung der Verkehrsfähigkeit trifft vor allem Minderheits- und Kleinaktionäre, die mit den Aktien vor allem Anlageinteressen wahrnehmen. Die Entscheidung über mitgliedschaftliche Interessen obliegt aber der Hauptversammlung und nicht der Verwaltung der Gesellschaft.[592]

1295 Üblicherweise und im Interesse einer größeren Flexibilität wird der Delistingbeschluss als **Ermächtigung** des Vorstands gefasst, einen Delistingantrag zu stellen, so dass die Entscheidung, ob und wann ein Antrag gestellt wird, im Ermessen des Vorstands bleibt. Eine zeitliche Beschränkung der Ermächtigung ist nicht erforderlich.[593] [→ Rz. 1274]

1296 Eine **sachliche Rechtfertigung** des Beschlussvorschlags ist nicht erforderlich, da der Beschluss unternehmerischen Charakter hat und somit im Ermessen der Mehrheit der Aktionäre liegt.[594] Auch ein **Vorstandsbericht** ist nicht notwendig. Es ist ausreichend, wenn

---

587) Für den Entry Standard gelten zusätzlich die Allgemeinen Geschäftsbedingungen für den Freiverkehr an der Frankfurter Wertpapierbörse (AGB Freiverkehr FWB), für den M:access die vom Träger der Börse erlassenen Freiverkehrsrichtlinien sowie das ergänzende Regelwerk für das Marktsegment M:access (Regelwerk M:access).

588) OLG München v. 21.5.2008, NZG 2008, 755; KG v. 30.4.2009, ZIP 2009, 1116; *Holzborn/Hilpert*, WM 2001, 1347; *Seibt/Wollenschläger*, AG 2009, 807.

589) OLG München v. 21.5.2008, NZG 2008, 755; *Holzborn/Hilpert*, WM 2010, 1347, 1353 unter Hinweis auf LG Köln v. 24.7.2009, AG 2009, 835 in einem etwas anders gelagerten Fall. Praxisbeispiele ohne HV-Beschluss: Lindner KGaA, IPG Investment Partners Group Wertpapierhandelsbank AG, Erlus AG, MIFA AG, Berliner Effektengesellschaft AG, Sparta AG, Ponaxis AG, Edel AG. Mit HV-Beschluss: PA Power Automation AG, Franconofurt AG, Q-SOFT Verwaltungs AG, nextevolution AG, Zapf Creation AG.

590) *Seibt/Wollenschläger*, AG 2009, 807, 815.

591) BGH v. 25.11.2002 – Macrotron, ZIP 2003, 387, 388 f.

592) BGH v. 25.11.2002 – Macrotron, ZIP 2003, 387, 388 f.

593) BGH v. 25.11.2002 – Macrotron, ZIP 2003, 387, 391; *Land/Behnke*, DB 2003, 2531; *Adolff/Tieves*, BB 2003, 797; *Schäfer/Eckhold* in: Marsch-Barner/Schäfer, Handbuch AG, § 62 Rz. 48.

594) BGH v. 25.11.2002 – Macrotron, ZIP 2003, 387, 391; *Schäfer/Eckhold* in: Marsch-Barner/Schäfer, Handbuch AG, § 62 Rz. 46 m. w. N.

der Vorstand die Gründe für das Delisting mündlich in der Hauptversammlung erläutert.[595] [→ Rz. 1273]

Mit dem Beschlussvorschlag muss den Minderheitsaktionären ein **Pflichtangebot** über 1297 den Kauf ihrer Aktien durch die Gesellschaft oder den Großaktionär vorgelegt werden. Hier ist noch vieles unklar. Da das Angebot an die Erfüllung der von der Rechtsprechung aufgestellten Voraussetzungen für ein Delisting gekoppelt ist, sollte es jedenfalls unter der aufschiebenden Bedingung stehen, dass der Delistingbeschluss tatsächlich gefasst und die Börsenzulassung widerrufen wird.[596] Das Angebot fällt trotz der irreführenden Bezeichnung des Bundesgerichtshofs als „Pflichtangebot" nicht unter die Regelungen des Wertpapiererwerbs- und Übernahmegesetzes. Der Kaufpreis ist auch nicht am Börsenkurs zu bemessen, vielmehr ist der volle Anteilswert zu entschädigen.[597] Die Frist zur Annahme sollte analog § 201 Satz 1, § 209 UmwG, § 305 Abs. 4 Satz 2 AktG frühestens zwei Monate nach Veröffentlichung des Widerrufs der Zulassung durch die Börse enden.[598] Eine Berichts- und Prüfungspflicht besteht nicht.[599] [→ Rz. 1275 f.]

Für die Beschlussfassung genügt, da es sich nicht um eine Strukturmaßnahme handelt, die 1298 **einfache Mehrheit** der Stimmen.[600]

Die **Alternative** enthält den vorsorglichen Beschluss der Hauptversammlung über ein 1299 Downlisting, also einen Wechsel aus dem regulierten Markt in ein Qualitätssegment des Freiverkehrs (siehe hierzu auch Rz. 1292 f.). [→ Rz. 1277 ff.]

3. Abwicklung des Delistings

Eine Eintragung des Delistingbeschlusses in das **Handelsregister** ist nicht erforderlich. 1300

Die **Zulassungsstelle** der Börse widerruft die Zulassung auf Antrag, wenn der Schutz der 1301 Anleger einem Widerruf nicht entgegensteht. Es handelt sich um eine Ermessensentscheidung der Zulassungsstelle. Insbesondere kann eine Anfechtungsklage das Delisting nicht blockieren. Die Zulassungsstelle veröffentlicht den Widerruf der Zulassung in mindestens einem überregionalen Börsenpflichtblatt. Eine Klagebefugnis des einzelnen Aktionärs gegen eine Delisting-Entscheidung der Zulassungsstelle hat das VG Frankfurt in einer Entscheidung vom 2.11.2001 bejaht.[601] Ob die Grundsätze dieser Entscheidung auch nach der Einführung von § 31 Abs. 5 BörsG Bestand haben, ist streitig.[602]

595) BGH v. 25.11.2002 – Macrotron, ZIP 2003, 387, 389; *Schäfer/Eckhold* in: Marsch-Barner/Schäfer, Handbuch AG, § 62 Rz. 45 m. w. N.

596) *Land/Behnke*, DB 2003, 2531, 2533.

597) Kritisch hierzu *Heidelbach* in: Schwark/Zimmer, Kapitalmarktrecht, § 38 BörsG Rz. 36 m. w. N.

598) *Land/Behnke*, DB 2003, 2531, 2533.

599) BGH v. 25.11.2002 – Macrotron, ZIP 2003, 387, 391; für Unsicherheit sorgte zwischenzeitlich: LG Hannover v. 29.8.2007, NZG 2008, 152, kritisch dazu: *Kocher/Bedkowski*, NZG 2008, 135; klar gegen entsprechende Pflichten dann aber: BGH v. 7.12.2009, NZG 2010, 618.

600) BGH v. 25.11.2002 – Macrotron, ZIP 2003, 387, 389.

601) VG Frankfurt/M. v. 2.11.2001, AG 2003, 218; siehe auch VG Frankfurt/M. v. 17.6.2002, ZIP 2002, 1446.

602) Dafür: *Heidelbach* in: Schwark/Zimmer, Kapitalmarktrecht, § 38 BörsG Rz. 48; *Hüffer*, AktG, § 119 Rz. 22; *Streit*, ZIP 2003, 392, 395; dagegen: *Land/Behnke*, DB 2003, 2531, 2533; *Habersack* in: Habersack/Mülbert/Schlitt, Unternehmensfinanzierung, § 35 Rz 23; zum Meinungsstreit m. w. N. *Schäfer/Eckhold* in: Marsch-Barner/Schäfer, Handbuch AG, § 62 Rz. 89.

1302 Minderheitsaktionäre können die Angemessenheit der Barabfindung im Rahmen eines **Spruchverfahrens** prüfen lassen.[603] Der Bundesgerichtshof hat in seiner Macrotron-Entscheidung für die Angemessenheitskontrolle des Abfindungsangebots das Spruchverfahren nach dem Spruchverfahrensgesetz eröffnet.[604] Die Antragsfrist analog § 4 Abs. 1 SpruchG beginnt mit der Veröffentlichung der Delisting-Entscheidung (bei einem Listing an mehreren Börsenplätzen kommt es auf die Veröffentlichung der letzten Delisting-Entscheidung an) in einem überregionalen Börsenpflichtblatt durch die betreffende Börsenzulassungsstelle.[605]

Muster 6.16: Formwechsel in die SE

I. Mustertext [→ Rz. 1349 ff.]

TOP […]: Beschlussfassung über die Umwandlung der XY AG in eine Europäische Gesellschaft (Societas Europaea, SE) und Bestellung des Abschlussprüfers und Konzernabschlussprüfers für das erste Geschäftsjahr der künftigen XY SE

1303 Vorstand und Aufsichtsrat schlagen vor, folgenden Beschluss zu fassen, wobei gem. § 124 Abs. 3 Satz 1 AktG der Beschlussvorschlag zur Bestellung des Abschlussprüfers für das erste Geschäftsjahr der künftigen XY SE (vgl. § 9 Abs. 2 des Umwandlungsplans) und der Beschlussvorschlag zur Wahl der Mitglieder der Anteilseigner des ersten Aufsichtsrats der künftigen XY SE (§ […] der Satzung der künftigen XY SE) nur durch den Aufsichtsrat unterbreitet werden: [→ Rz. 1354]

Dem Umwandlungsplan vom […] (Urkunde des Notars […] mit dem Amtssitz in […], UR. Nr. […]) über die Umwandlung der XY SE mit der dem Umwandlungsplan als Anlage beigefügten Satzung der XY SE wird zugestimmt. [→ Rz. 1357 ff.]

1304 Der Umwandlungsplan vom […] und die diesem als Anlage beigefügte Satzung der zukünftigen XY SE haben den nachfolgenden Wortlaut:

UMWANDLUNGSPLAN

über die formwechselnde

Umwandlung

der

XY AG, Deutschland,

in die Rechtsform der
Europäischen Aktiengesellschaft (Societas Europaea, SE)

Präambel

---

603) BayObLG v. 28.7.2004, ZIP 2004, 1952 und BayObLG v. 1.12.2004, ZIP 2005, 205, NZG 2005, 312; OLG Zweibrücken v. 3.8.2004, DB 2004, 2311, NZG 2004, 872; im Anschluss an BGH v. 25.11.2002 – Macrotron, ZIP 2003, 387, 389; LG München I v. 15.1.2004, AG 2004, 393, 394; OLG Düsseldorf v. 30.12.2004, ZIP 2005, 300; zur Erledigung des Spruchverfahrens wegen nach Wiederzulassung der Aktien: OLG Zweibrücken v. 23.8.2007, ZIP 2008, 2192.

604) BGH. v. 25.11.2002 – Macrotron, ZIP 2003, 387, 390; *Schäfer/Eckhold* in: Marsch-Barner/Schäfer, Handbuch AG, § 62 Rz. 94.

605) BayObLG v. 1.12.2004, ZIP 2005, 205, NZG 2005, 312; OLG Zweibrücken v. 3.8.2004, DB 2004, 2311, NZG 2004, 872.

Die XY AG ist eine Aktiengesellschaft deutschen Rechts mit Sitz in […], eingetragen im 1305
Handelsregister des Amtsgerichts [...] unter HRB [...] (nachfolgend auch „XY AG"). Die
Geschäftsanschrift der Gesellschaft lautet: […], Deutschland.

Mit Umsetzung dieses Umwandlungsplans wird die XY AG nach den Vorschriften der 1306
Art. 2 Abs. 4 i. V. m Art. 37 der Verordnung (EG) Nr. 2157/2001 des Rates vom
8. Oktober 2001 über das Statut der Europäischen Gesellschaft (SE), ABl. EG Nr. L
294/1, („SE-VO") ohne Auflösung in die Rechtsform der Europäischen Gesellschaft (Societas Europaea – „SE") mit der Firma „XY SE" (nachfolgend auch „XY SE") umgewandelt (die „SE-Umwandlung"). [→ Rz. 1353]

Bei der SE handelt es sich um die einzige Rechtsform europäischen Rechts, welche einer 1307
börsennotierten Gesellschaft mit Sitz in Deutschland zur Verfügung steht. Der Rechts-
formwechsel in eine Gesellschaft europäischen Zuschnitts spiegelt die europäische und internationale Ausrichtung der XY AG wider. Die Firmierung als SE trägt ihren internationalen und europaweiten Geschäftsaktivitäten Rechnung und unterstreicht die bei der XY
AG vorherrschende internationale Unternehmenskultur. In diesem Zusammenhang eröffnet die Rechtsform der SE eine europaweite Beteiligung der Arbeitnehmer in der unternehmerischen und betrieblichen Mitbestimmung. [→ Rz. 1349 ff.]

Es ist derzeit keine Sitzverlegung der Gesellschaft beabsichtigt, so dass der Sitz der Ge- 1308
sellschaft nach der SE-Umwandlung weiterhin […], Deutschland, sein wird.

Der Vorstand der XY AG stellt den folgenden Umwandlungsplan auf: [→ Rz. 1360 ff.] 1309

§ 1
Umwandlung in eine SE [→ Rz. 1353]

1. Die XY AG wird gem. Art. 2 Abs. 4 i. V. m Art. 37 SE-VO in Vollzug dieses Um- 1310
   wandlungsplans in eine SE umgewandelt.

2. Die Gesellschaft hat seit mindestens zwei Jahren mehrere Tochtergesellschaften, die 1311
   dem Recht eines anderen EU-Mitgliedstaats bzw. EWR-Vertragsstaat unterliegen.
   Unter anderem hält die Gesellschaft 100 % der Anteile an der Gesellschaft [...] Rechts
   unter der Firma XY [...] mit Sitz in […], […], und eingetragen im Handelsregister
   von [...] unter […]. Die Gesellschaftsanteile an der XY […] wurden am [...] von der
   Gesellschaft erworben. Die Gesellschaft ist seitdem Inhaberin sämtlicher Gesellschaftsanteile an der XY […]. Die Voraussetzungen für eine formwechselnde Umwandlung gem. Art. 2 Abs. 4 SE-VO sind damit erfüllt.

3. Die SE-Umwandlung hat weder die Auflösung der Gesellschaft noch die Gründung 1312
   einer neuen juristischen Person zur Folge. Die Beteiligung der Aktionäre an der Gesellschaft besteht aufgrund der Wahrung der Identität des Rechtsträgers unverändert
   fort.

   Die Börsennotierung der Aktien der Gesellschaft am Prime Standard der Frankfurter
   Wertpapierbörse als Teilbereich des regulierten Marktes mit weiteren Zulassungs-
   pflichten bleibt von der SE-Umwandlung unberührt.

4. Die SE-Umwandlung wird mit dem Zeitpunkt der Eintragung in das für die Gesell- 1313
   schaft zuständige Handelsregister beim Amtsgericht [...] wirksam (der „Umwandlungszeitpunkt").

§ 2
Firma, Sitz, Satzung [→ Rz. 1361]

1314 1. Die Firma der Gesellschaft wird hinsichtlich des Rechtsformzusatzes angepasst und lautet XY SE.

1315 2. Die XY SE wird nach ihrer Satzung den Sitz in […], Deutschland, haben; dort befindet sich auch der Sitz ihrer Hauptverwaltung.

1316 3. Die XY SE erhält die als Anlage beigefügte Satzung, die Bestandteil dieses Umwandlungsplans ist (die „SE-Satzung").

§ 3
Grundkapital, Aktien, Aktionäre, genehmigtes und bedingtes Kapital

1317 1. Im Zeitpunkt der Aufstellung dieses Umwandlungsplans beträgt das Grundkapital der XY AG 10 200 000 € und ist in 10 200 000 auf den Inhaber lautende Aktien ohne Nennbetrag (Stückaktien) im anteiligen Betrag des Grundkapitals von jeweils 1 € eingeteilt. Nach der vom Aufsichtsrat zuletzt durch Beschluss vom […] Januar 2010 im Wege der Fassungsänderung beschlossenen und am […] Februar 2010 im Handelsregister eingetragenen Satzungsanpassung ist ein Grundkapital in Höhe von nur 10 150 000 €, eingeteilt in 10 150 000 Stückaktien, ausgewiesen. Seit dem Aufsichtsratsbeschluss vom […] Januar 2010 über die Fassungsänderung der Satzung sind weitere Aktienbezugsrechte ausgeübt und daraufhin an die Bezugsberechtigten insgesamt 50 000 Stückaktien im anteiligen Betrag des Grundkapitals von 50 000 € ausgegeben worden. Mit Ausgabe dieser 50 000 Stückaktien wurde das Grundkapital der Gesellschaft gem. § 200 AktG um 50 000 € auf 10 200 000 € erhöht. Die Anmeldung dieser Kapitalerhöhung zum Handelsregister wird gem. § 201 AktG innerhalb eines Monats nach Ablauf des Geschäftsjahres erfolgen.

1318 Das Grundkapital der XY AG wird im Umwandlungszeitpunkt zum Grundkapital der XY SE, das im Wege der SE-Umwandlung erbracht sein wird.

1319 2. Sämtliche Aktionäre der XY AG werden – unter Beibehaltung ihres jeweiligen Aktienbesitzes und ihrer jeweiligen Beteiligungsquote – Aktionäre der XY SE. Rechte Dritter, die an Aktien der XY AG oder auf deren Bezug bestehen, setzen sich an den künftigen Aktien der XY SE fort.

1320 3. Das genehmigte Kapital gem. § […] der Satzung der XY AG (die „AG-Satzung") wird in der unmittelbar vor dem Umwandlungszeitpunkt bestehenden Höhe im Umwandlungszeitpunkt zum genehmigten Kapital gem. § […] der SE-Satzung. Gegenwärtig ist der Vorstand nach § […] der AG-Satzung berechtigt, das Grundkapital bis zum […] mit Zustimmung des Aufsichtsrats gegen Ausgabe von bis zu 5 000 000 neuen Aktien einmalig oder in mehreren Teilbeträgen um bis zu insgesamt 5 000 000 € zu erhöhen. [→ Rz. 1363]

1321 Gemäß § […] der AG-Satzung ist das Grundkapital der Gesellschaft um bis zu […] € durch Ausgabe von bis zu […] neuen, auf den Inhaber lautende Stückaktien bedingt erhöht (bedingtes Kapital). Das bedingte Kapital gem. § […] der AG-Satzung wird in der unmittelbar vor dem Umwandlungszeitpunkt bestehenden Höhe zum Umwandlungszeitpunkt zum bedingten Kapital gem. § […] der SE-Satzung. [→ Rz. 1363]

1322 4. Sollte die XY AG vor dem Umwandlungszeitpunkt von dem in § […] geregelten genehmigtem Kapital oder dem in § […] der AG-Satzung geregelten bedingten Kapital

ganz oder teilweise Gebrauch machen, so reduziert sich der jeweilige Ermächtigungsrahmen für die Erhöhung des Grundkapitals in § [...] und § [...] der AG-Satzung und
es erhöhen sich die Kapitalziffer in § [...] sowie die Angabe zur Zahl der Aktien in
§ [...] der AG-Satzung entsprechend. In Anbetracht dessen wird der Aufsichtsrat der
XY AG ermächtigt und zugleich angewiesen, etwaige sich aus dem Vorstehenden er-
gebende Änderungen hinsichtlich der Beträge und Einteilung des Kapitals in der Fassung der diesem Umwandlungsplan beigefügten SE-Satzung vor Eintragung der SE-
Umwandlung in das Handelsregister der XY SE vorzunehmen. Etwaige vor dem
Umwandlungszeitpunkt bei der XY AG beschlossene Kapitalmaßnahmen gelten glei-
chermaßen für die XY SE. [→ Rz. 1363]

5. Die kommende Hauptversammlung soll darüber beschließen, den Vorstand der Ge-   1323
sellschaft zu ermächtigten, mit vorheriger Zustimmung des Aufsichtsrats bis zum [...]
2015 eigene Aktien der XY AG bis zu insgesamt 10 % des zum Zeitpunkt dieser Beschlussfassung bestehenden Grundkapitals der Gesellschaft zu erwerben und entsprechend erworbene eigene Aktien nach näherer Maßgabe dieses Beschlusses zu verwenden.

§ 4

Kein Angebot der Barabfindung

Die Aktionäre, die der SE-Umwandlung widersprechen, erhalten kein Angebot auf Barab-   1324
findung. Eine dem § 207 Abs. 1 UmwG vergleichbare Regelung ist für die formwechselnde Umwandlung einer AG in eine SE nicht vorgesehen. Dies ergibt sich daraus, dass sich
die Rechtsstellung eines Aktionärs durch den Formwechsel in eine SE weder wesentlich
verändert noch verschlechtert. Das gilt im vorliegenden Fall auch für die Handelbarkeit
der Aktien, die durch die SE-Umwandlung unberührt bleibt.

§ 5

Inhaber anderer Wertpapiere

1. Das in § [...] der AG-Satzung vorgesehene bedingte Kapital dient der Gewährung von   1325
Optionsrechten bzw. Optionspflichten nach Maßgabe der Optionsbedingungen an
die Inhaber von Optionsscheinen aus Optionsanleihen bzw. von Wandlungsrechten
bzw. Wandlungspflichten nach Maßgabe der Wandelanleihebedingungen an die Inhaber von Wandelanleihen, die aufgrund des Ermächtigungsbeschlusses der Hauptversammlung vom [...] von der Gesellschaft oder einem nachgeordneten Konzernunternehmen ausgegeben werden.

2. Soweit vor dem Umwandlungszeitpunkt aufgrund des bedingten Kapitals oder   1326
Schuldverschreibungen mit Options- oder Wandlungsrechten bzw. Options- oder
Wandlungspflichten begeben worden sind oder wurden, erhalten die Inhaber Opti-
ons- oder Wandlungsrechte bzw. die Verpflichteten aus den Options- oder Wandlungspflichten nach dem Umwandlungszeitpunkt entsprechende Rechte oder Pflichten in Bezug auf Aktien der XY SE. Ihnen werden zukünftig XY SE-Aktien zur Bedienung der Options- oder Wandlungsrechte bzw. Options- oder Wandlungspflichten
zugeteilt. Die Anzahl der Options- oder Wandlungsrechte bzw. Options- oder Wandlungspflichten auf Aktien ändert sich durch die SE-Umwandlung nicht.

§ 6

Sonderrechte, Sondervorteile [→ Rz. 1367]

1327   1. Weder werden Personen i. S. v. § 194 Abs. 1 Nr. 5 UmwG und/oder Art. 20 Abs. 1 Satz 2 lit. f) SE-VO über die in § 3 Abs. 1 bzw. § 5 dieses Umwandlungsplans genannten Aktien hinaus Rechte gewährt, noch sind für diese Personen besondere Maßnahmen vorgesehen.

1328   2. Personen i. S. v. Art. 20 Abs. 1 Satz 2 lit. g) SE-VO (Mitglieder des Vorstands und des Aufsichtsrats) werden im Zuge der SE-Umwandlung keine Sondervorteile gewährt.

1329   3. Das Landgericht [...] hat mit Beschluss vom [...] 2010 gem. Art. 37 Abs. 6 SE-VO die Firma [...] Wirtschaftsprüfungsgesellschaft, [...], als unabhängigen Sachverständigen für die Umwandlungsprüfung bestellt, welche für ihre Tätigkeit eine marktübliche Vergütung erhält.

1330   4. Rein vorsorglich wird darauf hingewiesen, dass unbeschadet der Zuständigkeit des Aufsichtsrats der XY SE beabsichtigt ist, die bisher amtierenden Mitglieder des Vorstands der XY AG, nämlich [...], auch zu Mitgliedern des Vorstands der XY SE zu bestellen.

§ 7

Organe der XY SE [→ Rz. 1365 f.]

1331   1. Bei der XY SE wird auch künftig ein dualistisches Leitungssystem, bestehend aus Vorstand und Aufsichtsrat, eingerichtet. Das dualistische Leitungssystem ist auch in der SE dadurch gekennzeichnet, dass Vorstand und Aufsichtsrat eigenständige und voneinander unabhängige Organe sind.

1332   2. Zum Umwandlungszeitpunkt, d. h. mit Eintragung der SE-Umwandlung in das Handelsregister der XY AG, enden sämtliche Mandate der Vorstandsmitglieder sowie der Aufsichtsratsmitglieder der XY AG.

1333   3. Gemäß § [...] SE-Satzung wird bei der XY SE ein Aufsichtsrat gebildet, der unverändert aus sechs Mitgliedern besteht. Von den sechs Mitgliedern sind zwei Mitglieder auf Vorschlag der Arbeitnehmer zu bestellen. Die Hauptversammlung ist insoweit an die Wahlvorschläge der Arbeitnehmer gebunden. Bestimmt eine nach Maßgabe des SE-Beteiligungsgesetzes („SEBG") geschlossene Vereinbarung über die Mitbestimmung der Arbeitnehmer in rechtlich wirksamer Weise ein abweichendes Bestellungsverfahren für die Vertreter der Arbeitnehmer im Aufsichtsrat, werden diese nicht von der Hauptversammlung bestellt, sondern nach den Regeln des vereinbarten Bestellungsverfahrens. [→ Rz. 1366]

1334   Die vier Anteilseignervertreter im Aufsichtsrat der XY SE sowie ein oder mehrere etwaige Ersatzmitglieder werden von der Hauptversammlung ohne Bindung an Wahlvorschläge gewählt.

1335   Die Bestellung der Mitglieder des ersten Aufsichtsrats der XY SE erfolgt gem. Art. 40 Abs. 2 Satz 1 SE-VO durch die SE-Satzung für die Zeit bis zur Beendigung der Hauptversammlung, die über die Entlastung für das erste Geschäftsjahr der Gesellschaft beschließt oder hätte beschließen müssen, längstens jedoch für die Dauer von zwei Jahren. Das erste Geschäftsjahr der Gesellschaft ist das Geschäftsjahr, in dem die SE-Umwandlung in das Handelsregister der Gesellschaft eingetragen wird.

4. Die Bestellung der Mitglieder des Vorstands erfolgt durch den Aufsichtsrat der XY 1336
    SE (Art. 39 Abs. 2 SE-VO).

§ 8

Folgen der SE-Umwandlung für die Arbeitnehmer und ihre Vertretungen

1. Bestehende Anstellungsverträge und die daraus resultierenden Rechte und Pflichten 1337
    der Arbeitnehmer der XY AG bleiben von der SE-Umwandlung unberührt und wer-
    den von der XY SE fortgeführt. Eine Unterbrechung der Betriebszugehörigkeit er-
    folgt nicht. Entsprechendes gilt für die Anstellungsverträge sowie die aus ihnen resul-
    tierenden Rechte und Pflichten der Arbeitnehmer der übrigen Konzerngesellschaften.

2. Soweit Tarifverträge und Betriebsvereinbarungen gelten, bleiben diese nach Maßgabe 1338
    der jeweiligen Vereinbarung bestehen.

3. Die Betriebsverfassung nach dem Betriebsverfassungsgesetz und die entsprechend 1339
    diesem Gesetz bei der XY AG und/oder von ihr abhängigen Gesellschaften in
    Deutschland gebildeten Vertretungen bleiben ebenfalls unberührt.

4. Die Vertretung der Arbeitnehmer wird ergänzt um eine grenzüberschreitend zustän- 1340
    dige Belegschaftsvertretung (SE-Betriebsrat) nach § 23 SEBG oder ein ggf. mit dem
    besonderen Verhandlungsgremium anstelle eines SE-Betriebsrats zu vereinbarendes
    Verfahren, das den Arbeitnehmern vergleichbare Anhörungs- und Unterrichtungs-
    rechte gewährt wie einem SE-Betriebsrat. Ein SE-Betriebsrat wäre zuständig für
    grenzüberschreitende Angelegenheiten der SE und ihrer Tochtergesellschaften oder
    ihrer Betriebe in einem anderen EU-Mitgliedsstaat oder Vertragsstaat des europäi-
    schen Wirtschaftsraums (EWR).

5. Für den Fall, dass es nicht zu einem solchen Abschluss einer Beteiligungsvereinbarung 1341
    kommt, würde die gesetzliche Auffanglösung eingreifen. Danach wäre bei der zukünf-
    tigen XY SE ein SE-Betriebsrat zu bilden (§ 23 SEBG). Des Weiteren fände eine Mit-
    bestimmung der Arbeitnehmer im Aufsichtsrat der XY SE statt, die hinsichtlich des
    Beteiligungsverhältnisses jedenfalls der derzeit für die XY AG maßgeblichen Arbeit-
    nehmerbeteiligung gem. Drittelbeteiligungsgesetz entspricht. Hinsichtlich der Betei-
    ligung der Arbeitnehmer werden die nationalen Vorschriften zur Umsetzung der
    Richtlinie 2001/86/EG des Rates zur Ergänzung des Statuts der Europäischen Gesell-
    schaft hinsichtlich der Beteiligung der Arbeitnehmer vom 8.10.2001, ABl. EG Nr. L
    294/22 („SE-RL"), insbesondere das deutsche SEBG beachtet. Das danach vorgesehe-
    ne Verfahren der Beteiligung der Arbeitnehmer wird durchgeführt. Es dient der Siche-
    rung der erworbenen Rechte der Arbeitnehmer auf Beteiligung an Unternehmensent-
    scheidungen. [→ Rz. 1362]

6. Der Vorstand der XY AG wird hierzu die Arbeitnehmervertretungen bzw. die Ar- 1342
    beitnehmer der XY AG und der von ihr beherrschten Gesellschaften mit Sitz in einem
    EU-Mitgliedsstaat oder EWR-Vertragsstaat gem. § 4 SEBG unverzüglich nach Offen-
    legung des Umwandlungsplans über das Umwandlungsvorhaben informieren und sie
    zur Bildung des besonderen Verhandlungsgremiums schriftlich auffordern (§ 4 Abs. 1
    SEBG).

7. Das besondere Verhandlungsgremium wird nach der in § 5 Abs. 1 SEBG enthaltenen 1343
    gesetzlichen Regelung, ausgehend von den Arbeitnehmerzahlen der XY-Gruppe in
    den einzelnen Mitgliedstaaten zum 8.9.2010, insgesamt [...] Mitglieder aus [...] Staaten

der EU und des europäischen Wirtschaftsraums (EWR) haben. Die Wahl oder die Bestellung der Mitglieder des besonderen Verhandlungsgremiums wird nach dem jeweiligen nationalen Recht erfolgen. Die [...] Mitglieder des besonderen Verhandlungsgremiums aus Deutschland werden von dem gem. § 8 SEBG zu bildenden Wahlgremium gewählt.

1344   8.   Die XY AG strebt den Abschluss einer Vereinbarung über die Beteiligung der Arbeitnehmer in der SE mit dem besonderen Verhandlungsgremium an.

§ 9
Geschäftsjahr, Abschlussprüfer

1345   1.   Das Geschäftsjahr der Gesellschaft entspricht unverändert dem Kalenderjahr. Änderungen treten durch die SE-Umwandlung nicht ein. [→ Rz. 1368]

1346   2.   Zum Abschlussprüfer der XY SE sowie zum Konzernabschlussprüfer des XY-Konzerns für das erste Geschäftsjahr wird [...] bestellt. Das erste Geschäftsjahr der XY SE ist das Geschäftsjahr der Gesellschaft, in dem die SE-Umwandlung im Handelsregister der XY AG eingetragen wird.

§ 10
Kosten [→ Rz. 1361]

1347   Die Kosten, die durch die Aufstellung und Umsetzung dieses Umwandlungsplans entstehen, trägt die Gesellschaft bis zu einem Maximalbetrag von 500 000 €.

1348   Die Satzung der XY SE hat folgenden Wortlaut:

„..."

II.   Erläuterungen

1.   Einleitung [→ Rz. 1303 ff.]

1349   Die Gründe für einen Formwechsel in die SE sind in der Präambel des im Muster enthaltenen Umwandlungsplans teilweise angesprochen. Hier sind zu nennen:

–   das mit der europäischen Rechtsform verbundene europäische Prestige,

–   die im Vergleich zu der nationalen Aktiengesellschaft größere Flexibilität bei der Corporate Governance-Struktur (Wahl zwischen einem dualistischen und einem monistischen Verwaltungsrat, kleinerer Aufsichtsrat, kein Arbeitsdirektor),

–   die erleichterten grenzüberschreitenden Reorganisationsmöglichkeiten, (insbesondere die grenzüberschreitende Sitzverlegung) und

–   vor allem gerade aus deutscher Sicht die Möglichkeit, mit der Arbeitnehmerseite eine Vereinbarung über die Mitbestimmung in den Gesellschaftsorganen auszuhandeln (§ 21 SEBG).[606]

1350   Das im Vereinbarungsweg gefundene Mitbestimmungsmodell in Bezug auf den Aufsichtsrat oder das aufgrund der Auffanglösung nach §§ 34, 35 SEBG eingreifende Mitbe-

---

606) Zu den Vor- und Nachteilen einer SE siehe Übersicht bei *Schröder* in: Manz/Mayer/Schröder, SE, Vorbem. Rz. 77–78.

stimmungsmodell bleiben vorbehaltlich der Regelung des § 18 SEBG unverändert, selbst wenn die nach dem deutschen Mitbestimmungsrecht maßgeblichen Arbeitnehmerzahlen im Zuge organischen Unternehmenswachstums die relevanten Schwellen von 500 oder 2 000 Mitarbeiter übersteigen sollten. Diese letzteren Aspekte werden freilich in den Umwandlungsplänen als Zielsetzung einer SE-Umwandlung nicht in den Vordergrund gestellt. [→ Rz. 1307]

Neben den sonstigen in Art. 17 ff. genannten Gründungsverfahren zur Entstehung einer **1351** SE (Verschmelzung und Gründung einer Holding bzw. einer Tochter-SE) ist die in Art. 37 SE-VO geregelte Umwandlung einer bestehenden Aktiengesellschaft in die Rechtsform der SE ein in der Praxis besonders häufig gewählter Fall. Der wesentliche Vorteil gegenüber den anderen Gründungsformen liegt darin, dass hierin eine unilaterale Form der Gründung vorliegt, die höhere Flexibilität bietet und eine Abfindung vermeidet.[607] [→ Rz. 1324]

Im Übrigen gelten für die SE-Gründung im Wege des Formwechsels nach Art. 37 SE-VO **1352** einige besondere Restriktionen:

– Art. 37 Abs. 3 SE-VO verbietet eine zugleich mit der Umwandlung erfolgende Sitzverlegung. Dies steht jedoch einer späteren Sitzverlegung nach Art. 8 SE-VO nicht entgegen.[608]

– Der Formwechsel ist nur der Aktiengesellschaft als Ausgangsgesellschaft zugänglich (Art. 2 Abs. 4 Satz 1 SE-VO). Dies ist gegenüber den sonstigen Gründungsformen restriktiver.

– Der Formwechsel ist nur zulässig, wenn die formwechselnde Aktiengesellschaft seit mindestens zwei Jahren eine dem Recht eines anderen Mitgliedsstaates unterliegende Tochtergesellschaft hat. Auch dies ist gegenüber dem Mehrstaatlichkeitserfordernis der übrigen Gründungsformen restriktiver.

– Hinzu kommt schließlich, dass auch im Wege einer Vereinbarung nach § 21 SEBG das Mitbestimmungsregime nicht gegenüber dem Status Quo verschlechtert werden kann (§ 21 Abs. 6 SEBG). Dies betrifft allerdings nur die Proportion der gewährten bestehenden Mitbestimmung und schließt eine Verkleinerung des Aufsichtsrats bei proportionswahrender Mitbestimmung nicht aus.

2. Beschlussfassung

Der Formwechsel vollzieht sich ähnlich wie dies dem deutschen Recht in den §§ 190 ff. **1353** UmwG beim Formwechsel nationaler Rechtsträger bekannt ist. Grundsatz ist das von § 202 Abs. 1 Nr. 1 UmwG bekannte Kontinuitätsprinzip, wonach der formwechselnde Rechtsträger und seine Vermögensbeziehungen fortbestehen. Art. 37 Abs. II SE-VO bestimmt ausdrücklich, dass mit der Umwandlung weder die Auflösung noch die Neugründung verbunden ist. [→ Rz. 1310 ff.] Verfahrensmäßig ist vom Vorstand der formwechselnden Aktiengesellschaft ein Umwandlungsplan und ein Umwandlungsbericht zu erstellen. Die Hauptversammlung der Aktiengesellschaft stimmt sodann dem Umwandlungsplan und zugleich der Satzung der zukünftigen SE zu. Das Muster beschränkt sich aus Platzgründen

---

607) Dazu *Paefgen* in: Kölner Kommentar, Art. 36 SE-VO Rz. 19; *Hommelhoff*, AG 2001, 279, 280; *Kiem*, ZHR, 173 (2009), 156, 160.

608) *Paefgen* in: Kölner Kommentar, Art. 37 SE-VO Rz. 10.

auf den Hauptversammlungsbeschluss mit der Zustimmung zum Umwandlungsplan und sieht vom Abdruck einer entsprechenden SE-Satzung sowie des Umwandlungsberichts ab.

1354 Der Beschlussvorschlag ist auf die Zustimmung zum Umwandlungsplan und der Satzung gerichtet. Dies folgt aus Art. 37 Abs. 7 SE-VO. Soweit außerdem im Umwandlungsplan die Bestellung des Abschlussprüfers für das erste Geschäftsjahr der neu gegründeten SE oder des ersten Aufsichtsrats enthalten ist, erfolgt der Beschlussvorschlag gem. § 124 Abs. 3 Satz 1 AktG nur durch den Aufsichtsrat, nicht auch durch den Vorstand. Insoweit findet über Art. 53 Abs. 1 SE-VO anwendbares deutsches Aktienrecht Beachtung. Hier ist in § 9 Abs. 2 des Umwandlungsplans die Bestellung des Abschlussprüfers und Konzernabschlussprüfers der formgewechselten SE enthalten. Dies erfolgt in der Praxis zwar regelmäßig, jedoch nur vorsorglich, da nach herrschender Meinung § 30 Abs. 1 AktG beim Formwechsel trotz des Verweises auf die aktienrechtlichen Gründungsvorschriften in Art. 15 Abs. 1 SE-VO und in § 197 Abs. 1 UmwG nicht anwendbar ist.[609] [→ Rz. 1303]

1355 Nach § 124 Abs. 3 Satz 1 AktG i. V. m. Art. 53 SE-VO erfolgt auch der Beschlussvorschlag zur Bestellung des ersten Aufsichtsrats nur durch den Aufsichtsrat, wenn die Mitglieder des ersten Aufsichtsrats gem. Art. 40 Abs. 2 Satz 2 SE-VO durch die Satzung bestimmt werden. Davon geht § 7.3 des Umwandlungsplans im Muster aus. Hierbei handelt es sich jedoch lediglich um eine Option. Stattdessen ist es auch möglich, die Mitglieder des ersten Aufsichtsrats der formgewechselten SE in der Hauptversammlung, die über den Formwechsel beschließt, durch einen gesonderten Tagesordnungspunkt und an dieser Stelle allein auf Vorschlag des amtierenden Aufsichtsrats wählen zu lassen. [→ Rz. 1303]

1356 Nicht Gegenstand des Beschlussvorschlags ist die Mitbestimmungsvereinbarung mit dem besonderen Verhandlungsgremium der Arbeitnehmervertreter. Falls diese eine Änderung der Satzungsbestimmungen der SE erfordert, ist eine nochmalige Beschlussfassung der Hauptversammlung oder zumindest eine auf Hauptversammlungsbeschluss beruhende Ermächtigung des Aufsichtsrats zu einer Satzungsanpassung erforderlich.[610]

1357 Das weitere Beschlussverfahren folgt den Vorschriften der Umwandlung deutscher Kapitalgesellschaften in analoger Anwendung (§§ 238, 230 Abs. 2 UmwG), was die Vorbereitung der Hauptversammlung angeht.[611] Mit der Einberufung der Hauptversammlung auszulegen bzw. zugänglich zu machen sind danach Umwandlungsplan, SE-Satzung, Umwandlungsbericht und die Reinvermögensbescheinigung nach Art. 37 Abs. 6 SE-VO. Diese Unterlagen sind auch in der Hauptversammlung selbst (§ 239 Abs. 1 UmwG) auszulegen. In der Hauptversammlung hat eine mündliche Erläuterung der Unterlagen zu erfolgen (§§ 239 Abs. 2, 64 Abs. 1 Satz 2 UmwG).

1358 Die Beschlussfassung erfolgt mit drei Vierteln des bei der Beschlussfassung vertretenen Kapitals (Art. 37 Abs. 7 Satz 2 SE-VO, Art. 7 Abs. 1 Nr. 2 der Verschmelzungsrichtlinie[612], § 65 Abs. 1 UmwG).

1359 Beschlussmängelrecht, Registersperre, Gründungsprüfung und Handelsregistereintragung (Art. 12 Abs. 1, 15 Abs. 1 SE-VO, §§ 198, 199 UmwG) folgen deutschem Recht.

---

609) *Paefgen* in: Kölner Kommentar, Art. 37 SE-VO Rz. 43 m. w. N.

610) *Paefgen* in: Kölner Kommentar, Art. 37 SE-VO Rz. 84; *Schröder* in: Manz/Mayer/Schröder, SE, Art. 37 SE-VO Rz. 60, 61.

611) *Paefgen* in: Kölner Kommentar, Art. 37 SE-VO, Rz. 85 m. w. N.

612) 3. Richtlinie vom 9.10.1978 (78/855/EWG) in der Fassung der Richtlinie vom 2.10.2009 (2009/109/ EG).

3. Inhalt des Umwandlungsplans [→ Rz. 1310 ff.]

Für den Inhalt des Umwandlungsplans gibt Art. 37 SE-VO keine näheren Anhaltspunkte. **1360** Zur Auffüllung dieser Lücke kommt eine analoge Anwendung entweder der Grundsätze des § 194 Abs. 1 UmwG, der Art. 20 Abs. 1, 32 Abs. 2 Satz 3 oder des Art. 8 Abs. 2 SE-VO in Betracht.[613] Es dürfte anwaltlicher Vorsicht entsprechen den in der Tendenz etwas weitergehenden Anforderungen der SE-VO für das Verschmelzungsverfahren zu folgen und deswegen eine analoge Anwendung von Art. 20 Abs. 1 Satz 2 i. V. m. Art. 32 Abs. 2 Satz 2 SE-VO zu beherzigen. Dies führt dazu, dass die im Umwandlungsplan des Musters anzugebenden Angaben zu machen sind und üblicherweise auch gemacht werden.[614]

Wesentlicher Bestandteil ist dabei die **Satzung** der zukünftigen SE, wie sich aus entspre- **1361** chender Anwendung von Art. 20 Abs. 1 Satz 2 lit. h) entnehmen lässt. [→ Rz. 1314 ff.] Zum notwendigen Inhalt der Satzung enthalten weder die SE-VO noch das SEAG Bestimmungen. Gem. Art. 9 Abs. 1 lit. c) ii) gilt insoweit § 23 Abs. 3 und 4 AktG. Darüber hinaus müssen wegen Art. 15 Abs. 1 SE-VO i. V. m. § 243 Abs. 1 Satz 2 und 3 UmwG die in der alten Satzung der formwechselnden AG enthaltenen Festsetzungen über Sondervorteile, Gründungsaufwand, Sacheinlagen und -übernahmen übernommen werden, so lange diese Angaben nach § 26 Abs. 4 und Abs. 5 AktG bestandsfest sind. Ferner muss, auch wenn dies umstritten ist, wegen § 27 AktG die Aufbringung des Grundkapitals als durch den Formwechsel der ehemaligen Aktiengesellschaft erbracht, angegeben werden.[615] [→ Rz. 1318] Dort ist auch der Kostenaufwand für den Formwechsel in die SE gesondert festzusetzen. Oft geschieht dies außerdem im Umwandlungsplan selbst (§ 10 des Umwandlungsplans im Muster). [→ Rz. 1347] Wegen des Satzungsinhaltes kann auf Muster 1 (Rz. 44 ff.) verwiesen werden.

Was die entsprechend Art. 20 Abs. 1 Satz 2 lit. i) der SE-VO zu machenden Angaben zum **1362** Verfahren, nach dem die **Mitbestimmungsvereinbarung** nach § 21 SEBG geschlossen wird, angeht, geht das Muster in § 8 des Umwandlungsplans davon aus, dass dieses erst nach Offenlegung des Umwandlungsplans angestoßen wird und mithin die Mitbestimmungsvereinbarung selbst erst weit nach dem Hauptversammlungsbeschluss zustande kommt. Der Umwandlungsplan kann sich an dieser Stelle auf die Grundzüge des Verfahrens und eine Wiedergabe der bei Nichtzustandekommen der Vereinbarung geltenden Auffanglösungen beschränken. In der Praxis wird darüber hinausgehend manchmal wesentlich ausführlicher über das Verhandlungsverfahren und über die konkrete Zusammensetzung des besonderen Verhandlungsgremiums nach §§ 4 ff. SEBG berichtet.

Besondere praktische Probleme ergeben sich bei den **genehmigten und den bedingten** **1363** **Kapitalia**. Diese bestehen zunächst grundsätzlich im Rahmen des Rechtsformwechsels fort, müssen also durch die Hauptversammlung nicht gesondert beschlossen werden. Durch Ausnutzungen des genehmigten Kapitals wie durch die Ausgabe von Bezugsaktien unter einem bedingten Kapital können sich jedoch zwischen dem Zeitpunkt der Hauptversammlungseinladung und der in der Regel erst Monate später erfolgenden Handelsregisteranmeldung des SE-Formwechsels (nach Abschluss der Beteiligungsvereinbarung nach § 21 SEBG, die gem. Art. 12 Abs. 3 SE-VO als Voraussetzung der Handelsregister-

---

613) Streitig, vgl. *Casper* in: Spindler/Stilz, AktG, Art. 37 SE-VO Rz. 8, 9; *Seibt* in: Lutter/Hommelhoff, SE-Kommentar, Art. 37 Rz. 33; *Paefgen* in: Kölner Kommentar, Art. 37 SE-VO Rz. 27, 28; *Schröder* in: Manz/Mayer/Schröder, SE, Art. 37 SE-VO Rz. 19.

614) Übersicht bei *Schröder* in: Manz/Mayer/Schröder, SE, Art. 37 SE-VO Rz. 21 ff.

615) Vgl. dazu *Paefgen* in: Kölner Kommentar, Art. 37 SE-VO Rz. 40 m. w. N.

eintragung nachzuweisen ist) Veränderungen der Grundkapitalziffer bzw. eine Verminderung der verbleibenden Ermächtigungen ergeben, die vor dem Zeitpunkt der Handelsregisteranmeldung in der Satzung der zukünftigen SE nachzuvollziehen sind. Dies ist in § 3.5 des Umwandlungsplans im Muster angesprochen. Wenn zum Zeitpunkt des Hauptversammlungsbeschlusses Bezugsaktien ausgegeben sind und insoweit eine Anpassung der satzungsmäßigen Kapitalziffer nach § 201 AktG noch nicht erfolgt ist, führt dies zu einem weiteren Abweichen der satzungsmäßigen Kapitalziffer bis zum Zeitpunkt der Handelsregistereintragung des SE-Formwechsels, was im Muster in § 3.1 des Umwandlungsplans angesprochen ist. [→ Rz. 1322]

1364 Weiterer Anpassungsbedarf kann sich ergeben, falls die Hauptversammlung zeitgleich zum Formwechselbeschluss neue bedingte Kapitalia oder genehmigte Kapitalia beschließt. Dann sollte klargestellt werden, dass auch diese zukünftigen Kapitalia Bestandteil der zukünftigen SE-Satzung werden. Eine entsprechende Auflistung im Umwandlungsplan empfiehlt sich. Vorsorglich werden auch fortbestehende Ermächtigungen zum Rückkauf und der Verwendung eigener Aktien angeführt.

1365 Die Darstellung der Corporate Governance der SE in § 7 des Musters (**Organe der XY-SE**) geht davon aus, dass entsprechend der Wahlmöglichkeit in Art. 38 lit. b) SE-VO eine dualistische Verfassung gewählt ist. Für die Bestellung der Mitglieder des ersten Aufsichtsrats enthält Art. 40 Abs. 2 Satz 2 SE-VO eine Bestimmung (beim Verwaltungsrat der monistischen SE entspricht diese Art. 43 Abs. 3 Satz 2 SE-VO), wonach die Bestellung wahlweise durch die Satzung oder die Hauptversammlung der Aktiengesellschaft erfolgen kann. Dieser Aufsichtsrat hat dann beim dualistischen System gem. Art. 39 Abs. 2 vor der Handelsregisteranmeldung des Formwechsels den Vorstand zu bestellen. [→ Rz. 1331 ff.]

1366 § 7 Abs. 3 Satz 3 des Musters spiegelt die Rechtslage nach Art. 40 Abs. 2 Satz 1 SE-VO, wonach grundsätzlich auch die Arbeitnehmervertreter im Aufsichtsrat von der Hauptversammlung zu bestellen sind. § 36 Abs. 4 SEBG ordnet dazu eine Bindung der Hauptversammlung an die Wahlvorschläge des SE-Betriebsrats an. Ob den Arbeitnehmervertretern im Rahmen der Beteiligungsvereinbarung eine unmittelbare Bestellungskompetenz eingeräumt werden kann, ist umstritten.[616] Da die Arbeitnehmervertreter bei Anmeldung des Formwechsels noch nicht bestellt sein werden, wenn die Zuständigkeit dafür bei der Hauptversammlung verbleibt, entstehen bei Anmeldung der SE praktische Probleme. Die fehlende Bestellung muss zunächst mit gerichtlicher Bestellung nach § 104 AktG überwunden werden.[617] [→ Rz. 1333]

1367 Unter dem Stichwort Sondervorteile und Sonderrechte (vgl. Art. 20 Abs. 1 Satz 2 lit. g) SE-VO) werden üblicherweise auch die beabsichtigten Wiederbestellungen von Mitgliedern des amtierenden Vorstands in den Vorstand der zukünftigen SE erwähnt. Hier erneut die gem. Satzung mit dem gleichen Beschluss bereits bestellten Mitglieder des ersten Aufsichtsrats der SE zu erwähnen, wenn diese mit den Mitgliedern des bisherigen Aufsichtsrats übereinstimmen, erscheint unnötig. Unter Sachverständigen sind jedoch diejenigen Prüfer zu erwähnen, die die sog. *Reinvermögensbescheinigung* nach Art. 37 Abs. 6 SE-VO abgeben. [→ Rz. 1327 ff.]

---

616) Dagegen *Paefgen* in: Kölner Kommentar, SEVO, Art. 40 Rz. 44; dafür *Reichert/Brandes* in: MünchKomm AktG, Art. 40 SE-VO, Rz. 26; *Drygala* in: Lutter/Hommelhoff, SE-Kommentar, Art. 40 SE-VO Rz. 7.

617) Siehe *Schröder* in: Manz/Mayer/Schröder, SE, Art. 40 SE-VO Rz. 25; *Paefgen* in: Kölner Kommentar, Art. 40 SE-VO Rz. 49, *Brandes* in: MünchKomm AktG, Art. 40 SE-VO Rz. 57.

Bei der Bestellung der Abschlussprüfer für das erste Geschäftsjahr der SE (§ 9 Abs. 2 des **1368** Musters) ist die Definition des ersten Geschäftsjahres der SE als dem Geschäftsjahr der

Eintragung der Umwandlung dem Umstand geschuldet, dass aufgrund der Vermögenskontinuität des Rechtsträgers kein Rumpfgeschäftsjahr zu bilden ist. [→ Rz. 1345]

Nicht förmlicher Bestandteil des Umwandlungsplans ist der nach Art. 37 Abs. 4 SE-VO **1369** weiter geforderte **Umwandlungsbericht**. Die Funktion des Umwandlungsberichts ist den Umwandlungsvorgang dem wirtschaftlich und rechtlich nicht vorgebildeten Aktionär plausibel zu erläutern. Hierzu bedarf es, wie bei ähnlichen Berichten des Umwandlungsrechts und auch des SE-Gründungsrechts (Art. 37 Abs. 4 und Art. 32 Abs. 2 Satz 2 SE-VO zur Holdinggründung), einer weitergehenden wirtschaftlichen und rechtlichen Erläuterung des Umwandlungsvorgangs.[618]

Muster 6.17: Squeeze-out*)

I.   Mustertext [→ Rz. 1376 ff.]

TOP [...]: Beschlussfassung über die Übertragung der Aktien der Minderheitsaktionäre **1370** der Gesellschaft auf die Y-AG mit Sitz in [...] (Hauptaktionärin) gegen Barabfindung gem. §§ 327a ff. AktG

Gemäß § 327a Abs. 1 Satz 1 AktG kann die Hauptversammlung einer Aktiengesellschaft **1371** auf Verlangen eines Aktionärs, dem Aktien der Gesellschaft in Höhe von mindestens 95 % des Grundkapitals gehören (Hauptaktionär), die Übertragung der Aktien der übrigen Aktionäre (Minderheitsaktionäre) auf den Hauptaktionär gegen Gewährung einer angemessenen Barabfindung beschließen. [→ Rz. 1380 ff.]

Die Y-AG mit Sitz in [...] hält derzeit direkt und indirekt rund [...] % des Grundkapitals **1372** der X-AG. Sie ist damit Hauptaktionärin der X-AG i. S. v. § 327a Abs. 1 Satz 1 AktG. Die Y-AG hat am [...] das Verlangen an die X-AG gerichtet, alle notwendigen Maßnahmen zu ergreifen, damit die Hauptversammlung der X-AG einen Beschluss zur Übertragung der von den Minderheitsaktionären der X-AG gehaltenen Aktien auf die Y-AG gegen Gewährung einer angemessenen Barabfindung beschließen kann. [→ Rz. 1385] Sie hat die Höhe der Barabfindung auf [...] € je auf den Inhaber lautende Stückaktie der X-AG festgelegt.

Die [...]-Bank hat die Gewährleistung für die Erfüllung der Verpflichtung der Y-AG **1373** übernommen, den Minderheitsaktionären nach Eintragung des Übertragungsbeschlusses in das Handelsregister der X-AG unverzüglich die festgelegte Barabfindung für die auf die Hauptaktionärin übergegangenen Aktien zu zahlen. Diese Erklärung hat die Y-AG dem Vorstand der X-AG gem. § 327b Abs. 3 AktG übermittelt. [→ Rz. 1392]

In einem schriftlichen Bericht an die Hauptversammlung der X-AG hat die Y-AG die **1374** Voraussetzungen für die Übertragung der Aktien der Minderheitsaktionäre dargelegt und die Angemessenheit der Barabfindung erläutert und begründet. Die Angemessenheit der Barabfindung wurde durch die [...] Wirtschaftsprüfungsgesellschaft, [...] [*Ort*], als dem vom Landgericht [...] ausgewählten und bestellten sachverständigen Prüfer geprüft und bestätigt. [→ Rz. 1386 ff.]

---

618) Vgl. hierzu *Paefgen* in: Kölner Kommentar, Art. 37 SE-VO Rz. 50 ff., 52, 56; *Casper* in: Spindler/Stilz, AktG, Art. 37 SE-VO Rz. 11.

*)   Bearbeitet von Frau Rechtsanwältin Uta Carpier.

1375 Vorstand und Aufsichtsrat schlagen vor, auf Verlangen der Y-AG mit Sitz in [...] [*Anschrift*], eingetragen im Handelsregister des Amtsgerichts [...] unter HRB [...], folgenden Beschluss zu fassen:

> Die Aktien der X-AG, die von anderen Aktionären („Minderheitsaktionäre") als der Y-AG, [*Ort*] („Hauptaktionärin"), und mit ihr i. S. v. § 16 Abs. 4 AktG verbundenen Unternehmen gehalten werden, werden gem. §§ 327a ff. AktG auf die Y-AG, [*Ort*] übertragen. Die Y-AG zahlt hierfür eine Barabfindung in Höhe von [...] € je auf den Inhaber lautender Stückaktie der X-AG mit einem auf die einzelne Aktie entfallenden anteiligen Betrag des Grundkapitals in Höhe von gerundet [...] €. [→ Rz. 1385, 1403]

II. Erläuterungen [→ Rz. 1370 ff.]

1. Vorbemerkung

1376 Mit dem Gesetz zur Regelung von öffentlichen Angeboten zum Erwerb von Wertpapieren und von Unternehmensübernahmen (WpÜG) vom 20.12.2001, in Kraft getreten am 1.1.2002, hat der Gesetzgeber erstmals Hauptaktionären, denen mindestens 95 % des Grundkapitals an einer Aktiengesellschaft oder einer Kommanditgesellschaft auf Aktien gehören, die Möglichkeit eingeräumt, die Minderheitsaktionäre im Wege des sog. Squeeze-out-Verfahrens aus der Gesellschaft auszuschließen. Dies war zuvor nicht bzw. nur über vergleichsweise komplizierte rechtliche Konstruktionen möglich, etwa im Wege der sog. auflösenden Übertragung oder Mehrheitseingliederung – auch dies allerdings nur, wenn der Hauptaktionär selbst eine Aktiengesellschaft war und mindestens 95 % der Aktien an der aufzulösenden bzw. einzugliedernden Gesellschaft hielt. Da die Minderheitsaktionäre im Rahmen dieser Verfahren grundsätzlich berechtigt waren, eine Abfindung in Aktien des Hauptaktionärs zu fordern, konnten sie zwar aus der Gesellschaft herausgedrängt werden, behielten letztlich aber beim Hauptaktionär selbst einen gewissen Einfluss. Das in den §§ 327a ff. AktG geregelte Squeeze-out-Verfahren hingegen ermöglicht unter den dort normierten Voraussetzungen den **vollständigen und endgültigen Ausschluss der Minderheitsaktionäre** einer AG oder Kommanditgesellschaft auf Aktien gegen Zahlung einer Barabfindung. Der Ausschluss erfolgt durch einen auf Verlangen des Hauptaktionärs gefassten Hauptversammlungsbeschluss entsprechenden Inhalts (§ 327a AktG). Mit Eintragung des Übertragungsbeschlusses in das Handelsregister gehen alle Aktien der Minderheitsaktionäre auf den Hauptaktionär über (§ 327e Abs. 3 Satz 1 AktG).

1377 Die **Verfassungsmäßigkeit** der Regelungen über den Ausschluss der Minderheitsaktionäre aus einer Gesellschaft und das hierbei zu beachtende Verfahren im Hinblick auf die Eigentumsgarantie des Art. 14 GG wurden in Nichtigkeits- und Anfechtungsklagen thematisiert. Die Instanzgerichte[619], der Bundesgerichtshof[620] und inzwischen auch das BVerfG[621] haben die Verfassungsmäßigkeit durchweg bejaht.

---

619) OLG Düsseldorf v. 14.1.2005, NZG 2005, 347, dazu *Wilsing*, EWiR 2005, 495 und zuletzt AG 2008, 498, 499; OLG Hamburg v. 29.9.2004, ZIP 2004, 2288, dazu *Knoll*, EWiR 2005, 287; OLG Köln v. 30.1.2004 – 82 O 67/03 (unveröff.); OLG Stuttgart v. 3.12.2003, ZIP 2003, 2363 , AG 2004, 105, DB 2004, 60, 63, dazu *Hasselbach*, EWiR 2004, 833 und zuletzt AG 2009, 204, 205; OLG Hamburg v. 8.8.2003, ZIP 2003, 2076, AG 2003, 698, 698 f; OLG Oldenburg v. 30.9.2002, AG 2002, 682.

620) BGH v. 25.10.2005, ZIP 2005, 2107, DB 2005, 2567; dazu *Linnerz*, EWiR 2005, 845.

621) BVerfG AG 2007, 544, WM 2007, 1884, AG 2008, 27.

Die §§ 327a ff. AktG sind **sowohl auf börsennotierte als auch auf nicht börsennotierte**   **1378**
Aktiengesellschaften anwendbar.[622] Zur Durchführung des Squeeze-out-Verfahrens
sind, anders als zuvor im Verfahren der Mehrheitseingliederung, nicht mehr nur Aktiengesellschaften mit Sitz im Inland als Hauptaktionäre berechtigt, sondern **in- oder auslän-**
dische natürliche oder juristische Personen, sofern sie nur die Fähigkeit besitzen, Aktionär zu sein,[623] und im konkreten Fall Hauptaktionär mit einer zumindest mittelbaren
Kapitalbeteiligung von mindestens 95 % sind. Neben dem hier behandelten aktienrechtlichen Squeeze-out stehen seit 8.7.2006 der übernahmerechtliche Squeeze-out[624] und seit
15. Juli 2011 der umwandlungsrechtliche Squeeze-out[625] zur Verfügung. Darauf kann hier
nicht näher eingegangen werden.

2. Einleitung des Squeeze-out

Die **Vorbereitung eines Squeeze-out** erfordert einen zeitlichen Vorlauf von mehreren   **1379**
Monaten. Der Hauptaktionär muss vor Einberufung der Hauptversammlung:

– ein entsprechendes Beschlussverlangen an die Gesellschaft richten (§ 327a Abs. 1
Satz 1 AktG),

– die Barabfindung festlegen (§ 327b Abs. 1 Satz 1 AktG) und hierzu in der Regel unter
Einschaltung einer Wirtschaftsprüfungsgesellschaft eine Unternehmensbewertung
durchführen,

– einen schriftlichen Übertragungsbericht zu den Voraussetzungen der Übertragung
und der Angemessenheit der Barabfindung erstellen, der spätestens bei Einberufung
der Hauptversammlung vorliegen soll (§ 327c Abs. 2 Satz 1, Abs. 3 Nr. 3 AktG),

– bei Gericht die Bestellung eines unabhängigen Prüfers zur Beurteilung der Angemessenheit der Barabfindung beantragen, dessen Prüfungsbericht ebenfalls bei Einberufung der Hauptversammlung vorliegen soll (§ 327c Abs. 2 Satz 2–4, Abs. 3 Nr. 4
AktG) und

– der Gesellschaft die Gewährleistungserklärung einer Bank für die Erfüllung der Abfindungszahlungen übermitteln (§ 327b Abs. 3 AktG).

Grundvoraussetzung ist, dass der Hauptaktionär sowohl bei Äußerung seines Verlangens   **1380**
zur Durchführung des Squeeze-out als auch in den Zeitpunkten der Beschlussfassung in
der Hauptversammlung und der Eintragung des Übertragungsbeschlusses in das Handelsregister über eine **Kapitalmehrheit von mindestens 95 %** der Aktien an der Gesellschaft
verfügt.[626] [→ Rz. 1372] Maßgeblich für die **Berechnung** der Kapitalmehrheit ist gem.

---

622) Vgl. Begründung RegE WpÜG, BT-Drucks. 14/7034, S. 32; *Hüffer*, AktG, § 327a Rz. 5; *Krieger*, BB
2002, 53, 55.

623) *Hüffer*, AktG, § 327a Rz. 7.

624) Übernahmerichtlinie-UmsetzungsG vom 8.7.2006, BGBl. I S. 2426; dazu *Hüffer*, AktG, § 327a Rz. 1a.

625) Drittes Gesetz zur Änderung des Umwandlungsgesetzes vom 11.7.2011, BGBl. I S. 1338; dazu
Goslar/Mense, GWR 2011, 275; *Bungert/Wettich*, DB 2011, 1500 ff.; *Neye/Kraft*, NZG 2011, 681 ff.;
Austmann, NZG 2011, 684 ff.

626) OLG Düsseldorf v. 16.1.2004, AG 2004, 207, 210; *Habersack* in: Emmerich/Habersack, Konzernrecht,
§ 327a AktG Rz. 18; *Fuhrmann/Simon*, WM 2002, 1211, 1212; a. A. (maßgebliche Zeitpunkte: Squeeze-
out-Verlangen und Hauptversammlungsbeschluss, nicht Eintragung): *Dißars*, BKR 2004, 389, 391;
Hasselbach in: Kölner Kommentar z. WpÜG, § 327a AktG Rz. 38; *Sieger/Hasselbach*, ZGR 2002, 120,
1391; a. A. (maßgeblicher Zeitpunkt: nur Hauptversammlungsbeschluss): *Grunewald* in: MünchKomm
AktG, § 327a Rz. 10 f.

§ 327a Abs. 2 AktG die Zurechnungsnorm des § 16 Abs. 2 und 4 AktG. Danach sind einerseits eigene Aktien sowie Aktien, die ein Dritter für Rechnung der Gesellschaft hält, vom Grundkapital der Gesellschaft abzuziehen.[627] Andererseits sind bei der Berechnung des Aktienbesitzes sowohl die vom Hauptaktionär unmittelbar gehaltenen Aktien als auch diejenigen Aktien zu berücksichtigen, die ein Dritter für Rechnung des Hauptaktionärs oder ein vom Hauptaktionär abhängiges Unternehmen hält. Auch die Beschaffung des nötigen Aktienbesitzes mittels einer Aktienleihe ist möglich. In einem Fall eines auf unbestimmte Zeit geschlossenen und erstmals nach drei Jahren kündbaren Wertpapierdarlehens lag nach Auffassung des BGH kein Rechtsmissbrauch vor.[628]

1381 Die **Rechtsform** des (abhängigen) Unternehmens, über das dem Hauptaktionär Aktien zugerechnet werden, ist irrelevant, da § 16 Abs. 4 AktG insoweit nicht differenziert. Rechtskonstruktionen mit dem alleinigen Zweck der Herbeiführung der Voraussetzungen eines Squeeze-out, wie etwa die Bildung von Stimmbindungskonsortien in der Rechtsform einer GbR zu diesem Zweck, wurden allerdings als rechtsmissbräuchlich eingestuft.[629] Ob man dies vor dem Hintergrund der Entscheidung des BGH zum Wertpapierdarlehen noch so sehen muss, ist fraglich.[630]

1382 Irrelevant sind im Übrigen auch die **Stimmrechtsverhältnisse** in der Gesellschaft.[631] Zu prüfen ist allerdings im Einzelfall, ob der Hauptaktionär und die Personen, über die ihm Aktien zugerechnet werden, ihren jeweiligen **Meldepflichten gem. §§ 21 ff. WpHG** ordnungsgemäß nachgekommen sind. Denn die Nichterfüllung der Meldepflichten ist grundsätzlich mit dem Verlust der sich aus der Aktie ergebenden Mitverwaltungs- und Vermögensrechten sanktioniert und könnte – je nach den Umständen des Einzelfalls – sowohl die Ausübung des Squeeze-out-Verlangens als auch die auf der Hauptversammlung zur Beschlussfassung erforderlichen Mehrheiten gefährden.[632]

1383 Hat die Gesellschaft **Optionen oder Wandelschuldverschreibungen aus bedingtem Kapital** ausgegeben, so bleiben diese bei der Berechnung der Kapitalverhältnisse zumindest bis zu ihrer Ausübung außer Betracht.[633] In der Rechtsprechung und Literatur bisher ungeklärt ist, ob der Inhaber eines Wandlungsrechts, das er nach Zugang des Squeeze-out-Verlangens bei der Gesellschaft ausübt, daraufhin lediglich einen Anspruch auf Barabfindung erlangt[634] oder aber auch weiterhin die Ausgabe von Aktien der Gesellschaft und, sofern die Ausgabe vor Eintragung des Übertragungsbeschlusses im Handelsregister erfolgt, dann ebenso wie die anderen Aktionäre die Barabfindung verlangen kann.[635]

Praxistipp:

Zur Sicherheit wird dem Hauptaktionär empfohlen, bereits bei Äußerung seines Squeeze-out-Verlangens sichergestellt zu haben, dass sich seine Kapitalmehrheit bis zur voraussicht-

---

627) Einzelheiten: *Riegger*, DB 2003, 541.

628) BGH v. 16.3.2009, BB 2009, 1318.

629) OLG München v. 16.11.2005, ZIP 2005, 2259; Einzelheiten: *Maslo*, NZG 2004, 163; *Markwardt*, BB 2004, 277, 278 ff.

630) *Hohl/Auerbach*, BB 2010, 902, 903; *Goslar/von der Linden*, BB 2009, 1986 ff.

631) OLG Hamburg v. 8.8.2003, ZIP 2003, 2076, AG 2003, 698.

632) OLG Köln v. 30.1.2004 – 82 O 67/03 (unveröff.).

633) *Gesmann-Nuissl*, WM 2002, 1205, 1206 f; *Grunewald*, ZIP 2002, 18; *Markwardt*, BB 2004, 277, 278; a. A. *Sieger/Hasselbach*, ZGR 2002, 120, 158.

634) *Grunewald*, ZIP 2002, 18; *Angerer*, BKR 2002, 260, 267.

635) *Baums*, WM 2001, 1843, 1847 f; *Krieger*, BB 2002, 53, 61: Umwandlung auch bis zur Eintragung des Squeeze-out nicht ausgeübter Bezugsrechte in Barabfindungsansprüche.

lichen Eintragung des Squeeze-out-Beschlusses zu keiner Zeit auf eine Quote unter 95 % reduziert; ggf. sollte daher für eventuelle kurzfristige Aktienzukäufe Vorsorge getroffen werden.

Unmittelbarer Auslöser des Squeeze-out-Verfahrens ist die **Äußerung des Verlangens** **1384** **durch den Hauptaktionär**, dass die Hauptversammlung die Übertragung der Aktien der übrigen Aktionäre auf ihn beschließen möge (§ 327a Abs. 1 Satz 1 AktG). Während das Gesetz keine besonderen Formanforderungen an das Verlangen stellt, empfiehlt sich aus Beweisgründen die Wahrung der Schriftform. Das Verlangen ist an die Gesellschaft zu richten; es wird analog § 78 Abs. 2 Satz 2 AktG mit Zugang bei einem Vorstandsmitglied wirksam. In der Praxis wird das Verlangen oft gespalten: Ein erstes grundsätzliches Verlangen eröffnet die Vorbereitung der Maßnahme, insbesondere die Bewertung der Gesellschaft und den Bericht des Hauptaktionärs. Ein später nachgeschobenes, konkretisiertes Verlangen benennt die danach ermittelte Abfindung. In der Einladungsbekanntmachung spiegeln sich diese Abläufe nicht. Das wirksame Verlangen verpflichtet den Vorstand, unverzüglich gem. § 121 Abs. 1, 2 AktG die ordentliche oder außerordentliche Hauptversammlung einzuberufen.[636] Das Verlangen des Hauptaktionärs muss Gegenstand der Beschlussfassung sein. Wenn der Vorstand keine Hauptversammlung mit entsprechendem Gegenstand der Beschlussfassung einberuft, kann der Hauptaktionär gem. § 122 AktG vorgehen.[637] [→ Rz. 1375]

3. Barabfindung [→ Rz. 1375]

Es obliegt dem Hauptaktionär, die **Höhe der Barabfindung** festzulegen (§ 327b Abs. 1 **1385** Satz 1 AktG). Sie muss der Höhe nach angemessen sein (vgl. § 327c Abs. 2 AktG) und die Verhältnisse der Gesellschaft im Zeitpunkt der Beschlussfassung der Hauptversammlung berücksichtigen. Bestimmte Berechnungsverfahren oder Referenzzeiträume gibt das Gesetz nicht vor. Die verfassungsrechtliche Eigentumsgarantie gebietet, dass die Abfindung dem Verkehrswert der Aktien entsprechen muss.[638] Orientierungspunkte für die Festlegung der angemessenen Barabfindung sind in der Regel die Ergebnisse einer betriebswirtschaftlichen Unternehmensbewertung und bei börsennotierten Aktiengesellschaften – grundsätzlich als Untergrenze – die Entwicklung des Börsenkurses innerhalb eines Referenzzeitraums.[639] Üblicherweise lässt der Hauptaktionär im Vorfeld und parallel zum Verlangen auf Übertragung der Aktien der Minderheitsaktionäre eine Unternehmensbewertung durchführen, deren Ergebnisse in den von ihm gem. § 327c Abs. 2 AktG zu erstellenden schriftlichen Übertragungsbericht einfließen. Auch auf der Basis von IAS/IFSR ermittelte Ertragswerte sind insofern als Orientierungspunkte für die Bemessung der Barabfindung zu akzeptieren.[640] Als Referenzzeitraum für die Börsenkursentwicklung hat der Bundesgerichtshof nunmehr den Zeitraum von drei Monaten vor Bekanntgabe der Maßnahme bestätigt und ist damit von seiner bisherigen Rechtspre-

---

636) *Hüffer*, AktG, § 327a Rz. 8.

637) *Hüffer*, AktG, § 327a Rz. 8.

638) BVerfG v. 27.4.1999 – DAT/Altana, ZIP 1999, 1436, NJW 1999, 3769; dazu *Neye*, EWiR 1999, 751; BVerfG v. 23.8.2000, BVerfGE 100, 289, 304 f.

639) BVerfG v. 27.4.1999, ZIP 1999, 1436; *Hüffer*, AktG § 327b Rz. 5.

640) OLG Hamburg v. 29.9.2004, ZIP 2004, 2288, dazu *Knoll*, EWiR 2005, 287; OLG Hamm v. 19.8.2005, ZIP 2006, 133 (m. Anm. *Lochner*), BB 2005, 2259.

chung abgerückt, die auf den 3-Monatszeitraum vor der Hauptversammlung abstellte.[641] Damit kann nun unter entsprechender Heranziehung von § 5 Abs. 1 WpÜG-Angebotsverordnung[642] auf den gewichteten durchschnittlichen inländischen Börsenkurs während der letzten drei Monate vor der Veröffentlichung der Ad-hoc-Mitteilung über den Squeeze-out abgestellt werden. Ab dem Zeitpunkt der Bekanntmachung der Eintragung des Übertragungsbeschlusses in das Handelsregister ist der Barabfindungsanspruch kraft Gesetzes zu verzinsen (§ 327b Abs. 2 AktG). Dies entspricht den Regelungen von § 305 Abs. 3 Satz 3 und § 320b Abs. 1 Satz 6 AktG.

4. Übertragungsbericht/Prüfungsbericht [→ Rz. 1374]

1386 Gegenstand des vom Hauptaktionär gem. § 327c Abs. 2 Satz 1 AktG zu erstattenden schriftlichen Übertragungsberichts ist es zum einen, die Voraussetzungen für die Übertragung darzulegen, und zum anderen, die Angemessenheit der Barabfindung zu erläutern und zu begründen. Der Übertragungsbericht ist nicht vom Vorstand der Gesellschaft, sondern vom Hauptaktionär zu erstatten. Unvollständige oder falsche Berichte begründen auch nach der Einführung des § 243 Abs. 4 Satz 2 AktG durch das UMAG ein Anfechtungsrisiko.

1387 Hinsichtlich der Übertragungsvoraussetzungen muss aus dem Bericht nachvollziehbar hervorgehen, dass der Hauptaktionär im Zeitpunkt der Äußerung seines Squeeze-out-Verlangens mindestens 95 % des Kapitals der Gesellschaft hält und im Zeitpunkt der Beschlussfassung über den Ausschluss der Minderheitsaktionäre in der Hauptversammlung bzw. der Eintragung des Übertragungsbeschlusses im Handelsregister auch noch halten wird. In dem Bericht ist daher nicht nur die bei seiner Erstellung vor Einberufung der Hauptversammlung aktuelle Beteiligungshöhe konkret darzulegen, sondern auch mögliche Änderungen bis zur Beschlussfassung über den Squeeze-out bzw. bis zur Eintragung des Übertragungsbeschlusses in das Handelsregister.

1388 Hinsichtlich der Angemessenheit der Barabfindung muss dargelegt werden, ob und inwieweit diese dem Börsenkurs entspricht bzw. von ihm abweicht, weshalb nicht von einem höheren Ertragswert auszugehen ist bzw. aus welchen Gründen der Börsenkurs unterschritten wird.

1389 An sich nicht erforderlich ist die Darlegung der voraussichtlichen gesellschaftsrechtlichen und steuerlichen Auswirkungen der Eintragung des Übertragungsbeschlusses. In der Praxis hat sich die überschlägige Erläuterung der Rechtsfolgen des Squeeze-out für die Minderheitsaktionäre allerdings aus Gründen möglichst vollständiger und frühzeitiger Information der Aktionäre eingebürgert.

1390 Eventuellen Geheimhaltungsinteressen des Hauptaktionärs wird insoweit Rechnung getragen, als ein Bericht entbehrlich ist, wenn alle Aktionäre darauf verzichtet haben und solche Tatsachen darin nicht erwähnt werden müssen, deren Bekanntwerden ihm oder

---

641) BGH v. 19.7.2010 – *Stollwerk*, BB 2010, 1941, dort allerdings mit dem Sonderfall, dass zwischen Ankündigung des Squeeze-out und der Hauptversammlung mehr als sieben Monate lagen, weshalb der BGH eine besondere Anpassung forderte.

642) Verordnung über den Inhalt der Angebotsunterlage, die Gegenleistung bei Übernahmeangeboten und Pflichtangeboten und die Befreiung von der Verpflichtung zur Veröffentlichung und zur Abgabe eines Angebots (WpÜG-Angebotsverordnung) vom 27.12.2001, BGBl I, 4263, zuletzt geändert durch Gesetz vom 22.6.2005, BGBl I, 1698.

einem verbundenen Unternehmen einen nicht unerheblichen Nachteil zufügen könnten (§ 327c Abs. 2 Satz 4, § 293a Abs. 2, 3 AktG).

Die Angemessenheit der vom Hauptaktionär infolge der von ihm angestellten Unter- **1391** nehmensbewertung festgelegten Barabfindung wird von einem oder mehreren gerichtlich ausgewählten und bestellten sachverständigen Prüfern geprüft (§ 327c Abs. 2 Satz 2–4 AktG). Üblicherweise schlägt der Hauptaktionär zur Beschleunigung des Bestellungsverfahrens einen oder mehrere Prüfer vor. Inhalt und Aufbau des Prüfungsberichts ergeben sich aus § 293e AktG. Der **Prüfungsbericht** muss, ebenso wie der Übertragungsbericht des Hauptaktionärs, spätestens bei Bekanntmachung der Einberufung der Hauptversammlung vorliegen, da er gem. § 327c Abs. 3 Nr. 4 AktG vom Zeitpunkt der Einberufung der Hauptversammlung an in den Geschäftsräumen der Gesellschaft zur Einsichtnahme der Aktionäre auszulegen ist, bzw. nach § 327c Abs. 5 AktG über die Internetseite der Gesellschaft zugänglich zu machen ist. Zu Unklarheiten in der instanzgerichtlichen Rechtsprechung hat die zeitliche und organisatorische Koordinierung der Erstellung des Prüfungsberichts und des üblicherweise vom Hauptaktionär zwecks Festlegung der angemessenen Barabfindung in Auftrag gegebenen Bewertungsgutachtens eines Wirtschaftsprüfers geführt, insbesondere im Hinblick auf die in der Praxis verbreitete zeitgleiche Erstellung beider Prüfungsgutachten. Für die Zulässigkeit der Parallelprüfung spricht, dass das Gesetz für den zeitlichen Ablauf der Festlegung und Prüfung der Barabfindung keine ausdrückliche Regelung trifft und dass ein zeitliches Nacheinander der Einholung des ersten Bewertungsgutachtens, der Festlegung der Barabfindung und schließlich der Bestellung der unabhängigen Prüfer und der Erstellung ihres Prüfungsberichts nicht immer praktikabel erscheint. Gründe dafür sind der enge zeitliche Rahmen – alle Berichte müssen vor Einberufung der Hauptversammlung vorliegen – und das Erfordernis der Orientierung der Barabfindung an möglichst aktuellen Tatsachen und Kursentwicklungen.[643] Allein der enge zeitliche Zusammenhang begründet noch keine Anhaltspunkte für eine Befangenheit des gerichtlich bestellten sachverständigen Prüfers. Ebenfalls unschädlich ist es, wenn das Gericht, wie in der Praxis üblich, den sachverständigen Prüfer auf Vorschlag des Hauptaktionärs hin bestellt.[644] Die Angemessenheit der Barabfindung ist gerichtlich überprüfbar, jedoch nicht mit der Anfechtungsklage, sondern im Wege des Spruchverfahrens (§ 327f AktG in Verbindung mit dem Spruchverfahrensgesetz). § 243 Abs. 4 Satz 2 AktG schränkt die Anfechtbarkeit des Beschlusses wegen unrichtiger, unvollständiger oder verweigerter Erteilung von Informationen im Zusammenhang mit der Bewertung ein.

5. Gewährleistungserklärung [→ Rz. 1373]

Der Hauptaktionär ist gem. § 327b Abs. 3 AktG verpflichtet, die Erklärung eines Kredit- **1392** instituts mit Geschäftserlaubnis im Inland nach §§ 1, 32 KWG einzuholen, worin dieses die **Gewährleistung für die Erfüllung der Verpflichtung** des Hauptaktionärs über-

---

643) Ständige Rechtsprechung siehe etwa BGH vom 18.9.2006, ZIP 2006, 2080, 2082; OLG Frankfurt/ Main v. 14.7.2008, ZIP 2008, 1968; *Singhof* in: Spindler/Stilz, AktG, § 327c Rz. 10; so auch OLG Düsseldorf v. 14.1.2005, NZG 2005, 347, dazu *Wilsing*, EWiR 2005, 495; OLG Düsseldorf v. 16.1.2004, ZIP 2004, 359, AG 2004, 207, 210; dazu *Sustmann*, EWiR 2004, 467; OLG Stuttgart v. 3.12.2003, ZIP 2003, 2363, AG 2004, 105, 107; dazu *Hasselbach*, EWiR 2004, 833; *Dißars*, BKR 2004, 391, 392; *Leuering*, NZG 2004, 606, 608 f; a. A. LG Wuppertal v. 6.11.2003, AG 2004, 161 (Vorinstanz zu OLG Düsseldorf v. 16.1.2004).

644) OLG Stuttgart v. 3.12.2003, ZIP 2003, 2363, AG 2004, 105, 107; OLG Düsseldorf v. 29.6.2005, AG 2005, 654, dazu *K.-U. Neumann*, EWiR 2005, 847.

nimmt, den Minderheitsaktionären unverzüglich nach Eintragung des Übertragungsbeschlusses die festgelegte Barabfindung zu zahlen. Die Gewährleistungserklärung des Kreditinstituts muss sich grundsätzlich nur auf die festgelegte Barabfindung für die vom Squeeze-out betroffenen Aktien beziehen; nicht erforderlich ist hingegen, dass sie sich auch auf eine eventuelle Erhöhung der Barabfindung in einem eventuellen Spruchverfahren erstreckt.[645] Gleiches dürfte für den gesetzlichen Zinsanspruch gelten.[646] Die Gewährleistungserklärung darf weder bedingt noch befristet sein. Der Hauptaktionär hat die Gewährleistungserklärung des Kreditinstituts an den Vorstand der Aktiengesellschaft zu übermitteln. Gemäß § 78 Abs. 2 Satz 2 AktG analog genügt hierfür grundsätzlich der Zugang bei einem Vorstandsmitglied. Das Fehlen einer den Anforderungen des § 327b AktG entsprechenden Bankgarantie macht den Übertragungsbeschluss der Hauptversammlung anfechtbar.[647]

6. Einberufung der Hauptversammlung [→ Rz. 1375]

1393 Die **Einberufung der Hauptversammlung**, in der der Ausschluss der Minderheitsaktionäre beschlossen werden soll, richtet sich nach den allgemeinen Vorschriften der §§ 121 ff. AktG, mit der Besonderheit, dass der Beschlussvorschlag über die Übertragung der Aktien der Minderheitsaktionäre als Gegenstand der bekannt zu machenden Tagesordnung die in § 327c Abs. 1 AktG aufgeführten Pflichtangaben enthalten muss. Bereits in der Tagesordnung zu benennen sind danach Firma und Sitz (bei einer juristischen Person) bzw. Name und Adresse (bei einer natürlichen Person) des Hauptaktionärs sowie die vom Hauptaktionär festgelegte Barabfindung. Teilweise wird bei einer juristischen Person darüber hinaus die Angabe der Handelsregisterdaten gefordert.[648] Ob Vorstand und Aufsichtsrat der Gesellschaft einen eigenen **Beschlussvorschlag** zum Squeeze-out äußern müssen, ist umstritten;[649] das Muster geht davon aus. [→ Rz. 1375]

1394 Neben den ggf. gem. § 175 Abs. 2 AktG in Vorbereitung der ordentlichen Hauptversammlung zugänglich zu machenden **Unterlagen** (Jahres- und Konzernabschluss, (Konzern-)Lagebericht, Vorschlag des Vorstands über die Verwendung des Bilanzgewinns und Bericht des Aufsichtsrats) sind gem. § 327c Abs. 3 AktG ebenfalls auszulegen: der Entwurf des Übertragungsbeschlusses, die Jahresabschlüsse und Lageberichte (nach der Praxis auch Konzernabschlüsse und -lageberichte[650]) für die letzten drei Geschäftsjahre, der

---

645) BGH v. 25.10.2005, ZIP 2005, 2107, DB 2005, 2567; OLG Hamburg v. 11.4.2003, ZIP 2003, 1344, AG 2003, 441, dazu *Rottnauer*, EWiR 2003, 739; OLG Hamburg v. 8.8.2003, ZIP 2003, 2076; *Hüffer*, AktG, § 327b Rz. 10; *Dißars*, BKR 2004, 389, 391; *Fuhrmann/Simon*, WM 2002, 1211, 1216; *Hasselbach* in: Kölner Kommentar z. WpÜG, § 327b AktG Rz. 31.

646) Streitig: OLG Hamburg v. 8.8.2003, ZIP 2003, 2076: offen gelassen, ob eine Gewährleistungserklärung des gesetzlichen Wortlauts möglicherweise immer auch den Zinsanspruch umfasst; *Schnorbus* in: Schmidt/Lutter, AktG, § 327b Rz. 38; *Fleischer* in: Großkomm. z. AktG, § 327b Rz. 51; *Dißars*, BKR 2004, 389, 391; *Grunewald* in: MünchKomm AktG, § 327b Rz. 18; *Fuhrmann/Simon*, WM 2002, 1211, 1216; a. A. *Singhof* in: Spindler/Stilz, AktG, § 327b Rz. 13.

647) OLG Frankfurt/M. v. 19.7.2005, AG 2005, 657; *Hüffer*, AktG, § 327b Rz. 9; Singhof in: Spindler/Stilz, AktG, § 327b Rz. 16.

648) *Sieger/Hasselbach*, ZGR 2002, 120, 152; *Vossius*, ZIP 2002, 511, 515; so auch die Praxis.

649) Dafür: *Hüffer*, AktG, § 327a Rz. 8; *Vetter*, AG 2002, 176, 186, *Fleischer* in: Großkomm. z. AktG, § 327a Rz. 60; dagegen: *Grunewald* in: MünchKomm AktG, § 327a Rz. 13; *Krieger*, BB 2002, 53, 59, *Singhof* in: Spindler/Stilz, AktG, § 327a Rz. 19; dann wohl Behandlung gemäß §§ 122, 126 AktG (analog).

650) Streitig: So OLG Celle v. 29.9.2003, AG 2004, 206, 207; a. A. OLG Düsseldorf v. 14.1.2005, NZG 2005, 347; OLG Hamburg v. 8.8.2003, ZIP 2003, 2076, AG 2003, 698; OLG Hamburg v. 11.8.2003, AG 2003, 696, 697; *Singhof* in: Spindler/Stilz, AktG, § 327c Rz. 11; *Hüffer*, AktG, § 327c Rz. 6.

Übertragungsbericht des Hauptaktionärs und der von den gerichtlich ausgewählten und bestellten sachverständigen Prüfern erstattete Prüfungsbericht über die Angemessenheit der Barabfindung. Vorgelegt werden müssen lediglich solche Jahresabschlüsse, die nach handelsrechtlichen Vorschriften bereits aufgestellt, geprüft und festgestellt sind oder sein müssten.[651] Die Aktionäre müssen die Unterlagen ab dem Zeitpunkt der Einberufung der Hauptversammlung jederzeit während der ordentlichen Geschäftszeiten der Gesellschaft in deren Geschäftsräumen einsehen können. Darüber hinaus haben die Aktionäre auf ihr Verlangen hin Anspruch auf die unverzügliche und für sie kostenlose Erteilung oder Zusendung von Abschriften sämtlicher vorgenannter Dokumente (§ 175 Abs. 2 Satz 2, § 327c Abs. 4 AktG). Nach Ziffer 2.3.1 Satz 2 DCGK sollen die Unterlagen den Aktionären außerdem auch auf der Internetseite der Gesellschaft zugänglich gemacht werden. Sofern dies geschieht, ist nach § 327c Abs. 5 AktG in der Fassung des ARUG keine Auslage oder Übermittlung nach den Absätzen 3 und 4 mehr erforderlich. Die Unterlagen sind auch in der Hauptversammlung auszulegen (§ 327d Satz 1 AktG).

Praxistipp:

In der Praxis hat es sich darüber hinaus eingebürgert (auch um entsprechenden Auskunftsverlangen von Minderheitsaktionären von vornherein zu entsprechen), zumindest auch die Gewährleistungserklärung des Kreditinstituts sowie das Übertragungsverlangen des Hauptaktionärs in der Hauptversammlung zugänglich zu machen.

7. Stellungnahme des Hauptaktionärs/des Vorstands in der Hauptversammlung

In der Hauptversammlung kann der Vorstand dem **Hauptaktionär** zu Beginn der Debatte 1395 über den Tagesordnungspunkt „Squeeze-out" Gelegenheit geben, den Entwurf des Übertragungsbeschlusses und die Bemessung der Barabfindung mündlich zu erläutern (§ 327d Satz 2 AktG). Hieraus folgt einerseits, dass der Vorstand nach eigenem Ermessen darüber befinden kann, ob er dem Hauptaktionär Gelegenheit zur Stellungnahme gibt, und andererseits, dass der Hauptaktionär zur Erläuterung der auf sein Betreiben in die Tagesordnung aufgenommenen Beschlussvorlage über den Squeeze-out keinesfalls verpflichtet ist.[652] Vom Standpunkt des Hauptaktionärs kann eine Stellungnahme zur Beschlussvorlage sinnvoll sein, um den Minderheitsaktionären die Angemessenheit der Barabfindung näher darzulegen oder seinen im Vorfeld erstellten schriftlichen Übertragungsbericht zu aktualisieren.[653]

Ob der **Vorstand** selbst den Beschlussgegenstand und insbesondere den Übertra- 1396 gungsbericht mündlich erläutern muss, obwohl er möglicherweise keinen eigenen Beschlussvorschlag unterbreitet hat (siehe oben Rz. 1393), ist unklar. Ausreichen dürfte aber jedenfalls eine mündliche Zusammenfassung des schriftlichen Berichts des Hauptaktionärs ohne eigene Stellungnahme.[654] Da der Hauptaktionär grundsätzlich weder den Aktionären noch der Gesellschaft gegenüber zur Auskunft verpflichtet ist, obliegt es dem Vorstand, auf Fragen der Aktionäre gem. § 131 AktG zu antworten, soweit die hierzu erforderlichen Informationen verfügbar sind bzw. er sie von dem insoweit lieferbereiten

---

651) OLG Hamburg v. 11.4.2003, ZIP 2003, 1344, AG 2003, 441; *Dißars*, BKR 2004, 389, 391; *Wartenberg*, AG 2004, 539, 541.

652) *Hüffer*, AktG, § 327d Rz. 3; *Singhof* in: Spindler/Stilz, AktG, § 327d Rz 3.

653) *Grunewald* in: MünchKomm AktG § 327d Rz. 3; *Sieger/Hasselbach*, ZGR 2002, 120, 155; *Singhof* in: Spindler/Stilz, AktG, § 327d Rz 4.

654) *Grunewald* in: MünchKomm AktG , § 327d Rz. 3; *Hüffer*, AktG, § 327d Rz. 4; OLG Stuttgart v. 3.12.2003, ZIP 2003, 2363, AG 2004, 105, 106.

Hauptaktionär noch erlangen kann. Er sollte in der Lage sein, gezielte Fragen zur Bewertung der Gesellschaft als Grundlage der Barabfindung zu beantworten; im Einzelnen war hier vieles umstritten.[655] Inzwischen dürfte klar sein, dass über die Anwendung der Regeln des § 131 Abs. 1 AktG sachgemäße Ergebnisse erzielt werden.[656] Ein Auskunftsanspruch unmittelbar gegenüber dem Hauptaktionär besteht nicht. Weder der Versammlungsleiter noch die Gesellschaft ist verpflichtet, die vom Hauptaktionär angegebene Höhe seiner Beteiligung an der Gesellschaft zu überprüfen. Um Aktionärsfragen vorzubeugen, wird der Hauptaktionär die Zusammensetzung seiner Beteiligung in der Regel selbst darlegen und erläutern.

8. Beschlussfassung

1397 Sofern die Satzung der Gesellschaft keine anderweitigen Regelungen trifft, reicht für die Beschlussfassung über den Ausschluss der Minderheitsaktionäre die **einfache Mehrheit der abgegebenen Stimmen** (§ 133 Abs. 1 AktG), ohne dass Sonderbeschlüsse der einzelnen Aktiengattungen erforderlich wären.[657] Ein darüber hinausgehendes Erfordernis besonderer Kapitalmehrheiten sieht das Gesetz nicht vor, es kann sich jedoch aus einer entsprechend ausgestalteten Satzung ergeben.[658] Nach aktienrechtlichen Vorschriften ist der Hauptaktionär nicht von der Ausübung des Stimmrechts ausgeschlossen (vgl. § 136 AktG).[659] Wohl aber kann sich ein Ausschluss des Stimmrechts daraus ergeben, dass der Hauptaktionär seinen Meldepflichten gem. §§ 21 ff. WpHG nicht ordnungsgemäß genügt bzw. eine gebotene Meldung nicht rechtzeitig nachgeholt hat (§ 28 WpHG).[660] Eine zusätzliche sachliche Rechtfertigung des Squeeze-out-Beschlusses ist nicht erforderlich, weil der Gesetzgeber selbst durch Einfügung und Ausgestaltung der Regelungen über den Squeeze-out in das Aktiengesetz die Interessenabwägung zwischen den Belangen der Minderheitsaktionäre und denjenigen der Gesellschaft bzw. ihres Hauptaktionärs vorgenommen hat.[661]

9. Eintragung im Handelsregister

1398 Der Übertragungsbeschluss ist gem. § 327e Abs. 1 AktG vom Vorstand der Gesellschaft zur Eintragung **in das Handelsregister anzumelden**.

1399 Gemäß § 327e Abs. 2 i. V. m. § 319 Abs. 5 Satz 1 AktG muss die Anmeldung eine sog. **Negativerklärung** dahin gehend enthalten, dass Klagen gegen die Wirksamkeit des Hauptversammlungsbeschlusses nicht oder nicht fristgerecht erhoben, rechtskräftig abgewiesen oder zurückgenommen worden sind. Denn grundsätzlich führt die Anhängigkeit einer Nichtigkeits- oder Anfechtungsklage zu einer Registersperre. Der Negativer-

---

655) Strenge Anforderungen: LG Frankfurt/M. v. 14.5.2003, DB 2003, 1726; LG Frankfurt/M. v. 27.8.2003, DB 2003, 2590; *Angerer*, BKR 2002, 260, 265; keine gesteigerten Anforderungen: OLG Köln v. 6.10.2003 – 82 O 67/03 (unveröff.); *Harry Schmidt* in: Festschrift Ulmer, S. 543, 551 f; *Grunewald* in: MünchKomm AktG, § 327d Rz. 5.

656) *Singhof* in: Spindler/Stilz, AktG, § 327d Rz. 5; *Schnorbus* in: Schmidt/Lutter, AktG, § 327d Rz. 7 ff.; *Fleischer* in: Großkomm. z. AktG, § 327d Rz. 10 f.

657) OLG Düsseldorf v. 14.1.2005, NZG 2005, 347 (Vorzugsaktie).

658) *Hüffer*, AktG, § 327a Rz. 11.

659) *Fuhrmann/Simon*, WM 2002, 1211, 1213.

660) OLG München v. 17.2.2005, ZIP 2005, 615, NZG 2005, 1017; dazu *Diekmann*, EWiR 2005, 489.

661) OLG Düsseldorf v. 16.1.2004, ZIP 2004, 359, AG 2004, 207, 208; OLG Köln v. 6.10.2003, ZIP 2004, 760, AG 2004, 39, 40; *Vetter*, AG 2002, 176, 186; *Dißars*, BKR 2004, 389, 393 m. w. N.

klärung bedarf es ausnahmsweise nur dann nicht, wenn entweder – was zumindest bei börsennotierten Aktiengesellschaften selten sein dürfte – alle klageberechtigten Aktionäre in notariell beurkundeter Form auf die Erhebung einer solchen Klage verzichtet haben (§ 319 Abs. 5 Satz 2 AktG) oder das mit der Klage befasste Landgericht im Wege eines sog. Unbedenklichkeits- oder Freigabeverfahrens rechtskräftig festgestellt hat, dass die Klageerhebung der Eintragung nicht entgegensteht (§ 319 Abs. 6 AktG).

Da Squeeze-out-Beschlüsse regelmäßig Gegenstand von Nichtigkeitsfeststellungs- und Anfechtungsklagen sind, kommt dem **Freigabeverfahren** in der Praxis hohe Bedeutung zu. Im Rahmen dieses Verfahrens darf sich das Gericht nicht mit einer kursorischen Prüfung der Frage, ob die Nichtigkeits- oder Anfechtungsklage offensichtlich unbegründet ist, begnügen, sondern muss grundsätzlich alle sich insoweit stellenden tatsächlichen und rechtlichen Fragen sorgfältig und abschließend klären.[662]   **1400**

Durch das ARUG sind jedoch die materiellen Voraussetzungen für die Freigabe durch die Präzisierung der Interessensabwägungsklausel (vgl. § 319 Abs. 6 Satz 3 Nr. 3 AktG) wesentlich leichter handhabbar geworden und zudem eine Reihe verfahrensrechtlicher Klarstellungen sowie die Begrenzung auf einen Instanzenzug eingeführt worden.[663]   **1401**

Mit seiner **Eintragung in das Handelsregister** wird der Übertragungsbeschluss wirksam; erst zu diesem Zeitpunkt gehen die Aktien der Minderheitsaktionäre auf den Hauptaktionär über, ohne dass es hierzu eines besonderen Übertragungsakts bedürfte (§ 327e Abs. 3 Satz 1 AktG). Die Aktienurkunden verbriefen nun nicht mehr die Mitgliedschaft und Vermögensrechte an der Aktiengesellschaft, sondern nur noch den Anspruch auf Barabfindung (§ 327e Abs. 3 Satz 2 AktG). Der Hauptaktionär muss dem Registergericht daraufhin unverzüglich mitteilen, dass er nunmehr Alleinaktionär ist (§ 42 AktG) und eventuell (insbesondere in Zurechnungsfällen) Meldepflichten nach §§ 20 ff. AktG nachholen. Daneben unterliegen börsennotierte Gesellschaften kapitalmarktrechtlichen Bekanntmachungspflichten. Dies hängt vor allem mit der Einstellung der Notierung und dem Widerruf der Zulassung zusammen (§§ 25, 39 BörsG bzw. §§ 61, 62 BörsO FWB). Eine Veröffentlichung nach § 30e Abs. 1 Satz 1 Nr. 1 WpHG ist nicht erforderlich.[664]   **1402**

10. Abwicklung

Die Abwicklung der Barabfindung richtet sich grundsätzlich nach der Art der Verbriefung und der bisherigen Verwahrung der Aktien. Sofern die Aktien in einer **Globalurkunde** verbrieft und bei den jeweiligen Depotbanken girosammelverwahrt waren, wird die Barabfindung dem Depotkonto des Aktionärs Zug um Zug gegen Ausbuchung des Aktienguthabens und Übertragung seines Miteigentumsanteils an der Globalurkunde gutgeschrieben (sog. Clearstream-Abwicklungsverfahren). Der Aktionär muss in diesem Fall selbst nichts mehr veranlassen. Wurden hingegen **Einzelurkunden** ausgegeben und werden diese von den Aktionären selbst verwahrt, so kann die Gesellschaft den Aktionären eine angemessene Frist von üblicherweise drei bis sechs Monaten (in Anlehnung an § 4   **1403**

---

662) OLG Frankfurt/M. v. 8.2.2006 – T-Online, ZIP 2006, 370, BB 2006, 438 (zum Verschmelzungsfall); OLG Hamburg v. 29.9.2004, ZIP 2004, 2288; dazu *Knoll*, EWiR 2005, 287; OLG Düsseldorf v. 14.1.2004, ZIP 2004, 359, AG 2004, 207; OLG Stuttgart v. 3.12.2003, ZIP 2003, 2363, AG 2004, 106, 107; OLG Köln v. 6.10.2003, ZIP 2004, 760, AG 2004, 39; OLG Hamburg v. 11.8.2003, AG 2003, 696.

663) Siehe dazu nur *Rubel*, DB 2009, 2027.

664) Vgl. nur *Schnorbus* in: Schmidt/Lutter, AktG, § 327e Rz. 30; *BaFin*, Emittentenleitfaden, Stand v. 28.4.2009, S. 197.

Abs. 1 Nr. 3 SpruchG) zur Einreichung ihrer Aktienurkunden setzen und muss die Abfindung Zug um Zug gegen Erhalt der Urkunde auszahlen. Nach Fristablauf kann die Gesellschaft die bis dahin nicht ausgezahlten Abfindungsbeträge unter Verzicht auf die Rücknahme hinterlegen, was gem. § 328 BGB zur Erfüllung führt und folglich auch die Verzinsungspflicht beendet.[665] Einzelheiten werden durch die Gesellschaft in einer Abfindungsbekanntmachung veröffentlicht.

Muster 6.18: Umstellung von Nennbetrags- auf Stückaktien und Verbriefungsausschluss

I. Mustertext [→ Rz. 1409 ff.]

TOP [...]: Beschlussfassung über die Neueinteilung des Grundkapitals, die Umwandlung der Nennbetragsaktien in nennbetragslose Stückaktien und den Ausschluss des Verbriefungsrechts sowie die damit verbundenen Satzungsänderungen

1404   Durch das am 1.4.1998 in Kraft getretene Gesetz über die Zulassung von Stückaktien wird Aktiengesellschaften die Möglichkeit eröffnet, das bisher in Nennbetragsaktien zerlegte Grundkapital in Stückaktien aufzuteilen, die auf keinen Nennbetrag lauten und jeweils am Grundkapital der Gesellschaft im gleichen Umfang beteiligt sind. Die Umstellung des Grundkapitals auf Stückaktien hat keine Auswirkung auf die Vermögens- und Verwaltungsrechte der Aktionäre. [→ Rz. 1413]

Die Umstellung auf Stückaktien bedingt jedoch eine Neueinteilung des Grundkapitals zur Herstellung von auf denselben Nennbetrag lautenden Aktien, um sodann die Nennbetragsaktien in nennwertlose Stückaktien umwandeln zu können. Diese sind dann entsprechend § 8 Abs. 3 Satz 2 AktG am Grundkapital in jeweils gleichem Umfang beteiligt. [→ Rz. 1414]

Um Kosten zu sparen, soll außerdem von der durch das Gesetz zur Kontrolle und Transparenz im Unternehmensbereich in § 10 Abs. 5 AktG geschaffenen Möglichkeit Gebrauch gemacht und der Anspruch der Aktionäre auf Verbriefung ihrer Anteile ausgeschlossen werden. [→ Rz. 1413 f.]

Die Umstellung auf Stückaktien und der Verbriefungsausschluss bedingen außerdem eine Reihe von Folgeänderungen verschiedener Satzungsbestimmungen, die bislang auf Nennbeträge Bezug nehmen. [→ Rz. 1415 ff.]

Dies vorausgeschickt, schlagen Vorstand und Aufsichtsrat vor, Folgendes zu beschließen:

1405   a) Das Grundkapital der Gesellschaft wird in Stückaktien (Aktien ohne Nennbetrag) eingeteilt. Aus jeweils einer Aktie im Nennbetrag von 500 € werden zwanzig Stückaktien, aus jeder Aktie im Nennbetrag von 50 € zwei Stückaktien und aus jeder Aktie im Nennbetrag von 25 € eine Stückaktie. Das Grundkapital von 10 000 000 € bleibt unberührt; es ist nach Neustückelung und Umwandlung von Nennbetrags- in Stückaktien eingeteilt in 400 000 Stückaktien. [→ Rz. 1413]

1406   Die ausgegebenen Urkunden über Nennbetragsaktien bleiben als Urkunden über Stückaktien gültig, wobei jede 25-Euro-Nennbetragsaktie zukünftig eine Stückaktie, jede 50-Euro-Nennbetragsaktie zukünftig zwei Stückaktien und jede 500-Euro-Nennbetragsaktie zukünftig zwanzig Stückaktien verbriefen. [→ Rz. 1414]

---

665) *Fuhrmann/Simon*, WM 2002, 1211, 1216.

b) Die Satzung der Gesellschaft wird wie folgt geändert: [→ Rz. 1415]

§ [...] wird wie folgt neu gefasst: 1407

„Das Grundkapital der Gesellschaft beträgt 10 000 000 Euro und ist eingeteilt in 400 000 nennbetragslose Stückaktien." [→ Rz. 1414]

§ [...] wird wie folgt neu gefasst: 1408

„Die Form der Aktien und der Gewinnanteils- und Erneuerungsscheine wird vom Vorstand im Einvernehmen mit dem Aufsichtsrat bestimmt. Der Anspruch der Aktionäre auf Verbriefung ihrer Aktien ist ausgeschlossen." [→ Rz. 1413]

§ [...] wird wie folgt neu gefasst: [→ Rz. 1416 f.]

[Anpassung weiterer Satzungsbestimmungen]

II. Erläuterungen [→ Rz. 1404 ff.]

1. Einführung

Durch das Stückaktiengesetz vom 1.4.1998 wurde im deutschen Recht eine unechte 1409 nennwertlose Aktie eingeführt. Sie verkörpert einen **Anteil am Grundkapital** der Gesellschaft, der aber im Gegensatz zur Nennbetragsaktie nicht betragsmäßig genannt wird, sondern sich im Wege der Division des Grundkapitals durch die Zahl der Aktien errechnen lässt. Die Stückaktien sind also zwar nennwertlos, lassen aber durch die Bezugnahme auf das Grundkapital jederzeit den betragsmäßigen Anteil des Grundkapitals errechnen, den sie verkörpern. Im Gegensatz zu Nennwertaktien müssen diese Beträge jedoch nicht auf volle fünf Euro oder ganze Euro-Beträge (§ 8 Abs. 2 Satz 4 AktG) lauten. Wegen § 8 Abs. 3 Satz 2 AktG müssen alle Stückaktien auf den gleichen anteiligen Grundkapitalbetrag bezogen sein, unterschiedliche Gewichtungen, wie bei den Nennbetragsaktien, sind also unzulässig.

Der **Vorteil der Stückaktie** lag bei ihrer Einführung vor allem darin, dass sie eine ein- 1410 fache, kostengünstige Möglichkeit eröffnete, die durch die Einführung des Euro notwendigen Anpassungen der Nennwerte und des Grundkapitals vorzunehmen. Kapitalmaßnahmen zur Anpassung des Nennwertes der Aktien waren dann nicht erforderlich. Unabhängig von der Euro-Einführung besteht ein Vorteil der Stückaktie darin, dass sie den Charakter der Aktie als Beteiligungsrecht betont, außerdem sind ausländische Investoren häufig mit der nennwertlosen Aktie eher vertraut. Neben diesen Vorteilen bieten Stückaktien überdies die Möglichkeit, Kapitalerhöhungen aus Gesellschaftsmitteln ohne die Ausgabe neuer Aktien vorzunehmen (§ 207 Abs. 2 Satz 2 AktG). Bis zur Erreichung des Mindestnennbetrags von 1 € können die Stückaktien außerdem in beliebig größere Stückzahlen gesplittet werden. Schließlich ermöglicht die durch das Transparenz- und Publizitätsgesetz (TransPuG) eingeführte Neuregelung in § 237 Abs. 3 AktG bei Stückaktien die Einziehung ohne Herabsetzung des Kapitals.

Im Jahr 2007 besaßen nur noch rund 2 % der börsennotierten Aktiengesellschaften 1411 Nennbetragsaktien – oft Rechtsträger mit minimaler Börsenkapitalisierung oder solche, die sich in Liquidation befinden.[666]

Seit der Novellierung von § 10 Abs. 5 durch das KonTraG im Jahre 1998 besteht für Ak- 1412 tiengesellschaften zudem die Möglichkeit des vollständigen Ausschlusses der Einschrän-

---

666) *Bayer/Hoffmann*, AG 2007, R3.

kung des Anteilsverbriefungsanspruchs des einzelnen Aktionärs durch entsprechende Satzungsregelung. Die Praxis hat von dieser Möglichkeit in weitem Umfang Gebrauch gemacht.[667] Eine Globalverbriefung ist bei börsennotierten Gesellschaften zur Abwicklung von Aktientransaktionen im Rahmen des Effektengiroverkehrs erforderlich. Hinterlegt wird die Globalurkunde im Regelfall bei der Clearstream Banking AG (Wertpapiersammelbank i. S. v. § 1 Abs. 3 DepotG), die treuhänderisch die Globalurkunde hält.

2. Beschlussinhalt [→ Rz. 1405 ff.]

1413 Im Muster wird unter lit. a) zunächst eine Glättung der auf unterschiedliche Nennbeträge lautenden alten Aktien auf zukünftige Stückaktien vorgeschlagen. Der weitere Text des Beschlusses über die zukünftige Verbriefung der Stückaktien ist nur deklaratorisch. Inwieweit ein Umtausch der Aktienurkunden erforderlich ist, ist im Einzelnen mit der emissionsbegleitenden Bank und den Börsen abzustimmen und hängt schließlich auch davon ab, welche weiteren Umstellungsmaßnahmen in Bezug auf den Aktieninhalt (Aktiensplitt) in derselben Hauptversammlung beschlossen werden. Ist gleichzeitig der Verbriefungsausschluss nach § 10 Abs. 5 AktG in der Satzung verankert worden, muss zwar (bei börsennotierten Gesellschaften) eine berichtigte Globalurkunde bei der Clearstream Banking AG eingereicht werden, jedoch kann der kostenaufwendige Umtausch der alten, im Umlauf befindlichen einzelnen Aktienurkunden vermieden werden. [→ Rz. 1405]

1414 Die hier im Beschlussvorschlag ersichtliche Stückelung der Stückaktien ist mit 25 € gewählt. Sie könnte bis auf den gesetzlichen Mindestbetrag von 1 € je Stückaktie (§ 8 Abs. 3 Satz 3 AktG) reduziert werden. Jedenfalls sollte der Wert nicht höher als der bisherige niedrigste Nennwert sein, um eine Zusammenlegung von Aktien kleinerer Nennbeträge zu vermeiden. [→ Rz. 1406]

3. Satzungsänderungen [→ Rz. 1407 f.]

1415 Die Einführung der Stückaktien ist notwendigerweise eine Satzungsänderung, da nach § 23 Abs. 3 Nr. 4 AktG die Zerlegung des Grundkapitals in Nennbetragsaktien oder Stückaktien sowie die Angabe der Zahl obligatorischer Satzungsinhalt ist. Die sich aus der Einführung der Stückaktien ergebenden Satzungsänderungen sind deswegen, was die Mehrheitserfordernisse und die Ankündigung als Tagesordnungspunkt angeht, nach den entsprechenden gesetzlichen Vorschriften zu behandeln (Muster 6.5, Rz. 973 ff.). Dies gilt natürlich auch, soweit nicht nur die Bestimmungen über das Kapital geändert werden, sondern sonstiger Anpassungsbedarf besteht. Grundsätzlich müssen bei der Einführung der Stückaktie alle Satzungsbestimmungen geändert werden, die bisher an Aktiennennwerte anknüpften.

1416 Anpassungsbedarf kann sich insbesondere bei bestehendem bedingtem und genehmigtem Kapital ergeben. Soweit in diesen Beschlüssen auf bestimmte Euro-Nennbeträge Bezug genommen worden ist, sollte dies angepasst werden, auch wenn sich aus dem Beschluss über die Einführung der Nennbetragsaktien ergeben sollte, dass entsprechende Bezugnahmen nunmehr als auf eine entsprechende Zahl an Stückaktien zu verstehen sind.

1417 Bei Vorzugsaktien muss geprüft werden, ob der Vorzug in Prozent vom Nennwert ausgedrückt ist. Zwar könnte sich diese Angabe nunmehr auf den auf die einzelnen Stückak-

---

667) *Bayer/Hoffmann*, AG 2007, R439: Nur 9 % der Satzungen erlauben uneingeschränkte Einzelverbriefung.

tien entfallenden anteiligen Grundkapitalbetrag beziehen. Dieser wird jedoch bei zukünftigen Kapitalveränderungen ein ungerader Betrag werden, es sei denn, es werden auch hierzu Glättungsmaßnahmen durchgeführt, die jedoch durch die Einführung der Stückaktie eigentlich vermieden werden sollen, so dass die Umstellung auf einen absoluten Betrag vorzuziehen ist. Lautete also beispielsweise bisher der Dividendenvorzug auf 5 % je 25 € Nennwert einer Aktie, wäre dies bei Umstellung auf Stückaktien auf einen Dividendenvorzug in Höhe von 1,25 € gegenüber den Stammaktien umzustellen. Die gleiche Thematik ergibt sich, soweit die satzungsmäßig festgelegte Vergütung des Aufsichtsrats in Prozent von Nennwerten ausgedrückt ist.

Muster 6.19: Umwandlung von Inhaberaktien in Namensaktien

I.   Mustertext [→ Rz. 1424 ff.]

TOP [...]: Beschlussfassung über die Umstellung von Inhaber- auf Namensaktien sowie damit zusammenhängende Satzungsänderungen

Die Aktien der Gesellschaft lauten derzeit auf den Inhaber. Sie sollen auf Namensaktien   **1418**
umgestellt werden. Die Namensaktie ermöglicht durch den engeren Kontakt der Gesellschaft mit ihren Aktionären eine bessere Kommunikation mit ihnen. Zudem sind Namensaktien international weit verbreitet. Mit der Umstellung auf die Namensaktie kann erreicht werden, dass an allen in- und ausländischen Börsen eine einheitliche Aktie gehandelt wird. [→ Rz. 1430]

Vorstand und Aufsichtsrat schlagen vor, wie folgt zu beschließen:

a) Die bisher auf den Inhaber lautenden Aktien der Gesellschaft werden in Namensakti-   **1419**
    en umgewandelt. [→ Rz. 1429]

b) § [...] der Satzung wird geändert und wie folgt neu gefasst: [→ Rz. 1429]   **1420**

    „Die Aktien lauten auf den Namen. Dies gilt auch für neue Aktien aus einer Kapitalerhöhung, sofern der Erhöhungsbeschluss keine abweichende Bestimmung trifft.

    Eintragungen im Aktienregister erfolgen auf Mitteilung und Nachweis. In der Mitteilung ist offenzulegen, ob die Aktien demjenigen gehören, in dessen Namen die Eintragung begehrt wird. Eintragungen im Aktienregister erfolgen auf den Namen desjenigen, dem die Aktien gehören. Wer von einem oder mehreren Aktionären ermächtigt ist, im eigenen Namen deren Aktionärsrechte auszuüben, kann jedoch als Legitimationsaktionär mit Stimmrecht im Aktienregister eingetragen werden – allerdings nur für Bestände bis zur Gesamthöhe von maximal 1,5 % des eingetragenen Grundkapitals pro Legitimationsaktionär. Für Zwecke dieser Regelung gelten Rechtsträger (die i. S. d. §§ 15 ff. AktG miteinander verbunden sind oder deren Stimmrechte nach §§ 21, 22 WpHG zusammengerechnet werden) als ein Legitimationsaktionär.

    Bei Inkrafttreten dieser Regelung bereits bestehende Eintragungen bleiben von den vorstehenden Beschränkungen unberührt.

    Ebenfalls unberührt bleiben Eintragungen des depotführenden Instituts als Platzhalter ohne Stimmrecht auf Verlangen der Gesellschaft; sie zählen für die 1,5 %-Schwelle nicht mit.

c) § [...] Abs. [...] der Satzung wird wie folgt neu gefasst: **1421**

    „([...]) Mitteilungen der Gesellschaft nach § 125 Abs. 1 AktG an Aktionäre, die zu Beginn des 14. Tages vor der Hauptversammlung als Aktionär im Aktienregister der

Gesellschaft eingetragen sind, werden ausschließlich elektronisch übermittelt. Das Gleiche gilt für die Übermittlung von Mitteilungen nach § 125 Abs. 1 AktG durch ein Kreditinstitut, welches für Namensaktien der Gesellschaft, die ihm nicht gehören, im Aktienregister eingetragen ist."

1422 d) § [...] der Satzung wird geändert und wie folgt neu gefasst:

„Die Einberufung muss mindestens dreißig Tage vor dem letzten Anmeldetag (§ [...]) im elektronischen Bundesanzeiger bekannt gemacht werden; dabei werden der Tag der Bekanntmachung und der letzte Anmeldetag nicht mitgerechnet. Die Hauptversammlung kann auch durch eingeschriebenem Brief an die im Aktienregister der Gesellschaft eingetragenen Aktionäre einberufen werden; der Tag der Absendung gilt als Tag der Bekanntmachung. Fällt das Ende der Frist auf einen Sonntag, einen am Sitz der Gesellschaft gesetzlich anerkannten Feiertag oder einen Sonnabend, so tritt an die Stelle dieses Tages der zeitlich vorhergehende Werktag."

1423 e) § [...] der Satzung wird geändert und wie folgt neu gefasst:

„Zur Teilnahme an der Hauptversammlung und zur Ausübung des Stimmrechts sind diejenigen Aktionäre berechtigt, die im Aktienregister eingetragen sind und sich zur Teilnahme an der Hauptversammlung angemeldet haben. Die Anmeldung zur Teilnahme an der Hauptversammlung muss der Gesellschaft unter der in der Einberufung hierfür mitgeteilten Adresse mindestens am sechsten Tage vor der Hauptversammlung zugehen. Der Tag der Hauptversammlung und der Tag des Zugangs sind nicht mitzuzählen. Umschreibungen im Aktienregister finden innerhalb eines Zeitraums vom Beginn des zweiten Tages bis zum Schluss der Hauptversammlung nicht statt."

Ggf. § *[...] Abs. [...] der Satzung wird geändert und wie folgt neu gefasst:*

[*Folgeänderungen*]

II. Erläuterungen [→ Rz. 1418 ff.]

1. Einführung

1424 Aktien können gem. § 10 Abs. 1 AktG entweder auf den Inhaber oder auf den Namen lauten. Inhaberaktien sind Inhaberpapiere; mit der Berechtigungsvermutung zugunsten des Urkundeninhabers korrespondiert eine Übertragbarkeit nach sachenrechtlichen Grundsätzen. Namensaktien sind dagegen Orderpapiere. Sie lauten auf einen bestimmten Namen und können durch Abtretung sowie gem. § 68 Abs. 1 AktG auch durch Indossament übertragen werden. Sie können im Gegensatz zu Inhaberpapieren vinkuliert werden. Über Namensaktien muss die Gesellschaft ein Aktienregister führen. Im Verhältnis zur Gesellschaft gilt als Aktionär nur, wer als solcher in dem Register eingetragen ist (§ 67 Abs. 2 AktG).

1425 Seit 1997 erfreuen sich die – bis dahin allenfalls noch bei Familienunternehmen gebräuchlichen – Namensaktien auch bei Publikumsgesellschaften einer **zunehmenden Beliebtheit**.[668] In den vergangenen Jahren haben zahlreiche große börsennotierte Gesellschaften auf Namensaktien umgestellt.[669] Mit der geplanten **Aktienrechtsnovelle 2011** soll nach dem Referentenentwurf die Namensaktie für nicht börsennotierte Gesellschaften als al-

---

668) *Schneider/Müller-von Pilchau*, WM 2011, S. 721 f., *Vatter* in Spindler/Stilz, AktG, § 10 Rz. 11.

669) Z. B. Adidas (2010), BASF (2010) Bayer (2009). Ausführlich zur Umstellung von Inhaber- auf Namensaktien: *Noack* in: Festschrift Bezzenberger, 2000, S. 291 ff.

lein zulässige Aktienart festgeschrieben werden, um internationaler Kritik an einer mangelnden Transparenz der Beteiligungsstruktur mit Blick auf die Bekämpfung von Geldwäsche und Terrorismusfinanzierung zu begegnen.[670]

2. Vor- und Nachteile

Für Namensaktien spricht insbesondere bei einer börsennotierten Gesellschaft die ständig gewährleistete Kenntnis der Gesellschaft über den Kreis ihrer Aktionäre, was die **Investor Relation** und möglicherweise auch die Abwehr unerwünschter Übernahmen[671] erleichtert. Durch das Risikobegrenzungsgesetz vom 12.8.2008 sollte die Transparenz weiter verbessert werden. In § 67 Abs. 1 Satz 2 AktG wurde der Inhaber einer Namensaktie verpflichtet, der Gesellschaft seinen Namen, das Geburtsdatum, die Adresse des Inhabers sowie die Stückzahl oder die Aktiennummer und bei Nennbetragsaktien den Betrag mitzuteilen. Allerdings sind weiterhin auch Legitimationsaktionäre und depotführende Kreditinstitute sowie Vollrechtstreuhänder eintragungsfähig, diese müssen jedoch gem. § 67 Abs. 4 Satz 2 AktG auf Verlangen der Gesellschaft dieser mitteilen, inwieweit ihnen die Aktien, als deren Inhaber sie im Aktienregister eingetragen sind, gehören.[672] Eine solche Offenlegungspflicht kann auch in der Satzung geregelt werden (siehe Muster 1, Rz. 56 ff.). Ferner kann, falls gewünscht, die Übertragung der Namensaktien an die Zustimmung der Gesellschaft gebunden werden, sog. Vinkulierung (§ 68 Abs. 2 AktG).

1426

Bei der Vorbereitung und Durchführung der Hauptversammlung sind zudem **Kostenersparnisse** möglich durch eine exaktere Bestimmung der Auflage für Printmaterialien und einen günstigeren (ggf. auch elektronischen – siehe Muster 1, Rz. 106) Versand, die Möglichkeit der Bestellung von Eintrittskarten per E-Mail und deren Ausdruck am PC sowie der elektronischen Abstimmung und Teilnahme an der Hauptversammlung. Hinzu kommt ein erleichterter **Zugang zu internationalen Aktien- und Börsenmärkten**. So sind vor allem in den USA Inhaberaktien weitgehend unbekannt. Deutsche Inhaberaktien werden insbesondere an der New York Stock Exchange nicht zum Handel zugelassen. Die Namensaktie als „Global Share" lässt sich darüber hinaus international auch leichter als Akquisitionswährung einsetzen.

1427

Den Vorteilen der Namensaktien steht der mit der Führung des obligatorischen Aktienregisters verbundene, insbesondere bei Publikumsgesellschaften etwas **höhere organisatorische und finanzielle Aufwand** gegenüber. Vor dem Hintergrund der Erleichterungen durch die Informationstechnologie und die Möglichkeit der Auslagerung der Führung des Aktienregisters (nicht jedoch der gesellschaftsrechtlichen Verantwortung für die Führung, die beim Vorstand bleibt) auf externe Anbieter wiegt dieser Nachteil jedoch nur noch gering. Auch die Übertragung der Namensaktie ist durch ein entsprechendes von der Deutschen Börse Clearing AG angebotenes vollautomatisches und entmaterialisiertes System zur Abwicklung von Börsentransaktionen girosammelverwahrter Namensaktien deutlich vereinfacht worden. Durch das Namensaktiengesetz wurden weitere Erleichterungen geschaffen, insbesondere das Einsichtsrecht der Aktionäre in das Aktienregister beschränkt (§ 67 Abs. 6 AktG).

1428

---

670) Aktienrechtsnovelle 2011, Begr. RefE v. 2.11.2011; diese zwingende Umstellung ist allerdings nicht unumstritten.
671) Hierzu *Klemm/Reinhardt*, NZG 2010, 1006, 1009 f.
672) *Schneider/Müller-von Pilchau*, WM 2011, S. 721, 722 ff.

3. Beschlussinhalt [→ Rz. 1419 ff.]

1429 Der Beschluss befasst sich unter lit. a) (Rz. 1419) mit der materiellen Änderung und unter lit. b) bis e) (Rz. 1420 ff.) mit der damit verbundenen notwendigen Satzungsänderung, wobei die geänderten Satzungstexte gem. § 124 Abs. 2 Satz 2 AktG dem Wortlaut nach bekannt zu machen sind (siehe zum Inhalt der neuen Satzungsregelung auch unter Muster 1, Rz. 56 ff. mit Erläuterungen). Änderungen der Satzung ergeben sich in diesem Zusammenhang regelmäßig bei der Satzungsbestimmung über das Grundkapital und dessen Einteilung in Aktien sowie in der Satzungsbestimmung über die Hauptversammlungsteilnahme (siehe hierzu auch Muster 1, Rz. 53 ff. und 107 ff.). Weitere Anpassungen können ggf. erforderlich sein, etwa bei einem genehmigten oder bedingten Kapital.

1430 Eine Erläuterung der Gründe für die Einführung der Namensaktie, wie in dem Muster vorgeschlagen, bietet sich an, ist aber nicht zwingend. [→ Rz. 1418]

1431 Bei der nachträglichen Schaffung von vinkulierten Namensaktien ist § 180 Abs. 2 AktG zu beachten, wonach, wenn die Namensaktien zukünftig nur mit Zustimmung der Gesellschaft übertragen werden können, die Zustimmung aller betroffenen Aktionäre erforderlich ist, also eine Mehrheitsbeschlussfassung für die entsprechende Satzungsänderung nicht ausreicht. Bei einer Publikumsgesellschaft wird dieses gesetzliche Erfordernis der nachträglichen Einführung der Vinkulierung regelmäßig entgegenstehen. Möglich bleibt dies aber bei Verschmelzung oder Formwechsel, wenn in diesen Fällen hierfür eine entsprechende Barabfindung oder bare Zuzahlung angeboten wird (§ 29 Abs. 1 Satz 2, § 196 UmwG).

4. Beschlussfassung

1432 Die Umstellung auf Namensaktien ist zwangsläufig eine Satzungsänderung, da nach § 23 Abs. 3 Nr. 5 AktG die Ausstellung von Aktien auf den Namen oder auf den Inhaber obligatorischer Satzungsinhalt ist. Gemäß § 179 Abs. 2 AktG bedarf der Beschluss daher einer Mehrheit von mindestens drei Vierteln des bei der Beschlussfassung vertretenen Grundkapitals. Die Satzung kann eine höhere oder niedrigere Kapitalmehrheit vorsehen. Eine Zustimmung sämtlicher Aktionäre ist nach ganz herrschender Meinung nicht erforderlich.[673]

5. Umsetzung

1433 Die Satzungsänderung wird nach Eintragung im Handelsregister wirksam (§ 181 Abs. 3 AktG). Zu einem festzulegenden Stichtag wird dann die Börsennotierung und Wertpapierabwicklung umgestellt. In der Regel wird für Namensaktien eine neue Wertpapierkennnummer (ISIN) vergeben. Die Bestände in den Depots werden auf die neue Gattung umgebucht. Ab dem Stichtag wird mit dem Aufbau des Aktienregisters begonnen.

Praxistipp:

Bei einer sorgfältigen Planung und Abstimmung mit dem Dienstleister für die Registerführung, der koordinierenden Bank und dem Zentralverwahrer, der Clearstream Banking AG Frankfurt, ist eine Umstellung binnen zwei bis drei Monaten nach der Hauptversammlung möglich, sofern gegen die Beschlussfassung keine Anfechtungsklagen erhoben werden.

---

673) *Noack* in: Festschrift Bezzenberger, 2000, 291, 300; *Pentz* in: MünchKomm AktG, § 24 Rz. 12; *Hüffer*, AktG, § 24 Rz. 6 m. w. N.

Muster 6.20: Umwandlung von Vorzugsaktien in Stammaktien

I. Mustertext [→ Rz. 1446 ff.]

TOP [...]: Beschlussfassung über die Umwandlung der Vorzugsaktien ohne Stimmrecht in Stammaktien und entsprechende Satzungsänderungen

Vorstand und Aufsichtsrat schlagen vor, zu beschließen:

a) Die derzeit bestehenden [*Anzahl*] Vorzugsaktien ohne Stimmrecht werden unter Auf-   **1434**
hebung des Gewinnvorzugs in § [...] der Satzung in [*Anzahl*] stimmberechtigte Stammaktien umgewandelt. Der Vorstand wird ermächtigt, mit Zustimmung des Aufsichtsrats die näheren Einzelheiten des Umwandlungsverfahrens festzulegen. [→ Rz. 1446]

b) Die Satzung der Gesellschaft wird geändert und wie folgt neu gefasst: [→ Rz. 1449]   **1435**

§ [...] Abs. [...] wird geändert und wie folgt neu gefasst:

„Das Grundkapital der Gesellschaft beträgt [...] € und ist eingeteilt in [*Anzahl*] Stückaktien."

Der bisherige § [...] [*Gewinnvorzug*] wird gestrichen.

§ [...] Abs. [...] wird geändert und wie folgt neu gefasst:

[*Folgeänderungen*]

Der zu Tagesordnungspunkt [...] zu fassende Beschluss bedarf der Zustimmung der Vor-   **1436**
zugsaktionäre, über die diese in einer gesonderten Versammlung einen Sonderbeschluss zu fassen haben. Die Einladung zu einer solchen gesonderten Versammlung der Vorzugsaktionäre ist im elektronischen Bundesanzeiger vom [*Datum*] im Anschluss an diese Hauptversammlungseinladung veröffentlicht.

TOP [...]: Sonderbeschluss der Stammaktionäre über die Zustimmung zu dem Beschluss zu Tagesordnungspunkt [...] über die Umwandlung der Vorzugsaktien ohne Stimmrecht in Stammaktien und entsprechende Satzungsänderungen [→ Rz. 1451]

Der Beschluss der Hauptversammlung über die Umwandlung von Vorzugsaktien ohne   **1437**
Stimmrecht in Stammaktien und die damit einhergehenden Satzungsänderungen bedarf gem. § 179 Abs. 3 AktG zu seiner Wirksamkeit der Zustimmung der Stammaktionäre.

Vorstand und Aufsichtsrat schlagen daher den Stammaktionären vor, zu beschließen: **1438**

Die Stammaktionäre erteilen dem von der Hauptversammlung zu vorstehendem Tagesordnungspunkt [...] gefassten Beschluss über die Umwandlung der Vorzugsaktien ohne Stimmrecht in Stammaktien und entsprechende Satzungsänderungen ihre Zustimmung.

Einladung zur gesonderten Versammlung der Vorzugsaktionäre

TOP [...]: Gesonderte Abstimmung der Vorzugsaktionäre zu dem Beschluss der ordentlichen Hauptversammlung am selben Tage über die Umwandlung der Vorzugsaktien ohne Stimmrecht in Stammaktien und entsprechende Satzungsänderungen [→ Rz. 1452 f.]

Vorstand und Aufsichtsrat schlagen vor, zu beschließen: **1439**

Die Vorzugsaktionäre erteilen dem von der ordentlichen Hauptversammlung der [...] AG am gleichen Tag zu Tagesordnungspunkt [...] gefassten Beschluss über die Umwandlung der Vorzugsaktien ohne Stimmrecht in Stammaktien und entsprechende Satzungsänderungen ihre Zustimmung.

Nachstehend wird der Wortlaut des in der Tagesordnung der ordentlichen Hauptversammlung der [...] AG am gleichen Tag unter Tagesordnungspunkt [...] mitgeteilten Beschlussvorschlags wiedergegeben:

[Wortlaut des Beschlussvorschlags]

II.   Erläuterungen [→ Rz. 1434 ff.]

1.   Einführung

1440   Eine Aktiengesellschaft kann gem. § 139 Abs. 2 AktG bis zur Hälfte ihres Grundkapitals Aktien ausgeben, für die das Stimmrecht ausgeschlossen wird und die dafür mit einem Vorzug bei der Verteilung des Gewinns ausgestattet sind. Diese Vorzugsaktien ohne Stimmrecht haben in den vergangenen Jahren an Beliebtheit verloren. Insbesondere viele börsennotierte Aktiengesellschaften haben bestehende Vorzugsaktien in Stammaktien umgewandelt. Die Gründe dafür sind vielschichtig und reichen von der Internationalisierung der Kapitalmärkte, wo Vorzugsaktien unbekannt sind, bis zu einer grundsätzlichen Kritik an einem unangemessen starken Einfluss der Stammaktionäre, insbesondere im Zusammenhang mit der Corporate-Governance-Diskussion (One Share – One Vote).[674]

1441   Ein greifbares und von Gesellschaften als Grund für den Beschlussvorschlag einer Umwandlung häufig angeführtes Argument gegen Vorzugsaktien ist schließlich ein Beschluss der Deutschen Börse AG, wonach ab Juni 2002 nur noch eine Aktiengattung einer Aktiengesellschaft pro Auswahlindex berücksichtigt wird.[675] Durch die Umwandlung von Vorzugs- in Stammaktien kann die Marktkapitalisierung der Gesellschaft und damit ihr Gewicht in einem Auswahlindex erhöht werden. Ein weiteres Argument kann sein, dass eine Umwandlung die Ausweitung des Aktionärskreises ermöglicht, da viele institutionelle und internationale Investoren nur in Aktien mit Stimmrechten investieren.

1442   Bei einer Umwandlung von Vorzugs- in Stammaktien verlieren die Vorzugsaktionäre ihre Vorzugsrechte bei der Gewinnverteilung und erhalten dafür dieselben Rechte wie die Stammaktionäre.

1443   Da die Umwandlung von Vorzugs- in Stammaktien geeignet ist, den Preis beider Aktiengattungen zu beeinflussen, ist die Gesellschaft im Vorfeld der Einladung zur Hauptversammlung zur einer Ad-hoc-Publizität gem. § 15 WpHG verpflichtet.

1444   Mit der Umstellung endet ein etwaiger Handel der Vorzugsaktien an der Börse. Die infolge der Umwandlung entstehenden neuen Stammaktien müssen erneut zum Handel zugelassen werden. Die Umwandlung und die damit einhergehende Ausstattungsänderung wird mit Eintragung des Beschlusses der Hauptversammlung über die Umwandlung im Handelsregister wirksam.

1445   Die Umwandlung von Vorzugs- in Stammaktien lässt sich neben der hier vorgestellten Änderung der Satzung durch Hauptversammlungsbeschluss auch durch Aktienrückkauf

---

674) Näher *Feddersen* in: Festschrift Ulmer, S. 106, 109 ff.

675) Leitfaden zu den Aktienindizes der Deutschen Börse, Stand: Juni 2010, Ziffer 2.2.1.1.

modelle oder eine Kombination von Satzungsänderung und Kapitalherabsetzung erreichen.[676]

2. Beschlussinhalt [→ Rz. 1434 ff.]

Der Beschlussinhalt befasst sich unter lit. a) mit der **materiellen Änderung.** Wird der **1446** Vorzug aufgehoben, so gewähren die Aktien das Stimmrecht (§ 141 Abs. 4 AktG). Die Umwandlung kann entweder, wie in dem Muster, zwangsweise oder auf freiwilliger Basis erfolgen. [→ Rz. 1434]

Die Frage, ob die Gesellschaft verpflichtet ist, eine mögliche Kursdifferenz zwischen **1447** Vorzugsaktien und Stammaktien im Rahmen der Umwandlung durch **Ausgleichszahlungen** zu berücksichtigen, ist nicht abschließend geklärt, im Ergebnis aber wohl zu verneinen.[677] Die Gesellschaft kann aber, wenn der Kurs der Vorzugsaktien den Kurs der Stammaktien übersteigen sollte, den Unterschied durch eine Barzuzahlung an die Vorzugsaktionäre ausgleichen. Umgekehrt, d. h. wenn der Kurs der Vorzugsaktien unter dem der Stammaktien liegen sollte, ist eine Zahlung an die Stammaktionäre jedoch wegen § 57 Abs. 1 AktG unzulässig. Mit Zustimmung der zahlungsverpflichteten Aktionäre sind außerdem Zahlungen der Vorzugsaktionäre an die Gesellschaft und der Aktionäre untereinander zulässig.[678] Ist eine solche Zustimmung praktisch nicht realisierbar, kommt ein freiwilliger Umtausch in Betracht, bei dem die Umwandlung von der Zahlung einer Umtauschprämie seitens der Vorzugsaktionäre abhängt.[679] Damit lässt sich allerdings unter Umständen keine vollständige Überführung aller Vorzugsaktien in Stammaktien erreichen. Die weitere Möglichkeit eines Umtauschverhältnisses, das den unterschiedlichen Kurs bzw. Wert der Vorzugs- und der Stammaktien widerspiegelt, erfordert im Regelfall (Stammaktien notieren über Vorzugsaktien) eine Kapitalherabsetzung, im umgekehrten Fall eine Kapitalerhöhung, die jeweils den entsprechenden Vorschriften genügen muss.[680]

Die Beschlussfassung unterliegt auch unter dem Gesichtspunkt der Verwässerung der **1448** Stimmrechte der bisherigen Stammaktionäre keiner Inhaltskontrolle, da das Gesetz dies nicht vorsieht und aktienrechtliches Schutzinstrument der Sonderbeschluss der Stammaktionäre gem. § 179 Abs. 3 AktG ist.[681]

Die Satzung muss insgesamt an die Umwandlung der Vorzugsaktien angepasst werden, **1449** wobei die **geänderten Satzungstexte** gem. § 124 Abs. 2 Satz 2 AktG dem Wortlaut nach bekannt zu machen sind. Im Muster unter lit. b) ist die in jedem Fall erforderliche Änderung der Bestimmungen zum Grundkapital vorgesehen. Darüber hinaus ist die Streichung der Satzungsregelungen zu dem durch den Umwandlungsbeschluss aufgehobenen Gewinnvorzug erforderlich. Bezüglich weiterer Änderungen und Anpassungen ist insbesondere an die Bestimmungen zur Teilnahme an der Hauptversammlung und Stimmrechtsausübung sowie die Gewinnverwendung zu denken. [→ Rz. 1435 ff.]

---

676) *Volhard* in: Semler/Volhard/Reichert, Arbeitshdb. HV, § 29 Rz. 1 ff.; *Wirth/Arnold*, ZGR 2002, 859 ff.; *Senger/Vogelmann*, AG 2002, 193 ff.

677) *Volhard* in: Semler/Volhard/Reichert, Arbeitshdb. HV, § 29 Rz. 4; *Wirth/Arnold*, ZGR 2002, 859, 871.

678) Siehe beispielsweise Tagesordnung zur Hauptversammlung der Hypo Real Estate Holding AG, München, am 20.5.2005.

679) Siehe die Tagesordnung zur ordentlichen Hauptversammlung der Metro AG, Düsseldorf, am 4.7.2000 sowie die Tagesordnung zur außerordentlichen Hauptversammlung der Fresenius Medical Care AG, Hof an der Saale, am 30.8.2005.

680) Siehe hierzu insgesamt *Senger/Vogelmann*, AG 2002, 193, 198; *Wirth/Arnold*, ZGR 2002, 859, 875.

681) *Wirth/Arnold*, ZGR 2002, 859, 876 f.

3. Beschlussfassung

1450 Da die Zerlegung des Grundkapitals in verschiedene Aktiengattungen gem. § 23 Abs. 3 Nr. 4 AktG Bestandteil der Satzung ist, stellt die Abschaffung von Vorzugsaktien durch Umwandlung in Stammaktien zwangsläufig eine Satzungsänderung dar. Gemäß § 179 Abs. 2 AktG bedarf der Beschluss daher einer Mehrheit von mindestens **drei Vierteln des bei der Beschlussfassung vertretenen Grundkapitals**.

1451 Grundsätzlich ist gem. § 179 Abs. 3 Satz 1 AktG zusätzlich ein **Sonderbeschluss der Stammaktionäre** erforderlich, in dem diese mit einer Mehrheit von drei Vierteln der abgegebenen Stimmen der Umwandlung zustimmen. Denn mit der Zunahme der Anzahl der Stammaktionäre tritt eine Verwässerung des Stimmrechts der bisherigen Stammaktionäre ein.[682] Sofern allerdings neben den Stammaktien nur stimmrechtslose Vorzugsaktien bestehen, ist eine solche gesonderte Beschlussfassung unnötig, da bereits ausschließlich die Stammaktionäre über die Umwandlung der Vorzugsaktien beschlossen haben, die Zustimmung im Rahmen eines Sonderbeschlusses also eine bloße Wiederholung darstellen würde.[683] Eine vorherige Abstimmung mit dem Registergericht ist jedoch empfehlenswert. Das Muster sieht vorsorglich einen Sonderbeschluss der Stammaktionäre vor. [→ Rz. 1437 f.]

4. Sonderbeschluss der Vorzugsaktionäre [→ Rz. 1439]

1452 Ein Beschluss, durch den der Vorzug aufgehoben wird, bedarf gem. § 141 Abs. 1 AktG zu seiner Wirksamkeit der Zustimmung der Vorzugsaktionäre. Allerdings ist nicht die Zustimmung jedes einzelnen Vorzugsaktionärs erforderlich. Es genügt vielmehr eine entsprechende Beschlussfassung mit einer Mehrheit von mindestens drei Vierteln der abgegebenen Stimmen in einer gesonderten Versammlung der Vorzugsaktionäre.

1453 Der Sonderbeschluss muss gem. § 141 Abs. 3 AktG in einer gesonderten Versammlung, also in zeitlicher, räumlicher und personeller Trennung von der Hauptversammlung, gefasst werden, eine bloß gesonderte Abstimmung (§ 138 Satz 1 AktG) genügt für die Zustimmung zur Aufhebung des Vorzugs also nicht.[684] Zweckmäßiger findet die gesonderte Versammlung der Vorzugsaktionäre im Anschluss an die betreffende Hauptversammlung statt. Zu der gesonderten Versammlung ist auch gesondert einzuladen, wobei die Einladung aber mit der zur Hauptversammlung verbunden werden kann, sofern eindeutig erkennbar ist, dass es sich um eine gesonderte Versammlung der Vorzugsaktionäre handelt. Das Muster enthält also nur einen Auszug, nämlich die entsprechenden Tagesordnungspunkte der Einladung zur gesonderten Versammlung der Vorzugsaktionäre. Im Übrigen gelten für die gesonderte Versammlung die Vorschriften über die Hauptversammlung und die Hauptversammlungsbeschlüsse entsprechend (§ 138 AktG).

---

682) OLG Köln v. 20.9.2001 – Metro AG, ZIP 2001, 2049.
683) *Volhard* in: Semler/Volhard/Reichert, Arbeitshdb. HV, § 29 Rz. 2; *Hüffer*, AktG, § 179 Rz. 45 a. E.; *Senger/Vogelmann*, AG 2002, 193, 195.
684) *Bormann* in: Spindler/Stilz, AktG, § 141 Rz. 53; *Spindler* in: Schmidt/Lutter, AktG, § 141 Rz. 35.

Literaturverzeichnis

Achleitner/Wollmert
: Stock Options, 2. Aufl., 2002 (zit.: *Achleitner/Wollmer*, Stock Options)

Adolff/Tieves
: Über den rechten Umgang mit einem entschlusslosen Gesetzgeber: Die aktienrechtliche Lösung des BGH für den Rückzug von der Börse, BB 2003, 797

Angerer, Lutz
: Der Squeeze-out, BKR 2002, 260

Anzinger
: Die normative Reichweite des Transparenzgebots für Beteiligungen an börsennotierten Kapitalgesellschaften – Plädoyer für einen Paradigmenwechsel im Melderegime, WM 2011, 391

Assmann/Schneider
: WpHG, Kommentar, 5. Aufl., 2009 (zit.: *Bearbeiter* in: Assmann/Schneider, WpHG)

Austmann
: Der verschmelzungsrechtliche Squeeze-out nach dem 3. UmwÄndG 2011, NZG 2011, 684

Bachmann
: Die Erklärung zur Unternehmensführung (Corporate Governance Statement), ZIP 2010, 1517

: Die Geschäftsordnung der Hauptversammlung, AG 1999, 210

: Verwaltungsvollmacht und „Aktionärsdemokratie" – Selbstregulative Ansätze für die Hauptversammlung, AG 2001, 635

Bareis/Siegel
: Sachausschüttungen und ihre körperschaftsteuerliche Behandlung de lege lata und de lege ferenda, BB 2008, 479

Baums
: Aktienoptionen für Vorstandsmitglieder, in: Festschrift Claussen, 1997, S. 3

: Der Ausschluss von Minderheitsaktionären nach §§ 327a ff. AktG n. F., WM 2001, 1843

: Zur Offenlegung von Vorstandsvergütungen, ZHR 169 (2005), 299

Bayer
: Die EuGH-Entscheidung Inspire Art und die deutsche GmbH im Wettbewerb der europäischen Rechtsordnungen, BB 2003, 2357

: Materielle Schranken und Kontrollinstrumente beim Einsatz des genehmigten Kapitals mit Bezugsrechtsausschluss, ZHR 168 (2004), 132

Bayer/Fischer
: Zur Anfechtung von Hauptversammlungsbeschlüssen, EWiR 2003, 199

Bayer/Hoffmann,
: Aktienrecht in Zahlen – Aktien in Form von Einzelurkunden, Sammelurkunden und Globalurkunde, AG 2007, R439

Aktienrecht in Zahlen – Auslaufmodell Nennbetragsaktie, AG 2007, R3

Aktienrecht in Zahlen – Sachdividenden im Aktienrecht, AG 2011, R215

Ordentliche Kapitalherabsetzung – Erscheinungsformen und Zwecksetzungen, AG 2010, R 99

Statistiken zur AG – eine kritische Bestandsaufnahme, AG 2010, R283

Bayer/Hoffmann/Schmidt
Ein Blick in die deutsche SE-Landschaft fünf Jahre nach Inkrafttreten der SE-VO, AG 2009, R480

Beck'scher Bilanz-Kommentar
Handels- und Steuerrecht, §§ 238–339, 342–342e HGB mit EGHGB und IAS/IFRS-Abweichungen, 7. Aufl., 2009
(zit.: *Bearbeiter* in: Beck'scher Bilanz-Kommentar)

Bernhardt
Unternehmensführung und Hauptversammlung, DB 2000, 1873

Bezzenberger
Die Geschäftsordnung der Hauptversammlung, ZGR 1998, 352

Bohnet
Mitwirkungskompetenz der Hauptversammlung von Holding-Gesellschaften bei der Veräußerung von Unternehmensbeteiligungen – insbesondere nach den Grundsätzen der Holzmüller-Entscheidung, DB 1999, 2617

Bosse
Informationspflichten des Vorstands beim Bezugsrechtsausschluss im Rahmen des Beschlusses und der Ausnutzung eines genehmigten Kapitals, ZIP 2001, 104

Brambring/Jerschke (Hrsg.)
Beck'sches Notarhandbuch, 5. Aufl., 2009 (zit. *Bearbeiter* in: Notarhandbuch)

Brandt
Transparenz nach RisikobegrenzungsG – und darüber hinaus?, BKR 2008, 441

Bücker
Umsetzung einer ordentlichen Kapitalerhöhung in Teilschritten, NZG 2009, 1339

Bungert/Wettich
Der neue verschmelzungsspezifische Squeeze-out nach § 62 Abs. 5 UmwG n. F., DB 2011, 1500

Bunke
Fragen der Vollmachtserteilung zur Stimmrechtsausübung nach §§ 134, 135 AktG, AG 2002, 57

Bürgers/Körber
Aktiengesetz (Heidelberger Kommentar), 2. Aufl., 2011
(zit.: *Bearbeiter* in: Bürgers/Körber, AktG)

Bürgers/Schilha
Die Unabhängigkeit des Vertreters des Mutterunternehmens im Aufsichtsrat der Tochtergesellschaft, AG 2010, 221

Butzke
Die Hauptversammlung der AG, 5. Aufl., 2011 (zit.: *Butzke*, HV)

Cahn

Pflichten des Vorstandes beim genehmigten Kapital mit Bezugsrechtsausschluß, ZHR 163 (1999), 554

Canaris/Schilling/Ulmer (Hrsg.)

HGB, Großkommentar, Bd. 3, Teilbd. 1, 2002
(zit.: *Bearbeiter* in: Großkomm. z. HGB)

Claussen

Wie ändert das KonTraG das Aktiengesetz?, DB 1998, 177

Das Gesetz über die kleine Aktiengesellschaft – und die ersten praktischen Erfahrungen, WM 1996, 609

Deilmann

Corporate Governance und Diversity – was empfiehlt der neue Kodex?, AG 2010, 727

Deilmann/Otte

Auswirkungen des ARUG auf die Feststellung des Beschlussergebnisses in der Hauptversammlung, BB 2010, 723

Diekmann

Zur Meldepflicht nach WpHG § 22 Abs 1, EWiR 2005, 489

Namensaktien bei Publikumsgesellschaften, BB 1999, 1985

Dißars

Anfechtungsrisiken beim Squeeze-out – eine Analyse der bisherigen Rechtsprechung, BKR 2004, 389

Drinhausen/Keinath

Auswirkungen des ARUG auf die künftige Hauptversammlungs-Praxis, BB 2009, 2322

Referentenentwurf einer „kleinen Aktienrechtsnovelle", BB 2011, 11

Drinhausen/Nohlen

Festlegung der Amtsdauer von SE-Organmitgliedern in der Satzung nach Art. 46 Abs. 1 SE-VO, ZIP 2009, 1890

Drygala

Zur Anwendung der Sitztheorie auf zuziehende Gesellschaften, EWIR 2003, 1029

Emmerich/Habersack

Aktien- und GmbH-Konzernrecht, 5. Aufl., 2007
(zit.: *Bearbeiter* in: Emmerich/Habersack, Konzernrecht)

Falkenhausen/Kocher

Erste Erfahrungen mit dem Vergütungsvotum der Hauptversammlung, AG 2010, 623

Wie wird der unabhängige Finanzexperte in den Aufsichtsrat gewählt? – Praktische Fragen der Umsetzung des BilMoG, ZIP 2009, 1601

Fassbender

Die Hauptversammlung der Aktiengesellschaft aus notarieller Sicht, RNotZ 2009, 425,

Finken

Kein Auskunftsrecht des Aktionärs einer Bank-AG über den Umfang der Unterschreitung vorgeschriebener Bilanzsätze , EWiR 1986, 957

Feddersen

Die Vorzugsaktie ohne Stimmrecht: Viel geschmähtes Relikt aus vergangenen Zeiten oder nützliches Finanzierungsinstrument?, in: Festschrift Ulmer, 2003, S. 106

Neue gesetzliche Anforderungen an den Aufsichtsrat, AG 2000, 385

Feldhaus

Der Verkauf von Unternehmensteilen einer Aktiengesellschaft und die Notwendigkeit einer außerordentlichen Hauptversammlung, BB 2009, 562

Fleischer

Das Gesetz zur Angemessenheit der Vorstandsvergütung (VorstAG), NZG 2009, 801

Das Vorstandsvergütungs-Offenlegungsgesetz, DB 2005, 1611

Fleischer/Bedkowski

„Say on Pay" im deutschen Aktienrecht – das neue Vergütungsvotum der Hauptversammlung nach § 120 Abs 4 AktG, AG 2009, 677

Florstedt

Fristen und Termine im Recht der Hauptversammlung, ZIP 2010, 761

Fuchs

Wertpapierhandelsgesetz (WpHG), 2009 (zit.: *Bearbeiter* in: Fuchs, WpHG)

Fuhrmann/Simon

Der Ausschluss von Minderheitsaktionären, WM 2002, 1211

Gesmann-Nuissl

Die neuen Squeeze-out-Regeln im Aktiengesetz, WM 2002, 1205

Geuting

Winterthur/Nordstern – Nichtigkeit von Jahresabschlüssen – Verschmelzung von Tochtergesellschaften – Vorstandsdoppelmandat, EWiR 1993, 5

Goslar/Mense

Der umwandlungsrechtliche Squeeze-out als neues Gestaltungsmittel für die Praxis, GWR 2011, 275

Goslar/von der Linden

Grenzen des Rechtsmissbrauchseinwands gegen Gestaltungen beim aktienrechtlichen Squeeze-out, BB 2009, 1986

Götze

Erteilung von Stimmrechtsvollmacht nach dem ARUG, NZG 2010, 93

Greven/Fahrenholz

Die Handhabung der neuen Mitteilungspflichten nach § 27a WpHG, BB 2009, 1487

Grigoleit/Rachlitz

Beteiligungstransparenz aufgrund des Aktienregisters, ZHR 174, 12 (2010)

Grobecker

Beachtenswertes zur Hauptversammlungssaison, NZG 2010, 165

Gross

Inhalt des Bezugsrechts nach § 186 AktG, AG 1993, 449

Groß

Vorbereitung und Durchführung von Hauptversammlungsbeschlüssen zu Erwerb und Veräußerung von Unternehmensbeteiligungen, AG 1996, 111

Grumann/Soelke
Namensaktie und Hauptversammlung, DB 2001, 576

Grunewald
Die Squeeze-out-Regelung, ZIP 2002, 18

Günther
Anforderungen an die Antwort auf ein Auskunftsersuchen nach AktG § 131 – eine Urteilsanmerkung, EWiR 1990, 949

Habersack/Mülbert/Schlitt
Unternehmensfinanzierung am Kapitalmarkt, 2. Aufl., 2008
(zit.: *Bearbeiter* in: Habersack/Mülbert/Schlitt, Unternehmensfinanzierung)

Harrer (Hrsg.)
Mitarbeiterbeteiligung und Stock-Option-Pläne, 2. Aufl., 2004
(zit.: *Harrer*, Mitarbeiterbeteiligung)

Hasselbach
Zur Parallelprüfung der Barabfindung beim Squeeze-out, EWiR 2004, 833

Hecker/Peters
Die Änderungen des DCGK im Jahr 2010, BB 2010, 251

Heidel
Aktien- und Kapitalmarktrecht, 2011 (zit.: *Bearbeiter* in: Heidel, Aktien- und Kapitalmarktrecht)

Hennerkes/Kögel
Eine Geschäftsordnung für die Hauptversammlung, DB 1999, 81

Henze
Schranken für den Bezugsrechtsausschluss, ZHR 167 (2003), 1

Entscheidungen und Kompetenzen der Organe in der AG: Vorgaben der höchstrichterlichen Rechtsprechung, BB 2001, 53

Hildebrandt/Schremper
Analyse des Gleichbehandlungsgrundsatzes beim Rückkauf von Vorzugsaktien, BB 2001, 533

Hirte
Möglichkeiten einer Ausnutzung des genehmigten Kapitals unter Ausschluß des Bezugsrechts, EWiR 1997, 1013

Zum Anspruch des Aktionärs auf Abschrift des Hauptversammlungsprotokolls, EWiR 1995, 13

Hirte, Markus
HV-Praxis – Auslage eines Vorstandsberichts zu § 289 Abs. 5 HGB bleibt empfehlenswert, AG 2010, R 125

Hoffmann-Becking
Organe: Strukturen und Verantwortlichkeiten, insbesondere im monistischen System, ZGR 2004, 355

Neue Formen der Aktienemission, in: Festschrift Lieberknecht, 1997, S. 25

Gesetz zur „kleinen AG" – unwesentliche Randkorrekturen oder grundlegende Reform?, ZIP 1995, 1

Hoffmann-Becking/Krieger,

Leitfaden zur Anwendung des Gesetzes zur Angemessenheit der Vorstandsvergütung (VorstAG), Beilage zu NZG 26/2009

Hohenstatt/Wegner

Zur Transparenz der Vorstandsvergütung – 10 Fragen aus der Unternehmenspraxis, ZIP 2008, 945

Hohl/Auerbach

BB-Rechtsprechungsreport zum Squeeze-out 2009, BB 2010, 902

Hölters

Aktiengesetz, Kommentar, 2010 (zit: *Bearbeiter* in: Hölters, AktG)

Hilpert/Holzborn

Wechsel in den Freiverkehr als Rückzug aus dem regulierten Markt ohne Delisting – Eine effektive Möglichkeit zur Kostensenkung für Mittelständler? WM 2010, 1347

Holzborn/Bunnemann

Änderungen im AktG durch den Regierungsentwurf für das UMAG, BKR 2005, 57

Gestaltung einer Sachausschüttung und Gewährleistung im Rahmen der Sachdividende, AG 2003, 671

Holzborn/Schlößer

Systemwechsel beim going private, BKR 2002, 486

Hommelhoff

Einige Bemerkungen zur Organisationsverfassung der Europäischen Aktiengesellschaft, AG 2001, 279

Hopt/Wiedemann (Hrsg.)

Großkommentar zum Aktiengesetz, 4. Aufl., 1992 ff.
(zit.: *Bearbeiter* in: Großkomm. z. AktG)

Horn

Änderungen bei der Vorbereitung und Durchführung der Hauptversammlung nach dem Referentenentwurf zum ARUG, ZIP 2008, 1558

Höreth

Onlineteilnahme und Briefwahl im DAX und MDAX, AG 2011, R300

Höreth/Linnertz

Die Terminplanung der Hauptversammlung nach ARUG – Handlungsempfehlungen für die Praxis, GWR 2010, 155

Huep

Die Renaissance der Namensaktien – Möglichkeiten und Probleme im geänderten aktienrechtlichen Umfeld, WM 2000, 1623

Hüther

Namensaktien, Internet und die Zukunft der Stimmrechtsvertretung, AG 2001, 68

Hüffer

AktG, Kommentar, 9. Aufl., 2010 (zit.: *Hüffer*, AktG)

Immenga

Einlagenschutz beim mittelbaren Bezugsrecht, in: Festschrift Beusch, 1993, S. 413

Just

Zur ungeschriebenen Hauptversammlungszuständigkeit, EWIR 2004, 573

Kästner

Abzugsfähigkeit von D & O-Prämien für Aufsichtsratsmitglieder als Betriebsausgaben, DStR 2001, 422

Aktienrechtliche Probleme der D & O-Versicherung, AG 2000, 113

Kiefner

Fehlerhafte Entsprechenserklärung und Anfechtbarkeit von Hauptversammlungsbeschlüssen, NZG 2011, 201

Beteiligungserwerb und ungeschriebene Hauptversammlungszuständigkeit, ZIP 2011, 545

Kiem

Erfahrungen und Reformbedarf bei der SE – Entwicklungsstand, ZHR, 173 (2009), 156

Die Rechtsstellung des einzelnen Aktionärs beim Versuch der feindlichen Übernahme, EWiR 2000, 413

Kirchner

Managementpflichten bei „feindlichen" Übernahmeangeboten, WM 2000, 1821

Klemm/Reinhardt

Vorbereitungshandlungen für eine erfolgreiche Übernahmeverteidigung, NZG 2010, 1006

Knoll

Zur Bestimmung der angemessenen Barabfindung, EWiR 2005, 287

Kocher

Ungeklärte Fragen der Erklärung zur Unternehmensführung nach § 289a HGB, DStR 2010, 1034

Kocher/Bedkowski

Berichts- und Prüfungserfordernisse beim Delisting?, NZG 2008, 135

Kocher/Lönner

Anfechtungsrisiken wegen unklarer Vorbesitzzeit beim Ergänzungsverlangen?, BB 2010, 1675

König

Doppelsitz einer Kapitalgesellschaft – Gesetzliches Verbot oder zulässiges Mittel der Gestaltung einer Fusion?, AG 2000, 18

Kölner Kommentar

zum Aktiengesetz, 3. Aufl., 2004 ff. (zit.: *Bearbeiter* in: Kölner Kommentar)

Kölner Kommentar

zum WpÜG, 2. Aufl., 2010 (zit.: *Bearbeiter* in: Kölner Kommentar z. WpÜG)

Kort

Neues zu „Holzmüller" – Bekanntmachungspflichten bei wichtigen Verträgen, AG 2006, 272

Privataktionärskonsortium als die Aktiengesellschaft beherrschendes Unternehmen – Fehlen der Voraussetzungen – „SAP", EWiR 1997, 1059

Zur Handelsregistereintragung von Unternehmensverträgen, EWiR 1992, 423

Körner

Auf- und Umbau von Holdingstrukturen, IStR 2009, 1

Krämer/Theiß

Delisting nach der Macrotron-Entscheidung des BGH, AG 2003, 225

Krause

Die erweiterte Beteiligungstransparenz bei börsennotierten Aktiengesellschaften, AG 2011, 469

Krieger

Squeeze-out nach neuem Recht: Überblick über Zweifelsfragen, BB 2002, 53

AktG § 20 – Folgen einer Verletzung der Mitteilungspflicht bei Kapitalerhöhung, EWiR 1991, 745

Kuhnt

Geschäftsordnungsanträge und Geschäftsordnungsmaßnahmen bei Hauptversammlungen, in: Festschrift Lieberknecht, 1997, S. 45

Land/Behnke

Die praktische Durchführung eines Delistings nach der Macrotron-Entscheidung des BGH, DB 2003, 2531

Lappe

Gemischte Kapitalerhöhung und Bezugsrechtsausschluß in Restrukturierungsfällen, BB 2000, 313

Lenenbach

Zu Aktienoptionsprogrammen für Aufsichtsratsmitglieder, EWiR 2004, 413.

Leuering

Die parallele Angemessenheitsprüfung durch den gerichtlich bestellten Prüfer, NZG 2004, 606

Leven

Aktiengesellschaften in Deutschland, AG 2003, R 189

Liebscher

Ungeschriebene Hauptversammlungszuständigkeiten im Lichte von Holzmüller, Macroton und Gelatine, ZGR 2005, 1

Lingemann/Wasmann

Mehr Kontrolle und Transparenz im Aktienrecht: Das KonTraG tritt in Kraft, BB 1998, 853

Linnerz

Ort, Terminierung und Dauer einer Hauptversammlung, NZG 2006, 208

Vorstand und Aufsichtsrat – Diversity und Briefwahl im neuen DCGK, AG 2010, R345

Zur Verfassungsmäßigkeit der AktG §§ 327a ff. , EWiR 2005, 845

Lorenz/Pospiech

Holzmüller Reloaded – Hauptversammlungskompetenz beim Beteiligungserwerb?, DB 2010, 1925

Lutter

Kapitalerhöhung der Aktiengesellschaft – Mittelbares Bezugsrecht („co op"), EWiR 1993, 1045

„Überseering" und die Folgen, BB 2003, 7

Lutter/Hommelhoff

SE-Kommentar: SEVO, SEAG, SEBG, Steuerrecht, 2008
(zit.: *Bearbeiter* in: Lutter/Hommelhoff, SE-Kommenat)

Lutter/Kollmorgen/Feldhaus

Die Europäische Aktiengesellschaft – Satzungsgestaltung bei der „mittelständischen SE", BB 2005, 2473

Lutter/Krieger

Rechte und Pflichten des Aufsichtsrats, 5. Aufl., 2008
(zit.: *Lutter/Krieger*, Aufsichtsrat)

Lutter/Leinekugel/Rödder

ECLR – Die Sachdividende, ZGR 2002, 204

Manz/Mayer/Schröder

Europäische Aktiengesellschaft SE, 2. Aufl., 2010
(zit.: *Bearbeiter* in: Manz/Mayer/Schröder, SE)

Markwardt

Squeeze-out: Anfechtungsrisiken in „Missbrauchsfällen", BB 2004, 277

Marsch-Barner

Die Erleichterung des Bezugsrechtsausschlusses nach § 186 Abs. 3 AktG, AG 1994, 532

Marsch-Barner/Schäfer (Hrsg.)

Handbuch börsennotierte AG, 2. Aufl., 2008
(zit.: *Bearbeiter* in: Marsch-Barner/Schäfer, Handbuch AG)

Martens

Leitfaden für die Leitung der Hauptversammlung einer Aktiengesellschaft, 3. Aufl., 2003 (zit.: *Martens*, Leitfaden)

Maslo

Zurechnungstatbestände und Gestaltungsmöglichkeiten zur Bildung eines Hauptaktionärs beim Ausschluss von Minderheitsaktionären, NZG 2004, 163

Melcher/Mattheus

Zur Umsetzung der HGB-Modernisierung durch das BilMoG: Neue Offenlegungspflichten zur Corporate Governance, DB 2009 Beilage 5, 77

Mense/Rosenhänger

Mehr Vielfalt wagen – Zu den jüngsten Änderungen des Deutschen Corporate Governance Kodex, GWR 2010, 311

Merkner/Sustmann

Vorbei mit dem unbemerkten Anschleichen an börsennotierte Unternehmen?, NZG 2010, 681

Mertens

Bedarf der Abschluss einer D & O Versicherung durch die Aktiengesellschaft der Zustimmung der Hauptversammlung?, AG 2000, 447

Mimberg/Gätsch

Die Hauptversammlung der AG nach dem ARUG, 2010 (zit.: *Mimberg/Gätsch*, HV)

Mörlein/Balling

Stimmen aus dem Netz – Erste Praxiserfahrungen zur Online-Teilnahme an der Hauptversammlung, HV Magazin 2/2010, 16

Münchener Handbuch

des Gesellschaftsrechts, Bd. 4, Aktiengesellschaft, 3. Aufl., 2007 (zit.: *Bearbeiter* in: Münchener Handbuch)

Münchener Kommentar

zum Aktiengesetz, 2. Aufl., 2003 ff. und 3. Aufl., 2008 ff. (zit.: *Bearbeiter* in: MünchKomm AktG)

Münchener Kommentar

zum Handelsgesetzbuch Bd. 4, 2. Aufl., 2008 (zit.: *Bearbeiter* in: MünchKomm HGB)

Mutter/Quinke

Gedanken zur Publizität des Financial Expert, AG 2010, R102

Nagel/Ziegenhahn

Die Dauer von Hauptversammlungen als Rechtsproblem, WM 2010, 1005

Neumann

Zum Freigabeverfahren, EWiR 2005, 847

Neye

Zur Berücksichtigung des Börsenkurses bei Bestimmung des Abfindungs- oder Ausgleichsanspruchs, EWiR 1999, 751

Zur Vereinbarkeit der Sitztheorie mit Gemeinschaftsrecht, EWiR 2002, 1003

Neye/Kraft

Neuigkeiten beim Umwandlungsrecht, NZG 2011, 681

Noack

Briefwahl und Online-Teilnahme an der Hauptversammlung: der neue § 118 AktG, WM 2009, 2289

Die Umstellung von Inhaber- auf Namensaktien, Festschrift Bezzenberger, 2000, S. 291

Neues Recht für Namensaktionäre– Zur Änderung des § 67 AktG durch das Risikobegrenzungsgesetz, NZG 2008, 721

Stimmrechtsvertretung in der Hauptversammlung nach NaStraG, ZIP 2001, 57

Nowak

Wahl des unabhängigen Finanzexperten nach BilMoG: Praxistipps für den Umgang mit dem neuen § 100 Abs. 5 AktG, BB 2010, 2423

Oechsler

Die neue Kapitalgrenze beim Rückerwerb eigener Aktien (§ 71 Abs 2 Satz 2 AktG), AG 2010, 105

Paschos

Briefwahl als Anfechtungsrisiko? Regierungskommission DCGK bringt Emittenten in Erklärungsnot, HV Magazin 1/2011, 42

Pluskat

„Investorenmitteilung nach § 27a WpHG – wie viel Beteiligungstransparenz geht noch?", NZG 2009, 206

Radlmayr

Zur Zulässigkeit der Blockabstimmung, EWiR 2003, 1113

Richter/Gittermann

Die Verknüpfung von Kapitalerhöhung und Rückerwerb eigener Aktien bei Mitarbeiteraktienprogrammen, AG 2004, 277

Riegger

Das Schicksal eigener Aktien beim Squeeze-out, DB 2003, 541

Ringleb/Kremer/Lutter/v. Werder

Deutscher Corporate Governance Kodex, Kodex-Kommentar, 4. Aufl., 2010 (zit.: *Bearbeiter* in: Ringleb/Kremer/Lutter/v. Werner, DCGK)

Die Kodex-Änderungen vom Mai 2010, NZG 2010, 1161

Rittner

Hauptversammlung der Aktiengesellschaft – Minderheitenschutz („ASS"), EWIR 1994, 111

Roth

Fragen der Niederlassungsfreiheit nach dem EG-Vertrag, EWIR 2000, 793

Rottnauer

Zur dem Vorstand im Rahmen einer Kapitalerhöhung von der Hauptversammlung erteilten Durchführungsermächtigung, EWiR 2000, 893

Rubel

Die Interessenabwägungsklauseln in Freigabeverfahren nach dem ARUG – Bestandsaufnahme und Anwendungshinweise, DB 2009, 2027

Saenger

Zur Informationspflicht des Vorstandes der Aktiengesellschaft, wenn er die Entscheidung der Hauptversammlung über eine Frage der Geschäftsführung verlangt, EWiR 1997, 1109

Schaaf

Die Geschäftsordnung der AG-Hauptversammlung – eine praktische Notwendigkeit?, ZIP 1999, 1339

Schanz/Schalast

Unternehmen im Prime Standard „Staying Public" oder „Going Private", 2004 (zit.: *Schanz/Schalast*, Prime Standard)

Scheffler

Anforderungen an den Finanzexperten im Aufsichtsrat, AG 2010, R 368

Schick

Praxisfragen zum Vergütungssystem der Hauptversammlung nach § 120 Abs. 4 AktG, ZIP 2011, 593

Schippel

Die Leistung der Bareinlage bei der Erhöhung des Kapitals von Aktiengesellschaften, in: Festschrift Steindorff, 1990, S. 249

Schlitt

Die gesellschaftsrechtlichen Voraussetzungen des regulären Delisting, Macrotron und die Folgen, ZIP 2004, 533

Schlitt/Schäfer

Alte und neue Fragen im Zusammenhang mit 10 %-Kapitalerhöhungen, AG 2005, 67

Schlitt/Seiler

Aktuelle Rechtsfragen bei Bezugsrechtsemissionen, WM 2003, 2175

Schlitt/Seiler/Singhof

Rechtsfragen und Gestaltungsmöglichkeiten bei Wandelschuldverschreibungen, AG 2003, 254

Schmidt

Ausschluss der Anfechtung des Squeeze-out-Beschlusses bei abfindungswertbezogenen Informationsmängeln, in Festschrift Ulmer, 2003, S. 543

Schmidt/Lutter

Aktiengesetz, Kommentar, 2. Aufl, 2010 (zit.: *Bearbeiter* in: Schmidt/Lutter, AktG)

Schneider/Müller-von Pilchau

Vollrechtstreuhänder als Namensaktionäre – die Pflicht zur Offenlegung und deren Auslandswirkung, WM 2011, 721

Schockenhoff

Gesellschaftsinteresse und Gleichbehandlung, 1988
(zit.: *Schockenhoff*, Gesellschaftsinteresse)

Schockenhoff/Schumann

Acting in Concert – geklärte und ungeklärte Rechtsfragen, ZGR 2005, 568

Schön

Abschied vom Vertragskonzern?, ZHR 168 (2004), 629

Schroeder/Pussa

Neues Anfechtungsrisiko bei der HV-Einberufung: Fristen für Ergänzungsverlangen, BB 2010, 717

Schulenburg

Ausnahme und Ende des sechsmonatigen Rechtsverlusts nach § 28 S 3 WpHG – zu den Grenzen der erlaubten Falschmeldung nach § 28 S 4 WpHG, NZG 2009, 1246

Schulze-Osterloh

Zu den Wirksamkeitsvoraussetzungen eines Beherrschungsvertrages und Gewinnabführungsvertrages mit einer GmbH , EWiR 1989, 59

Schüppen

Zum Umfang der Informationspflichten des Vorstands einer Aktiengesellschaft bei Einberufung einer Hauptversammlung zwecks Zustimmung zu Verträgen, EWiR 1999, 535

Schüppen/Sanna

D&O-Versicherungen: Gute und schlechte Nachrichten!, ZIP 2002, 550

Schwark/Zimmer (Hrsg.)

Kapitalmarktrechtskommentar, 4. Aufl., 2010 (zit.: *Bearbeiter* in: Schwark/Zimmer, Kapitalmarktrecht)

Seibert

Aktienrechtsreform in Permanenz?, AG 2002, 417

Das „TransPuG", NZG 2002, 608

Seibert/Kiem

Handbuch der kleinen AG, 5. Aufl., 2007 (zit.: *Bearbeiter* in: Seibert/Kiem, Handbuch)

Seibt/Voigt

Kapitalerhöhungen zu Sanierungszwecken, AG 2009, 133

Seibt/Wollenschläger

Downlisting einer börsennotierten Gesellschaft ohne Abfindungsangebot und Hauptversammlungsbeschluss, AG 2009, 807

Semler/v. Schenck

Arbeitshandbuch für Aufsichtsratsmitglieder, 3. Aufl., 2008 (zit.: *Bearbeiter* in: Semler/v. Schenck, Arbeitshandbuch)

Semler/Volhard/Reichert

Arbeitshandbuch für die Hauptversammlung, 3. Aufl., 2011 (zit.: *Bearbeiter* in: Semler/Volhard/Reichert, Arbeitshdb. HV)

Senger/Vogelmann

Die Umwandlung von Vorzugsaktien in Stammaktien, AG 2002, 193

Sethe

Kapitalmarktrechtliche Konsequenzen einer Kapitalherabsetzung, ZIP 2010, 1825

Sieger/Hasselbach

Der Ausschluss von Minderheitsaktionären nach den neuen §§ 327a ff. AktG, ZGR 2002, 120,

Sieger/Hasselbach

Der Ausschluss von Minderheitsaktionären nach dem neuen §§ 327a ff. AktG, ZGR 2002, 120

Simon/Zetzsche

Aktionärslegitimation und Satzungsgestaltung, NZG 2005, 369

Sinewe

Zum Bezugsrechtsausschluss bei der regulären Kapitalerhöhung, EWiR 2002, 133

Singhof/Weber

Neue kapitalmarktrechtliche Rahmenbedingungen für den Erwerb eigener Aktien, AG 2005, 549

Spindler/Stilz

Kommentar zum Aktiengesetz, 2. Aufl, 2010 (zit.: *Bearbeiter* in: Spindler/Stilz, AktG)

Stahl/Fuhrmann

Entwicklung im Steuerrecht der Organschaft – Begründung, Durchführung und Beendigung der Organschaft, NZG 2003, 250

Steiner

Die Hauptversammlung der Aktiengesellschaft, 1995 (zit.: *Steiner, HV*)

Strauß

Akquisitionsfinanzierung durch genehmigtes Kapital, AG 2010, 192

Streit

Zu den Voraussetzungen für das vollständige Delisting, ZIP 2003, 392

Strieder

Erweiterung *der Lageberichterstattung nach dem BilMoG, BB 2009, 1002*

Strüwing

Mit freundlicher Empfehlung – Einfluss und Macht von Stimmrechtsberatern, HV Magazin 2011, Heft 2, 8

Sustmann

Zum Freigabeverfahren beim Squeeze-out, EWiR 2004, 467

Teichmann

Aktuelle Entwicklungen im Gesellschaftsrecht , 2009 (zit.: *Bearbeiter* in: Teichmann, Aktuelle Entwicklungen im Gesellschaftsrecht)

Thüsing

Das Gesetz zur Angemessenheit der Vorstandsvergütung, AG 2009, 517

Tollkühn

Die Schaffung von Mitarbeiteraktien durch kombinierte Nutzung von genehmigtem Kapital und Erwerb eigener Aktien unter Einschaltung eines Kreditinstituts, NZG 2004, 594

Sustmann

Zu den aktienrechtlichen Protokollierungspflichten des Notars im Rahmen der Hauptversammlung, EWiR 2003, 737

Vaupel

Ansprüche von Aktiengesellschaften gegen Stimmrechtsempfehlungen institutioneller Stimmrechtsberater, AG 2011, 63

Vetter

Aktienrechtliche Probleme der D & O Versicherung, AG 2000, 453

Der kraftlose Hauptversammlungsbeschluss über das Vorstandsvergütungssystem nach § 120 Abs 4 AktG, ZIP 2009, 2136

Geltung von § 293 Abs. 2 AktG beim Unternehmensvertrag zwischen herrschender AG und abhängiger GmbH, AG 1993, 168

Update des Deutschen Corporate Governance Kodex, BB 2005, 1689

Squeeze-out – Der Ausschluss der Minderheitsaktionäre aus der Aktiengesellschaft nach den §§ 327a–327f AktG, AG 2002, 176

von Falkenhausen

Ausschüttungssperren für die Kapitalrücklage, NZG 2009, 1096

von Falkenhausen/Kocher

Erste Erfahrungen mit dem Vergütungsvotum der Hauptversammlung, AG 2010, 623

von Nussbaum

Neue Wege zur Online-Hauptversammlung durch das ARUG, GWR 2009, 215

Vossius

Squeeze-out – Checklisten für Beschlussfassung und Durchführung, ZIP 2002, 511

Waclawik

Die Aktionärskontrolle des Verwaltungshandelns bei der Ausnutzung des genehmigten Kapitals der Aktiengesellschaft, ZIP 2006, 397

Die neue Sachdividende: Was ist sie wert?, WM 2003, 2266

Wagner

Zur aktienrechtlichen Zulässigkeit von Share Matching-Plänen, BB 2010, 1739

Walden/Meyer-Landrut

Die grenzüberschreitende Verschmelzung zu einer Europäischen Gesellschaft: Beschlussfassung und Eintragung, DB 2005, 2619

Die grenzüberschreitende Verschmelzung zu einer Europäischen Gesellschaft: Planung und Vorbereitung, DB 2005, 2119

Wardenbach

Ist die Aufsichtsratswahl bei fehlendem „Financial Expert" anfechtbar?, GWR 2010, 207

Wartenberg

Die Auslage von Jahresabschlüssen für das letzte Geschäftsjahr beim Squeez-out, AG 2004, 539

Weipert

Zu den Zustimmungserfordernissen für Änderungen des Vereinszwecks und zur Anmeldung von Satzungsänderungen zur Registereintragung, EWIR 1986, 235

Weiss

Kombinierte Kapitalerhöhung aus Gesellschaftsmitteln mit nachfolgender ordentlicher Kapitalherabsetzung – ein Instrument flexiblen Eigenkapitalmanagements der Aktiengesellschaft, BB 2005, 2697

Weißhaupt

Informationsmängel in der Hauptversammlung: die Neuregelungen durch das UMAG, ZIP 2005, 1766

Wilm

Beobachtungen der Hauptversammlungssaison 2010, DB 2010, 1687

Wilsing

Zum Squeeze-out, EWiR 2005, 495

Wilsing/Goslar

Der Regierungsentwurf des Risikobegrenzungsgesetzes – ein Überblick, DB 2007, 2467

Wind/Klie

Beziehungen zum Mehrheitsaktionär als unabhängigkeitsgefährdender Interessenkonflikt von Aufsichtsratsmitgliedern?, NZG 2010, 1413

Wirth/Arnold

Umwandlung von Vorzugsaktien in Stammaktien, ZGR 2002, 859

Stichwortverzeichnis